Hessen

HERMANN JOSEF ROTH

Hessen

Prestel

© Prestel-Verlag München 1986
Passavia Druckerei GmbH Passau
ISBN 3-7913-0770-3

Inhalt

Farbtafeln 216/17, 344/45, 392/93, 600/01
Farbige Ausfalttafeln nach 32 und 288
Einfarbige Tafeln 97-128, 449-480
Farbige Ausfaltkarte von Hessen am Buchende

Hessen

»WER heute Hessen sagt, sollte bedenken, daß dieses alte deutsche Land in seinen jetzigen Grenzen erst seit 1945 besteht und es eine einheitliche hessische Geschichte bis zu diesem Zeitpunkt nicht gegeben hat. Stämme, kleine und größere Hoheitsgebiete, Herrschaften und Städte gingen ihre eigenen geschichtlichen Wege.« (Kurt Finke)

Der verworrenen Geschichte entsprechen ausgeprägte Kontraste zwischen den Teillandschaften und ihrer kulturellen Entwicklung. Allen Hessen-Klischees zum Trotz muß gefragt werden, ob es das typisch Hessische überhaupt gibt. Beim Suchen nach geeigneten Andenken beginnt bereits das Problem, selbst wenn man sich für den ›Bembel‹ entscheidet, jenen Krug, in dem hierzulande der ›Äppelwoi‹ ausgeschenkt wird.

Die Hessen »seien ein Volksstamm, den es gar nicht gibt«, überzeichnet der Schriftsteller Krämer-Badoni das Problem. Aber ähnlich könnte man auch über die Rheinländer urteilen, die nicht minder biologisch und kulturell von Nachbarn und Durchwanderern geerbt haben.

Dann lieber heiter, wie in ›Brehm's Menschenleben‹! Doch selbst bei Otto Brehm, der augenzwinkernd die »Dickschädler« vom Schinderhannes bis zu Holger Börner zu charakterisieren und karikieren versucht, gerät beim Hessenproblem einiges durcheinander, das auch dem Spaßvogel nicht durchgehen darf. Beim Schinderhannes fängt es schon an, denn der war Hunsrücker. Und wenn schließlich festgestellt wird, Hessen habe uns Deutschen drei Dinge beschert, »ohne die wir alle ärmer wären: Goethe, die Bundeszentralbank und die Lottozahlen«, so hat zumindest der Dichter da nichts zu suchen. Goethe war ja Frankfurter – und damit Reichsstädter!

Da helfen die Brüder Grimm schon eher weiter, die in Hanau geboren, in Steinau an der Straße die Jugend-, in Kassel und Marburg Gelehrtenjahre verbrachten. Sie schrieben: »Hessen hat als ein bergiges, von großen Heerstraßen abseits liegendes und zumeist mit dem Ackerbau beschäftigtes Land den Vorteil, daß es alte Sitten und Überlieferungen besser aufbewahren kann.« Das trifft ziemlich genau, was viele mit dem Namen Hessen verbinden. Abseits des Rhein-Main-Gebietes, der Ballungsgebiete um Kassel oder bei Wetzlar und Gießen mag auch im Gedenkjahr des 200. Geburtstages der Brüder Grimm (1985/86) der Kern ihrer Aussage nicht ganz von der Hand zu weisen sein.

Wirkt das Oberflächenrelief Nordhessens kleinräumig und geklammert, so gibt es sich im Südwesten aufgeschlossen. Den weiten Ebenen an Rhein und Untermain stehen die kleinen Beckenlandschaften zwischen den Mittelgebirgen des Nordens gegenüber. Dieser Gegensatz im Landschaftscharakter hat einen unterschiedlichen Wesenszug der angestammten Bevölkerung beider Hessen zur Folge.

Seit der Altsteinzeit hielten Menschen die Siedlungskammern am Rande der Mittelgebirge besetzt, wie eine Fülle frühgeschichtlicher Funde dokumentiert. Die Kelten sicherten seit dem 5. Jahrhundert vor Chr. mit einer Kette von Höhensiedlungen und Fluchtburgen zwischen Westerwald und Rhön ihr Territorium. Andrängende Germanen überwanden schließlich diese Sperriegel (2. Jh. vor Chr.). Unter ihnen waren die Chatten, die um Christi Geburt im Einzugsbereich von Fulda, Lahn und Eder saßen und an der Werra mit den Thüringern in Verbindung standen. Von ihnen leitet Hessen seinen Namen ab.

Am unteren Main vermochten die Römer ihre Herrschaft zu sichern. Ihr Grenzwall zog vom Westerwald durch den Taunus und die Wetterau bis hin zum Main bei Miltenberg. Bis 260 nach Chr. räumten die römischen Truppen den Limes. Zu Beginn des 5. Jahrhunderts eroberten die germanischen Stämme auch Mainz, die Hauptstadt Obergermaniens. Der Chattengau war in späterer Zeit Teil des Frankenreiches, Niederhessen ein Aufmarschgebiet gegen die feindlichen Sachsen.

Der staatlichen folgte die kirchliche Organisation. Die Mission dürfte in Trier und Mainz ihren Rückhalt gehabt haben. Jedenfalls meldeten bald die Erzbischöfe beider Städte unter Berufung auf alte Traditionen ihre Vorrechte an. Triers Einflußzone lag an der mittleren Lahn (Dietkirchen), Mainz drang in der Wetterau vor. Organisator der Kirche war Winfried, uns mehr unter dem Namen Bonifatius bekannt. Er gründete das Bistum Büraberg und die Klöster Amöneburg, Fritzlar und Fulda. Sein Nachfolger Lull vereinigte Büraburg (und Erfurt) mit Mainz, dessen Einfluß nach Hessen damit bedeutend verstärkt wurde. Er gründete auch die Klöster Amorbach, Hersfeld und Lorsch.

Die Konradiner erschienen als erste eigenständige Macht in Hessen (9. Jh.). Mit Mainzer Unterstützung wurde einer der ihren, Konrad I., deutscher König. Trotz ausgedehnten Reichsgutes gelang es aber nicht, ein starkes hessisches Territorium zu bilden, zu zahlreich waren die kleinen Herrschaften, zu oft wechselten deren Besitzer.

Um 1130 erbten thüringische Grafen hessische Gebiete und entwickelten hier eine ernstzunehmende politische Kraft. Die Macht des Reiches verlagerte sich zugunsten der jungen thüringischen Herrschaft mehr nach Südosten. Als es zur Trennung zwischen Thüringen und Hessen kam, nannte sich Graf Heinrich I., ein Enkel der heiligen Elisabeth, seit 1292 Landgraf von Hessen. Die Entfaltung der *Landgrafschaft* mußte noch lange gegen mainzerische Ansprüche kämpfen. Die Grafen von Nassau hatten sich durch Landesteilung (1255) selbst geschwächt und waren als ernsthafte Konkurrenten ausgeschieden.

Der Existenzkampf der Landgrafschaft gegen Kurmainz war jahrhundertelang ein Hauptthema der hessischen Geschichte. Die Reformation durch Landgraf Philipp den Großmütigen (1526) entschied die Auseinandersetzung, wie umgekehrt die zermürbenden Spannungen den Boden für die Lehre Luthers bereitet hatten. Hessen erreichte während der Reformation einen Höhepunkt seiner Geschichte. Mit der Universitätsgründung in Marburg beeinflußte der Landgraf maßgebend die geistige Entwicklung eines evangelischen Deutschland.

Landgraf Philipp der Großmütige von Hessen

Als sei die Großmut Philipps zu weit gegangen, brachte sein Testament die Landesteilung (1567). Die Macht teilten sich seine vier Söhne und zersplitterten sie zugleich in die hessischen Linien Kassel, Marburg, Rheinfels und Darmstadt. Rheinfels und Marburg erloschen zwar (1583, 1604), aber Hessens Geschichte verlief weiterhin immer noch zweigleisig.

Den Kern von *Hessen–Darmstadt* bildete die Grafschaft Katzenelnbogen. Durch Erbschaft und Kauf wuchs das ursprünglich kleine Gebiet rasch an (1596-1790). Politisch hielt es sich entschieden an Habsburg und stand oft gegen Hessen-Kassel. Landgraf Ludwig IX. gründete Pirmasens als Trainingscamp für seine ›Langen Kerle‹. Die gebildete Landgrä-

fin Caroline führte in Darmstadt die Regierungsgeschäfte.
Beim Reichsdeputationshauptschluß (1803) erhielt das Land
die westfälischen Gebiete von Kurköln. Ludwig X. trat 1806
dem Rheinbund bei und durfte sich – von Napoleons Gnaden – Großherzog Ludwig I. nennen. Der Wiener Kongreß
schlug ihm Rheinhessen (Worms, Alzey, Bingen, Mainz) zu.
Dafür fielen die kurkölnischen Gebiete an Preußen. Hessen-
Darmstadt hieß fortan Großherzogtum Hessen. Trotz Ver-
fassungskämpfen erlebte das Land eine kulturelle Blüte. Der
Eintritt in den Krieg gegen Preußen auf seiten des dann
unterliegenden Österreich mußte mit dem Abtreten von Hessen-Homburg an den Sieger bezahlt werden (1866).

Nach dem Beitritt zum Deutschen Reich entwickelte sich
Darmstadt unter Großherzog Ernst Ludwig (1892-1918) zu
einem kulturellen Mittelpunkt. Der Sturz der Monarchien
nach dem Ersten Weltkrieg führte auch hier zur Verfassungs-
änderung, die 1919 den Volksstaat Hessen begründete. Nach
dem Zweiten Weltkrieg kam Rheinhessen durch Besatzungs-
dekret an Rheinland-Pfalz.

Hessen-Kassel führte sich unrühmlich in die Geschichte
ein durch die Gestellung von Truppen an England und Hol-
land durch Landgraf Karl. Um 1727 wurden allein zwölftau-
send Mann rekrutiert. Landgraf Wilhelm VIII. (1751-60) rü-
stete seine Armee auf vierundzwanzigtausend Mann auf,
vermietete gleichzeitig aber je sechstausend Mann im Österreichischen Erbfolgekrieg an die gegnerischen Parteien England und Bayern. Das skrupellose Geschäft trieb Landgraf
Friedrich II. (1760-85) durch die Vermietung von zweiund-
zwanzigtausend Mann an England auf die Spitze. Etwa sie-
bentausendfünfhundert fielen gegen die Amerikaner.

Landgraf Wilhelm IX. erlangte 1803 die Würde eines Kurfürsten (Wilhelm I.). Kurhessen fiel 1807 vorübergehend an
das napoleonische Königreich Westfalen. Unruhen erzwangen von Kurfürst Wilhelm II. eine relativ liberale Verfassung
(1831), doch dauerten die politischen Auseinandersetzungen
an. Der Protest der Göttinger Sieben (1837) erregte Aufse-
hen. Im Krieg gegen Preußen stand das Land auf seiten
Österreichs und wurde nach der Niederlage annektiert
(1866). Als 1945 ein neues Land ›Groß-Hessen‹ proklamiert

und 1946 eine Verfassung für ›Hessen‹ angenommen wurde, schlug man ihm Kurhessen als Regierungsbezirk Kassel zu. Erstmals sind seitdem beide Hessen wieder vereint.

Neben und zwischen den hessischen Territorien befanden sich noch andere. Da waren die Herrschaften Limburg, Runkel und Westerburg, Münzenberg-Falkenstein und Eppstein-Königstein, die Freie Reichsstadt Frankfurt, Reichsstädtebünde und Reichsritterschaft der Wetterau, die Grafschaften Erbach, Büdingen und Solms, das Fürstentum Waldeck, schließlich die Nassauer Grafschaften.

Nassau hätte stärker als Konkurrent Hessens auftreten können. Aber durch mehrfache Erbteilungen schwächte es sich selbst. In seinen Stammlanden an der unteren Lahn widersetzte sich Trier erfolgreich einer Ausweitung nassauischer Herrschaft. Viel höhere Bedeutung erlangten die Grafen im Ausland. Wilhelm von Nassau-Dillenburg erbte 1559 niederländische Besitzungen und führte seitdem den Namen Nassau-Oranien. Er setzte sich an die Spitze des Aufstandes gegen die Spanier und nahm zeitweise bei seinem Bruder Johann VI. in Dillenburg Zuflucht.

Unter Napoleon blieben neben den beiden Hessen noch das Herzogtum Nassau, das Großherzogtum Frankfurt und die Fürstentümer Waldeck und Isenburg. Schließlich ließ der Wiener Kongreß leicht verändert die Freie Stadt Frankfurt sowie die Herzogtümer Nassau und Hessen-Homburg und das Fürstentum Waldeck wiederentstehen. Als Preußen nach dem Krieg 1866 die hessischen Staaten außer Hessen-Darmstadt und Waldeck annektierte, schloß es sie zur Provinz Hessen-Nassau zusammen.

Angesichts einer derart verwickelten Geschichte sind auch die überlieferten *Kunstdenkmäler* stilistisch so verschieden, daß die Frage, ob Hessen eine eigene Kunstlandschaft bilde, den Rang eines Gelehrtenstreites erhielt. Indem sich hier aber so viele Kunstströmungen treffen, ist eine Hessenreise überaus lehrreich.

Schon die Karolingerzeit wartete mit großartigen Baudenkmälern auf, darunter die Basiliken von Steinbach und Seligenstadt sowie die Abteikirche in Hersfeld und vor allem die Torhalle zu Lorsch. Das 10./11. Jahrhundert verlieh der Michaelskirche in Fulda ihre heutige Gestalt. Die Romanik hinterließ eine Fülle von Bauschöpfungen, darunter die bedeutenden Burgen von Münzenberg und Büdingen (Schloß), die Kaiserpfalzen in Gelnhausen und in Seligenstadt. Zu Ende dieser Epoche bezeichnen die Marienkirche zu Gelnhausen und der Limburger Dom architektonische Höhepunkte.

Die Elisabethkirche in Marburg zählt neben der Liebfrauenkirche in Trier und der Klosterkirche von Haina zu den ältesten deutschen Bauschöpfungen der Gotik. Diese Bauwerke bildeten als Hallenkirchen maßgebende Vorbilder für andere Bauten dieses Typs, wie in Friedberg, Wetzlar, Wetter und Frankenberg. Der Rittersaal des Marburger Schlosses ist heute neben der Wartburg der größte mittelalterliche Profanraum Deutschlands. Spitzenwerke der Gotik sind neben anderen der Elisabethschrein zu Marburg (um 1250), die Kiedricher (um 1330) und die Hallgartener Madonna (um 1420), die Dernbacher Beweinung im Limburger Domschatz und nicht zuletzt das Fresko des Jüngsten Gerichts (um 1400) in der Pfarrkirche von Eltville.

Die Renaissance widmete sich kaum sakralen Aufgaben, schuf aber repräsentative Herrensitze, wie das Hilchen-Haus in Lorch/Rhein, die Schlösser in Weilburg und Hadamar sowie das großartige Rathaus in Melsungen. Im Barock bemühte man sich nicht nur um Erweiterung und Umgestaltung bestehender Herrensitze, sondern sorgte großzügig für ihre Ausstattung. Charakteristisch sind Weilburg, Wiesbaden-Biebrich, Wilhelmshöhe und Wilhelmstal in Kassel, die Schlösser in Darmstadt und Arolsen, schließlich der Baukomplex aus Dom, Orangerie und Schloß des Fuldaer Abtes. Die dortige Flora-Vase werten manche als Symbolfigur des hessischen Barock.

Jetzt kennt die Kunstgeschichte auch die Namen der Architekten und Künstler. Als berühmte Baumeister wirkten in oder für Hessen: Balthasar Neumann (Heusenstamm), Julius Ludwig Rothweil (Hanau, Weilburg, Arolsen), Andrea Gallasini und Johann Dientzenhofer (beide Fulda). Simon Louis du Ry ist stilistisch dem Rokoko verpflichtet (Kassel).

Mit den politischen Umwälzungen und besonders durch die Folgen der beginnenden Industrialisierung treten neue Auftraggeber für die Kunst auf. Spielerisches begegnet Funktionalem, deutscher Großmachtwahn erzeugt Bombastisches wie das Niederwalddenkmal. Die Stadtplanung von Wiesbaden durch Johann Christian Zais, ergänzt durch das von Georg Moller erbaute dortige Schloß, ist ein herausragendes Beispiel für modernen und doch ästhetisch ansprechenden Städtebau. Im 20. Jahrhundert übte die Künstlerkolonie auf der Mathildenhöhe in Darmstadt einen starken Einfluß auf das Kunstgewerbe und die Baukunst des Jugendstils aus.

Wenigstens zwei bedeutende hessische Künstler sollen hier erwähnt werden. Aus Haina stammt die weithin bekannte Malerfamilie Tischbein. Einer aus der Sippe, Johann Heinrich Wilhelm, malte ›Goethe in der Campagna‹. Christian Daniel Rauch (geboren 1777 in Arolsen) gilt neben Schadow als bedeutendster Bildhauer des deutschen Klassizismus.

 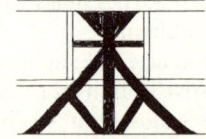

Hessen-Mann

Scheinbar zeitlos wirkt das hessische *Fachwerk*. In nur schwer klassifizierbarer Erscheinungsform und in vielfältiger Zweckbestimmung entziehen sich die in überwältigender Fülle überlieferten Bauten einer flüchtigen Darstellung. In Limburg (1289) und in Frankfurt-Sachsenhausen (1291) stehen die beiden ältesten noch erhaltenen Fachwerkhäuser Deutschlands. Neben dem bereits erwähnten Rathaus von Melsungen müßten wenigstens die von Alsfeld, Frankenberg und Michelstadt noch genannt werden. Ganze Fachwerkensembles prägen Bad Sooden-Allendorf, Alsfeld und Limburg, Münden und Melsungen, aber fast gleichrangig noch andere Städte und Dörfer. Eine beliebte und verbreitete Balkenstellung gilt hier als typisch: der Hessen-Mann.

Die angedeutete Vielfalt im Kunstschaffen wurde erst durch die naturräumlichen Bedingungen möglich. Seit frühgeschichtlicher Zeit nahm der Mensch zunehmend seinen Weg auf festen Routen durch Hessen, das man deshalb »als das Land der großen landschaftsbedingten Durchgangsstraßen« bezeichnen kann. (Karl E. Demandt) Aufgeführt seien die ›Weinstraße‹ über Gießen und Frankenberg nach Paderborn, Kinzig- und Nidderstraße oder die Straße Köln–Siegerland–Eisenach.

Die Charakterisierung, die Hessen durch die Brüder Grimm erfuhr, zielte weniger auf die geographische Situation als auf die volkskundlichen Verhältnisse. Die Mittelgebirge und ihre Forsten, die Hessen zum waldreichsten Bundesland machen, sind Schauplätze der Märchen, Sagen und Legenden, die das Volk erzählt und in deren archetypischen Gestalten es sich selbst mit all seinen Träumen wiederfindet. Die Gelehrten Grimm haben im Eifer des Sammelns – und die späteren Leser folgten darin bereitwillig – hier das deutsche Gemüt schlechthin ausfindig machen wollen. Heute sieht man in vielem europäisches Erzählgut, das nicht eine Nation allein für sich beanspruchen kann. Am Wert der Geschichten ändert dies nicht das geringste, Hessens Seele wäre dann nur ideologischer Einengung entkleidet. In Hessen schlüge – so gesehen – das Herz Europas.

Aber genügend ist von Dokumenten, die hessischen Ursprungs sind oder in Hessen verwahrt wurden, wiederentdeckt worden, man denke nur an das Hildebrandslied (8. Jh.), dessen handschriftliche Aufzeichnung das Kloster Fulda hütete. Da bleibt es schon belanglos, ob die Sababurg im Reinhardswald wirklich Urbild für Dornröschens Schloß ist.

Hessische Geistesgeschichte – wenn man davon überhaupt sprechen darf – erschöpft sich keineswegs im Raunen der uralten Sagen und Märchen. Ebenso entschieden hat man in diesem Land auch in die Zukunft geblickt. Schicksalhaft für Deutschland, ja für Europa war die Parteinahme Philipps des Großmütigen (1504-1567) für die Reformation Luthers, deren Vorkämpfer er wurde. Nicht zufällig wurde Schmalkalden in hessischer Nachbarschaft Zentrum protestantischen Widerstandes.

In maßloser Rede focht gleichzeitig an zwei Fronten Ulrich von Hutten (1488-1523). Seine Dunkelmännerbriefe waren sowohl gegen die Allmacht der Katholischen Kirche als auch gegen die Willkür der Territorialherren gerichtet. Der ›Großmütige‹ verwies ihn des Landes, denn die Freiheit eines Christenmenschen bedarf offensichtlich der rechten Ordnung. Konfessioneller Hader zerstörte sie gründlich. Hans Jacob Christoffel von Grimmelshausen (1621-1676) erlebte als Troßbub die Schrecken des Dreißigjährigen Krieges: ›Der abenteuerliche Simplicissimus‹ schildert sie in bezwingender Eindringlichkeit.

Später boten beide Hessen und Isenburg Glaubensflüchtlingen aus Piemont, den Cevennen, dem Metzer Land und dem Languedoc Zuflucht, als Ludwig XIV. das Toleranzedikt von Nantes 1685 endgültig außer Kraft gesetzt hatte. Schon vorher hatten Reformierte aus den Niederlanden in Hanau eine neue Heimat gefunden (1585). Hier und mehr noch im Reinhardswald hielten sich unübersehbare Spuren der einstigen Fremdlinge in Sprache und Brauch.

Eine andere Minderheit ist aus der Geistes- und Kulturgeschichte Hessens nicht wegzudenken: die Juden. Zu Füßen der Münzenberg gründete Kuno I. ihnen eine Freistatt (1188). Später war die Ronneburg Zuflucht in Verfolgung (1614). Sie hinterließen leider – außer Friedhöfen – zu wenig bedeutende Monumente, als daß ihre Rolle in einem Reisebuch für Kunstfreunde angemessen gewürdigt werden könnte.

Intoleranz und Überheblichkeit charakterisierten viele der brillanten Aphorismen des Georg Christoph Lichtenberg (geboren 1742 in Oberramstadt bei Darmstadt), der in Göttingen Physik lehrte. Mit dem ›Hessischen Landboten‹ bekämpfte Georg Büchner (geboren 1813 in Goddelau bei Darmstadt) radikal die politische Reaktion. Volksnah, revolutionär und doch von klassischem Rang sind seine Bühnenwerke (Woyzeck, Dantons Tod).

Manche Beobachter gegenwärtiger politischer Experimente in Hessen möchten darin das Weiterentwickeln solcher geistiger Traditionen erkennen. Jedenfalls ist Hessen auch nach der staatlichen Teilung Deutschlands unverändert dessen ›Herz‹ geblieben.

Kassel

›AB nach Kassel‹ ist im Nassauischen sprichwörtlich. Was dort gedankenlos gesagt und am Anfang dieses Kapitels als Einladung verstanden wird, besaß einst herben Beigeschmack. Als Landgraf Karl von Hessen (1670-1730) Söldner anwarb und auf ausländische Kriegsschauplätze vermietete, entriß manche voreilige Unterschrift oder unbedacht empfangenes Handgeld Vater oder Sohn der Familie, den Bräutigam der Braut. In der ehemaligen Niedergrafschaft Katzenelnbogen, die 1810 an Nassau fiel, sowie auf dem Einrich und an der Lahn gilt ›ab nach Kassel‹ für erledigte Verhältnisse. Heute scheint es fast, als habe sich die Geschichte gerächt. Die Altstadt von Kassel ist den Kriegszerstörungen und dem hektischen Wiederaufbau weitgehend zum Opfer gefallen, so daß die wenigen wiederhergestellten historischen Bauwerke wie verloren in der modernen Stadt liegen und das kulturelle Erbe der Landgrafen, abgesehen von den großzügigen Parkanlagen, weitgehend in die Museen verbannt ist. Durch die inzwischen weltbekannte Ausstellung ›documenta‹ wird die Kulturtradition avantgardistisch weitergeführt.

Ein fränkischer Königshof (castellum, 913) gab den Namen. Die spätere Stadt (1180) erhob Landgraf Heinrich I. von Thüringen 1277 zu seiner Residenz. Burg und Schloß lagen unweit der evangelischen **Brüderkirche**, dem ältesten Bauwerk (1292-1376) der Stadt. Die sehr schlichte zweischiffige Hallenkirche atmet den entsagungsvollen Geist der Karmeliter, die hier bis 1526 ihr Kloster hatten. Zugleich ist sie ältestes Beispiel dieses Kirchentyps für Hessen. Vom Kloster blieb nur der ehemalige Kapitelsaal erhalten, der nun der Gemeinde und als Sakristei dient. Der anschließende Renthof und sein Anbau stehen über dem einstigen Konvent.

Nördlich ragt die zweitürmige evangelische **Martinskirche** auf, in der sich nach der Wiederherstellung Altes mit Neuem

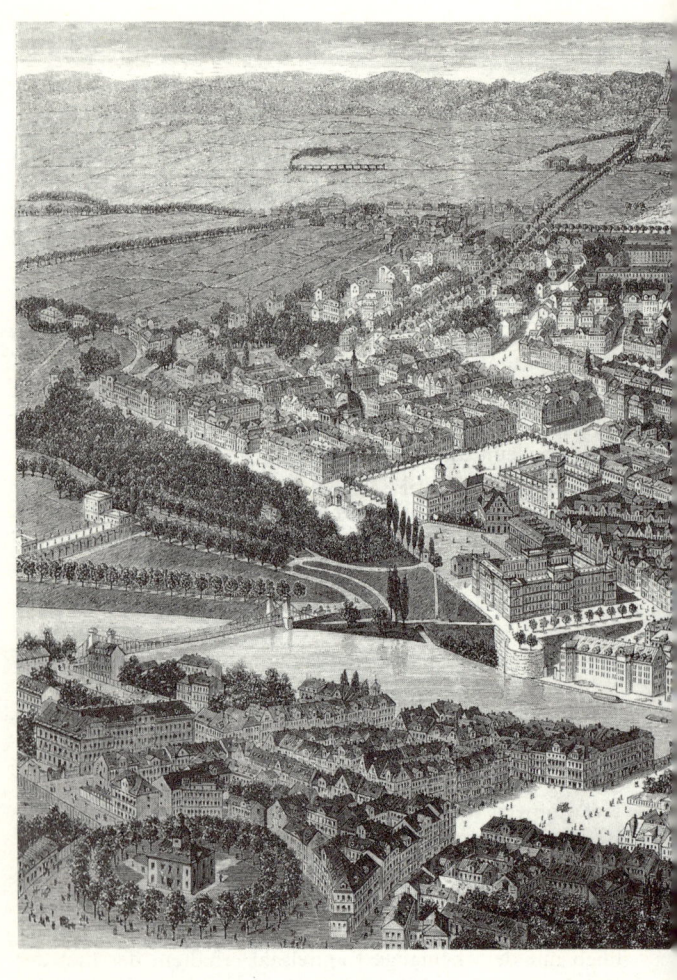

Kassel, Holzstich nach einer Zeichnung von Adolf Eltzner, 1878

verbindet. Sie war als Pfarrkirche der neuen ›Freiheit‹ gedacht, wurde dann bald einem Kollegiatstift übertragen (1366) und 1462 endgültig eingeweiht. Von der alten Ausstattung konnte das Grabmal für Landgraf Philipp den Großmütigen gerettet werden. Seine Architektur folgt römischen Triumphbögen (1572). Das zwölf Meter hohe Alabasterwerk verherrlicht im Stil der Renaissance den Herrscher und regte Nachahmer an, wie in Marburg, Bad Wildungen und Korbach zu sehen ist. Die moderne Funktionalität des Innenraumes steht zu diesem Werk in eigenartigem Kontrast.

Eine Schweigeminute für diese bedeutende Persönlichkeit aus der hessischen Geschichte ist angebracht. Seine schon erwähnte Rolle bei der Festigung der evangelischen Kirche unterstreicht nur das Siegreiche seiner Biographie, ob er nun erfolgreich das Schwert zog gegen Franz von Sickingen (1522) oder gegen die revoltierenden Bauern (1525) oder ob er mit der aus Klostergut dotierten Marburger Universität der Reformation das geistige Rüstzeug lieferte. Philipp (1504-67) litt aber auch für seine Überzeugung, als er als Haupt des Schmalkaldischen Bundes fünf Jahre in katholischer Gefangenschaft lag. Danach widmete er sich vor allem der inneren Konsolidierung des Hessenlandes.

Westlich liegt die **Oberneustadt,** in der Landgraf Karl 1688 Hugenotten ansiedelte. Der kreisrunde Königsplatz geht auf die Stadtplanung durch Simon Louis du Ry zurück. Die moderne Bebauung des Viertels läßt noch etwas von der einstigen Großzügigkeit erkennen, wie sie nicht zuletzt im weitläufigen Friedrichsplatz zum Ausdruck gelangt, dessen Hanglage es zuläßt, daß man südwärts gut die landschaftlich-städtebauliche Situation Kassels erfassen kann.

Kurz vor der Einmündung des Steinweges in den Friedrichsplatz liegen zwei kulturgeschichtlich wichtige Bauten einander gegenüber, das **Museum Fridericianum** und das Ottoneum. Ersteres errichtete du Ry für die Kunstsammlungen und die Bibliothek des Landgrafen (1769-76). Nach der Zerstörung im Zweiten Weltkrieg erstand es in der alten Form neu. Der klassizistische Museumsbau war damals einer der ersten in Europa. Heute dient er auch der ›documenta‹. Baulich verbunden ist der *Zwehrenturm* (um 1330), ein Teil der alten Stadtbefestigung, der später zur Sternwarte (1779) umgebaut wurde.

Im Auftrag des Landgrafen Moritz des Gelehrten errichtete Wilhelm Vernukken das **Ottoneum** (1604-5) als ältestes Schauspielhaus Deutschlands. Den Namen lieh Otto, der älteste Sohn des Landgrafen. Paul du Ry richtete es auch zur Aufnahme von Kunstsammlungen her. Dann diente es vorübergehend als Sternwarte, nahm die Anatomie auf und ist seit 1884 Naturkundemuseum. Die sehenswerte Ostfassade mit ihren Giebelvoluten stammt noch aus dem Bau Vernukkens, Westfassade und Balkonvorbau gehen auf du Ry zurück. Historisch interessant ist unter den Ausstellungsstücken der ›Goethe-Elefant‹, an dem der Dichter anatomische Studien vornahm und dabei den Zwischenkieferknochen entdeckte. In die Frühzeit botanischer Forschung, die noch mit barocker Sammelleidenschaft gekoppelt war, führt die ›Xylothek Schildbach‹ (1771-79) zurück, eine in buchförmigen Holzkassetten aufbewahrte baumkundliche Kollektion.

Ein Glockenspiel klingt stündlich von der Oberneustädter Kirche, die du Ry für die Hugenotten erbaute (1698-1706/10). Nach seinem Wiederaufbau erhielt der achteckige Zentralbau nicht mehr die einstige Emporenausstattung im Inneren. Am Brüder-Grimm-Platz lädt das **Hessische Landesmuseum** zum Besuch ein. Unter den wertvollen Sammlungen sind die zur hessischen Volkskunde die vollständigsten und bedeutendsten, die es gibt. In demselben Gebäude befindet sich auch das Deutsche Tapetenmuseum. Es besitzt über 600 Erzeugnisse der Tapetenkultur, darunter alte Handdruck- und Ledertapeten (16. Jh.). Das Institut ist in der Welt einmalig.

Einige klassizistische Bauten (19. Jh.) am Brüder-Grimm-Platz mögen nicht unbeachtet bleiben. Zwei davon bilden das sogenannte *Wilhelmshäuser Tor* (1803-13, Heinrich Christoph Jussow), von dessen schweren Säulenfronten die Allee nach Schloß Wilhelmshöhe ihren Anfang nimmt. Sie findet an der Gegenseite des fünfeckigen Platzes ihre Fortsetzung in der Oberen Königsstraße, die über den kreisförmigen Königsplatz (1766) zur Altstadt zurückführt.

Bücherfreunden sei ein Besuch der **Gesamthochschul-Bibliothek** empfohlen (Mönchebergstraße 19). Ein speziell konstruierter Ausstellungstresor erlaubt das Betrachten von ausgewählten Handschriften aus dem noch immer reichen Bestand dieser von Landgraf Wilhelm IV. dem Weisen (1567-92) begründeten Sammlung. Ihren Kern bilden mittelalterliche Codices aus den ehemaligen Klöstern Fulda und Fritzlar, darunter das Hildebrands-Lied und die Kasseler Glossen. Bedeutend ist auch die Büchersammlung zur Alchemie.

Der über die Fünffenster-Straße erreichbare langgestreckte Ständeplatz besitzt im Ständehaus (1834-36) und im Kulturhaus (1873) noch zwei der alten Bauten in historisierendem Stil. Im Kulturhaus bemüht man sich um den Aufbau eines Stadtmuseums. In der Nachbarschaft besteht das Zentralinstitut für Sepulkralkultur. Auf dem Altstädter Friedhof ruht der letzte hessische Kurfürst Friedrich Wilhelm. Über die moderne Treppenstraße führt der Weg wieder zur Altstadt hinab. Die am Friedrichsplatz stadtauswärts führende Frankfurter Straße mag zu einem Ausflug zum *Lustschloß Schönfeld* (1777) einladen, wo Bettina von Arnim, Clemens von Brentano und die Brüder Grimm, aber auch Jérôme Bonaparte gerne weilten.

Auf jeden Fall sollte die **Karlsaue** Ruhepunkt nach einem Stadtrundgang sein. Der schon unter Wilhelm dem Weisen begonnene Park erhielt seinen Namen von Landgraf Karl (1670-1730), dem Vollender der Anlagen. Von den größtenteils zerstörten Orangerie-Gebäuden verdient das *Marmorbad* (1722-28) Beachtung. Im achteckigen Innenraum zieht ein tonnengewölbter Umgang um das Wasserbassin. Die Kuppel-Laterne sorgt für indirektes Tageslicht. Zwölf Statuen aus der antiken Mythologie stehen in Nischen und an Säulen. Dem gleichen Stoff sind die acht großen Reliefs entlehnt. Pierre Etienne Monot ließ sich offenbar von Bernini inspirieren. Als Badestube dürfte der marmorn-kühle Prachtbau allerdings kaum gedient haben.

Am Westrand der Karlsaue zieht sich die Straße ›Schöne Aussicht‹ hin, die streckenweise ihren Namen noch immer zu Recht trägt. Der klassizistische Rundtempel (1805) sollte Kurfürst Wilhelm I. schon beim Frühstück die angenehme

Möglichkeit zu einem Blick auf Karlsaue und Fuldatal bieten. Als einziges hat hier das **Palais Bellevue** den Glanz alter Repräsentativgebäude bewahrt. Von Paul du Ry für astronomische Beobachtungen erbaut (1714), wurde es von Simon Louis du Ry zu Wohnzwecken umgewandelt (1790). Jérôme Bonaparte, der ›König Lustik‹ des Volksmundes, ließ es sich hier wohlergehen. Heute sind dort zwei Institute untergebracht. Zum Andenken an den virtuosen Geiger Louis Spohr, den Begründer der ›Kasseler Schule‹ in der Musikforschung, bestehen Forschungseinrichtungen mit einem Museum zur Violingeschichte. Außerdem beherbergt das Palais das Brüder-Grimm-Museum. Die beiden Forscher lebten 1798-1830 in Kassel und waren lange an der Landesbibliothek tätig. In der Nachbarschaft befindet sich die *Neue Galerie* mit den Staatlichen und Städtischen Kunstsammlungen.

Wilhelmshöhe

Schnurgerade zieht fünf Kilometer weit die Wilhelmshöher Allee vom Brüder-Grimm-Platz zur Höhe des Habichtswaldes, wo anstelle eines mittelalterlichen Klosters zunächst ein Jagdschloß entstand, bis Landgraf Karl den gesamten Komplex unter Leitung von Giovanni Francesco Guerniero architektonisch und gartenbaulich völlig umgestalten ließ (1701-18). Irrationales trieb das gewaltige Vorhaben an. Der absolutistische Herrscher suchte seinen Anspruch in nie dagewesener Weise zu demonstrieren: seine Allmacht im übermächtigen Bauwerk, seine weltverändernde Kraft in der vergewaltigten Natur, seine göttergleichen Fähigkeiten im Sturz der mythologischen Giganten. Die Abkehr von mittelalterlichem Gottesgnadentum ist offenkundig. Aber die Kraft der Staatsutopie blieb mäßig. Die Anlagen der Wilhelmshöhe stehen unvollendet – wie so viele Großprojekte des Barock.

Sicher ist Wilhelmshöhe »in dieser Kühnheit und in diesen Größenmaßen in der europäischen Kunstgeschichte ohne Beispiel«. (M. Backes) Aber ist man nicht versucht, anstelle von Kühnheit lieber von Wahnsinn zu reden? Die katastrophale Finanzsituation von Hessen-Kassel und das leichtfertige Verhalten des italienischen Baumeisters bestätigen un-

sere Bedenken. Nur losgelöst aus der sozialen und wirtschaftlichen Situation der Entstehungszeit und eingeengt auf
den Blick des Kunstliebhabers kann man sich dem Dichter
Klopstock oder dem Kunsthistoriker Dehio anschließen, wo
ersterer schwärmt, hier sei »ein schöner Gedanke« in Gottes
Schöpfung geworfen, oder letzterer vielleicht übertrieb, dies
sei »das Grandioseste, was irgendwo der Barock in Verbindung von Architektur und Landschaft gewagt habe«.

Die Anlage gipfelt in dem *Oktogon,* einem schloßartigen,
aber unbewohnbaren Bau auf künstlichen Felsen am höchsten Punkt des Habichtswaldes. Auf einer obeliskartigen
Pyramide an der Frontseite steht eine kupfergetriebene
Nachbildung des Herkules Farnese (1717), der über den
besiegten Giganten Enkelados triumphiert. Dessen Kopf
speit wie in ohnmächtiger Wut dem Sieger eine Fontäne
entgegen. Aus einem Grottenhof unter dem Oktogon stürzt
Wasser in das Becken, in dem das Titanenhaupt liegt, herab
und weiter die Kaskade hinunter. Von ihr kam nur ein Drittel
der ursprünglichen Planung zur Ausführung.

Den Park gestalteten die Landgrafen Friedrich II. (1760-
85) und Wilhelm IX. (1785-1821) nach englisch-romantischem Stilempfinden um. Bepflanzung, Wasserspiele und
Architekturen ließen aus dem zuvor immer noch naturnahen
Park eine arkadische Landschaft werden, vollgestopft mit
nachempfundenen römisch-griechischen Bauten, mit Grotten und sogar einem ›chinesischen Dörfchen‹. Bedeutender
ist die *Löwenburg* (1793-98, H. Chr. Jussow), der englische
und schottische Burgen zum Vorbild dienten. Anders als das
Phantomschloß des Herkules ist diese künstliche Burgruine
teilweise bewohnbar. Landgraf Wilhelm IX. fand hier heimliche Zuflucht. Seinen Leichnam birgt der Sarkophag in der
Kapelle.

Wilhelm IX. griff Pläne seines Vaters zum Neubau des
Schlosses auf, der in drei Phasen im wesentlichen von Simon
Louis du Ry und Jussow zur Ausführung kam (1786-98). Die
drei ursprünglich isoliert stehenden Bauteile sind erst später
architektonisch verbunden worden. Zunächst wiederhergestellt wurde als wichtigster Teil der Weißensteinflügel, der
südliche Trakt innerhalb der trapezförmigen, zum Herkules

hin offenen Anlage. Die Einrichtung konnte im Krieg gerettet werden und ist höchst sehenswert, da sie zum Kostbarsten gehört, was klassizistische Kunst hervorgebracht hat. Dennoch bleibt die eigentliche Funktion des Weißensteinflügels als einstiger Wohnung des Herrscherpaares heute nicht mehr erfahrbar, da Raumfolge und Raumaufteilung zum Teil stark verwischt oder ganz verändert sind.

Neben dem Schloßmuseum sind in Wilhelmshöhe die Gemäldegalerie alter Meister und die Sammlung alter Plastik untergebracht. Erstere besitzt unter anderem Werke von Rubens, Rembrandt oder Frans Hals. Der ›Kasseler Apoll‹ in der Plastikensammlung gilt als beste Kopie eines verlorenen Werkes des Phidias.

Die Höhendifferenzen von 236 Metern zwischen dem Herkules auf dem Gipfel (525 m) und dem Schloß, die Distanz von 250 Metern zwischen Oktogon und Neptunbassin, innerhalb der das Wasser über 885 Kaskadenstufen stürzt – diese Maße machen das geradezu unverantwortliche Ausmaß der absolutistischen Selbstdarstellung aus. Zur vollständigen Beurteilung der damaligen Landschaftsgestaltung muß man die Residenzstadt selber und die großzügig gestaltete Karlsaue miteinbeziehen. In dem weiten gedanklichen Bogen zwischen der Höhe des Habichtswaldes und der Fulda-Niederung gedachten die Landgrafen ihren spannungsreichen Anspruch zu dokumentieren. Sie hatten damit den Bogen überspannt, wie die Geschichte lehrt.

Schloß Wilhelmsthal

Über die Rasenallee gelangt man zum 8 Kilometer entfernten Schloß Wilhelmsthal. Das elegante Landhaus im Rokoko-Stil (1747-55) steht durch seine wohnliche Atmosphäre in deutlichem Gegensatz zu Wilhelmshöhe. Der Münchner Hofarchitekt François Cuvilliés d. Ä. konnte auf seine Erfahrungen zurückgreifen, die er unter anderem beim Bau von Schloß Falkenlust im Brühler Schloßpark (bei Bonn) sammelte. Die dort getroffene Raumaufteilung wiederholt sich hier, indem Speise- und Musensaal den Mittelteil, Treppenhaus und Privatkabinette die beiden Seitenteile einnehmen.

Kostbar ist die Ausstattung mit Deckenstukkaturen und geschnitzten Wandvertäfelungen der Kasseler Hofbildhauer J. A. Nahl und J. M. Brühl, mit Malereien von Joh. Heinrich Tischbein, englischen Tapeten und Roentgen-Möbeln. Von dem Rokokogarten blieb nur die Grotte erhalten.

Historische Erinnerungen, Barockbauten, Kunstsammlungen und Museen, alte Gärten und Parkanlagen dürfen nicht dazu verleiten, das moderne Kassel zu übersehen, das nicht nur die Stadt der ›documenta‹ ist, sondern auch ein wichtiges Industriezentrum. Schon Hugenotten hatten mit ihrer Ansiedlung (1686) für einen Aufschwung gesorgt. Die seit 1810 bestehenden Henschel-Werke betreiben die größte Lokomotiv-Fabrik Europas und bilden die bedeutendste Industrie der Stadt. Das mit unternehmerischem Weitblick geführte Unternehmen hat nach Meinung von Historikern »wesentlich zur Festigung des Begriffes von der Deutschen Wertarbeit« beigetragen. (F. Knöpp) Schon seit 1614 übte die Familie zunächst in Mainz, dann in Gießen und schließlich in Kassel das Gewerbe des Glocken- und Geschützgusses aus. Karl Anton Henschel begründete das selbständige Kasseler Werk, in dem einmal die erste Lokomotive Deutschlands gebaut werden sollte (1847).

Fridericianum, davor ›7000 Eichen‹
von Joseph Beuys, documenta 1982

Nordhessisches Bergland

VIELLEICHT wie nirgendwo sonst in Hessen verdichten sich im Norden jene Argumente, die den verbreiteten Hessen-Klischees Nahrung bieten. Es ist die Landschaft der fachwerkbunten Städtchen und einer mundartfrohen Bevölkerung, der einst die Brüder Grimm aufs Maul schauten. Als bemühe sich die Natur, den idyllischen Eindruck zu vertiefen, breiten sich über den Habichtswald, Reinhardswald, Meißner, Söhre und Kaufunger Wald, wie schon der Name sagt, ausgedehnte Forste. Genesende kuren im Solbad Karlshafen oder kneippen in Kassel-Wilhelmshöhe. Lager von Braunkohle und Kalisalzen förderten neben anderen Bodenschätzen aber auch Gewerbe und Industrie. Dem wirklichkeitsfremden Fortschreiben der Idylle wird vorgebeugt.

Habichtswald

Schloß Wilhelmsthal weist den Weg nach **Calden** mit seiner spätklassizistischen Pfarrkirche (1846-48). Der Habichtswald im engeren Sinne ist hier bereits verlassen worden, wenn man den Begriff einengt auf das Waldland westlich von Kassel, das in der Hohen Graß 615 Meter Höhe erreicht. Doch handelt es sich im geographischen Sinne um eine Gruppe plumper Einzelberge unterschiedlicher Gestalt. Das Warmetal trennt die Höhen in einen westlichen und östlichen Zug.

Das berechtigt zu einem Abstecher nach **Zierenberg.** Der auffallend regelmäßige Grundriß des Stadtplanes rührt vom systematischen Wiederaufbau nach mehreren verheerenden Bränden (zuletzt 1707) her. Landgraf Heinrich I. hatte um 1290 den Ort gegründet, mußte sich aber zeitweilig seinen Besitz mit Mainz teilen.

Ungeachtet der Besitzverhältnisse hat sich kulturell niedersächsischer Einfluß geltend gemacht, so daß Heimat-

kundler gerne vom ›sächsischen Hessengau‹ sprechen. Öfter
wird Anlaß sein, an diese Beziehungen angesichts der alten
Hausformen oder Besonderheiten der Kleinkunst zu erinnern. Das langgestreckte zweigeschossige Rathaus am
Marktplatz soll das älteste datierte Fachwerkhaus in Hessen
sein. Heinrich Brant erbaute es 1450. Das Erdgeschoß war
ursprünglich eine einzige geräumige Halle, die durch Balkenstellungen in zwei Schiffe aufgeteilt wurde. Altersmäßig folgt
diesem ein Haus in der Mittelstraße, das inschriftlich auf
1567 datiert.

Chor und Westturm der evangelischen Stadtkirche stammen noch aus der ersten Bauzeit (1293-1343). Das Langhaus
hat laut Inschrift Hans Meynworten 1430 errichtet. Später
hat man den Turm erhöht (1586), mit Haube (1711) und
Galeriebrüstung versehen. Wichtigster Schmuck des Innern
ist sicher der wiederentdeckte gotische oder spätgotische
Freskenzyklus mit Heiligendarstellungen und Bildern der
Majestas Domini (14. Jh.) und des Jüngsten Gerichtes (um
1480). Dazu treten weitere Gemälde im Mittelschiff, in den
Seitenschiffen und in der Sakristei.

Burg Grebenstein kam 1297 in hessischen Besitz und
diente den Landgrafen als wichtiger Stützpunkt in den Auseinandersetzungen mit Mainz. In diesem Zusammenhang
muß die bald darauf unterhalb der Burg gegründete Stadt
gesehen werden, die – wie so oft – gleichsam als Vorburg
diente. Was Mainz nie gelang, schafften 1637 die Kroaten.
Auch die beiden großen Feuersbrünste (1517, 1715) gehören
zu den Daten, die davon melden, daß die Vergangenheit gar
nicht so idyllisch war, wie nostalgischer Rückblick leicht
suggeriert.

Die Burgruine ist vor allem im Palas noch gut erhalten.
Sicherte sie souverän von der Höhe einer Basaltkuppe den
Ort, so bildete dessen noch ziemlich intakte Befestigung mit
ihren fünf von einst zwölf Rundtürmen das nötige strategi-
sche Vorfeld. Die Befestigung umfaßte nach endgültigem
Ausbau sowohl die Altstadt als auch die später gegründete
Neustadt oder ›Freiheit‹.

Der Typ der dreischiffigen Halle, wie er hier in der Stadtkirche vorliegt, wiederholt sich in dieser Gegend, etwa in

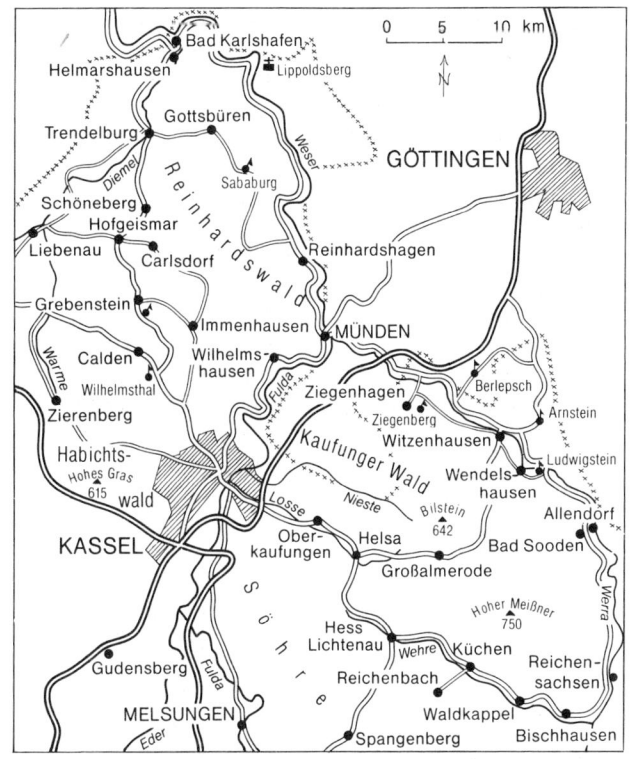

Gottsbüren. Die Marienkrönung über dem Nordportal (um 1400) ist leider verstümmelt. Unter den Gewölbemalereien (um 1400) im Chor entdeckt man auch eine Darstellung der Heiligen Elisabeth. Bei der reichen Ausstattung des Kircheninnern überraschen die vielen guten Holzschnitzereien: Levitensitz (14. Jh.), Sängerpult (16. Jh.), Kanzel, Stände und Gestühl (17. Jh.), das kanzelartige Lesepult (1638), die abwechslungsreich gestaltete Empore aus gleicher Zeit und vor allem der mit Akanthusmustern belegte Orgelprospekt (1732-36).

Bei der Mündung der Warme in die Diemel und damit an der Nordspitze des Habichtswaldes, erfolgte zu Ende des 13. Jahrhunderts die Gründung der Stadt **Liebenau**, die anfangs Besitz der Grafen von Waldeck war, dann aber mehrfach den Besitzer wechselte. Zuletzt entriß sie Ludwig II. von Hessen-Kassel gewaltsam dem Bistum Paderborn (1465), wobei die Stadt zerstört wurde. Von einem ihrer früheren Besitzer, den Herren von Pappenheim, blieb das barocke Herrenhaus neben der Kirche. Der ehemalige Burgsitz ist allerdings verunstaltet. Ansehnlich dagegen ist das Alte Rathaus (›Ratskeller‹), ein dreigeschossiger Barockbau von 1787. Niedersächsischen Einschlag zeigen die alten Fachwerkhäuser an Kirchplatz, Mittel- und Vorderster Straße. Auffälliges Merkmal der evangelischen Pfarrkirche ist der mächtige, frühgotische Chorturm (13. Jh.) mit seinem Fachwerkaufbau und der Laternenhaube (1750). Stark beeinträchtigt sind leider die umfangreichen gotischen Wandmalereien im Kircheninnern. Reiche Schnitzereien mit Beschlagwerk zieren die Kanzel (17. Jh.).

Weiter östlich liegt **Hofgeismar**, das vielleicht auf einen fränkischen Königshof zurückgeht. Den alten kurmainzischen Besitz brachten im 15. Jahrhundert die hessischen Landgrafen gewaltsam an sich. Sie förderten später den ›Gesundbrunnen‹, konnten dem Bad aber keinen dauerhaften Erfolg sichern. Zur alten Stadt waren 1234 ›Petersstadt‹ und Neustadt hinzugekommen und hatten – nach dem auch sonst in Hessen bewährten Muster – ihre eigene Pfarrkirche erhalten. An der Altstädter Kirche (ehem. Liebfrauenkirche) war vor 1138 ein Kollegiatstift entstanden. Das mag dem völligen Neubau in Form einer spätromanischen Basilika (um 1200/30) Vorschub geleistet haben. Die Mittelschiff-Gewölbe und das südliche Seitenschiff wurden 1330 in gotischem Stil umgewandelt. Das nördliche Seitenschiff trägt seit 1446 den Charakter einer Halle. Ein Chorumbau (1850) verdrängte den spätromanischen Altarraum.

Zwei später zusammengefügte Altarflügel (um 1320) zeigen Ölberg, Gefangennahme, Grablegung und die Frauen am Grab Jesu in hervorragender Farbqualität und eindrucksvoller Darstellung. Vermutlich flankierten die Gemälde eine

Mitteltafel mit der Kreuzigung. Das überlieferte Werk gehört zu den bedeutenden Schöpfungen der deutschen Tafelmalerei. Beachtung verdienen das zwölfeckige, symbolreiche Taufbecken (14. Jh.) mit Christus und den Aposteln, sowie der romanische Türklopfer in Form eines Löwenkopfes am Südportal. Im Chorgestühlrest ist eine Wange mit naturnaher Eichenlaubschnitzerei verziert (14. Jh.).

Von dem spätromanischen Gründungsbau der Neustädter Kirche blieb nur ein Triumphbogenpfeiler in dem abschnittsweise hochgeführten Neubau (14./15. Jh.) erhalten. – Viele gepflegte Fachwerkhäuser geben der Stadt, deren mittelalterliche Befestigung noch fast ganz erhalten ist, ihr unverwechselbares Gesicht. Besonders am Marktplatz und an der Markstraße lassen sich die vielfältigen Schnitzereien an Pfosten und Streben sowie die abwechslungsreichen Giebelformen bewundern.

Eine Besonderheit bilden die ehemaligen *Badeanlagen*. Über der Quelle erhebt sich ein runder Brunnentempel (1792) von Simon Louis du Ry. Symmetrisch sind dazu zwei Badehäuser angeordnet, das Wilhelms- (1745) und das Friedrichsbad (1770). Älter ist das Karlsbad (1728-32) auf der anderen Straßenseite. Mit dem ehemaligen Marstall, der jetzt Teil des Altersheimes ist, und dem Park zeugt das Ensemble von der Bedeutung, die man einst dem ›Gesundbrunnen‹ zumaß. Ergänzt wird das Ganze noch durch das Schlößchen Montcherie (1787-89), das du Ry ausschließlich für den Landgraf erbaute.

Reinhardswald

Die Westhessiche Senke, in der Kassel liegt, trennt den Habichtswald vom Reinhardswald, der schon Teil des Weser-Leineberglandes ist und somit geographisch über die hessische Grenze hinausweist. Die naturräumliche Gliederung, wie sie der Wissenschaftler sieht, deckt sich nur selten mit der volkstümlichen Namensgebung. So kann im Rahmen dieses Buches nur ein Orientierungsmuster unter Verwendung der geläufigeren geographischen Begriffe skizziert werden.

Schon bei **Immenhausen**, nordöstlich von Schloß Wilhelmsthal, wird das Problem der erkundlichen Zuordnung deutlich und außerhalb der reinen Wissenschaft wohl unterschiedlich gelöst. Eingerahmt von einem annähernd ovalen Mauerring breitet sich eine sehr regelmäßige Siedlungsanlage aus, die durch zwei sich kreuzende Hauptstraßen bestimmt ist. So entsteht das Bild einer typischen Ackerbürgerstadt.

Fast einhundert Jahre nach ihrer Gründung hatte die Stadt unter dem Ringen zwischen Hessen und Mainz zu leiden, als sie durch die Mainzer völlig zerstört wurde (1385). Nur der Unterteil des Turmes der evangelischen Pfarrkirche scheint die Katastrophe überstanden zu haben. Chor und Schiff entstanden neu (1409, 1446). Die dreischiffige Halle erinnert mit ihren Proportionen und in manchen Einzelformen an die von Grebenstein. Ihr größter Schmuck sind die spätgotischen Wandmalereien mit Szenen aus dem Leben Christi, mit Heiligengestalten und Jüngstem Gericht. An der Chorsüdwand erscheinen die apokalyptischen Reiter. Bemerkenswert sind auch der dreizehnseitige (!) Taufstein und das spätgotische Chorgestühl (1601-07).

Zum Rathaus (1662), das ein Fachwerkobergeschoß hat, geht man über eine Freitreppe. Das Fachwerkhaus in der Mittelstraße schließt sich jener diemelsächsischen Form an, die schon vorher begegnete (1634).

Die Entdeckung einer ›blutenden Hostie‹ bescherte dem alten Ort **Gottsbüren** um 1330 weitreichenden Ruf als Wallfahrtsstätte, so daß sich die Gründung eines Nonnenklosters und kurzfristig sogar eines Kollegiatstiftes lohnte. Der damals begonnene Neubau der ehemaligen Wallfahrts- und Klosterkirche kam erst Mitte des 15. Jahrhunderts zur Vollendung. Spätgotische Wandmalereien aus dieser Zeit traten neuerdings bei einer Restaurierung wieder ans Licht.

Die ansehnlichen Fachwerkgehöfte, deren ältestes (1680) östlich der Kirche steht, verraten durch ihr Mitteltor und die geräumige Diele schon niedersächsischen Einfluß.

Die Einkünfte aus der Wallfahrt waren so hoch, daß daraus ein Neubau der seit etwa 1300 bezeugten ›Zappenburg‹ (Zapfenburg) des Erzstiftes Mainz finanziert werden konnte. Dennoch gelang es den Landgrafen von Hessen, die **Sababurg**, wie sie heute heißt, in ihre Hand zu bringen. Da nun

deren politische Bedeutung sank, erfuhr die Feste seit 1490
eine Umwandlung zum Jagdschloß, einem Lieblingsaufent-
halt Philipps des Großmütigen. Der Palas ist Ruine. Bestimmend für den heutigen Eindruck der Gipfelanlage sind die
beiden mächtigen Eckrundtürme (um 1490) mit ihren barok-
ken Hauben (1644).

Hier sollen die Brüder Grimm das Märchen vom Dornröschen aufgezeichnet haben. In Wahrheit, so heißt es, hätte
ihnen die ›Zwehrener Märchenfrau‹ von der Schlafenden
Schönheit erzählt. Unbeirrt von historischen Zweifeln hat
man für den Tourismus eine ›Märchenstraße‹ ausgezeichnet,
die von Helmarshausen nach Hanau führt und selbstverständlich auch die Sababurg berührt. Dornröschen soll nach
neueren Erkenntnissen französischen Ursprungs sein. Die
erwähnte ›Märchenfrau‹ Dorothea Viehmann hieß mit
Mädchennamen Pierson und war Urenkelin des ›Bour-
maitre‹ von **Schöneberg**. Im Balkenwerk der dortigen Fachwerkkirche (1705-06) liest man: ›C'est Icy Le Temple De
Dieu‹. Das reich geschnitzte Portal der um wenige Jahre
älteren Fachwerkkirche von **Carlsdorf** huldigt inschriftlich
dem ›Charles Prince et Landgrave de Hesse-Cassel‹. Hugenotten und andere französische Glaubensflüchtlinge fanden
vor dreihundert Jahren im Reinhardswald eine Zuflucht.

Nicht nur Naturfreunde sollten sich die Zeit zu einem
Besuch des Naturschutzgebietes *Urwald Sababurg* gönnen.
Zwar handelt es sich nicht um einen unberührten Natur-
wald, sondern »um spontane Regenerationsstadien auf
forstlich lange nicht mehr genutzten Flächen, die aus einem
ehemaligen Hutewald hervorgegangen sind«. (U. Hilles-
heim-Kimmel) Dort stehen bis zu 600 Jahre alte Huteeichen
und über 400 Jahre alte gewaltige Buchen.

Malerisch liegen auf einem Bergzug über der Diemel Burg
und Stadt **Trendelburg**. Der Gründung durch die Herren von
Schöneberg lag ein einheitlicher Plan zugrunde. Wie nicht
selten in diesem Grenzraum wechselten die Besitzer, teilten
sich gar in Ansprüche, ehe Hessen uneingeschränkte Befug-
nisse besaß (1597). Die Basis des Bergfrieds stammt noch
aus der Gründungszeit der Burg. Auch im Palas und im
Mauerring dürfte alte Bausubstanz stecken. Die oberen Teile

des Bergfrieds und der Ringmauer mit ihren vier Ecktürmen entstanden erst bei einem umfassenden Neubau (1443, 1456). Deren technische Ausführung deutet auf den sich vollziehenden Wandel der militärischen Verteidigungspraxis hin. Pechnasen an den Wehrgängen erlauben die Anwendung traditioneller Abwehrmaßnahmen. Die Aufmauerung aber ist bereits auf den Einsatz von Feuerwaffen eingestellt. Der dreigeschossige schlichte Palas (15., 17. Jh.) zeigt im Innern noch Reste der spätgotischen Kapelle.

Innerhalb des rechtwinkligen Straßengitters der Stadt, wie es für Stadtgründungen der Stauferzeit typisch ist, stehen in je einem unbebauten Geviert Kirche und Rathaus. Schwere Feuersbrünste, vor allem 1443 und 1456, erklären, weshalb die Bauüberlieferung relativ spät einsetzt. So stammen nur Mauern, Pfeiler und Scheidbögen der Kirche aus der ersten Bauzeit, die Rippengewölbe dagegen aus dem späteren Wiederaufbau. Die alten Gratgewölbe im nördlichen Seitenschiff liefern einen Anhaltspunkt für das ursprüngliche Aussehen des Kircheninnern. Der zweijochige, gerade geschlossene Chor ist uns vom Typ her in Gottsbüren begegnet. Spätgotische Wandmalereien (16. Jh.) widmen sich beliebten Themen und zeigen, zum Teil sehr überzeugend, die Marter der Kreuzigung, den riesigen Christophorus, die Anbetung der Drei Köige und, soweit die Reste den Schluß erlauben, das Apostelkollegium. Gestühl und Presbyterstände tragen gute Schnitzereien (Anfang 16. und 17. Jh.). Passend dazu ist die Kanzel (1633).

In unmittelbarer Nähe befindet sich das spätmittelalterliche Fachwerk-Rathaus, das man durch ein spitzbogiges Portal betritt. Die alte Sonnenuhr (1582) ist an günstigen Tagen nicht nur Dekoration. Die alten Fachwerkhäuser (17./ 18. Jh.) stehen bereits unter niedersächsischem Einfluß, wie die große Diele zeigt. Man spricht gerne vom ›diemelsächsischen‹ Hausstil.

Die dreibogige Steinbrücke (1744-45) über die Diemel spannt sich womöglich an einer uralten Furt über den Fluß, die schon in prähistorischer Zeit benutzt wurde.

Von Trendelburg ist es nicht mehr weit zur nördlichsten Stadt Hessens, Bad **Karlshafen**. Als Landgraf Karl 1699 diese

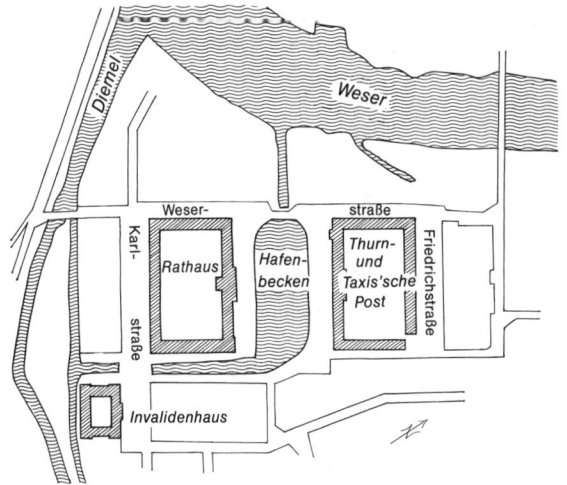

Bad Karlshafen

›Portalanlage‹ in der sumpfigen Niederung der Diemelmündung gründete, kamen ihm die Hugenotten und Waldenser gerade recht. Um den ausländischen Zoll zu umgehen, wollte der Herrscher Weser, Eder, Lahn, Rhein und Main durch einen Kanal verbinden, was beim damaligen technischen Stand nur Utopie sein konnte. Lediglich der Diemelkanal Karlshafen-Hümme und die Hafenstadt Sieburg, seit 1715 Carlshafen, konnten fertiggestellt werden. Immerhin haben wir hier das beste in Hessen erhaltene Beispiel einer nach Plan erbauten Barockstadt vor uns.

Das rechteckige Hafenbecken mit seinen Kanälen zur Weser und Diemel bildet noch heute den Mittelpunkt der Stadt. Längsseitig davon schließen die ›Carrés‹ an, Blocks aus zweigeschossigen Wohnhäusern mit Zwerchgiebeln. Eckquader und Giebel heben die Eckhäuser hervor. Repräsentative Bauten betonen die Mitte. Die südliche Längsseite beherrscht das Rathaus (1715-18) von Friedrich Conradi. Ursprünglich war es Packhaus und Jagdschloß, in dem eine Ratsstube bürgerlichen Belangen diente. Der Festsaal erhält durch die kunstvollen Stukkaturen von Andrea Gallasini eine beson-

dere Note. Wesentlich schlichter gehalten ist die gegenüberliegende ehemalige Thurn und Taxis'sche Post (1768). Auch
Invalidenhaus und Freihaus in der Karlsstraße sowie mehrere Wohnbauten bieten gute Beispiele für die Bautätigkeit
des 18. Jahrhunderts. – Das städtebauliche Projekt konnte
ungestört verwirklicht werden, weil sich vorher die Landgrafen gegen andere Ansprüche durchzusetzen vermochten.

Im einzigen Hugenotten-Museum der Welt wird der Beitrag dieser Exilanten zur neuzeitlichen Entwicklung Nordhessens gewürdigt und ihre Kultur dokumentiert.

In dem alten Ort **Helmarshausen** besaßen Paderborn und
das Erzstift Köln Rechte über die Benediktinerabtei (gegr.
Ende 10. Jh.) und die östlich davon entstandene Stadt. An die
staufische Gründungszeit (vor 1220) erinnert der rechteckige
Grundriß, den zwei Parallelstraßen durchziehen, zwischen
denen der Marktplatz liegt.

Hochwertige Buchmalereien und Werke der Goldschmie-
dekunst wiesen die ehemalige Reichsabtei St. Maria und Petrus als Kulturzentrum aus. Seiner Schreibstube entstammt
das berühmte Evangeliar Heinrichs des Löwen. Goldmetall-
arbeiten des Mönchs Roger von Helmarshausen werden im
Domschatz und in der Franziskanerkirche zu Paderborn gehütet. Roger hat vermutlich auch ein wichtiges kunsttechni-
sches Lehrwerk des Mittelalters verfaßt, die ›Schedula diver-
sarum artium‹. Nur wenig ist von den Abteigebäuden der
Blütezeit im Bau des jetzigen evangelischen Gemeindezen-
trums erhalten.

Während der Auseinandersetzungen zwischen Köln und
Paderborn entstand die *Krukenburg* (13. Jh.), von der noch
Bergfried, Teile der Ringmauer und die Umfassungsmauer
des Wohnturmes stehen. Inmitten der fast kreisrunden Anlage steht die Ruine der hochinteressanten Johanniskapelle.
Um den zentralen Rundbau von 13,5 Metern Durchmesser
sind vier Kreuzarme gesetzt. Der östliche endet mit einer
Apsis, der gegenüberliegende hat über der Eingangshalle
einen Turm, woran sich nördlich ein kleiner Treppenturm
anlehnt. Der zentrale Raum war von einer Kuppel bedeckt,
die Kreuzarme von Tonnengewölben. Zwei Treppen führten
zur viereckigen Krypta, die jetzt verschüttet ist.

Die Beschreibung erinnert an ähnliche Bauten, in denen man gerne ›Nachbildungen der Grabeskirche‹ zu Jerusalem erblicken möchte. Sicher diente die Kapelle einem Kult der Grabesruhe Christi, wie auch die Krypta Teil eines Prozessionsweges war. Offenbar hatte der Abt Wino bei seiner Palästinareise (1033) kleinasiatische Vorbilder gesehen und wohl aufgezeichnet. Bald darauf dürfte die Kapelle, wie die ihr ähnliche Busdorfkapelle in Paderborn, ihre Weihe empfangen haben (nicht 1126, wie neuerdings behauptet wird).

Unter mainzischer Führung erfolgte die Kirchengründung in **Lippoldsberg**. Um 1095 krönte Erzbischof Ruthard die Kirchenorganisation mit der Gründung des Benediktinerinnenklosters St. Maria und Georg. Dessen Kirche gibt ausgezeichnet die ruhigen Proportionen der romanischen Architektur in Deutschland zur Mitte des 12. Jahrhunderts wieder. Die gebundene Wölbung nach mittelrheinischer Art kündet vom Mainzer Einfluß. Daneben macht sich in der Doppelturmfassade nordhessisches Stilempfinden geltend, wie es sich etwa in Fritzlar äußert. Der Grundriß folgt Königslutter. In den Details offenbaren sich weitere Parallelen zur Bauplastik zwischen Niedersachsen und Oberrhein. In dem reichen Maße, wie der Bau beschenkt wurde, gab er vorbildhaft weiter an zahlreiche Nachfolgekirchen im Wesergebiet und in Hessen selbst (z. B. Germerode). Nur wenige romanische Gewölbebauten von diesem hohen Rang und Erhaltungszustand gibt es heute noch in Deutschland.

Vergißt man im Innern den Orgelprospekt, so hat man durchaus einen Eindruck von der Atmosphäre des ehemaligen Mainzer ›Hausklosters‹. Dann füllt sich im Rückblick die tiefe Nonnenempore mit den dunklen Gestalten der Klosterfrauen. In der unter ihr liegenden sogenannten Nonnenkrypta wird die ernste Feierlichkeit durch den stilisierten Pflanzenschmuck der Kapitelle aufgelockert.

Auf dem Rückweg nach Kassel liegt an der Fulda eine andere ehemalige Klosterstätte. Die Pfarrkirche von **Wilhelmshausen** geht auf das um 1140 gegründete Zisterzienser-Nonnenkloster Wahlshausen zurück, das seit 1310 bis zur Reformation Mönche desselben Ordens bewohnten. Da die

Kirche im Dreißigjährigen Krieg beschädigt und gegen Ende des letzten Jahrhunderts baulich erweitert wurde, gibt sie heute nur noch sehr eingeschränkt den ursprünglichen Charakter einer zisterziensischen Klosterkirche wieder. Bei einer solchen müßten Turm und Nebenapsiden fehlen. Dagegen ist der quadratische Chor mit Apsis durchaus typisch. Im Innern der dreischiffigen flachgedeckten Basilika vermißt man die Nonnenempore. Durch die jüngste Restaurierung ist der sonst romanische Eindruck gut festgehalten. Asketische Sparsamkeit erlaubt den stämmigen Säulen als einzigen Schmuck die Palmetten auf den Würfelkapitellen, ein Schmuckmuster, das sich ähnlich auf den Kämpfern wiederholt. Auch der achteckige Taufstein (um 1200) trägt Reliefs, die aber Tiermotive verwerten. Die prachtvolle Rokoko-Orgel gelangte aus einem aufgehobenen westfälischen Kloster hierher.

Während der Reformation (1572) verwendete Landgraf Wilhelm IV. das Klostergut zur Dorfgründung, woraus sich der Ortsname erklärt.

Kaufunger Wald

Zwischen Fulda und Werra schiebt sich dieser bewaldete Bergzug, der im Bilstein auf 642 Meter ansteigt. Obwohl er hinter dem Reinhardswald als dem größten zusammenhängenden Waldgebiet Kurhessens deutlich zurücktreten muß, wartet er reichlich mit landschaftlichen Reizen auf, unter denen vielleicht das obere Niestetal mit am schönsten ist. Karl der Große erscheint urkundlich als erster Eigentümer des Waldes (811). Später teilten sich Braunschweig und Hessen den Besitz.

Kaiser Heinrich II. errichtete im unteren Lossetal die Kaiserpfalz Kaufungen (1008-11), die bald darauf durch Kaiserin Kunigunde zu einem Reichsstift umgewandelt und mit Benediktinerinnen besetzt wurde (1017). Nach dem Tod des Kaisers nahm seine Witwe selber den Schleier (1025). Der anfängliche Elan der Stiftung scheint sich allmählich gelegt zu haben, denn im 13. Jahrhundert lebten hier Kanonissen. In der Reformation dienten die Liegenschaften des aufgehobenen Stiftes (1527) der Hessischen Ritterschaft zur Aussteuer ihrer Töchter.

Trotz mancher Umbauten trägt diese ehemalige Klosterkirche zum Hl. Kreuz und jetzige evangelische Pfarrkirche von **Oberkaufungen** noch viel vom Charakter der Gründungszeit (1017-25). Das Aussehen des Gründungsbaues konnte rekonstruiert werden. Damals entstand eine dreischiffige flachgedeckte Säulenbasilika mit Querschiff und Querschiffabsiden sowie einem Chor mit Apsis. Ein querrechteckiger Turm mit zwei runden Flankentürmen bildete die mächtige Westanlage, die im Innern aus einer zum Mittelschiff durch Arkaden geöffneten Empore bestand. Von dort wohnte die Kaiserin den Gottesdiensten bei.

Der einschneidenste Eingriff in die Bausubstanz erfolgte im zweiten Viertel des 13. Jahrhunderts durch Umwandlung zur Hallenkirche. Dabei entstanden die jetzigen weiten Spitzbogenarkaden. Die salische Apsis wurde später durch einen Chorschluß mit Sterngewölben im ganzen Chor ersetzt (1469). Das karolingische Westwerk mußte nach einem Brand (1564) verkleinert und vereinfacht werden, wobei anstelle der runden Treppentürme der Sechseckturm (Archivturm) dem noch immer beherrschenden Westturm nördlich zugefügt wurde.

Die Spätgotik hat den Innenraum mit zahlreichen Wandmalereien ausgestattet (15. Jh.). Der Passionszyklus im nördlichen Seitenschiff folgt oberrheinischen Vorbildern (Martin Schongauer u. a.). Unter den Gestalten an den Mittelschiffpfeilern ist auch Kaiser Heinrich vertreten. Die Grabsteine (16.-18. Jh.) zeigen, daß die Kirche bevorzugte Begräbnisstätte noch in nachreformatorischer Zeit war. Kaum Gelegenheit zur Trauer bietet der Grabstein der Äbtissin Anna von der Borch († 1512), den der Meister der Hankratschen Kreuzigung im Domkreuzgang zu Fritzlar schuf. Eingerahmt von einer maßwerkreichen Architektur faltet die verstorbene Äbtissin selig lächelnd die Hände zum Gebet, derweil ihr Stab in anmutiger Geste durch die linke Armbeuge gehalten wird.

Das sogenannte Rebentalsgebäude südlich der Kirche ist einer der wenigen Reste der ehemaligen Stiftsgebäude. Dieses heutige Wohnhaus hat noch eine gotische Tür und diente einst als Schlafstätte der Nonnen (Dormitorium).

Älter als die Stiftskirche ist die St. Georgs-Kapelle, so daß man annimmt, sie habe entweder zur Kaiserpfalz gehört oder sei die Pfarrkirche des Dorfes gewesen. In der Reformation profaniert, diente sie nacheinander als Schmelzhütte, Brauhaus und Stall. Heute ist darin das Heimatmuseum untergebracht. Gegen die geäußerten Mutmaßungen über die ursprüngliche Bestimmung von St. Georg spräche, wenn Mauerreste im Keller der sogenannten Renterei (1606) als Überbleibsel der Pfalzkapelle bestätigt werden könnten.

Außer diesem zuletzt genannten prächtigen Fachwerkbau und dem alten Vogtshaus (17. Jh.) in der Straße › Zur Schönen Aussicht‹ verdient vor allem das an den Westturm der Kirche anschließende Herrenhaus Beachtung. In dem spätmittelalterlichen (15. Jh.), später umgebauten (1714) Haus ist das Stifterpaar auf spätgotischen Holzreliefs verewigt, die wohl aus dem ehemaligen Chorgestühl stammen. Im übrigen besitzt der Ort zahlreiche alte Fachwerkhäuser (17./18. Jh.).

Die alten Kirchen mußten nicht nur dem ewigen Heil dienen, sondern boten spürbar auch höchst irdischen Schutz, gerade hier im abgelegenen hessisch-sächsischen Grenzland. Was dem heutigen Besucher malerisch vorkommen mag, besaß einst eine sehr nüchterne Funktion, wie dies in **Helsa** noch zu sehen ist. Dort stand die Kirche inmitten des wehrhaften Kirchhofes. Ihr Turm befindet sich abseits und ist zugleich Torturm zum Kirchhof. Ein Stück Wehrmauer blieb als Wand eines Hauses erhalten. In der Kirche überraschen die ungewöhnlich reichen Emporen (1594) mit ihren gedrechselten Docken. Maßwerkfelder zieren die spätgotische Steinkanzel. Die Orgel (1703) ist ein Werk des thüringischen Orgelbauers Joh. Konrad Altstetter. Das Dorf besitzt zahlreiche Fachwerkhäuser (17.-19. Jh.).

Die Glashütten des Kaufunger Waldes erfreuten sich eines europäischen Rufes. Angeblich ist der Siedlungsplatz für das heutige **Großalmerode** ihretwegen angelegt worden. Jedenfalls war der Ort 1537 Zentrum des hessischen Gläsnerbundes, der weit bis nach Norddeutschland hinein wirkte und zuletzt sogar die schwedischen Glasmacher einbezog. Doch

liefen andere Industrien diesem Gewerbe bald den Rang ab,
vor allem die Tongewinnung und -verarbeitung, der Kohle-
bergbau und die Alaunherstellung. Bedeutende Unternehmen sind hier tätig.

Meißner

Sagen und Märchen umweben das malerische Bergmassiv
des Hohen Meißner (750 Meter). Ein moderner Mythos
spann sich um seine Höhen, als im Oktober 1913 dort die
Einhundert-Jahrfeier der Völkerschlacht bei Leipzig in einer
jugendgemäßen Form, dem sogenannten Meißner-Treffen,
begangen wurde. Dem ›Freideutschen Jugendtag‹, wie die
Veranstaltung offiziell hieß, kam für die deutsche Jugendbewegung eine entscheidende Rolle zu als Vorbild und Anregung.

Unterhalb der Basaltkuppen begann schon unter Philipp
dem Großmütigen der Abbau der reichen Braunkohlenlager.
Anfangs noch mühsam unter Tage betrieben (Friedrichs-
Stollen 1736), wird heute im Tagebau gearbeitet. Das hat
zu wesentlichen Beeinträchtigungen des Landschaftsbildes
geführt. Obwohl Teile des Meißner der bergbaulichen Nutzung entzogen sind und dadurch der ›König der hessischen
Berge‹ eines der bedeutendsten Naturschutzgebiete des Landes ist, scheinen die Sorgen noch nicht ganz ausgeräumt zu
sein. Die besondere geologische Lage dieser größten Basalt-
masse Nordhessens macht den Meißner zu einem wichtigen
Studienobjekt für die Glazialforschung. Seine Basaltblock-
meere gleichen in vielem jenen, die an der Dornburg am
Rande des Limburger Beckens anzutreffen sind. Darüber
hinaus bieten die Wiesen-, Heide- und Moorflächen seltenen
Pflanzen- und Tierarten Unterschlupf. Manches davon ist
schon früher vernichtet worden, nicht nur durch die Industrie, sondern durch eine unbedachte Forstwirtschaft, die
nach der Übernahme Kurhessens durch Preußen (1866) auf
dem Meißner betrieben wurde.

Zwei Flüsse grenzen unsere Gebirge nach Süden ab. Die
Wehre strebt am Hohen Meißner entlang ostwärts zur
Werra. Die Losse fließt zwischen Kaufunger Wald und Söhre-
gebirge in Richtung Kassel zur Fulda.

Landbaumeister Joh. Friedrich Matthei beschritt mit der evangelischen Kirche von **Küchen** neue Wege. Äußerlich wirkt der zweigeschossige Saalbau (1827-28) recht schlicht. Lediglich der Turm an der südlichen Längsseite bringt mit Haube und Laterne etwas Leben in das klassizistische Gebäude. Beim Betreten des Innenraumes fühlt man sich beinahe in ein Amphitheater versetzt. Diese moderne und doch alte Möglichkeit der Raumgestaltung diente dem einfallsreichen Baumeister, um der reformatorischen Theologie von der Bedeutung des Wortes in zeitgemäßer Form und im Grunde letzter Konsequenz gerecht zu werden. Bankreihen und Emporen wenden sich halbkreisförmig zur Kanzel, die hinter dem Altar an der rückwärtigen Längswand steht. Das Beispiel hat in Hessen, wenn auch in abgewandelter Form und vielleicht weniger konsequent, Schule gemacht, wie in Driedorf im Westerwald oder in Wollmar bei Marburg. Im Raum Eschwege war Matthei persönlich leitend tätig in Langenhain, Oetmannshausen und Stadthosbach, wo seine Ideen wohl am besten verwirklicht sein dürften.

Die ›Hessischen Fuhrleute‹, die jahrhundertelang den damaligen Transitverkehr auf den europäischen Fernstraßen besorgten, kamen aus **Waldkappel** und dem benachbarten Bischhausen. Den Straßen verdankt der Ort auch seine Entstehung. Den Namen liehen die Adeligen von Kappel, die 1451 ihre Anteile an der Stadt (seit 1414) an Hessen verkauften, worin ihnen nach und nach auch die übrigen hier begüterten Adelsgeschlechter folgten. Mehrere Brandkatastrophen verheerten den Ort. Das erklärt den relativ geringen Bestand an alter Bausubstanz, darunter mehrere Fachwerkhäuser (18. Jh.) und das Rathaus aus gleicher Zeit. Das Feuer beeinträchtigte auch die evangelische Pfarrkirche (1514, 1522), deren Gewölbe 1637 bei einem Brande barsten und seitdem durch eine Flachdecke ersetzt sind, was der dreischiffigen spätgotischen Halle ihre ursprüngliche Wirkung nimmt.

Die Ruine auf dem Burgberg bei **Reichenbach** war Stammsitz der gleichnamigen Grafen. Durch Heirat fiel das Eigentum an Thüringen, dem es Hessen im Erbfolgekrieg entwand, um dann hier einen Amtssitz samt Jagdschloß einzurichten. Als der Amtssitz nach Hessisch-Lichtenau verlegt wurde, verfiel die Burg (16. Jh.). Ihr Bergfried ist um 1900 wiederhergestellt worden.

Die Grafen von Reichenbach stifteten ein Nonnenkloster, das aber schon 1207 verlassen war. Der Deutsche Orden übernahm das Kloster (1221/25), das damit zur ältesten Komturei in Deutschland wurde. Trotz Aufhebung der Kommende während der Reformation blieb das Kloster Eigentum des Ordens bis zur Säkularisation. Die ehemalige Klosterkirche ist jetzt evangelische Pfarrkirche. Zwar sind Apsis, Chor und (vermutetes) Querschiff nicht mehr vorhanden, doch gibt das sorgfältig restaurierte Langhaus noch gut den ursprünglichen Eindruck wieder. Den abrupten Ostabschluß mildert ein Sgrafitto der Kasseler Kunstmaler Wittig und Grünewald. In den Arkaden vollzieht sich ein Stützenwechsel, wie er im Sächsischen geläufig ist. Von meist hohem Niveau sind die Steinmetzarbeiten am ehemaligen Westportal in der Turmhalle, an den Kapitellen und Gesimsen. Der Westturm (um 1500) ist später hinzugefügt und schließlich mit einem Haubenhelm (1788) versehen worden.

Seit etwa 1490 hatte das vormalige Amt Reichenbach seinen Sitz in **Hessisch-Lichtenau.** Vor 1289 veranlaßte Landgraf Heinrich die Zusammenlegung mehrerer Dörfer als Grundstock für eine Stadt an der Losse. Zum Ersatz einer bald wieder abgebrochenen Burg entstand eine sichere Stadtbefestigung, deren Mauerring größtenteils erhalten ist. Ein mächtiger Rundturm blieb vom Obertor. Der wiederholt veränderte Junkerhof (bez. 1536) befindet sich an der Stelle, wo einst die Burg stand. Von der spätgotischen ersten Pfarrkirche St. Kilian (13. Jh.) sind wenigstens Teile in der heutigen Friedhofskapelle aufgegangen. Ihre Funktion hat die ehemalige Katharinenkirche und jetzige evangelische Pfarrkirche (13./14. Jh.) übernommen. Ältester Teil ist der frühgotische Westturm, der einen Spitzhelm (19. Jh.) trägt. Chor und zweijochiges Langhaus entstanden in ihrer eigentümlichen Asymmetrie Jahrzehnte später. Sehr ansprechend wirkt das alte Rathaus mit seinem Fachwerk und dem geschnitzten Portal (1651).

Werra-Land

EINE der Deutungen des Namens ›Meißner‹ will wissen, es sei eben der ›Wißner‹, also der weiße Berg, der Schneeberg. Aus dem Werratal her gesehen, hat eine solche Deutung angesichts der höhenbedingten Klimaunterschiede sicher ihre Berechtigung. Der Fluß kommt von Thüringen herab und bringt später mit der Fulda die Weser zuwege. Die fruchtbaren Talweitungen sind früh von Menschen besiedelt gewesen.

Eschwege

Die Stadt geht zurück auf einen sächsischen Königshof, der schließlich der Äbtissin von Gandersheim, einer Schwester Ottos III., geschenkt wurde (994). Das Besitztum war noch öfter Tauschobjekt zwischen Kirche und Reich, besaß de facto Stadtrechte und war vorübergehend freie Reichsstadt (bis Mitte 13. Jh.), was auf ein rasches Wachstum schließen läßt. Die natürlichen Voraussetzungen waren an dieser Stelle gegeben, wo – einer Deutung des Ortsnamens zufolge – »der mit Eschen umstandene Fluß langsamer fließt«. Seine Grenzlage führte aber zu Besitzstreitigkeiten zwischen Hessen und Thüringen, die Hessen für sich entschied (1433). Im Dreißigjährigen Krieg litt die Stadt schwer.

Das Werden der Stadt läßt sich noch heute an Hand der Bebauung rekonstruieren. Eine Keimzelle war das **Kanonissenstift St. Cyriax,** das wohl Ende des 10. Jahrhunderts von der erwähnten Gandersheimer Äbtissin gegründet wurde und bis 1527 bestand. Seinen Platz nimmt heute das ehemalige *Hochzeitshaus* (1578) ein. Von der Klosterkirche blieb nach dem Abbruch (1735) nur der sogenannte Schwarze Turm übrig. Im Bereich ihres Schiffes steht heute die Schule (1828). Zweite Keimzelle der Stadt war die landgräfliche Burg, das jetzige Schloß. Einige Mauerreste deuten den Verlauf der Stadtbefestigung an. Erhalten und wiederholt restauriert ist der **Dünzebacher Turm** (1531, 1690).

Die Brandschatzungen während des Dreißigjährigen Krieges ließen zwar viele alte Bausubstanz in Flammen aufgehen, aber der Wiederaufbau hat in seiner noch heute wirksamen Geschlossenheit und mit den schlichten, geschmackvollen Fachwerk-Wohnhäusern Erstaunliches geleistet. Die alten Häuser säumen vor allem den Straßenzug, der sich zum Marktplatz erweitert. Dort erhebt sich das **Alte Rathaus** (1660), dessen Fachwerk mit Tiergestalten und Köpfen in Flachschnitzweise verziert ist. Daneben errichtete Anton Jakob Spangenberg den Steinbau des Neuen Rathauses in den Jahren 1842/43.

Die evangelische **Marktkirche St. Dionys** bewahrt aus einer älteren Kirche den Westturm (13. Jh.), der eingestellt ist und dadurch dem Bauwerk ein sehr gedrungenes Aussehen verleiht. Wie eine Inschrift im Chor bezeugt, ist 1450 mit dem Neubau dieses Teiles begonnen worden. Das Langhaus wurde 1466 in Angriff genommen, wie ebenfalls inschriftlich festgehalten ist. Die fast quadratische Halle schließen schöne Netz- und Sterngewölbe (1521), die im Chor ihre Fortsetzung finden. Als Stilelement der Spätgotik tauchen darin Fischblasenmuster auf. Reiche Knorpelornamente überziehen den Orgelprospekt (1677-79) von Jost Friedrich Schäffer.

An der Südseite der Altstadt entstand Ende des 13. Jahrhunderts die Neustadt, die sich durch das regelmäßige rechteckige Straßennetz ausweist. Nach dem Vorbild der Marktkirche baute man für die neue Pfarrei die evangelische **Katharinenkirche**. Sie ist nur abschnittsweise vollendet worden, so daß sich vom Westturm (1374) bis zur Einwölbung des Langhauses (1520) eine lange Zeitspanne erstreckt. Dafür wirkt das Gebäude großzügiger als die Marktkirche. Ihr wertvollstes Ausstattungsstück ist die von Heinrich von Eschwege gestiftete Steinkanzel (1509). Ihre überaus reiche Gliederung, die durch drei Halbreliefs noch gesteigert wird, macht sie zu einem Spitzenwerk der hessischen Spätgotik.

Die Stadt besaß ein **Augustiner-Eremitenkloster** (1278-1527), von dessen Kirche eine Mauer mit Kreuzgangresten übrig blieb, wie auch vom eigentlichen Kloster nur Teile vorhanden sind. Dafür steht noch der Hospitalstrakt (1663), dessen Fachwerk eine freundliche Ausstrahlung hat. Seine Verwendung als Altersheim kommt der ehemaligen Aufgabe sehr nahe.

Am Nikolaiplatz hält der hochragende *Klausturm* mit seiner hölzernen Türmerstube samt Balustrade und der achteckigen Haube mit Laterne (1733-36) das Andenken an die ehemalige Nikolaikirche wach, die im 16. Jahrhundert verfallen ist.

Wie das Cyriaxstift erhob sich die Burg auf einer kleinen Anhöhe. An ihrer Stelle schaut jetzt das **Schloß** über die Werra. Durch Arkaden betritt man den Hof, den das dreiflügelige Gebäude umschließt. Treppentürme und Rollwerkgiebel prägen hier das Aussehen, während außen zum Vorplatz ein zweigeschossiger Erker blickt. Landgraf Wilhelm IV. machte den entschiedenen Schritt von der alten Burg zu diesem Renaissancebau (1581). Sein Sohn, Landgraf Moritz der Gelehrte, fügte an der Südostecke den Pavillon hinzu (1617). Landgraf Friedrich von Hessen-Eschwege hat dann noch die kunstvolle Uhr mit dem ›Dietemann‹ eingebaut (1650). Die Nebengebäude (1755) sind im Obergeschoß aus Fachwerk.

Bad Sooden-Allendorf

Auch nach der Zusammenlegung (1929) bewahrten beide Ortsteile ein gewisses Eigenleben, wie insbesondere geographisch und baulich die Charaktere recht verschieden sind, was wiederum aus unterschiedlichen historischen Entwicklungen zu erklären ist. Gemeinsam ist die lange zurückreichende Geschichte dieses Siedlungsplatzes, den prähistorische Hünengräber auf dem Hirschenberg kennzeichnen. Die Befestigungsanlagen ›Römerlager‹ und ›Römerschanze‹ dürften trotz der irreführenden Namen in grauer Vorzeit ihren Ursprung haben. Seine Anziehungskraft gewann diese Stätte durch die Solequellen. Tacitus berichtet von einer Auseinandersetzung germanischer Stämme wegen der Salzgewinnung. Das Zitat wird gerne auf diese Gegend bezogen. Um einen fränkischen Saalhof bildete sich dann eine feste Niederlassung namens Westera aus. Nach einer Kirchen-

gründung durch Bonifatius (747) kamen Königshof und Salzquellen durch Karl den Großen an das Kloster Fulda (776-
79). Dieses wiederum gab den Ort den Thüringer Landgrafen
als Lehen (1202). ›Ze dem alden dorfe‹ gründete Thüringen
dem gegenüber als eigene Siedlung, woraus sich der Ortsname Allendorf entwickelt hat. An Westera erinnert nur
noch die Westerburg oberhalb Sooden. Der Name hat seinen
Ursprung in einer Kolonie für Salinenarbeiter, ›in den Soden‹.

Seit dem Mittelalter war die Ausbeutung der Salzquellen
durch die Genossenschaft der Pfannenbesitzer organisiert.
Diese ›Pfännerschaft‹ (ab 15. Jh.) tagte im Allendorfer Rathaus. Durch die ›Ewige Lokation‹ (1586-1906) war die Ver-
pachtung an die hessischen Landgrafen verbrieft. – Wie im
ganzen Werra-Land hinterließ der Dreißigjährige Krieg
furchtbare Verwüstungen. Mit der Errichtung des Solbades
(1881) schien eine bessere Zeit anzuheben.

Im Ortsteil **Sooden** sind alle älteren Bauwerke bis auf spätgotische Reste in der evangelischen Pfarrkirche nach dem
Dreißigjährigen Krieg entstanden oder doch in der jetzigen
Form wiederhergestellt worden. So erhielt der quadratische
gotische Chorturm einen achteckigen Barockaufbau und
eine Laternenhaube (1777). Wertvollster Schmuck des Innern
ist die Kanzel mit ihren schönen Intarsien (1702) von Samuel
Hornegger, der sich die etwas spätere Orgel mit barockem
Prospekt und Rückpositiv (1756) anschließt.

Die Kurverwaltung sitzt im ehemaligen *Salzamt* (1782)
mit seinem schmucken Rokokotor. Offensichtlich legt man
auf ein hübsches Ortsbild großen Wert. Dazu tragen die
zahlreichen Fachwerkhäuser (17.-19. Jh.) erheblich bei, die
in eindrucksvoller Geschlossenheit an der ›Langen Reihe‹
und ›Weinreihe‹ die Kuranlage einrahmen oder beim Söder
Tor (1704-05) sowie in den Gäßchen unterhalb der Kirche
malerische Winkel und Fronten bilden.

Weit übertroffen wird Sooden von **Allendorf**, das ohne
Zweifel zu den schönsten Fachwerkstädten im Norden Hessens gehört. Die Brandkatastrophe von 1637 ist, so wider-
sinnig es scheinen mag, der Grund, insofern der nötig gewordene Wiederaufbau zu schnellem und einheitlichem Vorge-
hen zwang. Allerdings ist dies nicht nach dem Muster, wie

man es etwa im Dillgebiet bei Frohnhausen und Nanzenbach findet, geschehen. Hier trägt auch die Lage an der in drei Armen dahinfließenden Werra, über die sich seit alters her steinerne Brücken spannen, zum reizvollen Bild bei.

Bad Sooden-Allendorf, Weberstraße

Die bemerkenswertesten Häuser stehen in der Kirchstraße: Haus Bürger (1639), Haus Eschstruth (1642-44), Haus Kraus (17. Jh.) und schon klassizistisch Haus Kreger (1837) am Markt. Beinahe gleichrangig sind weitere Häuser hier und in den parallellaufenden Gassen. Man sieht geschnitzte Portale, bewegte Gesimse, ornamentierte Brüstungsstreben oder -gefache, abwechslungsreiche Erker und große Zwerchhäuser von gelegentlich Giebelbreite. Haus Kreger fällt nicht allein wegen der späten Bauzeit aus dem Rahmen, sondern durch ein französisch anmutendes Flair, das von seinen klassizistischen Stuckornamenten, der Pilastergliederung und den mythologischen Köpfen (Gorgonen) ausgeht. Am *Marktplatz*, wo ein schöner Kump vor sich hinplätschert, stehen das Rathaus (1666) und gleich daneben das ehemalige Hochzeitshaus (1667). Im Rathaus ist die schon erwähnte Stube, wo die Pfännerschaft tagte. Das Amtshaus der Forstverwaltung war ehemals Burgsitz oder Kemenate der Herren von Bischofshausen. Das gotische Steingebäude (1381) hat Staffelgiebel und jeweils Balkons in den Spitzen, von denen aus wohl die Feuerwache Ausschau hielt.

Interessant ist die *Totenhalle* vor dem Friedhof (beim Steintor): Der wohl im 18. Jahrhundert entstandene Laubengang wirkt geradezu südländisch.

Die evangelische *Pfarrkirche* blickt auf eine sehr verwikkelte Baugeschichte zurück, deren Spuren mehrfach sichtbar werden und bis zur Romanik zurückreichen. Unmittelbar am Flußufer ragt ihr Westturm (14. Jh.) auf, dessen Helmansatz ein Gang umläuft. Der Neubau eines gotischen Langhauses (14. Jh.) ist 1424 zur heutigen zweischiffigen Halle umgeändert worden. Zwischen Turm und Langhausnordwand steht eine zweigeschossige spätgotische Kapelle. Das Innere des heute flachgedeckten Kirchensaales wird belebt durch die barocke Kanzel und den ebenso reich verzierten Pfarrstand, die beide 1684 von Heinrich Erdinger angefertigt worden sind.

Nördlich überschreitet die Kirchstraße den mittelalterlichen Stadtbezirk. Von dessen *Befestigung* sind größere Abschnitte erhalten, darunter an höchster Stelle der Diebsturm (wohl nach 1264) und im Osten der Wartturm. Außerhalb des mittelalterlichen Stadtberings liegt das *Heiliggeisthospital*, das schon 1363 Erwähnung findet. Aus dieser Zeit etwa dürfte noch der Unterbau stammen, während die Fachwerkteile im 18. Jahrhundert gebaut worden sind. Auch die anstoßende Kapelle wurde später auf gotischem Unterbau erhöht. Ihr Chor ist abgerissen. Bemerkenswert sind die zufällig entdeckten Wandmalereien, die in erstaunlicher Qualität das Gleichnis von den Klugen und Törichten Jungfrauen (14. Jh.), Kreuzigung (1420-30), Schmerzensmann und Gnadenstuhl, Jüngstes Gericht, die Heiligen Martin und Elisabeth darstellen. Eine echte Rarität ist die Szene auf der Westwand, wo Maria und die Evangelisten Hostien in eine Mühle schütten, die dann von den vier Kirchenvätern und den Aposteln in Empfang genommen werden.

Die hier gezeigte Hostienmühle stellt eine Weiterentwicklung der mystischen Mühle dar, die in Anlehnung an die Textstelle bei Matthäus 24,41 (oder Lukas 17,35) im 12. Jahrhundert ikonographisch erstmals größere Verbreitung findet. Einmal symbolisiert sie die Läuterung als Voraussetzung zur Aufnahme in den Himmel (Motiv der mahlenden Frauen). Dann soll das Verhältnis vom Alten zum Neuen Testament erklärt werden, wenn Prophetenworte vom Apostel Paulus gemahlen, will sagen, geläutert werden.

Schließlich wird das Motiv im 15. Jahrhundert in den Zusammenhang mit der Menschwerdung und mit der Eucharistie gebracht, wie das in Allendorf der Fall ist. Im mitteldeutschen Raum gibt es mehrere Belege, so daß eine Überlieferung von dort für Allendorf diskutiert werden könnte. Hessen scheint sonst kein weiteres Beispiel zu besitzen.

In Allendorf erzählt man, daß vor dem Steintor Wilhelm Müller die Anregung zu dem Lied ›Am Brunnen vor dem Tore‹ empfangen habe, dessen Text dann Schubert vertont hat.

Südöstlich der Stadt liegt über dem Fluß **Schloß Rothestein**. Das Ganze ist zu schön, um alt zu sein! Mit viel Aufwand ist 1891 im damals beliebten historisierenden Bemühen die neugotische Anlage für Adolf von Gilsa errichtet worden. Das Schloß gehört heute den Freiherren von Lüninck.

Westlich den Hohen Meißner im Blick, kehren die Gedanken vielleicht zum Aufbruch der Jugendbewegung zurück. Nicht wenige, die mit hehren Gefühlen das Andenken an die Völkerschlacht bei Leipzig begangen hatten, ließen ihr junges Leben in der unendlich grausameren Völkerschlacht des Weltkrieges. Zum Andenken an die gefallenen Wandervögel hat man nach 1918 **Burg Ludwigstein** (1415) als Gedenkstätte zur Jugendburg ausgebaut. Hoch über einer Flußschleife der Werra liegt sie malerisch bei Wendershausen, als Grenzfeste der Landgrafen gegen Kurmainz gedacht, das Burg Hanstein jenseits Fluß und Grenze hielt. Vom ›Zwei-Burgen-Blick‹ läßt sich die Situation gut erfassen. Heute ist Ludwigstein Jugendherberge. Als eine der spätesten Burgengründungen ist Ludwigstein sehr gut erhalten. Hufeisenförmig gruppieren sich ihre Gebäude um den rechteckigen Innenhof. Hessen kennt mehrere Parallelen dazu: Ludwigseck bei Ersrode, Schloß Berlepsch, Hessenstein bei Ederbringhausen und Ulrichstein im Vogelsberg. Neben dem fünfgeschossigen Bergfried liegt der Eingang. Im Gegensatz zu der abweisenden Geschlossenheit nach außen wirkt der Hof durch seine Fachwerkbauten idyllisch. Die Wohnkultur hatte zur Bauzeit offensichtlich schon einen höheren Stand erreicht.

Die evangelische Kirche von **Wendershausen** (1739-40) ist ein Werk des Giovanni Ghezzy.

Burg Arnstein bei Eichenberg beherrschte zwischen Werra und Leine die alte Handelsstraße nach Leipzig. Bis in unser Jahrhundert waren die Herren von Bodenhausen Besitzer, die sie einst von Hessen zu Lehen genommen hatten (1434). Ihre Feuerprobe bestand sie in der Neuzeit, als sie erfolgreich den Franzosen trutzte (1760). Damals war die spätgotische Burg schon erheblich umgestaltet und mit jetzt vermauerten Schießscharten versehen worden (um 1600). Unter dem steil abfallenden Burgfelsen führen heute wichtige Eisenbahnlinien entlang: moderne Fortsetzung der alten Fernwege.

Schloß Berlepsch in der Gemeinde Berlepsch-Ellerode war als Burg (1368-69) gegründet worden, als das gleichnamige Geschlecht seine Stammburg Barlissen bei Göttingen verloren hatte. Sie arrangierten sich mit den Landgrafen, was ihnen nach Auseinandersetzungen mit Verwandten auf Ziegenberg die Verleihung des Erbkämmereramtes eintrug. Die malerische Silhouette ist das Ergebnis des historisierenden Umbaues (1881-94). Auf Ludwigstein ist eine vergleichbare Ausgangssituation ohne die nachfolgende Veränderung zu sehen. Der Westflügel, das ›Hohe Haus‹ und einige Portale sind Überbleibsel der Burg, obwohl auch ersterer zu Ende des 16. Jahrhunderts verändert worden ist. Teile der Vorburg samt Bastion sind älter. – Hans Graf von Berlepsch († 1915) war ein bedeutender Ornithologe, dem die Senckenbergische Naturforschende Gesellschaft zu Frankfurt manches zu verdanken hat.

Die oben erwähnte Burg Ziegenberg stand bei **Ziegenhagen** westlich der Werra und ist auf klägliche Reste zerfallen. Unterhalb liegt das gleichnamige Hofgut, ein Herrenhaus mit Fachwerkobergeschoß (um 1600).

Der verhältnismäßig hohe Burgenreichtum in dieser Gegend, woraus einige Beispiele beiderseits der Werra unsere Aufmerksamkeit fanden, bedeutet in dem Grenzland zwischen Hessen, Thüringen und Sachsen keine Überraschung. Die historischen Wurzeln reichen erheblich weiter zurück als in ihre Hoch- oder spätmittelalterliche Bauzeit. Die Grenzsicherung war vorrangiges Anliegen in karolingischer Zeit, als hier noch fränkisches Aufmarschgebiet gegen die Sachsen war. Fast alle alten Orte zeigen so eine Parallelität der geschichtlichen Entwicklung. Irgendwann ist es eine fränkische oder karolingische Gründung, die als dauerhafte Siedlung namhaft wird. Nicht selten aber steht ihr voran eine solche in namenloser Vorzeit.

Witzenhausen

Auch hier konnte Landgraf Ludwig IV. von Thüringen an einen in karolingischer Zeit entstandenen Ort anknüpfen, als er 1225 die bestehende Siedlung zum Markt erklärte. Gut drei Jahrzehnte später fiel dieser allerdings schon an Hessen, nachdem Mainz erfolglos gegen Thüringen gestritten und 1232 den Marktflecken zerstört hatte. Als die hessischen Rechte endgültig abgesichert waren (1264), erfolgte die Befestigung der werdenden Stadt. Hinter den sicheren Mauern entfaltete sich kaufmännischer Unternehmergeist. Die Kaufmannsgilde stellte den Rat und führte eine erste Blüte herbei, während der das **Wilhelmitenkloster** nahe der Stadtmauer am Werraufer und teilweise über der überbrückten Herrengelster entstand (1291-1528). Refektorium, Kapitelsaal, das Türmchen des Michaelshospitals (1392) und die Liebfrauenkirche stammen aus dieser Zeit. Die alte Klosteranlage ist unschwer rekonstruierbar. Drei Gebäudeflügel gruppierten sich um den Kreuzganghof, den Südflügel bildete die Kirche, jetzt das Amtshaus. In den ehrwürdigen Räumen war die berühmte Kolonialschule (1898) eingerichtet, die in dem Institut für tropische und subtropische Landwirtschaft einen Nachfolger gefunden hat.

Die malerische ehemalige Liebfrauenkirche und heutige evangelische **Stadtkirche** erlangte in mehreren Bauphasen bei wiederholtem Planwechsel ihre heutige Gestalt. Sie lassen sich bereits am Westturm ablesen, dessen Untergeschoß romanisch, Oberbau früh- und hochgotisch, Portal, Helm und Holzgalerie barock sind. Die spätromanische Basilika wich einem gotischen Neubau, dessen Chor 1404 vollendet wurde. Das Ungewöhnliche an dem Projekt war, daß man eine Emporenkirche vorsah, wie sie für Hessen weitgehend unüblich, für den Mittelrhein aber geläufig ist. Kiedrich wäre das einzige Beispiel im Lande. Jenseits der Westgrenze gibt es solche Emporenkirchen in Diez, Dausenau und Montabaur. Nur eine der geplanten Emporen gelangte südlich neben dem Chor zur Ausführung. Von der sonstigen Einrichtung soll noch die Rede sein. Von der verheerenden Brandkatastrophe von 1479 erholte sich Witzenhausen nur allmählich. Immerhin entstanden beim Wiederaufbau ansehnliche Wohnhäuser. Dazu gehört das **Deutsche Haus** (1480) am Kirchplatz. Obergeschoß und Giebel sind auf geschweiften Knaggen vorgekragt. Ähnlich ist das Sommermannsche Haus in der Ermschwerder Straße.

Die Klosterschule von Witzenhausen hatte im Mittelalter von weither Scholaren in die Stadt gelockt. Bei der Aufhebung des Klosters zeigten sich auch die Schattenseiten reformatorischen Übereifers, denn der Zustrom an Studenten versiegte schlagartig. Die Tätigkeit des Reformators Antonius Corvinus als Pfarrer von Witzenhausen war da nur ein bescheidener Ausgleich für den Verlust des bisherigen kulturellen Lebens.

Erst zu Ende des Jahrhunderts setzte eine neue Blüte ein, der – unterbrochen durch die Pest – erst der Dreißigjährige Krieg ein Ende bereitete. Das gotische **Rathaus** mit seinem Fachwerkobergeschoß (14./15. Jh.) wurde unter Einbeziehung alter Mauerteile in einen Renaissance-Steinbau (1589-90) umgewandelt. Ein Brand erzwang 1819 eine völlige Restaurierung, die nüchtern in klassizistischer Form geschah.

Der Werkmeister Hans Wetzel aus Allendorf hat neben dem Rathaus-Neubau wohl auch das sogenannte **Steinerne Haus** (1584) am Markt errichtet. Über seinem Steinsockel steht ein Oberbau aus Renaissance-Fachwerk und ein mehrgeschossiger Eckerker. Zwei weitere, nur wenig jüngere Häuser am Markt werden demselben Meister zugeschrieben, ferner das »Haus zur Krone« (um 1605) am Kespermarkt, das durch reiche Gesimse und zwei hohe Zwerchgiebel ausgezeichnet ist. Diesen Wohnhäusern reiht sich ein vom gleichen Meister gebauter Adelssitz ein, das ehemalige **Haus von Berge** (1585-90) am Marktplatz. Deutlich vollzieht sich der Übergang von der Renaissance zum Barock. Die Knag-

gen büßen ihre statische Funktion ein, nehmen Volutenform
an und haben so fast ausschließlich ornamentale Bedeutung.
Als zweiter bekannter Baumeister war zu der Zeit Nikolaus
Kaufunger hier tätig. Außer zwei Häusern Am Brauhaus
(Nr. 1 u. 3; 1572) ist das in der Ermschwerder Straße (Nr.
4; 1579) erwähnenswert, bei dem die fächerförmigen Fußstreben auffallen.

Wie wenig die Folgezeit künstlerisch zu leisten vermochte,
zeigt sich in der Ausstattung der *evangelischen Stadtkirche*,
zu der wir zurückkehren, nachdem uns zunächst nur deren
Architektur beschäftigte. Von der barocken Ausstattung ist
lediglich der ausgezeichnete Orgelprospekt (1730) bemerkenswert, der mit Akanthusschnitzereien verziert ist. Aus
der spätmittelalterlichen Blütezeit stammen die ornamentalen und figürlichen Malereien (Anfang 16. Jh.). Die Bestätigung für die zeitliche Einordnung liefert eine männliche
Gestalt, die inschriftlich als Schulmeister Israel Engelhart
bezeichnet ist und an die damals noch bestehende Klosterschule erinnern dürfte. Ein Studium der damaligen Mode
erlauben die Darstellungen der Tugenden in Form von weiblichen Gestalten.

Die Betonung des Wortes durch die Reformation veranlaßte das Aufstellen der wertvollen Kanzel (1575), auf der
Christus, die Evangelisten und Paulus zu sehen sind. Infolge
des späteren künstlerischen Stillstands blieb die Kanzel abgesehen von der veränderten Aufstellung (früher auf einer
Säule) unangetastet.

Auch in evangelischer Zeit behielt man den Brauch bei,
hochgestellten Persönlichkeiten die Beisetzung innerhalb der
Kirche zu gestatten. Das Grabmal der Familie v. Bodenhausen (1575) ist ein aufwendiges Werk der nachreformatorischen Blüte von Witzenhausen. Die lebensgroßen Figuren
der Verstorbenen knien unter dem Relief der Auferstehung.
Für die Familie von Berlepsch schuf Andreas Herber zwei
Grabplatten (1570, 1581). Ein Epitaph (1590) ist mit den
Szenen der Grablegung und Auferstehung bemalt.

Neuen Auftrieb erhielt Witzenhausen erst seit der Ansiedlung moderner Industrien und durch die Einrichtung der
erwähnten Kolonialschule. Noch immer umschließt auf

weite Strecken die einstige Stadtbefestigung den alten Ortskern. Eulen- und Diebsturm (14. Jh.) sind besonders gut
erhalten. Aber über den düsteren Mauern liegt zur Zeit der
Kirschblüte das Leuchten der (angeblich) 200000 Bäume der
ausgedehnten Obsthaine. Zum Abschluß der Ernte feiert
man lebhaft die ›Kesperkirmes‹, wobei Kesper eben die Kir-
sche ist.

Südlich Eschwege an der oberen Werra hatte **Wanfried** einst
erhebliche Bedeutung dank seiner Lage an der Fernstraße
nach Leipzig und als Mittelpunkt des Handels mit Stapel-
recht zwischen Bremen einerseits und Thüringen oder
Süddeutschland andererseits. Das alte Speicherhaus oder
Schlagdhaus (16./17. Jh.) erinnert daran. Dennoch erlangte
Wanfried erst 1608 Stadtrechte. Das stattliche Uckermann-
sche Handelshaus (nach 1626) mit seinem gut durchgeform-
ten Fachwerk wurde später zum Rathaus. Hübsche Fachwerkhäuser (17./18. Jh.) stehen vor allem an der Marktstraße.
Hervorhebung verdienen der alte Posthof mit seinem malerischen Binnenhof und das Gasthaus ›Zum Schwan‹. Neben
den vielfältigen Schnitzereien an diesen und anderen Häusern
ist das Nachleben gotischer Formen auffallend, das sich in
den gekreuzten Streben äußert.

Witzenhausens einstige Bedeutung als Handelsplatz veranlaßte Hessen (seit 1306) zur sichtbaren Festigung seiner
Macht. Eine mittelalterliche Wasserburg wurde 1589 zu einem burgartigen Schloß erweitert. Heute produziert in dem
alten Gemäuer eine Fabrik Konserven. – Im 17. Jahrhundert
besaßen die hiesigen keramischen Werkstätten einen guten
Ruf.

In **Reichensachsen**, aber auch gelegentlich in anderen Dörfern dieser Gegend, wiederholen sich die im Fachwerk von
Wanfried weiterlebenden gotischen Balkenstellungen. Die
Herren von Sassen gaben dem Dorf den Namen. Später mußten sich die neuen Eigentümer aus einer Seitenlinie der Herren
von Eschwege mit diesem Umstand abfinden. Der geschlossene Baubestand an Fachwerkhäusern, einige davon mit
Flachschnitzereien, bewirkt ein außerordentlich schönes
Dorfbild. Der romanische Westturm und gotische Mauerre-

ste lassen erkennen, daß die Pfarrkirche (1773) aus älteren Vorläufern entstand. Der spätgotische Turmhelm blieb weithin sichtbares Wahrzeichen dieses Neubaues. Ungefähr gleichzeitig damit erhielt auch das ehemalige Schloß der Herren von Eschwege seinen jetzigen Oberbau aus verputztem Fachwerk.

Ringgau

Der seit dem 10. Jahrhundert urkundlich belegte Bezirk, wohl ein Grenzgau zwischen Hessen und Thüringen, war von größerer Ausdehnung, als der geographische Begriff von heute umschließt. Danach ist allein das Hochplateau aus Muschelkalk zwischen Steinbachswald und Werra gemeint.

Mauerreste in der hochragenden Dorfkirche von **Datterode** weisen auf romanische und frühgotische Vorgängerbauten für den heutigen, der im 18. Jahrhundert aus jenen entwickelt wurde. Da man hier anders verfuhr als sonst üblich und auf einen völligen Neubau des Schiffes verzichtete, blieb die spätgotische Ausmalung weitgehend erhalten. In ihrer rührenden Einfachheit ist sie als hausgemacht zu erkennen, liefert gerade dadurch ein überzeugendes Beispiel für die liebevolle Beziehung der damaligen Landbevölkerung zu ihrer Kirche. Die Figuren und Ornamente (um 1500) sind zugleich ein leider selten gewordenes Muster für die geschlossene Ausmalung einer Dorfkirche.

Auch in der Kirche von **Wichmannshausen** sind spätgotische Fresken zu sehen. Auffälliger ist der Aufbau aus verputztem Fachwerk über dem älteren Chorturm (13. Jh.). Das klassizistische Grabdenkmal (18. Jh.) einer Caroline von Boyneburg im Chor und der ehemalige Hof der Herren von Boyneburg (1757) östlich der Kirche weckt Interesse für die gleichnamige Burgruine, die man vom Dorf aus erreicht. Zuvor sollte noch ein Blick den alten Fachwerkhäusern, darunter dem Pfarrhaus (1686), gelten, aber auch der gewaltigen Gerichtslinde vor der Kirche.

Überhaupt bietet die Gegend dem Naturfreund manch Interessantes. Süd- und Ostseite des Burgberges wurden unter Naturschutz gestellt. Der Berg bildet den nordwestlichen Eckpfeiler des geographischen Ringgaues. Die Lagerungsverhältnisse verschiedener Ausprägungen des Muschelkalks und sein Verwitterungsgrad machten das Gebiet für den Geologen aufschlußreich. Der wechselvolle Untergrund wiederum sowie kleinklimatische Unterschiede haben eine charakteristische Vegetation aus mehreren natürlichen Waldtypen hervorgebracht. Vom Aussterben bedrohte Arten haben sich in der Flora erhalten.

Noch innerhalb des Naturschutzgebietes liegt der Abschnittsgraben einer prähistorischen Wallburg. Von der **Boyneburg** blieb nur wenig erhalten, obwohl die ehemalige Reichsburg eine ziemlich große Ausdehnung besaß. Sie war Stammsitz der gleichnamigen Reichsministerialen, welche die Burg als Reichslehen der Landgrafen von Hessen trugen. Ihren Ausbau hatten vorher schon die Äbte von Fulda zwischen 1144 und 1292 betrieben, als sie das Eigentum über die Burg besaßen. Während der fuldischen Zeit weilte Kaiser Friedrich Barbarossa dreimal hier zu Besuch. Über dem noch erhaltenen Tor finden sich Reste einer Kapelle und daneben die Ruine des fünfeckigen Bergfrieds (14. Jh.).

Am Himmelfahrtstag wohnt hier oben die Bevölkerung einem Gottesdienst bei. Anschließend erhält jeder Brot und Speck. Man will darin Überbleibsel vorchristlicher Kulte sehen.

Die nördliche Grenze des Ringgaues bildet in etwa das Netratal, das von Osten her zur Sontra zieht. Die eigentümliche Wortendung auf -a, die sich hier vielerorts wiederholt, weist schon nach Thüringen hinüber. Der Ort **Netra** entstand an einer alten Straße von Kassel nach Thüringen und ist Stammsitz eines gleichnamigen Herrengeschlechts (1075 erw.). Erst thüringisches Lehen, gelangte der Ort 1431 an Hessen. Nur vorübergehend befand sich Netra im Besitz derer von Boyneburg-Honstein. An das ortsansässige Geschlecht erinnert das wuchtige Renaissance-Schloß (16. Jh.), das als Neubau an die Stelle einer Wasserburg der Herren von Netra getreten ist. Die vier Ecken des fast quadratischen Herrenhauses sind als Erker ausgebildet. An der Südseite steht ein Treppenturm. Stärker verändert ist der nördlich vorgelagerte Wirtschaftshof (Vorburg).

Die evangelische Pfarrkirche des durch zahlreiche Fach-

werkhäuser (17./18. Jh.) ausgezeichneten Dorfes hat einen
mächtigen Chorturm (um 1500), den ein hoher Spitzhelm mit
vier Wichhäuschen recht originell bekrönt. Unten im Chorraum ist ein schönes Netzgewölbe. Das Langhaus entstand
neu in klassizistischen Formen (1842-43). Die Kreuzigungsgruppe auf dem Altar gehörte zu einem verlorenen spätgotischen Altar (um 1500), wie auch die zwei Heiligenfiguren und
das Relief der Beweinung. An der Chorwand steht der farbige
Epitaph einer Herrin von Boyneburg (1600).

In **Lüderbach** erhält man Aufschluß darüber, wie der Altar
in Netra ausgesehen haben muß. Der gotische Schnitzaltar
(Anfang 16. Jh.) der evangelischen Pfarrkirche blieb weitgehend unversehrt. Seine ursprüngliche Fassung konnte freigelegt werden. Ein figurenreiches Relief der Beweinung ist im
Mittelschrein angebracht, den beiderseits zwei Heiligenfiguren flankieren. Die Innenflügel tragen Reliefs mit Heiligengestalten. Die Außenflügel waren ehemals bemalt. Der Altar ist
wohl von einer thüringischen Werkstatt, vermutlich in Eisenach, gearbeitet worden, was auch für den ehemaligen Altar in
Netra gilt.

Ziemlich schlicht wirkt das ehemalige Schloß (1660) der
Herren von Capellan. Ihnen setzte ihr letzter Sproß, ein Herr
von Capellan-Berg, die Steinpyramide (1779) vor dem Dorf
auf einer Anhöhe.

Am Südrand des Ringgaues liegt **Herleshausen**, das als
Grenzübergang.nach Thüringen (DDR) mehrfach zu zeitge-
schichtlicher Aktualität gelangte. Kaiser Heinrich II. hatte
den alten sächsischen Königshof dem Stift Oberkaufungen
geschenkt und damit den Bitten seiner Gemahlin Kunigunde
stattgegeben. Hessen als späterer Besitzer bedachte den bekannten Truppenführer Georg von Reckerode mit dem Dorf
(1527), der mit einem Schloßbau begann, in dem zuletzt als
neue Eigentümer die Landgrafen von Hessen-Philippsthal-
Barchfeld residierten (seit 1678). Das weitläufige *Schloß Augustenau* erlitt im 19. Jahrhundert starke Veränderungen im
Sinne des Historismus. Nur der Treppenturm (1580) im Binnenhof und der unmittelbar anschließende Westflügel mit seiner Tordurchfahrt (um 1601) blieben von dem älteren Bau
erhalten. Ein Wandgrabmal in der evangelischen Pfarrkirche

verewigt Georg von Reckerode als Ritter. Die fast freiplastische Statue befindet sich zwischen Säulenarchitektur.

Wie in diesen Grenzgebieten nicht ungewöhnlich, hatte die Kirche eine wehrhafte Lage: leicht erhöht in Dorfmitte und mit den teilweise erhaltenen Wehrmauern umgeben. Dazu paßt der mächtige Chorturm (um 1300). An den quadratischen Chor schließt das einschiffige Langhaus (1457) an, dem erst später die Querhausflügel angesetzt worden sind (1606, 1923). Den kreuzrippengewölbten Chor schmücken gute Wandmalereien (14. Jh.), in denen Rot und Gelb den Ton angeben. Ganz ungewöhnlich sind der Weltenrichter und der Gekreuzigte szenisch miteinander kombiniert.

Das **Schloß von Nesselröden** hat dieselben Besitzer wie Augustenau. Die Landgrafen übernahmen es von den Treusch von Buttlar. Die 1592-94 erbaute Anlage gilt als die bedeutendste aus der Renaissance an der unteren Werra. Die nach außen teilweise noch wehrhaften Wirtschaftsbauten (1548, 1592) umschließen hufeisenförmig das steinerne Herrenhaus an der offenen Nordseite. Der fünfseitige Treppenturm in Frontmitte schließt mit Fachwerkobergeschoß und Haubenlaterne. Übergiebelte Risalite betonen beiderseits die Vertikalen. Ähnlich findet sich rückseitig ein schmaler Mittelrisalit mit Giebel. Gotisches Empfinden mag in dieser Komposition nachwirken, von der das Bauwerk seinen Rang bezieht. Sein Inneres ist modernen Bedürfnissen anscheinend recht unglücklich angepaßt und damit entstellt worden.

Richelsdorfer Gebirge

Der Landstrich zwischen Richelsdorf, Iba und Nentershausen führt im Zechstein Baryt, Kobalt und Kupfer. Letzteres wurde vermutlich schon in vorgeschichtlicher Zeit in primitiver Form gewonnen. Bei der ersten urkundlichen Erwähnung (1460) im Mittelalter werden bereits 13 Schmelzhütten genannt, was auf einen intensiven Erzbergbau und ein entsprechendes Verhüttungswesen hindeutet. Auswärtige Gewerke, darunter aus Frankfurt, waren maßgeblich am Betrieb beteiligt. Da Ausbeute und Produktion kriegswichtige Ausmaße annahmen, schalteten sich hier die hessischen Landgrafen wiederholt ein und übernahmen schließlich 1617 die Unternehmungen in eigene Regie, die jedoch kurz darauf durch den Dreißigjährigen Krieg eingestellt werden mußten. Seit 1684 wurde der Abbau nach modernen Gesichtspunkten wieder in Angriff genommen. Statt sich wie bisher auf den Stollenbau zum Ausgehenden zu beschränken, brachte man Stollen lotrecht zum Liegenden herab. In der Richelsdorfer und Friedrichshütte waren später die Hütten zusammengefaßt. Technische Verbesserungen begründeten den Weltruf des Richelsdorfer Galmeikupfers. Seit 1708 baute man auch Kobalt ab. Landgräfliche Blaufarbenfabriken verarbeiteten einen Teil davon und exportierten nach England und sogar Amerika für die ausländische Porzellanmalerei. Da die Zechsteinformation jedoch sehr verworfen ist, kam der Bergbau allmählich zum Erliegen, nachdem der Abbau immer aufwendiger und somit teurer geworden war. Nicht einmal Modernisierungsmaßnahmen, der gewaltige Materialbedarf der Weltkriege und staatliche Subventionen konnten den Bergbau im Richelsdorfer Gebirge retten.

Um **Sontra**, das seit 1368 Stadtrechte besaß, gab es langandauernden Besitzstreit, an dem Thüringen, Mainz und auch die Burgmannschaft der Boyneburg beteiligt waren, ehe sich Hessen endgültig (1433) behaupten konnte. Die Landgrafen erhoben Sontra zur ›freien Hänßelstadt‹, was einem der Hanse vergleichbaren Status entsprach und den Rat ermächtigte, fremde Kaufleute zum Beitritt in die Gilde zu zwingen.

Von der landgräflich-hessischen Burg, dem sogenannten Alten Schloß, blieb nur ein Wirtschaftshof (1768) erhalten. Die Ausweitung des Handels verlangte zweimal eine Erweiterung des Marktes und damit die Verlegung des Rathauses. Den heutigen Fachwerkbau errichtete Zimmermeister Jakob Schalles (1668-70). Über eine hohe Freitreppe gelangt man zu der reichgeschnitzten Portaltür, die quergeteilt ist. Die Fachwerkwohnhäuser der Stadt entbehren meist weiteren Schmuckes. Zusammen mit der ehemaligen Burg lag und liegt die evangelische Stadtpfarrkirche am höchsten Punkt der Stadt. Eine unsymmetrische Hallenanlage (1480-93; 1558 wiederhergestellt) hat eine romanische Anlage verdrängt. Teile davon stecken im mächtigen Westturm, dessen Oberge-

schosse früher nur durch einen hochgelegenen Eingang betreten werden konnten. Die rundbogigen Fenster und Türen
werden von Kugeln gesäumt, ein in Hessen äußerst seltenes
Schmuckmotiv! Den reich geschnitzten Orgelprospekt
(1710-11) schuf Joh. Adam Gundermann.

In **Friedrichshütte** steht noch das landgräfliche Verwaltungsgebäude (1732) für den Kupferbergbau.

Die Nähe zum Bergbaugebiet Richelsdorfer Gebirge und
zur ›kurzen Hessen‹, eines durch den Seulingswald führenden Handelsweges, veranlaßte um 1340 die Familie von
Baumbach zum Bau der *Burg Tannenberg* südöstlich von
Nentershausen. Die Art und Weise, wie sich diese Familie
durch geschickte Manöver bis in die Neuzeit dem landgräflichen Einfluß zu entziehen verstand und sich sogar eine kleine
Herrschaft aufzubauen wußte, bildet eine faszinierende
Randepisode der Geschichte Hessens. Geschickt spann man
Fäden nach auswärts, wobei ein Vertrag mit der Stadt Erfurt
(1371) aufschlußreich für die seitdem angewandte Politik
ist. Die Burgleute verpflichteten sich, den durchziehenden
Erfurter Fuhren tatkräftigen Schutz zu gewähren. Erfurt
erbot sich zur Bereitstellung von Baumaterial für die Burg.
Der ansehnlichste unter den erhaltenen Gebäudeteilen ist die
sogenannte Kemenate, ein großer rechteckiger Wohnturm
(vor 1375). Im Obergeschoß kragt ein gotischer Kapellener-
ker an der Schmalseite vor. Die angrenzenden Gebäude sind
teilweise zerfallen. Die heutige Jugendherberge, auch als
Marstall bezeichnet, entstand 1546.

Ein alter Wartturm, der zusammen mit der Burg im Mittelalter der Kontrolle des Zugangs zu den Bergwerken diente,
ging später in den Neubau der *Pfarrkirche* (1613) über und
ist seitdem deren Westturm. Daraus erklärt sich das merkwürdige Aussehen dieses nicht alltäglichen Bauarrange-
ments. Der Turm ragt aus der Mitte der Kirchensüdseite
halb heraus und halb in sie hinein. Das Kircheninnere weckt
einen unerwarteten Eindruck. Seit seiner Umgestaltung
(1696-1706) nach einem Brand ist sie ein Saal mit hölzerner
Korbbogentonne. Ringsum laufen Emporen. Die Kanzel
(1697) steht vor dem eingezogenen Turm. Reiche barocke
Bauernmalereien, wie sie gelegentlich in Osthessen auftre-

ten, bedecken die Emporen (Joh. Fabarius) und die Holztonne (Simon Steffen). Die Orgel (1696) baute Jost Friedrich
Schäffer. Konstruktion und Ausmalung erinnern an die
Schloßkapellen zu Rothenburg und Schmalkalden, die hier
ihre erste Nachahmung gefunden haben dürften.

Zum Dorf gehören das Hofgut der Herren von Baumbach,
ein ansehnlicher Fachwerkbau (um 1700) und der ehemalige
hessische Amtshof (1735), ein gewinkelter Steinbau.

Flußaufwärts überschreitet die Grenze zwischen Hessen
und der DDR wiederholt die Werra. Wie verloren liegt in
einem solchen ›Grenzwinkel‹ **Bosserode,** das in seiner evangelischen Kirche (1699) eine sehenswerte Kostbarkeit birgt.
An der Ostwand des Langhauses steht eine holzgeschnitzte
spätgotische Pietà aus dem zweiten Viertel des 15. Jahrhunderts. Das Vesperbild dürfte aus dem thüringisch-sächsi-
schen Kunstkreis stammen. Sein Sockel trägt drei Reliefs mit
Halbfiguren von Kirchenvätern. Auch der gemalte Flügelaltar und ein spätgotisches Kruzifix, beide um 1500, verdienen Beachtung.

Philippsthal

Wo die Werra auf ihrem Weg von Thüringen zum ersten Mal
die hessische Grenze überschreitet, hatte die Reichsabtei
Hersfeld hart an der Grenze am Ostufer des Flusses das
Benediktinerinnenkloster Kreuzberg (vor 1191) gegründet.
Als hersfeldische Propstei vertieften sich die Beziehungen
zur Abtei, wie sie heute zur Stadt Bad Hersfeld existieren.
Nur die Lage an der Werra ist Grund, an dieser Stelle von
dem geschichtsträchtigen Ort zu sprechen. Der Bauernkrieg
vertrieb hier die Nonnen, ihr Propst bekam eine Abfindung,
Hessen bezog fortan die Einkünfte. Die Vogtei, zu der die
Klosterbesitzungen zusammengeschlossen waren, schenkte
der regierende Landgraf seinem jüngeren Bruder Philipp, der
das ehemalige Kloster zum Schloß umbaute. Der Name des
Schlosses **Philippsthal** ging schließlich auch auf das Dorf
über, während der ältere Name Kreuzberg noch für die
Vogtei weitergalt. Die Linie Hessen-Philippsthal(-Barchfeld),
die sich hier abgezweigt hat, ist uns talwärts der Werra schon
begegnet.

Beim Schloßbau verschonte man die Klosterkirche und erhob sie zur evangelischen **Pfarrkirche**. Die romanische Anlage (Ende 12. Jh.) blieb erhalten, obwohl 1733 neue Seitenschiffe gebaut und der westliche Teil verändert wurde. Lediglich die halbkreisförmigen Seitenschiff-Apsiden verschwanden und der Westbau erfuhr seine Einbeziehung in das Schloß. Im übrigen behielt die Kirche ihren Charakter als dreischiffige, flachgedeckte Säulenbasilika ohne Querschiff. Ihr gestreckter Chor schließt mit halbrunder Apsis.

Bei Beurteilung des Äußeren muß berücksichtigt werden, daß die Baumeister des 18. Jahrhunderts vor der Aufgabe standen, das romanische Bauwerk mit der barocken Schloßanlage in Harmonie zu bringen. Der Neubau der Seitenschiffe, vor allem des südlichen, war die Antwort auf die gestellte Aufgabe. Das südliche Schiff nahm die Fürstenloge und oben Wohnräume auf, so daß geradezu ein gleitender Übergang vom Sakral- zum Profanbereich stattfindet.

Ungewöhnlich sind die Schmuckformen oder Gliederungen der romanischen Apsis, für die es kaum Parallelen gibt. In drei sich stark verkürzenden Zonen erscheinen nacheinander zuunterst Lisenen mit Wulststäben, darüber vorgeblendete Halbsäulen und zuoberst eine kleine Blendgalerie mit Rundsäulen und horizontalem Gebälk. Tierköpfe ersetzen teilweise die Kapitelle. Die drei spätgotischen Fenster (14. Jh.) kamen später hinzu und stören ein wenig die aus dem Rahmen fallende Komposition. Ein romanisches Säulenportal an der Westseite, das nunmehr verbaut ist, zeugt vom einstigen Hauptzugang zur Kirche. Die südlichen Arkadenstellungen sind durch die besprochene Angleichung an den Schloßkomplex verändert oder vermauert. Die drei mittleren haben in barocker Umrahmung bleiverglaste Fenster für die Herrschaftsloge. Unter den Arkaden der Nordseite sind die zwei westlichen noch in der ursprünglichen Form und Größe erhalten. Unter den Ausstattungsstücken geht vielleicht von dem Orgelprospekt (1779) die größte Wirkung aus. Erwähnung verdienen die durch ihr Blendmaßwerk als spätgotisches Werk erkennbare Kanzel (1581), deren Unterbau barock ist, ferner der Taufstein (16. Jh.). Weniger seines künstlerischen Ranges wegen, sondern aus kulturgeschichtlichen Gründen erscheint der Grabstein des Ritters von Kreuzberg (1260-70) interessant, weil die Darstellung eine gute Wiedergabe der damals üblichen Ausstaffierung ritterlicher Persönlichkeiten bietet.

Unter Verwendung mittelalterlichen Mauerwerks entstand aus dem Kloster, wie erwähnt, das heutige **Schloß** (um 1730-35). Zwei Torbauten im Westen (Ende 17. Jh.) und Osten (1734) gestatten den Zutritt zu den hufeisenförmig angeordneten Ökonomiegebäuden, an deren offener Südseite das eigentliche Schloß liegt. Das Kellerportal neben der Kirche ist mit der Jahreszahl 1690 (!) bezeichnet. Leider mußte das barocke Mansarddach einem weiteren Geschoßaufbau (19. Jh.) weichen. Im Innern sind ein ansehnliches Treppenhaus (um 1800) und der ehemalige Bibliothekssaal mit seiner putten- und rankenbestückten Decke (um 1733) sowie verschiedentlich alte Tapeten und Supraporten (um 1800) von einigem Wert.

Die Orangerie (1731) teilt den Schloßpark in den rückwärtigen Teil englischen Stils und den vorderen Abschnitt, der noch barocke Konturen aufweist. Zweiachsig zieht dieser Teil von der Orangerie zur Werra. Arkaden und Freitreppe bilden die Baukulisse.

Im Ort ragen unter den Wohnhäusern der barocke Hof in der Marktstraße (18. Jh.) und die einheitliche Bebauung der Mühlstraße (um 1800) hervor.

Philippsthal, Orangerie

Waldeck

WALDECK kam spät zu Hessen. Bis 1919 war es Fürstentum mit Erbfolge. Aus den politischen Veränderungen im Deutschen Reich ging es als Freistaat hervor. Wirtschaftliche Erwägungen zwangen Waldeck, sich als Landkreis der damaligen preußischen Provinz Hessen-Nassau anzuschließen. Dadurch kam Waldeck 1945 bei der Neuordnung zum Volksstaat Hessen.

Die Geschichte schuf ein von der Grenzziehung her bizarres Gebilde. Landschaftlich umfaßt es im Westen und Südosten Ausläufer des Rheinischen Schiefergebirges: das Upland im weiteren Sinne und das Eder-Wildunger Bergland. Dem stehen in Mittel-, Nord- und Ostwaldeck die Schichttafellande entgegen, an deren Aufbau jeweils unterschiedlich Buntsandstein, Muschelkalk und Zechstein, aber auch Basalt beteiligt sind. Sauerland und Habichtswald sind seine Grenzlandschaften.

Wie im gesamten Nordhessischen Bergland und an der Werra machen sich auch in Waldeck Einflüsse aus Westfalen und Sachsen bemerkbar. Schon vor der eigentlichen Ortsgründung von **Volkmarsen**, das dann 1233 erstmals Stadt genannt wird, unterhielt Kloster Corvey hier ein Hofgut als Mittelpunkt ausgedehnten Besitzes im Twistetal. Die benachbarte *Kugelsburg*, deren Silhouette über der Erpe winkt, gelangte von ihren Erbauern, den Grafen von Everstein, Anfang des 13. Jahrhunderts auch noch an die Abtei Corvey. Doch mußte das Kloster schon während des folgenden Jahrhunderts Burg und Stadt an Kurköln verpfänden, das bis zur Säkularisation Eigentümer blieb. Aus der Gründungszeit der Kugelsburg (Kogelsburg) sind Teile eines quadratischen Wohnturms erhalten. In kurkölnischer Zeit hat man nacheinander den Bergfried und später daran anschließend einen spätgotischen Palas errichtet, wovon noch Reste zu sehen sind.

Die Stadt erhielt 1272 ihren *Mauerring*, wovon Reste sowie zwei Türme vorhanden sind. Das Verteidigungssystem verstärkten Landwarten, zu denen im Nordwesten der Stadt die Judenwarte und im Süden die Scheidwarte, beides spätgotische Rundtürme, gehörten.

Der ovale Stadtgrundriß zeigt das bei den Stadtgründungen der Stauferzeit gewohnte Schema, wonach parallel und senkrecht zur Hauptdurchgangsstraße die Nebenstraßen und Gassen angelegt sind. Das Zentrum bildet die katholische *Pfarrkirche St. Maria*. Mit dem Bau der frühgotischen dreischiffigen Hallenkirche dürfte etwa 1265 begonnen worden sein, wobei sich drei Meister im Werk teilten. Einer schuf den quadratischen, gerade geschlossenen Chor und den östlichen Teil des Mittelschiffs mit dem Nordportal. Von dem zweiten sind die Langhauspfeiler und Gewölbe sowie das Südportal. Der dritte besorgte den Westabschluß und zog den kräftigen Westturm hoch. Die Seitenschiffe haben nur etwa die halbe Breite des Mittelschiffs. Der Raumcharakter und die Architekturformen tragen westfälisches Gepräge, wobei die Altstadtkirche in Warburg zum Vergleich dienen könnte. Allerdings sind Niveauunterschiede feststellbar, die nicht nur der unterschiedlichen Auffassung dreier Meister zugeschrieben werden dürfen, sondern vor allem einem Geschmackswandel während der Bauzeit, die gut ein halbes Jahrhundert (bis ca. 1317) währte. Der reiche Pflanzenschmuck der Kapitelle und der Zierat auf den Schlußsteinen entfalten sich von Ost nach West bis zur höchsten Reife dieser speziellen Kunstform der Gotik. Auch bautechnisch liefert die Kirche manchen Aufschluß. Die Art der Aufmauerung beim Südportal in ihrer Paßgerechtigkeit für die ›Klaue‹ verrät, daß zum Anheben der Steine bereits modernere Werkzeuge Verwendung fanden. Am Strebepfeiler westlich des Portals ist ein Baukran mit Greifzangen wie zur Bestätigung eingeritzt.

Nach westfälischen Vorbildern wurden die Portale gestaltet, von denen das an der Südseite zugleich das reichste ist. Gewändesäulen, Mittelpfosten, darüber Kleeblattbogen, Wimperg und Seitenfialen gliedern das Ganze, das um 1280 wahrscheinlich von Joh. Pardan angefertigt wurde. Die Figuren der Muttergottes (im Tympanon) und der beiden Apostelfürsten (unter den Fialen) sind erst 1404 eingestellt worden. Das Westportal (um 1300) ist kaum jünger, bleibt aber stärker noch romanischem Empfinden verpflichtet. Die jetzige Taufkapelle ist als Marienkapelle zusammen mit dem Beinhaus darunter 1504 an die Nordseite des Turmes angefügt worden. Dort steht ein Alabasterrelief (1671) von Heinrich Papen mit der Anbetung der Könige. Den Taufstein schuf Andreas Herber Ende des 16. Jahrhunderts.

Das schlichte Rathaus (14. Jh.) ist nach längerer Zweckentfremdung wieder seiner alten Bestimmung zugeführt worden. Die beiden gotischen Steinhäuser am Mönchepfuhl und am Niederen Steinweg haben sich eine zum Teil befremdliche Modernisierung gefallen lassen müssen. Sonst herrscht in den Straßen und besonders um die Kirche das Fachwerk vor.

Zwischen Twiste und Diemel liegt **Wethen**, in dessen Fachwerkhäusern sich diemelsächsischer Charakter äußert. Auch der Oberbau des Rathauses besteht aus Fachwerk (18. Jh.). Eine Durchfahrt in seinem Untergeschoß führt zur Kirche. Die Krypta unter derselben soll einst die Kapelle einer verschwundenen Burg (12. Jh.) gewesen sein, kann aber ebensogut als von Anfang an geplante Krypta interpretiert werden. Der Westturm dürfte eine ältere Oberkirche voraussetzen, auf deren Grundmauern dann 1812 der jetzige Fachwerkbau errichtet wurde.

Arolsen

Noch immer umwebt die Stadt das Flair einer barocken Residenz. Dabei reicht seine Geschichte bis ins 12. Jahrhundert zurück, als hier die Herren von Schwalenberg ein Augustiner-Nonnenkloster gründeten, das dann Antoniter übernahmen und das schließlich als erstes waldeckisches Kloster der Reformation anheimfiel. Graf Philipp III. von Waldeck wandelte das Kloster in ein Schloß (1526-30) um, das die Eisenberger Linie zur Residenz erwählte. Der Dreißigjährige Krieg ließ einen Ausbau der Befestigungen nötig werden. Bald nach dem Friedensschluß sorgte Graf Georg Friedrich für eine umfassende Renovierung (1677), die er durch das Anlegen der ›Großen Allee‹ ergänzte und krönte.

Nach Georg Friedrichs Tod konnte Graf Christian Ludwig die gesamte Grafschaft in seine Hand bekommen, wodurch Arolsen jetzt zur Hauptresidenz aufstieg (1692). Graf Anton Ulrich, der 1706 die Regierungsgeschäfte übernahm und fünf Jahre später in den Fürstenstand erhoben wurde, empfand die bisherige Residenz nicht mehr als standesgemäß. Seine Hauptstadt sollte erst noch gegründet werden, was 1719 offiziell geschah. Den Auftrag für die Planung samt Kirche und Schloß erhielt der fürstliche Baudirektor und Major Julius Ludwig Rothweil, der zu dieser Zeit noch in Weilburg wirkte. So übernahm bis 1719 der Ingenieur Mayer die Bauaufsicht. Rothweils Sohn Franz Friedrich assistierte zunächst, war aber seit 1745 selbständig tätig. Die mehrfach revidierten Pläne waren derart großspurig, daß sie schon aus finanziellen Gründen nie vollständig realisiert werden konnten. Sie legen Zeugnis ab von dem Geist, aus dem heraus die absolutistischen Herrscher lebten. Danach bildete das Schloß den unbedingten Mittelpunkt. Beiderseits seiner Mittelachse sollte die Stadt liegen, jeweils mit einer Kirche als Blickpunkt. Der Kontrast zwischen der mittelalterlichen Stadt mit der Kirche als Mitte und der Barockresidenz mit dem Herrscherschloß als Zentrum ist einleuchtend.

Damals gelangten nur Kirchplatz, Haupt- und Kaulbachstraße als Westachse und Querstraße des Planes zur Ausführung. Anstelle der Ostachse entstand im 19. Jahrhundert die Bauzeile der Bahnhofstraße.

Rothweil hat sich mit diesem *Schloß* dennoch ein Denkmal gesetzt, das nach Weilburg sicher auch das würdigste hinsichtlich der künstlerischen Leistung ist. Bezeichnend aber für den absolutistischen Bauwillen des Fürsten ist die kaum noch gezügelte Nachahmung von Versailles. Den südlich offenen Ehrenhof umschließen drei Flügel. Den äußeren Hof davor grenzen zwei seitwärts verschobene Nebenflügel ab, die durch Gänge mit dem Hauptbau in Verbindung stehen. Eisengitter und zwei übereck gestellte Wachhäuschen beiderseits der Einfahrt schließen die Südseite ab. Dort überspannt eine Brücke den Graben. Der als ›Paradeplatz‹ vorgesehene Bereich jenseits der Hauptstraße sollte durch ein Halbrondell seinen Abschluß finden, von dem nur der viertelkreisförmige westliche Teil, der Marstall (1749-58), unter Rothweils Sohn zur Ausführung gelangte.

An der Ausstattung der Innenräume arbeiteten vor allem der Stukkateur Andrea Gallasini und der Maler Carlo Lodovico Castelli, die auch die Stukkaturen und Deckengemälde der Treppenhäuser und des Gartensaales schufen. Die Kapelle hielten die beiden im Vergleich dazu eher schlicht. Die Vertäfelung (1749) im Roten Gesellschaftszimmer der Wohnräume legte Louis Doumerge. Der Große Saal erhielt erst im frühen 19. Jahrhundert seine Einrichtung, wie auch der sogenannte maurische Saal. Das Mobiliar und sonstige Einrichtungsstücke reichen stilistisch vom Barock bis zum Biedermeier.

Die Hauptstraße bietet zwischen Schloß und Kirche noch weitgehend das Bild, das ihr Rothweil zugedacht hatte. Unter den Häusern ragt das *Palais von Canstein* (1734) hervor, das jetzt Rathaus ist.

Der *evangelischen Pfarrkirche* gaben die beiden Rothweil einen kreuzförmigen Grundriß (1735-40). Mit Rücksicht auf den städtebaulichen Gesamtplan ist die Kirche gewestet. Sie hat eine gute klassizistische Ausstattung, darunter marmorne Figuren der drei göttlichen Tugenden (1842-52) von Christian Rauch. Diesem bedeutenden aus Arolsen stammenden Künstler hat die Stadt eine Gedenkstätte (Museum) eingerichtet und nach ihm eine Straße benannt.

Die Familie Kaulbach, die mehrere bedeutende Maler und Kunsthandwerker hervorbrachte, war in Arolsen eingesessen. Ihr ist gleichfalls ein Museum gewidmet.

Eine Seitenlinie der Waldecker Grafen residierte in **Landau**, das vor 1294 Stadtrechte erhielt. Das ehemalige Schloß geht auf eine Gründung des 13. Jahrhunderts zurück, erhielt seine jetzige Gestalt aber erst durch Neu- und Umbauten späterer Zeit. Joh. Schiefelmann aus Kassel errichtete den Hauptbau (1679-81), den aber Rothweil von Grund auf erneuerte (1728-29). Der hofseitige Treppenturm blieb noch aus dem alten Bau des 15. Jahrhunderts erhalten. Auch die Nebengebäude erhielten unter Rückgriff auf Vorhandenes ein neues Gesicht. Zuletzt hat man 1818 den ganzen Komplex einer gründlichen

Restaurierung unterzogen. Ein anmutiges Torhaus (1563) lädt zum Betreten ein. Heute ist in den Gebäuden ein Altersheim untergebracht.

Die evangelische Pfarrkirche besteht aus dem älteren Rechteckchor (13. Jh.) und der gotischen Halle. Die westlichen Rundpfeiler im Langhaus haben zu Büsten umgestaltete Konsolen für die Gewölberippen, deren Machart auf Einflüsse der Parler hindeutet.

Wolfhagen

Zu den Orten, die nach beliebter Touristenmanier als nordhessisches ›Rothenburg‹ bezeichnet werden, zählt (neben Hofgeismar, Trendelburg, Zierenberg, Grebenstein) auch Wolfhagen, dessen charakteristische Silhouette die Anhöhe über dem Dusetal prägt. Hier bildet noch die Kirche den Mittelpunkt des Gemeinwesens, obwohl die Stadt im Schatten einer *Burg* der Landgrafen entstanden ist (um 1236). Die seither stark veränderte Anlage tritt im Stadtbild zurück. Ein oberer mauerumkränzter Platz beherbergt in einem Steinbau, dessen spätgotisches Portal inschriftlich auf 1513 datiert ist, eine Behörde. Ähnlich verhält es sich mit dem zweiten Bau (17. Jh.) in dem tiefer gelegenen Hof. Bei beiden handelt es sich um ehemalige Zehntscheuern.

Auch von der *evangelischen Stadtkirche*, ursprünglich Maria und Anna geweiht (1235), blieb bis auf den Triumphbogen zum Chor wenig übrig. Die heutige frühgotische Hallenkirche ist 1280 begonnen worden, erhielt 1303 den Westturm und kam erst 1420 mit dem Neubau des Chores zur Vollendung. Die Ausstattung der Seitenschiffe mit Kreuzgratgewölben erinnert an Volkmarshausen, wie auch das allerdings gegenüber jenem einfachere Südportal. Die bemerkenswerten Schlußsteine des Langhauses tragen figürliche Darstellungen, die zusammen das Weltgericht ergeben. Ein solches ikonographisches Programm für mehrere Schlußsteine ist nicht gerade häufig. Die alte Ausmalung konnte freigelegt und restauriert werden. Hellgraue und rote Farbtöne überwiegen. Zwei der alten Grabdenkmäler (Agnes von der Malsburg, Margreth von Weitolzhausen, beide † 1576) werden Andreas Herber zugeschrieben.

Repräsentative Bauten bestimmten den Kirchplatz. Da ist zunächst das langgestreckte *Rathaus* (1657-59) mit den beiden vorgekragten Fachwerkobergeschossen, die auf einem älteren Kellergeschoß (bez. 1611) aufsetzen. In der *Alten Wache* (1667) war lange das sehenswerte Heimatmuseum untergebracht, ehe es in den Burgbezirk (Rentamt) verlegt wurde. Im übrigen aber wird das Stadtbild von seinen Fachwerkhäusern belebt, wie sie in dieser Geschlossenheit selbst in Hessen selten vorkommen. Das älteste in der Schützeberger Straße trägt die Jahreszahl 1652. In dieser Straße steht auch noch ein leider verändertes gotisches Haus (14. Jh.), das bei so viel Fachwerk einen wirklichen Kontrast darstellt und sinnigerweise Steinkammer heißt.

Gotische Proportionen finden sich sehr ausgeprägt bei der *Hospitalkapelle* (1337) außerhalb der alten Stadt. Auch hier sind die Schlußsteine wieder mit figürlichen Darstellungen versehen.

Wie sehr dieses Land südlich der Diemel im Mittelalter umkämpft war, demonstrieren noch heute die verschiedenen Burgen um die Stadt. Hessen hatte große Mühe, die Gegend militärisch und politisch zu durchdringen. In dem nordöstlichen, jetzt eingemeindeten Stadtteil *Elmarshausen* erbauten 1442 die Herren von Gudensberg eine Wasserburg. Ihr späterer Besitzer, Hermann von der Malsburg, wandelte die Anlage schloßartig um (1563). Während des 18. Jahrhunderts sind die Innenräume erneuert und die Schloßkapelle (1742) umgebaut worden. Die in ihrer Substanz erhaltene Wasserburg (16. Jh.) gruppiert sich mit vier Gebäudeflügeln um einen Innenhof. Der Nordflügel ist erneuert (1881). Ecktürme und Erker beleben das Ganze.

Die festen Plätze um Wolfhagen hat Hessen überwinden können. Nur Fundamente oder Ruinen blieben zurück. Nördlich Wolfhagen lag die mainzische Stadt Landsberg (zerst. 1232). Östlich der Stadt waren die Burg Rodersen (zerst. 1269) und die Burg Helfenberg (zerst. 1293).

Von dem markanten Bergkegel des Weidelsberges genießt man rundum eine vorzügliche Aussicht. Die **Weidelsburg** aus dem Besitz der Grafen von Naumburg mußte deren

Nachfolger, das Erzstift Mainz, an Hessen zunächst abtreten, nachdem die Landgrafen dieselbe erobert und zerstört hatten (1273). Da aber die Angelegenheit nicht endgültig entschieden war, kam es zu Versuchen, die Anlage wiederaufzubauen. Erst seit dem 16. Jahrhundert hat das Gemäuer ausgedient und ist seitdem eine, allerdings sehr ansehnliche, Ruine. Zwei Wohntürme (13./14. Jh.), zwischen denen ein Hof liegt, bilden den Kern der Burg. Darum spannt sich ein Zwinger samt einer durch Schalentürme verstärkten Ringmauer (14. Jh.). Nördlich liegt die gleichfalls umwehrte Vorburg.

Stammsitz der erwähnten Grafen von Naumburg war die Burg westlich der heutigen Stadt (seit dem 13. Jh.) **Naumburg**. Auch hier stritt das militärisch erfolgreichere Hessen politisch und juristisch um den Besitz von Burg und Stadt, der dementsprechend mehrfach wechselte und erst 1802 endgültig für Hessen entschieden worden ist. Die Burg hatte nach ihrer Zerstörung (1626) lediglich die Aufgabe, Baumaterial zu liefern. Die Steinbrucharbeiter machten ihre Sache gründlich. So bezog der ehemalige Renthof (Amtsgericht, um 1690) sein Baumaterial aus der zerstörten Burg.

Da die Stadt 1684 einer verheerenden Feuersbrunst erlag, datieren die meisten Bauten nach dieser Katastrophe. Die Fachwerkhäuser, die in Wolfhagen noch fast ausschließlich der diemelsächsischen Bauweise folgten, zeigen hier Mischformen. Mal sind es Ackerbürgerhäuser niedersächsischer Art, wie sie auch anderswo in Nordhessen begegnen, mal sind in ihnen sächsische und fränkische Formen kombiniert. Desungeachtet bieten die Straßen ein sehr ansprechendes Bild.

Die katholische Pfarrkirche ist ein Hallenbau (14./15. Jh.), der aber nach dem großen Brand wesentlich erneuert wurde. Dabei erhielt sein Langhaus das hölzerne Rippengewölbe. Auch dies ist in Hessen nicht ganz ungewöhnlich, denn wiederholt hat man zerborstene Gewölbe des Mittelalters einfach durch Holzkonstruktionen ersetzt. Den Westturm (13. Jh.) brachte man erst später (1512) auf seine jetzige Höhe.

Das Aufstauen der Eder (1909-13) hat eine tiefgreifende Veränderung der Landschaft und des Kleinklimas zur Folge gehabt. Fünf Dörfer versanken ganz oder teilweise in den Fluten. Hinter der Sperrmauer von 400 Metern Länge stauen sich 202 Millionen Kubikmeter Wasser, womit der Edersee eines der größten Staubecken Europas ist. An der Sperrmauer hat der See eine Tiefe von 42 Metern. Die Stauwirkung reicht bis Herzhausen, was eine Gesamtlänge von 27 Kilometern bedeutet. Stellenweise erreicht die Breite der Talsperre fast einen Kilometer. Sie folgt dem stark gewundenen Verlauf der Eder, und da dem Fluß viele kleinere Bäche zuflossen, sind am See viele Buchten und Seitenarme entstanden. Die gesamte Uferlänge beträgt dadurch annähernd 70 Kilometer.

Den besten Überblick erhält man wohl von der Terrasse der **Burg Waldeck**, die ihrerseits dank der Höhenlage weithin die Landschaft beherrscht. Seit 1178 war sie Sitz der Grafen und späteren Fürsten von Waldeck (vorher Grafen von Schwalenberg). Einer der ihren taucht erstmals unter Ministerialen des Klosters Corvey auf, auf dessen geschichtliche Rolle in diesem Raum vielerorts hinzuweisen wäre. Mitte des 13. Jahrhunderts ausgebaut, gehörte die Burg beiden Waldecker Linien, was einen schloßartigen Ausbau besonders während des 16. und 17. Jahrhunderts nach sich zog. Der Wildunger Flügel (um 1500-1577) ist erhalten, während der Eisenberger Flügel an der Südseite 1734 abgebrochen wurde. Der Bergfried aus der Gründungszeit (13. Jh.) ist 1745 zu einem Archivturm verändert worden. Der ›Hexenspund‹, Bastionen mit Gewölben und Kasematten an der Ostseite, gilt der Anpassung an die neuzeitliche Wehrtechnik (15.-16. Jh.). Der ursprüngliche Torturm (16. Jh.) ist seit 1733 ein Flügelbau, der nachträglich noch einmal erweitert wurde. Über dem 120 Meter tiefen Schacht des Brunnens in der Vorburg steht ein Brunnenhaus. Im wesentlichen wurde die Vorburg im 16. Jahrhundert angelegt, später noch zusätzlich durch Schanzen verstärkt (17. Jh.). Die angedeuteten Veränderungen in der ersten Hälfte des 18. Jahrhunderts gehen maßgeblich auf die beiden Rothweil zurück. Die mittelalterliche Enge der um einen dreieckigen Hof gelagerten Kernburg wurde durchbrochen im buchstäblichen Sinne durch Niederlegung des Südflügels.

Das in der Burg untergebrachte Heimatmuseum läßt die Geschichte der Burg und ihrer Herren lebendig werden. Zugleich ermöglichen alte Bilder den Vergleich zwischen heutigem und damaligem Landschaftsbild vor dem Bau des Edersees. Das schwer zu fällende Urteil darf sich nicht nur von ästhetischen oder nostalgischen Vorstellungen leiten lassen, sondern muß sich über die weitreichenden Folgen dieses gewaltigen Eingriffes in die Landschaft im klaren sein. Die Notwendigkeit der Stauung wird begründet mit der Wasserregulierung zum Hochwasserschutz, der Elektrizitätsgewinnung und der Bewässerung des Mittellandkanals.

Nördlich der Burg bildete sich im 13. Jahrhundert eine anfangs schlicht ›Rode‹ genannte bürgerliche Ansiedlung. Schon 1232 war sie **Stadt**. Von ihrer Befestigung sind nur Reste erhalten. Das malerische Stadtbild ist Ergebnis emsigen Wiederaufbaues (18. Jh.) nach vier Brandkatastrophen. Fachwerk überwiegt, darunter das hübsche Brunnenhaus mit seinem Seilrad für die Wasserförderung aus dem tiefen Schacht.

Die *evangelische Pfarrkirche* ist wohl um 1300 begonnen worden im Zusammenhang mit den Bemühungen der Stadt, sich pfarrlich von Kloster Netze zu lösen. Einer ihrer Pfarrer war aktiv an der Einführung und Ausbreitung der Reformation in dieser Gegend beteiligt. Chor und Westwand der alten Kirche sind Teil des Neubaues (Langhaus, Turm) vom 16. Jahrhundert. Das zweischiffige Langhaus ist unsymmetrisch. An seiner Südseite befindet sich noch ein spätgotisches Portal. An den Wänden sieht man Konsolen mit guter Blattornamentik. Glanzstück der Ausstattung ist ein spätgotischer Flügelaltar (um 1500), dessen Mittelpunkt eine geschnitzte Marienkrönung bildet. Die bemalten Innenflügel zeigen die Verkündigung und die Anbetung der Drei Könige. Außen erscheinen die klugen und törichten Jungfrauen, sowie die Heiligen Valentin und Ursula. Merkwürdigerweise zeigt das Bild mit den Jungfrauen eine Stufenleiter, die hinauf zu Christus und hinab zur Verdammnis führt, wo der Höllendrache lauert. Dieses Bildmotiv ist sehr selten! Erwähnenswert sind noch die Sakramentsnische (14. Jh.) im Frankenberger Typ und die verzierte Kanzel (1646). Das Wandgrabmal im Chor zeigt als Relieffigur Johanna Agatha von Waldeck († 1636).

Die Grafen von Waldeck begründeten mit den Herren von Bergheim eine Seitenlinie, die seit 1710 ihre Residenz im Schloß zu **Bergheim** hatte. Dieses war 1669 an die Stelle eines mittelalterlichen Burgsitzes getreten. Simon Louis du Ry unterzog es zuletzt einer großzügigen Umgestaltung (1785-86). Senkrecht zum Ökonomiegebäude (17. Jh.) mit Tordurchfahrt von der Straße her steht das frühklassizistische Herrenhaus. Die Front betont der kräftige Mittelrisalit mit Dreieckgiebel gegenüber den flachen Eckrisaliten. Den Zugang ermöglicht eine Freitreppe (1839). Im Innern schmücken französische Graudruck-Tapeten (um 1815) die Wände. Die von Joseph Dufour in Paris gedruckten Bahnen zeigen einen fast vollständigen Zyklus aus dem mythologischen Thema Amor und Psyche.

Der Propst von Stift Fritzlar teilte die stiftlichen Güter mit seinen Kanonikern im Jahr 1085 und behielt die Mutterkirche von Bergheim für sich. Das Langhaus ist eine zweischiffige Halle mit vier Jochen. Einfache Würfelkapitelle schließen die schlanken Säulen. Als einem Brand (1331) der Chorraum zum Opfer fiel, hat man die Halle östlich verkürzt und einen mächtigen Chorturm an die Stelle gesetzt. Wegen der barocken Veränderungen ist die romanische Anlage beinahe unkenntlich. Der Spitzhelm mit seinen vier Wichhäuschen besitzt manche Parallele in Hessen, so in Affoldern im Waldeckischen. Ob der erkerartige Vorbau im Giebel der Westfront nun als Außenkanzel oder als Pechnase diente, bleibt umstritten.

Das Kircheninnere haben verschiedene Generationen im Stil ihrer Zeit reich ausgemalt. Die Wandgemälde im Chor (um 1460) zeigen das Jüngste Gericht, darunter umlaufend über alle drei Wände die zwölf Apostel, dazwischen Ornamentfelder und Sternmuster in den Gewölben. Stilistisch ähneln die Malereien jenen in Zierenberg und in Frebershausen im Waldeckischen. Das Schiff hat B. Seltzer geradezu üppig ausgemalt (1573). Das Gewölbe überzieht elegantes Rankenwerk, zwischen denen Tugenden und Engel in allegorischen Gestalten auftauchen. Die Feinplastik der Kapitelle tritt infolge der Farbgebung stark hervor. Die Wände erhalten durch aufgemalte Pilaster eine optische Gliederung.

Der spätgotische Flügelaltar (15. Jh.) zeigt im geschnitzten Mittelschrein die Kreuzigung. Den Seitenflügeln sind Heiligengestalten und Mariä Verkündigung aufgemalt.

Bad Wildungen

Gleich drei verschiedenen Siedlungen verdankt die heutige Stadt ihren Ursprung. Das im 9. Jahrhundert erwähnte Dorf Wildungen ist längst zur Wüstung geworden, stellte aber als Hersfelder Besitz die Mutterkirche der späteren Stadt.

Eine Burg der Landgrafen von Thüringen gehörte seit 1263 den Grafen von Waldeck und bildete den Ausgangspunkt für die Gründung des Ortes Altwildungen (14. Jh.). Die dritte und letzte Siedlung gründete der thüringische Landgraf Heinrich Raspe (1242). Siebzehn Jahre später wird sie schon Stadt genannt. Sie fiel bald an die Grafen von Waldeck (1263) und erhielt ab 1319 ihre Umwehrung. Aus diesem Ort hat sich das heutige Bad entwickelt. Schon im 14. Jahrhundert sprechen Urkunden von einem Sauerbrunnen. Zu seiner Nutzung existierten im späteren 16. Jahrhundert Badeanlagen. Später sind weitere Quellen gefaßt worden (1696, 1869). Seit 1906 darf sich der Ort ›Bad‹ nennen. Als 1942 Altwildungen, Reinhardshausen und Reitzenhagen eingemeindet wurden, ging der Titel auf das neue Gemeinwesen über.

Schloß Friedrichstein im Ortsteil *Altwildungen* ist das bedeutendste Monument der frühen Geschichte von Bad Wildungen. An die Stelle der mittelalterlichen Burg trat ein 1663 begonnener barocker Neubau. Beflügelt von französischen Vorbildern sollte eine monumentale Anlage mit spitzdreieckigem Grundriß entstehen. Statt dessen kam in zwei Bauphasen nur die heutige Hufeisenanlage zustande. Emanuel Brand vollendete bis 1678 den heutigen Hauptbau noch streng nach den ursprünglichen Plänen. Nach längerer Unterbrechnung fügte er lediglich zwei kleinere Seitenflügel (1704-14) hinzu. Der Rundturm am Hauptbau mit Haube und Laterne geht wohl auf den mittelalterlichen Vorläuferbau zurück. Das Portal des Hauptbaues (um 1665) gestaltete der Bildhauer Rudolf Kippenhahn.

Seiner Hand ist das dreiläufige Treppenhaus im Innern zu verdanken. Die Stuckdecken in einigen Räumen des Obergeschosses schuf der vielbeschäftigte Andrea Gallasini. Der nicht minder emsige Carlo Ludovico Castelli versah sie mit Malereien (1715-19). Wieder einmal beweist das Künstlergespann, welche monopolartige Stellung ihm damals zufiel. Aber, wie man hier nachprüfen kann, hatte die Kunst nicht darunter zu leiden. Beide gestalteten in ähnlicher Weise auch den großen Festsaal im Südflügel, wo Castelli sich zu einer malerischen Verherrlichung des Herrscherhauses verstieg. Erfreulicherweise durften auch andere Künstler bei der Ausstattung des Hauptbaues mitwirken, wo Markus Christoph Krau anmutige Rokoko-Dekors (1751, 1775) anbrachte und Joh. Valentin Tischbein Supraporten malte (Ende 18. Jh.).

Vor dem Schloß erhebt sich der schlichte Saalbau der **evangelischen Pfarrkirche** von Altwildungen, die Julius Ludwig Rothweil 1729 errichtete. Die Kanzel trägt Figuren älteren Datums (Ende 17. Jh.) von Josias Wolrad Brützel. Wie so oft in Hessen vernichtete Feuer den Ort, so daß ein planmäßiger Wiederaufbau erfolgte (1763), der sich in der Fachwerkbebauung der Hauptstraße niederschlägt.

Demgegenüber bietet *Neuwildungen* ein ganz anderes Bild. Zwar ist das spätgotische Fachwerk-Rathaus um die Mitte des 19. Jahrhunderts durch den jetzigen klassizistischen Bau ersetzt worden, aber sonst prägen zahlreiche Fachwerk-Wohnhäuser das Stadtbild. Die ältesten entstanden um 1540, darunter das von Jakob Waldschmidt gebaute Haus in der Brunnenstraße (Nr. 5/7). Dazu kommen, um nur einige zu nennen, die Löwenapotheke (1551), das Heimatmuseum (1682) von Joh. Caspar Zimmermann oder das Deutsche Haus (1687). In abgestufter Folge ziehen die Häuserzeilen vom höher gelegenen Marktplatz hangabwärts.

Am Ende der Brunnenstraße beherrscht der mit einer Turmhaube von Theodor Escher (1809-11) bekrönte West-

turm der **evangelischen Stadtkirche** und einstigen Nikolauskirche das Bild. Die dreischiffige gewölbte Hallenkirche entstand in der ersten Hälfte des 14. Jahrhunderts ungefähr
gleichzeitig mit der verwaltungsmäßigen Entflechtung von
Burg und Stadt sowie mit der Befestigung letzterer. Der
Westturm kam erst 1489 zur Vollendung.

Konrad von Soest,
Jünger aus dem
Wildunger Altar

Die Kirche birgt eines der kostbarsten Werke altdeutscher
Tafelmalerei, den **Wildunger Altar** des Konrad von Soest.
Inhaltlich gleicht er dem Altar in Netze. In der Mitte ist die
Kreuzigung in hohem Figurenreichtum dargestellt. Beiderseits davon folgen zunächst je zwei und auf den Innenflügeln
je vier Szenen aus dem Leben Christi. Auf den Außenseiten
der Flügel erscheinen die Heiligen Katharina, Johannes, Elisabeth und Nikolaus. Geöffnet ist der Altar 7,60 Meter breit.
Das 1403 vollendete Werk gehört zu den ältesten gemalten
Flügelaltären. Schon die Reihenfolge der Bilder verrät eine
durchdachte Komposition, nach der von links zunächst der
Weihnachtsfestkreis mit Szenen aus der Jugend Christi festgehalten ist. Dem schließt sich in der Mitte die Passion als
scheinbarer Tiefpunkt der Jesus-Vita an. Sie wird in den
Triumph der Erlösung gewandelt, den Osterfestkreis im

rechten Altarteil. Sehr fein sind die Figuren mit allem Beiwerk aufgetragen. Ihre Haltung wirkt ungemein gelöst, manche Gebärden oder die Faltung der Gewänder muten beinahe
schon geziert an. Helle und zarte Farben, wie das verwendete
Blau, Grün oder Rot, werden von kräftigeren Gelbtönen
durchsetzt. Die zur Schau gestellte Kleidermode mit ihrer
teuren Machart spiegelt den Lebensstandard am burgundischen Hofe. Der Meister Konrad von Soest (um 1370 - nach
1422) ist nämlich nicht nur einer der großen Vertreter der
westfälischen Malerei seiner Zeit, sondern der internationalen Gotik überhaupt. Seine älteren Werke wurzeln noch in
der bodenständigen und früheren Kunst (etwa St. Nikolaus
in Soest). Auf Studienreisen in Frankreich und Burgund
lernte er dazu. Seine Bilder werden nicht nur in der Ausstattung reicher, vielmehr gewinnen die darin Dargestellten an
vornehmer Eleganz, die Szenen schildern selbst intime Vorgänge, auch scheinbar Nebensächliches wird liebevoll beschrieben. Aus allem spricht tiefe Gläubigkeit. Indem sich
französisch-burgundische Art mit westfälischer Tradition
verbindet, wirken dieses und andere Werke (etwa in Dort-
mund) befruchtend auf die kölnisch-rheinische Malerei.

Über dem Altar schwebt als wertvolle Zugabe ein Kreuz
mit Vierpässen an den Enden, in denen Evangelistenreliefs
zu sehen sind. An dem Kreuz hängt ein lebensgroßer Kruzifixus aus Holz (1518).

Als Bestattungsort der Waldecker Grafen und Fürsten besitzt die Kirche drei bemerkenswerte Grabdenkmäler. Das
Wandgrab des Grafen Josias, 1674 von Heinrich Papen angefertigt, ruft noch einmal das Leben des im Krieg gegen die
Türken auf Kreta gefallenen venezianischen Generals in Erinnerung. Der Tote ist in voller Paradeuniform auf den Sarkophag gebettet, dessen Architektur durch weißen und gel-
ben Alabaster betont wird. Seitlich zeigen sich allegorisch
die Tugenden des toten Kriegers. Zwischen gedrehten Säulen
treiben christliche und türkische Soldaten ihr Wesen. Tu-
gend-Allegorien trägt auch das zweite Grabdenkmal im
Chor, das Fürst Karl († 1765) gesetzt wurde. Schöpfer des
Scheinsarkophags ist Markus Christoph Krau. Im Seitenschiff befindet sich das Wandgrab für Graf Samuel († 1570)

von dem aus Tann stammenden Georg Schellenberg. Im strengen Aufbauschema der Renaissance steht fast freiplastisch die Sandsteinfigur des Verstorbenen.

Vor Verlassen der Stadt mag ein letzter Blick auf die Reste der Befestigung (1319) fallen, zu der ein Rundturm, der Rote Hahn, gehört. In ihm hält das überwölbte Verlies vor Augen, daß die ›gute alte Zeit‹ gar nicht so gewesen sein kann, wie der Rückblick gerne verklärend wahrhaben möchte.

Außerhalb von **Hüddingen** nördlich der Straße nach Hundsdorf liegt auf einer Anhöhe der verputzte romanische Bruchsteinbau der evangelischen Pfarrkirche. In ihrem Innern verbindet ein rundbogiger Triumphbogen den eingezogenen, annähernd quadratischen Chor mit dem rechteckigen Langhaus. Eine spätgotische Wandmalerei (1513) zeigt Petrus auf einer Steinbank thronend.

Vöhl war einmal Amtssitz der Herrschaft Itter. Heute ist es einer der Hauptorte des Tourismus am Edersee. An die Zeit, da der Ort zu Hessen-Darmstadt gehörte (1604-1866), erinnern nur noch die Umfassungsmauern mit Rundturm, die einst das Schloß umgaben. Auch Reste von Mauern eines Wehrkirchhofes sind erhalten.

Der frühere Patron der evangelischen Pfarrkirche von **Immighausen**, St. Vitus, erinnert wieder einmal an die Beziehungen dieses Raumes zu Corvey. Auch über diese ehrwürdige Abtei hatte derselbe Heilige zu wachen. Eine Gräfin Ida von Waldeck stiftete um 850 ihre hiesigen Güter besagtem Kloster. Die Kirche wurde oberhalb des Dorfes in sorgfältig bearbeiteten Kalksteinquadern erbaut, wobei der Turm nicht verbunden wurde. Quadratischer Chor und etwas breiteres Langhaus kennzeichnen die übersichtliche Situation (um 1180). Die dekorative, wenngleich etwas derb geratene Kanzel (1588) ist von Jost Schilling.

Kloster Corvey besaß ursprünglich auch Dorf und Amt Lichtenfels, ehe es an Waldeck und von dort als Lehen an die Herren von Dalwigk kam. Indem mehrere Besitzungen dieser Familie verwaltungsmäßig zusammengefaßt wurden, entstand die Gemeinde **Dalwigksthal** (1852). Die Herren bestattete man ursprünglich in der malerischen evangeli-

schen Kirche, deren Chor (14. Jh.) und Schiff (1620) aus
verschiedenen Epochen stammen. In der Meitersdorfer Franziskanerwerkstatt entstanden die bemalten Altarflügel mit
Passion und Heiligenfiguren (um 1520).

Hoch über dem Tal liegt die fast kreisförmig angelegte
Burg Lichtenfels, die den Besitz von Corvey sichern sollte,
aber gegen 1230 bereits zerstört wurde. Trotz Wiederaufbau
war sie seit dem 17. Jahrhundert endgültig Ruine, ehe aus
den Resten in unserem Jahrhundert eine der alten nachemp-
fundene Anlage entstand. Mittelalterlich daran sind lediglich
einzelne Mauerreste und Fundamente in Palas, Burgfried
und Bering.

Im Schutz der Höhenburg und zu ihrer Versorgung entstand im Tal ein Wirtschaftshof, Haus Sand. Julius Ludwig
Rothweil erbaute das barocke Herrenhaus (1744-45), an das
sich die Wirtschaftsgebäude anschließen. Das ehemalige Torhaus mit seinem runden Eckturm deutet aber auf eine ältere
Anlage, die ehemalige Wasserburg Neu-Lichtenfels (1555).
Noch eine andere alte Hofanlage gehört zu dem Ort, Haus
Krampf. Ihr Herrenhaus ist nur geringfügig älter als das
vorige.

Korbach

Auf der Wasserscheide zwischen Eder und Diemel gelegen,
als Knotenpunkt zweier Fernstraßen vom Rheinland nach
Kassel und Thüringen sowie vom Main zur unteren Weser,
war der Ort von Anfang an begehrt und wichtig. So muß als
hohe Gunst bewertet werden, daß 980 Kaiser Otto II. seinen
hiesigen Reichshof an das Kloster Corvey abtrat. Wie Corvey
auch anderswo seine alten Besitztümer auf Dauer nicht zu
halten vermochte, findet sich der Ort oder Hof im 11. Jahrhundert in den Händen der Paderborner Bischöfe wieder.
Damals soll eine Stadtgründung erfolgt sein. Entsprechende
Rechte sind für 1188 verbrieft. Die Grafen von Schwalenberg
traten als bischöfliche Vögte auf und leiteten damit die spätere Besitzübernahme durch Waldeck ein (1254).

Neben der Altstadt entwickelte sich eine Neustadt. Beide
sind 1377 vereinigt und mit der doppelten Umwehrung versehen worden, die noch heute die Doppelstadt umzieht, nur

daß bis 1593 auch zwischen beiden ein dann entfernter Mauerzug verlief. Wohl 1414 war der Bering vollständig. Zwischen den Wehrmauern lag der ›Hagen‹, ein Zwinger, der heute parkartig umgestaltet ist. Das Enser Tor, Thülen-, Hexen- und Roter Turm vermitteln noch immer einen Eindruck von der Stärke dieser **Stadtbefestigung**, die eindringlich die Bedeutung von Korbach in jener Zeit unterstreicht.

Die gräfliche Verwaltung saß anfangs im sogenannten **Mönchehof** (1298-1802), zog aber nach dessen Verkauf an das Zisterzienser-Kloster Bredelar in die Neustadt. Östlich der Kirche steht noch ein Spitzbogenportal (um 1300) aus diesem Gebäude. Auch die anderen fürstlichen Residenzen verschwanden fast spurlos, zumal der Amtmann schließlich auf dem Eisenberg bei Goldhausen seinen Sitz nahm, der aber gleichfalls zur Ruine geworden ist.

Das gräfliche Freigericht hielt seine Sitzungen für beide Stadtteile entweder vor dem Enser oder dem Lengefelder Tor ab, aber auch vor dem **Altstädter Rathaus** (14. Jh.), dessen Fachwerk späteren Datums ist (1730). An dessen Ecke vermittelt der ehemalige Pranger mit Halseisen einen fatalen Eindruck von den damaligen Methoden der Rechtsprechung. Sinnigerweise nennt der Volksmund das ehemalige Altstädter Rathaus ›Waage‹.

Mit der Vereinigung beider Städte war ein neuer gemeinsamer Verwaltungssitz notwendig, der sofort nach der Verschmelzung der Stadtteile zwischen beiden entstand. Mauern und Treppengiebel dieses *Rathauses* blieben bei einem späteren Brand (1664) übrig, alles übrige wurde Jahrzehnte später erneuert, die Arkaden und der Turmaufbau sind von 1930. Die Figur des Roland (ca. 1470) an der Nordwestecke des Rathauses versinnbildlicht stolz die Gerichtshoheit der Stadt.

Im Rathaus hängen Bildnisse von Waldecker Grafen, ein Umstand, der das doch weitgehend konfliktfreie Nebeneinander von Landesherr und Bürgerschaft unterstreichen mag. Der Entfaltung der Stadt haben die Waldecker keine nennenswerten Schwierigkeiten bereitet. Sie dürften eher sogar von ihrem Aufschwung profitiert haben.

Sinnfälliger als sonst in der Stadt kommt ihr Charakter als Handelsumschlagplatz zum Ausdruck in den ehemaligen

Steinkammern. Diese spätgotischen zweigeschossigen Steinbauten mit ihren abgetreppten Giebeln (14.-15. Jh.) dienten
als Warenlager oder Speicher, sind aber zeitweilig auch bewohnt gewesen – vielleicht in Zeiten militärischer Bedräng-
nis –, weshalb sie auch Kemenaten genannt wurden. Die
beiden gut erhaltenen Häuser in der Violinenstraße und am
Enser Tor erinnern mit ihren Vierpässen an die des Rathauses. In dem Haus am Kirchplatz ist heute das Heimatmuseum untergebracht.

Die vielen alten *Fachwerkhäuser* sorgen für eine behagliche Atmosphäre. Der niedersächsische Einfluß ist bis auf
ein Beispiel in der Enserstraße ganz erloschen. Das Haus
Schwalenstöcker (1659; Am Katthagen) hat im Keller eine
spätgotische ehemalige Kapelle (1593). Schöne Schnitzereien
von Josias Wolrad Brützel trägt das zurückgesetzte Portal
eines Hauses (Stechbahn Nr. 9; (gegen 1720)).

Eine derart wohlhabende Stadt konnte sich auch entsprechend aufwendige Kirchenbauten leisten, die damals über
ihren religiösen Zweck hinaus auch für die Selbstdarstellung
ihrer Erbauer herhalten mußten. Die Altstadt besaß schon
im 9. Jahrhundert eine eigene Pfarrkirche. An ihre Stelle
trat die ehemalige **St. Kilianskirche**, die jetzt evangelische
Pfarrkirche ist. Laut Inschrift ist 1335 mit dem Bau des
Chores begonnen worden, kurz darauf auch mit dem Westturm, der 1392 vollendet war. Die Errichtung des Langhauses
begann später und dauerte länger (1388-1450). Die stattliche
dreischiffige Hallenkirche hat nur drei Joche und ist dadurch
im Langhaus breiter als lang, wobei alle Schiffe gleiche Breite
haben. Darin äußert sich eine von Westfalen her inspirierte
Baugesinnung. Das bestätigen auch die Architekturformen,
die solchen in der Wiesenkirche zu Soest verwandt sind.
Dem kurzen fünfseitigen Chor ist nördlich die ehemalige
Johanniskapelle (Sakristei) angefügt. Diagonal gegenüber
steht neben dem kräftigen Westturm an dessen Südflanke
die ehemalige Marienkapelle (um 1340). Beide Nebenräume
sind ehemals zweijochig, so daß sie eine interessante Note
in den wohlproportionierten Komplex bringen.

Von hoher Qualität sind die Portale an Nord-, West- und
Südseite. Das südliche besticht durch seine Figuren, denen

eine theologische Konzeption zugrunde liegt. Am Gewände und in den Archivolten erscheinen Apostel, Engel und Heilige. Am Mittelpfeiler steht Maria (die Originalplastik wird im Museum aufbewahrt). Das Tympanon zeigt das Jüngste Gericht. Auch die Strebepfeiler sind figurengeschmückt. Die Ausführung ist nicht einheitlich, so daß mindestens zwei Meister vermutet werden müssen. Deutliche Parallelen bestehen zu den etwa gleichzeitigen Plastiken (Anfang 15. Jh.) am Südportal in Volkmarsen. Darüber hinaus zeichnen sich Beziehungen zu Westfalen und Köln einerseits sowie Frankenberg und Wetzlar andererseits ab. Im südlichen Seitenschiff stellen am Ostende vier Figuren die Anbetung der Drei Könige dar. Auch sie verraten die Hand eines Meisters vom Südportal. Von dem bauplastischen Schmuck des Innern verdienen die vorzüglichen Schlußsteine ihrer figürlichen Reliefs wegen sowie die ebenso qualitätsvollen Laubkapitelle besondere Beachtung.

Die Ausstattung spiegelt die damalige Wohlhabenheit von Stadt und Pfarrgemeinde. Graf Philipp III. von Waldeck und seine Gemahlin Anna von Kleve wurden bei der figurenreichen Kreuzigung des von ihnen gestifteten Flügelaltars (1527) verewigt. Darunter hat sich der Malermönch, ein Franziskaner, gleichfalls mit einem Selbstporträt auf dem Bild unter dem Kreuzesfuß festgehalten, was er angesichts seiner eher mittelmäßigen Leistung wohl besser unterlassen hätte. Nichts zeigt auffälliger den Wandel, der sich seit der Klosterkunst des frühen und hohen Mittelalters bis dahin vollzogen hat. Die Reformation hatte allen Grund, mit diesem seinem Wesen widersprechenden Mönchtum zu brechen, dem flott von der Hand ging, was einst undenkbar gewesen wäre. Auf den Altarflügeln sehen wir die Passion und Heiligengestalten.

Bernd und Johann Bunekeman schufen das reich ausgestattete Sakramentshaus (1525), das ein hoher Turmhelm oben beschließt. Gleichsam in Andacht versunken und von der Würde seines Amtes überwältigt hält der steinerne Diakon (Anfang 15. Jh.) das Lesepult im Chor. Die älteste in Hessen erhaltene Steinkanzel ist mit kleinen Heiligenfiguren versehen, die unter Wimpergen stehen. Sie stammt vom Ende

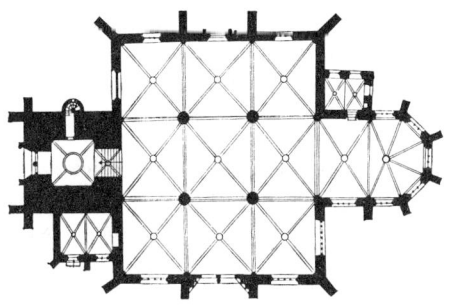

Korbach, St. Kilianskirche

des 14. Jahrhunderts. Eine ausgezeichnete Arbeit ist auch die stehende Muttergottes aus Holz (15. Jh.) auf dem neuen Kanzeldeckel.

Eine im 13. Jahrhundert entstandene Kapelle erhielt 1359 den heutigen West-Turm der evangelischen **Pfarrkirche der Neustadt**, früher St. Nikolai. Viel später schritt man zum Neubau des Chores (1450-54) und des Langhauses (1454-50/67). Das Ergebnis ist eine ›gestrecktere‹ dreischiffige Hallenkirche. Gestreckt deshalb, weil die Seitenschiffe im Gegensatz zur Kilianskirche hier nur die halbe Breite des Mittelschiffs aufweisen. Nicht mehr westfälischer, sondern ganz hessischer Raumeindruck entsteht. Ähnlich wie dort sind die Schlußsteine mit figürlichen Reliefs versehen. Das gut proportionierte Westportal läßt bis zu einem gewissen Grad den Vergleich mit den Portalen von St. Kilian zu.

Wandmalereien (um 1500 und älter) zeigen Heiligengestalten. Der uns schon bekannte Franziskaner hat auch hier einen Flügelaltar (1518) gemalt, der im Mittelbild die Anbetung der Drei Könige, auf den Flügeln Szenen aus dem Marienleben zeigt.

An der Nordwand des Chores prangt das Wandgrab für Fürst Georg Friedrich von Waldeck († 1692), das der Goldschmied Georg Friedrich Esau entworfen und Heinrich Papen in Alabaster, Kalkstein und Marmor ausgeführt hat. Die dreigeschossigen Aufbauten erreichen eine Höhe von ungefähr zwölf Metern. Gedrehte Säulen und stilisierte Palmbäume betonen die Vertikalen. In der Mitte befindet sich die Reiterfigur des Verstorbenen, daneben Symbolfiguren für die vier Kardinaltugenden. Das aufwendige Werk wird von einem riesigen Arrangement aus Wappen und Trophäen gekrönt.

Um Corvey ein letztes Mal zu nennen: Auch **Rhena** gelangte, wie bereits erwähnte oder noch zu erwähnende Orte (Berndorf, Twiste), im 9. Jahrhundert an dieses Kloster, was zweifellos auch kulturell gewisse Einflüsse ausgeübt haben mag. Auffälligster Zug dieser Landschaft in architektonischer Hinsicht ist die Häufung alter romanischer Kirchen. Bei näherem Zusehen zeigen sie mehr oder minder gemeinsame Merkmale, wie gebundenes System mit zweijochigem Hauptschiff, rechteckigen Chor und Westturm. Weitaus weniger treten runde Apsiden oder gar Querschiffe auf. Im einzelnen ergeben sich Abhängigkeiten untereinander. So war Adorf Vorbild sowohl für Schweinsbühl als auch für Sudeck. Heringhausen wiederum zeigt Ähnlichkeiten zu Flechtdorf.

Die Kirche von Rhena gleicht nun weitgehend der von Immighausen, nur hat sie die Gewölbe verloren (17. Jh.). Sehr schön ist das romanische Stufenportal an der Südseite des Schiffes. Im Bogenfeld thront Christus auf dem Regenbogen, erhebt die segnende Rechte und hält mit der Linken ein Buch. Ihn umgeben die Symbole der vier Evangelisten. Ihm gleich alt ist der Taufstein (um 1180), der von Palmettenmustern umzogen ist, in dem Vögel turnen und Köpfe glotzen.

Annähernd quadratischen Grundriß haben Chor, Schiff und Westturm der evangelischen Kirche von **Welleringhausen**, die nördlich des Dorfes an höchster Stelle liegt. Die Abstufung der Satteldächer für die drei Raumteile verleiht dem Bau unverwechselbare Konturen. Im Innern wirkt er mit seinen Hängekuppeln und tiefen Gratansätzen eher gedrückt. Wie auch bei anderen Kirchen im Waldeckischen ist der Triumphbogen relativ eng.

Aus dem romanischen Vorläuferbau der modernen Kirche (1928) von **Eimelrod** ist ein Tympanonrelief erhalten, das ähnlich wie in Rhena den thronenden Christus darstellt. Ein Teil des Bogenfeldes blieb unbearbeitet.

Nach dem um 830 erstmals erwähnten **Flechtdorf** ist 1101 ein Benediktinerkloster aus dem Lipperland verlegt worden. Nach einer letzten Blüte unmittelbar vor der Reformation säkularisierten die Grafen von Waldeck das Kloster und verwendeten es für mildtätige Zwecke.

Das erhaltene Langhaus und die westliche Doppelturmanlage der heutigen *evangelischen Pfarrkirche* entstanden in den auf die Verlegung folgenden Jahrzehnten (um 1160-80). Die Art und Weise, wie um das rundbogige Westportal das Sockelprofil geführt wird, bezeichnet man gelegentlich als Typikum der Hirsauer Schule, obwohl dies durchaus zu jener Zeit auch anderswo üblich gewesen sein dürfte. Das Langhaus war eine dreischiffige Basilika im Gebundenen System. Manche Einzelheiten der Gewölbeform – so ruhen im Seitenschiff die Gurte auf kurzen Vorlagen über Halbkreiskonsolen – erinnert an die Klosterkirche in Lippoldsberg, die ja der erste große Gewölbebau in Hessen war. Sie dürfte für diese Kirche hier Vorbild gewesen sein. Zu Beginn des 13. Jahrhunderts ist diese ursprüngliche Basilika dann zur Halle umgewandelt worden. Die älteren Teile, die im jetzigen Bau stecken, sind unschwer zu erkennen.

Im Gegensatz zu Flechtdorf ist in **Adorf** die romanische Anlage vollständig überliefert als dreischiffige Gewölbebasilika mit Westturm, Chorquadrat, Haupt- und Nebenapsis (um 1170-90). Interessant sind die Würfelkapitelle am Triumphbogen, die Einflüsse aus Hildesheim (St. Godehard), aber auch aus der westfälischen Zisterzienserkunst (Hardehausen) wiedergeben. Sonst steht auch dieser Bau durch Vermittlung von Flechtdorf in der Nachfolge von Lippoldsberg. Strebepfeiler, Schwibbögen und der Verlust des südlichen Seitenapsis sind Ergebnis späterer Baumaßnahmen.

An die bisher beschriebenen Kirchen schließen sich mit gewissen Abweichungen die von *Heringhausen, Schweinsbühl* und *Sudeck* an.

Auch die evangelische Kirche von **Twiste**, von deren Westturm nur das Untergeschoß steht, strahlt wie die meisten der vorgenannten Bauten jene von Westfalen her beeinflußte Schwere aus, die besonders im Innenraum zur Wirkung kommt, wo die romanischen Verhältnisse noch ungestört sind. Auch die neuerdings freigelegte Ausmalung vermag daran wenig zu ändern. Die reich geschnitzte Kanzel (1602) ist von Jost Schilling.

Wie in Twiste ist das Mittelschiff der Kirche in **Berndorf** kreuzgewölbt, während die Seitenschiffe tonnengewölbt sind. Der querrechteckige Westturm (12. Jh.) war ursprünglich nur über einen hochgelegenen Eingang zu betreten, eine Vorrichtung, die ihm eine Wehrfunktion zuwies. Als dafür kein Bedarf mehr bestand, erhielt er das jetzige Portal (1765). Unter den bisher erwähnten romanischen Kirchen ist dies das letzte Beispiel am Reiseweg in Waldeck, wo noch einmal ganz der westfälische Einfluß spürbar wird. Ein Holzrelief (16. Jh.) zeigt die Enthauptung Johannes des Täufers. Dem Stil nach könnte sie der Meitersdorfer Franziskanerwerkstatt entstammen, deren Produkte hier schon begegneten.

Eine Ähnlichkeit mit der Korbacher Stadtgeschichte hat die von **Mengeringhausen** insofern, als auch hier anfangs zwei Städte nebeneinander bestanden, ehe sie seit 1500 vereinigt wurden. Die Grafen hatten bereits im 13. Jahrhundert Besitzrechte. Eine ihrer Seitenlinien erhob die Stadt im 16. Jahrundert zu ihrer Residenz. Die längst für moderne Zwecke umgewandelte ehemalige Wasserburg der Grafen ist nur in Resten und durch den Namen des Hauses (›Zur Burg‹) in Erinnerung geblieben. Auch die ehemalige Stadtbefestigung kann wohl auf alten Darstellungen besser studiert werden als anhand ihrer Überbleibsel. Ein spätgotischer Rundturm südwestlich der Stadt war Landwarte. Dieser heutige ›Bismarckturm‹ ist modern ausgebaut.

Schlicht erscheint das Fachwerk-Rathaus (1850-53). Um so schöner wirken die zahlreichen *Fachwerk-Wohnhäuser* der Altstadt, die sich besonders um Kirche und Markt mit ihren breiten Giebeln dem Betrachter zuwenden. In der Mitte liegt dann die Tenne oder die Diele, je nachdem, ob es ein Bauern- oder Bürgerhaus ist, wie es in diemelsächsischer Bauweise üblich ist. An der Lange Straße schält sich aus dem Balkenwerk eines Hauses (Nr. 14/16) eine geschnitzte Drachenkontur (17. Jh.).

Die *evangelische Pfarrkirche* und frühere Georgskirche bildet einen Kontrast zu den zuletzt unternommenen Kirchenbesuchen. Wo westfälische Romanik den Kirchenbau zu beherrschen schien, da tritt jetzt wieder die hessische Halle in den Blick. Die Erklärung liegt darin, daß anstelle eines Vorgängerbaues dieser Neubau (1347-1423) trat, der dann schon für die von der Gotik entwickelte Konzeption empfänglich war und sie hier in guten Proportionen verwirklicht hat. Der Chor ist 1552 hinzugekommen. Von besonderer Originalität ist dessen Ausmalung im Stile der Renaissance. Friedrich Thorwart hat 1572 diese reiche Ornamentik über die Architekturglieder, die Teppiche entlang der unteren Wandhälften und die biblischen Szenen gemalt. Nordseits kehrt der Verlorene Sohn zurück und trotzt Hiob gläubig seinem Schicksal. Südseitig thront der Weltenrichter zum Jüngsten Gericht, sind die Stammeltern in Sünde gefallen, triumphiert der Auferstandene über Sünde und Tod. Später hat man die Evangelisten (um 1670) als Verkünder dieser Wahrheiten darübergesetzt. Inschriften und Wappen bedekken die Gewölbekappen.

Auch der barocke Altaraufsatz (um 1680) ist mit Gemälden versehen. Berthold Tamm hat darin Abendmahl und Ölbergsszene dargestellt. Die zwei Statuen an der Seite kommen aus der Werkstatt von Heinrich Papen. Inhaltlich hochinteressant sind die Reliefs auf der Steinkanzel (um 1600), insofern sie große religiöse Gestalten zu einer sinnreichen Reihenfolge vereinen: Adam und Eva, Moses mit den Gesetzestafeln, Christus, Paulus und Martin Luther. Der Künstler hat hier ein theologisches Manifest geschaffen, das an Deutlichkeit nichts zu wünschen übrig läßt. – Sehr eindrucksvoll ist das spätgotische Kruzifix aus Holz (15. Jh.), das am südöstlichen Langhauspfeiler hängt.

Neben verschiedenen Grabmälern sind die Denkmäler im Chor wegen der jeweils in einen Renaissance-Rahmen gestellten Relieffiguren bemerkenswert.

Die Neustadt kann mit einem Herrschaftshaus in der Landstraße aufwarten, das Julius Ludwig Rothweil erbaut hat (1732-33). In der nach dem Liederdichter benannten Straße steht das Geburtshaus von Philipp Nicolai (1556-1608). Gegner des römischen Katholizismus wie des Calvinismus, hat er für seine freimütig geäußerten Ansichten ein wechselvolles Leben in Kauf nehmen müssen. Unter anderem wirkte er kurzzeitig als Pfarrer der ›Heimlichen lutherischen Gemeinde‹ in Köln. Vielen ist er besser bekannt als Dichter verbreiteter Kirchenlieder. Eine beliebte Weise ist das noch heute gern gesungene ›Wie schön leucht' uns der Morgenstern‹. Seine Lieder nehmen eine Schlüsselstellung in der Entwicklung des evangelischen Kirchengesanges ein. Formal anknüpfend an vorhandene Chorgesänge (Meistersinger) stieß er zu neuen Ausdrucksweisen vor, die dem Wortschatz des Hohen Liedes oder der Offenbarung Johannes entlehnt sind.

Fern der Ballungsgebiete ist uns im zu oft nur seiner landschaftlichen Idylle wegen wahrgenommenen Landstrich ein Experimentierfeld der Gedanken und Künste begegnet. Die Weisen von Philipp Nicolai wären nur ein Beispiel. Gleichnishaft mögen da die romanischen Kirchen westfälischen Typs stehen, die sich über die eindringende Gotik hinaus behaupten konnten. Doch haben manche, wie zu sehen war, dem Zeitenwechsel Tribut zollen müssen. Die Reformation wußte mit den alten Kulträumen mitunter wenig anzufangen und hat die Seitenschiffe oder auch die Apsiden abgerissen. Der urtümliche Raum wurde übersichtlicher, rationaler, da nicht mehr lateinischer Liturgie verpflichtet, sondern dem Wort allein. Andernorts siegte vorher die vehement vordringende Gotik. An ihren lichtvollen Hallen fand der Geist der Neuzeit nichts auszusetzen. Mengeringhausen, Korbach (St. Kilian), Wolfhagen, Zierenberg oder Volkmarsen haben die von Lahn und Eder her zuströmenden Impulse aufgefangen und realisiert. Marburg und Haina oder Homberg/Efze und Frankenberg zeigten Folgewirkung. Und dennoch legt der Vergleich offen, wie selbst in den kühnen waldeckischen Hallen noch ein Rest westfälischer Behäbigkeit waltet, und wenn vielleicht auch nur im Detail.

Kellerwald und obere Eder

DER eigentümliche Grenzverlauf des Waldecker Landes zum südlich angrenzenden Bergland hat die hier vorgenommene Aufteilung des Stoffes beeinflußt und führt den Leser noch zweimal an die Eder heran. Sie entspringt auf dem Ederkopf in Westfalen, durchströmt Teile von Nassau, Waldeck und Hessen-Kassel, ehe sie nach 135 Kilometer langem Lauf in die Fulda bei Guntershausen mündet. Im Waldeckischen war zu sehen, wie der Fluß gleichsam auch geistige Strömungen ins Land zu führen scheint, wie das die westfälischen Einflüsse auf die Baukunst recht schön zeigen. Früher führte die Eder Gold mit sich, aus dem die Landgrafen den ›Ederdukaten‹ schlagen ließen.

Der Fluß blickt zum südlich seines Laufes aufragenden Kellerwald, der im Wüstengarten 673 Meter Höhe erreicht. Als Wasserscheide entläßt dieser nach Süden die Wohra zur Ohm, die ihrerseits bei Marburg in die Lahn mündet. Vom Gesteinsuntergrund her bildet der Kellerwald einen äußersten Vorposten des Rheinischen Schiefergebirges. Irgendwie scheint sich mit diesen erdkundlichen Bedingungen eine innerhessische Grenzsituation aussprechen zu wollen, auf deren kulturgeschichtliche Auswirkungen man gespannt sein darf.

Battenberg

In der Nähe des vorgeschichtlichen Eisenberg-Ringwalles und der uralten Straße entlang der Wasserscheide zwischen Rhein und Weser stellten sich Franken und Sachsen zum Gefecht bei Laisa und Battenfeld. In dieser strategisch wichtigen Gegend hatten die Grafen von Battenberg ihren Sitz (1194-1314). Zu unterscheiden sind ihre alte Stadtburg und die jüngere Kellerburg, die 1214 und 1228 erstmals urkundlich erwähnt werden. Die Stadt (seit 1234) kam noch im

Jahrzehnt ihrer Ersterwähnung teilweise, schließlich ganz
(1296) an Mainz. Vielleicht begünstigte dies die Stadtgründung bei der Burg im Tal. Zuletzt behielt Hessen die Oberhand und nahm Battenberg endgültig in Besitz (1583). Die
Kinder aus der nach dem Selbstverständnis des Adels nicht
standesgemäßen Ehe des Prinzen Alexander von Hessen erhielten 1858 den Titel ›Prinzen von Battenberg‹, die sich
seit 1917 Mountbatten nennen. Philipp, der Herzog von
Edinburgh und Gemahl der britischen Königin, ist ein Ur-
großenkel Alexanders.

Von der ehemaligen *Stadtburg*, dem sogenannten Schloß,
liegen Fundamente unter dem evangelischen Pfarrhaus. Von
der Kellerburg, die nach 1464 aufgegeben wurde, sind geringfügige Reste noch sichtbar, dort wo sich jetzt über dem Ort
der Aussichtsturm erhebt. Angesichts der Lage von Battenberg hoch über dem Edertal wird verständlich, weshalb hier
auch die Stadtburg eine strategisch wichtige Rolle spielte,
zumal sie auf der Außenspitze des Bergsporns angelegt war,
auf dem die Stadt noch heute liegt. Als 1732 unterhalb die
Neuburg entstand und dann noch zum Amtssitz erhoben
wurde, hat man die jetzt überflüssige Stadtburg verkauft.
Der schlichte Barockbau der Neuburg (1732) beherbergt
auch heute noch Behörden. Ähnliches gilt von dem einzigen
überlieferten Burgmannensitz (1678). Dem *Rathaus* über
dem abschüssigen Markt verleihen die beiden polygonalen
Eckerker eine freundliche Note (17. Jh.). Die gleiche architektonische Besonderheit zeigt das Fachwerkhaus (17. Jh.)
vor der Kirche.

Der Bau der ehemaligen Marienkirche und jetzigen *evangelischen Pfarrkirche* fällt in die Zeit, als Mainz hier Fuß
fassen konnte. Die dreischiffige, frühgotische Hallenkirche
mit Quadratchor und Nischen vor den Seitenschiffen verwertet noch spätromanische Einflüsse aus dem Siegerland
und von Wittgenstein. In Hessen geht ihr Breidenbach voran.
Außen sehr schlicht und im Innern beinahe altertümlich,
proviziert der Bau die Spitzfindigkeit des Kunsthistorikers,
ob der sich nun der hier getroffenen stilistischen Zuordnung
anschließen will oder lieber für die Spätromanik plädieren
möchte. In den Mauernischen vor den Seitenschiffen ist die

ursprüngliche Bemalung wieder freigelegt. Sie besteht aus Steinfugen und Sternmustern (13. Jh.).

Unterhalb und direkt an der Eder liegt **Battenfeld** an einer alten Furt. Ungefähr dort war der Schauplatz des eingangs erwähnten Gefechtes zwischen Franken und Sachsen. Seine historischen Schicksale teilt der Ort weitgehend mit denen von Battenberg. Eine Marienkirche wird schon für das Jahr 879 bezeugt, was eindringlich das Alter dieses Kirchsitzes beleuchtet. In der zweiten Häfte des 12. Jahrhunderts wuchs die heutige evangelische Pfarrkirche als romanische Basilika empor. Sie besitzt einen quadratischen Chor und einen früher wehrhaften Westturm. Die Schießscharten und die vier Wichhäuschen am hohen Spitzhelm legen noch Zeugnis von der einstigen Rolle des Turmes ab, ebenso der Umstand, daß er nur von innen her zugänglich ist. Ursprünglich als Basilika erbaut, büßte der Bau seine Seitenschiffe während des Dreißigjährigen Krieges ein. Danach hat man die Emporen (1661) eingerichtet, deren Brüstungsmalereien einen freundlichen Eindruck erzeugen.

Eine Reihe guter *Fachwerkhäuser* (18. Jh.) gereicht dem Ort zur Zierde. Am sogenannten Talschäferhof in der Marktstraße findet sich eine Rokoko-Schnitzerei.

Ziemlich genau sind wir über die Umwandlung der romanischen Martinskirche zur evangelischen Pfarrkirche von **Bromskirchen** unterrichtet. Vermutlich aus einer karolingischen Siedlung von Königsleuten am Höhenweg hervorgegangen, war Bromskirchen Vorort einer Battenberger Kleinzehnt. Die dreischiffige Pfeilerbasilika gebundenen Systems mit zwei Hauptjochen (12. Jh.) hat die Reformation verstümmelt. Pfarrer Daniel Cranauge ließ die Seitenschiffe samt ihren Halbrundapsiden abbrechen und die Arkaden vermauern. Hier vollzog sich, im einzelnen belegbar, was beim Besuch der Waldeckischen Kirchen bereits angesprochen wurde. Später hat man der Kirche noch einen Dachreiter (1644), einen neuen Chor (1700) und die Fachwerkvorhalle beschert.

Für die Verluste entschädigt die überraschende Farbigkeit des Innenraumes. Kenner zählen ihn »zu den reizvollsten und malerischsten Beispielen hessischer evangelischer Landkirchen«. Pfarrer Cranauge muß eine lebensfrohe Einstellung gehabt haben, hat doch die Ausmalung des Kirchenraumes deren Umgestaltung begleitet. Aufgemalte Ranken wuchern über die kassettierte Holzdecke. Ornamente bedecken die Schiffswände. Die Bemalung der Emporen erzeugt Effekte, die denen aus dem Fachwerkbau ähneln. Das 18. Jahrhundert steuerte der Ausstattung die Kanzel mit den religiösen Bildern in den Gefachen, den Altaraufsatz mit seinen gedrehten Säulen und den kleinen Orgelprospekt (bez. 1704) bei.

Frankenberg

Verheißungsvoll winkt die Silhouette dieser Stadt. Geheimnisvoll scheint ihr Name, der eine gegen Sachsen gerichtete Trutzburg als Ursprung vermuten läßt. Sicher diente der feste Platz als Stützpunkt gegen die Erzbischöfe von Mainz, den die Landgrafen von Thüringen seit 1233 planmäßig ausbauten. Schon 1249 ist hier eine Stadt aktenkundig, der 1335 Landgraf Heinrich II. von Hessen eine Neustadt entgegensetzte. Nach schon geläufigem Schema siegte auch hier die Vernunft und veranlaßte die Vereinigung beider Stadtteile (1556). Zu der Zeit hatte die Reformation bereits Einzug gehalten, war die wirtschaftliche Blüte nach dem Niedergang der Wollweberzunft und verheerenden Feuersbrünsten dahingewelkt.

Wie sonst in Hessen selten, gestattet der außergewöhnlich durchkonstruierte Stadtplan die Orientierung. An höchster Stelle steht die ehemalige Burg, die 1376 von revoltierenden Bürgern zerstört worden ist. Eine Grünfläche westlich der Kirche bezeichnet das Terrain der 1798 abgetragenen Ruinen.

Östlich davon beherrscht die Liebfrauenkirche und heutige evangelische **Stadtpfarrkirche** die Lage. Ein halbes Jahrhundert währten die Bauarbeiten (1286-1337). Der Chor empfing 1353 seine Weihe. Der Westturm war 1359 vollendet. Etwas später stiftete man die Marienkapelle am südlichen Kreuzarm. Die Bauleute hatten eifrig an der Marburger Elisabethkirche gelernt. Die Langhaus-Halle und der Dreikon-

2

2 Lorsch, Torhalle 3 Fulda, Michaelskirche

← 1 Limburg an der Lahn

4 Marburg, Elisabethschrein in der Elisabethkirche

5 Limburger Domschatz, Christus,
Mittelstück der Staurothek, zwischen 945 und 963

7 Limburger Domschatz, Johannes aus der
›Dernbacher Beweinung‹, Tonplastik um 1400

6 Lich, Grabmal von Kuno von Falkenstein und Anna
von Hessen in der evangelischen Pfarrkirche

9 Kloster Eberbach, Kapitell

Bad Hersfeld, Stiftsruine 10 →
Vorhalle am nördlichen Querschiff

Gelnhausen, Lettner in der Marienkirche 11
›Die Seligen des Jüngsten Gerichts‹

12 Lippoldsberg, Benediktinerinnenklosterkirche,
Nonnenkrypta

13 Rasdorf, Pfarrkirche

14 Bad Hersfeld, Stiftsruine

15 Gelnhausen, Kaiserpfalz, Südfassade des Palas

Brensbach, Steinkanzel von 1526 16 →
in der evangelischen Pfarrkirche

Kiedrich, Totenkapelle, Chörlein 18, 19 →
und Doppelmadonna auf der Mondsichel

20 Konrad von Soest, Wildunger Altar
in der evangelischen Stadtkirche, um 1400:
Muttergottes aus der ›Anbetung der Hl. Drei Könige‹

Marburg, Hl. Elisabeth 21
Holzplastik 1450-70, Elisabethkirche

24 Marburg, Rittersaal im Schloß

← 22, 23 Kloster Eberbach,
Kapitelsaal und Brunnen im Kreuzgang

25 Marburg, Elisabethkirche

27 Homberg an der Efze, evangelische Stadtkirche

28 Kiedrich, Totenkapelle St. Michael

30 Seligenstadt, Treppenaufgang in der Prälatur

31 Schloß Philippsruh bei Hanau

32 Fulda, Dom

chenchor sind unzweifelhaft Lernfrucht von dort. Details offenbaren noch einen zweiten Lehrmeister: die Zisterzienser von Haina. Hier oben an der Eder gedieh die Ausführung freilich behäbiger und in den Einzelformen schlichter als in Marburg. Der nach Marburger Plan erbaute Chor wich dem heutigen (1353), den Tyle von Frankenberg errichtete. Derselbe Meister hat auch die Seitenschiffe um zwei Joche bis zur westlichen Turmflucht verlängert. Moderne Zutaten sind der Giebel (um 1860) von Georg Gottlob Ungewitter und der Turmhelm (1895-98).

Die Schöne *Marienkapelle* (gestiftet um 1370/80) am südlichen Querarm ist nicht allein das Hauptwerk des Tyle von Frankenberg, sondern ein Kleinod der Gotik überhaupt. Dem kleinen, auffallend steilen Zentralbau wohnt großzügige Eleganz inne. Leider ist ein reicher Skulpturenschmuck bis auf wenige Überbleibsel zerstört worden. Die Figurennischen sind mit reichem Laubwerk ausgestattet, die für sich allein konzentrierte Studien rechtfertigen würden. Merkwürdig ist eine Konsolfigur, die einen Dämon festhält. Die Bauplastik bildete aber nur die Rahmung für die Figurennischen, in denen einst die Figuren der Propheten, Apostel und Heiligen ihre eigene Sprache entfalteten. Letztlich war die steinerne Heerschar sozusagen das Gefolge der heiligen Maria. Ihr war die Kapelle geweiht, ihr huldigten die Himmlischen. Die bedauernswerten Zerstörungen haben nicht nur einen künstlerischen Schaden angerichtet, sondern diesem vorzüglichen Gebäude seinen eigentlichen Sinn geraubt. Bilderstürmer haben noch nie etwas zum Besseren gewendet, gleich unter welchem Banner sie antraten.

Die Marienkapelle hat nur einen äußeren Zugang, so daß zur Besichtigung des *Innern der Pfarrkirche* der Weg wieder hinaus führt. Über dem Westportal der Kirche befinden sich ein maßwerkreicher Wimperg und Fialen. Noch deutlicher zeigt der Innenraum, wie sehr diese Kirche in der Nachfolge von Marburg steht. Nur sind die Stützen schwerer, die Langhausfenster stehen nicht zweizeilig übereinander wie dort, der Raum ist insgesamt niedriger. Das oben mitgeteilte Weihedatum für den Chor weist ihn als späteren Neubau aus, bei dem das mit dem ersten Chor (um 1300) angestrebte Ziel einer Dreikonchenanlage zugunsten des beträchtlich erweiterten und höheren endgültigen Chorraumes entschieden ist. Meister Tyle zog auch die Seitenschiffe weiter westwärts, wodurch anders als in Marburg eine Westfassade mit eingezogenem Turm entstanden ist.

Die mit Blattmasken oder Tierköpfen geschmückten Konsolen der Ostteile waren, ähnlich wie die Nischen in der Marienkapelle, für Statuen bestimmt. Sehr sauber ist das Laubwerk der Kapitelle aus dem Stein geschlagen, so daß es geradezu botanisch bestimmbar wird. Die Farbgebung hier wie an den übrigen Architekturgliedern dürfte nicht in allem original sein, da es offensichtlich spätmittelalterliche Veränderungen gegeben hat. Sehr dekorativ wirken die Rankenmalereien in den Gewölben von Querschiff und Langhaus, die Blüten, Früchte und Vögel, aber auch Wappen und Handwerkerzeichen umspinnen. In der Vierung sind zudem die Wundmale Christi zu sehen (um 1480).

In den Chorfenstern sind zwölf Scheiben mit hervorragender gotischer Glasmalerei (14. Jh.), deren Rundmedaillons Passionsszenen zeigen, dazu auch Teppichmuster.

Meister Tyles Hand offenbart sich auch in dem schönen Wandtabernakel (um 1350-60) mit seinem Zinnenfries. Die sorgfältige Arbeit fand in Kurhessen bis hin zur oberen Lahn manche Nachfolgewerke.

Einige wenige Steinfiguren, darunter die Drei Könige, erzeugen eine Ahnung von dem Reichtum der einstigen Ausstattung, die unerbittlicher Kirchenzucht geopfert wurde. Diese hier stammen vom früheren Hochaltar. Andere Reste befinden sich in der Sakristei und im Museum.

Noch kurz vor der Reformation erlebte Frankenberg eine Klostergründung, die nur sechs Jahrzehnte bestand. Augustinerinnen übten im Spital praktische Nächstenliebe (1465-1527). Die kleine spätgotische **Spitalkirche** (1515) ist erhalten, nur sind die Gewölbe inzwischen durch ein Holzgewölbe (1865) ersetzt. Sie gehört zu den wenigen Steinbauten des 16. Jahrhunderts in dieser sonst vom Fachwerk geprägten Stadt.

Deren jetzt schon von Parallelen her bekannnter regelmäßiger Grundriß verrät die umsichtige Planung des 13. Jahrhunderts. Im Straßengitter sind die beiden Marktplätze ausgespart, auf die der Hochchor der Pfarrkirche herabblickt. Zwischen beiden Plätzen liegt im abschüssigen Gelände das **Rathaus**, das zu den schönsten Hessens zählt. Je eine seiner Schmalseiten kehrt sich dem Ober- und Untermarkt zu. Der 1421 begonnene Bau erlag einer Feuersbrunst und erlangte erst 1509 seine heutige Gestalt. Sein Fachwerk fußt auf steinernem Sockel. Die Obergeschosse sind verschiefert. Die Dachzone erhält eine reiche Silhouette durch acht verschieferte Erkertürme, den Dachreiter und einen seitlich stehenden Treppenturm (1535). Das Untergeschoß bewahrte in seinem Innern noch das ursprüngliche Aussehen als große, durchgehende Halle. Auf drei Mittelstützen ruht die Balkendecke. Außen achte man auf die Konsolen der Erker, die Philipp Soldan geschnitzt hat, wie inschriftlich angemerkt ist. Eine Konsole erinnert verblüffend an jene in der Stadtpfarrkirche (Marienkapelle).

In schon bilderbuchreifer Geschlossenheit säumen die alten **Fachwerkhäuser** (16.-19. Jh.) die Plätze und Gassen. Die Fundamente und Sockel stammen meist noch aus der Zeit der Stadtgründung. Dabei sind die Häuser am Obermarkt durchweg älter, während die am Untermarkt mehrheitlich seit dem 17. Jahrhundert ihre Fachwerkgeschosse erhielten. Das Haus ›Zur Sonne‹ bietet zugleich ein Muster klassizistisch verputzten Fachwerkes. Des öfteren sind bei den jüngeren Häusern Rähm (der die Wand oben abschließende horizontale Balken) und Schwelle (der die Wand tragende horizontale Balken) durchgängig profiliert, ausnahmsweise auch der Querriegel (waagerechtes Holz zwischen den Stützen). Unübersehbar ist der Einfluß des Rathauses, wenn etwa die Gefache mit Backsteinmustern ausgemauert sind. Geradezu typisch für Frankenberg sind, ebenfalls in Anlehnung an das Rathaus, die mehrgeschossigen Eckerker, die bevorzugt an Plätzen oder Straßenkreuzungen die Häuser hervorheben.

Zu Eder hin erstreckt sich die früher selbständige Neustadt. Vor ihren Toren gründete Konrad von Itter 1249 das **Zisterzienserinnen-Kloster St. Georgenberg**. Nach seiner Aufhebung (1567) wurde es Amtssitz. Heute beherbergt der

Bau zusätzlich das sehenswerte Heimatmuseum. Die dreiflügelige Klosteranlage erhielt erst neuerdings den neuerbauten Abschluß nach Osten. Das Innere ist stark verändert. Selbst der Kapellenraum im Ostende des Nordflügels erlitt eine tiefgreifende Umgestaltung. Im Nordflügel sind noch Reste des ehemaligen Kreuzganges mit Maßwerkfenstern zu erkennen.

Entgegen des sonst in eindrucksvoller Geschlossenheit erhaltenen Baubestandes ist die **Stadtbefestigung** nur noch bruchstückhaft überliefert. Am besten läßt sich ihr Aussehen am runden ›Hexenturm‹ ermessen, an den sich ein Stück Mauer anschließt. Ein Besuch des alten Friedhofes gleich dabei gestattet beim Studium der Grabsteine (16.-18. Jh.) manchen Einblick in die hessische Volksseele. Freundlich wirkt an der Stätte des Todes die sonst schlichte Totenkapelle (1730/31) mit ihrem Fachwerk.

Den fremd klingenden Ortsnamen **Louisendorf** verlieh Landgraf Karl der kurz zuvor entstandenen Hugenottensiedlung im Jahr 1700 zu Ehren der Prinzessin Louise von Hessen. Dort sprach, lehrte und predigte man bis in die zweite Hälfte des vorigen Jahrhunderts französisch. Die evangelische Pfarrkirche (1699-1702) ist ein Fachwerkbau mit durchgehenden Pfosten und Streben.

Zwei Burgen sicherten bei Ederbringhausen hoch über dem Edertal die alte Fernstraße von Frankfurt nach Bremen. Von der **Keseburg** blieben nach ihrer Zerstörung im Jahr 1277 schließlich nur noch Fundamente der ovalen Anlage und der Stumpf des Bergfrieds übrig. Als Ersatz entstand zu Beginn des 14. Jahrhunderts **Burg Hessenstein** auf dem Silberg. Drei Gebäudeflügel umschließen einen kleinen rechteckigen Binnenhof. Seine offene Seite riegelt die hohe Mauer mit ihrem Wehrgang ab, nur ein Spitztor ermöglicht den Zutritt. Die in ihrer Geschlossenheit einfache, aber sehr gut erhaltene Anlage dient heute der Forstverwaltung und als Jugendherberge.

Hessenstein war wiederholt verpfändet. Unter den Pfandnehmern erscheint auch das Zisterzienserkloster Haina. Auf dessen Grund und Boden war überhaupt erst die Ersatzgründung für die Keseburg möglich geworden.

Neben Eberbach gehört Haina zu den großen Zisterzienserabteien Deutschlands, deren Bausubstanz im wesentlichen intakt geblieben ist. Sie entstanden in der ersten Blütezeit des jungen burgundischen Ordens von Cîteaux, dessen Ausbreitungsgeschwindigkeit und beängstigend wachsende Mitgliederzahlen ihn vielleicht zur erfolgreichsten Alternativbewegung in der Geschichte Europas machen. Freilich, als Haina entstand, waren die ›Alternativler‹ bereits dabei, sich kräftig zu etablieren. Wo ihre Gründer 1098 unter erbärmlichen Bedingungen in Cîteaux begonnen, gelebt und improvisiert hatten, da war ihr Weg in den Kellerwald gut vorbereitet dank gesicherter Ausgangsbasen in den älteren Abteien des Rheinlandes, allen voran Kamp und Altenberg. Wo jene sich der Kritik seitens des älteren Mönchtums cluniazensischer Prägung erwehren mußten, eilte den Grauen Mönchen jetzt ein mächtiger Ruf voraus, den das Ansehen ihres berühmtesten Mitgliedes einst begründet hatte, das des Abtes Bernhard von Clairvaux († 1153).

Die Gründung von Haina vollzog sich nach einem Schema, dem wegen häufiger Parallelen geradezu eine gewisse Gesetzmäßigkeit zugesprochen werden könnte. Der Ablauf zerstört zugleich manche liebgewordene Legende. Eine davon sieht die Mönche beim Rückzug in die Wildnis, wo sie nun Ödland roden, um nach und nach die Klosteridylle hervorzuzaubern, die dann bis heute die Attraktivität solcher Stätten ausmacht. Auch Hainas Ursprünge preßt man gerne in solch fromme Mär. Aber ein funktionsfähiges Kloster bedurfte auch damals einer vorhandenen Infrastruktur. Die Erschließung war Sache des Stifters, nicht der Mönche. Die ›Einsamkeit‹ erscheint lediglich als literarischer Topos, der im mönchischen Schrifttum spirituelle Bedeutung hat im Sinne der anzustrebenden inneren Einsamkeit und Loslösung von irdischen Dingen.

Haina besaß gute Voraussetzungen, befand sich doch auf dem Ebelsberg bei Löhlbach ein fester Platz zum Schutz der Straße. Ihn boten die Grafen von Ziegenhain der Abtei Kamp an, die um 1140 Mönchen vom Niederrhein hierher entsandte. Diese zogen schon ein paar Jahre später ins Eichsfeld weiter und gründeten dort das Kloster Michaelstein. Augustiner versuchten vergeblich ihr Glück, ebenso zwei weitere Kamper Konvente, von denen einer gar ins Mutterkloster zurückkehrte. Kamp gab endgültig auf. Erst Graf Heinrich von Ziegenhain-Reichenbach, der später selber Zisterzienser wurde, gelang es, erneut einen Abt für den Gedanken der Klostergründung zu gewinnen. Altenberg bei Köln schenkte ihm Gehör und entsandte 1188 erneut Mönche an die glücklose Stätte. Die alten mit der Höhenlage verbundenen Probleme waren keineswegs gelöst. Konvent und Stifter trafen die einzig richtige Entscheidung und verlegten das Kloster in das obere Wohratal, wo es seinen endgültigen Platz fand.

Die geschilderte Gründungsunsicherheit tritt fast regelmäßig auch bei anderen Zisterzienserklöstern auf, wo sie dann beinahe zwangsläufig das Motiv für eine fromme Gründungslegende liefert, nach der ein Wunderzeichen des Himmels den richtigen Platz anweist. Der Versuch, zunächst in Höhenlage das Kloster zu begründen, mag an eine diesbezügliche Vorliebe der Benediktiner anknüpfen, von der noch bei den Höhenklöstern um Fulda die Rede sein wird. Die Bevorzugung der Tallage bei den Zisterziensern hat keine weltanschaulichen Gründe, sondern war damals eine Frage der Energieversorgung für die wassergetriebenen Mühlen und Eisenhämmer. Auch muß dies im Zusammenhang mit der von den Zisterziensern eifrig betriebenen Teichwirtschaft gesehen werden.

Wie die weitere Entwicklung des Klosters bestätigt, erfüllte der neue Siedlungsplatz an der Wohra alle Erfordernisse bestens. Die anfängliche Eigenwirtschaft, die auf den Schultern zahlreicher Laienbrüder lag und damit außerordentlich kostengünstig arbeitete, führte zusammen mit reichen Schenkungen und Privilegien zu einem wirtschaftlichen Aufschwung, die sich sinnfällig in den großzügigen Klosterbauten äußert. Es gelang, ausgehend von einer geschlossenen Grund- und Gerichtsherrschaft in der Bulenstrut und in der Herrschaft Itter einen ausgedehnten Streubesitz zu erwerben. Hainaer Höfe gab es schließlich in den Nachbarstädten, aber auch in Frankfurt und einigen Städten der Wetterau.

Sie bildeten wichtige Handelszentren, vor allem auch später noch, als die Geld- und Depositenwirtschaft die Eigenwirtschaft allmählich verdrängte und Lohnarbeiter gedungen werden mußten. Damals gab es kaum noch Laienbrüder bei den Zisterziensern. Dies ist übrigens auch Indiz für die sozialen Spannungen, von denen viele Zisterzienserkonvente im Spätmittelalter heimgesucht wurden. Die Reformation begann sich anzukündigen.

Die Aufhebung erfolgte 1527. Landgraf Philipp vollzog sechs Jahre später die Umwandlung des Klosters in ein Hospital und gab damit ein Beispiel, das für Deutschland einmalig war. Die Stiftung arbeitet bis heute segensreich.

Alle Zisterzienserklöster des Mittelalters sind nach einem einheitlichen Schema angelegt, das demnach auch in Haina verwirklicht ist. Danach liegt in der Regel an der sonnenabgewandten Nordseite die Kirche. An ihrer Südseite zieht der Kreuzgang entlang, um sich quadratisch oder rechteckig um einen Binnenhof fortzusetzen. Von ihm aus konnten alle Räume betreten werden. Er war auch ein bevorzugter Aufenthaltsort der Mönche außerhalb ihrer fast siebenstündigen Gebetszeiten. Im Ostflügel liegen in nordsüdlicher Folge Sakristei mit Bücherkammer (Armarium), Kapitelsaal, Treppe und Ostausgang, Sprechraum (Parlatorium) und Arbeitsraum (Fraterie). Das Obergeschoß diente als Schlafhalle (Dormitorium). Im Südflügel schließen sich an Wärmstube (Kalefaktorium), Speisesaal (Refektorium) und Küche. Dem Refektorium gegenüber befand sich das zum Innenhof gerichtete Brunnenhaus, das in Haina verschwunden ist. Es war die einzige Waschgelegenheit für die Mönche. Der Westflügel hatte Kellerräume sowie Speise- und Schlafsaal der Laienbrüder, die von den Mönchen getrennt lebten und teilweise einen eigenen, auf die praktische Arbeit ausgerichteten Tagesplan befolgten.

Das asketisch anmutende Dasein muß gerechterweise an dem allgemeinen Lebensstandard gemessen werden, womit sich der zisterziensische Lebensstil ein wenig relativiert. Die Fehlinterpretation der benediktinischen Devise ›Ora et labora‹ (Bete und arbeite) brachte es mit sich, daß den Mönchen Leistungen zugeschrieben wurden, die von den Laienbrüdern erbracht worden sind. Das Dasein des Mönches war kontemplativ. Zu den langwährenden Gebeten siebenmal am Tag und einmal während der Nacht kamen sonstige Verpflichtungen des Gemeinschaftslebens, die alle in bestimmten Ritualen vollzogen wurden, selbst banale Dinge wie Essen, Rasur oder Aderlaß. Zusätzlich bestanden Verpflichtungen zu einem gewissen Pensum an geistlicher Lektüre. Für Arbeit im Sinne echter Produktion war da weder zeitlich noch kräftemäßig Platz. Das ›laborare‹ wäre besser mit ›sich abmühen‹ übersetzt. Gemeint ist die geistliche Mühe, die asketische Anstrengung. Schwere körperliche Arbeit war die erklärte Ausnahme im Notfall, etwa bei der Ernte. Leichtere Hausarbeiten waren allerdings zur geistigen Erholung angeordnet.

Man versteht ein Bauwerk wie Haina nur richtig, wenn man die ursprünglichen Funktionen seiner Teile kennt. Da diesbezüglich weithin Unkenntnis herrscht, mußte näher darauf eingegangen werden. Kirche und Kreuzgang können in der Regel besichtigt werden. Die übrigen Teile dienen Zwecken der Landesheilanstalt des Hessischen Landeswohlfahrtsverbandes.

Mit dem Bau der **Kirche** ist bald nach 1214 begonnen worden, doch kam sie erst im 14. Jahrhundert zur Vollendung. Im Einzelnen sind keine sicheren Baudaten überliefert. Die gotische Kirche blieb im Innern völlig, äußerlich fast unverändert. Sie entbehrt einer Turmanlage, wie dies bei den Zisterziensern und anderen Reformorden (Kartäuser, Mendikanten) üblich war. Der Vierungsturm ist erst 1889 angebracht worden.

Der Bau ist eine dreischiffige Hallenkirche mit Rundpfeilern und Kreuzrippengewölben, Querschiff und gerade geschlossenem Chor. Ursprünglich hatten die Querschiffarme je drei geostete Kapellen. Der Grundriß legt die Vermutung nahe, daß er zunächst für einen romanischen Bau galt. Es gehört zwar zu den beliebten Behauptungen, die Zisterzienser als ›Pioniere der Gotik‹ zu bezeichnen, doch gewinnt die Angelegenheit durch ständige Wiederholung nicht an Richtigkeit. Zweifelsfrei konnte andernorts gezeigt werden, daß der Orden beim Bauen eher konservativ dachte. Vorgegehen waren die liturgischen Vorschriften und die monastischen Erfordernisse. Das Bauvorhaben war dementsprechend zu optimieren. Stilfragen interessierten nur am Rande. So entpuppt sich auch der viel gepriesene ›Zisterzienserstil‹ immer als ein örtlicher Baustil mit den bezeichneten funktionellen Anpassungen an die klösterliche Situation. Auch dies ist in Haina gut zu sehen. Chor, Querschiff und Sockelgeschoß mögen noch nach traditionellen Vorstellungen in Angriff genommen worden sein. Erst vom zweiten Joch des Langhauses an vollzieht sich der Wechsel von dem basikalen Entwurf zur realisierten Halle. Details der Kapitelle und Maßwerke belegen den Baufortschritt von Osten nach Westen. Vorbild für den bauplastischen Schmuck war die französische Kathedralgotik, die über das Rheinland vermittelt wird. Viele Details in der Gestaltung der Kapitell- und Schlußstein-Ornamentik haben Parallelen oder gar Entsprechungen im Kölner Dom und in der Kirche des Mutterklosters Altenberg. Die behauptete Zisterzienser-Kunst ist eindeutig eine regionale Kunst. Haina bezieht seine Anregungen aus dem Umkreis der Kölner Dombauhütte und unabhängig davon zum Teil auch aus Westfalen. Entscheidende Anregungen aber empfing der klösterliche Baubetrieb von Marburg, wie die Parallelen gerade in den Details mit erdrückender Deutlichkeit beweisen. In der Bauphase, die sich an die vermutlich spätromanischen Ostteile anschloß, fließt in reichem Maße nordfranzösisches Formengut zu, das im Oberbau von Chor und Querschiff und in den Vierungspfeilern zum Ausdruck kommt. Die, gemessen an Marburg relative Behäbigkeit der Ostteile, der Laufgang, die Form der Vierungspfeiler samt ihren eingestellten Diensten und plastischen Dienstkonsolen verraten dagegen westfälischen Einfluß.

Erst beim Ausbau des Langhauses entfaltet der Marburger Einfluß unbehindert seine Wirkung, der sich vor allem in den konstruktiven Elementen äußert, während in der Detailgestaltung das Rheinland, insbesondere Altenberg, mitspricht.

Die viel umstrittene Frage nach der Priorität zwischen Marburg und Haina erscheint müßig. Für diese dritte Bauphase muß sie unbedingt Marburg zugebilligt werden. Berücksichtigt man aber die oben beschriebene konservative Mentalität der Zisterzienser, so möchte man bei aller nötigen Zurückhaltung auch sonst für Marburg plädieren.

Nicht immer war man sich bewußt, wie farbenfroh das ›finstere Mittelalter‹ gewesen ist. Selbst die Zisterzienser, denen weitgehend die figürliche und dekorative Ausstattung ihrer Kirchen untersagt war, tünchten sich seit dem 13. Jahrhundert die Wände. In Haina überwiegen gelbe, weiße und rote Töne. Das Laubwerk der Kapitelle und Konsolen mag vielleicht schon damals grün abgesetzt gewesen sein. Dazu kommt Fugenmalerei in den Gewölbekappen, wo auch Sterne aufgemalt sind, ferner ein unter dem Kaffgesims umlaufender Bogenfries.

Bedeutend sind die erhaltenen *Glasmalereien*. Phantasievoll haben die Mönche die rigorosen Bestimmungen in der Anfangszeit des Ordens kompensiert. Anstelle der verbotenen farbigen und figürlichen Glasmalerei arbeiteten sie mit Grautönen (Grisaille), ornamentaler Verbleiung und verwendeten vegetabile Motive. Erst im jüngsten Fenster der Westfassade wird die anfängliche Strenge gemildert. Noch klein und versteckt erscheint in der Fensterrose die Kreuzigungsszene (um 1335), dazu die Symboltiere Lamm, Löwe und Pelikan. Die Pflanzenmuster gleichen denen in der Kapitell- und Konsolenplastik. Darin und inhaltlich bestehen auffallende Gemeinsamkeiten mit Altenberg. In einem Zwickel des Ostfensters hat sich der Meister als ›Lupuldus frater‹ inschriftlich verewigt, was für zisterziensische Gepflogenheiten eine fast unerhörte Abweichung bedeutet.

Mönche und Laienbrüder waren auch bei den Gottesdiensten voneinander getrennt. Haina ist neben Maulbronn die einzige Klosterkirche der Zisterzienser in der Bundesrepublik, wo noch der mittelalterliche Lettner vorhanden ist. Einst füllte das Chorgestühl das ganze Schiff dies- und jenseits des Lettners. Seine erhaltenen Teile (14. Jh.) sind qualitätvoll geschnitzt. Den Boden deckten Tonfliesen, wie dies im Chor noch der Fall ist.

Das ausdrucksstarke Kruzifix (16. Jh.) über dem Altar und der Wandtabernakel sind weitere bemerkenswerte Ausstattungsstücke. Letzterer ist derart fein gemeißelt (um 1380), daß man in ihm ein Werk des Tyle von Frankenberg erblicken möchte.

Unwillkürlich wird man sich fragen, weshalb überhaupt solche Klöster gegründet wurden, die damals doch nur geringe oder gar keine öffentlichen Wohlfahrtsaufgaben unmittelbar durch die Mönche ausübten, wie das etwa bei heutigen karitativen Bruderschaften der Fall ist. Das kontemplative Dasein sollte natürlich zunächst dem eigenen Seelenheil dienen. Das unablässige Gebet wollte aber auch stellvertretend für die Weltleute dargebracht werden, gleich dem Mose, dessen Beten Israel über die Amalekiter siegen ließ. Vor allem aber war ein solches Kloster nach dem Willen der Stifter und dem Selbstverständnis der Mönche eine Stätte des Totenkultes. Beten war nicht primär zutiefst persönliche Anmutung, sondern eine objektive Verrichtung (opus operatum). Die offizielle Bezeichnung für das Gebet der Mönche war ›opus dei‹, also ein Gott wohlgefälliges Werk. In endlosen und auch körperlich ermüdenden Psalmodien und mit der Zeit sich steigernder Anzahl von Messen glaubte man, einen Gnadenschatz anzuhäufen, der beispielsweise zugunsten der Verstorbenen aus der Stifterfamilie verteilt wurde. Wer an derart bevorzugter Stätte begraben wurde, durfte sich des ewigen Heils beinahe sicher wähnen. Die Stiftung eines Klosters war deshalb Anliegen wohl jeder entsprechend vermögenden Familie. Die ›billigeren‹ Reformorden des 11./12. Jahrhunderts, zu denen die Zisterzienser gehörten, machten solche Stiftungen auch dem niederen Adel erschwinglich.

So überrascht nicht weiter, in Haina einige *Grabdenkmäler* anzutreffen, die für die Grafen von Ziegenhain gesetzt wurden. Der Meister der Hankratschen Kreuzigung schuf das Grabmal für einen Herren von Löwenstein, der reliefartig abgebildet ist (16. Jh.). Die anderen wurden schon nach der Reformation gesetzt und stehen damit vor einem anderen geistigen Hintergrund als die des Mittelalters. Für die Vorsteher Reinhart Schenk († 1573) und Joh. Klauer († 1606) arbeitete Andreas Herber oder dessen Werkstatt Epitaph und Wandgrab. Philipp Soldan schuf das Grabmal für Hans von Lüder († 1559) und das Steinrelief zum Gedenken an die Reformation von Haina und die Hospitalgründung (1542).

Die südlich der Kirche anschließenden **Klostergebäude** haben bei wesentlicher Überlieferung der Bausubstanz aus dem 13. und 14. Jahrhundert seit der zweiten Hälfte des vorigen stärkere Eingriffe hinnehmen müssen. Wie eh und je erfolgt der Zugang über den Westflügel. Ganz untypisch für mittelalterliche Zisterzienserklöster ist das hier mächtig vorspringende Küchenhaus aus dem 15. Jahrhundert, dessen Treppenturm erst 1789 seine Haube erhielt.

Entlang des Kreuzganges, dessen Einwölbung erst spät geschah (19. Jh.), folgen die einstigen Klosterräume in der typischen Anordnung der Zisterzienser, wie dies eingangs beschrieben wurde. Die zwei Mittelstützen im Kapitelsaal haben schöne Blattkapitelle (13. Jh.). Das Winterrefektorium (14. Jh.) ist heute evangelische Kirche. Auch hier Blattkapitelle jüngeren Datums! Das Altargemälde mit der Ölbergszene stammt von Joh. Heinrich Tischbein (1788). Auch der Stammvater der Malerfamilie Tischbein war hier als Klosterbäcker tätig. Die ehemalige Klosterküche ist Archiv. Der untypische Küchenbau enthielt das Sommerrefektorium der Mönche und den Speiseraum für die Laienbrüder, der jetzt als Küche dient. Daneben die Armenspende, wo Essen und Almosen für Pilger und Reisende ausgegeben wurde.

Der gesamte Klosterbezirk durfte zur Zeit der Zisterzienser nur von männlichen Besuchern betreten werden. Die Klausur begann bei dem Torbau (15. Jh., Dach 18. Jh.). Daran stößt das ehemalige Landgrafenhaus an, das in der Zeit Philipps des Großmütigen errichtet worden ist.

Die durch ihren Turm mit dem außergewöhnlich schlanken Turmhelm schon von weitem sichtbare Kirche von **Gemünden an der Wohra** besitzt im Innern einen prächtigen Orgelprospekt des Rokoko, der früher in der Klosterkirche zu Haina stand.

Die Grafen von Ziegenhain hatten dem Ort Stadtrechte erworben (vor 1266) und südlich der Kirche eine Burg gebaut, wo jetzt das stattliche Herrenhaus steht. Sie und die Stadtbefestigung, wovon Mauerreste und der Hexenturm übrig blieben, erinnern an die strategische Bedeutung von Gemünden für Hessen wie für Mainz.

Schwalm und untere Eder

DIE Schwalm – das kann zweierlei bedeuten. Für die Erd-
kunde ist das der Name des Flüßchens, das vom Vogelsberg
kommend anfangs nördlich, dann westlich und nordöstlich
zur Eder fließt, wo sie unter der Altenburg in sie mündet.

Schwalm ist aber auch die fruchtbare Senke zwischen
Kellerwald und Knüll, die weniger ihrer geographischen
Konturen wegen, denn als kulturelle Kleinlandschaft mit
eigenem geschichtlichen Weg schon immer kräftig das Hes-
senbild mitgezeichnet hat. Bodenständiges Brauchtum, das
sich auffällig in Mundart und Tracht äußert, zog geradezu
magisch die Volkskundler an, die der Schwalm ihre Studien
widmeten, seit diese Wissenschaft in Mode steht. Offenkundig steckte hinter dem Interesse an der Schwalm mehr noch
als bloß rationaler Wissensdurst. Die ungebrochen schei-
nende Idylle kam manchen wie ein Stück heile Welt vor, war
die ›gute alte Zeit‹ mitten im Industriezeitalter. Oder wie
soll man sich erklären, daß sich fernab der maßgebenden
kulturellen Zentren in den Schwälmer Dörfern Röllshausen
und Willingshausen im 19. Jahrhundert Malerkolonien
bildeten?

Den guten Ruf hat die Schwalm behalten. Ihre Tracht ist
auch außerhalb der Museen zu sehen. Sie hat ihren Niederschlag bis in Grimms Märchen gefunden, denn das Rotkäpp-
chen war von der Kleidung her ein Schwälmer Kind. Dieses
Käppchen oder Betzel sitzt auf dem Haarknoten in Kopf-
mitte und bezeichnet den Stand des weiblichen Wesens durch
die Farbe, in unserem Falle rot. Zur Frauentracht gehören
weiter weißes langes Hemd, schwarzer kurzer Rock mit
mehreren Unterröcken, weiße Strümpfe und Schnallenschuhe. Die Männer tragen lange blaue Kittel, flachen Hut
und Schnallenschuhe. Diese Grundausstattung kennt viele

Varianten je nach Alter und Stand (Braut, Witwe) oder festlichem Anlaß.

Ludwig Emil Grimm,
Zwei Mädchen aus
Willingshausen,
Schwalm

Im Kräftefeld zwischen Mainz und Hessen fiel dem zentralen Schwalmgrund wegen der ihn querenden alten Straßen erhebliche Bedeutung zu. Zahlreiche feste Plätze, die wir in der Burgenromantik zu verharmlosen gewohnt sind, demonstrieren gerade an der idyllischen Schwalm das bedrückende Ausmaß damaliger militärischer Rüstung. Als erster Grundherr erscheint um 800 die Abtei Hersfeld in den Urkunden. Als deren Untervögte konnten die Grafen von Ziegenhain eine eigene Herrschaft aufbauen. Als 1450 deren Grafschaft an die Landgrafen von Hessen fiel, ergab sich daraus eine Verbindung zwischen dem bisher getrennten Nieder- und Oberhessen. Für die Verwaltung war im 17. Jahrhundert ein bis zur unteren Eder und darüber hinaus reichender ›Strombezirk‹ gebildet worden, in dem einheitlich das Stände- und Steuerwesen geregelt war. Der heutige Schwalm-Eder-Kreis mag in gewisser Hinsicht als dessen später Nachfolger empfunden werden, wenngleich seine Grenzen zum Teil andere sind.

Dies alles interessiert hier nur insofern, als die kurze historische Rückschau geeignet ist, eine hier leichter als anderswo drohende Heimattümelei abzuwehren. Auch unter Wams und Mieder schlagen und schlugen Herzen voller Ängste, Leidenschaften und Sehnsüchte. Die Traditionen helfen vielleicht, damit leichter fertig zu werden. Das können sie allerdings nur leisten, solange das Trachtenfest nicht zur bloßen Touristenattraktion mißrät.

Untere Eder

Elbe und Ems, die von Norden her der Eder zufließen, bilden mit ihren Tälern einen natürlichen Zugang zum Habichtswald.

Nördlich der Ems liegt an zwei Basaltbergen die Stadt **Gudensberg**. Ihr Name wird aus ›Wodansberg‹ abgeleitet und auf eine germanische Kultstätte bezogen. Doch schon vor den Chatten war die Gegend relativ dicht besiedelt, wie bis in die Steinzeit zurückreichende Bodenfunde belegen. Die 1121 zuerst genannte Oberburg erhebt sich wohl genau an dem Ort, der den Alten heilig war. Das gräfliche Geschlecht der Gisonen residierte zeitweilig auf der Burg, ehe sie an die Landgrafen von Hessen und Thüringen kam. Der bei ihr entstandene Ort erscheint 1324 als Hauptstadt von Niederhessen. Inzwischen war als zusätzliche Sicherung die Wenigenburg angelegt worden. Die gegen Fritzlar gerichtete Provokation nahm der Mainzer Erzbischof an. 1387 eroberte und zerstörte er Burgen und Stadt. Spätere Katastrophen (1587, 1640) schlugen der Stadt, die so hoffnungsvoll begonnen hatte, schwere Wunden.

Von allen Verteidigungsanlagen existieren nur noch bescheidene Mauerreste oder Fundamente. Noch am Hang erhebt sich hoch über die Stadt die ehemalige Margarethenkirche und heutige Pfarrkirche (14. Jh.) mit älterem Chor (13. Jh.) und barocker Turmhaube (1736).

Den Marktplatz säumen einige ältere Fachwerkhäuser (17./18. Jh.). Das teilweise veränderte Rathaus (1839) zeigt klassizistische Formen. Am Westende der Stadt bildet das Hospital (Altersheim) eine malerische Baugruppe aus einer Reihe von Fachwerkhäusern (1692). Nur die Häuser an bei-

den Enden sind später hinzugefügt worden (1737, 1777). Der
Steinbau des alten Hospitals (um 1400), der heute evangeli-
sches Jugendhaus ist, nahm früher die Aussätzigen auf. An
der Westfront befindet sich ein vielfiguriges Steinrelief
(15. Jh.) mit der Kreuzigung. An der Ostseite gewann man
um 1500 zusätzlichen Raum für die Kapelle.

Wie bereits angedeutet war die strategisch wichtige Region
durch einen Gürtel mittelalterlicher Wehrbauten gesichert,
unter denen Gudensberg nur ein, wenn auch wichtiges Beispiel ist. Es wäre ein ermüdendes Unterfangen, alle Anlagen
und Ruinen zu beschreiben. Lehrreich ist aber wohl, sich des
Burgenreichtums zu vergewissern. Die zahlreichen isolierten
Basaltkuppen bilden die natürliche Voraussetzung für die
militärische Sicherung.

Der steile Fels bei der Mündung der Schwalm in die Eder
trägt Bergfried und Ruinen der **Altenburg** der Grafen von
Felsberg, die sie 1322 den Landgrafen von Hessen lassen
mußten. Auch ihre gleichnamige Burg verloren die Grafen
von **Felsberg** an die Landgrafen. Der Bergfried (1388) hat
die charakteristische Form eines Butterfasses und bildet ein
landschaftliches Wahrzeichen. Beide Burgen vereinten sich
in Blickweite zur Front gegen das mainzische Fritzlar. Zu
Füßen dieser Burgen entwickelte sich der Ort Felsberg (im
13. Jh. Stadt), der noch alte Burgmannensitze hat. Die Pfarrkirche (14. Jh.) unterstand seit 1427 dem Deutschen Orden,
der hier eine Komturei besaß.

Gensungen, gegenüber von Felsberg, wird von dem Heiligenberg (392 m) überragt, auf dem der Mainzer Erzbischof,
abermals in Sichtweite der vorgenannten Burgen, aber gegen
sie gerichtet, seine Trutzburg anlegte. Hessen brach endgültig 1272 diese mainzische Machtdemonstration und legte
die Burg in Trümmer. Ausgerechnet die Nationalsozialisten
sammelten den Schutt des frommen Herrschers, mauerten
ihn zum Teil wieder auf (1939). Die Stätte sollte ›Gau-
Ehrenmal‹ sein. Ruinen ringsum, wohin man blickt!

Der beiderseits blutig befehdete Burgenriegel liegt ziemlich genau in der Mitte zwischen Kassel und Fritzlar. Seine
Ruinen mahnen daran, wie schwer sich auch das Hessenland

zur heutigen Einheit zusammenringen mußte. Das mag ein schwacher Trost sein angesichts der augenblicklichen weltpolitischen Probleme.

Fritzlar

Unübersehbar beherrscht die Stiftskirche das türme- und giebelreiche Panorama der alten Kaiserstadt. Noch immer verbreitet die rund um den Stadtkern gelegte Stadtmauer ein Gefühl von Ruhe und Geborgenheit. Sicher, das sind die üblichen nostalgischen Anwandlungen des modernen Menschen. Aber zutreffend dürfte die Einsicht sein, »daß ein altes Gemeinwesen in seiner Übersichtlichkeit viel von dem geboten haben muß, was wir uns heute als ›Lebensqualität‹ herbeisehnen«. Auch die Geschichte von Fritzlar kennt Stunden der Prüfung. Eingeordnet in sein festes Weltbild, vermochte sie der Mensch früherer Zeit vielleicht besser durchzustehen. Seine frühen Schicksale verlieren sich in prähistorischer Dunkelheit. Alte Pfade, aus denen Wege und schließlich Straßen wurden, kreuzten sich hier, wo eine Furt durch die Eder führte.

Etwas oberhalb springt bei Ungedanken ein mächtiger Felsklotz gegen die Eder vor. Funde belegen, daß schon 2000 Jahre v. Chr. der Berg bewohnt war. In der Merowingerzeit bestand hier eine weiträumige Feste, die später gegen die Sachsen gerichtet war. Ausgrabungen haben diese alte Wehranlage auf dem **Büraberg** offengelegt. Ringmauer und Wall sichern den ›birnenförmigen‹ Komplex, zu der Türme und je ein Ost- und Westtor gehörten. In ihrer Mitte bestand eine chattische Kultstätte, an deren Stelle iroschottische Mönche eine christliche Kirche setzten. Bonifatius gründete 741 das Bistum Büraberg, das aber noch im gleichen Jahrhundert wieder aufgehoben wurde. Büraberg gab seine Bedeutung nach und nach an das aufstrebende Fritzlar ab. Nachdem auch noch der Pfarrer dorthin umgezogen war, blieb der ehrwürdigen Kirche nur noch die Rolle einer Totenkapelle für Ungedanken und Rothelmshausen. Die Parallelen zur Kesterburg (Christenberg) fallen auf. Den Taufbrunnen aus der Zeit des Bonifatius haben Ausgrabungen ermittelt. Der Chor in der sonst veränderten Kirche ist romanisch.

Das Auftreten des Bonifatius, der von Amöneburg hierher gekommen war, bedeutete auch für Fritzlar einen Wendepunkt seiner Geschichte, die bis zu einer vorgeschichtlichen Siedlung zurückreicht. Neben seinem Bischofssitz Büraberg gründete der Missionar 724 die Benediktinerabtei St. Peter, deren erster Abt Wigbert († 736/7) wurde. Genau fünfzig Jahre später zerstörten die Sachsen den Missionsstützpunkt mit Ausnahme der Kirche. Der Bau einer Königspfalz unter Karl dem Großen verlieh dem Ort ein höheres Maß an Sicherheit. Ausgrabungen ergaben, daß die 732 geweihte erste steinerne Kirche ein kleiner dreischiffiger Bau war, vermutlich mit Westturm. Sie erlebte die Königswahl Heinrichs I., Konzile und Reichsversammlungen. Im 11. Jahrhundert wurde die Abtei in ein Chorherrenstift umgewandelt. Etwas später fiel Fritzlar an den Erzbischof von Mainz.

Wie man erzählt, hatte Bonifatius einst in rüder Missionarsgepflogenheit ein Donar-Heiligtum geschändet, indem er bei Fritzlar die dem germanischen Gott geweihte Eiche fällte. Aus dem Umstand, daß ihn ob dieser Tat nicht sogleich Donars Hammer niederstreckte, leiteten er, oder vielleicht erst seine Nachfolger, die behauptete Überlegenheit des Christentums ab. Was christliche Herrscher sich aber gerade auch in diesem Raum leisteten, wirft beängstigende Schatten auf den hohen Anspruch. Stadt, Pfalz und Stift wurden gnadenlos in der Auseinandersetzung zwischen Heinrich IV. und Rudolf von Schwaben zerrieben (1079). Langfristig sollte sich trotz dieser Katastrophe der Übertritt unter mainzische Oberhoheit auszahlen. Jetzt erst entwickelte sich unabhängig von Stift und Pfalz die Kaufmannssiedlung zu ihrer überörtlichen Bedeutung.

Der Neubau der zerstörten **Kirche** erfolgte um 1100 als dreischiffige flachgedeckte Basilika mit gerade geschlossenem Langchor, Krypta und westlichem Querwerk mit Emporen. Wenig später fügte man dem noch beiderseits des Hauptchores Nebenchöre mit halbrunder Apsis bei. Während einer erzbischöflichen Visitation wurde der schlechte Zustand des Bauwerkes beanstandet und eine gründliche Renovierung gefordert. Um 1180/1200 erfolgte der Umbau zur heutigen Anlage. Es entstanden der Polygonalchor mit Zwerggalerie, die gewölbten Nebenkrypten, Doppelturmanlage mit Emporen im Westen und ein neues Langhaus mit Stützenwechsel. Gleichzeitig erhielt die Kirche Bandrippen-Gewölbe.

Nach 1232 entstand vor der Westfassade das Paradies, in dem sich spätromanische und frühgotische Formen verbinden. Das 14. Jahrhundert fügte ein zweites Seitenschiff im Süden hinzu. Querschiff und Hauptapsis erhielten große gotische Maßwerkfenster. Vor das nördliche Querschiff kam die Marienkapelle. Schließlich entstand vor dem Nordportal der ›rote Hals‹, ein kleiner Vorbau.

Die Schilderung der Baumaßnahmen eilte der historischen Entwicklung voraus. Mainz baute Fritzlar zu dem neben Amöneburg wichtigsten Stützpunkt in der Auseinandersetzung mit den thüringisch-hessischen Landgrafen aus. Im Westen der aufstrebenden Stadt legte es eine erzbischöfliche Burg an (um 1225). Thüringen erkannte die aufkeimende Gefahr und zerstörte sieben Jahre später Stadt und Burg. Als Antwort erhielt die Stadt eine weitaus stärkere Befestigung, wie sie heute noch bewundert werden kann.

In der vom Handel geprägten Stadt etablierte sich ein selbstbewußtes Patriziertum. Zwei Bürgermeister und später dazu noch zwei Gemeindevertreter (13. Jh.) leiteten die Verwaltung. Zwar haben Verfassungsquerelen wiederholt zu erheblichen Konflikten geführt, doch hielt sich Fritzlar bis zuletzt in Distanz gegenüber Hessen. Indem es unbeirrt bei Mainz blieb und sich nicht wie andere an die Landgrafen verpfändete, behielt es auch mehr Unabhängigkeit, oder in Abwandlung eines Spruches: ›Der Himmel ist hoch und Mainz ist weit [weg].‹ Die individuelle Freiheit hatte natürlich auch Schattenseiten. Der Erfolg Kurhessens gegenüber Mainz schnitt Fritzlar langsam von seinem wirtschaftlichen Hinterland ab. Katholisch geblieben sah es sich zudem als verlassene Enklave im evangelischen Gebiet. Ungefähr parallel zur steigenden Bedeutung Kassels sank Fritzlar zur neuzeitlichen Mittelstadt herab. Größere Zerstörungen erlitt die Stadt während des Siebenjährigen Krieges (1761).

Bliebe nachzutragen, daß sich im späten 13. Jahrhundert

im Tal eine Neustadt entwickelt hatte, die 1464 endgültig
mit der Altstadt vereint worden ist.

Auch ohne besondere Empfehlung dürfte wohl jeder
kunstgeschichtlich orientierte Stadtrundgang bei der ehemaligen **Stiftskirche** beginnen. Das schon beschriebene Bauwerk spiegelt zugleich ein Stück Stadtgeschichte. Bei näherem Zusehen offenbaren die Behandlung der Mauern und die
reichen Schmuckformen das hohe Können der hier tätigen
Steinmetzen. Phantasievoll ist die Linienführung am Portal
und an den Fenstern, an Gesimsen und in Friesen. Im Innern
kommen in der kräftigen Gliederung, den Wandflächen und
dem gebundenen Wölbungssystem noch spätromanische
Formen zur Geltung. Die Gotik äußert sich in den spitzbogigen Bögen und Rippengewölben, die auf Bündeldiensten
aufsetzen. Die Marienkapelle (14. Jh.) am nördlichen Querhaus ist nach den Baugesetzen der Hochgotik proportioniert.

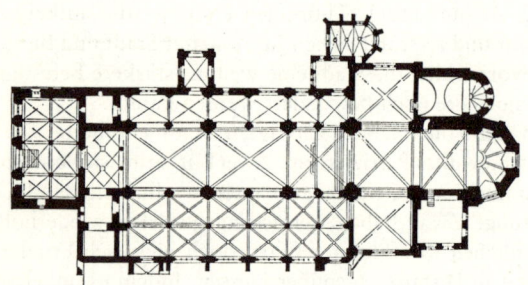

Fritzlar, Stiftskirche

Die Atmosphäre des Innenraumes bezieht ihr Leben nicht
zuletzt aus der farbigen Behandlung der Architekturglieder.
Die gotische und barocke Ausstattung entspricht dem historischen Rang dieser Stätte. Da steht vornan die filigrane
Architektur des Sakramentshäuschens (14. Jh.) des westfälischen Meisters Bernd Bunekeman, das dem in Korbach ähnelt. Westfälische Werkstätten lieferten auch die beiden Seitenaltäre (1693-95) und die Kanzel (1696), wobei für alle drei
Werke Heinrich Groene verantwortlich war. Die Steingruppe
der Dreifaltigkeit (Gnadenstuhl, um 1300) folgt im Aufbau

noch dem romanischen Kompositionsschema, verleiht aber den Gestalten eine gotische Bewegtheit und Ausdruckskraft. Rheinisch-westfälische Tradition begegnen französischer ›Moderne‹. Der Kunst am Mittelrhein ist auch das ausdrucksvolle Vesperbild (14. Jh.) verhaftet, zu dem mehrere verwandte Werke bekannt sind. Dem Triumphkreuz aus Holz (14. Jh.) assistierten ursprünglich die beiden romanischen Figuren von Maria und Johannes, deren Originale (12. Jh.) im Dommuseum aufbewahrt werden. An St. Kilian in Korbach oder Johannisberg im Rheingau erinnert der steinerne Diakon als Pultträger.

Fast übersättigt wendet sich der Blick noch einmal dem reichen Hochaltar (1685/86) zu, den die Westfalen Stephan Jacobi und Heinrich Groene schufen, während die Gemälde (1691) von Riechter stammen. Dazu gesellt sich der Reliquienaltar (1699-1703) von Heinrich Papen, den man aus dem Chor in die Seitenschiffe verbannte.

Der Hadamarer Künstler Johann Neudecker d. J. arbeitete auch für Fritzlar. Mehrere Plastiken werden ihm zugeschrieben: die Immaculata vom ehemaligen Pfarraltar, die Heiligen Wigbert und Bonifatius (1724) in der Taufkapelle sowie die Marienstatue (1724) über dem Pfarraltar. An der Westwand des Mittelschiffs ist über der Westempore die Orgel (1768-76) von Joh. Schlottmann und Joh. Gottlieb Müller angebracht.

In einer mittelalterlichen Kirche dieses Ranges fehlen nie die Epitaphien und Grabdenkmäler, die hier aus der Zeit vom 14. bis zum 18. Jahrhundert in wechselnder Machart ihren Platz fanden. Da knien demütig vor Patron oder Christus die Geistlichen Joh. Nolwich († 1457) und Joh. Kirchhain († 1465), oder es zeigt sich Konrad Selchen († 1470) mit Kelch und Manipel. Auf dem wohl ältesten Grabstein im Paradies hat Werner Comitis († 1351) fromm die Knie gebeugt.

Die »Unterwelt« der Stiftskirche darf nicht in Vergessenheit geraten. Zumindest die nordwestliche Nebenkrypta, die sich unter dem nördlichen Querschiff erstreckt, hat um 1180 ihre Gewölbe erhalten. Sie ruhen auf zwei gedrungenen Säulen mit schweren Basen und kunstvollen Kapitellen. An der einen Basis hat die Eckzier die Gestalt eines Löwenkopfes.

Die im **Domschatz** und Dommuseum gehorteten Kunstschätze können hier nicht einmal andeutungsweise gewürdigt werden. An zwei Werken soll aber keinesfalls vorbeigegangen werden. Das bedeutende romanische Kruckenkreuz, das vormals Altarkreuz war, trägt rückwärts reiche Gravuren mit dem Agnus Dei, dem heiligen Petrus und den Symbolen der vier Evangelisten. Die Schauseite ist mit kostbaren Perlen, Gemmen und Goldfiligran besetzt. Urheber dürfte die Schule des Roger von Helmarshausen sein (11./12. Jh.). Eine Fritzlarer Arbeit ist dagegen das Scheibenreliquiar (12. Jh.), das vermutlich Kleinretabel eines Tragaltares war. Unter den aus Knochen geschnitzten Arkaden stehen die zwölf Apostel. Im Bogenfeld erscheint Christus zwischen zwei Engeln in Treibarbeit. Der Bogenrand ist demgegenüber in Email ausgeführt. Bei der Umrüstung des Kleinretabels zum Reliquiar hat man die mit zwei springenden Hunden verzierte Rückseite und die Bekrönung hinzugefügt.

Südwärts zum Edertal hin liegen die ehemaligen **Stiftsgebäude**. Ihr Kreuzgang (um 1370) bewahrte seine einstige Geschlossenheit. Maßwerkarkaden und Rippengewölbe spenden und spiegeln an sonnigen Tagen das Licht. Auch hier gedachten die im frommen Müßiggang einherwandelnden Scholastiker der Toten, wie die vielen Grabdenkmäler beweisen. Künstlerisch von besonderem Rang ist der für ihren Konfrater Hankrat 1510 gemeißelte Epitaph, dessen Bildnisrelief viel Bewegung und Ausdruck zeigt. Der unbekannte Steinmetz wirkte offensichtlich auch in Oberkaufungen, Homberg/Efze und Neustadt bei Marburg. In der Philippus- und Jakobuskapelle (vor 1365) am Ostflügel des Kreuzganges stehen ein bemerkenswerter spätgotischer Schnitzaltar (um 1500), die gotische Steinplastik eines Schmerzensmannes und gotische Grabsteine, darunter die des Ditmar von Hanstein († 1351), der von demselben Meister wie der erwähnte Epitaph des Hankrat stammen dürfte. – Die am Westflügel angesetzte Allerheiligenkapelle (vor 1330) ist älter als der Kreuzgang. Ihre Maßwerke erscheinen ungewöhnlich.

Neben dem Stift kannte Fritzlar noch weitere Klostergründungen innerhalb seiner Mauern, die im Grunde beredtes Zeugnis dafür sind, daß die traditionsreiche hochherrschaftliche Stiftung auf Dauer außerstande war, alle kirchlich-religiösen Bedürfnisse angemessen zu befriedigen. Ungewöhnlich früh tauchten die Minderen Brüder, **Franziskaner** also, in der Stadt auf, die ihnen das 1244 vollendete **Kloster** anbot, das sie mit Unterbrechung (1553-1619) bis zur Säkularisation (1811) bewohnten. Ihre Kirche (nach 1300 bis Mitte 14. Jh.) benutzt heute die evangelische Pfarrgemeinde. Ihr gestreckter, gewölbter Bau mit nur einem Seitenschiff entspricht der für die Reformorden und Mendikanten typischen Nüchternheit und Strenge in der Baugesinnung. Sparsam aber geschmackvoll sind Gliederung und Bauzier, darunter ein Laufgang und einfache Blattkapitelle. Über dem Südportal steht im Wimperg eine Kreuzigungsgruppe. Der Chor ist mit Wandmalereien (14. Jh.) versehen. Heinrich Papen schuf die Figuren von Christus und den Evangelisten (1682) auf dem neuen Kanzeldeckel. Nordseitig schließen sich an die Kirche die ehemaligen Klostergebäude an.

Der große, aber ziemlich schlicht gehaltene Komplex des **Ursulinenklosters** (seit 1712) von dem Fuldaer Baumeister Meinwolf tritt innerhalb des Stadtbildes markant in Erscheinung. Er liegt im Bereich der früher selbständigen Neustadt südlich der Stiftskirche.

Seelsorgerisch ausgerichtete Gemeinschaften wie die Franziskaner oder Schwestern, die sich, wie die Ursulinen, der Jugenderziehung widmeten, genossen (und genießen) innerhalb einer solchen Stadt in der Regel einen hohen Grad an Popularität. Schon von der Struktur her war die Volksnähe größer als bei den Stiftsherren, deren Gründungsidee viel stärker kultbezogen war. Ihre Liturgie war primär klerikal und nicht populär. Zudem standen sie innerhalb des offiziellen hierarchischen Systems auf höherer Stufe als die Bettelmönche oder die Schwestern. Demzufolge hatte ihre Lebensführung standesgemäß zu sein. Gleich bei der Stiftskirche blieben zwei ehemalige **Stiftskurien** erhalten, die zugleich die ältesten Wohnhäuser in Stein von Fritzlar sind (14. Jh.; Fischergasse und Dr. Jestädt-Platz).

Das **Rathaus** gilt als eines der ältesten in Deutschland. Zwei vermauerte Arkaden an der Westseite, die zur einstigen Gerichtslaube gehörten, verraten den romanischen Kern des

Bauwerkes, das um 1440 ein Fachwerkobergeschoß erhielt,
das man im vorigen Jahrhundert einfach abgerissen hat.
Man sollte sich hier einmal bewußt machen, daß der Bau
trotz seines ehrwürdigen Alters keineswegs nur ein Denkmal
vergangener Zeiten ist, sondern daß es nunmehr fast sieben-
hundert Jahre ununterbrochen bestimmungsgemäß genutzt
wird.

Die gesamte Altstadt kann man als geschlossenes **Fach-
werkensemble** bezeichnen. Schon in früheren Kapiteln sind
Orte beschrieben worden, in denen nicht mehr das Einzel-
monument im Vordergrund steht, sondern die Gesamtwir-
kung, die von einer Vielzahl aufeinander bezogener Baudenkmale ausgeht. Erinnert sei an Witzenhausen, Bad Sooden-Allendorf, Eschwege, Wanfried, Hofgeismar, Wolfhagen
oder Frankenberg an der Eder. In der Schwalm werden sich
an Fritzlar ebenso Homberg/Efze, Treysa und Alsfeld anschließen. Man möchte mindestens Rotenburg/Fulda, Bad
Hersfeld, Melsungen, Lauterbach, Herborn oder Limburg
hinzufügen. Es verbietet sich von selbst, eine Rangordnung
erstellen zu wollen. Aber gerade diese Fachwerkstädte in
ihrer auch dem modernen Leben gerechtwerdenden Funktionalität, ja in ihrer bauökologischen sinnvollen Architektur,
bilden einen besonderen Reichtum Hessens.

Wie auch anderswo blieb die alte Geschlossenheit gerade
am Marktplatz ausgezeichnet erhalten. Neben dem mittelalterlichen Kump steht selbstbewußt auf einer Säule der
›Roland‹ (1564). Östlich zwängt sich das hohe Alte Kaufhaus
(15. Jh.) zwischen seine Nachbarhäuser. Auch nördlich stehen noch zwei mittelalterliche Fachwerkhäuser. Andere geben sich durch eine etwas andere Bauweise als Schöpfungen
der Renaissance und des Barock zu erkennen.

Ein Fachwerkbau der Renaissance ist das **Hochzeitshaus**
(1580-90), in dem, der Name sagt es, mehrtägige Gelage
anläßlich von Taufen oder Hochzeiten stattfanden. Heute
ist im Saal die vorgeschichtliche Sammlung ausgestellt. Man
betritt sie durch das schöne Portal des Andreas Herber.

Anderen Charakters ist der ehemalige **Deutschordenshof**
(1717), in dessen malerischen Hof ein gotisches Portal (1559)
führt und daran erinnert, daß es sich um eine mittelalterliche

Gründung (1290) handelt. Immer wieder stößt man im ehemals mainzischen Gebiet auf Spuren dieses Ritterordens.

Fast ungebrochen scheint die mittelalterliche **Stadtbefestigung** Fritzlar noch immer zu sichern. Zwölf (von fünfzehn) Türmen verstärken die Mauer. Nur die Torbauten sind verschwunden. Das Verteidigungssystem ergänzten **Landwarten**, wie sie uns gelegentlich schon anderswo begegneten. Sechs von vierzehn sind erhalten. Sie standen mit der Stadt und untereinander in Sichtverbindung.

Die Spitalbrücke über den Mühlgraben hält im Namen die Erinnerung an das alte Hospital wach. Die dazu gehörende **Heilig-Geist-Kapelle** (14. Jh.) formt mit den Nachbargebäuden einen malerischen Komplex.

Die alte Pfarrkirche von Obermöllrich ist längst von den modernen Wohnsiedlungen der Stadt erreicht worden, an deren Ostende sie nun liegt. Diese evangelische **Fraumünsterkirche** hat einen romanischen oder gar karolingischen Kern. Im Barock ist sie durch Fachwerk erhöht worden (1676). Reste von Wandmalereien im Innern lassen Anbetung der Drei Könige, Kreuzigung und Weltgericht erkennen (um 1300).

Wabern ist durch sein Jugendheim bekannt. Die moderne Einrichtung bewohnt alte Räume, das frühere Lustschloß der Landgrafen. Karl von Hessen, der Schöpfer der nach ihm benannten Karlsaue in Kassel und des Wilhelmshöher Parkes, hat es 1704 für seine Gattin Maria Amalie erbauen lassen. Porträts des landgräflichen Paares enthalten zwei Medaillons am Mittelrisalit der Hauptfassade. Die Pavillons beiderseits fügte Simon Louis du Ry hinzu und verband sie über Arkaden mit dem Hauptbau. Die festliche Decke im großen Saal des Obergeschosses hat 1703 ein ›Stukkateur aus Bamberg‹ geschaffen.

Der Landgraf dachte auch an das geistliche Wohl und ließ 1722 die evangelische Pfarrkirche als schlichten Saalbau errichten. Sie besitzt eine Rokoko-Orgel (um 1760).

Strategisch günstig erhebt sich die ehemalige Wehrkirche und jetzige evangelische Pfarrkirche über das Dorf **Zwesten**. Dessen Häuser umschließen ringförmig ihre Beschützerin.

Im hohen Westturm (1506) öffnen sich Schießscharten. Im Innern glaubt man, sich in einem Theater wiederzufinden. Wie dort die Ränge bis fast zur Decke reichen, so hier die Emporen. Dementsprechend scheint die Kanzelwand fast bühnenartige Funktion auszuüben. In Laubach wiederholt sich ein ähnliches Arrangement in barockem Stil.

Das klassizistische Herrenhaus des Wilhelm Treusch von Buttlar (1782) war durch sein kostbares Inventar einmal unter Kunstfreunden bekannt.

Nach Westen riegelt der Kellerwald das Tal der Schwalm gegen das der Wohra ab. Unser Fluß wendet sich bei Zwesten entschieden nach Osten bis zur Mündung der Efze. Auf dem bewaldeten **Falkenberg** hatten die Herren von Hebel-Falkenberg unter Ausnutzung der günstigen Lage an zwei Flußtälern eine Burg erbaut (13. Jh.), von der noch Ruinen vorhanden sind. Die Herren von Hebel gaben sie auf, nachdem sie in Ortsnähe die vermutlich wasserumwehrte Neue Burg angelegt hatten (16. Jh.). Die Weiher werden als Wasserbehälter zur Speisung der Gräben gedeutet. Noch die Herren von Hebel nahmen an der neuen Burg Erweiterungen vor, die großzügiger fortgesetzt wurden, nachdem Hessen hiervon Besitz ergriff (1613), so daß schließlich der schloßartige Charakter des heutigen Gutshauses entstand.

Homberg an der Efze

Homberg trägt zu Recht seinen Namen, der 1162 als ›Hoheberg‹ noch verständlicher klang. Dem steilen Basaltkegel und seiner **Burg** verdankt die Stadt ihren Ursprung. Ihm blieb sie innig verbunden, sich eng an ihn schmiegend.

Natürlich war nicht die malerische Landschaft ausschlaggebend für die Burggründung, sondern die Möglichkeit, über die ›langen Hessen‹ zu wachen, also über die alte Fernstraße von Frankfurt durch Wetterau und Schwalm nach Leipzig. Zudem verlief unweit die Grenze zwischen hessischem und Hersfelder Gebiet. Als um 1190 Hessen den begehrten Ort endgültig in seine Hand bekam, gewann die den Burgberg umwachsende Ansiedlung schnell Stadtrechte (1231). Unterhalb entwickelte sich eine ›Freiheit‹. Wie anderswo auch schlossen sich Alt- und Neustadt schließlich zusammen (1536).

Kurz vor diesem Ereignis hatte der Kölner Erzbischof Hermann von Hessen seine Hand nach dem ›Hoheberg‹ ausgestreckt und die Burg zerstört. Trotz anschließender Verstärkung der Anlagen (1508) warf der Dreißigjährige Krieg die Burg in Trümmer. Der imposante Bergfried indes ist ein neuerbauter Aussichtsturm. Original sind die Ringmauern, Tore und der Zwinger. Der bis 1612 abgeteufte Brunnen soll mit 174 Metern der tiefste seiner Art in der Bundesrepublik (gewesen) sein.

An der Nordseite des Marktes steht wie auf einer Terrasse die frühere Marienkirche und heutige evangelische **Stadtkirche**. Durch Ausgrabungen weiß man von einem romanischen Vorgängerbau. Seit 1340 ersetzte man ihn durch die heutige Kirche. Eine Inschrift nennt Heinrich von Hesserode als Erbauer des Westturmes (1374). Sein achteckiger Aufsatz ist jüngeren Datums (15. Jh.). An ihn schließt sich eine dreischiffige Halle mit zweijochigem Chor an. Das gotische Westportal ist durch plastischen Schmuck gegenüber dem Südportal bevorzugt. Hohe Fenster und schlanke Strebepfeiler bestimmen den Außeneindruck. Die steilen, aber in höchstem Maße ausgewogenen Proportionen des hohen Innenraumes verraten Marburger Einfluß, der aber nach einem Planwechsel (um 1400) nicht mehr restlos zur Geltung kommen konnte. Dennoch haben wir eine der ersten und voll ausgereiften hessichen Hallenkirchen vor uns nach Marburg (St. Marien), Frankenberg oder Wetter. Im überwölbten Chor tragen die Schlußsteine Reliefs mit Dreifaltigkeitssymbolen. Die Kapitelle umwuchert reiches Laubwerk, das auch im Mittelschiff am ersten Pfeilerpaar noch einmal aufsprießt.

Die erhaltenen sieben spätgotischen Kreuzwegstationen im Seitenschiff werden dem Meister der Hankratschen Kreuzigung zugeschrieben. Diese Sandsteinreliefs befanden sich einst vor dem Rathaus, waren also offenbar ›Fußfälle‹, an denen das Volk den Leidensweg Christi betend nachvollzog. – Verschwenderisch hat Josef Dietrich Göhring den Orgelprospekt (1736) ausgestattet. Das Werk baute Joh. Nikolaus Schäfer aus Hanau.

Wie die vielen Besucher beweisen, ist der großartige **Marktplatz** schon so oft gelobt worden, daß man dem nichts hinzufügen muß. Seine Nordostecke beherrscht das im Untergeschoß (15. Jh.) noch spätmittelalterliche Rathaus, das 1767 das Fachwerk-Obergeschoß samt Satteldach und Dachreiter erhielt. Unvergleichlich aber ist das **Gasthaus ›Krone‹** (bez. 1480) an der Südostecke des Marktes. Auf Knaggen kragen die drei Obergeschosse vor. An drei ihrer Ecken springen mehrgeschossige Erker vor, zu denen ein weiterer auf der Giebelseite hinzukommt. Selten ist ein derartiges Bauwerk so vollkommen überliefert. Eine Industriespende ermöglichte die Finanzierung moderner Schutzmaßnahmen gegen die Luftverschmutzung. Schon früher scheint sein hoher Wert erkannt worden zu sein. Hier erzählt man nämlich, der Feldherr Tilly habe im Dreißigjährigen Krieg das Haus unter seinen persönlichen Schutz gestellt und es so vor seinen Marodeuren bewahrt. Die Stadt ist 1636 und 1640 niedergebrannt. Erfreulicherweise ist man auch im Innern behutsam bei der Modernisierung vorgegangen. Daneben schauen zum Markt noch andere, etwas jüngere Häuser, so der »Weiße Hof« (Ende 16. Jh.) oder Haus Nr. 2 mit einem Steinportal der Renaissance (1612). Im alten Rathaus am Kirchplatz befindet sich das Heimatmuseum. Der schöne Giebelbau entstand 1582. Holzhäuser Straße, Bischofsstraße, Obertorstraße, aber auch andere Straßen und Gassen vermehren die interssanten Adressen noch um einiges.

Die mittelalterliche **Befestigung** der Altstadt läßt sich noch auf größeren Strecken verfolgen. Außer dem hohen Pulverturm (Waldstraße) ist die kleine Fußgängerpforte in der Hochzeitsgasse beachtenswert. Turm und Wehrgang sichern sie.

Nur am Obertor blieben geringfügige Reste der Neustadt-Befestigung. Auch das Fachwerk dieses Stadtteiles ist durchweg schlichter. Allein das **Freiadelige Damenstift** oder Stift Wallenstein (16. Jh.) fällt durch seine Ausmaße aus dem Rahmen. Ältestes Gebäude in der ehemaligen Neustadt dürfte das 1368 gegründete **Hospital** sein. Dem einfachen Steinbau aus der Gründungszeit fügte man später rückwärts einen Flügel mit Fachwerkobergeschossen an (16. Jh.).

Bei Rundgängen durch solche Städte entsteht leicht das Gefühl, die Zeit sei stehengeblieben. Zu leicht vergißt man Unruhe und Gefahr, die von auswärts über die wehrhaften Mauern brandete. Oder man übersieht, daß hinter gotischen Spitzbögen und wuchtigem Fachwerk Schicksale entschieden wurden. Das gilt gerade auch für Homberg. In der Marienkirche tagte 1526 die ›Homberger Synode‹, auf welcher die Weichen für die Einführung der Reformation in Hessen gestellt und die Aufhebung von Stiften und Klöstern beschlossen wurden. Revolutionäres gar brodelte innerhalb der alten Mauern, als der Oberst von Dörnberg die Rebellion gegen Jérôme, den ›König Lustik‹ von Napoleons Gnaden, anzettelte, die 1809 hier ausbrach.

Hier gedieh aber auch ein geistiges Klima friedlicherer Art. So hat das 1835 von Kassel hierher verlegte Lehrerseminar bis in unser Jahrhundert großen Einfluß ausgeübt. Auf ganz andere Weise stillte ein weltberühmter Bürger, Hans Staden, seinen geistigen Hunger. Über zwei Reisen nach Brasilien (1547-1555) veröffentlichte er ›Wahrhaftige Historia der wilden, nackten, grimmigen Menschenfresser‹ (1557). Hinter dem monströsen Titel steckt immerhin ein Klassiker in der Geschichtsschreibung Brasiliens.

Die vom **Knüll** herabfließende Efze nimmt unterhalb Homberg die Ohe auf, die am Westabfall des gleichen Gebirges entspringt. Im Knüllköpfchen wird mit 632 Metern der höchste Punkt erreicht. Sein Fundament bildet Buntsandstein, über dem im zentralen Knüll Basalt erscheint.

Im mittleren Ohetal liegt **Spieskappel**. Spies ist eine Anhöhe (352 m), auf der sich der Rundturm einer hessischen Landwarte erhebt. Man hat von hier eine ausgezeichnete Fernsicht, wie umgekehrt der Spies weithin sichtbar ist. Zu seiner Zeit markierte er die Grenze zwischen Ober- und Niederhessen, also dem ehemaligen Hessengau und dem Oberlahngau. Gegen Mainz und die ihm verbündeten Ziegenhainer sollte die Landwarte zum Schutz der ›langen Hessen‹ beitragen. Ab der zweiten Hälfte des 15. Jahrhunderts fanden hier gemeinsame Landtage beider Hessen statt, der letzte 1542.

Kappel ist das 1143 gegründete Prämonstratenser-Nonnenkloster, das infolge der erwähnten Homberger Synode aufgehoben wurde, übrigens nicht grundlos, weil das Konventsleben Züge des Verfalls zeigte. Aus der ersten Klosterkirche (um 1200/20) sind das Langhaus und das nördliche Seitenschiff in der jetzigen evangelischen Pfarrkirche erhalten. Sie zeigen in ihren relativ reichen Bauformen Beziehungen zu Fritzlar. Die Säulenkapitelle tragen abwechslungsreichen Schmuck, der manchmal zu phantastischen Köpfen gerät. Die Ostteile wurden im 16. Jahrhundert abgebrochen und das Langhaus gerade geschlossen. Diesem Phänomen begegnet man in Hessen öfter. Dahinter steckt das seit der Reformation gewandelte liturgische Verständnis. Apsiden und besonders Nebenapsiden waren im Mittelalter fast unerläßlich für die würdige Zelebration der Meßfeier. Die Nüchternheit der Agende machte jetzt größere Zeremonialräume entbehrlich.

Im Westturm ist ein abgetrepptes spätromanisches Säulenportal. Das Tympanon zeigt in sehr schlichter Darstellung den Erlöser, Maria und den Täufer. Über der Turmhalle ist die ehemalige Michaelskapelle. Sie kann von der Orgelbühne her betreten werden. Die schöne Rokoko-Orgel schuf Joh. Schlottmann (1769/71).

Unter den Basaltbergen tritt der **Gerstenberg** bei Schlierbach markant in Erscheinung. Reste einer vorgeschichtlichen Wallburg und eine Burgruine der Grafen von Ziegenhain sprechen für die strategische Bedeutung des Ortes. Heute ermöglicht ein Aussichtsturm eine gute Orientierung. Gut kann man Homberg erkennen.

Auf halbem Weg zwischen Ohe und Schwalm liegt die hübsche Wasserburg **Nassenerfurth**. Aus älteren Teilen entstand um 1600 die ringförmige Anlage. Die Pfarrkirche (1505, 1512) war mit einer Wehrmauer umgeben, wovon wenige Reste zu sehen sind.

Die erwähnten Befestigungen auf dem Gerstenberg waren gegen **Jesberg** gerichtet, wo sich Mainz gegen Hessen festgesetzt und die von den Herren von Linsingen begründete Burg gekauft hatte. Sie bildete nächst Fritzlar einen wichtigen Mainzer Vorposten. Hessen rannte erfolgreich gegen die Feste an und brachte sie 1586 endgültig in seine Hand. Damit war sie im Grunde überflüssig und verfiel bis auf den Bergfried. Dafür baute Prinz Maximilian von Hessen unten im Dorf um 1723 ein Schloß barocken Stils, in dem heute das Altersheim untergebracht ist. Das ganze wirkt ein bißchen wie ein Kasseler Palais.

Nach dem Abstecher ins Gilsatal soll nun die Schwalm wieder die Orientierung geben. In **Rommershausen** trifft man abermals auf ein kleines Schloß, das eine überraschende Kostbarkeit bereithält. Der landgräflich hessische Rat Reichart Rinck war 1535 Eigentümer des Geländes geworden, das sich seit 1786 im Besitz der von Schwertzell befindet. 1539 begann der Herr Rat, den jetzigen Nordflügel in gotischen Formen mit Fachwerkobergeschoß zu bauen. Ein Jahrzehnt später kam rechtwinklig der isolierte Ostflügel dazu. Mit dem äußeren Hoftor (1589) und dem Westflügel (1672) erlangte schließlich die Anlage ihre heutige Gestalt.

So malerisch das Ensemble auch wirkt, eilige Reisende dürften ihm kaum mehr als einige Augenblicke widmen. Aber kein geringerer als Philipp Soldan aus Frankenberg erhielt den Auftrag für das Portal des Ostflügels (1549). Er entledigte sich der Aufgabe in jeder Hinsicht meisterhaft. Er schmückte zunächst den Erker der südlichen Schmalseite mit reicher Renaissance-Ornamentik und zierlichen, antikisierenden Medaillons, deren mittleres den Bauherrn zeigt. Auf den Reliefs erscheinen unter anderem Lot und seine Töchter. Die eigenwillige Stilverschmelzung von Gotik und Renaissance erreicht in dem Portal an der West- oder Hofseite unstrittig ihren Höhepunkt. Die Rundreliefs der Renaissancebekrönung zeigen noch einmal den Bauherren mit seiner Tochter, hier vielleicht noch feiner durchgebildet. Antikes bringen die Reliefs mit Tarquinius und Lukretia. Man sieht einen Delphin und andere phantastische Wesen. – Philipp Soldan meißelte auch den Grabstein für Margarete Rinck, der hier in der Pfarrkirche gesetzt wurde.

Treysa, Zeichnung von Peter Becker, 1884

Treysa

›Am Triesche‹ hatte Kloster Hersfeld schon um 800 Besitz.
Der Triesch könnte der Mündungsbereich der Wiera in die
Schwalm sein, über dem Treysa liegt. Bis zur heutigen Stadt,
die mit Ziegenhain das Zentrum der Schwalm bildet, ist es
ein langer und wechselvoller Weg. Wie fast immer bei unse-
ren Besuchen soll er schlaglichtartig beleuchtet werden, um
das Gebilde zu verstehen, das sich vom jenseitigen Schwalmufer gesehen bilderbuchartig vor dem Betrachter ausbreitet.

Die alten Straßen und die ihnen geltende Begierde von
seiten Hessens und Mainz' haben sicher frühe Streusiedlun-
gen auf der Höhe veranlaßt. Als der Hersfelder Besitz als
Lehen an die Grafen von Ziegenhain kam, begannen diese
etwas Ordnung zu schaffen. Graf Friedrich gilt als Gründer
von Burg (1233) und Stadt (1270). Unterhalb dieser bildete
sich nordwestlich eine Unterstadt, die erst spät befestigt
wurde (1527). Mehrmals ist Treysa verheert worden (1372,
1640). Nach dem Dreißigjährigen Krieg schien die Stadt
fast ausgeblutet. Hugenotten brachten neues Leben in die
ausgelaugten Mauern (1699).

Eine alte **Brücke** (1708) verbindet über vier Bögen beide
Schwalmufer. Sie kann als Denkmal jahrtausendealten Fern-

verkehrs zu Fuß oder mit Gespann gelten. Als die moderne Technik Reisen und Transport grundlegend revolutionierte, schuf sie sich unweit ein eigenes Monument: die beiden Eisenbahnviadukte (um 1850, nach 1900) über die Schwalm. Und wie man damals Fabrikhallen ›gotisch‹ baute, haben auch in diesem Falle die Techniker beim Bau der ersten der beiden Brücken Schinkelsche Architektur nachzuempfinden versucht.

Nicht weit von der alten Brücke hält der mächtige Hexenturm (15.Jh.) wie einst Wache vor der Stadt, als er noch Teil der **Befestigung** war. Er gehörte zum zweiten Mauerzug, der die Neustadt sicherte. Von diesem wie von dem älteren sind Teile samt Schalentürmen erhalten. Die Anlage war so geführt, daß sie immer geschickt alle strategischen Vorteile des Geländes ausnutzte.

›Alle Wege führen‹ zum **Marktplatz**, über dessen Kump der übliche Roland steht. Joh. Ingemann aus Fritzlar hat ihn 1683 angefertigt. Das **Rathaus** gehört zu den ältesten in Hessen. An der Südseite steht das gotische Mauerwerk noch in voller Höhe. Figurenkonsolen und Spitzbogen lockern es auf. Nach dem Dreißigjährigen Krieg hat man den Wiederaufbau teilweise in Fachwerk durchgeführt (1649-51). Die Ecktürmchen müssen, wenn auch in anderer Form, schon in der Gotik vorhanden gewesen sein, da das südwestliche auf einer entsprechenden Steinkonsole ruht. Die Verheerungen des Dreißigjährigen Krieges machen sich auch in dem sonst so reichen Bestand an Fachwerkhäusern bemerkbar, die hier mit wenigen Ausnahmen nach 1650 entstanden. Gute Beispiele findet man außer am Marktplatz vor allem in der Stein- und Strauchgasse.

Totenkirche heißt hier die ehemalige Pfarrkirche, die infolge eines Blitzeinschlages (1830) als Ruine steht. Zu Anfang des 13. Jahrhunderts als Pfeilerbasilika begonnen, wurde sie Jahrzehnte später unter Marburger Einfluß weitergeführt. Auch der Chor wurde gegen 1300 nach Marburger Muster dann neugebaut. Von der vorgesehenen Doppelturmanlage kam nur der südliche Turm mit dem merkwürdigen Steinhelm zur Ausführung. Die Kapitelle verdanken ihre reiche Ausbildung Anregungen aus Gelnhausen. An den Chor hat

1521 die Werkstatt des Meisters Balser oder dieser persönlich das Beinhaus angefügt. Darüber findet sich die Sakristei. Als die Pfarrechte an die Dominikanerkirche übergingen, war sie Stätte des Totenkultes.

Der ehemaligen **Dominikanerkirche** und heutigen evangelischen Pfarrkirche ist die Verbindung zu einem Kloster leicht anzusehen: Nur ihre Südseite hat Fenster und Portale. An der Gegenseite waren Konvent und Kreuzgang angebaut, die spurlos verschwunden sind. Die um 1300 entstandene Kirche folgt dem Schema der Minoritenkirche in Fritzlar und damit dem Grundmuster der Mendikanten und anderer Reformorden des Mittelalters. Die Außenwirkung ist durch später angebrachte flache Dächer nicht mehr die ursprüngliche. Umso mehr überzeugt der nüchterne Innenraum von der Spiritualität, die einst Architekten und Baumeister beflügelte. Auch dies ist eine Predigerkirche, hier aber nicht im Sinne der Reformation, sondern im Geist des Mittelalters. Die Formen sind so sparsam, daß fast nichts den Hörer des Wortes abzulenken scheint. Um die Schlußsteine windet sich plastisches Laubwerk oder glotzen Masken, nur zum Altar hin sind dort oben religiöse Symbole geduldet: Christus, Madonna oder Pelikan.

Bis auf die älteren Grabsteine stammt die Inneneinrichtung aus nachklösterlicher Zeit. Prunkstück ist der Orgelprospekt (1723/24) von Joh. Hoffmann aus Würzburg. Die frühklassizistische Kanzel (1792) fertigte Meister Wilhelm aus Moischeid. Der gotische Taufstein weist Maßwerkblenden auf. Im Grabstein für den Titularbischof Hermann von Wildungen († 1393) kündigt sich schon der Weiche Stil an. Das Bildnis des Toten flankieren die Apostel Petrus und Paulus, die den römisch-hierarchischen Anspruch verkörpern. Philipp Soldan legte mit dem Grabstein der Margareta von Holzheim († 1569) noch einmal eine Probe seines Könnens ab.

Die Bettelorden haben intensiv die Kreuzwegandacht gefördert. Vier Stationsbilder (15. Jh.) sind noch außen an den südlichen Strebepfeilern zu sehen. Man wird an Homberg erinnert. Gleichfalls außen verdient die schöne Totenleuchte zwischen Chor und Seitenschiff Beachtung.

Die Beziehungen zwischen Haina und den Grafen von Ziegenhain kommt in gewisser Hinsicht auch in der Existenz eines **Klosterhofes der Zisterzienser** in Treysa zum Ausdruck. Das im Unterbau noch spätgotische Bauwerk steht in der Burggasse.

Das **Heiliggeisthospital** (1367 erwähnt) lag zur Zeit seiner Gründung außerhalb der Stadtmauer. Die schlichte Kapelle ziert ein hübsches Glockentürmchen. Im Innern befindet sich ein sogenanntes Heiliges Grab, bei dem in einer Wandnische der Leichnam Jesu (um 1400) liegt. Das Volk wandte ihm allerhand Bezeugungen der Frömmigkeit zu. Die Grenze zu Aberglaube und Magie war fließend. Bis auf das Dach sind auch die ehemaligen Hospitalgebäude durchweg spätgotisch.

Ziegenhain

Das zweite städtische Zentrum des Schwalmgrundes liegt von Treysa flußaufwärts. Hier querte die ›kurze Hessen‹ die Schwalm, was frühe Siedler zu dieser Stelle zog. Eine Burg soll um 900 die Stelle gesichert haben. Das ist ungefähr der Hintergrund, vor dem sich der Aufstieg der Grafen von ›Cigenhagen‹ vollzog. In geschickter Schaukelpolitik zwischen Hessen und Mainz konnten sie ihre Unabhängigkeit wahren. Die im Schatten ihrer Burg entstandene Siedlung war um 1200 bereits befestigt und besaß bald darauf Stadtrechte (1274).

Mit dem Aussterben der Ziegenhainer (1450) trat Hessen in allem deren Erbe an. Mehr noch, sie bauten die Stadt zu einer großangelegten Festung aus und erwählten die Burg zur landgräflichen Residenz. Siegreich widerstand Ziegenhain allen Angriffen. Erst die Franzosen konnten im Siebenjährigen Krieg die Festung besetzen. Napoleon ließ die Verteidigungsanlagen 1807 schleifen.

Wo einst blutiger Ernst herrschte, blinzeln heute die Wassergräben still vor sich hin. Erst ein Blick auf alte Pläne läßt ermessen, weshalb die lange uneinnehmbare Festung Ziegenhain bis ins 18. Jahrhundert als sensationell empfunden wurde. Zwei Arme der Schwalm, die alte und die neue

Schwalm, umziehen die Altstadt und bildeten einst die natürliche Voraussetzung für die militärischen Planungen.

Die Lage inmitten des Schwalmgrundes mit seiner verkehrspolitischen Bedeutung spielte der Festung eine ausschlaggebende Rolle zu. Zu der bereits mehrfach erwähnten Straße ›durch die langen Hessen‹, also der Hauptschlagader des damaligen Nord-Süd-Verkehrs, kam eine zweite, die Niederrheinische Straße. Diese zog vom Siegerland über Biedenkopf in Richtung Oberaula und kreuzte jene bei Ziegenhain. Dabei war die Verbindung zum Siegerland eminent wichtig, weil dieses als Rohstofflieferant wie als Hersteller für Hüttenerzeugnisse für die neuzeitliche Kriegstechnik fast unentbehrlich war.

Jenseits der neuen Schwalm oder dem Mühlbach liegt die jüngere Vorstadt Weichhaus, die nach langem ungeschützten Dasein 1625 in die Befestigungen miteinbezogen wurde.

Der Festungsbau ließ die mittelalterliche **Stadtbefestigung** bedeutungslos werden. Nur geringe Reste sind erhalten, darunter das Treysaer Tor (15. Jh.) und der Rangenturm. Der Festungsbau begann um 1470/80 nach Plänen von Hans Jakob von Ettlingen. Um die Mauern wurde ein ausgeklügeltes System von Wassergräben gelegt. Bei einer Breite von 45 Metern waren die Gräben durchweg sieben bis acht Meter tief. Je eine mächtige Rundbastion stieß an den vier Ecken des inneren Grabens vor. Die Ausbuchtungen merkt man den heutigen Gewässern noch an. Im 17. Jahrhundert sind die Anlagen weiter verstärkt worden. Im Notfall war es sogar möglich, durch Schleusen das ganze Tal zu fluten.

Das heutige **Schloß** erhielt sein Gesicht durch den Umbau der spätgotischen Anlage (15./16. Jh.). Es liegt an der Nordwestecke der Vorstadt, kann aber derzeit nicht besichtigt werden. Die unregelmäßige, vierflügelige Anlage umschließt einen Binnenhof. Am Ostflügel, auch Fürstenflügel, springt ein Treppenturm gegen den Graben vor. Der ganze Flügel ist inschriftlich auf 1420 datiert, während die Turmhaube barock ist. Der Westflügel erhält durch das ansehnliche Portal von Philipp Soldan eine Hervorhebung zum **Paradeplatz** hin, dessen Front er bildet.

Der Name für diesen repräsentativen Platz braucht nicht

unbedingt bloß militärisch verstanden werden. Durch seine Bebauung kann er als der wichtigste Teil der Ziegenhainer Stadtanlage gelten. Fast ist es, als könne man sich Merians ›Beschreibung der vornehmsten Stätte und Plätze‹ als Guide zur Hand nehmen. Da liegt nordseitig die **evangelische Pfarrkirche** (1665-1667), deren Schlußsteine und ein außen sichtbarer Christuskopf auf die gotische Vorgängerin hinweisen. Johann Andreas Heinemann aus Gießen fertigte den Orgelprospekt im Stil des Rokoko (1771). Den Grabstein des Balthasar von Weitolshausen († 1529) hat Philipp Soldan signiert. Es ist demnach eines der frühen Werke dieses begabten Bildhauers, dessen Werke uns immer wieder begegnen. Nördlich hinter der Kirche liegen zwei Gebäude im Bereich der Strafanstalt, die früher als Amtsgericht und als Zehntscheuer Verwendung fanden. Am Paradeplatz stehen ferner das ehemalige Archiv (16. Jh.), die Alte Wache (1769) und das **Steinerne Haus,** das anstelle einer mittelalterlichen Kemenate 1659-60 für den Hofmarschall Jakob von Hoff erbaut worden ist. Es ist eine Dreiflügelanlage mit Treppenturm im Binnenhof. Das dritte Obergeschoß besteht ungeachtet des Namens aus Fachwerk. Hier ist das **Museum der Schwalm** untergebracht, das komprimiert die heutigen Kenntnisse über unsere Landschaft und ihre Kultur optisch vermittelt. Eine Schusterwerkstatt und eine Töpferei zeigen nicht nur den Arbeitsplatz, sondern auch die Produkte. Reichhaltig ist die Sammlung von Irdenware aus verschiedenen Epochen. Wohl im Prinzip vollständig dürfte die Zusammenstellung von Trachten und Stickereien aus der Schwalm sein. Auch frühere Wohnverhältnisse dieser Landschaft sind zu sehen. Dazu kommt eine ausführliche Dokumentation zur Geschichte von Festung und Stadt. Gesteine, Mineralien und Fossilien aus Schwälmer Aufschlüssen sprechen den Naturfreund an. Ein Kunstkabinett beschäftigt sich mit den Werken der Schwälmer Malerkolonien des 19. Jahrhunderts. Der ihnen zugehörige Carl Bantzer stammt übrigens aus Ziegenhain.

Fachwerkhäuser stehen außer am Paradeplatz noch an anderen Stellen, vor allem in der Muhlystraße. Eines davon läßt schon durch das reiche Renaissanceportal (1626) erkennen, daß hier vornehme Leute wohnten. Ein Blick auf Merians Plan bestätigt: ›Des Apten uon Herssfelds behaußung‹. Wie das Wappen an dem Haus an der Ecke angibt, wohnten hier die Herren von Ditfurth. Heute nennt man den Bau ›Haus Rosengarten‹ (um 1620).

Wie zu sehen war, vermittelt städtebaulich das Schloß gewissermaßen zwischen Altstadt und Neustadt. Es hat noch etwas anderes Verbindendes für ganz Ziegenhain bewirkt, die sogenannte **Salatkirmes**, die am zweiten Sonntag nach Pfingsten gefeiert wird. Ihr Ursprung reicht ins 18. Jahrhundert zurück, als den absolutistischen Fürsten das Bevölkerungswachstum samt den dadurch auftretenden Ernährungsproblemen Sorge bereitete. Nicht nur Preußens Friedrich versuchte, die damals neueingeführten Kartoffeln den Leuten schmackhaft zu machen, sondern auch Landgraf Karl von Hessen. Er lud die Bauern ins Schloß, damit sie die ›Erdäpfel‹ kosten sollten. Der Schloßkoch schnitt so viel Salat dazu, daß die Leute begeistert gewesen sein sollen. Jedenfalls ist seit 1728 der genannte Brauch hier in Übung.

Ein Beispiel für die trickreiche Politik der Ziegenhainer Grafen mögen vielleicht Abschnitte in der Geschichte von **Neustadt an der Wiera** (Neustadt/Hessen) liefern. Burg und Stadt stießen bald nach ihrer Gründung durch Ziegenhain auf die Mißgunst Hessens, das sie 1273 eroberte. Ziegenhain entledigte sich der jetzt unangenehmen Bürde und verkaufte alles an Mainz (1294), das hier einen Amtssitz einrichtete und prompt hessischen Attacken ausgesetzt war (1462 Belagerung). Viel blieb von der doppelten Ringmauer um die Stadt nicht mehr übrig. Die Nellenburg südlich davon auf einem Basaltkegel liegt seit vierhundert Jahren wüst.

Dafür entschädigt der Ort mit einer Reihe schöner Fachwerkhäuser, alten Bildstöcken und dem Alten Rathaus, dessen Sockel noch gotisch ist (1358), während die Fachwerkaufbauten (16. Jh.) nachträglich Veränderungen erfahren haben. Repräsentativ wirkt auch der ehemalige Burgmannensitz (1545) in der Ritterstraße.

Nördlich davon schließt sich die *Pfarrkirche* an, deren Westturm noch aus der Zeit der Stadtgründung stammt. Die

zweischiffige Halle ist ein spätgotischer Neubau, für dessen
Dauer Inschriften Anhaltspunkte geben: 1502 im Langhaus,
1515 im Seitenschiff. Sehr gute Wirkung entfaltet im Innern
die Barockausstattung, deren Glanzstück der Hochaltar (um
1700) ist. Die gotischen Apostelfiguren an den Emporenbrüstungen gehörten offensichtlich zu einem Altar (um
1500). Ein bemerkenswerter Grabstein befindet sich, anders
als gewohnt, an der Choraußenseite. Sein Urheber ist der
Meister der Hankratschen Kreuzigung.

Dem Wirken eines uns schon bekannten hessischen Künstlers begegnet man in der Totenkapelle (1576) auf dem Friedhof. Ihr Magdalenenaltar ist von Johann Neudecker d. Ä.
aus Hadamar und gelangte von Amöneburg hierher.

Mit Amöneburg blendet sich wieder die mainzische Vergangenheit in die Erinnerung. In Neustadt blieb dieser Teil
der Geschichte lebendig durch das Schloß, vormals Mainzer
Amtssitz, jetzt Rathaus. Anstelle der mittelalterlichen Burg
errichtet, begegnen sich in dem recht schlichten Bau spätgotische und Renaissanceformen. In der Südecke der Stadtbefestigung war das Schloß zugleich ein Bollwerk. Die wirk-
samste Verteidigungsanlage aber steht gleich daneben und ist
heute noch Wahrzeichen von Neustadt: der *Junker-Hansen-
Turm*. Den Namen lieh der Bauherr, ein Hofmeister der
Landgrafen von Hessen-Marburg. Der Turm belegt anschaulich den Übergang vom mittelalterlichen Bergfried zum neuzeitlichen Festungsturm. Der fünfzig Meter hohe Rundturm
ist zunächst in herkömmlicher Weise aufgemauert worden.
Die erste Bauphase (1489) leitete Hans Jakob von Ettlingen,
der beim Bau oder Wiederaufbau vieler hessischer Burgen
mitgewirkt hat. Vollendet wurde der Turm 1506 von Jakob
Fischbach. Dabei ließ man die beiden Obergeschosse in
Fachwerk. Der spitze Dachhelm erhielt vier vorgekragte
Wachtürmchen, abermals mit hohen Spitzhelmen. Inwieweit
der letzte Baumeister an dieser Konzeption Anteil hatte,
bleibe dahingestellt.

In **Willingshausen,** etwas weiter aufwärts im Wieratal,
liegt das Schloß der Herren von Schwertzell mit Fachwerkobergeschoß (16. Jh.). Der plastisch verzierte Eckerker folgt
dem Geschmack der Renaissance. Dem Georg von Schwert-

zell († 1578) lieferte die Werkstatt des Andreas Herber ein Wandgrabmal im Innern der dem Schloß benachbarten Pfarrkirche (1511).

Willingshausen verdankt seinen Ruf unter Kunstfreunden der schon erwähnten Malerschule. Wer sich in Ziegenhain, wo Carl Bantzers Geburtshaus steht, ein wenig über die von ihm bevorzugten Motive informiert hat, spürt recht gut, was diese Maler leitete. Begonnen hatte Bantzer zunächst als romantischer Historienmaler, sich später aber fast ausschließlich der Darstellung hessischen Landlebens gewidmet. Die Gemäldegalerie in Dresden, wo Bantzer seit 1897 Professor der Akademie war, besitzt die beiden geradezu typischen Werke ›Wallfahrer am Grabe der hl. Elisabeth‹ (1888) und ›Abendmahlfeier in hessischer Dorfkirche‹ (1899). In Marburg, wo Bantzer 1941 starb, ist im Museum das ebenfalls sehr charakteristische Gemälde ›Schwälmertanz‹ (1898) zu sehen. Besonders die ›Abendmahlfeier‹ fängt meisterhaft die Seele des Volkes ein, ohne dabei irgendwie ins Klischeehafte abzusinken. So hat man wirklich in den alten hessischen Dorfkirchen gelebt und geglaubt mit einer uns heute fremdgewordenen Selbstverständlichkeit.

Mehr aufs Anekdotische verlegte sich Ludwig Knaus aus Wiesbaden († 1910). In der Galerie von Darmstadt ist er vertreten durch die ›Tanzstunde‹ (1852). Vom Motiv her nicht unähnlich ist sein späteres Werk ›Hessischer Bauerntanz‹ (1883). Inhaltlich hat er vieles auch anderen deutschen Landschaften entlehnt.

Hans von Volkmann (* 1927) war Schüler von Schönleber in Karlsruhe, was seine Landschaften verraten (›Karlsruher Schule‹). Auch er nimmt seine Motive nicht ausschließlich aus Hessen. Andere Namen der hiesigen Malerkolonie wären der Neoimpressionist Paul Baum, ferner Wilhelm Thielmann, Gerhard von Reutern, Hanusch oder Kätelhön. Die Inspiration, welche die ›Maler der Schwalm‹ hier im Wieratal zwischen Knüll, Katzenberg und Kellerwald suchten und fanden, kann man noch heute irgendwie nachempfinden. Auch in der Schwalm muß die wirkliche Muße abseits der belebten Wege gesucht werden.

Das soll uns ermuntern einen zweiten Abstecher von

Schwalmgrund aus zu unternehmen, diesmal in ein östliches Seitental. Dort entstand 1174 das Doppelkloster **Immichenhain,** das schließlich aber nur noch Chorfrauen bewohnten, die nach der Augustinerregel lebten. Nach der Aufhebung während der Reformation gelangte es an die Diede zum Fürstenstein, schließlich an Kurhessen. Die ehemaligen Stiftsgebäude sind sehr stark verändert. Lediglich westlich der Kirche erstreckt sich noch ein spätgotischer, allerdings ausgebrannter Trakt.

Die heutige evangelische Pfarrkirche ist für eine ehemalige Stiftskirche fast zu schlicht. Der Rechteckchor hat dieselbe Breite wie das Langhaus. Das in schönen Schlußsteinen auslaufende Gewölbe verleiht ihm aber die ihm gemäße Würde. Wandmalereien mit Steinmustern und Sternen schmücken die Gewölbe. An der Ostwand sieht man gleichalte, aber figürliche Wandmalereien (14. Jh.). In das uralte romanische Taufbecken (um 1200) sind Ornamente und Figuren eingeritzt.

Bei allen beklagenswerten Veränderungen vermittelt das reizvoll über dem Dorf liegende Ensemble eine gute Vorstellung von dem Aussehen solcher kleinen Landstifte in Hessen.

Alsfeld

Die Schwalm schneidet flußaufwärts allmählich das Gestein ihres Ursprungsgebietes, des Vogelsberges, an. Verwaltungsmäßig verläuft in dieser Gegend die Grenze des Vogelsbergkreises. Historisch und kulturell ist Alsfeld aber ganz zur Schwalm hingeordnet, so daß ein Besuch dieser großartigen Stadt sinnvoller Abschluß, oder wenn man möchte, Auftakt einer Reise in die Schwalm bildet.

Der Werbung bedarf unser Besuch nicht. Die Autobahn Frankfurt–Kassel ist so trassiert, daß die roten Dächer, das Fachwerk und die Silhouette der Türme unweigerlich in den Blick rücken. Wohl kein Hessenbuch kann auf die Postkartenmotive aus Alsfeld verzichten. Und gleichsam Höhere Weihen empfing die Kleinstadt 1975, als sie als ›Europäische Modellstadt‹ für Denkmalpflege und Altstadtsanierung herausgestellt wurde. Bereitwillig folgt man jenen Autoren, die

auf die Parallelität moderner und mittelalterlicher Fernverkehrswege hinweisen, da diese in Alsfeld besonders scharf
ausgeprägt ist. Die Richtung, die heute die Autobahn nimmt,
entspricht annähernd der alten Straße ›durch die kurzen
Hessen‹, die von Frankfurt über Friedberg hierher führte.
Der Unterschied zwischen dieser und der Autobahn einerseits sowie älteren Wegen (Bonifatiusweg u. a.) andererseits
liegt darin, daß man bei der ›kurzen Hessen‹ die Stadt passieren mußte, während jene in mehr oder weniger großer Distanz Alsfeld umgehen.

Die Thüringer Landgrafen konnten mit ihrem urkundlich
erstmals 1222 genannten Besitz Alsfeld einen wichtigen Teil
des Fernverkehrs überwachen und zugleich aus ihm wirtschaftlichen Nutzen ziehen. So war die alsbald zur Stadt
erhobene Siedlung zusammen mit Grünberg eine wichtige
Stütze für den Ausbau thüringischer und seit 1247 hessischer
Macht. Bis zur Reformation erlebte die Stadt einen konti-
nuierlichen Aufstieg. Dabei kam ihr noch nicht die Straße
›durch die kurzen Hessen‹ zugute, die erst später trassiert
worden ist. Ausschlaggebend war damals der hohe Stand
der Landwirtschaft in der Umgebung und die Absatzmög-
lichkeiten über die älteren Fernwege dieses Raumes. Die
Mitgliedschaft im Rheinischen Städtebund (1254) unterstreicht das Aufblühen von Alsfeld. Landgraf Hermann II.
oder ›der Gelehrte‹ erkor die Stadt zeitweise zu seiner Residenz (14. Jh.). Der weitblickende Herrscher beschnitt die
Einflußnahme der örtlichen Adelsfamilien im Rat und gestattete dafür den Zünften durch die Entsendung der ›Vier
aus der Gemeinde‹ Mitsprache bei Verwaltungsentscheidun-
gen. Das alles hat Alsfeld nur gut getan, hat auch sicherlich
die geistige Regsamkeit der Bürgerschaft gefördert. Martin
Luther weilte auf dem Weg zum und vom Wormser Reichstag
in Alsfeld. Der ihm befreundete Augustiner Tilemann Schna-
bel nahm 1522 die Predigt für die neue Lehre auf. Trotz
Einspruchs des Landgrafen setzte die sich dem Neuen gegenüber aufgeschlossene Bürgerschaft – sonst dem Landgrafen
gegenüber durchaus loyal – durch. Drei Jahre später wurde
bereits die Reformation eingeführt. Der Dreißigjährige Krieg
mit all seinen Begleit- und Folgeerscheinungen, darunter die

Auseinandersetzungen zwischen Ober- und Niederhessen, führte zu einer drastischen Verschlechterung der Lage. Erst im 19. Jahrhundert konnte sich die Stadt wieder erholen. Wieder waren Verkehrswege die äußere Voraussetzung: die Eisenbahnstrecke Fulda-Gießen (1871) und zuletzt die Autobahn (1938). Textil- und Holzindustrie fanden über sie die nötigen Kundenkontakte und Absatzmärkte.

Der mittelalterliche Stadtkern tritt auf den modernen Plänen deutlich in seiner ellipsenförmigen Gestalt hervor. Zwischen Mainzer und Hersfelder Tor laufen dreizügig die alten Durchgangswege, die sich nahe bei den Toren trennen und wieder vereinigen. Die Hauptachse, der auch die ›kurze Hessen‹ folgte, läuft demnach durch die Mainzer Gasse zum Markt und am Amtshaus vorbei durch die Hersfelder Gasse. Den Markt berührt eine andere Hauptrichtung, die senkrecht darauf steht und vom Fulder Tor im Südosten durch die Fuldergasse und die Obergasse zum Obertor läuft. Der runde **Leonhardsturm** bezeichnet noch heute exakt die Lage des Fulder Tores. Eine Inschrift über dessen Eingang nennt 1386 als Baujahr. Sonst sind von der alten Stadtmauer nur bescheidene Reste erhalten.

> »Wo das Hessenland sich zu Bergen erhebt,
> liegt in der Mitte die Stadt,
> alt und berühmt wegen ihres Wohlstands.«

heißt es in einem lateinischen Gedicht auf Konrad Mattäus aus Alsfeld, der von 1560 bis 1578 Rektor der Marburger Universität war. Noch anschaulicher als Worte es vermögen, drückt die einzigartige Bebauung den damaligen Reichtum aus. Indem unzählige Menschen von weither das großartige Stadtbild genießen, wird der Privatbesitz von einst zum Allgemeingut von heute.

Eine solche Stadt hat ihr Zentrum im **Rathaus**, und das gilt für Alsfeld ganz besonders. Kaum zu glauben, wäre es nicht aktenkundig: Der Gemeinderat beschloß 1878 seinen Abbruch ...! Als Vorwand diente die Behauptung, daß » das Gebäude in einen Zustand geraten ist, der gegen alle Bauregeln verstößt und den Einsturz befürchten läßt«. Der Denkmalpfleger konnte den Gegenbeweis führen. Die großherzogliche Regierung vereitelte das Vorhaben. Beklemmend ist auch, wie heutzutage anderswo dieselben Vorwände für kulturelle Destruktion herhalten müssen.

Ein Meister Johann hat 1512-1516 hiermit einen der berühmtesten Fachwerkbauten errichtet, der unzählige Male beschrieben und abgebildet worden ist. Machen wir es kurz: Das steinerne Erdgeschoß ist zum Markt in spitzbogigen Lauben geöffnet. Es bildet im Innern eine Halle mit zwei freistehenden Rundsäulen. Die beiden kräftig gezimmerten Obergeschosse werden marktseitig und rückwärts durch je zwei durchgehende Erker belebt. Im Obergeschoß waren ursprünglich Gerichtsstube und Tanzboden, heute Standesamt und Sitzungssaal. Über eine Wendeltreppe (1591), von Jakob von Glein und Jakob Finck, die ein kräftiges Geländer begleitet, gelangt man nach oben. Zur ehemaligen Gerichtsstube führt eine reiche Renaissancetür (1604) von Michael Finck mit Beschlägen von Kurt Obermann. Ähnliche Beschläge findet man am Zugang zum Marburger Rittersaal. Beide Räume zeigen Decken- und Wandmalereien (1577, 1655). Die baugeschichtliche Bedeutung liegt in der Begegnung von Spätgotik und Renaissance. Gotisch ist die schlanke Anmut des Baukörpers. Die Führung und Behandlung des Balkenwerkes ist der Renaissance verpflichtet, etwa im Verzicht auf weite Geschoßüberstände zugunsten geringer Vorkragung.

Nur wenig jünger ist das unmittelbar benachbarte **Weinhaus** (1538). Sein Baumeister, Hans von Frankfurt, stammte trotz des Namens aus Homberg an der Efze. Leider sind bei einem Umbau während des 19. Jahrhunderts die ursprünglichen Fenster mit Vorhangbögen zerstört und durch schwere, romanisierende Doppelfenster ersetzt worden. An einer Ecke des hochgiebeligen Steinhauses hängt noch das Eisen, woran man einst die Missetäter an den Pranger stellte.

Gleichfalls am Markt steht das **Hochzeitshaus**, dessen Bestimmung unschwer zu erraten ist. Hans Meurer baute es 1564-71 vornehmlich für die Bedürfnisse der Angehörigen hiesiger Zünfte. Der schöne Renaissancebau trägt entscheidend zu der vorteilhaften Wirkung des gesamten Marktplatzes bei. Durch einen Eckerker werden zwei Giebelseiten

miteinander verschweißt. Man spricht treffend von einer
Diagonalfassade.

Heute ist hier das **Regionalmuseum** untergebracht. Seine
Ausstellungen sind erstaunlich vielfältig. Sie beschäftigen
sich zu einem Teil mit der Alsfelder Vergangenheit, geben
aber darüber hinaus der Darstellung der gesamten Region
viel Raum. Interessant ist die Gemäldesammlung mit Werken oberhessischer Meister. Eines läßt den Betrachter teilha-
ben an der ›Beschießung Alsfelds durch die Niederhessen‹
(1646). Dazu kommen Gegenstände alter Wohnkultur (16.-
19. Jh.), sakrale Kunst (15.-18. Jh.), Trachten, alte Hand-
werke und Landwirtschaft, eine komplett eingerichtete Küche und eine Knechtskammer. Auch prähistorische Funde
sind ausgestellt.

Ohne schon jetzt einen Rundgang durch die alten Straßen
und Gassen zu unternehmen, was man allerdings unbedingt

Alsfeld,
Apotheke von 1561

tun sollte, ermöglichen bereits die **Fachwerk-Wohnhäuser**
hier am Markt einen Gang durch die Stilgeschichte dieser
Bauwerke. Das Haus zwischen Weinhaus und Kirchturm
und das Bückinghaus (? 1509), das an das Rathaus erinnert,
wären Beispiele für den Hausbau der Spätgotik. Renaissance
und Barock prägen die Apotheke (Nr. 14; 1561) und das

Stumpfhaus (1609). Das Bildnis des Bauherren und Bürgermeisters Jost Stumpf ist an der Südostecke eingeschnitzt. Weitaus höher ist der barocke Aufwand beim Neurath-Haus (1688) in der Rittergasse, das darin wohl an der Spitze aller Alsfelder Häuser stehen dürfte. Das älteste Haus der Stadt und zugleich eines der ältesten in Deutschland (ca. Mitte 14. Jh.) liegt in der Hersfelder Straße. Eigentlich ist es ein Doppelhaus, das durch einen gemeinsamen Giebel verbunden wird. Typisch mittelalterlich kragt das vierte Geschoß weit vor und läßt die Pfosten frei nach unten austreten, weshalb man von Hängesäulen spricht. Auf diese beiden Häuser wäre also bei dem dringend empfohlenen Rundgang besonders zu achten. Weitere wichtige Adressen wären außerdem: der Amtshof (15. Jh.) nordöstlich der Walpurgiskirche, vom Markt in Richtung Hersfeldergasse; Untere Fuldergasse Nr. 4, 11/13 (um 1500) und 15/17 (16. Jh.); Haus Minnigerode (1687) in der Rittergasse, ein Steinbau mit üppigem Barockportal, sowie Kirchplatz Nr. 10 (zum Teil 15. Jh., sonst überwiegend 16. Jh.).

Eine Besichtigung der **Walpurgiskirche**, jetzt evangelische Stadtkirche, bietet sich an. Schon vorher hatte man an dieser Stelle um 1240 mit dem Bau einer Basilika ohne Querschiffe begonnen. Sie verdrängte der hochgotische Neubau, dessen Chor 1393 in Angriff genommen wurde. Hohe Maßwerkfenster steigern seine Proportionen. Die Figurenkonsolen verraten Einflüsse der Parler-Schule. Der Westturm entstand 1394 nach Einsturz des älteren. Das Langhaus ist mehrfach umgebaut worden. Indem man das nördliche Seitenschiff nachträglich erhöhte (1472), ist der Charakter einer Halle entstanden. Zu ihr hat man unten im Turm einen spitzbogigen Durchgang. In der Altstadt entfaltet der Turm der Walpurgiskirche seine besondere Wirkung durch den achteckigen Aufsatz, den Hans von Frankfurt 1542 über das nachträgliche vierte Geschoß (um 1500) baute.

Im Innern entfaltet sich eine reizvolle Spannung zwischen dem niedrigen, eher dunklen Langhaus und dem hohen lichterfüllten Chor. Die Ausstattung ist reich und künstlerisch wertvoll. Langhausgewölbe und -pfeiler sind bemalt, wobei die Kapitelle besonders abgesetzt wurden. Im Seitenschiff und an der Westempore erscheinen Wandgemälde mit Heiligenfiguren (15. u. Anfang 16. Jh.). Etwa aus dieser Zeit stammt der spätgotische Schnitzaltar an der Chornordwand, der dem Leiden Christi geweiht ist. Eine Kreuzigungsgruppe in ausgezeichneter Qualität (um 1500) ist am Triumphbogen zu sehen. Mittelalterlich sind ferner das Taufbecken und ein Gestühlsfragment. Die Renaissance steuerte die Emporenmalereien und -Schnitzwerke bei. Der Orgelsprospekt ist barock. Einige der Grabsteine, meist angesehenen Bürgern gesetzt (darunter Jost Stumpf), sind recht abgewetzt.

Am Kirchplatz steht auch das heute profanierte **Beinhaus** (1510), die ehemalige Friedhofskapelle. Es macht mit der Walpurgiskirche und dem früher erwähnten Haus Nr. 10, dazu die Kastanienbäume, den etwa halbkreisförmigen Platz lebendig und verträumt zugleich. Dazu plätschert der Schwälmer Brunnen.

Neben der Walpurgiskirche bildet die evangelische **Dreifaltigkeitskirche** (seit 1664) im Südwesten der Altstadt einen anderen baulichen und kirchlichen Schwerpunkt. Wir erleben die in mittelalterlichen Städten nicht seltene Nachbarschaft von Kloster- und Pfarrkirche. Denn diese hier gehörte zu einem Augustinerkloster, das 1244 gegründet und 1527 aufgehoben wurde. Freilich gibt es in der Kleinstadt Alsfeld nicht ein so ungleiches Nebeneinander wie in den alten Großstädten, wo sich die bescheidenen Pfarrkirchen geradezu in den Schatten der gewaltigen Stifts- und Abteikirchen ducken. Man denke an die vielen Beispiele, die etwa Köln einst bot. Dort sind nach der Säkularisation die kleinen Pfarrkirchen einfach abgerissen und die bisherige Klosterkirche der Pfarrei übertragen worden. In Groß und Klein St. Martin blieb noch teilweise das merkwürdige Nebeneinander bewahrt.

In Alsfeld haben wir es aber mit einem Mendikantenkloster zu tun. Hier lebten nämlich nicht stiftliche Augustiner, sondern Angehörige jenes Ordens, dem Luther angehörte. Damit klärt sich auch der Besuch auf, den Luther hier abgestattet hat.

In der zweiten Hälfte des 14. Jahrhunderts ist mit dem Bau des Chores für die ehemalige Augustinerkirche begonnen worden. Das Langhaus kam um 1435 als asymmetrische zweischiffige Halle zur Vollendung, die überliefert ist. Die herbe Askese des Bauwerks steht in deutlichem Kontrast zu der Fröhlichkeit des Fachwerks am Roßmarkt. Die angrenzenden Klostergebäude, durch die Luther mit seinem Freund, Pater und bald Pfarrer Tileman, schritt, sind entweder Ruine oder in moderner Weise umgebaut. Sie stoßen bis an die Stadtmauer, von der hier noch ein Stück stehen geblieben ist.

Dem Klischee, die Reformation habe ungestüm mit katholischem oder mittelalterlichem Brauchtum gebrochen, liefert das **Alsfelder Spiel** eine Widerlegung. Es handelt sich um ein volkstümliches Passionsspiel, das in Hessen Frankfurt als ältestes, Friedberg neben Alsfeld als weitere Beispiele einer mitteldeutschen Gruppe von Passionsspielen kennt, die auf ehrwürdige Tradition zurückblicken und gegen die Oberammergau fast schon modernes Spektakel sein mag. Allerdings geht es hier, auch wieder typisch mittelalterlich, unter Umständen recht drastisch zu. Oberammergauer Feierlichkeit findet hier im Hessischen weder Publikum noch Ensemble. Jede Landschaft hat ihre eigene, und diesmal das protestantische Land sogar die längere Tradition. Kein Grund, eines gegen das andere aufzuwiegen!

Bad Hersfeld und Fuldatal

BEI der Wasserkuppe in der Hohen Rhön hat die Fulda ihren Ursprung. Nach insgesamt 218 Kilometern von der Quelle vereinigt sie sich bei Münden mit der Werra zur Weser. Die Vorder-Rhön im Osten sowie Vogelsberg und Knüll im Westen spenden ihr über Nebenflüsse so viel Wasser, daß sie bald nach Einmündung der Eder von Kassel an sogar schiffbar ist.

Frühere Kapitel führten wiederholt an ihren Unterlauf. Für einen Reiseweg stellt ihr Tal eine gute Wegweisung dar. Und doch konnte, durfte nicht einfach ›Fuldatal‹ als Überschrift dieses Abschnitts stehen. Es bildet nur den geographischen Rahmen, in dem sich die geschichtlichen Kräfte entfaltet haben. Und die erste urkundlich belegte Macht in diesem Raum ist die Abtei Hersfeld. Als Grundeigentümer und Konkurrent adeliger Familien begegnet ihr Name auch außerhalb des Tales, etwa in der Schwalm, wie wir sahen. Wie dort wird man auch südwärts auf Konfliktzonen zwischen den Machtbereichen der Nachbarn stoßen. Nur sind sie dort deshalb so heikel, weil es zwei zu brüderlicher Gesinnungen gestiftete Gemeinschaften waren, die miteinander im Wettstreit lagen, die ehemaligen Reichsabteien Fulda und Hersfeld.

Der frühere Wehrturm der Kirche in **Wehrda** war nicht gegen Räuber eingerichtet, sondern als Schutz an der Grenze zwischen beiden Abteien. Als die Ministerialenfamilie von Trümbach der Bevölkerung solche Wohltat erwies, war das natürlich nicht pure Selbstlosigkeit, sondern der geschickte Versuch, im Schatten der Großen eigene Ansprüche zu mauern. Die Burg Weißenstein konnte nicht gehalten werden und ist seit 1284 zerstört. Erst Ausgrabungen unterrichteten über die Anlage. So bleibt die Kirche und die sie einfriedende Wehrmauer als letzter Zeuge des Verteidigungswillens im damaligen Grenzland. Überraschend ist aber zu sehen, daß

bis hierher Marburger Einfluß reichte, jedenfalls was die
Kunst angeht. Das belegen die frühgotischen Schallarkaden
am Turm (13. Jh.).

Die Liste der Beispiele soll nicht vermehrt werden. Aber
die beklemmende Kleinräumigkeit, die Hessens Geschichte
auszeichnet, andererseits die Vielfalt der künstlerischen Erzeugnisse bedingt, sollte man in Erinnerung halten.

Bad Hersfeld

Die Talweitung der Fulda bei der Einmündung von Haune
und Geis hatte einst den Bonifatiusschüler Sturm verlockt,
mit zwei Gefährten nach mittelalterlicher Art ›auszusteigen‹.
Unklar ist, ob Bonifatius die drei Einsiedler nun ein oder
acht Jahre gewähren ließ. Jedenfalls hieß er 744 den Sturm,
flußaufwärts ein regelrechtes Kloster, Fulda also, zu
gründen.

Die Hersfelder feiern am 16. Oktober das Lullusfest, das
an den Mann erinnern soll, der dafür sorgte, daß aus der
verlassenen Einsiedelei doch noch eine Abtei wurde. Mit
der ersten Erwähnung des Namens Hersfeld, damals noch
Haireulfisfeld, im Jahr 775 erscheint jene sogar schon als
Reichskloster. Lull war Nachfolger des Bonifatius auf dem
Mainzer Bischofssitz. Seine Klostergründung an dieser Stelle
ist zugleich auch ein machtvoller Schritt, den die alte, einst
römische Stadt, in diesen Raum setzte. Bis nach Niederhessen sollte Mainz von hier und mehr noch über die Wetterau
die Geschicke des Landes mitbestimmen, wie es vorige Kapitel immer wieder angedeutet haben. Die Gunst, Reichskloster zu sein, verdankt Hersfeld Karl dem Großen. Künftig
zeigte es sich konsequent kaisertreu. Der cluniazensischen
Reform mit ihren Beziehungen zum Papst blieb sie abhold.
Eine innere Blüte lohnte die reichstreue Haltung. Ein überaus
kostbarer Codex, das ›Breviarium Lulli‹ (9. Jh.), listet den
erstaunlichen Grundbesitz zur Zeit der Gründung auf.

Zunehmende Kaufkraft begünstigte auch hier die Bau-
wirtschaft. Anstelle eines ersten, mittlerweile ergrabenen
Kirchleins baute Lull die erste Klosterkirche, deren Grundmauern ebenfalls durch Grabungen gesichert sein dürften.

Sie reichte nicht lange aus und erhielt 831-850 eine Nachfolgerin, von der ein großer Teil im Mauerwerk der heutigen Kirche enthalten ist.

Die ehemalige Benediktinerkirche ist weithin besser bekannt als Hersfelder **Stiftsruine**. Das haben die Festspiele bewirkt, hätte aber auch sonst seine Berechtigung. Mit 103 Metern Länge gehört die Ruine zu den größten romanischen Bauten in Deutschland. Wenn die umstrittene Altersbestimmung entsprechend entschieden wird, wäre sie zugleich der größte erhaltene Kirchenbau der Karolingerzeit. Die ungewöhnlich große Basilika hat drei Schiffe, ein weitausladendes Querschiff mit zwei Apsiden, einen Langchor mit Apsis und Krypta und ein Westwerk.

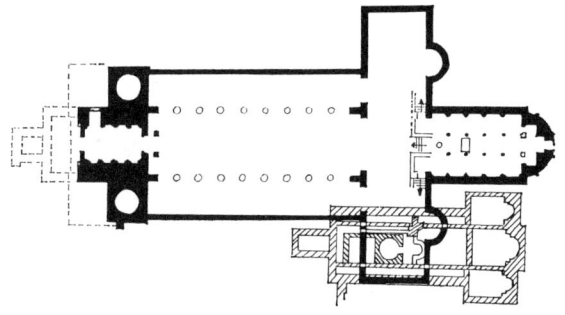

Bad Hersfeld, Ruine der Klosterkirche
mit Eintragung der Vorgängerbauten

Die einzelnen Abschnitte kamen zu verschiedenen Zeiten in der jetzigen Form zur Vollendung. So mußten die Ostteile infolge eines Brandes wiederhergestellt werden, wobei die dreischiffige Hallenkrypta entstand, die 1040 eingeweiht worden ist. Erst nach langer Pause nahm man den heutigen Westbau in Angriff (um 1100), der aus Westchor mit Apsis über der Eingangshalle und zwei quadratischen Flankentürmen besteht. Etwa zwanzig Jahre nach der Einweihung stürzten Teile davon wieder ein (1120). Beim Wiederaufbau verzichtete man auf den Nordturm. Dafür entstand nordöstlich der Katharinenturm. Das wiederaufgebaute Langhaus erhielt erst 1144 seine Weihe. Zuletzt bemühte man sich um die Eingänge, wobei eine Vorhalle an die Ostseite des nördlichen Querschiffs angefügt und der Bogen des Westportals verkleinert wurde (1244).

Eine Besonderheit ist das Obergeschoß des Westchores. Obwohl in dieser Form erst spät entstanden, erfüllte er offensichtlich dieselbe Funktion wie die karolingischen Westwerke. Hier oben nahmen die deutschen Könige und Kaiser beim Gottesdienst Platz. Ursprünglich sprang von dort ein Altan ins Mittelschiff vor. Da Hersfeld so kaisertreu war, weilten die Herrscher oft in der Abtei.

Die Kirche war drei Heiligen gleichzeitig geweiht. Zuerst den Aposteln Simon und Judas Thaddäus. Um 780 wurden die Gebeine des Fritzlarer Abtes und Missionars Wigbert hierher übertragen. Wigbert war Gefährte des Bonifatius und während der Sachsenkriege nach Büraberg und nach Hersfeld geflüchtet. Die Bevölkerung wandte ihm sofort ihre uneingeschränkte Verehrung zu, so daß 850 die Kirchweihe wiederholt wurde unter Nennung aller drei Namen. In der Volksfrömmigkeit hat die Wigbertverehrung dennoch die der beiden Apostel praktisch verdrängt. Offizielle Lehre und Volksmeinung klaffen meist auseinander. Und das gilt bekanntlich nicht nur für die Religion.

Von den **Abteigebäuden** blieb der Osttrakt erhalten. Dort ist das sogenannte Stiftsportal bemerkenswert. Eigentlich bildete es den Zugang zum Kapitelsaal. Sein schöner Aufbau besteht aus einer dreibogigen Arkade, wozu seitlich eine kleinere Doppelarkade hinzutritt, einer Rahmung aus Wulst und Schachbrettfries. Die Säulenkapitelle und die Kämpfer zeigen reiche Behandlung, zum Teil figürlicher Art.

Im Gewölbe der Abtskapelle, die sich an das südliche Querschiff anlehnt, sind beachtliche Wandmalereien. Wenn auch mit Mühe erkennt man den thronenden Christus, den Engelchöre umschweben (Anfang 11. Jh.).

Viele Geschichten ließen sich über und um diese Ruine erzählen. Recht belanglos mag die Annahme erscheinen, daß der Katharinenturm die älteste Glocke Deutschlands (um 1080) berge, angesichts des Umstandes, daß sich hier wiederholt die Spitzen des Reiches trafen. Zur Einweihung des jetzigen Kirchenbaues war König Konrad III. persönlich anwesend. Das Ende der glanzvollen Abteikirche war um so kläglicher. Im Siebenjährigen Krieg hatten die französischen Truppen Getreidevorräte darin gelagert. Um diese nicht in Feindes Hand fallen zu lassen, zündeten die Franzosen beim übereilten Rückzug kurzerhand alles an. Seither steht die Ruine. Sie wäre wohl nur noch Experten bekannt, gäbe es nicht seit 1950 die Festspiele. Ja, und diese wären nicht, hätten nicht die Franzosen ... Ironie des Schicksals!

Eine authentische Wiedergabe des Denkens und Fühlens aus den Glanzzeiten des Benediktinerklosters verdanken wir dem Mönch Lampert von Hersfeld († 1081). Seine Werke behandeln Themen, die hier jedermann bewegten: Das Leben des Lull, die Kriege gegen die Sachsen und die Gerüchte, die mit dem Troß der Könige in das Kloster drangen. Seine ›Annales‹ sind nicht nur als Chronik für die Geschichtsschreibung wertvoll, sondern sie sind für die persönlich kaiserfeindliche Haltung des Autors bemerkenswert.

Die Nähe eines hochmögenden Klosters an der Kreuzung wichtiger Fernstraßen – eine davon die spätere ›durch die kurzen Hessen‹ – reizte früh zur Ansiedlung von Händlern und Handwerkern. Der Marktflecken heißt seit 1170 Stadt. Um 1230 schloß man an die Klostermauer die Stadtmauer an, von der noch größere Reste erhalten sind. Innerhalb der ovalen Altstadt ist der ehemalige Abteibezirk noch immer als eigener Teil im Südwesten erkennbar, wobei die Burggasse den ehemaligen Grenzverlauf bezeichnet.

Das Nebeneinander war nicht immer friedlich. Das Erstarken der Stadt förderte das Selbstbewußtsein ihrer Bürger. In der Vitalisnacht 1378 versuchte der Abt vergeblich, durch einen bewaffneten Überfall die Lage zu seinen Gunsten zu entscheiden. Auch darin kennt Deutschlands Geschichte genug Parallelen, wenn man an einen ähnlich vergeblichen Coup des Kölner Erzbischofs auf Köln (1268) denkt. Dazugelernt hat auch damals keiner. Die Reformation ließ den letzten Mönchen Wohnung und Gnadenbrot im Kloster. Durch die Einführung der neuen Lehre wurde aber auch das Abgleiten in hessische Hände begünstigt. Hersfeld, das lange ein eigenes Klosterterritorium im weiten Umkreis halten konnte, fiel 1648 endgültig an die Landgrafschaft Hessen.

Im Stadtplan bietet die Altstadt ein vergleichsweise unregelmäßiges Bild. Der heutige Marktplatz, die ›Ebenheit‹, war vielleicht zuvor Standort einer kaiserlichen Burg, was seine Größe erklären könnte. Der alte Marktplatz lag dort, wo jetzt die **Stadtpfarrkirche** steht. Ihr Chor kam schon 1323 zur Vollendung, der Westturm dagegen erst zu Beginn des 16. Jahrhunderts. Das Langhaus entstand um 1350/70. Die dreischiffige Halle wird von auffallend achteckigen Pfeilern getragen. Der zweijochige Chor ist fünfseitig geschlossen. Die Rippengewölbe des Langhauses tragen ornamentierte oder figürliche Schlußsteine, was in dem sonst herben Innenraum wohltuend wirkt. Die nicht mehr gut erhaltenen gotischen Fresken stellen Heiligengestalten dar. Westfälischer Einfluß macht sich in den besseren Fresken bei dem einen der beiden Sakramentshäuschen bemerkbar. Man sieht Engel, die eine Monstranz halten. Diese Frömmigkeitsform hatte in Kloster Altenberg bei Wetzlar wohl ihre erste Pflegestätte in Hessen.

Große Giebel in den Formen der Weserrenaissance prägen die Gestalt des **Rathauses** (1597), das aus einem zweiteiligen romanischen und gotischen Bau entstanden ist. Das Portal an der Südseite ist jüngeren Datums (1612). Die Tür zum Ratssaal ist mit Intarsien ausgelegt. Die Saaldecke ist reich stuckiert. Die Wände sind getäfelt. Seine geringe Ausdehnung macht den Marktplatz samt dem hübschen Lullusbrunnen zu einem idyllischen Flecken, auf dem sich in Rathaus und Kirche Zeitliches und Ewiges begegnen, statt gegeneinander in Konfrontation zu gehen.

Wie anderswo auch, widmet sich der Betrachter erst nach den Hauptsehenswürdigkeiten den bescheideneren Denkmälern. Bad Hersfeld reiht sich fast ebenbürtig an die großen **Fachwerk**städte Hessens an, obwohl manches unter nachträglichen Verkleidungen verschwunden oder durch moderne Einbauten entstellt ist. Ausgehend von dem kleinen Platz zwischen Rathaus und Stadtkirche sollte die geschlossene Bebauung des gesamten Kirchplatzes, der sich ringförmig um die Kirche legt, gewürdigt werden. Der Pfarrer wohnt in einem prachtvollen Fachwerkhaus (1714), der Küster ›nur‹ in einem alten gotischen Bau, dessen verzierte

Brüstungen und die von Knaggen getragenen Geschosse und Giebel unser Entzücken wecken.

Unter einem Fachwerkhaus (um 1600) ermöglicht ein Durchgang den Zutritt zum weitläufigen Neumarkt, den mehrere alte Häuser säumen. Darunter sind zwei Steinhäuser, eines aus dem 17. Jahrhundert, das andere von 1582. Bei letzterem erinnert ein Abtswappen über dem Portal an den einstigen Besitzer oder Bewohner. Das Alte Kaufhaus ist im Kern frühgotisch, wurde dann im 16. Jahrhundert umgestaltet. Außer diesen beiden weckt sicher das ehemalige kurhessische Postamt Interesse. Der prächtige dreigeschossige Fachwerkbau (18. Jh.) hat oben zierliche Zwerchhäuser.

Der Linggplatz vermittelt den Übergang zum Stiftsbezirk und bietet ebenfalls noch überwiegend das Bild der alten Fachwerkfronten und -giebel. Weiter südlich befindet sich das ehemalige **Hospital** mit seiner schlichten gotischen Kirche.

Am Neumarkt steht das Städtische **Lyzeum**, ein stattlicher Bau des Klassizismus (1836). Er mag an die alte Schultradition von Hersfeld erinnern. Ohne auf die benediktinische Stiftsschule einzugehen, muß aber an das im ehemaligen Franziskanerkloster 1570 gestiftete Gymnasium erinnert werden. Sein Gründer war Abt Michael Landgraf, einer der letzten, die noch nach der Reformation Titel und Würde des Stiftsoberhauptes trugen (bis 1606). Einer seiner späteren Direktoren war Dr. Konrad Duden (1876-1906), dessen Name für jedermann gleichbedeutend mit Rechtschreibung ist.

Noch nicht allzu lange ist Hersfeld ein **Bad**. Zwar wird schon 1518 ein Brunnen erwähnt. Die Heilquelle jedoch soll erst hundert Jahre später entdeckt worden sein. Ein Hochwasser der Fulda spülte nach Jahrzehnten alle Hoffnungen wieder fort. Erst 1904 konnte der Lullusbrunnen erbohrt und zwei Jahre darauf das Kurbad eröffnet werden. Dazu kamen der Linggbrunnen (1928) und der Vitalisbrunnen (1947). Johann Baptist Ling war jener kühne Oberstleutnant, der Napoleons Befehl zur Einäscherung von Hersfeld durch eine Scheinexekution unterlief und so die Stadt rettete (1807). Sie dankt es ihm, wie man sieht.

Die Landschaftskulisse um Hersfeld wird im Osten vom Seulingswald und im Westen vom Knüll gebildet. Südlich von beiden Gebirgszügen schließen sich die Vor-Röhn beziehungsweise die Ausläufer des Vogelsberges an. Aus dem östlichen Bergland fließt der Fulda die Solz zu. Auf einem Ausläufer des Landecker Berges besaß die Abtei Hersfeld die gegen Hessen gerichtete Burg Landeck, von der nur noch Trümmer übrig sind.

In **Schenklengsfeld** gibt sich der schwere gotische Chorturm der Pfarrkirche wehrhaft. Von seinem Obergeschoß aus war der Einsatz auch neuzeitlicher Waffen möglich, als man nachträglich Schießscharten anbrachte. Die Haube entwarf Heinrich Christoph Jussow d. J. (1822). Das Schiff hat Adam Johann Erdinger als barocken Saalbau (1733/38) angelegt. Im Innern des Chores sind noch Reste der alten Ausmalung zu sehen. Die Raumgestaltung wiederholt sich gelegentlich in ähnlicher Weise bei anderen Kirchen im Grenzgebiet zwischen Hessen und Thüringen.

Äußerst reizvoll ist der Friedhof mit seiner Totenkapelle. Der achteckige Bau springt durch sein Spitzdach sofort ins Auge. Die weit über zweihundert Grabsteine bilden durch ihre Darstellungen und Schmuckmotive eine Fundgrube für den Volkskundler, aber auch für den nachdenklichen Betrachter. – Den Platz, auf dem einst Recht gesprochen wurde, überschattet eine der ältesten noch lebenden Gerichtslinden in Hessen.

Die Kirche der Reformation löste sich nicht allein theologisch aus dem mittelalterlichen Denken, sondern erzeugte als Frucht dieses Prozesses auch die ihr eigene Kultur. Da sie darin aber Kind ihrer Zeit war, hatte sie teil an der allgemeinen geistigen Entwicklung Mitteleuropas. Wie das Ende des Dreißigjährigen Krieges die geschundenen Menschen dem Barock gegenüber besonders empfänglich werden ließ, so konnte sich der Protestantismus der in katholischen Landen geborenen Kunstrichtung nicht verschließen. Die wiedererwachte Freude am Leben und der Wunsch, diese auch im Kirchenraum zum Ausdruck zu bringen, machte vor keiner Konfessionsgrenze halt. So ist es überaus reizvoll, im zutiefst evangelischen Hessen die Rezeption des Barock gerade im Sakralbereich zu verfolgen. Man wird und darf keine österreichischen oder bayrischen Dimensionen erwarten. Aber die Fülle der Monumente ist doch eindrucksvoll, ebenso wie ihre erstaunliche Qualität.

Die Pfarrkirche von **Mansbach** bietet eines der frühesten und reichsten Beispiele des protestantischen Barock in Osthessen. Sie steht in der Nachfolge der Schloßkapelle zu Schmalkalden. Über dem spätgotischen Chor entstand 1569 ein Turm, der 1756 noch ein weiteres Geschoß und die elegante Haube erhielt. Vor dem Turmbau war das neue Schiff als rechteckiger Saalbau vollendet worden. Der Schmalkaldener Zimmermeister Sebastian Bamberger gestaltete den Innenraum. Auf korinthischen Säulen ruhen die doppelten Emporen und die hölzerne Tonnendecke. Bäuerliches Schnitzwerk überzieht Brüstungen und Säulen. Der Chor erhielt 1682 seine ornamentale Ausmalung, während die musizierenden Engel jünger sind. Auf gedrehter Säule steht der schöne Kanzelkorb aus dem selben Jahr wie die Chormalerei. Bemerkenswert ist auch die Orgel (1732). Die Art der Einrichtung entlehnt gewisse Momente aus der Theaterarchitektur, obwohl diese hier nicht so stark zum Tragen kommt, wie wir es anderswo bereits beobachten konnten.

Die vielen Grabdenkmäler im Chor (16.-18. Jh.) hat man der hier beheimateten Ministerialenfamilie von Mansbach gesetzt. Das von ihnen getragene Fuldaer Lehen verkauften sie später zur Hälfte an den hessischen Generalleutnant Johann Geyso. Dessen Schloß (1577/78) enthält heute Mietwohnungen. Der rückseitige Treppenturm hat ein plastisch reich durchgebildetes Renaissance-Portal. Auch der Erker nebenan ist im Stil der Epoche verziert, durchweg mit ornamentalen und figürlichen Reliefs.

Unterhof und Alte Burg (1569), straßenseitig mit Fachwerkgiebel, und das sogenannte Kavaliershaus (um 1820) erinnern an die Mansbacher. Auch sie nutzten einst die Überschneidung der Interessen der Abteien Fulda und Hersfeld sowie der hessischen Landgrafen in diesem Raum zum Aufbau einer kleinen eigenen Herrschaft. – Die Fachwerkhäuser im Ort haben zum Teil geschnitzte Eckpfosten.

Der *Seulingswald* war und ist als Jagdrevier geschätzt. Durch ›die kurzen Hessen‹ besaß er aber auch eine verkehrspolitische Bedeutung. Zum Schutz dieser Straße war schon im Mittelalter die Wasserburg **Friedewald** angelegt worden, die als hersfeldisches Lehen im Besitz der Landgrafen war. Als diese Besitzanteile anderer hinzukaufen konnten, ließen sie die Wasserburg in eine Festung umwandeln. Die Bauleitung lag in den bewährten Händen des Festungsspezialisten Hans Jakob von Ettlingen, der auch in Schweinsberg gewirkt hat. Die Weiterentwicklung der Militärtechnik, vor allem durch den Einsatz von Feuerwaffen, revolutionierte den Burgenbau. So gab von Ettlingen die Vorliebe für die Anlage eines hohen Bergfriedes vollständig auf, da dieser dem Beschuß durch Kanonen nur bedingt Widerstand leisten konnte. Stattdessen setzte der Festungsbaumeister zwischen die schnurgeraden Wehrmauern kräftige Rundtürme, die wie Bastionen zwischen den starken Mauern hervortreten. Hier in Friedewald sind es vier bastionsartige Rundtürme in den vier Ecken bei quadratischem Grundriß. Polnische Gastarbeiter gab es schon damals. Sie kamen aus Ziegenhain und ›durften‹ den breiten Wassergraben vor den Mauern ausheben. Selbst bei dieser neuzeitlichen Anlage hielten sich mittelalterliche Reminiszenzen. Am auffälligsten ist die Verstärkung des nordwestlichen Eckturmes, der dadurch gleichsam als Ersatz für den Bergfried herhalten sollte. In seinem Schutz liegt das (früher dreifache) Tor. Marstall und Vorburg ergänzen als Außenanlagen den Festungskern von 1486.

Im Hof plätschert ganz unmilitärisch ein hübscher, dreischaliger Brunnen (17. Jh.) munter vor sich hin. Die überraschende Idylle ist kein Zufall, denn die Landgrafen weilten gerne in Friedewald, wenn sie im Seulingswald zur Jagd zogen. Wiederholt trafen sie sich aber auch zu politischen Geheimgesprächen in der Festung. Im Februar 1552 handelten sie mit dem Kurfürsten von Sachsen die Feldzugspläne gegen Kaiser Karl V. aus. Von Friede war in Friedewald keineswegs immer die Rede. »Wer zum Schwert greift, kommt durch das Schwert um«, heißt es auch hier. Eine solche Anlage bildete leicht eine Herausforderung für fremde Truppen. Im Siebenjährigen Krieg lag nur eine schwa-

che Besatzung hannoverscher Jäger in der Festung, als eine
gewaltige französische Übermacht vor ihr aufzog. Trotz ver
bissenen Widerstandes fiel Friedewald vor den Franzosen
und wurde zerstört.

Aufmerksamkeit verdient im Ort die *Pfarrkirche* (1746),
ein Saalbau von Giovanni Ghezzy. Johann Schlottmann
schuf die reich verzierte Orgel (1752). Die Gießlingskirche
außerhalb des Ortes (1313) gehörte zu einer Wüstung und
ist Ruine. An der Straße nach Hönebach steht ein niedriger
Steinaufbau, der einen torähnlichen Durchgang hat. Die
Leute nennen ihn *Nadelöhr*. Wer sich durch die Öffnung

Das ›Nadelöhr‹ bei
Friedewald an
der Straße durch
›die kurzen Hessen‹

zwängt, erlangt Heilung von bestimmten Krankheiten.
Rechnet man die inschriftliche Jahreszahl 1561 als Baujahr,
so muß das Nadelöhr lange seine Wirksamkeit bewiesen
haben. Denn nebenan steht ein Opferstock von 1747 bereit,
die Dankesgroschen aufzunehmen.

Um die in Mansbach studierten Eigenheiten des protestantischen Barocks in Hessen noch an einem anderen Beispiel
kennenzulernen, empfiehlt sich ein Besuch in Weiterode oder
besser noch in **Ronshausen**. Der Ronshausener Chorturm
ist romanisch, hat im Innern aber Kreuzgratgewölbe. Das

Kirchenschiff ist im Kern gotisch, wurde aber 1715 umgestaltet und erhielt dabei die Brettertonne und die doppelten, dreiseitigen Emporen. Die Bemalung wirkt irgendwie ›weltlicher‹ als die frömmere in Weiterode. Wo dort biblische und Heiligengestalten stehen oder schreiten, schlingen sich hier um die figürlichen Darstellungen Ornamente, spannt sich vor allem der Sternen- und Wolkenhimmel in der Brettertonne. Johann Kaufuld aus Kleinalmerode verdanken wir den fröhlichen Schmuck. Die schöne Orgel baute 1716 J.E. Dauphin. Gut gearbeitet sind auch Kanzelkorb (1658) und Schalldeckel (1675).

Wo die Fulda vor dem Stölzinger Gebirge ihren Lauf nordwestlich wendet, liegt **Bebra**. So dynamisch die Stadt auch wirkt, sie ist im Rahmen der hessischen Geschichte ein ausgesprochener Spätentwickler, obwohl sie schon 786 als Hersfelder Besitz aktenkundig ist. Ja, schon in vorgeschichtlicher Zeit siedelten hier Menschen, weil sich am Fuldaknie ein viel begangener Straßenknotenpunkt gebildet hatte. Seitdem bestimmen die Fernverkehrswege das Schicksal von Bebra. Richtig entfalten konnte sich das später landgräfliche Dorf trotz der günstigen Ausgangslage jahrhundertlang nicht, weil es ständig im Schatten des Amtssitzes Rotenburg stand.

Die Wende brachte der Bau der Eisenbahnlinie von Kassel hierher (1849), denn bald mußten Anbindungen in Richtung Frankfurt und Göttingen geschaffen werden, so daß Bebra zu einem Bahnknotenpunkt heranwuchs. Eine Umgehungsbahn (1912) und die Staatsgrenze (1945) haben zwar die verkehrsmäßige Bedeutung von Bebra relativiert, aber nicht aufgehoben. Da es auch zu Industrieansiedlungen kam, stand der Erhebung zur Stadt im Jahr 1935 nichts mehr im Wege. Zumindest aus dem Fahrplan der Bundesbahn kennt der Reisende Bebra. Seine alte Geschichte hat demgegenüber wenig bemerkenswerte Spuren hinterlassen.

Immerhin stand um 1200 schon eine Kirche, traf sich hier doch die alte Nürnberger oder Poststraße mit dem Sälzerweg, der ab 1762 Franzosenstraße hieß. Die Pfarrkirche von 1642 wurde im Bombenkrieg zerstört und ist verändert wiederaufgebaut. Das Rathaus geht auf den im Kern mittelalterlichen Herrenhof, auch Gutshaus von Baumbach, zurück, der im 18. Jahrhundert seine Fachwerkaufbauten erhielt. Ein Fachwerkhaus in der Frankfurter Straße zeigt gute Schnitzereien (1714).

Rotenburg an der Fulda

Mag man Bebra nur hastige Aufmerksamkeit zwischen zwei Zügen schenken, so wird der Leser bei der in diesem Buch gegebenen Interessenlage umso mehr Zeit für Rotenburg aufwenden, das alles an künstlerischen und kulturellen Energien auf sich gezogen hat, die Bebra gleichzeitig versagt blieben.

Die Stadtwerdung vollzog sich nach dem nun schon hinlänglich bekannten Schema Burg–Altstadt–Befestigung–Neustadt. Mitte des 12. Jahrhunderts wurde auf dem Hausberg die thüringische Burg Rodenberg angelegt. Auf dem westlichen Fuldaufer kam es vor 1197 zu einer Ansiedlung, die 1248 Stadt genannt wird. Das Straßennetz der heutigen Altstadt spricht für eine rationelle Planung im Rahmen damaliger Gepflogenheiten, die auch anderswo schon begegneten. Die Hauptstraße verbreitert sich zum Markt. Die Breitenstraße schneidet sie als Querspange. Symmetrisch zu beiden verlaufen die Nebensträßchen und Gassen. Nach Verstärkung der Stadtbefestigung (1290) bildete sich bald am Ostufer der Fulda die unbefestigte Neustadt (1340). Das war keine Sorglosigkeit, befanden sich doch die Landgrafen von Hessen hier auf eigenem Grund und Boden, so wie einst die Thüringer auf ihrer Burg, die der Volksmund als Alter Turm oder Trottenburg bezeichnet. Die Gründung der Altstadt am Westufer und ihre hurtige Befestigung entpuppt sich rückblickend als Provokation gegen Hersfeld. Die Frechheit zahlte sich aus, wie die Neustadtgründung beweist. Erst 1607 gaben beide Stadtteile ihre Unabhängigkeit auf.

Dem Aufschwung diente sicher auch die Ansiedlung eines Stiftes in der Altstadt, das aber kurz darauf in die Neustadt umzog (1357). Es war die Zeit, da die Burg ein letztes Mal Erwähnung fand (1388). In den Kämpfen gegen Mainz und Thüringen zerrieben, durfte sie nach Friedensschluß nicht mehr aufgebaut werden. Sie zerfiel zu den Ruinen im Wald, eben der ›Trottenburg‹.

Die ehemalige **Stiftskirche** entwickelte sich seit ihrer Grundsteinlegung, die am südlichen Turm mit 1370 datiert ist, in mehreren Bauabschnitten zu einem der größten Sakralbauten Hessens. Von der Anlage her handelt es sich um eine Halle mit unvollendeten Chorflankentürmen. Tiefgreifende Veränderungen im 18. und vor allem im 19. Jahrhundert haben den mittelalterlichen Eindruck stark verändert und seine einstige Größe verringert. Die heutige evangelische Pfarrkirche besitzt noch einen mit Blendmaßwerk geschmückten gotischen Taufstein (14. Jh.), der auf einer spätromanischen Säulenbasis sitzt. Im Erdgeschoß des Nordturmes ist die Gruft für Landgraf Hermann († 1658) und seine Gemahlin. Das Stift wurde in der Reformation aufgelöst.

Die ehemalige Stiftskanonie (14. Jh.) am Steinweg erhielt um 1700 den Fachwerkaufbau, den Eierstabmuster verzieren. An der Ecke des Steinernen Hauses, wie es heute heißt, hockt der ›Türke‹, der in Wirklichkeit ein braver Christ ist, nämlich eine Mönchsgestalt.

In derselben Straße folgen weitere alte **Steinbauten**, die über massivem Untergeschoß barocke Fachwerkaufbauten haben. Die Landvogtei (1555) ist jetzt Apotheke und zeigt im Fachwerk gefächerte Fußstreben. Das Obergeschoß der Alheimer Klause (1595) hat ein auffallend reich ausgestattetes Fachwerk (1785). Das alles spricht von einstigem Wohlstand, der sich auch bald nach dem erwähnten Frieden einstellte und gerade diese Neustadt beflügelte. Der Anbau von Wein, Hopfen und Tabak bildete die wirtschaftliche Grundlage, die später durch Woll- und dann Leinenweberei maßgeblich ergänzt wurde. Die solide wirtschaftliche Basis erlaubte auch einen gründlichen Wiederaufbau nach den verheerenden Stadtbränden (1478, 1637), so daß wir noch heute in den fast uneingeschränkten Genuß des alten Stadtbildes und seines eindrucksvollen Fachwerkensembles (Altstadt!) kommen.

Die Brücke über die Fulda verbindet beide Stadtteile und breitet vor dem Auge das unverwechselbare Rotenburger Panorama aus. Hinter der **Stadtmauer**, die hier noch auf größerer Strecke intakt blieb, zeichnet sich die Linie der vielen alten Häuser ab, die sich manchmal gegenseitig zu stützen scheinen, als ob sie aus Altersgründen nicht mehr gerade stehen könnten. Gerade diese Unregelmäßigkeit macht die Altstadtfront so malerisch. Die Baugruppe des Schlosses bildet einen mächtigen Gegenpol zu diesen ›Hutzelhäuschen‹.

Der erwähnte Stadtbrand zerstörte eine mittelalterliche Stadtburg. Landgraf Wilhelm IV. begann 1570 damit, an ihrer Stelle das heutige **Schloß** zu errichten. Die Aufgabe der Burg Rodenberg erleichterte den Entschluß sicherlich. Die landgräfliche Nebenlinie Hessen–Rotenburg – die ›Rotenburger Quart‹ – erwählte 1627 die Stadt zur Residenz, was sie bis 1835 auch blieb. Das 1607 durch Landgraf Moritz vollendete Schloß bot sich für die Hofhaltung der katholisch gewordenen Familie (1652) an. Der Renaissancebau hatte ursprünglich vier Gebäudeflügel. In den inneren Ecken standen vier Treppentürme. Nord- und Ostflügel wurden 1789 abgebrochen. Der Verlust des östlichen ist deshalb so beklagenswert, weil sein 55 Meter langer Rittersaal mit Dekorationen von Wilhelm Vernukken ausgestattet war und weil dieser Trakt die für den protestantischen Kirchenbau vorbildhafte Schloßkapelle beherbergte. Der Nordflügel entstand neu im schlichten Stil des Klassizismus (1790). Etwas älter ist der heutige Westflügel (1764), der mit Eck- und Mittelrisaliten und Mansarddach barocke Repräsentationslust verkörpert. Schmuckreiche Zwerchgiebel und der Treppenturm weisen den Südflügel (1570-1607) als Schöpfung der Renaissance und damit als Teil des Gründungsbaues aus. Seine Obergeschoßfenster hat man um 1764 allerdings umgestaltet. Im Erdgeschoß befindet sich seit 1739 die neue katholische Schloßkapelle. Heute beherbergt das traditionsreiche Gebäude die Landesfinanzschule. Den Vorhof grenzt der Marstall (1603) gegen die Altstadt ab. Entlang der Fulda erstreckt sich der Schloßpark in englischem Stil.

Nicht weit vom Schloß liegt die ehemalige Kirche St. Jakob, heute **evangelische Pfarrkirche**. Vermutlich nach dem ersten großen Stadtbrand entstand sie seit 1478 anstelle einer Vorgängerin von der Mitte des 13. Jahrhunderts. Die 1495 geweihte unsymmetrische Halle ist Ergebnis einer nachträglichen Planänderung. Diesen reduzierten Hallentyp, bei

dem ein Seitenschiff das Hauptschiff begleitet, trifft man
immer wieder in Hessen an. Die Ausstattung wird dem Rang
der Altstadtkirche gerecht. Eines der Glanzstücke ist der aus
Alabaster gefertigte Altartisch (1585) von Wilhelm Vernukken. Auf sechs kannelierten Säulen ruht die sauber polierte
Platte. Der zuvor in der Schloßkapelle stehende Altar ist ein
überzeugendes Werk der sich damals gerade formulierenden
protestantischen Kirchenkunst, die von der neuen Theologie
bestimmte Erwartungen ohne Vorbilder erfüllen mußte. Rotenburg hatte unbeirrt durch die anbrandenden Unruhen des
Bauernkrieges die Reformation eingeführt, der sich das Stift
auffallend spät anschloß (1560). Dementsprechend erhielt
die Kirche ihre heutige Emporenausstattung, die zum größeren Teil noch aus jener Zeit stammt (1592). Üppige Schnitzereien zieren die Kanzel (1663). Jost Friedrich Schäffer gab
der Orgel den phantasievoll gestalteten Prospekt (1682). Die
neue Hinwendung zum Katholizismus durch die Rotenburger Landgrafen belegen wohl die Johannes-Statue (um 1740)
am Triumphbogen und das barocke Vesperbild (18. Jh.) beim
Turm. Letzterer ist nachträglich zwischen Chor und Langhaus eingefügt worden (um 1500-1548).

Die Renaissance bestimmte den Neubau des **Rathauses**
(1598), dessen steinernes Portal vor zweiläufiger Barocktrep-
pe noch aus der Bauzeit stammt. Der zweite Stadtbrand
zwang zur Erneuerung der Fachwerkaufbauten.

Der reiche Bestand an Fachwerkwohnhäusern vereitelt
jeden Anlauf, eine Aufzählung zu versuchen. Alle Stilepochen, die nach dem ersten Stadtbrand die Architektur bestimmt haben, sind hier wie zu Zwecken eines kunstge-
schichtlichen Seminars vertreten. Die Reihe beginnt mit der
Spätgotik, dem ein Haus in der Breitenstraße (Nr. 39) zuge-
hört. Über dem unteren Geschoß in zweistöckiger Ständer-
konstruktion kragen Knaggen vor, auf denen Obergeschoß
und Giebel ruhen. Die Mehrzahl der Häuser entstand in der
zweiten Hälfte des 17. Jahrhunderts und später, so daß vor
allem der Barocktyp vorherrscht. In der Ausstattung ist aber
auch viel Rokoko wahrzunehmen, wie man öfter an alten
Türen gewahr wird. Die oft reichen Schnitzmuster reichen
vom Eierstabgesims bis zu phantastischen Gebilden.

Der schönste Fachwerkbau in der näheren Umgebung von Rotenburg liegt westlich der Stadt in einem Seitentälchen der Fulda: das **Hofgut Ellingerode**. Dessen Herrenhaus ist der Inschrift nach, die auf der Scheune steht, um 1686 erbaut worden. Zwei Zwerchgiebel beleben den dreistöckigen Bau. Die Eckpfosten sind reich geschnitzt. An den Gesimsen zeigt sich wieder das wohlbekannte Eierstabmuster.

Weit westlich von Rotenburg zwischen Ellenbach und Rohrbach hat sich Landgraf Ludwig I. ungewöhnlich spät aufgerafft, noch einmal nach mittelalterlicher Art eine Burggründung zu veranlassen. Malerisch liegt sie auf steilem Basaltberg. Ihr Name **Ludwigseck** erinnert im Namen und im zeitlich späten Gründungsvorgang an die Burg Ludwigstein im Werra-Land. Die 1419 vollendete und jener ähnliche Anlage sollte Hersfeld Trutz bieten. Im Dreißigjährigen Krieg ausgebrannt, ist sie gleich wiederhergestellt und 1858 erneuert worden.

Bei der rechteckigen Anlage schließen zwei Wohnflügel den Binnenhof ein. Sie verbindet an der Nordseite ein kleiner Verbindungsflügel (1593). Die südliche Schmalseite verschließt eine Wehrmauer mit gotischem Torbogen. Trotz mancher Änderungen wirkt die Burg vor allem durch die waldreiche Umgebung recht anziehend. Seit 1459 sind die von Riedesel Besitzer. Sie haben eine wertvolle Möbel- und Gemäldesammlung, darunter Werke von Tischbein, zusammentragen können.

Talabwärts berührt die Fulda bei Oberellenbach und Heinebach die im Tagebau geförderten Kalkvorkommen, die im Zechstein entstanden sind, wie die reichen Fossileinschlüsse dem Kenner verraten.

Die Fulda umfließt in enger Windung den Wildsberg (467 m), während die Bahnlinie durch einen Tunnel sich ihren Weg beträchtlich abkürzt. Auf dem Berg lag schon in prähistorischer Zeit ein Ringwall, der noch oder wieder während des Mittelalters ein Zufluchtsort war.

In **Altmorschen** hat man ein gutes Beispiel dafür, wie verlassene Klöster später zum Zentrum eines ganzen Dorfes wurden. Doch mag zuerst die Vorgeschichte gestreift werden. Hermann von Treffurt-Spangenberg gründete 1235 bei

einer älteren Kapelle an der ›Heide‹ ein Kloster für Zisterzienserinnen, das drei Jahre später von den Nonnen bezogen
werden konnte. Trotz Brandschatzung (1319) erlebte der
Konvent eine gute Entwicklung, die sich erst im späten Mittelalter in ihr Gegenteil verkehrte, so daß Reformversuche
ergebnislos verliefen. Die Reformation machte dem Kloster
Heydau ein Ende. Der Landgraf nahm es sofort als Jagdschloß in Beschlag. Erst als Landgraf Moritz Heydau seiner
zweiten Gattin, Juliane von Nassau, übertrug, folgten stärkere bauliche Veränderungen (1616-1619), die vor allem den
Westflügel und das Obergeschoß (Engelsaal) über dem Refektorium betrafen. Nach Rückerwerb durch die regierende
Linie kamen Herrenhaus, Orangerie und Parkanlagen (um
1690) hinzu. Seit 1830 diente das Schloß als Staatsdomäne,
bis es vor dem letzten Krieg aufgeteilt wurde.

Obwohl schon in der Domänenzeit manches verwahrlost
ist, blieb doch weitgehend der Baubestand von Kloster beziehungsweise Schloß äußerlich erhalten. Vom geschichtlichen
Werdegang und der ursprünglichen Bestimmung her bildet
die Kirche den Kern der Anlage. Die jetzige evangelische
Pfarrkirche ist ein frühgotischer, einschiffiger Bau mit vier
Jochen und Fenstern ohne Maßwerk sowie polygonalem
Chorschluß. Nur dort am Choransatz und an den Schlußsteinen findet sich plastisches Laubwerk, sonst ist der Bau auffallend schmucklos. Er bietet ganz das Bild einer frühen
zisterziensischen Nonnenkirche. Im Vergleich etwa zu den
Mönchskirchen in Haina oder Eberbach kommt noch das
geringe Ausmaß hinzu, was sich daraus erklärt, daß die
Nonnenkonvente meist sehr klein waren. Sie hatten ihren
Platz auf der rückwärtigen Empore, wo sie vom Volk nicht
gesehen werden konnten. Auch darin liegt ein erheblicher
Unterschied zur Mönchskirche, wo Außenstehenden nur
ganz beschränkt der Zugang gestattet war und wo die Mönche und Laienbrüder fast das gesamte Langhaus im buchstäblichen Wortsinne besaßen.

Südlich der Kirche liegen um den Kreuzgang die Klostergebäude mit dem Kapitelsaal (›kleine Küche‹) und dem Raum
der Äbtissin. Das Refektorium (1319) dient jetzt als Gemein-
desaal. Teile des Klosters enthalten Mietwohnungen.

Der erwähnte Umbau zum landgräflichen Schloß veränderte die ehemals gotischen Fenster, fügte im Nordosten den
Treppenturm an (1617), erhöhte den Kreuzgang in Fachwerk
und baute den Westflügel völlig neu mit einem zur Fulda
gekehrten weiteren Treppenturm. Ein Gitter mit Steinpfei-
lern trennt den ehemaligen Klosterbezirk von dem später
für das Schloß errichteten Wirtschaftshof mit den eingangs
genannten, heute zum Teil veränderten Bauten.

Spangenberg

Westlich tritt der Knüll immer mehr zurück, während östlich
das Stölzinger Gebirge weiter die Fulda begleitet. Dort von
Osten her fließt die Pfieffe herab, um kurz vor Melsungen
in die Fulda zu münden. An ihrem Mittellauf liegt auf steiler
Anhöhe malerisch bei der Burg das Städtchen **Spangenberg**.
Zunächst Fuldaer Lehen der Grafen von Ziegenhain, gelangte die **Burg** 1214 an die Herren von Treffurt, die sich
bald nach der Burg nannten. Diese Herren von Spangenberg
traten die Burg 1350 an Hessen ab. Von der von den Treffur-
tern bewohnten Burg blieb außer dem Brunnen nichts mehr
übrig, denn Hessen begann nach der Übernahme sofort mit
der großzügigen Umgestaltung zu einem befestigten Wohnschloß. Der Wandel der Wehrtechnik erzwang nach uns
schon geläufigem Muster den Umbau zur neuzeitlichen Festung (1567-1592; Anfang 17. Jh.). Dieser war so gut gelungen, daß selbst eine drei Jahre andauernde Belagerung während des Dreißigjährigen Krieges Spangenberg nicht zu
brechen vermochte. Das schafften erst 1945 Tiefflieger.
Nach entwürdigender Bestimmung zum Staatsgefängnis
(bis 1866), nachdem im Siebenjährigen Krieg Franzosen ein
Handstreich geglückt war, ist Spangenberg jetzt Heim der
Nordhessischen Jägerschaft, Jagdmuseum und Gaststätte.
Vom Städtchen her gelangt man über einen schmalen Torweg
in die äußere und über eine Brücke in die innere Bastion.
Direkt vor der Kernburg befindet sich ein spätgotischer
Zwinger mit Flankentürmen. Den Zugang zur Kernburg
schützt ein viereckiger Torturm. Selbst der hingebungsvollste
Kunstliebhaber dürfte sich hier oben kaum dem unermeßli-

chen Reiz der Schöpfungen der Natur entziehen können, die sich bei überwältigender Aussicht von den Bastionen und Terrassen dem Auge darbietet. Der Torturm, den Walmdach mit Wichhäuschen krönen, hatte noch die Funktion des mittelalterlichen Bergfriedes, obwohl dies militärisch kaum noch sinnvoll war. Aber auch damals hütete man seine Traditionen. Durch ihn betritt man den schmalen, rechteckigen Binnenhof, den mehrstöckige Gebäude allseits einschließen.

Spangenberg,
Haus Kurzrock, Am Markt 198

Nach den Verwüstungen des Zweiten Weltkrieges gelang ein vorbildlicher Wiederaufbau, der im Äußeren und in der Feingliederung der Architektur den Beitrag von Gotik und Renaissance fast wie im Original wiedergibt. Das Innere ist den Bedürfnissen der Gegenwart angepaßt.

Die Siedlung auf dem oberen Teil des Burgberges wird schon 1261 Stadt genannt. Mit der Burg gelangte sie an Hessen und durfte sich kurz sogar als Residenz fühlen (19. Jh.). Die Hanglage gestaltete die Einhaltung des uns schon geläufigen Planschemas schwieriger. Grundsätzlich sind die Parallelen zu Melsungen auffällig, die sich hier nur ländlich-einfacher darstellen. Zentrum ist der **Marktplatz**. Er bewahrte ganz die räumliche Geschlossenheit der historischen Stadt, die irgendwie ein Gefühl der Geborgenheit vermittelt. Leider ist das unten noch im Kern gotische Rathaus in seinen Aufbauten später verändert und dabei entstellt worden. Den Platz säumen zum Teil ausgezeichnete Fachwerkhäuser vom 15. bis zum 18. Jahrhundert. Beim Haus Nr. 198 verrät das auf Knaggen vorkragende Geschoß den spätgotischen Baustil. In üppigem Barock zeigt sich das Haus ›Goldener Löwe‹ mit seinem Gesims und dem großen Zwerchgiebel. Das städtische Hochzeitshaus (seit 1568), gleichfalls ein spätgotischer Fachwerkbau, diente zuvor der Margarethe von der Saale († 1566) als Wohnhaus.

Die ehemalige Johanniskirche und heutige **evangelische Pfarrkirche** entzieht sich infolge ihrer verworrenen Baugeschichte einer übersichtlichen und verständlichen Erklärung. Es ist eine eingewölbte dreischiffige Halle bei leicht überhöhtem Mittelschiff, mit eingestelltem Westturm und unsymmetrischem zweischiffigem Chor. In verschiedenen Bauabschnitten entstand vom 13. bis zum 15. Jahrhundert das heutige Bild. Typisch hessisch ist der Turm mit seinen vier Giebeln. Am originellsten ist der dreiseitig geschlossene, stark überhöhte Chor, dem südlich eine Art ›Seitenschiff‹ angebaut wurde, das sich zum Chor über eine Doppelarkade öffnet. Die Kreuzrippengewölbe ruhen auf schlanken Diensten, im Nebenchor auf figürlichen Konsolen.

Zur Ausstattung gehört ein Vesperbild (15. Jh.) thüringischer Herkunft. In der Vorhalle liegt auf einer Tumba die Figur der Landgräfin Anna († 1462) inmitten von Engeln, die acht Wappen tragen. Dem ausdrucksstarken Werk steht der Grabstein der Margarethe von der Saale († 1566) kaum nach, so daß Philipp Soldan als Schöpfer vermutet wird. Eherechtliche und moralische Anschauungen der damaligen Zeit erklären, warum die beiden Frauen nicht wie sonst im Chor beigesetzt, sondern in die Vorhalle verbannt wurden.

Nahe beim Neustädter Tor stand ein Karmeliterkloster (1454-1527), von dem nur bescheidene Reste erhalten blieben. Es besaß seit 1470 einen der beiden **Burgmannensitze**, den heutigen Junkerhof. Sein Unterbau ist noch spätgotisch (1516), das jüngere Fachwerk verändert. Der zweite Bau dieser Art, hier Burgsitz genannt, liegt am Brauhausplatz und hat noch weitgehend sein altes Aussehen (16. Jh.).

Teile der Mauer und drei Türme sind von der Befestigung der Altstadt noch erhalten. Anlaß zur Bildung einer Neustadt war das 1338 gegründete **Hospital** vor den Mauern. Die Kirche ist baulich äußerst schlicht. In den Gewölben stehen ornamentierte Schlußsteine. Innen erscheint eine Kreuzwegszene als Malerei an der Nordwand (16. Jh.).

Aus dem bewaldeten Bergland führt uns die Pfieffe westwärts in das Fuldatal, das sich hier zu einem anmutigen Wiesengrund ausgeweitet hat. Die schon erwähnte, von Bad Sooden herbeiführende alte Sälzer Straße überschritt hier die Fulda. Den Übergang sicherte schon in vorgeschichtlicher Zeit eine einfache Befestigung, die sogenannte Schanze.

Melsungen

Einen ›Burgus‹ an der Fuldafurt hatten schließlich die Landgrafen Mainz abgerungen und zerstört. Der Weg für eine planmäßige Stadtgründung war frei, obwohl sicher schon vorher eine Ansiedlung bestand. Melsungen erscheint vier Jahre nach ihrer endgültigen Übernahme durch die Landgrafen von Hessen bereits als Stadt (1267).

Wie so oft schon enthüllt ein Blick auf den Stadtplan die Konzeption der mittelalterlichen Anlage. Innerhalb des annähernd ovalen Grundrisses verlaufen rechtwinklig zueinander Straßen und Gassen. Der Marktplatz entsteht durch die frei bleibende Kreuzung der beiden Hauptstraßen. Fast unwillkürlich folgt man der so vorgegebenen Richtung und gelangt zu dem stolzen **Rathaus**, das mitten auf dem rechteckigen Platz steht. Es entstand 1556, nachdem ein Stadtbrand zwei Jahre zuvor den Vorgängerbau vernichtet hatte. Alle vier Seiten konnten dank der Lage als Fassaden gestaltet werden. Die Kanten sind mit Ecktürmchen bestückt. Den dreigeschossigen Fachwerkbau deckt ein Krüppelwalmdach mit Dachreiter. In der Balkenstellung erscheint neben einfacherer Anordnung auch der Hessenmann, anderswo auch Wilder Mann genannt. Es ist dies das früheste Beispiel.

Unter den hessischen **Fachwerk**-Städten gehört Melsungen zu den schönsten. Freilich erreicht es nicht ganz die außerordentlich hohe Geschlossenheit des mit ihm über die alte Sälzerstraße verbundenen (Bad Sooden-)Allendorf, noch auch das Qualitätsniveau einzelner Häuser von Alsfeld. Aber darf man guten Gewissens überhaupt auf diese Weise Noten verteilen? Was dem professionellen Denkmalpfleger vielleicht bei Etatberatungen erlaubt sein mag, ist beim Reisenden im Grunde schiere Undankbarkeit. Mit Fachwerk geradezu verwöhnt, sollte man seiner nicht überdrüssig sein, sondern froh darüber, daß Hessen überhaupt noch so viel über Jahrhunderte hinweg hat retten können.

Die geradlinigen Straßenzüge lassen die Häuserfronten besonders gut zur Geltung kommen. Eines der barocken Häuser am Markt wendet sich diesem mit großen Zwerchgiebeln zu. Eckfigur und Schnitzwerk an den Gesimsen zeigen beispielhaft mögliche Varianten im Schmuck. Andere Formen sieht man in der Kasseler Straße (Nr. 19), Burgstraße (Nr. 5) oder Fritzlarer Straße (Nr. 3). Durchweg sind alle Stilepochen von der zweiten Hälfte des 16. bis zum frühen 19. Jahrhundert vertreten.

Das Oval der Altstadt umschließt noch heute ein Teil der Mauer (14. Jh.), dazu der Turm am Schloßpark und der Eulenturm (1556).

Melsungen, Rathaus

Außer dem Rathaus bildete die ehemalige Marienkirche und jetzige **evangelische Stadtkirche** einen weiteren Mittelpunkt. Eingebaute romanische Reste deuten auf ihre Vorgängerin. Chor und Langhaus (1415-1425) sind älter als der nachgotische Turm. Es ist eine fast quadratische dreischiffige Halle. Jedes Seitenschiff decken je zwei quergestellte Walmdächer. Die Kreuzrippengewölbe ruhen auf glatten Säulen, im Chor aber auf Runddiensten mit Konsolen. Auf den Schlußsteinen finden sich figürliche Darstellungen. Das Rundbogenportal in der Turmhalle mit schönen Kapitellen stammt noch aus dem erwähnten Vorgängerbau (13. Jh.).

Das ehemalige landgräfliche **Schloß** liegt am nördlichen Rand der Altstadt und beherbergt jetzt Behörden. Eigentlich ist es ein Komplex von drei Steinbauten, die an die Stelle der mittelalterlichen Burg traten (1550-1557). Im Hauptbau residiert heute der Landrat. An den Schmalseiten und zum Hof hin springen viereckige Treppentürme vor. Die Rückseite belebt ein zweigeschossiger Erker. Das anschließende Nebengebäude hat ähnliche Treppentürme. Im ehemaligen Marstall (1577) wird heute Recht gesprochen.

Jenseits der Stadtmauer liegt der Schloßpark, vor dem man zunächst ein Wachgebäude (1689) mit haubenbedecktem Turm passieren muß. Der Park kann daran erinnern, daß in dem lange verwaisten Schloß über vierzig Jahre die später nach Hannoversch-Münden verlegte Höhere Forstlehranstalt untergebracht war (1826-1868).

Die Fulda, der größte rein hessische Fluß, tritt talabwärts in die ›breite Aue‹, in der ihr die Eder entgegenstrebt. Dort gründete 1113 Graf Werner IV. von Grüningen das Benediktinerkloster **Breitenau**, das sechs Jahre später Hirsauer Mönche bezogen. Der Konvent schloß sich 1497 der Bursfelder Benediktiner-Kongregation an, wurde aber genau dreißig Jahre danach durch die Reformation aufgelöst.

Noch die Gründergeneration erlebte die Vorbereitungen zum jetzigen Kirchenbau, die unter Abt Heinrich 1132 begannen. Chor und Querschiff konnten bereits 1143/45 geweiht werden. Der Bau des Langhauses geschah 1160-80. Anfang des 13. Jahrhunderts kam schließlich auch der West-

bau zur Vollendung. Obwohl sich das 19. Jahrhundert ein-
schneidende Veränderungen gestattete, ist doch die romanische Anlage im Prinzip erhalten oder rekonstruierbar. Sie
war eine große dreischiffige, flachgedeckte Pfeilerbasilika.
Das Querschiff hatte kleine zusätzliche Apsiden. Der mit
den Schiffen gleich breite Chor war dementsprechend drei-
schiffig mit je einer Apsis. Von außen bot sich so der merkwürdige Anblick einer gestuften Ostanlage mit fünf Apsiden.
Diese Eigenheit ist ein charakteristisches Merkmal für die
Kirchen der cluniazensischen Reformbewegung, der sich
auch die Hirsauer verpflichtet fühlten. Die angestrebte
›Gleichförmigkeit der Sitten‹, bei den Zisterziensern dann
bis zum Extrem entwickelt, dürfte die Bauabsicht beflügelt
haben. Vorbild für das Anlageschema war das Reformkloster
Paulinzella in Thüringen. Andere Eigenheiten gehen auf die
Klosterkirche von Oberkaufungen zurück, vor allem die
Westempore über der Eingangshalle, die sich beide in je drei
schlanken Säulenarkaden zum Mittelschiff hin öffnen.

Anfangs war für den Westbau nur ein Mittelturm vorgesehen, dann dieser aber als Zweiturmanlage aufgeführt, wenngleich nur unvollständig. Der romanisierende Mittelturm ist
eine spätere Zutat (1898).

Die weiträumigen Beziehungen der Hirsauer begünstigten
einen regen Erfahrungsaustausch der Bauleute und Steinmetzen von verschiedenen Baustellen und -hütten. Auf nordhes-
sische und thüringische Parallelen wurde hingewiesen. Sie
kommen auch in der Lisenenführung des ehemaligen Langhauses zum Ausdruck. Andere Beziehungen reichen über
Fritzlar bis Worms. Dazu wären zu zählen das mittlere Rund-
fenster mit Vierpaß und die seitlichen Halbsäulen am Obergeschoß des Westbaues, aber auch Schmuckformen in der
Bauplastik des Langhauses. Im Sinne der asketischen Selbst-
bescheidung sind die Einzelformen recht sparsam verteilt
und behandelt. An den Apsiden laufen auf Kopfkonsolen
Rundbogenfriese um. Den Obergaden gliedern außen Halbsäulen und Halbpolygone. Die Verzierung der Kämpfer und
Arkadenrahmung ist demgegenüber relativ aufwendig und
besteht aus Schachbrettmustern, stilisierten Pflanzen, Fabelwesen und Jagdszenen.

Der oben skizzierte Grundplan der Kirche erfuhr zu Beginn des 16. Jahrhunderts und bald darauf im Zusammenhang mit der Aufhebung des Klosters durch die Reformation weitere Veränderungen und erste Verluste. Anstelle der romanischen Hauptapsis erbaute man einen dreiseitigen Chorschluß. Chor und Querschiff wurden eingewölbt, Langhaus und Ostteile durch eine hohe Mauer voneinander getrennt. Als dann aus ihr ein Speicher gemacht werden sollte (1579), fielen die Seitenschiffe der Spitzhacke zum Opfer und das Mittelschiff erhielt innen fünf Zwischengeschosse.

Der Plan eines Umbaues zu einem landgräflichen Schloß unter Moritz dem Gelehrten, besonders aber die Wirren des Dreißigjährigen Krieges richteten weiteren Schaden an. Nun fielen auch die Chor-Seitenschiffe und fast alle Klostergebäude. Die letzte Phase der Veränderungen zog die Einrichtung einer Korrektionsanstalt nach sich (1874). In das Mittelschiff wurden vier massive Geschosse eingezogen, der Westbau erhielt innen ein massives Treppenhaus. Immerhin hat man die verbliebenen Ostteile wieder zur Kirche umgerüstet.

Von den Klostergebäuden steht noch ein spätgotisches Steinhaus. Am Westgiebel kragt ein Aborterker hervor, in der Giebelspitze ein kleiner Auslug. Streckenweise umläuft noch die alte Klostermauer den Komplex. Dazu gehören zwei Türme und ein Torturm.

In Anbetracht der hohen baugeschichtlichen Bedeutung der Kirche hätte man gewünscht, daß sie eine angemessene Wiederherstellung erfährt.

Fulda und Rhön

DIE vieltürmige Silhouette Fuldas, eingerahmt von Hügeln mit Klöstern und Kirchen, erweckt eine Ahnung davon, welche geistig-religiösen Impulse über Jahrhunderte von hier ausgegangen sind. Gleichsam als Bestätigung bildet das Fuldaer Land neben dem ehemals kurtrierischen Limburg an der Lahn eines der römisch-katholischen Zentren in Hessen, das sonst als Speerspitze der Reformation grundsätzlich evangelisch orientiert war. Bis in heutige Wahlergebnisse, unter Bevorzugung einer konservativen Partei, reicht die Wirkung solcher Tradition.

Dabei erlebte Fulda bis zur Christianisierung schon eine lange Vorgeschichte. Menschen stein-, bronze- und eisenzeitlicher Kulturen siedelten hier, wie zahlreiche Funde belegen. Die Franken hatten hier offensichtlich einen Verwaltungssitz für das Buchenland (Buchonia). Ein entsprechender Bau, der römischen Vorbildern folgte, konnte am Domplatz ergraben werden. Er ging in den Sachsenkriegen endgültig unter.

Als im Auftrag des Bonifatius Abt Sturm ein Benediktinerkloster gründete (744), dürfte er also eine gewisse Infrastruktur vorgefunden haben. Dies war umso wichtiger, als der Abtei gleichermaßen eine missionsstrategische Schlüsselrolle wie die Aufgabe der Integration innerhalb der neuen Kirchenorganisation zugedacht war, indem es die Verbindungen zwischen den Bischofssitzen Erfurt, Fritzlar und Würzburg pflegte.

Die Anziehungskraft des Martyrergrabes (Bonifatius, † 754), das Wirken bedeutender Äbte, die Einrichtung der Klosterschule (748), an der Männer wie Einhard, Otfried von Weissenburg und Walahfrid Strabo lehrten, die Zusicherung päpstlicher Unmittelbarkeit (751) und die Abgabe- und Dienstfreiheit (774) schufen konkurrenzlose Voraussetzungen für die weitere Entfaltung der Stiftung.

Wissenschaften und Künste blühten in karolingischer und romanischer Zeit. Bibliothek und Skriptorium verwahrten und schrieben kunstvolle Folianten, Elfenbeinschnitzer und Goldschmiede lieferten für Königshöfe und Kaiserpfalzen. Das schon erwähnte Hildebrandslied und Texte aus der Antike lagerten in den klösterlichen Tresoren. Der Ambo Kaiser Heinrichs II. in Aachen entstand hier ebenso wie das Basler Antependium im Cluny-Museum in Paris, um nur die bekanntesten Beispiele zu nennen. An solcher Stätte suchten die deutschen Kaiser des Mittelalters gerne und wiederholt Rast und Rat.

Das mußte den Neid der benachbarten Adelshäuser wecken, mit denen die Äbte gelegentlich sogar in bewaffnete Auseinandersetzungen verwickelt wurden. Der umfangreiche Klosterbesitz verteilte sich zwischen Rhön und Rheingau. Kaiser Friedrich II. erhob schließlich die Äbte zur Würde von Reichsfürsten (1220).

Die innerklösterlichen Folgen blieben auf Dauer nicht aus. In Abkehr von der asketischen Tradition residierte fortan der Abt außerhalb seiner Mönchsgemeinde auf der Abtsburg, dem späteren Schloß. Die Reformation sollte leichtes Spiel haben, zunächst wenigstens. Gewaltsam setzte sich dann doch noch die katholische Gegenreformation durch. Danach wütete der Dreißigjährige Krieg entsetzlich im Land.

Der nach Kriegsende einsetzende Wirtschaftsaufschwung ermöglichte den Fürstäbten eine fieberhafte Bautätigkeit, der die mittelalterliche Stadt größtenteils zum Opfer fiel. Rheinisch-fränkischer Barock verlieh Abtei, Stadt und Umland das bis heute gültige Antlitz. Durch Aneignung aufklärerischen Gedankengutes trugen die Fürstäbte mit dazu bei, die Grundlage ihrer eigenen Existenz in Frage zu stellen. Die Säkularisation (1802) vollzog äußerlich, was stimmungsmäßig vorbereitet war.

Fulda ist mehr als nur Barockstadt, obwohl es mit diesem Etikett um Touristen wirbt. Daher mußten so viele Worte auf seine Geschichte verwendet werden. Konsequenz dieser Einsicht wäre wohl, statt der üblichen Gepflogenheit zu folgen, auf dem Domplatz zuerst der **Michaelskirche** Aufmerksamkeit zu schenken, dann erst dem Dom.

Dort, in der Krypta der Michaelskirche scheint noch das uralte Fulda der Mönche lebendig zu sein. Abt Eigil ließ den Bau als Friedhofskapelle errichten (820-22), worauf das Patrozinium hindeutet. Während der Oberbau der karolingischen Anlage verschwunden ist, blieb die Krypta intakt. Um eine Mittelsäule zieht ein tonnengewölbter Umgang. Hinter dem Altar ist das Grabmal Eigils, wie überhaupt der Unterteil zuerst wohl dem Totengedenken und als Beinhaus diente. Daneben sollen hier aber gelegentlich auch Reklusen gelebt haben, die, für immer eingeschlossen, eine Extremform des Einsiedlerwesens praktizierten. Die Erinnerung an die Ursprünge des christlichen Mönchtums liegt auf der Hand, hausten doch auch die Eremiten der ägyptischen und sketischen Wüste in Grabkammern oder bei Friedhöfen.

Vom Orient her war damals alle Architektur inspiriert. Der verschwundene Oberbau sollte – erstmals in Deutschland – eine Nachahmung der Grabeskirche in Jerusalem sein. Es handelte sich um einen Rundbau mit ummantelter Apsis. Beim Wiederaufbau zu Beginn des 11. Jahrhunderts folgte man im Prinzip der karolingischen Anlage. Ein Kranz von acht Säulen bildet einen Umgang. Dabei sind alte Bauteile offenbar verwendet worden, denn vier der antikisierenden Kapitelle dürften aus dem karolingischen Bau stammen. Sonst ging man über diesen hinaus, indem man ein zweites Umgangsgeschoß hinzufügte, das sich über Arkaden zum Mittelraum öffnet. Außerdem erweiterte man die Kapelle nach Westen durch das einschiffige flachgedeckte Langhaus und das Querhaus im Süden. Später erhielt auch das Langhaus noch ein Obergeschoß. Zu verschiedenen Zeiten wurden Westturm (1315) und Rotunde (1618) erhöht. Der Nordflügel (Rochuskapelle) bildete den Abschluß der verschiedenen Erweiterungen des ursprünglichen Bauwerkes (1715-16).

Den fortschreitenden Ausbau der Anlage muß man wohl damit in Zusammenhang bringen, daß die ursprünglich als Friedhofskapelle der Abtei gedachte Kirche später mit einem Kloster, dann mit einer Propstei verbunden war. Bedeutende Wandmalereien waren jahrhundertelang unter Putz verborgen. Die wiederentdeckten Reste der romanischen Darstellungen (11. Jh.) lassen den Bezug zur Gründungsbestimmung der Kapelle erkennen, da sie Motive wie Auferstehung, Majestas Domini und den Patron St. Michael zeigen. Die Plastiken und Reliefs im Langhaus entstanden gegen Ende des 15. Jahrhunderts. Das Vesperbild empfindet ausdrucksvoll das Leid der Gottesmutter nach und ist ein Spätwerk von Andreas Balthasar Weber (1720-30). Die Steinplatte in der Rochuskapelle, auf der Szenen aus dem Leiden Christi eingeritzt sind (14. Jh.), ähnelt einer solchen im Fritzlarer Dom.

Das anschließende Bischöfliche Palais (um 1720) war ehemals Gebäude der Propstei Michelsberg.

Der heutige **Dom** (seit 1752) schließt zumindest in seiner Ausdehnung eng an die mittelalterliche Klosterkirche an, die jahrhundertelang mit 98 Metern Länge die größte Kirche nördlich der Alpen gewesen ist. Von der ersten Kirche des Abtes Sturm, die 751 ihre Weihe erhielt, konnten Reste ergraben werden. In ihrem Westteil war Bonifatius in einem Felsgrab beigesetzt.

Unter Abt Baugulf begann 971 ein Neubau, den Abt Ratgar, selber Baumeister, persönlich leitete und vollendete. Nach dem Vorbild der romanischen Peterskirche zu Rom entstand eine große Basilika mit Ostapsis und ein weit ausladendes, durchgehendes westliches Querschiff mit Apsis. Geräumige Hallenkrypten legte der Mönch Rachulf unter beiden Chören an (817-19). Das Grab des Bonifatius befand sich nun in der Westapsis. Anfangs lag vor dem Ostteil ein Paradies mit Königskapelle. Abt Wernher ersetzte sie durch eine großzügigere Anlage mit doppelchöriger Johanniskapelle, die 973 ihre Weihe empfing. In diesem Teil mögen sich, ähnlich wie in Köln, Trier oder Rom, kaiserliche Repräsentations- und Aufenthaltsräume befunden haben. Vor der Klosterkirche von St. Gallen und dem alten Kölner Dom war dies die erste Doppelchoranlage in Deutschland. Brände und andere Gründe erzwangen verschiedene Veränderungen, unter denen die vermutete Errichtung zweier Flankentürme neben der Ostapsis (948) die auffälligste gewesen sein dürfte.

Einsturzgefahr überzeugte Abt Adalbert von Schleiffras von der Notwendigkeit eines Neubaues. Der 1700 zum fürstäbtlichen Hofbaumeister ernannte Johann Dientzenhofer erhielt 1704 dazu den Auftrag. Acht Jahre später konnte der barocke Neubau eingeweiht werden. Die Innenausstattung kam 1720 zum Abschluß. Obwohl die mittelalterliche Disposition übernommen wurde und alte Bauteile abermals Verwendung fanden, trägt der jetzige Dom doch einen ganz anderen Charakter als die alte Klosterkirche, nicht nur architektonisch-stilistisch, sondern auch spirituell. Jenes Bauwerk war ein Münster, dies ist ein Dom, zugleich aber auch eine Wallfahrtsstätte und Selbstdarstellung des römischen Katholizismus. Ein Münster will reine Mönchskirche sein, wie der aus dem Lateinischen (monasterium) abgeleitete Name andeutet. Der Dom dagegen ist Bischofskirche oder Kathedrale, in deren Symbolik sich auch irdischer Machtanspruch äußert. Hier ruhen die Gebeine des Mannes, der die deutsche Kirche organisierte und fest an Rom band. Auf sein Grab ist die nur noch einchorige Anlage unmißverständlich ausgerichtet.

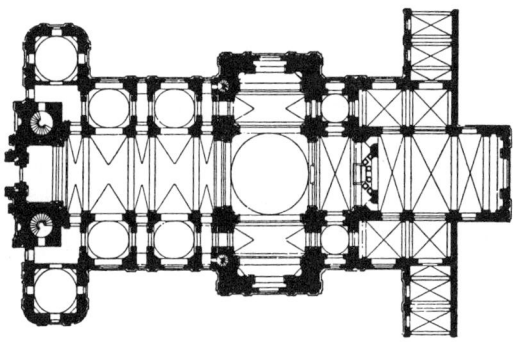

Fulda, Dom

Die dreischiffige kreuzförmige Basilika trägt über der Vierung eine mächtige Kuppel mit lichtspendender Laterne. Die doppeltürmige Ostfront bildet eine großartige Fassade zum Domplatz. Ihr sind seitlich die Andreas- und die Taufkapelle angefügt. Hinter dem Hochaltar erstreckt sich der lange Mönchschor. Anstelle des Querschiffs flankieren ihn Sakristei und Marienkapelle. Unverkennbar hatte Dientzenhofer auf seiner Romreise viel gelernt, denn bis in Details sind

Anregungen aus der heutigen Peterskirche und aus San Andrea della Valle unverkennbar. Doch ging der Baumeister über den italienischen Barock hinaus in der Gestaltung der Doppelturmfront, die ihrerseits nach Franken wirkte und sich an der Bamberger Michaelskirche wiederholt.

Da die Ausstuckierung des Innern nicht voll zur Ausführung gelangt ist, wirkt dieses geradezu kühl und atmet ganz die strenge Atmosphäre italienischer Barockkirchen. Die architektonische Gliederung aber geht über den in Italien praktizierten Wechsel von Haupt- und Nebenjochen hinaus, indem sie den Hauptjochen in den Nebenschiffen jeweils helle Kuppelräume zuordnet. Wände und Gewölbe stuckierte Giovanni Battista Artari aus Lugano. Die Ausmalung der Vierungskuppel besorgte Luca Antonio Colomba, so daß wesentliche Teile der Baudekoration in italienischen Händen lagen. Dagegen malte Joh. Melchior Steidel die Kuppelzwickel aus. Die Fassadenfiguren und den Obelisken schuf Andreas Balthasar Weber, das Portalwappen Balthasar Esterbauer. Weber war auch sonst an der barocken Ausstattung maßgeblich beteiligt. So schnitzte er Figuren zu den Holzaltären sowie für Haupt- und Chororgel die Prospekte. Ferner schuf er die sechzehn Sandsteinplastiken (1705-10) der Gruft.

Gleichrangig diesem arbeitete Giovanni Battista Artari die beiden Querschiff-Altäre. Als dritter der Künstlerequipe wirkte Johann Neudecker d. Ä., dem wir die holzgeschnitzte Himmelfahrt am Hochaltar, die Alabasterfiguren von Benedikt und Sturm auf den Querhausaltären und vor allem das Alabasterrelief auf dem Bonifatiusgrab verdanken. Dies ist zugleich sein Meisterwerk. Auf dem Altar ist der Martertod des Heiligen dargestellt, am Antependium dessen selige Auferstehung.

Die Grabdenkmäler der Fürstäbte sind zum Teil gleichfalls von hohem künstlerischen Rang. Für manche davon dürfte Andrea Gallasini die Entwürfe geliefert haben.

Aus der alten Klosterkirche übernahm man ein Steinrelief Karls d. Gr. (15. Jh.) und ein ebensolches mit einer Rittergestalt (um 1300), die Schutzmantelmadonna (15. Jh.) und die beiden Passionsreliefs der gleichen Zeit in der Marienkapelle.

Die Aufzählung von Werken und Künstlern strebt keine Vollständigkeit an. Zu sehr hatte sich jedes Einzeltun dem Gesamtanliegen unterzuordnen. Selbst derart aufwendige Arbeiten wie der Dreikönigsaltar im südlichen Seitenschiff (1699-1700) aus dem Kreis des Johann Wolfgang Fröhlicher, an dem mit kostbarem Marmor, Alabaster und Achaten nicht gespart wurde, ist letzten Endes nicht mehr als ein wohltönender Akkord innerhalb einer Symphonie.

Im **Domschatz** findet der Bonifatiusstab populäre Aufmerksamkeit, obwohl ihn der Heilige sicher nicht benutzt hat, da er erst im 13. Jahrhundert in Sizilien entstanden sein dürfte. Der Ragyndrudis-Codex (um 700), ein burgundisches Manuskript, stammt aber sicher aus dem Besitz des Bonifatius. An hohen Festtagen überführt die Geistlichkeit den ›Silbernen Altar‹ auf den Hochaltar. Darin sind mehrere Gold- und Silberschmiedewerke (18. Jh.) meist Augsburger Herkunft und Reliquien vereinigt. Vielleicht kommen dann auch alte Paramente in der Liturgie zu Verwendung, die weniger wegen ihres Alters, als wegen der nach dem Konzil gewandelten Mode der Gottesdienstkleidung verbannt sind. Fulda besitzt in der Schatzkammer noch spätgotische Kaseln (um 1500) und komplette Prunkornate (18. Jh.). Kunstvolle Goldstickereien auf rotem Genueser Samt erheben den Buseckschen Jubiläumsornat (1744) zu einem Meisterwerk seines Genres.

Neben der Schatzkammer wartet das Dom-Museum mit einer beachtlichen Sammlung von Plastiken und Reliefs von der Romanik bis zum Barock auf.

Das Bischöfliche Priesterseminar westlich des Domes war vor der Säkularisation **Abteigebäude**, in dem der Konvent unter einem Prior lebte. Südlich schließt sich die Domdechanei (1702-04) an, die in gewisser Schwerfälligkeit den Stand des Fuldaer Barock vor dem Auftreten eines Gallasini belegt. Im kleinen Park stehen hermenähnliche Büsten.

Damit wäre ein Rundgang durch den ehemaligen Abteibezirk beendet. Östlich davon liegt mit dem Schloß oder der vorangegangenen Abtsburg das zweite Zentrum der Stadt.

Es sei daran erinnert, daß die (mit der Altstadt) drei Stadtbezirke bis 1771 voneinander getrennt waren. Damals hatte offenbar die Gründung einer kurzlebigen Universität (1734-1805) und die Erhebung zum Bistum (1752) samt den zwangsläufigen Folgen dazu beigetragen, monastisch-klerikale Vorurteile aufzugeben.

Wie eine späte Rache am Feudalklerus ist das fürstäbtliche **Schloß**, die vormalige Abtsburg, schon lange fest in bürgerlicher Hand. Stadtverwaltung und Stadtmuseum machen es möglich, einmal durch jene Räume zu schreiten, die einst dem Prälaten vorbehalten waren. In den als Museum zugänglichen Räumen sind die originalen Deckenmalereien und Stuckdekorationen (18. Jh.) wiederhergerichtet. Die edlen Gläser der äbtlichen Tafel sind ebenso ausgestellt wie Erzeugnisse der Fuldaer Fayence- und Porzellanmanufaktur.

Die äbtliche Burg (ca. 1294-1312) sicherte zwischen Abtei und Stadt die Nordecke der Stadtbefestigung. Einem Aufstand der eigenen Bürger vermochte sie jedoch nicht zu trotzen (1331). Vier Jahre dauerte die Wiederherstellung der viereckigen Anlage mit Bergfried und dreistöckigem Palas. In der Renaissance erfolgte unter veränderten militärischen Bedingungen der Umbau zum Schloß, in das aber der gotische Bergfried noch integriert war (1607-12).

Kaum war der barocke Dom unter Dach, erhielt Dientzenhofer den Auftrag zum Bau der heutigen Schloßanlage (1707-14). Nach seinen Plänen kamen auch die Seitenflügel des Ehrenhofes unter Bauleitung von Gallasini und Friedrich Joachim Stengel zur Vollendung (1734). Dessen parkseitigen Flügel hatte bereits Joh. Neudecker d. Ä. ausgebaut (1710). Die allegorischen Figuren des Brunnens im Innenhof sind Werke von Artari und Weber. An der Gartenfront fügt sich der alte Bergfried in die Barockanlage ein.

Der Mittelbau, den Mittelrisalit und Tordurchfahrt auszeichnen, enthält gartenseitig den *Kaisersaal*. Um seine Einrichtung (1727-31) bemühten sich Maximilian von Welsch, Gallasini, Andreas Schwarzmann, Carlo Maria Pozzi, Joh. Friedrich Humbach und Emanuel Wohlhaupter. Von letzterem stammen die Gemälde (1738-40), von Humbach die Hermenpilaster.

Das wertvolle *Spiegelkabinett* befand sich zeitweise in Schloß Philippsruhe in Hanau, ehe es wieder an Ort und

Stelle ein- und aufgebaut wurde. Der in überschwänglichem
Rokoko ausgestattete Raum (1757-59) hat Stukkaturen von
Joh. Koch, Plafond-Gemälde von Joh. Andreas Herrlein,
geschnitzte Rahmen von Valentin Schaum und Rocaille-
Schnitzereien von Franz Adam Weber.

Beim Rundgang wird man zunächst den *Fürstensaal* besichtigen, der hier wegen der künstlerischen Rangfolge erst
an dritter Stelle erwähnt wird. Zwischen dem reichen
Deckenstuck (1711-13) von Andreas Schwarzmann zeigen
die Gemälde von Joh. Melchior Steidel Szenen aus der antiken Mythologie – und das alles in der Chefetage eines christlichen Klosters! Kaum augenfälliger offenbart sich der geistige Wandel seit den Zeiten des Bonifatius und des Abtes
Sturm. Der Fall der Donar-Eiche hat die heidnischen Wurzeln, die im Menschen immer wieder austreiben, nicht ausge-
rottet.

Der später im englischen Stil umgewandelte **Schloßpark**
war von Maximilian von Welsch nach barockem Geschmack
angelegt worden (1710). Ein schmeideeisernes Tor (1731)
von Gottfried Spansahl gestattet Einlaß. Schloßseitig waltete
die Hand von Joh. Neudecker d. J. bei der Gartengestaltung.
Von dem älteren Neudecker sind die Figuren von Flora und
Herkules.

Auf dem ersten Absatz der geschwungenen Freitreppe vor
der Orangerie steht die prachtvolle *Floravase* (1728), die
Joh. Friedrich Humbach mit sehr viel Phantasie gestaltet
hat. Die **Orangerie** (1721-30) ist wohl eine der bedeutendsten
überhaupt. Den Plan von Maximilian von Welsch brachten
Joachim Stengel und Andrea Gallasini zur Ausführung. Das
gut proportionierte und reich gegliederte Bauwerk wird von
einem Mittelpavillon beherrscht, der durch Pilaster gegliedert ist und von einer Vase im Giebelfeld (1724-25) von
Andreas Balthasar Weber geschmückt wird. Anklänge an
Schloß Arolsen sind unverkennbar. Im Weißen Saal wirkten
die gleichen Künstler wie im Schloß: Schwarzmann (Stukkaturen), Wohlhaupter (Fresko, 1730), vielleicht auch Pozzi
(Entwürfe).

Westlich der Orangerie bildet das Paulustor die Grenze
des Barockviertels. Johann Dientzenhofer hatte es ursprüng-

lich als Übergang aus dem Abteibereich in die Stadt zwischen Schloß und Hauptwache errichtet (1711). Die alten Namen der Häuser am Anfang der Friedrichstraße verraten, daß es sich um barocke Adelspalais (Kavaliershäuser) handelt. Die meisten hat Gallasini gebaut oder doch beeinflußt. Da gibt es das Palais von Buttlar (Landesleihbank) oder die Palais von Hanxleden, von der Thann und von Schlereth (alle heute Hotel ›Zum Kurfürst‹), schließlich das auffällige Palais des Fuldischen Kanzlers (Städt. Sparkasse). Noch am Bonifatiusplatz steht das ehemalige Palais von Buseck (1731), das später in ein Damenstift umgewandelt wurde. Ergänzend sei auf zwei weitere fürstäbtliche Beamtenwohnungen in der Habsburger (Palais von Schildeck) und Nonnengasse (Palais von Altenstein, Palais Hofrat Welle) hingewiesen. Das Entrée in die Stadt selber umweht gleichsam höfische Vornehmheit.

Blickfang ist die Doppelturmfassade der katholischen Stadtpfarrkirche **St. Blasius** (1771-86) mit ihrem schön geschwungenen Mittelstück. Auf eine romanische Stadtkirche folgte ein gotischer Nachfolgebau (1447-66), dessen Nordturm erhalten geblieben ist. Der Jesuitenbruder Joh. Anderjoch entwarf die Pläne für die jetzige an sich recht schlichte Pfeilerbasilika mit ihrem dreiseitigen Chor. Sie stellt das letzte bedeutende Bauunternehmen des Fuldaer Barock dar. Gewölbe und Wände tragen Stukkaturen (1783) von Joh. Michael Hois in spätem Rokoko. Die Fresken (1783) stammen von Joh. Andreas Herrlein oder von seinen Schülern. Der Hochaltar wird von Figuren des Kirchenpatrons und des heilige Bonifatius gesäumt, die von Hois und Wittmann geschaffen wurden. Zwei der Seitenaltäre kommen aus anderen Fuldaer Kirchen. Im übrigen Inventar des 18. Jahrhunderts melden sich bereits klassizistische Formen an.

Hier liegt auch das **Alte Rathaus**, dessen gotischer Vorläufer im 16. Jahrhundert weitgehender Umgestaltung erlag. Südöstlich folgen die ehemalige **Universität** (1734, jetzt Gymnasium) und das einstige **Jesuitenseminar**, das 1732 durch Gallasini zu einem einheitlichen Komplex umgebaut, durch Hinzufügen eines weiteren Obergeschosses später aber in den Proportionen gestört wurde. Die Westecke ist durch Pilaster stärker gegliedert. Nachdenklich stimmt, daß in der

Stadt, die einst durch ihre karolingische Schule berühmt war, nun im Barock Jesuiten das leisten mußten, wozu die eingesessenen Benediktinermönche in ihrer prächtigen Abtei offenbar nicht mehr taugten.

Entgegengesetzt und dicht vor der mittelalterlichen Stadtmauer liegen die **Heiliggeistkirche** und das **Spital**. Auch hier wandelte Gallasini eine ältere Anlage nach den Bedürfnissen seiner Zeit um (1732). Wohlhaupter malte das Pfingstwunder für den Hochaltar.

Auf dem Rückweg in Richtung Dom oder Schloß ist eine Erholung von so viel Barock möglich. Die kleine katholische **Severikirche** (1438) war für die Wollweberzunft errichtet worden. Spätgotische Netzgewölbe im Chor und eine etwa gleichalte Muttergottes sind ihr wertvollster Besitz. Fast in den Schatten des Schlosses schmiegt sich das 1626 gegründete und noch bestehende **Benediktinerinnenkloster** (1626-31). Mit dem Bau der Klosterkirche (1678) raffte sich die Nachgotik noch einmal zu einer erstaunlichen Leistung auf, die sich in reicher Formensprache äußert, wobei an den Giebelseiten auch Elemente der Renaissance geduldet werden.

Bei einem Rundgang durch die Altstadt springen immer wieder die schönen Fassaden alter Wohnhäuser ins Auge, in denen manchmal Nischen mit Heiligenfiguren ein typisch katholisches Flair verbreiten. Der gut erhaltene Zustand vieler Häuser gestattet das Studium der Wohnhausgeschichte angefangen von spätmittelalterlichen Steinhäusern (16. Jh.) zu den Fachwerkhäusern des 17. Jahrhunderts, weiter zu den Barockhäusern aus der Zeit von Gallasini bis zu den Bauten des Klassizismus. Dabei stößt man an den Grenzen der Altstadt gelegentlich auch auf zum Teil verbaute Reste der Stadtbefestigung. Die ehemalige Hauptwache (1758), in der jetzt ein Café untergebracht ist, gibt Muße, an der Grenze zwischen Altstadt und Abtei die vielen Eindrücke zu verarbeiten.

Unverzichtbar für den inneren Zugang zum alten Fulda dürfte der besinnliche Aufstieg zum **Kloster Frauenberg** sein, das man von der Pestsäule (1651) aus über einen stufenreichen und von Bildstöcken (1678) gesäumten Weg erreicht. Von oben schweift der Blick über die alte und moderne Stadt.

Kreuzigungsszene und Stationshäuschen des Kalvarienberges nahe der Klosterkirche könnten auf Entwürfe von Gallasini zurückgehen. Auf dem Bischofsberg, der erst seit dem 13. Jahrhundert Frauenberg heißt, bestand schon früh ein Benediktinerkloster, dessen Kirche 817 geweiht wurde. Den Benediktinern folgten Chorherren. Nach kirchenrechtlichem Wechsel seines Status (1156 Propstei) sowie Zerstörung (1525) bezogen Franziskaner 1623 die alte Klosterstätte, die sie seither mit kurzfristigen Unterbrechungen im Kulturkampf und unter den Nazis bewohnen und betreuen. Der Orden unterhält hier die Verwaltung der Thüringischen Franziskanerprovinz, die in Hessen unter anderem Niederlassungen in Hadamar, Kirchhain oder Salmünster besitzt. Von hier aus leisten die Brüder aber auch materielle und personelle Hilfe für ihre überseeischen Stützpunkte auf Hokkaido in Nordjapan und im brasilianischen Mato Grosso.

Die Kirche entstand 1758-60 sozusagen im Eigenbau, da der fähige Bruder Cornelius Schmitt selber die Leitung übernahm. Den Fassadenschmuck schuf dessen Konfrater Melchior Egenolf. Was die Franziskaner in ihrem Kloster zu Salmünster gelernt hatten, wendeten sie bei der Ausstattung (1760-67) der hiesigen Kirche an. Außer den beiden Genannten war dabei Bruder Hyazinth Wiegand, der Nebenaltäre und Kanzel arbeitete, beteiligt. Als einziger Nichtfranziskaner sorgte Joh. Andreas Herrlein für die Gemälde.

Frauenberg ist nur eines von vier Bergklöstern in der Umgebung der Stadt, die nach alter Anschauung durch ihre Lage symbolisch die Endpunkte eines Kreuzes bezeichnen. Die anderen sind Andreasberg, Johannesberg und Petersberg.

Das ehemalige **Benediktinerkloster St. Andreas** im heutigen Ortsteil Neuenberg (Andreasberg) entstand zu Beginn des 11. Jahrhunderts. Seit 1631 war es Propstei und teilte in der Säkularisation das Schicksal seines Mutterklosters. Trotz mancher Umbauten blieben wesentliche Teile der ehemaligen Klosterkirche (Weihe 1023) und jetzigen Pfarrkirche im ursprünglichen Zustand erhalten. Vor allem gilt dies für den Ostbau, der einen ungefähren Eindruck vermittelt, wie dieser Teil in der alten Fuldaer Abteikirche ausgesehen haben

mag. Sonst haben Barock und Rokoko dem Innern ihren
Stempel aufgedrückt. Aus damaligem Putz hat man in der
Krypta bedeutende Gewölbemalereien (11. Jh.) befreien
können. Zwischen Ornamentbändern, welche die Architekturgliederung betonen, erscheinen die Darstellungen von Engeln, Heiligen und Majestäten, werden alttestamentliche
Themen mit christlichen in typologische Verbindung gebracht, so daß erstere Vorbilder der jüngeren sind, die dann
als Vollendung jener gelten. Höchst aufschlußreich ist im
einzelnen, wie hier byzantinische Vorstellungen auf die früh-
romanische Kunst eingewirkt haben. Die Säulen in der
Krypta tragen Frühformen des Würfelkapitells.

Petersberg

»Benedikt liebte die Berge, Bernhard die Täler«, dieses lateinische Wort erfüllt sich auch in Hessen. Ihm liegt die Beobachtung zugrunde, daß in der Regel alte Benediktinerabteien
in Höhenlagen, Zisterzienserklöster aber in Tälern angelegt
sind. Dafür bietet das ehemalige **Benediktinerkloster
St. Peter** ein besonders schönes Beispiel. Auf der 400 Meter
aufragenden Basaltkuppe beherrscht es die Gegend.

Auf der damals noch Eulenberg genannten Anhöhe errichtete die Abtei Fulda noch vor dem Jahr 800 eine Kirche.
Hrabanus Maurus gründete ein Kloster und ließ die Kirche
um- oder neubauen (Weihe 836). Die Bevorzugung der Höhenlage entsprang Überlegungen zur äußeren Sicherheit des
Konventes. Wie notwendig diese waren, lehrten später die
Ungarneinfälle (915), bei denen Kloster und Kirche Schäden
erlitten. Hinzu traten oft aber auch theologische Erwägungen. Zum einen ist der Berg ein wichtiges symbolisches Motiv der Bibel. Zum andern aber befanden sich auf den Bergen
oft heidnische Heiligtümer, die von den Missionaren nicht
nur zerstört, sondern auch im Sinne einer nachträglichen
Heiligung gerne umfunktioniert wurden. Wie weit dies für
den Petersberg gelten mag, bleibe dahingestellt.

Hrabanus Maurus weilte gerne hier oben und verlebte
schließlich auch die Zeit seiner Verbannung auf dem Petersberg, nachdem er aus politischen Gründen als Abt resignie-

II Carl Ludwig Noah Bantzer
Waldspaziergang in Willingshausen
Öl auf Leinwand, 1913
Kassel, Staatliche Kunstsammlungen

ren mußte (842-47). Damals malte der Mönch Bruun Candidus die farbenfrohen Fresken, die in der Krypta wiederentdeckt und freigelegt wurden. Die Reste gelten als die ältesten karolingischen Wandmalereien auf deutschem Boden. Die Dichtungen des Hraban stehen in enger Beziehung zu den dargestellten Inhalten, so daß die Annahme berechtigt ist, er habe die Verse als Kommentar zu den Bildfolgen verfaßt.

Durch die Übertragung der Gebeine der heiligen Lioba (838) war die Kirche zu einer Wallfahrtsstätte geworden, die vor allem von der weiblichen Bevölkerung besucht wurde, der ein Zugang zum Bonifatiusgrab damals verwehrt war.

Von dieser Wallfahrtskirche sind der Unterbau des Westturmes und außer der Krypta die von ihr auslaufenden Stollen erhalten. Nach 920 begann man mit der Errichtung der heutigen Choranlage. Um 1170 krönte Propst Gundelaus die laufenden Umbauarbeiten durch den achteckigen Vierungsturm und den Oberbau des Westturmes. Sein Name ist in der Vierung inschriftlich verewigt. Schließlich ist die ursprünglich dreischiffige Anlage zu einem gotischen Saal umgestaltet worden (1479), dem ein südliches Querschiff angefügt wurde. Nach dem Dreißigjährigen Krieg kam unter anderem das Barockportal (1685) hinzu.

Von der Ausstattung verdienen Interesse nächst dem Steinsarkophag der heiligen Lioba zwei oder drei karolingische Altarplatten, die mit jenem gleichzeitig sind (836). Ferner befinden sich in der Kirche mehrere romanische Steinreliefs (um 1170) mit Figuren von Christus, Maria, Bonifatius, Pippin, Karlmann, Schlüsselübergabe an Petrus und sogar eine Jagdszene mit Hirsch und Hunden. Wir haben die ältesten erhaltenen mittelalterlichen Plastiken Fuldas vor uns. Die übrige Ausstattung erfolgte durchweg in späterer Zeit. Bemerkenswert sind darunter vor allem die Altargemälde (1750) von Joh. Andreas Herrlein. In der Krypta sind mehrere gute Grabdenkmäler (16.-18. Jh.) aufgestellt. Nördlich des Petersberges steht auf dem Rauschenberg ein spätgotischer Wartturm, der Teil der Fuldaer **Landwehr** war. Ehemals hielten neun solcher Türme Wacht auf Anhöhen rings um die Stadt. Sechs sind meist noch gut erhalten: Nordöstlich von Fulda bei Kämmerzell, östlich von Fulda zwei

Türme zwischen Fulda- und Haunetal, einer bei Dirlos
(›Dicker Turm‹), wo er als Aussichtsturm dient und schließlich bei Eichenzell am Park von Schloß Fasanerie.

Johannesberg

In dem Flußknie, das Fulda und Haune bilden, lag möglicherweise bereits ein germanischer Versammlungsplatz. Na-
heliegend, daß die christliche Mission dorthin eine Kirche
stellte. Den Kreis der Nebenklöster im Umkreis von Fulda
schließt die ehemalige **Benediktinerpropstei St. Johannes der
Täufer.** Bei einer 811 geweihten Kirche gründete Hrabanus
Maurus ein Benediktinerkloster (um 835), das schließlich
zum eigenständigen Priorat wurde und mit entsprechendem
Besitz ausgestattet war. Von dem Gründungsbau ist nichts
mehr erhalten. An den spätromanischen Westturm, über
dessen spätgotischen Steinhelm der Barock einen Haubenhelm (1745) stülpte, schloß man nach dem Dreißigjährigen
Krieg ein neues Schiff samt gleichbreitem Chor an (1686-
91). Nachgotisches Formempfinden prägt den Neubau. In
der Turmkapelle im ersten Obergeschoß sind Reste von
Wandmalereien (um 1300) erhalten. Die Ausstattung geschah entsprechend dem Zeitgeschmack. Aus der Werkstatt
von Wohlhaupter kamen die Gemälde der Seitenaltäre
(1744). Das Butlarsche Wandgrabmal (um 1722/25) im Chor
fertigte Joh. Heinr. Ernst Mockstatt aus Sandstein und Alabaster. Am Langhaus ist südlich der kleine Zentralbau der
Quirinuskapelle angefügt (Weihe 1741). Schöne Bandlwerk-
Stukkaturen zieren das Innere. Wohlhaupter malte das Martyrium des Schutzheiligen.
Nachdem das Kirchenschiff vollendet war, schritt Propst
Konrad von Mengersen an die großzügige Barockisierung
des *Propsteischlosses.* Einen Teil der nie ganz abgeschlosse-
nen Arbeiten leitete Andrea Gallasini (1726). Von der geplanten Baugruppe gelangten neben zwei Pavillons und dem
Vorbau zur Sakristei nur der sogenannte Rote Bau zur Vollendung (1727-33). Sein Festsaal im Obergeschoß besitzt ein
Deckenfresko von Wohlhaupter und Bandlwerk-Stukka-
turen von Andreas Schwarzmann, Andreas Hopf und viel-

leicht auch Joh. Martin Hummel. Leider ist der Gesamteindruck durch den Wirtschaftsbetrieb beeinträchtigt, der Ba-
rockgarten »ein Denkmal von verlor'ner Pracht«. Für die
alte Heerstraße von Frankfurt nach Leipzig war 1765 zwischen Johannesberg und Kohlhaas die lange zehnbogige
Brücke über die Fulda entstanden. Nach kriegsbedingten
Sprengungen (1813, 1945) bietet sie restauriert wieder das
einstige Bild mit Vasen und vier Heiligenfiguren auf der
Brüstung.

Fasanerie (Adolphseck)

Wie bereits bei der Stadtentwicklung Fuldas zu spüren war,
ahmten die dortigen Äbte zunehmend das Gebaren der welt-
lichen Großen nach. So verlangte das barocke Lebensgefühl
schließlich auch nach dem Besitz einer Sommerresidenz, die
dann besonders der zum Fürstbischof (1752) avancierte Abt
Amand von Buseck in Fasanerie-Adolphseck fertigstellen
konnte. Aus einem fuldischen Gutshof hatte sich bereits ein
Schlößchen entwickelt, das nun Gallasini überlassen wurde,
um daraus eine weitläufige Residenz zu schaffen. Der Fürstbischof verfolgte aufmerksam jede Kleinigkeit. Gespart
wurde nicht am Lustschloß Fasanerie. Abt Heinrich von
Bibra pflanzte später noch die lange Allee. Nach der Säkularisation (1815) nahmen die neuen Eigentümer, die Landgrafen, Umbauten im Innern vor. Damals kam der Name
Adolphseck auf, das jetzt wieder original fuldisch in Fasanerie umgewandelt wurde. Drei Toranlagen steigern die Wirkung bei der Anfahrt. Sie endet vor der dreiflügeligen, gestaffelten Ehrenhofanlage. Der Mittelpavillon ist stark betont.
Eine Tordurchfahrt führt zu einem Innenhof. Der östliche
Mittelbau ist das schon erwähnte alte Schlößchen. Daran ist
seitlich je ein Turm angebaut. Im südlichen befand sich
früher die Kapelle. Beide tragen welsche Hauben. Ostwärts
folgen in der Längsachse des Schlosses zwei Wirtschaftshöfe
mit Ökonomie- und Gesindegebäuden.

Der ganze Reichtum dieses fürstäbtlichen Lustschlosses
offenbart sich aber erst im Innern. Die Räume im Nordflügel
zeigen noch vorwiegend den Zustand aus der Zeit Gallasinis.

Ein stattliches dreiläufiges Treppenhaus entfaltet seine repräsentative Wirkung durch großzügige Pilastergliederung, barocke Brüstungen und Geländer, Vasen und Büsten. Darüber spannen sich die von Wohlhaupter ausgeführten Deckenmalereien mit den vier Erdteilen. Dieser hat auch die meisten der übrigen Deckengemälde geschaffen, darunter die biblische Szene von der Speisung der Fünftausend im Festsaal. Die drei großen Säle im Mitteltrakt entstanden erst in kurfürstlicher Zeit durch die Umbaumaßnahmen von Joh. Konrad Bromeis. Nachdem das Kasseler Schloß zerstört wurde, erlangten sie einen besonderen Wert. Der klassizistische, flach tonnengewölbte Thronsaal mit seiner gemalten Kassettendecke besitzt die beste Ausstattung die durch Museumsbestände bereichert ist. Gezeigt wird Wohnkultur aus drei Jahrhunderten. Auch zahlreiche griechische und römische Antiken sind zu sehen. In seltener Vollständigkeit präsentiert sich die Porzellan-Sammlung mit Erzeugnissen aller europäischer Manufakturen, darunter denen von Fulda und Höchst. Eines der Prunkstücke ist das aus 1832 Teilen bestehende Tafelservice vom ›Eisernen Helm‹ (1819) der Königlich-Preußischen Manufaktur Berlin. Eine wertvolle Ergänzung sind über 500 Stücke aus Ostasien.

Von der Südfront des Schlosses führt von der Terrasse eine Freitreppe zum ausgedehnten Landschaftsgarten, den Wilhelm Hentze in kurfürstlicher Zeit aus dem barocken Park entwickelt hat. Erhalten blieb das chinesische Teehaus (18. Jh.). An der Parkmauer ragen drei Zwiebeltürme empor. Nahebei steht eine Landwarte der bereits erwähnten Fuldaer Landwehr.

Auch die zugehörige Ortschaft **Eichenzell** besitzt ein ehemaliges Schloß, das schließlich durch die Fürstäbte verändert worden ist (1715). Der Hauptaltar der Pfarrkirche stand ursprünglich in der Quirinuskapelle zu Johannesberg.

Rhön

Wie alle hessischen Mittelgebirge ist die Rhön nur schleppend vom Menschen besiedelt worden. Immerhin besaßen bereits die Kelten (seit 500 v. Chr.) große Ringwallanlagen auf der Milseburg und dem Gleichberg. Mit Teilen des Vogelsberges und des Knüll nannte man die Rhön einst ›Buchonia‹ im Gegensatz zur Fuldaniederung ›Eiloha‹. Seit der Gründung der Klöster Fulda und Hersfeld lag das Gebirge im Spannungsfeld beider. Die Säkularisation beendete diese und andere territorialen Auseinandersetzungen. Seither teilen Thüringen, Bayern und Hessen die Rhön miteinander.

Vom Fuldatal aus erschließt sich in natürlicher Weise der Zugang zum Bergland. In **Schmalnau** bewacht die Statue des heiligen Johann von Nepomuk (1753) den Weg über die alte Fuldabrücke (19. Jh.). Die Pfarrkirche besitzt ein Altargemälde mit der Himmelfahrt Mariens von Joh. Andreas Herrlein.

Die am Oberlauf der Fulda gelegene Stadt **Gersfeld** ist wohl älter als ihre erste urkundliche Erwähnung (944) als fuldisches Lehen. Obwohl 1359 mit den Stadtrechten ausgezeichnet, bekam der Ort nie die ihm zustehende Befestigung. Die Herren von Schneeberg, die in der Nähe ihre Burg hatten und den Ort einst von Fulda zu Lehen nahmen, verkauften später ihre Rechte, nachdem Würzburg Gersfeld erobert und den Herren von Ebersberg übergeben hatte (1435). Diesen gelang die Gründung einer reichsunmittelbaren Herrschaft aus einst fuldischen und würzburgischen Lehen. Sie fiel kurzfristig an Bayern (19. Jh.), dann 1866 an Preußen.

Drei *Schloßanlagen* spiegeln gewissermaßen die etappenreiche Geschichte. Der Westteil des Oberen Schlosses (14. Jh.) war ehemals die Kemenate der Herren von Schneeberg, ist aber später erweitert und 1605 von den Ebersbergern von Grund auf erneuert worden. Dabei entstand kurz darauf das Mittlere Schloß (1607). Der Schloßpark leitet zum Unteren Schloß über, das im Festsaal des Obergeschosses schöne Rokoko-Stukkaturen (1760-70), wertvolle Gemälde und Möbel (17./18. Jh.) und kostbares Porzellan zeigt. Feudalen Ursprungs ist auch das *Rathaus* (18. Jh.), das einst herrschaftliches Bannwirtshaus gewesen ist.

Die *evangelische Pfarrkirche* zählt zu den wichtigsten Schöpfungen des protestantischen Barock in Hessen. Entworfen von Joh. Caspar Heym (1778) und ausgeführt durch den Baumeister Link aus Brückenau, entstand anstelle einer spätromanischen Kirche dieser Neubau. Es ist ein kreuzförmiger Saal mit abgerundeten Ecken. Der Turm trägt eine doppelte Zwiebelhaube und Laterne. Drei Seiten des Innenraumes umlaufen zweigeschossige Emporen. Beherrscht aber wird der Saal von der ornamentenreichen Architekturgruppe

Kanzelwand in der evangelischen Pfarrkirche

aus Altar, Kanzel und Orgel. Dazu tritt der Taufstein (1842) vor dem Altar, so daß das Arrangement zu einer liturgischen Einheit verschmilzt und zugleich das theologische Programm der Reformation überzeugend vertritt.

In der katholischen Pfarrkirche *Mariä Himmelfahrt* befindet sich ein wertvolles Altargemälde (1618), in dem niederländische Einflüsse spürbar sind. Die *Friedhofskapelle* (1632) war ursprünglich Begräbnisstätte der Herren von Ebersberg. Aus der evangelischen Pfarrkirche gelangten die intarsiengeschmückte Kanzel (1664) und die Emporenmalereien hierher. Blieb die Grabstätte der Ebersberger mithin in würdigem Zustand, so liegt ihr Stammsitz auf dem Basaltgipfel nördlich der Stadt längst in Trümmern.

Ihren höchsten Punkt erreicht die Rhön mit 950 Metern in der **Wasserkuppe**. Seit hier im Jahr 1911 Segelflugzeuge ihre ersten Gleitversuche unternahmen, entwickelte sich der Berg wegen seiner günstigen Windverhältnisse zu einer berühmten Stätte dieses Sports. Daran erinnert das Mal des Fliegers (1923) und das Segelflugmuseum. Das bestätigt noch viel lebendiger der dort herrschende Sportbetrieb.

Östlich davon (2 km) weckt das *Naturschutzgebiet Schafstein* mit seinem Untergrund aus plagioklasreichen Basaniten die Aufmerksamkeit des geologisch Interessierten.

Liebhabern der Pflanzenwelt ist das *Rote Moor* bei Wüstensachsen ein Begriff. Ein Teil steht unter Naturschutz (Kesselrain). Auch ohne besondere botanische Kenntnisse sind hier Eindrücke von der typischen Rhönlandschaft zu gewinnen. Birken und Riedgräser bedecken das Hochmoor. Die Tümpel nennt das Volk auch Mooraugen. Aber solche einsamen Hochflächen mit ihren Mooren sind nur eine Komponente im Landschaftsbild der Rhön. Eine andere sind die von lichten Buchenwäldern bestandenen Basaltkuppen.

Als eine der markantesten Berggestalten nicht nur der Rhön, sondern Hessens überhaupt, gilt die **Milseburg** (835 m), deren Silhouette weithin die Kuppenlandschaft beherrscht. Der steil aufragende Phonolithkegel hat teils abschüssige Felspartien, etwa den Gangolfsfelsen an der Westflanke, teils mächtige Blockhalden. Ausgrabungen lieferten Indizien, das der Berg schon zur Latènezeit Zufluchtsort gewesen ist. Die sogenannte Oberburg brauchte nur an wenigen Stellen, so am Kölberhutstein, künstlich verstärkt zu werden, während sonst die Natur genug an Wehrhaftigkeit bereithielt. Teilweise erhalten ist ein mächtiger Steinwall, der den Fuß des Gipfels umzieht. Zur St. Gangolfskapelle, für die schon im Mittelalter Ablässe ausgeschrieben waren, pilgern noch heute fromme Menschen.

Hilders hat im Laufe seiner Geschichte des öfteren erlebt, was die Lage im Schnittpunkt verschiedener Machtinteressen nach sich zieht. Abgesehen von solchen einheimischer Geschlechter sprachen hier nacheinander Fulda, Würzburg, Bayern und zuletzt Preußen das entscheidende Wort. Dazu kamen Brände, die Pest (1635) und Kriege als weitere Schicksalschläge.

Revoltierende Bauern zerstörten 1525 den alten Würzburgischen Amtssitz nördlich des Ortes, die seitdem als Ruine liegende *Auersburg*. Die Burgruine Tannenfels gegenüber war 1557 noch bewohnt, ist aber inzwischen zu kläglichen Resten zerfallen, während die Auersburg-Ruine noch wesentliche Teile der alten Anlage gut erkennen läßt. Obwohl man nach der Bauernrevolte den Würzburgischen Amtssitz nach Hilders verlegte, hatte man noch einmal die Auersburg aufgebaut (1550-57). Sie fiel erst im 17. Jahrhundert der endgültigen Zerstörung anheim.

In beherrschender Lage steht die katholische Pfarrkirche (1793-96; 1851 wieder aufgebaut) von Joh. Michael Schauer. Eine steile Treppe führt zum Frontturm. Das Innere ist reich ausgestattet. In den Barockformen kündigt sich bereits der Klassizismus an, der dem Hochaltar uneingeschränkt seine stilistische Note mitteilt.

Älteste Ortschaft des Ulstertales ist **Tann**, obwohl der Ort erst spät in den Urkunden auftritt. Heute ist Tann durch die Grenze zur DDR geographisch ins Abseits gerückt, was andererseits zum Erholungswert der ruhigen Stadt beiträgt. Das Geschlecht von und zu der Tann hat hier seinen Stammsitz und ist mit der geschichtlichen Entwicklung des Gemeinwesens aufs engste verknüpft. Der General Ludwig von der

Tann tat sich im deutsch-französischen Krieg (1870/71) hervor. Da sich die Familie im 14. Jahrhundert in drei Linien spaltete, verlor die Stammburg ihre Bestimmung. An ihrer Stelle baute sich jede der drei Linien ein *Schloß*, so daß es heute eine ganze Baugruppe zu besichtigen gilt. Der Rote Bau (1558) gestattet mit seiner Tordurchfahrt den Zutritt zum rechteckigen Schloßhof. Östlich schließt der Blaue Bau (16. Jh., 1716) an, dessen Eckturm mit zahlreichen Wappen verziert ist. Der Gelbe Bau (1699-1714) an der Westseite verleiht der Gesamtanlage ihre repräsentative Note. Der Festsaal in seinem Obergeschoß und andere Räume sind barock stuckiert (um 1700) und mit Renaissance- oder Barockmöbeln ausgestattet.

Beim oder am Markt liegen das *Neue Schloß* (1689), das ehemalige Rentamt und das schöne Elfapostelhaus (um 1600) mit entsprechenden Reliefs. Das Haus ›Zum Ochsenbäcker‹ in der Marktstraße ist ungefähr gleichaltrig. Es ist das südlichste Beispiel für den Einfluß niedersächsischen Hausbaues in Hessen. Am Ende dieser Straße liegt die *Friedhofskirche*. Neben zahlreichen Grabdenkmälern (17.- 19. Jh.) besticht das für Melchior von der Tann († 1608) und Gemahlin durch seine prunkvollen Renaissance-Formen. Der alte Steinbau (1617) in der Nähe beherbergte einst das Hospital St. Nikolaus. Von der Stadtbefestigung blieb das von zwei Rundtürmen flankierte Tor (1557) unversehrt.

Die Hochrhön geht nördlich in die Vorder-Rhön über. Dort bestand von alters her ein durch Fulda gegründetes Benediktinerkloster, das aber wohl vor 977 in ein Kollegiatstift umgewandelt worden ist, das dann mit der Säkularisation (1803) unterging. Die Stiftskirche ist jetzt Pfarrkirche von **Rasdorf**. Unter Verwendung von Teilen der Vorgängerbauten ist sie 1274 begonnen und zur Mitte des 14. Jahrhunderts vollendet worden. Der Rückgriff auf Vorhandenes und wohl auch Planänderungen führten zu mehreren Unregelmäßigkeiten. So vollzieht sich beispielsweise im Innern der flachgedeckten zweischiffigen Basilika ein Stützenwechsel. Mit dem Chorschluß und dem achteckigen Vierungsturm erinnert die Anlage an die Klosterkirche von Blankenau.

Rasdorf, Kapitell in der Pfarrkirche

Von besonderem Wert ist die Bauplastik. Vorzügliche Arbeiten sind die sechs antikisierend korinthischen Kapitelle im Langhaus, die ottonisch, nach einigen auch karolingisch oder romanisch sein sollen. Für die ältere Datierung spräche, daß sie verwandte Züge zu denen in der Fuldaer Michaelskapelle aufweisen. Vermutlich hat man sie beim Neubau aus der alten Kirche übernommen. Die beiden figürlichen Kapitelle der Westempore dürften jünger sein. Kräftige Tierleiber und Gestalten drängen sich auf den gut durchgebildeten Flächen. Eine überlebensgroße Kreuzigungsgruppe steht auf dem Hochaltar. Ungefähr gleichalt ist die Kanzel (1720), die das Wappen des Fuldaer Fürstabtes Konstantin von Buttlar trägt. Die beiden Seitenaltäre im Querhaus gelangten aus Fulda-Neuenberg hierher. Auch die Orgel (1739-56) von Joh. Markus Östreich kommt aus Fulda, wo sie früher in der Stadtpfarrkirche stand.

Die alte Pfarrkirche, die nach Aufhebung des Stiftes überflüssig geworden war, und schließlich abgerissen wurde, lag inmitten des wehrhaften Kirchhofes. Mit seiner hohen Mauer und den vier Rundtürmen an den Ecken (um 1500) ist er der bedeutendste in Hessen.

In der Wallfahrtskapelle (1675) auf dem *Gehilfersberg* versprechen die Vierzehn Nothelfer Erhörung in allen erdenklichen Gefahren. Die Barockausstattung ist zum Teil von guter Qualität (Altar, Kanzel). Bildstöcke und Stationen säumen den Pilgerpfad.

Eiterfeld am Oberlauf der Eitra diente offenbar schon in karolingischer Zeit als Mittelpunkt. Fulda übte früh Rechte aus und besaß nach einigen Rückschlägen die Hoheit. Als Amtssitz diente die Burg **Fürsteneck** (1330 gen.), die Fürstabt Adalbert von Schleiffras zum Schloß umgestaltete (1708-09). Neuerdings ist die Anlage leider zusätzlich verändert worden. Aus der Burg blieb der spätstaufische Bergfried und der spätgotische Wohnbau erhalten. Die durch ihre Gipfellage weithin sichtbare ehemalige Burg (Schloß) beherbergt eine Bildungsstätte.

Im Ort Eiterfeld vollzog sich parallel mit dem Umbau von Fürsteneck der Neubau der Pfarrkirche (1728-31), wobei Andrea Gallasini maßgeblich beteiligt gewesen sein mag. Das Hochaltargemälde mit dem Pfingstwunder schuf Emanuel Wohlhaupter.

Nebenstraßen führen vom äußersten Nordrand der Vorder-Rhön wieder südwärts in Richtung Fulda hinab ins Haunetal. Nach dem Flüßchen (auch Hune) nannten sich die Herren von Haun (seit 1210), die in **Burghaun** ihren Stammsitz hatten. Die erworbenen Stadtrechte hat der Flekken nie genutzt. Als die Herren von Haun schließlich ausstarben (1627), fiel der Ort ganz an Fulda. Bei sanfter Nachhilfe der hessischen Provinzialverwaltung verzichtete Burghaun 1854 auf seine Stadtrechte.

Zusammen mit den beiden Barockkirchen bietet der Ort ein eindrucksvolles Bild von Geschlossenheit und Harmonie. Im alten Burgsitz der Herren von Haun, dem nachmaligen Fuldaer Amtshof (1613-19), regiert jetzt der Bürgermeister. Ein vorspringendes rechteckiges Treppenhaus und die Fachwerkaufbauten bestimmen den Bau. Die anschließenden ehemaligen Wirtschaftsgebäude haben eine Einfahrt mit Holzgalerie. Im Ortskern finden sich außerdem die ehemalige Fuldaer Oberförsterei (1744) und mehrere Fachwerkhäuser in diemelsächsischer Bauweise. Im Rest eines Stadttores hat man eine Gedenkstätte für die Gefallenen eingerichtet. Baulicher Mittelpunkt des Ortes aber sind die Kirchen. Neben dem oben erwähnten Torhaus führt eine Freitreppe zur katholischen Kirche *Mariä Himmelfahrt*. Ihre Fassade schmükken das wappenverzierte Portal und Heiligenfiguren (1730) von Christian Josef Winterstein, Die barocke Ausstattung (1714-26), darunter ein Gemälde der Apostel in der Art von Wohlhaupter, ist erstaunlich aufwendig. Besonders die Chorpartie mit ihrer hohen Kuppel hat Anteil an diesem Reichtum. Der Entwurf (1707-17) wird Johann Dientzenhofer zugeschrieben.

Die nahe *evangelische Pfarrkirche* (1728) entstand auf Veranlassung des Fürstabtes Adolf von Dalberg. Das erklärt vielleicht, warum der kleinere und schlichtere Saalbau einen für protestantische Kirchen ungewöhnlich reich ausgeführten Altar besitzt. Außer dem Dalbergschen Wappen trägt der Säulenaltar aus Stuckmarmor Figuren des Auferstandenen und der Heiligen Petrus und Johannes. Grabsteine, zum Teil aus der alten Kirche, halten das Andenken an die Herren von Haun wach.

Goethe hat bei der Durchreise (1814) einige Zufallseindrücke vom ›Jahrmarkt von Hühnfeld‹ festgehalten. Sonst dürfte **Hünfeld** mitunter mehr an seiner verkehrsgünstigen Lage gelitten haben. Zwar hat sich der alte Fuldaer Besitz allmählich von der Abtei emanzipieren und 1310 sogar Stadtrechte erlangen und behaupten können, doch haben die hessischen Landgrafen Hünfeld gegenüber eine Politik der Härte geführt. Im Bauernkrieg lag sogar längere Zeit landgräfliche Besatzung in der Stadt. Hessen reformierte das Kirchenwesen. Dann wurde Hünfeld wieder katholisch, was gleichzeitig von baulichen Änderungen begleitet wurde. Die Kriege vom 17. Jahrhundert bis zu Napoleon haben stets die Stadt nachhaltig in Mitleidenschaft gezogen.

Seine Bedeutung bezog Hünfeld einst vom ehemaligen Chorherrenstift, das 977 aus einem Benediktinerkloster (gegr. vor 815) hervorging. Reste der Stiftskirche stecken in der neugotischen evangelischen Pfarrkirche. In einst wehrhafter Lage befindet sich die katholische Pfarrkirche. Ihr Chorturm reicht in spätromanische Zeit zurück. Sein Obergeschoß erhielt er 1613. Eine Inschrift über dem Nordportal hält 1517 als Baudatum für das Langhaus fest. Diese ehemals burgartige Kirchenanlage markiert zugleich das Nordende der alten Stadt, wie dies die evangelische Kirche für das Südende tut. Bei Hünfeld trat am 4. Juli 1866 die preußische

Division Beyer siegreich gegen die bayerische Kavallerie unter Fürst Taxis an, einer jener Waffengänge, die schließlich den ›Märchenkönig‹ Ludwig mit dazu veranlaßten, der Gründung eines klein-deutschen Reiches unter Preußens Führung zuzustimmen.

Zu Ende des Jahrhunderts ereignete sich Friedlicheres. Alfred Läpple bemerkt in einer Beschreibung der ›Klöster und Orden in Deutschland‹ (1985): »Es stellt eine geschichtliche Rarität dar, daß noch im Jahr 1895 Bürger und Bauern, weil ihnen in der Säkularisation ›ihr‹ bisheriges Benediktinerkloster genommen wurde, selbst die Finanzen aufbrachten und den Grundstein zu einem neuen Kloster legten.« In seinen romanischen Formen spricht es für die rückwärtsgewandte Sicht des damaligen Katholizismus, der das christliche Mittelalter unzulässig idealisiert und nachgeahmt hat. Das wie eine alte Abtei wirkende Kloster bezogen aber keine Mönche, sondern die Missionsgesellschaft der ›Hünfelder Oblaten‹, die nach dem Ersten Weltkrieg durch moderne Seelsorgsmethoden von sich reden machte. Der ›Fliegende Pater‹, Paul Schulte, imponierte als Pilot in Afrika und bei den Eskimos. Erfahrungen in der hessischen Diaspora ließ ihn die Missions-Verkehrs-Arbeitsgemeinschaft (MIVA) gründen.

Vogelsberg

AUF jeder physikalischen Landkarte fällt der Vogelsberg als außerordentlich einprägsame Landschaftseinheit auf. Sein Gesteinsuntergrund wird von der größten Basaltdecke Deutschlands gebildet. Sie verdankt ihre Entstehung vulkanischen Aktivitäten während der Erdneuzeit (Tertiär), als glühendes Magma gefördert wurde und sich glutheiß über die älteren Gesteine des Gebirgssockels ergoß. Einzelnen ehemaligen Vulkanen, die heute als Basaltkegel landschaftsprägend in Erscheinung treten, sind wir häufig begegnet. Nirgends sonst in Hessen aber gibt es eine geschlossene Basaltdecke dieses Ausmaßes, auch nicht im Westerwald, der zudem zum größeren Teil nach Rheinland-Pfalz gehört und in der Ausdehnung hinter dem Vogelsberg zurücksteht.

Im Westen greift der Vordere Vogelsberg bis gegen die mittlere Lahn aus, wovon die Basaltkuppen bei Gießen und Wetzlar Zeugnis ablegen. Als ein Ring von etwa fünf bis zwanzig Kilometer Breite umschließt der Untere Vogelsberg in allen übrigen Himmelsrichtungen den zentralen Teil, den Oberwald. Dort kulminiert er im *Taufstein* (774 m), *Hoherodskopf* (763 m) und dem *Siebenahorn* (755 m). Entsprechend der Entstehungsweise des Gebirges fehlen markante Einzelberge. Von dem Landschaftsrelief her bilden aber nicht überall die Basaltdecke die Grenze, sondern auch Gesteine des Sockels. So rahmt im Nordosten Buntsandstein die Peripherie ein, in die der Lauterbacher Graben eingesenkt ist mit Muschelkalk und Keuper.

Den gewaltigen Basaltschild haben geradezu sternförmig die nach allen Seiten davonstrebenden Wasserläufe zerfurcht. So darf man den Oberwald als Wasserscheide zwischen Weser und Rhein oder näherhin zwischen Fulda und Main verstehen. Im Uhrzeigersinn im Norden beginnend nehmen von hier ihren Ausgang Schwalm, Lauterbach und

Altfell, Lüder, Nidder, Nidda und Ohm samt ihren Neben-
flüßchen. Bracht und Salz-Fluß ziehen südwärts zur Kinzig.

Unter natürlichen Bedingungen wäre der Oberwald und
größtenteils auch der übrige Vogelsberg mit Buchenwäldern
bedeckt. Längst hat der Mensch der fruchtbaren Böden
wegen diese Wälder gelichtet. Auffallend hoch ist an den
Rodungsinseln das Dauergrünland beteiligt, hinter dem
flächenmäßig das Ackerland zurücktritt. Die natürlichen
Wälder sind in Misch- oder leider auch Fichtenforste umgewandelt. Schutzhecken und Mauern aus Basaltblöcken sollen das Wirtschaftsland vor ungünstiger Witterung schützen.
In vielem gleicht die Lage der im Westerwald. Wie auch dort
hat sich im Vogelsberg der Mensch mit der Natur arrangieren
müssen. Dem Nährstoffreichtum des Bodens steht die Un-
gunst des Höhenklimas entgegen, das durch lange Winter
und hohe Niederschlagsmengen gekennzeichnet ist. Das wiederum begünstigt die Bildung von Staunässe, so daß dem
ertragreichen Anbau Grenzen gesetzt sind.

Die Landleute wohnten früher und wohnen oft noch heute
in ihren ökologisch hervorragend an die natürlichen Voraussetzungen angepaßten Fachwerkhäusern, die eine land-
schaftstypische Ausprägung erfahren haben. Das *Vogelsberger Haus* ist lang-rechteckig. Unter seinem Satteldach sind
alle Lebensbereiche zusammengefaßt, aber sinnvoll in vier
Zonen aufgeteilt: Scheune, Stall, Flur und Küche, Wohn-
und Schlafräume. Die Bundpfosten dieser Zonen sind durch
eigene Streben versteift, so daß man die Inneneinteilung
auch außen am Fachwerk ablesen kann. Zur Wetterseite hin
bedecken oft Holzschindeln das Haus.

Der Vogelsberg ist auch einer der Bereiche Hessens, in
denen die Fachwerkkirchen in hoher Dichte vorkommen,
vergleichbar mit dem Dillgebiet. Dort wird auf das Phänomen etwas ausführlicher eingegangen und exemplarisch eine
größere Anzahl von Monumenten geschildert, als dies in
anderen Kapiteln und so auch hier möglich ist.

Vom Fuldatal aus bilden die von Westen herbeieilenden
Wasserläufe wie Jossa, Schlitz oder Lüder natürliche Zu-
gänge zum Vogelsberg. Nahe der wirtschaftlich und kulturell
aktiveren Tallandschaft haben sich in der Peripherie des

Vogelsberges einige bau- oder kunstgeschichtlich bemerkenswerte Stätten entwickeln können.

Burg Herzberg

Das Bergland nördlich der Jossa wird volkstümlich schon
zum Knüll gerechnet. Die Herkunft des Flusses und der
basaltische Aufbau des Hirschberges veranlassen uns, die
auf seinen Höhen malerisch die Landschaft beherrschende
Burg Herzberg an dieser Stelle aufzusuchen.

Marschall Heinrich von Romrod erbaute 1298 die Burg
›Hirzberg‹ als hessisches Lehen. Die Besitzer wechselten,
zuletzt war es der Hofmeister Hans von Dörnberg. Dieser
ist der Bauherr der heutigen Anlage, mit deren Errichtung
er Hans Jakob von Ettlingen beauftragte (1493/97). Adolph
Wilhelm von Dörnberg setzte den Ausbau fort (1560/63) im
Sinne der modernen Festungstechnik. Die Anlage erinnert in
vielem an die Festung Friedewald. Die Hochburg bildete das
Zentrum und hatte die Form eines unregelmäßigen Vierecks,
das noch heute durch gerade Mantelmauern gebildet wird.
An den vier Ecken stehen mächtige Rundtürme. Dazu
kommt noch der sogenannte Gerichtsturm (1536), der den
Eingang flankiert. Um 1600 ist noch eine Bastion angelegt
worden. Den äußeren Zugang sichert die Vorburg mit dem
das Portal kontrollierenden Kommandantenturm. Über den
Außengraben spannt sich eine Steinbrücke. Die Eckrundtürme zeigen gewisse Unterschiede. So ist dem Gerichtsturm
ein Treppenturm angebaut. Der Südostturm hat einen Fachwerkaufbau.

Reste der mittelalterlichen Burg sind der Stumpf des einstigen Bergfrieds und der Eingang der später erneuerten *Kapelle*. Im Innern derselben sind an der Ostwand Reste eines
Kreuzigungsgemäldes (16. Jh.) zu sehen. Mittelalterlich ist
noch der Wandtabernakel (14. Jh.). Die Emporen wurden
1661 eingebaut. Außerdem hat die Kirche viele wappengeschmückte Grabsteine.

Schlitz

Auch dies ist wieder einmal ein Ort, der gerne als ›hessisches Rothenburg‹ bezeichnet wird, eine Redewendung, die schon früher unsere Kritik herausforderte.

Den Wasserlauf Schlitz bringen Lauterbach und Altfell zuwege. Am Unterlauf breitet sich auf einem flachen Bergrücken, der schon in prähistorischer Zeit bewohnt war, die Stadt Schlitz aus. Erster verbriefter Besitzer des heutigen Stadtgebietes war die Abtei Fulda. Zum ersten Mal tauchen in den Urkunden 1116 Herren von Schlitz auf, die den Ort von Fulda zu Lehen trugen. Später mit Zunamen ›von Görtz‹ benannt, waren sie Begründer eines kleinen Territoriums von sechzehn Dörfern, eben des Schlitzer Landes. Stadtrechte werden 1439 erstmals genannt. Später genossen die Herren von Schlitz die hohe Ehre, in den Reichsgrafenstand erhoben zu werden (1726). Offenbar zahlte sich aus, daß sie, obwohl Erbmarschälle der Abtei Fulda (seit 1490), wenn auch zögernd die Reformation angenommen hatten, die sich 1563 endgültig durchsetzen konnte. Fulda versuchte nämlich 1632 wieder den Katholizismus einzuführen, aber vergeblich. König Gustav Adolf verschenkte vier Jahre später ›vorsichtshalber‹ das Territorium an Hessen-Kassel. Zum Trost erhielten die Herren von Schlitz 1677 ihre erste Beförderung in den Rang von Reichsfreiherren. Wie diese Vorgänge auch im einzelnen zu bewerten sein mögen, irgendwie scheint dieses Schicksal wieder charakteristisch zu sein für Biographien kleiner hessischer Adelsfamilien, die versuchen mußten, sich zwischen den Ansprüchen Mächtigerer diplomatisch über Wasser zu halten.

Das überschwängliche Lob, das allgemein dem Stadtbild gezollt wird, beruht auf seiner Geschlossenheit. Die *Stadtbefestigung* (um 1400) umschließt fast kreisförmig die Altstadt mit Hinter- und Vorderburg. Noch heute ist der Zugang allein über zwei schmale Gassen möglich, die einst durch das Ober- und Niedertor abgeriegelt werden konnten. Anstelle der Tore öffnen sich jetzt zwei Plätze.

Regelrecht verschachtelt wirkt die ehemalige Margarethenkirche und heutige *evangelische Stadtkirche*. Dementsprechend verwickelt ist ihre Baugeschichte, die hier nur angedeutet werden soll. Ihr ging eine dreischiffige Pfeilerbasilika voran. An sie hat man im 13. Jahrhundert den heutigen Chor mit Apsis angebaut sowie im Westen den Turm errichtet. In dessen Breite schloß man westwärts nochmals ein Schiff an. Als dann in der Spätgotik das alte Schiff verändert und erhöht wurde, entstand der Eindruck eines Querschiffes, vor allem nachdem um 1650 auch das Westschiff auf sein heutiges Maß verbreitert worden war. Nun brauchten im Innern nur noch die Turmbögen entfernt werden (1712/13), daß der Eindruck eines Vierungsturmes entstand – schon war eine scheinbar völlig andere Kirche entstanden. Nur die langen Bauzeiten ließen den Wandel fast unmerklich voranschreiten. Auch hier ist deutlich die geänderte theologische Einstellung die Haupttriebfeder gewesen. Der kultbezogene Raum des Mittelalters mußte der Predigerkirche weichen.

Dem hat vor allem der Einbau der Emporen (1720) Rechnung getragen. Die stuckierte Kassettendecke (1597/98) im östlichen Querraum dürfte am Anfang der neuen Innenraumgestaltung stehen. Diese Art fand Nachahmer in Nidda, Niederweisel und Wohnbach. Die Treppentürme zog man etwa zur selben Zeit hoch als Zugang zu den Emporen, eine Funktion, die auch für die später eingestellten gilt. Dazu kam dann noch der Orgelprospekt (1719). Programmatisch für das Ziel, das Umbauten und Einrichtungen verfolgten, ist die lateinische Inschrift außen im Renaissancegiebel unter der Sonnenuhr: die Verkündigung Christi allein durch Christus.

Kurioserweise besitzt die Kirche ungeachtet dessen noch manches aus der katholischen Vergangenheit. Beim Taufstein (1467) ist das kein Problem, interessant wird es aber bei den alten Meßgewändern (14./15. Jh.). Es spricht für die pietätvolle Einstellung am Ort, daß man sie geschont hat. Bliebe noch der Hinweis auf die vielen Grabdenkmäler der Herren von Schlitz-Görtz (15.-18. Jh.), wovon zwei von Andreas Herber angefertigt worden sind.

Der Pfarrer wohnt dicht nebenan in einem für das 17. Jahrhundert typischen Fachwerkhaus. Ihm schließen sich zahlreiche Wohnhäuser dieser Bauart aus verschiedenen Epochen an, denen man an den Plätzen und in den Gassen laufend begegnet. Nur gelegentlich haben sie verzierte Gesimse oder geschnitzte Eckpfosten. Es ist mehr ihre beeindruckende Zahl und die geländebedingte Gruppierung an und in winkligen Gassen, die den eigenartigen Reiz der Stadt ausmachen.

Eine besondere Note erhält Schlitz durch die vier Burgen der Grafen von Schlitz-Görtz. An höchster Stelle erhebt sich eindrucksvoll die *Vorderburg*. Zwei Gebäudetrakte treffen sich im Winkel mit dem Bergfried. Der mittelalterliche Kern ist während der Renaissance ausgebaut worden, wie die Giebel unschwer erkennen lassen. Am Ostflügel bewegt sich das Portal (1565) noch in gotischen Formen. Vom Turm erklingt gelegentlich ein Glockenspiel. Attraktion der *Hinterburg* ist der Bergfried, der zum Aussichtsturm umgerüstet worden ist. Das anstoßende Burghaus (1553) hat ein Fachwerkobergeschoß. Ein runder Treppenturm und geschwungene Giebel beleben das gegenüberliegende Renaissancehaus, das heute ein Altersheim beherbergt. Die *Schachtenburg* östlich davon erhielt ihren Namen von der Bauherrin Elisabeth von Schachten (1557). Es handelt sich um zwei stattliche Fachwerkhäuser mit hohen Giebeln und Erkern an der Rückseite. An der Nordostseite des Marktplatzes steht die *Ottoburg* (1653-1681). In dem langgestreckten frühbarocken Bau befindet sich jetzt eine Jugendherberge. Von den beiden Ecktürmen an der Rückseite gehörte der nördliche einst zur Stadtbefestigung.

Hier am *Marktplatz*, der langsam zur Kirche hinaufsteigt, geht man über schönes, aber holperiges Basaltpflaster zum Kump (16. Jh.) mit moderner Georgsfigur. Außer dem Haus ›Zum Schwarzen Adler‹, das aus dem 16. Jahrhundert stammt, beansprucht das Rathaus Aufmerksamkeit. Die gemauerten Teile sind spätgotisch, während Dach und Dachreiter 1757 konstruiert worden sind.

Von den übrigen älteren Bauten der Stadt sei noch das *Benderhaus* (um 1600) bei der Vorderburg erwähnt. Der Fachwerkbau, der auf steinernem Sockel ruht, diente früher als Kornspeicher und als Faßbinderei. Faß – das wäre ein Stichwort, das eine weitere Assoziation erzeugen könnte, ist doch Schlitz durch sein Bier bekannt. Ob zu Recht, läßt sich hier ja leicht nachprüfen. Die *Brauerei* gründete 1545 Wilhelm Balthasar von Schlitz. Attraktiv ist der alte Torbau aus Fachwerk mit den offenen Steinarkaden (1788).

Außerhalb des Berings der Altstadt liegt die *Hallenburg* (1755), die sich aus einem befestigten Hofgut entwickelt hat. Später ist das Gebäude klassizistisch verändert worden. Hier wohnte lange die gräfliche Familie, ehe ein Gymnasium darin Unterkunft fand. Der Wirtschaftshof verrät durch seine schloßbezogene Orientierung, daß er ursprünglich mit diesem verbunden war. Die Orangerie hat inzwischen auch eine moderne Bestimmung gefunden. Die klassizistische Hallenmühle, jetzt Elektrizitätswerk, bezeichnet den Eingang zum Park. Barock angelegt, ist er später in englischem Stil verändert worden. Die ihn durcheilende Schlitz verleiht ihm ein wenig Naturnähe.

In Schlitz wird man auch den *Friedhof* besuchen müssen,
denn dessen *Kapelle* (1612) ist das älteste in Hessen erhaltene
Beispiel für einen Sakralbau, dessen Inneres querorientiert
ist. Weitgehend unverändert nehmen die Emporen den Raum
ein. Die Kanzel an der südlichen Längsseite steht durch eine
Tür in Verbindung mit einer Außenkanzel. Die Gruft an der
Westseite ist nachträglich angebaut worden (1645).

In katholischer Zeit zogen Pilger zu Unserer Lieben Frau
nach **Fraurombach**, woher also der Name kommt. Das Fachwerkobergeschoß ist wohl auf das romanische Schiff (12. Jh.)
gesetzt worden, um Wallfahrer beherbergen zu können. Das
alles aber ist nicht Beweggrund unseres Besuches, sondern
die kunstgeschichtlich wichtigen Wandfresken (14. Jh.).
Trotz schlechter Erhaltung ist der Zyklus lesbar. Er erzählt
die Legende vom Kaiser Heraklius, der das von Persern
geraubte Heilige Kreuz zurückgewinnen konnte. Viel Reite-
rei und Kampfgetümmel spiegeln den Geschmack der Zeit.
Den Stoff lieferte eine Dichtung des mittelalterlichen hessischen Dichters Otte, der um 1210 in fünftausend Versen das
Ereignis besungen hat.
   Wer genug vom Reisen hat, kann sich in **Bad Salzschlirf**
gut erholen. Schon 1278 wird von den Salzquellen berichtet,
von der ›Salina in Slirffe‹ nämlich, die an die Nonnen von
Blankenau abgetreten wurde. Das moderne Heilbad be-
kämpft Rheuma, Gicht, Herz- und Stoffwechselkrankheiten.

Großenlüder

Die Salzgewinnung in dieser Gegend war Anlaß zu einer
nachweisbar dichten vorgeschichtlichen Besiedlung. Bis in
die Bronzezeit zurück reichen die Bodenfunde, die man in der
näheren und weiteren Umgebung von Großenlüder gemacht
hat.
   Die Lüder entspringt im südlichen Vogelsberg, wendet
sich aber sofort entschieden nach Nordosten und strebt rasch
der Fulda zu. Nördlich des Tales besaß Kloster Fulda schon
um das Jahr 1000 ein Gut. Wie übrigens auch in dem gleichfalls fuldischen Salzschlirf tummelten sich bald auch hier

kleinere Adelsfamilien, um sich einen Anteil an den Segnungen der Erde zu sichern oder zu erwerben. Die Burgsitze sprechen beredt von diesen Verhältnissen. Da waren zunächst die 1116 zuerst genannten Herren von Lüder. Sie saßen auf der wasserumwehrten Vorderburg oder beziehungsreicher *Fröschburg*. Sie lag dort, wo jetzt das Bürgermeisteramt (18. Jh.) steht. Die von Döring wohnten auf der Döringsburg, auf der das heutige Pfarrhaus (18. Jh.) seinen Platz hat. Die von Luthards oder Lütterz hielten die verschwundene Niederburg. Dazu kam noch der fuldische Amtsmann (seit 1295). Einige der hier ansässigen Geschlechter galten als ›Zehntgrafen zu Lüder‹.

Seit 850 war Großenlüder Gerichtsort und blieb es bis in neuere Zeit. Davon blieb nur das ehemalige *Amtsgericht* an der Hauptstraße (17. Jh.). Das Gebäude hat ein schönes Barockportal.

Alles das stellt die *Pfarrkirche St. Georg* weit in den Schatten. Natürlich ist es ein Neubau, dem ältere vorangingen, denn schon für das Jahr 822 ist eine Kirchweihe überliefert. Zu Anfang des 13. Jahrhunderts entstand jener Bau, zu dem der noch existierende schöne Chorturm gehört. Seine Apsis ist dreiseitig geschlossen. Alle anderen Teile wichen einem großzügigen Erweiterungsbau (1734/35) von Andrea Gallasini. Das Ergebnis ist der jetzige Saal mit seinem großen Querschiff. Sehr viel Sorgfalt ist dabei auf die Westfassade verwendet worden, so daß sie als die reichste im ganzen Fuldaer Land gilt. Warum das so geschah, wird bei näherem Hinsehen beantwortet. Insgesamt vierzehn Wappenschilder verewigen und preisen den hohen Fuldaer Klerus: den Bauherrn Fürstabt Adolf von Dalberg an erster Stelle, dazu Weihbischof Amand von Buseck und anschließend geradezu ein Gefolge von Stiftsherren. Den großen Rahmen geben Pilaster, Figurennischen und Volutengiebel als Bekrönung.

Chor und Langhaus stellen aufgrund der Entstehungsgeschichte zwei Baueinheiten dar. Ein Kleeblattbogen-Portal gestattet den Zutritt zu dem spätromanisch gewölbten Chorraum. Er ist eines der seltenen Zeugnisse für die Fuldaer Architektur dieser Zeit! Die Gewölberippen werden von Ecksäulen aufgefangen, die Schaftringe und sehr schöne

Blattkapitelle besitzen. Auch an der Apsisaußenseite sind Rundsäulen mit Blattkapitellen.

Das von Gallasini erbaute Langhaus gewinnt durch seine qualitätsvolle Ausstattung. Beteiligt waren daran bekannte Barockkünstler aus Fulda, die auch dort Beweise für ihr Können geliefert haben. Die Gemälde auf dem Hochaltar und vier weitere in der Kirche sind von Emanuel Wohlhaupter, ebenso das Bild des Gekreuzigten auf dem Seitenaltar. Die Geburt Christi auf dem zweiten Seitenaltar malte Andreas Herrlein, von dem auch der Passionsweg stammt. Den Orgelprospekt (1775) schuf Johann Markus Östreich. So vermittelt der farbenfrohe Innenraum einen gewissen Vorgeschmack auf das, was die Barockstadt Fulda zu bieten hat, wo dieselbe Künstlerequipe an noch größeren Projekten beteiligt war.

Nordöstlich von Großenlüder beim Zabershof erwartet uns sozusagen ein Vorbote der Stadt Fulda in Form eines ehemaligen *Landwehrturmes*, der in Resten erhalten ist.

Im Lüdertal wurde 1265 ein Nonnenkloster gegründet, das 1331 zum Zisterzienserorden übertrat. Die Bauernkriege machten 1525 das Kloster nieder. Bis 1803 war **Blankenau** Propstei.

Obwohl schon vor der Zeit der Zisterzienserinnen gebaut, spricht aus der frühgotischen jetzigen Pfarrkirche der asketische Geist mittelalterlicher Reform. Den Ostabschluß bilden Querschiff und einfacher Rechteckchor. Das nördliche Seitenschiff wurde später abgebrochen. Interessant ist auch der achteckige Vierungsturm mit seinen Maßwerkfenstern und dem Spitzhelm. Der im wesentlichen bald nach der Klostergründung entstandene Bau (Querschiff 1614) hat im Innern eine wirkungsvolle Ausstattung im Geschmack des Barock und Rokoko erhalten, wofür wieder einmal Fuldaer Künstler verantwortlich sind. Johann Andreas Herrlein malte die Trinität auf dem Hochaltar und die Bilder der Seitenaltäre (um 1770). Die vier Figuren der Kirchenväter und des hl. Benedikt schuf Joachim Ulrich. Die reich ausgestattete Kanzel (um 1690) ist das Werk eines einheimischen Künstlers, des Johann Bien. Der Orgelprospekt trägt die

Bezeichnung 1744. Bemerkenswert sind auch die Grabdenkmäler. Das im Chor für Propst Aemilian von Riedheim
(† 1699) aufgestellte bringt im Relief Dramatisches. In
naiver Darstellung wird Hochwürden des Nachts überfallen
und von zwei Räubern erdolcht.

Die Klostergebäude sind verschwunden. Das heutige
Pfarrhaus war einst die Propstei (18. Jh.). Das mit einer
Tordurchfahrt versehene Gebäude wird Anton Peyer zuge-
schrieben.

Lauterbach

Die von Fulda über Großenlüder nach Alsfeld führende
Straße schneidet die zur Fulda wegfließenden Vogelsberg-
Bäche, ehe sie dann der Schwalm nach Norden folgt. Als
letzten der Fuldazuflüsse erreicht sie den Lauterbach, der
zur Schlitz fließt und einem alten Fuldaer Besitz den Namen
gab. Wieder einmal hat sich entlang eines Flüßchens ein
großartiges Stadt-Ensemble mit außerordentlich viel Fachwerk und der barocken Stadtkirche mitten darin aufgebaut.

Die Abtei hat um 1266 ihren Besitz durch eine Burg und
die Beschaffung der Stadtrechte zu festigen versucht. Die
Grafen von Ziegenhain wirkten als ihre Vögte. Nach allerhand Streitigkeiten bekamen schließlich die späteren Freiherren (seit 1684) Riedesel zu Eisenbach Burg und Stadt in
die Hand und entwickelten sie zu einem Ort mit Mittel-
punktsfunktion, wie es im modernen Planerjargon heißen
würde. Damals nannte man das Lauterbach zugeordnete
Gebiet das Junkerland.

Wie immer dachte man zuerst an sich selber. Die Fuldaer
Burg in ihrer mittelalterlichen Enge wurde zu einem *Schloß*
umgebaut, wozu ein Brand (1679) den äußeren Anlaß lieferte. Am viereckigen Burghof liegt der Wohnbau aus dieser
Zeit, in dem aber noch Teile der alten Burg stecken, wie
Mauerfugen beweisen. An beiden Gebäudeenden sind turmartige Aufbauten angebracht, die Rückseite belebt ein Treppenhaus. Zum Hof öffnet sich ein Säulenportal mit der
Jahresinschrift 1684. Geschwungene Renaissancegiebel
schmücken das gegenüberliegende Amtshaus oder Pächter-
haus (1680).

Glanzstück der neuzeitlichen Vogelsberg-Kunst, wenn man es so nennen darf, ist unstreitig die evangelische *Stadtkirche*. Nach Entwürfen von Georg Koch ist sie von 1763-1767 durch Georg Veit Koch erbaut worden. Nachträglich erhielt der Turm Aufsatz und Haube (1820/22). Der Turm bildet die Frontseite, an die sich ein großer Saal anschließt mit fünfseitigem Chor. Ein mächtiges Mansarddach spannt sich darüber. Besonders zum Markt hin kommt die Fassade gut zur Wirkung. Von der Plattform des Turmes ertönen gelegentlich Bläserinstrumente, eine alte Sitte, die hier ›Turmblasen‹ heißt.

Das Innere der Kirche umziehen doppelte Emporen, die von toskanischen und ionischen Säulen getragen werden. Darüber spannt sich die Stuckdecke mit ihren zarten Rokokoornamenten. Blickfang ist die prachtvolle Kanzelwand hinter dem Altar. Sie besteht aus Stuckmarmor mit seitlichen Säulen und Schmuckwerk im Stil des Rokoko. Beinahe kontrapunktisch prangt gegenüber auf der Ostempore der Orgelprospekt (1768) von Johann Markus Östreich. Die Grabdenkmäler wurden aus der alten Kirche übernommen. Andreas und Antonius Herber schufen sie im Stil der Renaissance für die Verstorbenen der Familie Riedesel.

Schon rings um die Kirche versammeln sich zahlreiche und zum Teil wertvolle *Fachwerkhäuser*, an denen die Stadt so reich ist. Darunter ist als ältestes ein spätgotisches Haus (Nr. 11; um 1500). Sonst überwiegen bei weitem hier und in den übrigen alten Stadtteilen die Bauten aus Renaissance und Barock.

Die außerhalb des Altstadtkernes liegenden einstigen Vorstädte Wichhaus und Wörth waren durch den Lauterbach oder andere Wasserläufe begrenzt. Das Bild der Fachwerkstadt setzt sich auch jenseits des Lauterbaches fort, dessen Überqueren Brücken und Schrittsteine ermöglichen.

Am Berliner Platz steht außer der spätmittelalterlichen Stadtmühle das *Schloß Hohaus*, auch Hofhaus, das Georg Veit Koch als Stadtpalais für die Riedesel errichtete (1770/77). Der General und Freiherr holte sich hier gleichsam ein wenig Pariser Flair in den Vogelsberg. Drei Gebäudetrakte umschließen ein großzügiges Corps de Logis. Die Fassadenmitte des Hauptflügels ist ausgezeichnet durch Freitreppe, Balkon und Giebel. Die freie Seite des Ehrenhofes schließt ein schmiedeeisernes Gitter.

Im Innern führt von der Diele eine Treppe mit schönem Geländer in das Obergeschoß. Die Geländerschnitzereien im Rokokostil hat der Meister Eschbach aus Königshofen ausgeführt. Reiche Stukkaturen aus derselben Zeit zieren die Decken in beiden Geschossen, besonders aber im Festsaal. Die hohe Qualität spricht für Meister Andreas Wiedemann aus Fulda. Im Festsaal sei auf gute Supraporten hingewiesen.

Im Schloß ist ein *Museum* eingerichtet, dessen Prunkstück der spätgotische Marienaltar (um 1480) aus der alten Pfarrkirche ist. Er hat Doppelflügel, so daß er je nach liturgischer Jahreszeit in drei verschiedene Zustände gebracht werden konnte. Bemerkenswert ist, daß bei der mittleren Marienkrönung die Maria sozusagen gleichberechtigt zwischen Vater und Sohn sitzt und die Krone bereits auf dem Haupt trägt. Diese Darstellung weicht von der meist üblichen ab. Eine ansehnliche Sammlung von Möbeln, Porzellan, Fayencen und Glasarbeiten, aber auch volkstümliches Kunsthandwerk vermitteln eine kleine Stilgeschichte der letzten fünfhundert Jahre. Dazu kommt noch eine prähistorische und naturkundliche Sammlung.

Mit mehr als fünfzehn Orten gleichen Namens muß sich Lauterbach auseinandersetzen, wer denn nun als Ursprung des ›Strumpf-Liedes‹ zu gelten hat. Bei einer so schönen Stadt möchte es der Besucher unbedingt dem Vogelsberger Lauterbach zuschreiben, denn die Verse könnten seine Worte sein – auch ohne den Strumpf:

»In Lauterbach hab' ich mein' Strumpf verlor'n
Und ohne Strumpf geh' ich nicht heim.
So geh' ich gleich wieder nach Lauterbach hin
Und hol' mir ein' Strumpf an mein Bein.«

Vom **Hainichenberg** hat man vom modernen Aussichtsturm eine gute Fernsicht über den Vogelsberg und bis hin zur Rhön. Bronzezeitliche Hügelgräber deuten auf eine prähistorische Kultstätte.

Schloß Eisenbach

Nicht weit von hier liegt **Schloß Eisenbach**, der zweite Stammsitz der Riedesel. Von Nordosten hat man einen günstigen Ausblick auf die Anlage, zu deren Füßen im Vordergrund die kleine Annenkapelle (1517) liegt. Über dem Lauterbach auf einem Bergrücken erhebt sich silhouettenreich das Schloß. Hier hatten die Herren von Eisenbach ihre Stammburg, die sie 1287 neu erbauten. Die Riedesel traten später das Erbe der ausgestorbenen Familie an und übernahmen deren Namen als Zusatz zu dem ihrem. Sie nannten sich nach 1428 Riedesel Freiherrn von Eisenbach. Die Burg war eine viereckige Anlage. Teile ihrer Ringmauer stehen noch. Im übrigen mußte sie einem Schloßbau weichen, der sich in manchem aber an der Burg orientiert. Beim Rundgang lassen sich die Bauphasen in Anlehnung an die alte Anlage etwas besser verstehen. Durch den Torbau (1557) gelangt man in den Vorburgbereich mit den talseitigen Wirtschaftsbauten. Daneben steht die *Kapelle* (1671/75), die bereits eine Vorgängerin hatte. Merkwürdig ist das dem massiven Untergeschoß aufgesetzte Wohngeschoß aus verschiefertem Fachwerk. Ihre Innenausstattung folgt zum ersten Mal für diese Gegend der neuen evangelischen Ordnung, nach der sich die Emporen an drei Seiten zur freien Ostseite mit dem

Kanzelaltar öffnen. Dieser hier ist ein besonders schönes Stück, das Caspar Wiedemann 1673 im Knorpelstil angefertigt hat.

Ein fünfeckiger Wehrturm flankiert den Torbau der Hauptburg. Die Ostseite des Schloßhofes nimmt die neue Kemenate (1515) ein, die bei nachträglichem Umbau (1581) den Renaissancegiebel erhielt. An die Stelle der alten Kemenate trat das Wohngebäude der Altenburger Linie (nach 1515), das die Westseite des Hofes einnimmt. – Von der äußeren Befestigungsanlage stehen an der Süd- und Ostseite noch Zwinger samt Mauern und vier Türme. Ein Bollwerk ist zur Terrasse umgestaltet.

Der Lauterbach kann während seines Laufes des öfteren auf eindrucksvoll angelegte Burgen und Städte blicken. Darunter verdient **Herbstein** eine besonders gute Note. Irgendwo im heutigen Stadtzentrum ließ Kloster Fulda um 1260 eine Burg bauen, die Anlaß zu einer Siedlung wurde, die sich seit 1338 Stadt nennen darf. Vielleicht lag der Burgplatz dort, wo heute die Pfarrkirche den Ort überragt, denn in zwei konzentrischen Ringen gruppieren sich die Häuser um diese als ihren Mittelpunkt. Die äußere Bresche im Südosten verursachte ein Stadtbrand im Jahre 1907. Die Häuser sind durchweg nach dem eingangs beschriebenen Vogelsbergschema gebaut. Senkrecht zur Straße gestellt weist jeweils die Wohnzone zur Kirche, während die Ökonomiebereiche nach rückwärts schauen. Die Häuser des äußeren Ringes lehnen sich an die Stadtmauer. Südwestlich und schon jenseits der Stadtmauer beginnt sich ein dritter Ring zu bilden. Die Neustadt und die Lange Reihe haben sich seit dem 17. Jahrhundert von dort aus entwickelt. Letztere, eine gerade und breite Straße, wird von eng aneinanderstehenden Häusern gesäumt, was ein eindrucksvolles Bild ergibt.

Die *katholische Pfarrkirche* (um 1500) ist eine dreischiffige Halle. Beiderseits von Chor und Westturm wurden Ende des 17. Jahrhunderts Seitenräume angeschlossen, die sich über Arkaden zum Kircheninnern öffnen. Den Turm bekrönt eine Zwiebelhaube (18. Jh.) der im Fuldaer Land üblichen Art. Bei der jüngsten Restaurierung konnten spätgotische Wandmalereien von ausgezeichneter Qualität freigelegt werden.

Es werden hauptsächlich Szenen oder Motive aus der Passion dargestellt. Aus der Reihe fällt Georg als Drachentöter, wobei er mit dem Schutzmantelmotiv erscheint, was eine ikonographische Seltenheit ist. Von der älteren Ausstattung gefällt vielleicht am besten die lebensgroße Muttergottes auf der Mondsichel (1520), die einen mittelrheinischen Meister zum Urheber hat. Ihre Fassung ist barock. Dazu kommen spätgotische Statuen von Petrus und Johannes. Die anderen bemerkenswerten Figuren – Pietà, Josef, Jakobus – sind barocke Arbeiten des 17. oder frühen 18. Jahrhunderts. Das gilt auch für die Kreuzigungsgruppe auf dem Hochaltar und die farbenprächtige Kanzel hinter dem Altar, die um 1700 von Johann Bien aus Blankenau geschaffen und mit den Evangelisten-Figuren des Fuldaer Joachim Ulrich ausgestattet wurde. Den Taufstein (1580) schmücken Reliefs von Andreas Herber.

Wer nach so viel Kunstgenuß Makabres als Kontrast sucht, kann einen Gang zum Alten Galgen antreten, der etwa zwei Kilometer nordöstlich von Herbstein erhalten blieb (16. Jh.).

Parallel zum Lauterbachtal verläuft das Altfelltal, das in seinem Oberlauf eine relativ breite Talsohle hat, auf der **Ilbeshausen** liegt. Besticht der Ort schon als Ganzes durch seinen großen Bestand an gepflegten Fachwerkhäusern, so liegt sein Glanzstück, die Teufelsmühle, ganz am Rande – aber nur geographisch. Der ehemalige Riedeselsche Besitz kam im 16. Jahrhundert als Lehen an Klaus Tuvel, wovon der Name abzuleiten ist. Als man die Herkunft vergaß, entspannen sich lustige Sagen, wonach Teufel und Meister um die Wette bauten. Der Teufel war nicht nur schneller, so daß er den Verlierer in der Luft zerriß, sondern auch besser. Die Sage hat recht, die Frontseite ist am besten geraten, denn sie soll des Teufels Werk sein.

Doch ohne Übertreibung gilt diese Mühle als schönster Fachwerkbau des Vogelsberges und als Vorbild für den oberhessischen Fachwerkbau überhaupt. Am Obergeschoß treten die oberen Wandteile leicht vor und erfahren auch eine unterschiedliche Behandlung. Die Hölzer der Brüstungsgefache sind höchst abwechslungsreich zu Kreisen, Rauten oder Andreaskreuzen gesetzt. Den Türrahmen bedecken Schnitzereien. In der jetzigen Form erbaute 1691 Hans Muth das Haus. Thüringische Anregungen wurden dabei aufgenommen.

Auch in **Crainfeld** hinterließ Hans Muth ein großartiges Fachwerkhaus, den Edelhof (1683) westlich der Kirche. Die Ähnlichkeiten mit der Teufelsmühle sind unübersehbar. Anders als dort erscheint hier viel figürlicher Schmuck. Auch ist beim Edelhof das Untergeschoß verschindelt. Die evangelische Pfarrkirche hat noch einen frühgotischen Rechteckchor (um 1300). Das Schiff (1625-1629) ist einer der ganz wenigen Kirchenbauten in Hessen, die während des Dreißigjährigen Krieges erbaut worden sind.

Vor der Kirche in **Grebenhain** hält der alte Gerichtsplatz die Erinnerung an die langwährende Entwicklung Deutschlands zum demokratischen Rechtsstaat wach. Was uns leider fast schon zur Routine geworden ist und deshalb ein ungerechtfertigtes Anspruchsdenken nährt, mußte in Jahrhunderten eingeübt und erkämpft werden. Unter den stimmungsvollen Linden fiel manches grobe, aber wohl auch weise Wort. Ganz unzutreffend spricht man hier auch vom ›Tanzplatz‹. Ein Stein der Einfassung trägt die Jahreszahl 1756.

Niedermoos gehört mit fünfhundert Metern schon zu den höchstgelegenen Dörfern im Vogelsberg. Der Landschaft haftet eine gewisse Kargheit an. Um so mehr wird man überrascht sein, hier eine derart schmucke Pfarrkirche anzutreffen. Johann Georg Link aus Brückenau errichtete 1784-90 den Saalbau mit dreigeschossigem Westturm, den doppelte Zwiebelhaube und Laterne schmücken. Das Innere erweist sich als Quersaal. Auf drei Seiten stehen Emporen. In der Mitte der südlichen Längswand befindet sich der Kanzelaltar, dahinter die Sakristei. Die noch auf dem Originalwerk gespielte Orgel besitzt einen sehr schönen Rokoko-Prospekt von Johann Markus Östreich. Alles wird von einer Spiegeldecke mit Stichkappen und Stuckleisten überspannt.

Schottischen Mönchen verdankt die Stadt Ursprung und Namen. Die kamen aber nicht übers Meer, sondern wohl aus ihrem Kloster Honau bei Straßburg, denn diesem wurde 778 die Kirche des damaligen Gaues Buchonia geschenkt. Davon gibt es keine Spuren mehr. Heute mag man sich wundern, weshalb überhaupt damals in scheinbar so abgelegener Gegend Grunderwerb lohnend war. Denn noch später wechselten sich verschiedene Ortsherren ab, überzogen Mainz und der Rheinische Städtebund die junge Stadt (seit 1356) mit Krieg und zerstörten sie (1382). Die Lage am Oberlauf der Nidda unweit von den höchsten Erhebungen des Vogelsberges erscheint zunächst auch nicht als Empfehlung.

Doch weist der auffällige Beiname Alteburgskopf noch in andere Richtung. Dort etwa zwei Kilometer östlich von Schotten liegt ein noch heute im Gelände wahrnehmbarer Ringwall mit durchaus raffiniertem Anlageplan. Dieser nährte die Vermutung, daß er bis in die Bronze- oder Eisenzeit zurückreicht. Kurzum, schon sehr lange vor der Ankunft der Schottenmönche boten sich die Höhen des Vogelsberges als sicheres Refugium an, das die Mönche schließlich auch, wenngleich in anderer Weise suchten.

Für die Ansiedlung eines Konventes reichte es nie, sondern nur zur Kirchengründung. Dabei spielten natürlich noch etliche andere Gesichtspunkte mit, etwa Lehnsbeziehungen Fuldas zum Bistum Straßburg.

Das komplizierte Spiel der Adelsfamilien um Besitz und Einfluß, das die Geschichte von Schotten bis zum endgültigen Anschluß an Hessen (vor 1431) in Atem hielt, blieb ohne besondere Wirkung. Dafür geschah ein Wunder. Sein Ruf muß weitweg geeilt sein, denn seit 1330 strömen in steigendem Maße Pilger nach Schotten. Bei der vielfältigen Bedeutung des mittelalterlichen Wallfahrtswesen darf ein solcher Vorgang nicht unterschätzt werden, zumal er hier ja auch die Stadtwerdung begleitete.

Folgen wir also den Pilgern zur ehemaligen Wallfahrtskirche Unserer Lieben Frau, der heutigen *evangelischen Stadt-*

kirche. Kurz nach 1326, also wohl sofort nach dem Wunder-
ereignis, wurde der Bau in Angriff genommen. Es ist eine
Hallenkirche von zwei Jochen mit nichtvorspringendem
Querschiff, fünfseitig geschlossenem Chor und Vierungsturm. Die Verleihung der Stadtrechte spornten zu einer Planänderung an, die einen großzügigeren Weiterbau verlangte.
Im größeren Westjoch schlägt er sich zuerst nieder, dann
weiter im stattlichen Westbau. Dort sollte eine Doppelturmfassade den Abschluß bilden, mit deren Bau auch noch begonnen wurde (1357/65). Die erwähnte Zerstörung der Stadt
und das anschließende Friedensdiktat erzwangen die Preis-
gabe des Vorhabens.

Auch so präsentiert sich die Kirche als ein reichgegliederes
tes Bauwerk. Am besten gelungen dürfte die Westfassade
sein. Über dem hohen Sockel, den das Portal durchbricht,
öffnen sich drei reiche vierteilige Maßwerkfenster. Oberhalb
läuft eine Maßwerkgalerie. Zwei Rundtürmchen flankieren
den Westbau, über den sich ein Walmdach spannt. Die aufge-
gebenen Pläne für diesen Teil lassen ein wenig Marburger
Einflüsse spüren, die auch in der vor uns liegenden Realisie-
rung zutage treten. Andererseits haben im älteren Ostteil
Anregungen von der Lahn Verwertung gefunden, wenn man
etwa an Limburg denkt und hier den Vierungsturm berücksichtigt.

Im Türsturz des Westportals stellen vier Figuren die Anbetung der Drei Könige dar, ein Motiv, das zu der Zeit im
Frömmigkeitsleben hohe Bedeutung erlangte. Die Figuren
ähneln stilistisch dem Hochgrab des Gerlach von Nassau,
das etwa zur gleichen Zeit im Kloster Eberbach aufgestellt
worden ist. In der engen Verbindung von Westfenster und -
portal sieht man mit Recht Einflüsse der Stadtkirche von
Homberg an der Efze.

Auch im Innern hat sich die Planänderung niedergeschlagen. So liegen im Westteil die Gewölbe höher, die Rundpfeiler haben vier Dienstvorlagen und die Pfeilerkapitelle umrankt üppiges Laubwerk. Die Ausstattung besitzt mit dem
schönen Flügelaltar (um 1385/1400) ein Hauptwerk der gotischen Malerei in Hessen. Er gehört in den mittelrheinischen
Kunstraum, verrät aber auch gewisse westfälische Einflüsse.

Schotten, Muttergottes aus dem Flügelaltar
der evangelischen Stadtkirche

Die Innenflügel erzählen in sechzehn Szenen das Leben Mariens, die Außenflügel in acht Bildern die Passion. In der Mittelnische befindet sich die Figur einer sitzenden Muttergottes. Die Verwertung verschiedener Einflüsse und die Art der Figuren und Landschaften legen nahe, in dem Altar eine Schöpfung der Werkstatt des Meisters Bertram von Minden zu sehen.

Der gotische Taufstein (Anfang 14. Jh.) ist ältestes Einrichtungsstück. Er ruht auf drei Löwenplastiken und erinnert damit an einen ähnlichen in Friedberg. Hohe Ausdruckskraft hat die spätgotische Kreuzigungsgruppe (15. Jh.). Im Chorpolygon steht in einer Nische eine gute Pietà aus Holz (15. Jh.). Meisterhaft gearbeitet ist der alte Schrank im Seitenschiff mit seinen Flachschnitzereien und Beschlägen (1494). Die Orgel hat einen barocken Prospekt (1782) von Johann Benedikt Wegmann.

Kirch- und Marktstraße prägen die einheitlichen Straßenfronten der *Fachwerkhäuser* (17.-19. Jh.). In der Mühlgasse steht eines mit fränkischem Erker (17. Jh.). Vielfach sind die

Häuser verputzt oder verschindelt. Ansehnlichster Fachwerkbau ist das *Rathaus* (um 1520). In der Mitte der Langseite ist ein Erker; das Obergeschoß kragt vor und hat hohe Giebel. Die Art des Fachwerkes erinnert in manchem an das Rathaus in Alsfeld oder an das Schloß in Gießen.

Das heutige Amtsgericht tagt im ehemaligen Herrenhaus des *Schlosses*. Es entwickelte sich aus einer frühmittelalterlichen Wasserburg. Um 1400 entstand an der Stelle der viergeschossige Steinbau mit seinen gestaffelten Giebeln. Ein Turm und Reste des Berings blieben von der älteren Anlage erhalten.

Einen ähnlichen Werdegang hat die *Altenburg* am Südostrand von Schotten. Wie der einen (künstlichen) Hügel umziehende Graben erkennen läßt, geht auch sie auf eine frühmittelalterliche Wasserburg zurück. Über massivem Untergeschoß erhebt sich die Fachwerkkonstruktion (um 1530).

Das *Vogelsberger Heimatmuseum* vermittelt einen guten Überblick über die Stadtgeschichte und die Volkskunde der Region. Nicht nur Einzelexponate sind zu sehen, sondern auch vollständige Arbeitsplätze wie die Rainröder Nagelschmiede oder die Werkstatt eines Wintermetzgers. Wertvollster Besitz ist wohl die spätromanische Seitstollentruhe, die mit figürlichem Eisenschmuck reich versehen ist. Das Erkerzimmer ist ganz im Darmstädter Jugendstil eingerichtet.

Die höchstgelegene Stadt im Vogelsberg ist **Ulrichstein** am Oberlauf der Ohm zwischen den bereits über sechshundert Meter hohen Gipfeln des Hau-Berges und des Eckmannshain. Schon Matthaeus Merian hielt sie für abbildungswürdig in seinem bekannten Werk. Sehr früh gehörte die Stadt nach Hessen (spätestens 1296). Das blieb nicht unangefochten, zumal auf der weithin sichtbaren Anhöhe eine Burg lag. Erst die Kriege des 17. Jahrhunderts haben sie überwunden, so daß sie 1826 auf Abbruch verkauft wurde. Die Gräben und Mauerreste (14. Jh.), die das alles überstanden haben, gestatten die gedankliche Rekonstruktion der Anlage. Sie gleicht den Burgen Hessenstein, Ludwigseck und Ludwigstein. Drei Gebäude umschließen hufeisenförmig den Bin-

nenhof, dessen Südseite eine Wehrmauer abschließt mit dem
Haupttor. Dieser Kern umzog eine weitläufige Vorfestung.
Neben der Vorburg stehen Mauerreste der Burgkapelle
(zerst. 1569). Ein kleiner Aussichtsturm an der Außenmauer
ermöglicht eine gute Übersicht über den Oberwald.

Die bisherigen Etappen der Vogelsbergreise gaben wiederholt Anlaß zur Formulierung von Superlativen. Reihen wir
dem noch die größte und schönste Fachwerkkirche im Vogelsberg an, die in **Stumpertenrod** steht (1696-97). Entsprechend der im Vogelsberg verbreiteten Gewohnheit ist ihre
Wetterseite verschindelt. Ein zierlicher Haubendachreiter
sitzt über dem Westgiebel. Unter einem Vordach lädt das mit
ländlicher Schnitzerei versehene Portal zum Betreten ein.
Der hohe Saal hat dreiseitigen Schluß und wird von einer
Holztonne überspannt, deren Querrippen zu den Wänden
in hölzerne Dienste auslaufen. Die Emporenbrüstungen sind
in schlichter Weise ausgemalt (1712). Einziges auffälligeres
Schmuckstück ist die Kanzel (1617) mit Deckel (um 1700).
Da ästhetische Fragen nie objektiv lösbar sind, mag das
Prädikat ›schönste‹ ein bißchen abgeschwächt werden. Im-
merhin reichen nach der Ansicht mancher Autoren auch die
Dorfkirchen von *Büßfeld, Dirlammen* und *Sellnrod* an diese
hier heran.

Ohmtal

In nordwestlicher Richtung sucht sich die Ohm ihren Weg
durch die Ausläufer des Vogelsberges, bis sie befreit durch
den weiten Talgrund des Amöneburger Beckens zur oberen
Lahn eilt. Blickt man von Schweinsberg (s. S. 286) nach
Südosten, so fällt ein abfallender Bergrücken auf, der sich
dort ins Tal vorschiebt. Schon 1065 ist von ihm die Rede als
›Hohunburch‹, also ›Hohe Burg‹ und heute **Homberg an
der Ohm**. Der alte Königsbesitz kam 1146 an die Landgrafen,
die ihn schleunigst gegen Mainz ausbauten. Homberg heißt
schon 1234 Stadt. Vom Vogelsberg her ist sie die erste bedeutende Siedlung im Ohmtal und so ein damals wichtiges Bollwerk vor den anderen talabwärts liegenden Burgen und
Städten.

Die mit einem gotischen Tor versehene Ringmauer der
alten Burg blieb erhalten. Der Bergfried wurde im Dreißigjährigen Krieg abgetragen. Das Haupthaus geht wohl auf
einen gotischen Wohnturm zurück, ist aber 1830 klassizistisch verändert worden. Die Scheune mit dem Fachwerkobergeschoß war ursprünglich Burgkapelle. Als Hessen 1247
das Erbe der Thüringer antrat, bemühte es sich um den
Ausbau der Stadtbefestigung, die in Resten zwischen Burg
und Kirche zu sehen ist. Von den Türmen steht noch der
runde Brauhausturm.

Die heutige *evangelische Pfarrkirche* ist der älteste erhaltene Sakralbau im Ohmtal – also wieder ein Superlativ. Die
romanische Basilika erhielt im 14. Jahrhundert einen neuen
Chor im Sinne der Marburger Bauhütte. Das Langhaus
wurde eingewölbt (1479-1491). Mit dem hohen Chor ergeben sich vom äußeren Eindruck her Parallelen zu Alsfeld.
Der alte Westturm ist im Oberbau spätgotisch verändert und
nach der in Oberhessen üblichen Weise mit Spitzhelm über
vier Steingiebeln ergänzt worden. Sehr eindrucksvoll wirkt
im Innern die beinahe lebensgroße Kreuzigungsgruppe (um
1500). Diese Holzplastiken reden in der Sprache spätgotischer Passionsmystik.

Die Kirche wird von alten Häusern umringt, an denen die
Stadt so reich ist. Obwohl das Fachwerk meist unter Putz
oder Schindeln verschwindet, ergibt sich durch die Hanglage
und die regelmäßigen Giebelfronten ein malerisches Bild,
dem die treppenartig aneinandergereihten Dächer oder Giebel bewegte Konturen verleihen. Auch das Rathaus (1539)
verbirgt sein Fachwerk in der beschriebenen Weise. Ein Ecktürmchen belebt das Ganze. Passend dazu der Marktbrunnen (19. Jh.).

Am nördlichen Ortsausgang reiht sich wohltuend die Alte
Friedhofskapelle (nach 1565) in die Straßenzeile ein. Das
Giebeltürmchen trägt eine geschweifte Haube.

Je nachdem, wie die Weiterreise aussehen soll, bietet sich
auf der Fahrt in Richtung Alsfeld oder unter Umgehung des
Amöneburger Beckens nach Kirchhain ein Halt in **Lehrbach**
an. Es war Stammsitz eines gleichnamigen, heute ausgestor-

benen Geschlechtes von Freiherren und späteren Reichsgrafen. Von der spätgotischen Kirche (1499) steht noch der Chor als selbständige Kapelle. Er ist Grabstätte der genannten Adelsfamilie und wird deshalb als Von Lehrbachsche Kapelle bezeichnet. Nahebei befinden sich die Ruinen einer Wasserburg mit Graben und Wohnbau. Beide Baudenkmäler liegen in einem Privatpark.

Etwa zwei Kilometer nördlich zeigt man im Wald den sogenannten Kirchenstumpf (13./14. Jh.), die Kirchenruine des wüstgewordenen Dorfes *Volkershain* (zerstört 1577).

Sehenswert ist der zwei Kilometer von Lehrbach gleenabwärts gelegene *Schmitthof*, der ursprünglich Wasserburg war. Er steht ebenfalls an der Stelle eines wüsten Dorfes. Teile der Ringmauer mit noch drei von ursprünglich vier Ecktürmen sind erhalten. Die Türme waren verschiefert, bis sie jüngst durch die staatliche Denkmalpflege freigelegt wurden und ihre schönen Fachwerkobergeschosse zeigen. Auch das Herrenhaus hat ein Fachwerkobergeschoß. Über dem Portal (1538) ist das Wappen der Schencken zu Schweinsberg.

Man sagt, der Vogelsberg sei die › Mitte des Hessenlandes ‹. Ein Zirkel mit dem Radius von 125 Kilometern und Mittelpunkt im Gipfel des Taufstein würde exakt die Nord- und Südgrenze bei Karlshafen und am Neckar berühren. Er würde aber auch Arnsberg in Westfalen und Göttingen in Niedersachsen tangieren, würde weite Teile von Rheinland-Pfalz einbeziehen, ebenso Gebiete von Baden-Württemberg und Bayern. Er würde aber einen noch weiter ausholenden Bogen durch Thüringen, durch die Deutsche Demokratische Republik also, beschreiben. Es scheint, daß Deutschlands größter Vulkan auch geographische Mitte des zusammengeschmolzenen deutschen Landes ist.

Marburg

DAS alte Marburg darf sicher auch heute noch als eines der eindrucksvollsten Stadtbilder nicht nur in Hessen angesehen werden. Die Landschaft leistet hierbei eine wesentliche Vorgabe, wo sich das bürgerliche Gemeinwesen an der Lahn und in einem Seitental behäbig breitmachen konnte und im Schloß auf der Höhe einen städtebaulichen Bezugspunkt und im Verlauf der Geschichte seinen Schutz fand. Als künstlerische Mitte ragt auch optisch die Elisabethkirche hervor, um die sich ehemalige Ordensniederlassungen gruppieren. Nach mittelalterlichem Selbstverständnis war so dem Geistlichen eindeutig zentrale Bedeutung eingeräumt.

Wohl schon im 11. Jahrhundert wurden die Lahnübergänge durch eine Feste, die Lützelburg, gesichert. Doch erst die Landgrafen von Thüringen bauten eine Burg (1138/39) an dem Platz, wo sich heute das Schloß erhebt. Neben der alten Bestimmung war sie zugleich als Stützpunkt gegen Kurmainz gedacht. Auf der nach Osten abfallenden Talseite bildete sich rasch eine Marktsiedlung, die bald (Anfang 13. Jh.) Stadtrechte erhielt. Ihr Kern wird durch den heutigen Marktplatz, Barfüßergasse und Ritterstraße im Westen sowie Wettergasse im Osten in etwa markiert. Nördlich davon entstand um 1320 eine Neustadt, die den alten Stadtkern mit der Deutschordensballei verband. Dieser historische Stadtkern blieb erstaunlich gut erhalten, obwohl sich die Stadt seit 1870 gewaltig und mitunter fast regellos ausgedehnt hat.

Die Landgräfin Elisabeth von Thüringen ließ sich 1228 als Witwe in Marburg nieder. Da man sie nach ihrem Tod als Heilige verehrte, entwickelte sich das Grab der Stammutter des hessischen Landgrafenhauses zu einem der bedeutendsten Wallfahrtsziele des Mittelalters. Der Deutsche Orden hatte in Marburg seit 1255 seine Ballei für ganz Hessen. Die hessischen Landgrafen (1458-1500 in eigener Marburger

Linie) residierten von 1308 bis 1604 mit Unterbrechungen in Burg und Stadt.

Für die Reformation wurde Marburg zur historischen Stätte durch das ›Religionsgespräch‹ (1529) zwischen Luther und Zwingli sowie durch die Gründung der ersten evangelischen Universität durch Landgraf Philipp den Großmütigen (1527).

Das mit Abstand bedeutendste Bauwerk ist die **Elisabethkirche**, zu der 1235 der Grundstein gelegt wurde. Sie sollte als Grabeskirche für die am 27. Mai des Jahres heiliggesprochene Elisabeth dienen, Wallfahrtskirche werden, die Gräber der Landgrafen aufnehmen und Deutschordenskirche sein. Sie trat an die Stelle der kleinen Franziskuskirche des Hospitals, an dem Elisabeth gewirkt hatte und wo sie zunächst beigesetzt war. Die Gebeine der Heiligen wurden gegen 1250 in den Neubau übertragen, der aber erst 1283 endgültig eingeweiht werden konnte. An den Türmen wurde jedoch noch 1314 gebaut.

Das großartige Bauwerk kann hier kaum angemessen gewürdigt werden. Es gehört mit der Liebfrauenkirche zu Trier und dem Chor der Klosterkirche von Marienstatt zu den ersten Bauten in Deutschland, in denen die in Frankreich entwickelten gotischen Architekturformen (Reims, Soissons) stilrein realisiert wurden. Während aber Marienstatt zwar plump aber doch grundrißgerecht den Kathedralchor kopiert, liegt der Marburger Anlage, völlig davon abweichend, ein Dreikonchenchor zugrunde. Auch die Art, wie man denselben konzipiert hat, entspricht nicht ganz jener, wie wir sie aus dem rheinisch-kölnischen Raum kennen, wo beispielsweise ein Vierungsturm die Mitte betont. Vielmehr hat man hier jenen in Nordfrankreich häufigen Typ (Tournay, Noyon, Cambrai etc.) übernommen, der wiederum der Grabeskirche in Jerusalem nachempfunden ist. Damit entsprach man geradezu vollkommen der Aufgabe, die man dieser Kirche hier in Marburg zugedacht hatte.

Auch die Hallenanlage folgt nicht der gerade in Deutschland sich entfaltenden Kathedralgotik (vgl. Kölner Dom, Altenberg bei Köln). Allerdings scheint hier zunächst eine Basilika vorgesehen gewesen zu sein, wie sie andere hessische

Elisabethkirche in Marburg, Zeichnung von Adolph Menzel, 1847

Kirchen in ihrer Nachfolge (Alsfeld, Treysa) dann auch dar-stellen. Bis 1257 mag der Entschluß zum Planwechsel ver-wirklicht worden zu sein, wobei man die Einflüsse aus dem Westfälischen (Herford, Paderborn) ebenso verarbeitete, wie man vermutlich mit anderen hessischen Bauvorhaben dersel-ben Zeit korrespondierte: mit der Zisterzienserkirche in Haina (erste Weihe 1224), dem Frankfurter Dom und der Stiftskirche zu Wetzlar, deren gotischer Neubau kurz zuvor vollendet worden war.

Überaus klar und harmonisch sprechen die reinen For-men, die beinahe ausschließlich von den statisch wichtigen Elementen gebildet werden. Freie Schmuckformen, wie man sie an Kathedralen in so reichhaltiger Weise vorfindet, treten hier nur an den Portalen auf. Auch im Innern ist der Raum von zentraler Wirkung. Nur wer sich sehr intensiv mit den Details befaßt, erkennt an manchen Eigentümlichkeiten den durchaus vorhandenen Experimentiercharakter, die Notbehelfe, die nötig wurden, als man sich für die Hallenlösung anstelle der bewährten Basilika entschied. Insgesamt kann man sieben (!) Bauphasen unterscheiden, deren letzte in der ersten Hälfte des 14. Jahrhunderts zu Ende ging.

Von den Schmuckformen sind die Blattkapitelle und Blattkranzkapitelle bemerkenswert, da ihre Muster zu einem breiter überlieferten Repertoire an Formen gehören, die teils aus dem Rheinland (Köln, Altenberg) oder aus dem Westfälischen entlehnt sind, teils für andere hessische Bauten als Anregung dienten.

Auch die Ausstattung ist hervorragend. Ausmalung und Wandmalereien sind leider nicht mehr im vollen und ursprünglichen Umfang überliefert. Ebenso ist der Bestand der *Glasmalerei* nicht mehr lückenlos, läßt aber auch in den Resten voll und ganz den hohen Rang derselben erkennen, die wohl die bedeutendsten Werke ihrer Art im 13. Jahrhundert für Deutschland sind. Die originalen Scheiben befinden sich durchweg im Hochchor. Entsprechend ihrer Entstehungszeit (13./14. Jahrhundert) verraten sie die sich damals vollziehende Stilwende. Die romanische Glasmalerei setzt die monumentalen Figuren in das von einem Farbteppich durchwirkte Bildfeld, dessen Ornamentik heraldischen Charakter hat. Die Gotik löst die nun bewegten Figuren vom Farbgrund und verwendet naturalistisches Laubwerk als Zier. Die Motive der oberen Fensterreihe sind der Bibel entlehnt. Die untere Fensterreihe erzählt das Leben der heiligen Elisabeth.

Im *Hochaltar* (1290) wiederholen sich Formen der gotischen Großarchitektur französischer Prägung. Seitlich und rückwärts beleben ihn hochgotische Malereien. Im Levitenstuhl daneben steht eine Elisabethstatue von Ludwig Juppe (1511). Da hier noch ein *Lettner* (1343) den Chor von der Laienkirche trennt, blieb die ursprüngliche Wirkung mittelalterlicher Kirchenräume ziemlich getreu erhalten. Bilderstürmer beraubten die Chorschranke ihres Figurenschmukkes. Ihr blieb lediglich der ältere Triumphbogen (um 1290) mit den naturhaften Blattmustern.

Die Nordkonche (*Elisabethchor*) birgt das Mausoleum (um 1280) der Heiligen, das von fast natürlich anmutendem Blattwerk umrankt wird. Der jüngere Sarkophag zeigt in Reliefs Aufbahrung und Himmelfahrt Elisabeths. Die Öffnung ihres Grabes und eine legendäre Szene aus ihrem Leben erzählen auch der Elisabethaltar, der sich an den rechts vom Mausoleum stehenden Katharinenaltar anschließt. Beide übertrifft der Schnitzaltar mit seiner Marienkrönung (1517) links vom Grabmonument. In seinem unteren Teil stimmt das ›Marburger Vesperbild‹ (um 1360) die verhaltene Klage an, die in späteren Kunstwerken oft so dramatisiert wurde.

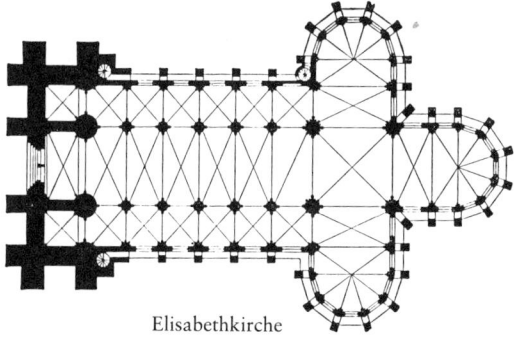

Elisabethkirche

Landgrafenchor heißt das südliche Querhaus, weil hier die Mehrzahl der Epitaphe aller thüringisch-hessischen Landgrafen aufgestellt sind. Ältestes und einziges romanisches Grabmal ist das des Landgrafen und ersten Ordensmeisters, Konrad I. († 1240). Innerhalb der oft schematisierten gotischen Grabplastiken ragt die Tumba des Landgrafen Otto I. († 1328) und seines Sohnes Johann († 1311) hervor, die ein französisch geschulter Meister schuf. Die Reihe beschließt zeitlich das Alabastergrabmal Wilhelms II. († 1509), der oben in voller Lebenskraft, unten als von Würmern zerfressener Leichnam zu sehen ist. Die drastische Totenklage burgundischer Kunst hat hier eine hessische Nachahmung gefunden. Beziehungen zu Motiven europäischer

Kunst stellt auch die Darstellung der wunderbaren Messe des Papstes Gregor dar, die auf dem Georg-Martin-Altar (1514) zwischen den Bildern der Patronsheiligen zu sehen ist.

Der *goldene Schrein der heiligen Elisabeth* (um 1240) in der Sakristei ist ein hervorragendes Goldschmiedewerk aus der Kunstlandschaft ›Zwischen Rhein und Maas‹, ein Spätwerk aus dem ›Herbst des Mittelalters‹. Die Betrachtung darf sich hier nicht in formaler Ästhetik verlieren, sondern muß der außergewöhnlichen Frau gedenken, zu deren Verehrung der Schrein geschaffen wurde. Eingebunden in die Gestalten (Christus, Gottesmutter, Apostel) und Symbole der christlichen Glaubenslehre wird Elisabeths Leben erzählt: Einkleidung für den Dritten Orden des Franz von Assisi, Almosenverteilung, Speisung eines Alten, Erquickung Durstiger, Fußwaschung. Die ungarische Königstochter handelt, wie Christus gebietet! Der Tod ihres Mannes, Landgraf Ludwig IV. von Thüringen, treibt sie zum Verlassen der Wartburg und nach einem Aufenthalt in Eisenach schließlich zur Übersiedlung nach Marburg. »Wir müssen die Menschen fröhlich machen«, entschied sie in franziskanischem Geist und sorgte entsagungsvoll für die Armen und Vernachlässigten der Gesellschaft. In der Familie teils unverstanden, sah und sieht das Volk sie als Heilige. Für Hessens Geschichte schrieb sie durch ihr Leben einen Abschnitt, der unvergessen geblieben ist.

Als ob die zarte Hinwendung zu den Mitmenschen, die der heiligen Elisabeth eigen war, noch einmal lebendig geworden wäre, so mutet ihr plastisches Bildnis an, das in einem Chörlein im nördlichen Seitenschiff steht (um 1470). Frauliches Empfinden ist nicht weniger meisterhaft in dem Vesperbild zum Ausdruck gebracht, das sich in der Predella des spätgotischen Schnitzaltares (um 1517) in der Nordkonche des Querschiffs befindet. Die Pietà gilt als eines der schönsten Werke des Weichen Stils (um 1400).

Was der Bildersturm einst sinnlos zerstörte, scheint der moderne Künstler vor der Mitte des beraubten Lettners gutmachen zu wollen. Ernst Barlach schuf den edlen Bronzekruzifius (1931) wie eine stille Mahnung.

Hat man sich von dem überwältigenden Raum verabschiedet, sollte man beim Verlassen noch einmal außen vor dem *Westportal* verharren, das man vielleicht im Anflug von Neugier anfangs noch zu wenig gewürdigt hat. Als sei hier eine Summa theologica der Architektur versucht worden, enthält das Bogenfeld ein durchgefeiltes ikonographisches Programm. Über dem Mittelpfeiler steht die Madonna, christlicher Urtypus der Frau und Ideal einer höfischen Zeit. Seitlich knien Engel, die eine Krone tragen. Links wuchert die Weinrebe üppig auf als Symbol Christi, rechts ranken Rosen, die Maria versinnbildlichen. Der Wein fruchtet, die Rose blüht. Weinberg und Weinstock kannte man als gleichnishafte Begriffe der Bibel. Maria im Rosenhag fand als Motiv Eingang in liturgische Texte, Dichtung und Tafelmalerei.

Westlich der Elisabethkirche liegt am Berghang das *Michelchen*, eine 1270 geweihte Friedhofskapelle. Entgegengesetzt, an der Südostecke der Stadtbefestigung stand ein Dominikanerkloster, dessen Kirche (um 1300-20) als **Universitätskirche** diente. Die Konventsgebäude wichen der neugotischen *Alten Universität* (1870-78, 1887-91) von Karl Schäfer. Die steilen Proportionen des polygonalen Chores setzen über dem jäh abstürzenden Felsen einen deutlichen Akzent. Die zweischiffige Halle ist asymmetrisch. Der expressionistische Orgelprospekt fügt sich durchaus harmonisch in den gotischen Raum. Das bemerkenswerte Grabdenkmal für Nikolaus Christian Schantz († 1729) schuf Joh. Friedrich Sommer.

Auch die Neugotik der Alten Universität prägt wirksam das Stadtbild. Szenen aus Marburgs Geschichte hat Peter Janssen in dem für ihn typischen Bemühen um historische ›Richtigkeit‹ auf Gemälden in der Aula festgehalten. Sie sind ein gutes Beispiel für die Geschichtsmalerei der Düsseldorfer Schule (2. Hälfte 19. Jh.).

Der Marktplatz hat seine alte Geschlossenheit weitgehend wahren können. Der moderne Marktbrunnen mit der Georgsfigur vertritt angemessen den früheren Kump. Das dreistöckige **Rathaus** entstand 1512-24 unter den Meistern Jost und Hans von Lich. Vorher mußten die Ratsherren bei ihren

Sitzungen mit dem Obergeschoß des Karners bei der lutherischen Pfarrkirche Vorlieb nehmen (bis 1456). Die Marktfront belebt ein polygonaler Treppenturm mit einem Giebelaufsatz von Eberhardt Baldewein (1581/82). Dieser hatte kurz zuvor den kleinen Küchenbau in Formen der Frührenaissance der Westseite rechtwinklig angebaut (1574/75).

Der Name dieses Baumeisters taucht wiederholt in der Stadt auf. Östlich unterhalb derselben errichtete er am Mühlengraben die inzwischen stark veränderte Herrenmühle. Unter den zahlreichen ehemaligen Burgmannensitzen, die sich vor allem in der Ritter- und Barfüßergasse, aber auch an anderen Stellen befinden, ist einer von Baldewein erbaut. Dieser dreigeschossige Steinbau (1589) mit zwei Fachwerkobergeschossen liegt in der Kugelgasse.

Der merkwürdige Straßenname erinnert an das ehemalige **Kloster der Kugelherren** oder der Brüder vom Gemeinsamen Leben. Das spätgotische Kugel- oder Fraterhaus (1491) beherbergt jetzt Universitätseinrichtungen. Die Klosterkirche (1485) dient heute der katholischen Pfarrei. Zur Inneneinrichtung des einschiffigen Bauwerks zählen ein Hochaltar (19. Jh.) mit zum Teil spätgotischen Figuren, ein Sakramentstabernakel mit zierlicher Architektur (um 1520) und Gewölbemalereien (Ende 15. Jh.) mit ornamentalen Pflanzenmustern.

Wie der Name andeutet, liegt an der Barfüßerstraße das ehemalige **Franziskanerkloster**. Es schmiegt sich in die Südwestecke der alten Stadtbefestigung und bildet so im Stadtplan gewissermaßen ein Gegenstück zum Dominikanerkonvent (= Alte Universität), was für das Verhältnis der beiden Orden im Mittelalter beinahe gleichnishaft erscheint: Gegensatz und Ergänzung zugleich. An die Stelle der Barfüßerkirche trat 1731/32 die Universitäts-Reithalle.

Ihrer Bedeutung entsprechend hat die **Marienkirche** als ehemalige Stadtpfarrkirche eine zentrale Lage in der Altstadt. Sie ist jetzt lutherische Pfarrkirche. Nach 1227 veranlaßte der Deutsche Orden einen zunächst einschiffigen, frühgotischen Neubau am Ort einer spätromanischen Anlage. Die liturgische Einweihung erfolgte im Jahr 1297. Ungefähr ab 1318 begann man, westlich ein dreischiffiges Hallenlanghaus anzufügen. Gegen 1390-95 wurde dieser Teil unter dem Baumeister Tyle von Frankenberg fertig. Die bisherige Kirche bildete nun den Chor. Zuletzt wurden der Westturm aufgeführt und die Seitenschiffe beiderseits davon verlängert (1447-73). An der Ostseite des Chores entstand um 1600 noch ein Treppenhausvorbau als Zugang zum herrschaftlichen Kirchenstand.

Während der Chor außen sehr schlicht wirkt, ist das Langhaus relativ üppig ausgestattet. Aufschlußreich vermittelt das Innere, wie sich die hessische Bauschule während des 14. Jahrhunderts entwickelt hat. Auch hier wieder möchte man empfehlen, einen Blick auf die vom eiligen Besucher meist als Nebensache vernachlässigten Kapitelle zu lenken. Die Blattkapitelle im Chor lassen dabei unschwer Parallelen zu denen der Elisabethkirche erkennen. Im Langhaus weichen sie stark ab, wie auch die Gesamtproportionen und Pfeilerstellungen in diesem Teil ganz anders als dort sind.

Soweit die mittelalterliche Ausstattung überliefert ist, verrät sie lokale Tradition. So ziert der im hessisch-rheinischen Kunstraum beliebte Rundbogenfries das romanische Taufbecken. Das Wandtabernakel (Ende 14. Jh.), das feinplastisch verziert ist, repräsentiert einen unverwechselbaren Frankenberg-Marburger Typus. Der steinerne Altaraufsatz aus späterer Zeit (1626) erhielt von Adam und Philipp Franck Alabasterfiguren. Den Taufkessel aus Messing goß um 1600 Jakob Rottenberger. Unter den Grabdenkmälern stehen die beiden Wandgräber der hessischen Landgrafen im Chor obenan. Die Bildnisfiguren aus Alabaster von Ludwig IV. Testator und seiner Gemahling Hedwig von Württemberg schuf Gerhard Wolff aus Mainz 1590-93. Die beiden Franck errichteten das Grabmal für Ludwig V. († 1626) und Magdalena von Brandenburg († 1616). Von den übrigen Grabdenkmälern stammen mehrere von Joh. Friedrich Sommer.

Östlich der Kirche befindet sich das ehemalige Beinhaus oder der Karner (Anfang 14. Jh.), westlich davon der alte um 1370 errichtete Pfarrhof.

Hoch über der Stadt ragt auf einem dreiseitig abschüssigen Bergrücken landschaftsprägend das ehemalige **Schloß** der Landgrafen von Hessen empor. Den Ausbau der alten thürin-

Marburg, d. 8t Oct. 1855. — C. Arnold

Marburg, Universität und Schloß

Zeichnung von Carl Johann Arnold, 1855

gischen Burg brachten ab etwa 1260 die Kinder der heiligen
Elisabeth, Herzogin Sophie von Brabant und Heinrich I., in
Gang. Vor allem die Hessen-Marburger Landgrafen
Heinrich III. und Wilhelm III. trieben in der zweiten Hälfte
des 15. Jahrhunderts mit dem Festungsbaumeister Hans Ja-
kob von Ettlingen den Bau voran, der durch Ludwig III.
(1567-1604) und den Baumeister Eberdt Baldewein fort-
gesetzt wurde. Das Hauptschloß bildet eine dreiflügelige
Gebäudegruppe um einen trapezförmigen Binnenhof. Der
Südflügel, die ›Alte Residenz‹, diente als landgräfliche
Wohnung. An dessen östlichem Ende befindet sich die
Schloßkapelle (1288, 1316), die als Zentralbau mit vier Konchen Traditionen der alten Burgkapellen fortführt zu einer
Zeit, als in Marburg neue architektonische Ideen realisiert
wurden. Fußbodenmosaik und Reste der Wandbemalung
bilden besondere Kostbarkeiten, darunter der monumentale
Christophorus in der Westkonche.

An der Nordseite des Hofes erstreckt sich der große Saalbau, an dem wir wieder einmal die uns schon bekannten
Ecktourellen aus der französischen Burgenarchitektur bemerken. Das ganze Obergeschoß nimmt der sogenannte Rittersaal ein, der neben dem Remter der Marienburg in Westpreußen der größte profane Innenraum der deutschen Baugeschichte ist. Einziges Ornament des 33 Meter langen, 14
Meter breiten und fast 8 Meter hohen Raumes sind die
mit Blattdekor ausgestatteten Gewölbeschlußsteine, deren
Machart den jüngeren in der Elisabethkirche verwandt ist.
Die ursprüngliche Konzeption dürfte von der Bauweise der
Kaiserpfalzen inspiriert gewesen sein, doch wurden hier
stark Anregungen aus der Klosterarchitektur des Deutschen
Ordens und vor allem der Zisterzienser aufgegriffen, was
ein Blick auf Dormitorium und Refektorium von Kloster
Eberbach im Rheingau unschwer bestätigen kann.

Den Westflügel des Schlosses bildet der Frauenbau (1486-
87), in dem Teile eines frühgotischen Wohnturmes enthalten
sind. Östlich an den Saalbau stößt der unregelmäßig viereckige Küchenbau, auch Leutehaus genannt.

Ein Arkadengang verbindet das Schloß nach Osten mit
dem Wilhelmsbau (1492-98) von Hans Jakob v. Ettlingen.

Westlich liegt der Marstall, dessen Fachwerkgeschosse später durch Stein ersetzt wurden (1632). Das Renaissance-Portal (1573) ist von einem Privathaus hierher versetzt worden. Rechtwinklig zum Marstall erbaute Berdt Baldewein das Zeughaus (1568-69).

Von den Befestigungsanlagen des Schlosses blieb nur wenig erhalten. Dazu gehört der Weiße oder Hexenturm (1478).

Auch den einigermaßen empfänglichen modernen Menschen dürfte an dieser Stätte Nachdenklichkeit befallen. Hier auf dieser thüringisch-hessischen Burg ist maßgeblich die Geschichte Hessens bestimmt worden. Hier versuchten Luther und Zwingli im Lehrgespräch über das Abendmahl die Einheit der Evangelischen zu festigen. Aber gerade das Sakrament der Einheit wurde Anlaß zur Spaltung. Und die Heimat der Landgrafen ist heute durch die deutsch-deutsche Grenze fast unüberwindbar geteilt. Da stimmen freundlicher die Gedanken an die unzähligen Künstler, deren Schöpfungen gerade hier auch heute noch das Leben schöner und lebenswerter machen. Gleichsam als Denkmal für kreatives Kunstschaffen steht die Elisabethkirche, einer der Gründungsbauten deutscher Gotik.

So gestimmt und vielleicht vom Monumentalen überwältigt, wird man nun auch für Bescheideneres aufgeschlossen sein. Treppauf und treppab durch die Altstadt schlendernd stößt man außer auf die schon erwähnten ehemaligen Burgmannensitze auch auf interessante *Wohnhäuser* aus alter Zeit. Nur ganz wenige Steinbauten befinden sich darunter, vor allem das ›Steinerne Haus‹ am Markt und das ›Hochzeitshaus‹ in der Nikolaistraße. Meist sind es Fachwerkhäuser aus dem 16. bis 19. Jahrhundert. An sechs Plätzen plätschern Brunnen.

Zum künstlerischen Schaffen in der Stadt hat auch das *Töpferhandwerk* wichtige Beiträge geleistet. Die glasierten Fußbodenfliesen in der Schloßkapelle dürften seine ältesten und bedeutendsten Erzeugnisse sein. Die Irdenware ist hier und im ganzen hessischen Hinterland verbreitet. Grüne, rahmweiße und schwarzbraune Farben auf braunrotem Untergrund samt der unverwechselbaren ›marburgischen‹ Musterung heben sie deutlich vom keramischen Schaffen anderer Landschaften ab. Ein Betrieb pflegt hier bis heute diese Überlieferung (›Töpferhaus‹).

Die *Museen und Sammlungen* Marburgs spiegeln inhaltlich gewissermaßen die bevorzugten Forschungsrichtungen der traditionsreichen Universität, aber auch bürgerliche Aktivitäten. Dies gilt für das Universitätsmuseum für Kulturgeschichte, dessen Grundstock aus dem Besitz des Geschichtsvereins stammte. Sicher ist es kein Zufall, daß die Universität über eine angesehene religionskundliche Sammlung verfügt. (Landgraf-Philipp-Str. 4) Dazu gesellen sich das Universitätsmuseum für Bildende Kunst und die Antiken- und Abgußsammlung des Archäologischen Seminars (beide Biegenstr. 11). Im ehemaligen Kornhaus (1515) des Deutschen Ordens am Firmaneiplatz, das schon als Gebäude allein sehenswert ist, befindet sich das von den entsprechenden Instituten der naturwissenschaftlichen Fakultät betreute Mineralogische Museum. Schließlich wäre noch die bedeutende Völkerkundliche Sammlung zu erwähnen (Kugelgasse 10).

Die Marburger Idylle ist also alles andere als steril. Denn was Sammlerfleiß hier zusammentrug, wurde und wird auch geistig bewältigt, erschließt vielleicht gelegentlich neue Erkenntnisse auch zu einem aktuellen Nutzen. Eine bedeutende Forscherpersönlichkeit mag den Beleg dafür liefern, Emil von Behring (1854-1917). Dem geborenen Westpreußen gelang als Marburger Medizinprofessor die Darstellung des Diphtherieserums, was im Zusammenhang mit der von ihm entwickelten Theorie zur Serumtherapie gesehen werden muß. Der ihm verliehene Nobelpreis (1901) würdigt nicht nur seine akademischen Leistungen, sondern seinen Beitrag zur Linderung menschlichen Leidens. In den von ihm gegründeten Behringwerken lebt sein Name fort. Sein Andenken wird – wie könnte es nach dem oben Gesagten anders sein – auch museal gepflegt in einer Ständigen Emil-von-Behring-Ausstellung (Nikolaistr.).

Obere Lahn und Burgwald

VERWALTUNGSMÄSSIG zählen eine Reihe von früher selbständigen Dörfern heute zu Marburg. Ihre Vielfalt ist erstaunlich. Der Ort Oberweimar, der im Mittelalter den Mittelpunkt dieser Gegend bildete, lieh den Namen für die heutige Großgemeinde Weimar. Beiderseits der Bundesstraße liegen die Orte **Allna** und **Kehna**, deren Fachwerkkirchen noch erhalten sind. Zu der von Allna fertigte Landrat Schenk zu Schweinsberg einen Riß an, nach dem Zimmermeister Johann Georg Blecher (Blöcher) aus Achenbach 1782 den Bau errichtet hat. Die Balken sind zum Teil mit Flachschnitzwerk dekoriert. Drei Jahre zuvor, vermutlich ebenfalls von Blecher, die ähnliche Fachwerkkirche in Kehna fertiggestellt worden.

Zur Martinus-Pfarrei von **Oberweimar** gehörte bis 1227 auch Marburg. Seine Bedeutung hatte der Ort durch die hier befindliche Gerichtsstätte der Grafschaft Ruchesloh, die zum größten Teil 1237 durch die Edelherren von Merenberg an Kurmainz verkauft wurde. Damals blieb eine uralte Gerichtsstätte ausgespart. Allmählich zogen jedoch die Landgrafen von Hessen die Gerichtsbarkeit an sich.

Die altehrwürdige Kirche mußte einem Neubau weichen (1733/34), zu dem Charles du Ry die Pläne angefertigt hatte. Der geräumige Saalbau hat mit seiner verzierten Kanzel (1674) und der barocken Orgel (um 1770) eine bemerkenswerte Inneneinrichtung. Das Altarkruzifix (18. Jh.) und zwei alte Pfarrerbilder in der Turmhalle ergänzen das Inventar.

Südwestlich liegt **Niederwalgern**, dessen interessante Kirche mit ihrer Lage über dem Ort und in ihrer Gesamtkonzeption noch den wehrhaften Charakter erkennen läßt, den sie einst besaß. Inmitten der hohen Kirchhofsmauer erhebt sich der Bau, der in sich mehrere Stilepochen vereint. An den kreuzgratgewölbten Chor schließt sich das breite romani-

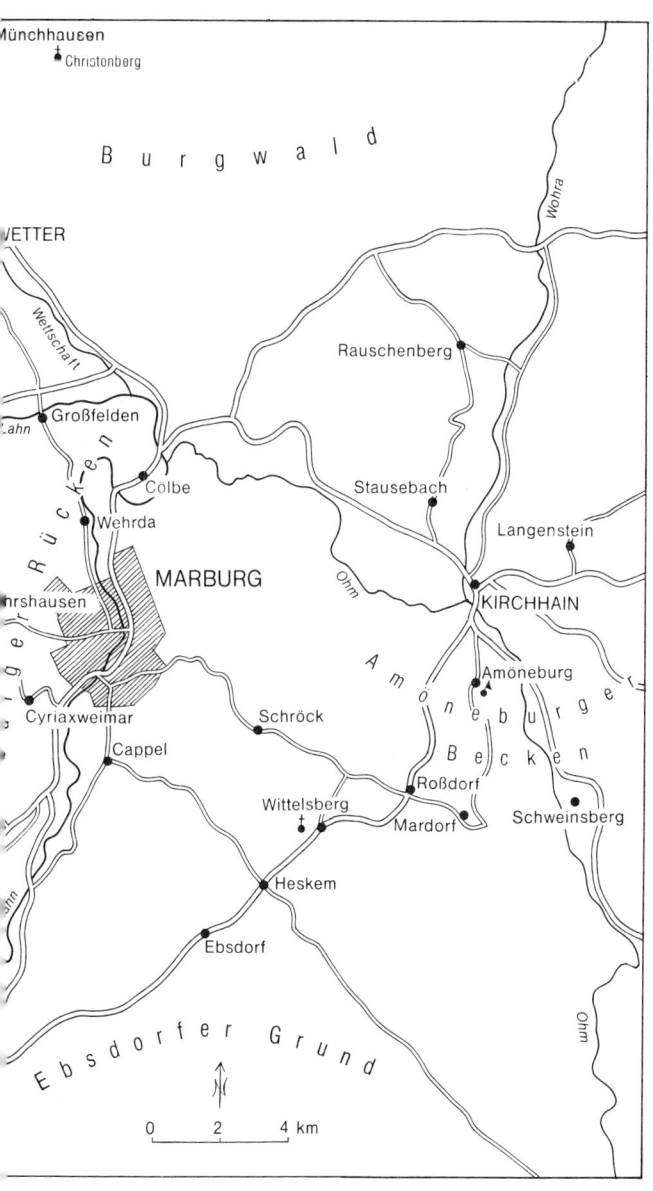

Münchhausen
Christenberg

B u r g w a l d

Wohra

VETTER

Weifschaft

Rauschenberg

Lahn

Großfelden

Cölbe

Wehrda

Stausebach

Ohm

Langenstein

MARBURG

KIRCHHAIN

nrshausen

Amöneburg

A m ö n e b u r g e r

Cyriaxweimar

Schröck

Cappel

B e c k e n

Roßdorf

Wittelsberg

Mardorf

Schweinsberg

Heskem

Ebsdorf

Ohm

E b s d o r f e r   G r u n d

0   2   4 km

sche Schiff an (12. Jh.). Während dessen Südseite im 15. Jahrhundert neue Fenster erhielt, wurde an der Nordseite 1896 ein Seitenschiff angebaut, wobei man auch die Kreuzgratgewölbe des Schiffes durch eine Holztonne ersetzte. Der gotische Westturm erhielt im 17. Jh. die verschieferte Glockenstube samt Haube. Im Giebel erscheint spätgotisches Blendmaßwerk (1479). Die Sakramentsnische im Chor aus der gleichen Zeit trägt die als Symbol so beliebte Rosette. Das hölzerne Altarkruzifix (17. Jh.) kam neuerdings durch Kauf hierher. Unter den Grabsteinen ist der des Pfarrers J. Fackes geradezu rührend, da er außer dem Brustbild des Verstorbenen auch dessen als Kleinkind verschiedenes Söhnchen in Windeln zeigt (1691).

Auch die Kirche von **Oberwalgern** erwuchs allmählich aus einem romanischen Bauwerk, das man um 1500 und dann um 1900 umgebaut hat. Unter Putz blieben alte Wandmalereien (um 1600) erhalten. Die Sakramentsnische ist spätgotisch. Der Kirchhof mit einigen originellen Grabsteinen (18. Jh.) wird von einer zum Teil romanischen Mauer umgeben.

In **Haddamshausen** stoßen wir auf den merkwürdigen Sachverhalt, daß man eine alte Fachwerkscheune zu einer Dorfkirche umgebaut hat (1950), umgekehrt also wie in so vielen anderen Orten des Hinterlandes, wo man alte Kirchen profaniert hat. Dies geschah mit der Heinskirche, einer ehemaligen Wallfahrtsstätte in **Cyriaxweimar**. Teile des gotischen Baues existieren noch im Stall eines Gehöftes.

Die bedeutende spätgotische evangelische Kirche von **Wehrshausen** geht auf Stiftungen des Werner Döring, seiner Gemahlin Mathilde (1339) und des Landgrafen Heinrich III. von Hessen (1483) zurück. Von dem auf Grund der älteren Schenkung errichteten Bau stammt nur das Mauerwerk des Schiffes. Im übrigen entstand die Kirche im wesentlichen 1475, wie eine Bezeichnung im Chor vermeldet. Die Rippengewölbe tragen im Scheitel Wappenschlußsteine. Im Schiff sind sie farbig ausgemalt. Die von Stabwerk umrahmte Sakramentsnische verschließt ein altes Gitter. Schreinartig wirkt der spätgotische Altaraufsatz: Unter einem Giebel und zwischen gedrehten Ecksäulen befinden sich Maßwerkblenden, die mit eisernen Gittertürchen versehen sind.

An diese ehemalige Marienkapelle schließt sich nördlich die kleine, spätgotische Annenkapelle an. Auf ihrem Altar steht ein steinerner Schreinaufsatz, der durch einen Zinnen fries verziert ist.

Elnhausen hat einen der wenigen Schloßbauten zwischen Lahn und Dill aufzuweisen. Die Familie Vultée erbaute im 18. Jahrhundert die hufeisenförmige Anlage. Nur das Herrenhaus hat sein ursprüngliches Aussehen behalten. Ein Wappen im Giebelfeld, das barocke Portal und die Freitreppe sind einziger Schmuck des schlichten Bauwerkes.

Am Osthang des Marburger Rückens erhebt sich auf einer Bergnase die evangelische Kirche von **Wehrda**, deren frühere Wehrhaftigkeit noch der mächtige Westturm (um 1300) und die Schießscharten in der Friedhofsmauer zum Ausdruck bringen. Marburger Einflüsse haben sich in dem frühgotischen Maßwerk der Schallarkaden niedergeschlagen. Das oben am Turm vorgekragte Geschoß diente Verteidigungszwecken. Spindeltreppen führen innerhalb der Mauer vom kreuzgratgewölbten Erdgeschoß nach oben. Die frühklassizistische Turmhaube wurde später aufgesetzt, das Schiff entstand 1775. Die geschnitzten Reliefs des Altarschreins (um 1500) zeigen Szenen aus der Leidensgeschichte Jesu. Beachtlich ist auch die Rokoko-Kanzel (um 1775).

Breidenbacher Grund

Breidenbacher Grund ist ursprünglich die Tallandschaft an Perf, Banfe und (wohl auch) Dautphe. In diesem zwischen Hessen und Nassau umstrittenen Raum, an den auch die Grafen von Wittgenstein vorrückten (1307), hat der alteingesessene Adel nie auf Dauer über eine richtige Burg verfügen können. Die Bevölkerung fand zu Notzeiten Schutz in wehrhaften Kirchen oder Kirchhöfen. Die Chortürme von Hörlen, Lixfeld, Obereisenhausen, Roth und Simmersbach sowie die Westtürme von Breidenbach und Wallau dienten Verteidigungszwecken.

Der Turm der Pfarrkirche von **Breidenbach** springt schon von ferne ins Auge, weil sich über seinen steilen Giebeln ein leichtgedrehter, hoher Spitzhelm erhebt. Die Kirche entstand

Mitte des 13. Jahrhunderts. Mit einer solchen Hallenkirche wurde zweifellos die Bedeutung des Ortes als Gerichtssitz unterstrichen. Kunstgeschichtlich bildet sie einen südlichen Vorposten jenes Bautyps, der in Südwestfalen häufig ist. Die gleichhohen Schiffe der romanisch konzipierten Kirche wurden in frühgotischer Zeit mit Gratkuppelgewölben versehen. Die Langhauspfeiler haben an drei Seiten starke Halbsäulen mit Würfelkapitellen. Die später angebrachten Strebepfeiler verfälschen den ursprünglichen Außeneindruck. Dagegen sind die drei spätgotischen Maßwerkfenster (1479) im Chor nicht ohne Wirkung.

Was dem Inneren an architektonischer Feingliederung mangelt, soll durch die Ausmalung ersetzt werden. Die gemauerten und verputzten Kapitelle tragen aufgemalten Blattdekor. An der Nordostwand und im Chor sind Reste von Wandmalereien zu sehen. Die Kanzel ist mit Intarsien und Evangelistendarstellungen verziert (1628). Die Orgel schuf 1767 Johann Andreas Heinemann aus Gießen. Auf den Emporen bemerkt man bäuerliche Malereien (18. Jh.).

Landschaft bei Marburg, Radierung von Otto Ubbelohde

Hauptort des Hinterlandes ist Biedenkopf. **Breidenstein** ist hier der letzte Ort diesseits der Lahn. Die Herren von Breidenbach hatten 1398 für Breidenstein die Stadtrechte erwirkt und zuvor eine Burg errichtet, von der Reste der Ringmauern und Grundmauern eines Turmes erhalten sind. Nicht weit davon entstand 1712-14 das Untere Schloß, ein langer stattlicher Bau, dessen Obergeschoß aus Fachwerk besteht. Schon Ende des 17. Jahrhunderts war die kleine evangelische Kapelle als Fachwerkkonstruktion auf einem Bruchsteinbau errichtet worden.

Bald nach 1180 hatten die Thüringer Landgrafen auf einem hohen Berg nördlich der Lahn die umfassende Burganlage Biedenkopf errichtet. Etwa 1234 entstand darunter ein ›Tal‹, die Siedlung für die Burgmannen, die schon 1254 ›Stadt‹ genannt wird. Im folgenden Jahrhundert dehnte sich die Stadt weiter aus, erlitt aber 1647 und 1717 verheerende Brände. Die Burg wurde 1296 zerstört und verkleinert wiederaufgebaut (1360-65). Seit dem 16. Jahrhundert verfiel sie und erlebte durch die Restaurierung von Georg Moller (1843-47) ihre Wiederauferstehung.

Die Stadt wurde auf dem südlichen Vorsprung des Burgberges angelegt, und zwar dürfte die Obergasse den Kern bezeichnen. Erst später, als die Siedlung mit einer Mauer gesichert worden war, konnten sich weitere Straßenzüge und der Markt mit den entsprechenden Häuserzeilen bilden. Im 19. Jahrhundert hat man die Stadtmauer samt Toren abgebrochen. Trotz dieser Verluste bildet die Altstadt noch immer ein malerisches Bild durch die am Hang stufenweise aufgereihten Häuser. Das Alte Rathaus (1719) ist ein stattlicher Fachwerkbau, der Rathausbrunnen zum Teil mittelalterlich, der Löwe mit dem Wappen in den Pranken barock.

An der Stelle der neugotischen evangelischen Pfarrkirche (1885-91) befand sich ursprünglich eine Hallenkirche (13. Jh.), die jener von Breidenbach entsprochen hat. Daraus sind die Nothgottes-Kapelle (1415), heute als Chorbau, eine Grabplatte mit Messingauflage (1520), der Taufstein (1682) und das große Kruzifix (17. Jh.) erhalten geblieben.

Ehemals lag vor dem steinernen Neutor der mittelalterlichen Stadt ein Hospital, zu dem die Hospitalkapelle zum Heiligen Geist gehörte, deren verändertes Schiff (1617, 19. Jh.) heute Gemeindezwecken dient. Ihr von zwei Jochen gebildeter Chor zählt zu den letzten Bauwerken, die noch unter dem Einfluß der Elisabethkirche in Marburg entstanden sind. An einem Dienst kauert unter einem Baldachin ein Verkündigungsengel. Die Kanzel (Anfang 17. Jh.) gehört zur älteren Ausstattung.

In **Wallau** war Joh. Jakob Blecher (Blöcher) tätig. Er ersetzte unter Schonung des mittelalterlichen Westturmes das alte Schiff 1758 durch einen Neubau, der neuerdings (1963/64) westwärts erweitert worden ist. Die Kanzel (17. Jh.) stellt ein besonderes Schmuckstück dar. Geschichtliche Erinnerungen wecken die sechs Grabdenkmäler der Familie Breidenbach zu Breidenstein (16.-18. Jh.). Der Hof Bellinghausen entstand zu Beginn des 19. Jahrhunderts als hufeisenförmige Anlage.

Das Gebiet nördlich der Lahn ist wegen seines Waldreichtums beliebt. Von der Sackpfeife (674 m) genießt man einen ausgezeichneten Rundblick. Kunstgeschichtliches Interesse beanspruchen die Fachwerkkirche (18. Jh.) von **Weifenbach** und die evangelische Pfarrkirche von **Dexbach**. Ältester Teil ist hier das Schiff (13. Jh.), während der schmalere, spätgotische Chor um 1400 entstand. An seiner Ostseite ist das Dach nach Art eines Wehrganges in Fachwerk ausgebaut.

Längst ist unmerklich der Westerwald in das Rothaargebirge übergegangen. Den größten Teil der Landschaft im Lahnbogen östlich der Dill kann man als Südabdachung dieses großen Gebirgszuges ansehen.

Dautphe

Dautphe und Salzböde haben mit ihren Tälern natürliche Wege geschaffen, die eine Nordsüd-Durchquerung des Berglandes zwischen frühen Siedlungskammern im Lahntal um Biedenkopf und im Gießener Becken zulassen. Von mehreren alten Höhenwegen hat sich wie fast überall der Durchgangsverkehr in die Täler verlagert. Als man 1335 die Neustadt von Biedenkopf in der Talaue anlegte, trug man dem Umstand Rechnung, daß die Höhenwege ihre Bedeutung bereits an die Lahntalstraße abgetreten hatten.

Eine Fliehburg auf dem *Rimberg* südöstlich von Elmshausen bezeugt die weit zurückreichende Bedeutung dieses Raumes als Siedlungsgebiet. Reste der Steinwälle sind noch zu erkennen. Funde weisen auf eine Benutzung schon in der Spät-Latènezeit hin.

In **Caldern** hatte die Landgräfin Sophie ihre St. Nikolauskapelle für die Gründung eines Klosters der Zisterzienserinnen (1250-1527) zur Verfügung gestellt. Die ehemalige Klosterkirche, heute evangelische Pfarrkirche, entstand Mitte des 13. Jahrhunderts als spätromanische Anlage mit Westturm. Merkwürdig ist das zweischiffige Langhaus, das aus Haupt- und nördlichem Seitenschiff gebildet wird. Die Gurtbogen des Hauptschiffes lasten auf Wandvorlagen mit Halbsäulen. Unvermutet entdeckt man daran Stengelkapitelle jener Art, wie sie im Rheinland verbreitet sind. Auch der Fußboden im Chor kommt uns bekannt vor: Wie in mehreren Kirchen an Dill und Dietzhölze hat man Kieselsteine zu Fischgrätmustern zusammengefügt. Das große Kruzifix aus Eichenholz (14. Jh.) stammt aus der Werkstatt, in der die Marburger Landgrafen-Grabmäler angefertigt wurden. Gegenüber diesem hervorragenden Stück mutet der Zierrat an der Orgel (um 1700) eher dörflich an. Zwei Grabsteine (1682), eine gotische Piscina und – vor der Kirche – ein frühgotisches Taufbecken vervollständigen das Inventar. Reste der Klostergebäude sind verbaut, das Refektorium dient einem Gehöft als Scheune.

In **Großfelden**, wo eine hübsche Brücke (1802) die Lahn überspannt, steht eine von dem Italiener Giovanni Ghezzy 1749 erbaute schlichte Saalkirche.

Dautphe hat durch sein Zehntgericht früh Bedeutung erlangt, die in der ehemaligen St. Martinskirche, jetzt evangelische Pfarrkirche, zum Ausdruck kommt. Das anstelle einer früheren Flachdecke eingezogene Tonnengewölbe verdeckt den romanischen Dachstuhl, dessen Balken im Westteil sichtbar werden. Der fensterlose romanische Westteil des Schiffes (12. Jh.) läßt darauf schließen, daß der Bau wohl einmal als Wehrkirche diente. Die Maßwerkfenster wurden erst nachträglich in das Ährenmauerwerk gebrochen. Die Fenster im später (13. Jh.) entstandenen Chorturm verraten deutlich Marburger Einfluß.

Das Dautphetal liegt hinter uns. Von Westen fließt die Salzböde herbei und weist in südöstlicher Richtung den Weg zur Lahn, die in weitem Bogen östlich unser Gebiet umschließt.

Salzböde

Ihren Ursprung hat die Salzböde im Gladenbacher Bergland. Eine ausgezeichnete Orientierung vermittelt der Rundblick vom Aussichtspunkt auf der Endbacher Platte (480 m).

Geschichtlich waren Burg und ›Tal‹ Dernbach für diese Gegend ausschlaggebend. Bei **Dernbach** kündet der dürftige Mauerrest eines Rundturmes von der einstigen Burg, die 1350 durch die Herren von Bicken und von Dernbach erbaut wurde, nach 1540 aber verfiel.

Lohra war früh als Gerichtsort von Bedeutung. Auf einem Hügel steht die kleine Kirche (13. Jh.), die möglicherweise einst Wehrcharakter besaß. An der spätromanischen Pfeilerbasilika überrascht die relativ steile Proportionierung. Der Fachwerkaufbau über dem südlichen Seitenschiff entstand 1909, der Dachreiter ist noch aus dem 18. Jahrhundert. Die schon in den Proportionen zum Ausdruck kommende Zwischenstellung schlägt sich auch in den Gewölbeformen nieder. Die farbige Innenausmalung wurde erneuert. Mittelalterlich sind die Sakramentsnische (14. Jh.) und das wertvolle Kruzifix (15. Jh.). Die Emporen (17. Jh.) versah Wilhelm Hermann Werner aus Gladenbach 1772 mit Malereien. Älter ist die gleichfalls bemalte und zudem mit Schnitzereien verzierte Empore im Chor (1690, 1699), zu der auch der verschließbare Orgelprospekt gehört. Nicht alltäglich dürfte ein für den Pfarrer H. Fenner († 1656) gemaltes Holzepitaph sein. Der Pfarrstand (um 1700) und ein Lutherbildnis (18. Jh.) ergänzen die Ausstattung.

In **Seelbach** stoßen wir auf eine jener Fachwerkkirchen mit quadratischem Grundriß, wie sie in Frohnhausen oder Runzhausen vorliegen. Diese stammt vermutlich von Joh.

Jakob Blecher (Blöcher), ist aber älter als jene beiden (1711). Die romanische Pfarrkirche von **Kirchvers** wurde im 17. und 18. Jahrhundert stark restauriert, so daß nur der Chor (um 1300) ziemlich intakt überliefert ist. Ein auffallend großer Haubendachreiter überragt das Bauwerk. Ein romanisches Taufbecken mit Rundbogenfries, die gotische Sakramentsnische und der Altartisch gehören zu der mittelalterlichen Ausstattung. Die gutgelungene Kanzel (um 1600) und die Emporen (17. Jh.) mit ihren Brüstungsmalereien sowie einige Grabsteine (18. Jh.) kamen später hinzu.

Bereits zu Lollar gehört der Ort **Salzböden** am Unterlauf des gleichnamigen Flüßchens, über das sich eine alte, zweibogige Brücke (um 1800) spannt. Die wuchtige, turmartige Kirche (13. Jh.) strahlt eindrucksvoll und unvermindert ihre Wehrhaftigkeit aus. Allerdings wurde der frühgotische Rechteckbau später mit Fachwerkobergeschoß und dem mächtigen Walmdach versehen (16. Jh.) sowie 1600 um einen Chor erweitert, der zur Grabstätte der Familie von Rol(l)shausen bestimmt war. Farbig gefaßte Wandgräber von Angehörigen dieser Familie (1582-94) fanden hier ihren Platz. Die Emporen (1600, 1807) haben Georg Ernst Justus Kayser aus Gladenbach und sein Sohn Johann August nach ländlicher Art bemalt. Älter sind die Malereien an den Gräbern und um die Fenster. Stilistisch gehören sie der Spätrenaissance (1600) an und dürften gleichzeitig mit dem Choranbau entstanden sein. Bäuerliche Handwerkskunst spricht aus der Rokoko-Orgel (um 1760).

Nahe der einst wichtigen Durchgangsstraße wurde schon in karolingischer Zeit eine Feste angelegt, das Alte Schloß oder Schloß Battingsfeld genannt. Die Furt durch die Salzböde ist noch an Wegerinnen erkennbar.

Auch **Fronhausen** ist ein Ort von historischer Bedeutung, worauf zwei ehemalige Burganlagen und die frühere Wehrkirche hindeuten. Der Dorfname ist wohl abzuleiten von dem Fronhof, auf dem die Vögte des Reichsstiftes Essen saßen. Ende des 13. Jahrhunderts bauten sie neben dem Fronhof die Oberburg, eine Wasserburg, die im Dreißigjährigen Krieg ausbrannte und jetzt verwahrlost ist. Eine zweite Wasserburg, die Unterburg, wurde 1367 erbaut. Zwar verfiel sie seit dem Dreißigjährigen Krieg, doch vermochten die Freiherren Schenck zu Schweinsberg sie 1923 völlig zu restaurieren, wobei die Anlage aber etliche Veränderungen erfuhr. Die Wassergräben wurden zu Parks.

Das romanische Schiff der evangelischen Pfarrkirche zeigt im Mauerwerk Fischgrätenverband. Der frühgotische Chorturm hat über der verschieferten Glockenstube eine malerische Haube, an der vier Wichhäuschen und dazwischen vier Zwerchgiebel sitzen.

Zwei Ganzfiguren auf einem Grabstein zeigen den letzten Vogt und seine Gemahlin († 1568). Die zum Teil gutgelungenen älteren Grabsteine auf dem Kirchhof stammen aus dem 18. Jahrhundert. Dort befindet sich auch ein schadhaftes romanisches Taufbecken. An den Resten der Kirchhofmauer sind Vorrichtungen zu Verteidigungszwecken (Schießscharten, Graben) zu erkennen.

Im Dorf sehen wir mehrere prächtige Fachwerkhäuser (16.-19. Jh.). Man spürt geradezu das Wohlstandsgefälle, das einst zwischen den höher gelegenen Waldgebieten im Inneren und den Niederungen an den Flüssen, hier der Lahn, geherrscht hat.

Das Gebiet um die Salzböde und damit einige der vorher erwähnten Orte berührt der sogenannte *Elisabethpfad*. Die besonderen Beziehungen der Heiligen zum Kloster Altenberg bei Wetzlar blieb in der Volksüberlieferung haften. Der Legende nach soll sie ihre Tochter Gertrud auf dem Arm nach Altenberg getragen haben. In Weipoltshausen, Bieber und Hof Haina wird von einer Rast der beiden berichtet. Man hat die alte Route zu rekonstruieren versucht. Sie führt von Marburg über Ockershausen zum alten Kirchort Oberweimar, dann über die Etzelmühle nach Altenvers und weiter durch Weipoltshausen, Krumbach, Bieber, Hof Haina und Naunheim nach Altenberg.

Burgwald

Zwischen Wohra und Wettschaft erstreckt sich der Höhenzug des Burgwaldes. Durch das Tal der Wettschaft führt die alte ›Weinstraße‹ von Mainz über Wetzlar nach Korbach und weiter ins Sächsische. Nahe einer Furt lag schon um 850 eine später vielleicht wehrhafte Siedlung. Die Königstöchter Almud und Digmud sollen hier zu Zeiten Kaiser Heinrichs II. ein Kanonissenstift gegründet haben, das aber erst 1107 urkundlich belegbar ist. Von dem Gründungsbau konnte ein Rechteckchor ergraben werden.

Die heutige evangelische Pfarrkirche von **Wetter** ist die ehemalige Stiftskirche. Um 1260 wurde mit dem Bau ihres Chores begonnen, um 1300 war das Langhaus vollendet, der Westturm entstand 1506. Kurz danach erfolgte die Aufhebung des Stiftes durch die Reformation. Für die Kirche war das ohne Belang, da sie schon in stiftlicher Zeit gleichfalls Pfarrkirche war. Die dreischiffige Hallenkirche mit Querschiff und Chor steht in der Nachfolge der Elisabethkirche in Marburg und der Klosterkirche von Haina. Die geplante Doppelturmfassade kam nicht zur Ausführung. Waren die beiden Vorbilder für das Konstruktionssystem ausschlaggebend, so behalten die Einzelformen der Architektur spätromanische Erinnerungen bei. Die Gliederungen sind daher kräftiger. Die Eleganz von Marburg und Haina fehlt. Anhand von Farbresten ist die Wiederherstellung der alten Ausmalung versucht worden. Sie zeigt viele Gemeinsamkeiten mit der von Haina.

Mit einer spätromanischen Altarretabel besitzt die Kirche ein künstlerisch bedeutendes Werk. Unter sieben plastischen Rundbögen, die auf gemalten Säulen aufsetzen, ist die Passion dargestellt. Farbgebung und strenge Form sind byzantinischen Einflüssen zuzuschreiben. Dennoch zeigen die Figuren genügend Eigenleben, so daß sie keinewegs ikonenhaft erstarrt sind. Bei der Grablegung außen rechts ist auch der Stifter Folpertus dabei, der das Werk vermutlich für den Kirchenneubau bestimmt hat.

Plastischer Schmuck auf den Kapitellen weist auf die spätromanische Kunst zurück. Die Sakramentsnische folgt dem Frankenberger Typ (14. Jh.). Die hervorragende Orgel baute Joh. Andreas Heinemann (1763-66). Unter den zahlreichen, zum Teil guten Grabdenkmälern ist das für Almud und Digmud seines Alters wegen (12. Jh.) bemerkenswert.

Die Reste der spätstaufischen Stadtmauer (um 1200) und der Diebsturm unterstreichen in ihrer noch erkennbaren Wehrhaftigkeit die einstige Bedeutung von Wetter. Aber auch in geistiger Hinsicht fiel dem Ort eine Bedeutung zu. Die dem Stift angeschlossene Schule genoß guten Ruf. Sie konnte auch nach der Reformation zunächst fortgeführt werden, weil das Stift nunmehr als adeliges Damenstift weiterexistierte.

An der Wettschaft liegt talaufwärts **Münchhausen**. Der für diesen Raum typische Chorturm verbindet sich mit einem nur noch im Kern romanischen Langhaus.

Die Berghöhe östlich von Münchhausen trug schon in prähistorischer Zeit eine Wallanlage. In deren Bering befand sich später eine merowingische Landesfestung. Sehr früh entstand bei ihr die ehemalige Pfarrkirche St. Martin, jetzt Friedhofskapelle **Christenberg**. Der ältere Name Kesterburg wird dem Ortscharakter vielleicht besser gerecht. Doch auch die friedlichere Wortwahl ist beziehungsreich, da diese Kirche im Mittelalter Dekanatssitz und damit kirchlicher Hauptort für das gesamte obere Lahn- und Edertal war. Vielleicht hatte die Kirche Vorläufer bis in karolingische Zeit. In Fortsetzung der früheren Bedeutung der Stätte als Zufluchtsort bei äußerer Gefahr war die Kirche Wehrbau. Fischgrätenmauerwerk erinnert stellenweise an Bauten im Dillgebiet.

Als der Pfarrer um 1500 seine Residenz nach Münchhausen verlegte, ging eine uralte Geschichte zuende. Eine Vermutung besagt, der Burgwald habe einst als Königsforst zur Kesterburg (Christenberg) gehört und von ihr seinen Namen erhalten.

Rauschenberg am Unterlauf der Wohra bot mit seiner Burg den Grafen von Ziegenhain zeitweilig eine Residenz. Ihr Fuldaer Lehen erbten 1450 die Landgrafen von Hessen, denen die Burg bis zu ihrer Zerstörung (1646) als Jagdschloß diente. Nur noch klägliche Reste bieten sich dem Auge.

Das Ausmaß der Stadtbefestigung läßt sich anhand der erhaltenen Teile, darunter das zur Burg führende Obertor, abschätzen. Die Hanglage gestattet dem Ort, seine baulichen Reize voll zu entfalten. Ansehnliche Fachwerkhäuser, gelegentlich mit Eckerkern, säumen die Straßen. Auch das Rathaus (1557-58) folgt dieser Bauweise. Es hat ein reich ornamentiertes Portal (1566) von Philipp Soldan und rückseitig einen Treppenturm.

Am Abhang des Burgberges steht in beherrschender Lage die evangelische Pfarrkirche. Westwand und nördliches Seitenschiff sind aus einem romanischen Vorgängerbau (13. Jh.) übernommen worden. Chor und Hauptschiff des einhüftigen Bauwerkes entstanden im 14. Jahrhundert, sind aber 1473 umgestaltet worden. Der Westturm ist mit den Jahreszahlen 1517/18 bezeichnet. Er diente gleichzeitig als Wehrturm für das bergseitige Stadttor. Sehr anmutig wirkt der Chor mit seinem Netzgewölbe und den alten Malereien (16. Jh.).

Von besonderem Wert ist der Hochaltar, ein gemalter Flügelaltar, dessen Mitteltafel leider verloren ist. Die übrigen Teile zeigen Szenen aus der Kindheit und Passion Christi. Unübersehbar sind die Parallelen zu dem Altar in Bad Wildungen. Innerhalb der hessischen Malerei ist es ein wichtiges Werk des Weichen Stils (um 1420). Derselben Stilrichtung gehört die Holzfigur einer Madonna auf der Mondsichel (Anfang 15. Jh.) an.

Zwischen Kirchhain und Rauschenberg liegt der ehemalige Wallfahrtsort **Stausebach**. In der heutigen Pfarrkirche werden zum letzten Mal vielleicht Marburger Anregungen lebendig. Die dreischiffige und unverhältnismäßig große Hallenkirche mit Langhaus und Chor (Ende 15. Jh.) erstrahlt seit der letzten Restaurierung wieder weitgehend im alten Glanz. Der Innenraum wirkt vor allem durch das schöne Netzgewölbe, dessen Kappen mit feinem Regence-Stuck (18. Jh.) geschmückt sind, der farbig getönt ist. Maler und Stukkateure des Bandlwerkes fanden hier zueinander und ergänzten harmonisch ihre Techniken und Stile.

Die Schießscharten in der Mauer kennzeichnen den einst wehrhaften Charakter des Kirchhofes. Gelegentlich sieht man an Fachwerkhäusern des Ortes Kratzputz, dessen Domäne das sogenannte Hinterland ist, im wesentlichen also der frühere Landkreis Biedenkopf.

Langenstein hat seinen Namen von dem langen Stein neben dem Eingang zum Kirchhof. Vermutlich handelt es sich um einen paläolithischen Menhir. Innerhalb dieses früher wehrhaften Kirchhofes hatte der noch im Mittelalter ausgestorbene Ortsadel seinen Sitz. Berühmter wurde der von hier stammende Universalgelehrte Heinrich von Langenstein (1325-97), der es bis zum Vizekanzler der Sorbonne brachte.

Die wenig ansehnliche Pfarrkirche besitzt in ihrem Innern sehr schöne Netzgewölbe im Chor, die auf 1527 datiert sind. Ihre Bemalung konnte rekonstruiert werden. Ländliche Malereien zeigen die Emporenbrüstungen.

Um einen Hügel in der Ohm-Niederung legt sich das alte **Kirchhain** in fast kreisförmiger Anordnung. Eine Aufwertung erfuhr der Ort – 1146 als Reichsrodung erwähnt –, als der hessische Landgraf 1344 eine Burg gegen das mainzische Amöneburg gründete. Dennoch konnte Mainz seine ganze Macht ausspielen, Burg und Stadt als Eigenlehen behandeln und schließlich sogar kriegerisch vernichten (1412).

Auf dem zentralen Felskegel lag die Burg der Landgrafen, von dort beherrscht noch heute die Stadtkirche das Panorama. Nach den Auseinandersetzungen mit Mainz und noch einmal in unserem Jahrhundert erfuhr die Kirche tiefgreifende Umgestaltungen, wobei die intensive Farbgebung (1929-30) repräsentativ für den Zeitgeschmack sein dürfte.

Die Große Mühle war ehemals Besitz des Deutschen Ordens und erinnert daran, daß Burg und Stadt sich kurz einmal ganz in dessen Besitz befanden (1234-44). Am langgestreckten Marktplatz steht außer guten Fachwerkhäusern das stattliche Rathaus (16. Jh.). Mit einem erneuerten Erker an der marktseitigen Giebelwand und einem rückwärtigen Treppenturm schließt es sich der in Hessen verbreiteten Form an.

Amöneburg

Aus der Ohmniederung ragt ein langgestreckter Basaltberg auf, dem die Ohmburg und jetzige Stadt Amöneburg ihre beherrschende Lage verdankt. Als erste nennenswerte Siedlung trug der Berg wohl ein keltisches ›oppidum‹. Vor Bonifatius war hier eine merowingische Landfeste. Bonifatius gründete 721 ein Kloster. Aus Reichsbesitz gelangte dieses

Michaelskloster um 1120 an die Mainzer Erzbischöfe. Mainz hatte offenbar weniger fromme Absichten, bot sich doch die Lage des Ortes als strategischer Stützpunkt für seine Expansionsgelüste an. Vom unteren Main her über die Wetterau hatte Mainz sich unter Nutzung der geographischen Situation bis hierher ausbreiten können. Sofort legte es eine Burg an. Dafür verschwand im 13. Jahrhundert das Kloster. An seiner Statt legte der Erzbischof zusätzlich zur Burg eine befestigte Stadt an, die zum Mittelpunkt mainzischer Macht in diesem Raum wurde, dem gleichermaßen auch das Interesse der hessischen Landgrafen galt. Die Pfarrkirche wurde später zur Stiftskirche erhoben. Bis ins 17. Jahrhundert war außerdem Amöneburg Sitz eines mainzischen Archidiakons, womit auch die kirchliche Bedeutung des Ortes zu entscheidender Geltung kam. Bis heute sind die Auswirkungen insofern spürbar, als sich hier im sonst überwiegend evangelischen Hessen eine katholische Enklave erhalten hat.

Ein so wichtiger Ort mußte zwangsläufig in der mainzisch-hessischen Konfliktzone bewaffnete Auseinandersetzungen geradezu provozieren. Obwohl seit dem späten Mittelalter die Bedeutung von Amöneburg rasch abnahm, war es doch noch im Dreißigjährigen und im Siebenjährigen Krieg hart umkämpft. 1646 wurde die Stadt total zerstört. Dies ist einer der Gründe, weshalb trotz ihrer historischen Rolle die Stadt verhältnismäßig wenig bietet, was kunstgeschichtlich von Rang wäre.

Die ehemalige Stadtbefestigung blieb größtenteils erhalten. Entlang der Wehrmauer hart am Rande des Bergplateaus erschließt sich am besten die Gesamtsituation. Auf dem höchsten Punkt liegen die Reste der Burg: einstige Wohnbauten und Ringmauer mit Flankentürmen. Dort stand auch die Kirche des ehemaligen Kollegiatstiftes. An ihrer Stelle errichtete Georg Gottlob Ungewitter die große neugotische Kirche (1866-71), die sich redlich bemüht, mittelalterliches Formengut in die Neuzeit zu übersetzen. Von der alten Kirche blieben nordseits der Turm (14. Jh.) mit barocker Haube sowie im Innern Teile vom Chorgestühl und Bänke.

Am rechteckigen Marktplatz zeigt auf dem Fachwerk-Rathaus (1687-90) eine schöne Wetterfahne die Windrichtung. Eines der alten Fachwerkhäuser (Nr. 66) besitzt eine reichgeschnitzte Tür (1782). Der ehemalige Burgmannensitz derer von Rodenhausen, auch Burghof oder Mainzer Hof genannt, besteht aus dem heutigen Herrenhaus (18. Jh.) und dem alten, jetzt zur Scheune herabgesunkenen steinernen Herrenhaus (1593-96).

Aus Amöneburg stammt der erste Rektor der Universität Marburg, Johann Eisermann, genannt Ferrarius Montanus (1485/86-1558).

Am Fuß des Berges liegt die Brückermühle. Die alte Ohmbrücke dabei war wichtiger Straßenübergang. Ein Obelisk erinnert an das Gefecht während des Siebenjährigen Krieges, als Hessen und Braunschweig gegen die Franzosen antraten (1762).

Weiter südöstlich zeichnet sich ein zweiter Burgberg über der Ohm-Niederung ab, dessen Silhouette zwei Burghäuser bestimmen. Sie gehören zu dem Stammsitz der Familie Schenck zu Schweinsberg, von denen der heutige Ort **Schweinsberg** seinen Namen trägt. Die Umsicht, mit der sich diese Adelsfamilie in einer so heiklen Umgebung hat behaupten können, verdient Bewunderung. Seit 1239 hatten sie das hessische Erbschenkenamt inne. In Ort und Burg übten sie die alleinige Gerichtshoheit aus. Seit 1332 besaß der Ort zudem die Stadtrechte. Nur allmählich vollzog sich an der Wende vom Mittelalter zur Neuzeit die Integration in die Landgrafschaft Hessen.

Nur noch Mauerreste künden im Burgbezirk von der ersten oder Oberburg (13. Jh.). Vielleicht in einem Zuge mit der Stadtbefestigung entstand die innere Zwingermauer. Der landgräfliche Festungsbaumeister Hans Jakob von Ettlingen paßte 1482 den Verteidigungsring den neuen wehrtechnischen Erfordernissen an. Er zog die äußere Zwingermauer, setzte ihr die kasemattierten Halbrundtürme vor, baute stadtseitig den Hexenturm und nördlich die turmbewehrte Hofeinfahrt. Diese Einrichtungen sicherten einen größeren Wohnkomplex: Neben dem doppelten inneren Tor den ›Fähnrichsbau‹ (1530-52) und im oberen Burghof gehörte dazu das Haupthaus oder ›Neue Kemenate‹ (1459-97), die nach einem Brand neugebaut und später auch verändert

worden ist. Andere Wohn- und Wirtschaftsbauten hinterließen nur Mauerreste.

Seitenlinien der Schencken wohnten auf Höfen in dem
Ort: dem Unter-, Mittel- und Oberhof. Die spätbarocke
Anlage des Oberhofes (18. Jh.) flankieren zwei weitere Fach-
werkbauten. Unter den zahlreichen Fachwerkhäusern des
heutigen Dorfes fallen die der spät erst angelegten Neustadt
(Ende 17. Jh.) durch ihre überbauten Toreinfahrten auf.

Zu Füßen der Burg liegt die spätgotische *evangelische
Pfarrkirche*, die nach Zerstörung der Vorgängerin 1506 als
Halle mit Netzgewölben errichtet worden ist. Da schon die
Stifter der ersten Kirche (um 1260) diese als Grabstätte der
Schencken bestimmt hatten, war man offensichtlich auch
später noch bemüht, nach Katastrophen den Wiederaufbau
nach vorgegebenem Muster zu vollziehen. Was im Mittelal-
ter der damaligen religiösen Vorstellung entsprach, wovon
am Beispiel Haina bereits die Rede war, das mag nun eher
von Pietät und Familiensinn bestimmt worden sein. Dieser
Haltung verdanken wir sieben Grabsteine (15.-16. Jh.) im
Chor. Die Männergestalten tragen die Rüstung, die Damen
kleidet die Tracht ihrer Zeit. Schmückendes Beiwerk auf dem
Stein meldet den gewandelten Geschmack der Renaissance.

Roßdorf und Mardorf zwischen Ohm und Lahn gehören
wieder zu der erwähnten katholischen Enklave mainzischen
Ursprungs. Die Wehrhaftigkeit seiner Kirche verdankt **Mardorf** dem Deutschen Orden. Dessen Ritter verstanden sich
auf das Kriegshandwerk ebenso gut wie auf das Gebet. Den
bestehenden Chorturm wandelten sie zum mächtigsten
Wehrturm (um 1400) der ganzen Gegend um. Zinnen und
Schießscharten finden sich am vorgekragten (früher offenen)
Wehrgeschoß.

Im ehemaligen Chor, der jetzigen Sakristei, bedecken frühgotische Malereien die Wände. Die künstlerisch bedeutenden Darstellungen zeigen neben der Kreuzigung und mehreren Heiligengestalten Szenen aus dem Leben der heiligen
Elisabeth (um 1300). Erstmals begegnet hier außerhalb Marburgs ein Anhaltspunkt für die sich ausbreitende Verehrung
der großen Heiligen. Stilistisch sind die Malereien solchen
in Marburg verwandt.

Die sehr engen Bindungen an Mainz äußern sich im Saalbau der heutigen Kirche (1713-20) und vor allem in dessen
Ausstattung. Hochaltar, Seitenaltäre und Kanzel hat Christoffel Jagemann aus Heiligenstadt geschaffen oder ausgestattet (1. Hälfte 18. Jh.). Das spätgotische Vesperbild gelangte aus Amöneburg hierher.

Mainzer Stukkateure schmückten die Saalkirche (1696) in
Roßdorf mit Reliefs und Ornamenten der Bandlwerk-Zeit
(1795). Sofort nach Abschluß dieser Arbeiten entstand der
spätbarocke Hochaltar in einer Mainzer Künstlerwerkstatt.
Die Umwehrung des Kirchhofes läßt eine ähnliche Situation
wie in Mardorf erkennen.

Ebsdorfer Grund

Ebsdorf ist durch mehrere Kaiseraufenthalte bekannt. Von
dem einstigen Königshof blieben keine Spuren. Im 18. Jahrhundert erlangten seine Pferde- oder Viehmärkte einen guten
Ruf. Die im Kern noch romanische Kirche wurde 1743 barockisiert. Wieder einmal weist ein Kirchturm alle Indizien
einer Wehranlage auf (14. Jh.). Auffällig ist der spätgotische
Spitzhelm mit Wichhäuschen. Auch der Kirchhof ist
umwehrt.

Weitaus besser ausgeführt ist der Chor- und Wehrturm in
Heskem. Das Kirchenschiff ist neu.

Auf einer Basaltkuppe außerhalb von **Wittelsberg** liegt
dessen Kirche (1844) und gleich dabei eine ehemalige hessische Landwarte (um 1430). Der Rundturm war gegen Amöneburg gerichtet. Seiner Existenz und dem gut befestigten
Kirchhain ist zuzuschreiben, daß sich der Fernverkehr
schließlich von Amöneburg weg verlagerte und diesem seine
Bedeutung nahm.

Schröck hat in der Reformation und Gegenreformation
zweimal die Konfession wechseln müssen. Sehenswert sind
in seiner katholischen Kirche (1712-20) die beiden Maria
und Anna geweihten Seitenaltäre. Sie standen vorher in der
Amöneburger Stiftskirche. Figuren und Reliefs verraten die
Hand des Johann Neudecker d. Ä. aus Hadamar (1712), des
bedeutendsten Vertreters der ›Hadamarer Schule‹.

Wetzlar und Gießen

DIE gerade erst zur Erleichterung aller Beteiligten geschiedene Zwangsehe zwischen Gießen und Wetzlar – oder umgekehrt, wenn man möchte – soll hier nicht wieder gekittet werden. Verschiedenere Charaktere, als da in dem monströsen Bund namens ›Lahn‹ zusammengeschlossen waren, kann man sich kaum denken. Allein die räumliche Nähe, die mühelos den gleichzeitigen Besuch beider Städte ermöglicht, riet dazu, beide gemeinsam in den Blick zu fassen.

Innerhalb der Großen Talweitung der Lahn fand schon der vorgeschichtliche Mensch lockende Siedlungsplätze. Grabhügel auf dem ›Trieb‹ in Gießen und im südöstlich anschließenden Stadtwald, Spuren von Ringwällen und anderen Befestigungen auf dem Hangelstein, vermutete oder belegte fränkische Hofanlagen im Wetzlarer Stadtzentrum oder auf dem Schiffenberg sprechen für die früh empfundene Attraktivität dieses Raumes.

In geschichtlicher Zeit bildete die Talweitung das Zentrum des Oberlahngaues. Später hat sich von der Wetterau her vor allem das Erzbistum Mainz in diese Gegend vorgetastet. Man braucht nur einen Blick auf die Landkarte von Hessen zu werfen, um die strategische Rolle dieses Raumes zu verstehen, ein Umstand der sich noch im Zweiten Weltkrieg leidvoll bemerkbar machen sollte.

Besaß Wetzlar enge Bindungen zum Königtum und zum Reich, so war Gießen ein außerordentlich wichtiger Stützpunkt für Hessen, das den Ort entsprechend ausbaute. Bei gemeinsamer Ausgangslage zeichnen sich schon in der knappen Andeutung die verschiedenen Wege ab, die beide so eng benachbarten Städte einschlagen sollten.

Heute hat es manchmal den Anschein, als träten die Zeugnisse der Geschichte zurück hinter dem alles beherrschenden Verkehr auf Straßen und Schienen, die sich hier kreuzen, als kapitulierten die alten Bauten vor den gigantischen Monumenten moderner Technik, die im Lahnbecken ihre Zentren besitzen. Doch haben sich im Grunde nur die Erscheinungsformen gewandelt. Die Hektik von heute ist die Betriebsamkeit von gestern.

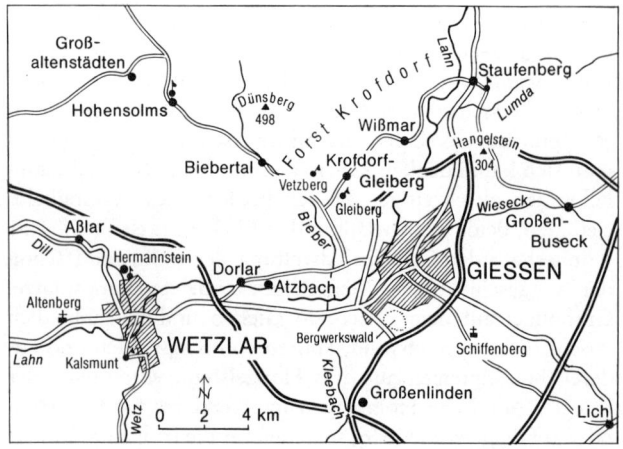

Wetzlar

»Immerhin hat Wetzlar schon ein tausendjähriges Leben geführt, bevor Goethe es betrat, und es hat sein Leben auch heute«, bemerkte treffend Werner Bergengruen (1934). Das frühere Leben zu kennen, heißt, die Stadt schon ein wenig zu verstehen. Leider muß es bei Schlaglichtern sein Bewenden haben. Das königliche Geschlecht der Konradiner hatte hier vielleicht einen Burgsitz, auf jeden Fall eine Eigenkirche, die 897 geweiht wurde. Dabei stifteten sie bald darauf das für die Stadtgeschichte lange bestimmende Marienstift. Das wiederum lockte Ansiedler, denn an der Kreuzung wichtiger Fernstraßen hat es immer etwas zu verdienen gegeben. Der Wetzbach lieh den Namen, der anfangs Witflaria oder Wetflaria (1142) hieß. Friedrich Barbarossa erhob vor 1180 ›Wetflaria‹ zur Reichsstadt. Der Aufschwung hielt bis zur

Mitte des 14. Jahrhunderts an. Als Reichsvögte walteten die Herren von Merenberg und als deren Erben die Grafen von Nassau-Weilburg.

Eisenhandel und Wollindustrie gaben Arbeit und Brot. Ein mit der Stadtrechtsverleihung gewährtes Handelsprivileg nach Frankfurter Muster erleichterte erheblich den gewinnbringenden Warenumschlag. Abnehmer konnten nicht nur über die Fernstraßen erreicht werden. Das uralte Siedlungsland um Stift und Stadt war ein aufnahmebereiter Markt. Jahrhundertelang galten Wetzlarer Währung und Wetzlarer Maß.

Wie immer zog eine solche Stadt auch allerlei Gelichter an. Berüchtigster Fall war der ›Falsche Kaiser‹. Ein Tile Kolup kam mit seinem Troß von Neuß und Köln nach Wetzlar, wo ihm der Ruf vorauseilte, er sei Kaiser Friedrich II. Er behauptete, auf dem Weg zur Auseinandersetzung mit seinem Bruder, König Rudolf von Habsburg, zu sein. Die Wetzlarer entlarvten ihn. Auf einer der Richtstätten hat man ihn hundsgemein verbrannt, nicht im Kaisergrund Richtung Volpertshausen, wie das Volk behauptet.

Der Erfolg zog die Neider auf den Plan. Vor allem die Grafen von Solms sorgten im Streit mit Wetzlar für Unsicherheit auf den Fernstraßen. Der Verkehr erlahmte und Wetzlars Blüte welkte dahin. Als deswegen die Zünfte einen Aufstand gegen die Patrizier wagten (1372), fanden Solms und Hessen einen willkommenen Vorwand zum Eingreifen. Die Reformation fand 1542 Eingang in der Stadt. Das Stift blieb katholisch. Der Konfliktstoff hatte sich vermehrt.

Wallonische Glaubensflüchtlinge brachten um 1600 durch Fleiß und Tüchtigkeit etwas Wind in die Läden und Werkstätten, aber der Dreißigjährige Krieg machte aufkeimende Hoffnungen zunichte. Erst die Verlegung des Reichskammergerichtes von Speyer nach Wetzlar (1693) leitete eine neue Blüte ein. Die höchste juristische Instanz des alten Reiches verblieb hier bis zu dessen Ende (1803). Bis 1924 fand es als Preußisches Staatsarchiv ein gewisses Nachleben, denn seit 1815 war Wetzlar Exklave der preußischen Rheinprovinz.

Die Eisenbahn bot eine neue Chance, die von der Industrie mit viel Unternehmergeist wahrgenommen wurde. Ihren

Spuren schuldet man hier ebensoviel Aufmerksamkeit wie denen Goethes oder der alten Stiftsherren. Was wäre Wetzlar ohne sie alle!

Ein Dom, der nie einer war, noch ist, prägt das Bild der ehemaligen Reichs- und heutigen Industriestadt. Der Blick von der Lahnbrücke auf die Altstadt faßt geradezu die beiden Mächte ins Auge, die Wetzlars Geschichte durch immer neue Auseinandersetzungen geschrieben haben: das alte Stift und die Bürgerschaft, deren Häuser wie ehedem die hochragende **Stiftskirche** umgeben. Offenbar seit der Stiftsgründung mußte deren Klerus mit der Pfarrgemeinde das Gotteshaus teilen. Die Konflikte waren vorprogrammiert und uferten nach der Reformation (1542) aus, weil das Stift in der überwiegend evangelischen Stadt katholisch geblieben war. Seine Aufhebung (1803) verlagerte lediglich die Schwerpunkte, bis endlich Vernunft den konfessionellen Hader durch eine sinnvolle Dombenutzungsordnung (1957) ablöste.

Zwiespältig wie die Geschichte ist die Architektur des merkwürdigen Nenn-Domes. Stilistisch und zeitlich steht er zwischen dem Limburger Dom (1235) und der Elisabethkirche zu Marburg (1283). Wie in Limburg standen auch an dieser Stelle ältere Kirchen, eine der Einhardsbasilika im Odenwald ähnelnde Konradinerstiftung, ein nach Speyrer Vorbild durchgeführter Umbau, schließlich der Neubau des 12. Jahrhunderts. Während die Ostteile dann dem gotischen Bau weichen mußten, blieben die unfertigen Westteile innerhalb der gotischen Mauern erhalten. Das konnte geschehen, weil Kirchenneubauten des Mittelalters abschnittsweise entstanden, wobei der alte Baubestand nach Maßgabe des neuen nur allmählich abgetragen wurde und so die gottesdienstliche Nutzung uneingeschränkt weiter möglich war.

Hatte sich der letzte romanische Bau in den verschwundenen Ostteilen an Worms, im erhaltenen Westteil an St. Kastor in Koblenz orientiert, so übernahmen die Gotiker gleichermaßen Elemente aus Limburg und Marburg, in den Maßwerken sogar aus der Liebfrauenkirche zu Trier. Der noch in seinen Dimensionen eher bescheidene frühgotische Chor (um 1235-50) wird durch die Ausmaße des späteren Querschiffes und Langhauses (1255-1307) weit übertroffen. Noch

in der Bauzeit dachte man offenbar daran, die gestörten
Proportionen dadurch zu korrigieren, daß man den Chor zu
einem dreischiffigen Hallenchor umbaute, wie Fensterge-
wände im Winkel zwischen nördlichem Querhaus und Chor
andeuten.

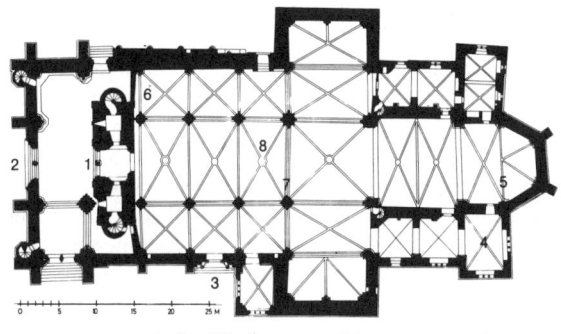

Dom   1 romanischer Westbau   5 Muttergottes 1460
            2 Westportal   6 Taufstein
            3 Südeingang   7 Kanzel
            4 Vesperbild   8 Engelsleuchter

Querschiff und dreischiffiges Hallenlanghaus gerieten
trotz schleppenden Baufortschritten zu eindrucksvoller Geschlossenheit. Die Formensprache der jüngeren Nordseite ist
bereits dem Kölner Domchor entlehnt. Die Raumkonzeption
mit den weiten Pfeilerabständen der Halle hat sich schon von
der Marburger Elisabethkirche abgekehrt und westfälische
Einflüsse (Paderborn) verwertet. Solche Anregungen spiegelt
auch der Südeingang zum Langhaus. Die figürliche Ausstattung des Tympanons dort scheint andererseits wiederum auf
die Portalgestaltung der Marburger Elisabethkirche weiter-
gewirkt zu haben.
Die Westturmanlage (begonnen um 1336) blieb um 1370
im nördlichen Teil in Höhe des Portalgeschosses liegen. Nur
der Südturm wurde später (1486) bis zur Höhe der Balustrade weitergeführt und erhielt als Bekrönung 1561 die
›Bischofshaube‹ des Volksmundes. Meister Tyle von Frankenberg scheint in Anlehnung an Marburg die Entwürfe

geliefert zu haben. Durch die beiden reich geschmückten
Portale bekommt das Erdgeschoß des Südturmes den Charakter einer Vorhalle, die vielleicht als Gerichtshalle gedacht
war. Darauf deutet die Figurenausstattung hin, in der religiöse Motive mit Gerichtsthemen (Weltenrichter, Kluge und
Törichte Jungfrauen) verbunden sind.

Originalfiguren des Südportals (1260/70), zwei Statuetten
vom Westbau und drei wertvolle Reliquiare (15. u. 16. Jh.)
befinden sich in der Johanneskapelle. Die zahlreichen Grabdenkmäler (1300-1802) sind typische Ausstattungsstücke einer Stiftskirche, die ihre Existenzberechtigung ja in erster
Linie aus dem Gebet für die toten Wohltäter empfing.

Weit überragen all dies die beiden Marienbildnisse. In
mitreißendem Realismus zeigt das mit Leder überzogene,
monumentale Vesperbild (um 1370) die den geschundenen
Leichnam ihres Sohnes haltende Mutter. Völlig andere Emp-
findungen weckt die königliche Muttergottes (um 1460), die
auf der Mondsichel steht und ihr Kind trägt, das den goldenen Reichsapfel scheinbar spielerisch hält. – Das romanische
Taufbecken aus Basalt gehört zum ältesten Inventar. Der
Intarsienschmuck der Kanzel stellt diese an den Anfang des
18. Jahrhunderts.

Südlich der Stiftskirche befindet sich die ehemalige **Friedhofskapelle** (Michaelskapelle), die außen eine Kreuzigungsgruppe (dat. 1509), innen eine kleine Beweinungsgruppe (um
1500) besitzt.

Die **alten Häuser** (18. Jh.) am Domplatz sorgen für eine
geschlossene Front. Überhaupt hat Wetzlar noch eine weitgehend geschlossene und einheitliche Bebauung im Altstadt-
kern, wenngleich leider hier und da moderne Einbauten
ungut ins Auge springen. Die nennenswerten Wohnhäuser
gehören meist dem 18. Jahrhundert an oder sind noch jünger.
Aus dem Mittelalter stammt nur das sogenannte Gotische
Haus zwischen der Enten- und Blaunonnengasse. Hier am
Domplatz wäre noch auf das Alte Rathaus (1790) hinzuweisen, in dessen Mittelrisalit sich ein barockes Portal öffnet.
Der gußeiserne Brunnen ist neugotisch, ebenso die Alte Wache. Das neue Rathaus in der Hausergasse war der Archivbau des **Reichskammergerichtes.** Nach Übernahme durch

die Stadt (1911) ist der Bau (1782/92) aufgestockt worden.
Die Behörden waren im Grunde über die ganze Stadt verstreut. Von den verschiedenen Amtssitzen blieb nur die Alte
Kammer am Markt erhalten. Sie erlitt mehrere Umgestaltungen, von denen der Fachwerkneubau (1606) der prägendste
war. Auch fassen alte Wohnhäuser den weiten Platz wohltuend ein.

Der ehemalige *Deutschordenshof* ist den wenigsten unter
diesem Namen bekannt, obwohl von ihm schon 1287 in
den Akten die Rede ist. Die mittelalterlichen Gebäude sind
modern umgestaltet oder im 18. Jahrhundert verändert worden, wie die Zehntscheune und das Herrenhaus. Was die
Phantasie des Besuchers entzündet, ist jener Teil, in dem
Charlotte Buff geboren wurde, das *Lottehaus*, wie man einfach sagt. Da interessiert höchstens am Rande, daß dieser
Hofteil im 18. Jahrhundert sein Obergeschoß aus Fachwerk
erhielt. Man denkt da eher an die leidenschaftliche Liebe des
Rechtspraktikanten Goethe zu der mit Kestner verlobten
Lotte. Sie entzog sich schließlich; Goethe verließ ohne Abschied die Stadt. Der Selbstmord eines Bekannten, der gleich
ihm an unglücklicher Liebe litt, verdichtete sein eigenes Erleben und trug entscheidend zur literarischen Gestaltung der
›Leiden des jungen Werther‹ (1774) bei. Das *Jerusalem-Haus*
(17. Jh.) am Schillerplatz war bald nach dem Erscheinen des
›Werther‹ ein »Wallfahrtsort der empfindsamen Welt«.

Ganz unter dem Zeichen der Romanze des Dichter-Juri-
sten mit der Amtsmannstochter stehen die in beiden Häusern
untergebrachten **Museen**. Das Jerusalem-Haus gehörte jenem Legationssekretär Karl Wilhelm Jerusalem, der aus Lie-
besschmerz Hand an sich legte und als ›Werther‹ wiederauf-
erstand. Im Lottehaus taucht der Besucher in die Wohnatmosphäre der Goethezeit, bestaunt Andenken an damals und
bibliophile Raritäten. Das angeschlossene Stadt- und Indu-
striemuseum sorgt für den großen Rahmen, in dem Goethe
dann doch nur Episode ist.

Um die Ecke liegt der am besten erhaltene Platz von Wetzlar, der **Kornmarkt**. Im Haus Nr. 7 wohnte Goethe. Am
Gasthaus ›Zum römischen Kaiser‹ (1767) hat man die barocke Holzfigur des Namengebers angebracht.

Da sich die Altstadt an den Domhügel schmiegt, können die schmalen Gassen, viele Kurven und steilen Treppen den Fremden anfangs ein wenig verwirren. Die Lage erinnert an Marburg, wo man aber noch mehr treppauf und treppab zu klettern hat. In der Großen Pariser Gasse steht der ehemalige von Zwiernleinsche Hof (um 1760). Die Straße mündet auf die enge Obertorstraße mit ihren beiden beschieferten Zollhäuschen. Etwas weiter läßt sich auf längere Strecke die Stadtbefestigung verfolgen, zu welcher der runde Säuturm gehört. Auf dem Alten Friedhof sind neben anderen der unglückliche Jerusalem, Angehörige der Familie Buff und Karl Kellner, der Begründer der hiesigen optischen Industrie, bestattet. Die Freilichtbühne lockt alljährlich mit ihren Industrie-Festspielen Besucher von weither.

Seit etwa 1285 bestand am Wetzlarer Stadtrand ein **Franziskanerkloster**, dessen **Kirche** am Schillerplatz stark verändert und teilweise zweckentfremdet ist. Nur ihr frühgotischer Chor mit barockem Nordportal (1720) dient der evangelischen und der griechisch-orthodoxen Gemeinde für ihre Gottesdienste. Geschichtlich bemerkenswert ist, daß die Franziskaner anfangs der Reformation weichen mußten, später aber ihr Klosterleben wieder aufnehmen durften, bis die Säkularisation den Konvent endgültig schloß (1675-1826).

Hinter dem Kloster steht das Geburtshaus des Volksliedersammlers Ludwig Erk (1807-1885), nach dem der dortige Platz benannt ist. Etwas weiter die Kornblumengasse hinauf liegt breit um einen kleinen Binnenhof das **Palais Papius**, früher auch von Avenmannscher Hof genannt. Innen sieht man gute Wand- und Deckenstukkaturen (18. Jh.). Heute ist dort eine höchst sehenswerte Sammlung europäischer Wohnkultur untergebracht. Die Möbel sind nach stilgeschichtlichen und chronologischen Gesichtspunkten zu Wohneinheiten zusammengestellt und sinnvoll ergänzt durch passende Gobelins, Fayencen, Uhren, Porträtbüsten, Zinn- und Silberarbeiten. Ein Schreibschrank mit italienischen Einlegearbeiten, ein mit Perlmutt und Elfenbein ausgelegter Spieltisch und eine alte Amsterdamer Standuhr sind Glanzstücke der Ausstellung.

Schon im Mittelalter ist der alte Stadtkern westwärts bis zum Wetzbach erweitert worden. Im 13. Jahrhundert förderte der Aufschwung die Entstehung von Vorstädten. Nach Überqueren der alten Lahnbrücke erreicht man am anderen Ufer bald die evangelische **Hospitalkirche** zum Heiligen Geist (1755, 1762/64), die geradezu Muster einer Predigtkirche des Rokoko darstellt. Der Entwurf wird dem Kasseler Baudirektor Johann Ludwig Splittdorff zugeschrieben. Der Saalbau ist konsequent und äußerst geschmackvoll für seine Aufgabe eingerichtet. Die Emporen laufen an allen vier Seiten entlang. Indem die marmorierten Holzsäulen, von denen sie getragen werden, bis zur Decke emporlaufen, entsteht der Eindruck von Logen, die sich zum Mittelraum öffnen. Darüber spannt sich eine schöne Spiegeldecke mit plastischer Taube vor Strahlenkranz als Symbol des Heiligen Geistes. Die Plastik schuf der Limburger Bildhauer Hochstader. Die zwei Deckengemälde (1764) von Georg Friedrich Repp aus Wetzlar zeigen die Taufe im Jordan und das Pfingstwunder, womit abermals der Bezug zum Heiligen Geist hergestellt wird. Mittelpunkt ist der reiche Kanzelaltar. Auf dem Schalldeckel stehen Statuen des Moses, Paulus und Täufers Johannes aus der Hand von Hochstader. Die Orgel baute 1765 Johann Andreas Heinemann aus Laubach. Die farbenfrohe Ausmalung trägt sehr zu der festlichen Atmosphäre bei.

Von der neuen Lahnbrücke genießt man den schönen Blick auf die Altstadt, den man schon zu oft abgelichtet gesehen hat und der doch immer wieder begeistern kann.

Der Karl-Kellner-Ring verbindet die neueren Teile Wetzlars miteinander. In auffallendem Kontrast stehen die hochragenden *Anlagen der Schwerindustrie*. Die Eisenerzlager des Lahn-Dill-Gebietes hat der Mensch schon lange Jahrhunderte genutzt. Eisenerzeugung und -verarbeitung haben in Wetzlar lange Tradition. Der Eisenmarkt findet bereits 1262 Erwähnung. Wie gesagt, bescherte der Bau der Eisenbahn seit der Mitte des vorigen Jahrhunderts der Stadt eine neue Blüte. Im Jahr der Gründung des Zweiten Reiches haben die Buderusschen Eisenwerke die ersten Hochöfen angeblasen. Etwa zwei Jahrzehnte vorher waren die optischen Werke von Hensoldt und Ernst Leitz gegründet worden, die der Stadt Weltruf einbrachten. Die Leitz-Camera, abgekürzt ›Leica‹, verhalf der Kleinbildfotografie zum Durchbruch. Schon bemüht sich der auf Burg Stauffenberg vor zehn Jahren gegründete Verein Leica-Historica um die wissenschaftliche Erforschung dieses Zweiges der Lichtbildnerei. Sehenswert ist das Werksmuseum der Firma Leitz.

Aus dem ehemaligen äußeren Bering der früheren Vorstadt Silhofen blieb das Kalsmunter Tor am Laufdorfer Weg erhalten, zugleich das einzige seiner Art in Wetzlar. – Auf einer Anhöhe zwischen Lahn und Wetz erhebt sich die **Burgruine Kalsmunt**, deren romanischer Hauptturm weithin sichtbar ist. Kaiser Friedrich I. hatte sie als Reichsburg errichtet und mit einer kaiserlichen Münzstätte begabt. Sie war mit Burgmannen besetzt, die aber auf die Stadtgeschichte keinen Einfluß ausübten. Seit dem 16. Jahrhundert verfiel die Burg. Hessen versuchte um 1740 vergeblich, das alte Gemäuer zu einer Festung auszubauen, um auf diesem Wege Wetzlars habhaft zu werden.

Die Dill mündete ursprünglich bei Wetzlar, ist dann aber umgeleitet worden. An ihrem Unterlauf liegt **Aßlar**, das schon 782 erwähnt wird und unter den Grafen von Solms früh eine eigene Industrie entwickelte. Nach Kraftsolms wurde hier 1587 durch Graf Konrad von Solms-Braunfels der zweite Hochofen seiner Grafschaft in Betrieb gesetzt. Die Aßlarer Hütte produzierte auf der Basis Siegerländer Erze Kanonen und Munition. Der aus Siegen stammende Geschützgießer Johannes Hüttenhenn machte sie zum bedeutendsten Hüttenwerk zwischen Fulda und dem Mittelrhein. Seit 1606/07 ist damit eine Drahtzieherei verbunden, die in modernisierter Form weiterarbeitet. Hoch über dem Ort liegt die im Kern romanische Kirche, die aber ihre heutige Gestalt im Jahre 1688 erhielt. Schießscharten am Turm (14. Jh.) gemahnen an unsichere Zeiten.

Gegen die Grafen von Solms und für Landgraf Hermann I. von Hessen baute Tyle von Frankenberg die Burg **Hermannstein** (1373/79). Die ältere Oberburg (14. Jh.), an der zwei hochragende Schornsteine eine bizarre Silhouette ergeben, ist die bedeutendste Wohnturmanlage in Hessen! Bei ihrer

Ausgestaltung folgte man dem Vorbild französischer Donjons. Die Ecken des trapezförmigen Wohnturmes sind abgerundet. An der Hauptangriffsseite ist in ganzer Höhe eine halbrunde Verstärkung aufgemauert, die einem Turm ähnelt. Im Innern hat die Burg zwei kreuzgratgewölbte Geschosse. Die tieferliegende Unterburg (1483) strahlt mit ihren kleineren Wohnräumen gegenüber den saalartigen Geschossen der Oberburg beinahe eine behagliche Atmosphäre aus. Man sieht, wie sich in hundert Jahren die mittelalterliche Wohnkultur gewandelt hat. Aus der Küche führt eine Treppe nach oben, wo die ehemalige Kapelle erhalten ist. Unterhalb der zwingerbewehrten Gesamtanlage befindet sich der große Gutshof der Freiherren Schenck zu Schweinsberg. Die Burg steht in Privatbesitz.

Die Verstorbenen der Familie Schenck zu Schweinsberg setzte man lange in der evangelischen *Kirche* bei, einem spätgotischen Bauwerk (1491/92). Unter den Grabsteinen muß das große Doppelepitaph (16. Jh.) hervorgehoben werden. Das Kruzifix (um 1520) ist eine hervorragende Arbeit. Außen an der Südwand befindet sich ein Steinrelief (1492), das in sehr guter Weise die Geburt Christi und die Anbetung durch Engel darstellt.

Altenberg

Lahnabwärts grüßt aus den bewaldeten Lahnhängen bei Oberbiel der Baukomplex des ehemaligen Prämonstratenserinnen-Klosters Altenberg. Wohl nur wenige Menschen, die heute, durch die Schnellstraße verleitet, vorbeihasten, dürften die Bedeutung dieses Ortes richtig ermessen können. Eine andere Weise der Annäherung bietet sich auf der Schlußstrecke des früher erwähnten Elisabethpfades an. Das wäre dann ein Fußmarsch vom Wetzlarer Ortsteil Dalheim durch den auch naturkundlich interessanten Klosterwald nach Altenberg.

Den geschichtlichen Hintergrund dieses Ortes schildert der Limburger Bistumshistoriker Pfarrer Ferdinand Ebert († 1982) kenntnisreich und in schlichten Worten so:

»Unterhalb Wetzlar liegt rechts der Lahn das ehemalige Prämonstratenserinnenkloster Altenberg, das 1179 von dem

Kloster Wülfersberg bei Sayn gegründet wurde; der Legende nach geschah dies auf Bitten des Erbauers der Lahnbrücken bei Limburg und Wetzlar. Im Chor der Altenberger Klosterkirche steht das Hochgrab der seligen Gertrud. Ihre Mutter war die hl. Elisabeth von Thüringen. Als Gertrud geboren wurde, starb ihr Vater, Landgraf Ludwig, in Italien auf dem Kreuzzuge Friedrichs II. Die hl. Elisabeth brachte ihr Töchterlein schon früh nach dem Kloster Altenberg. Im Jahre 1231 ahnte die kleine Gertrud den Tod ihrer Mutter, indem sie nachts sagte: ›Ich höre die Totenglocke von Marburg läuten; jetzt wird wohl mein liebes Mütterlein gestorben sein.‹

Als Gertrud 16 Jahre alt war, wurde ihre Mutter heiliggesprochen, und Gertrud durfte dabei sein, als der Leichnam ihrer Mutter feierlich in einen kostbaren Schrein gelegt wurde in Anwesenheit des Kaisers Friedrich II., der die heilige Elisabeth einst hatte heiraten wollen. Und Gertrud sah, wie die herrliche Elisabethkirche in Marburg 1235 als Grabdenkmal für ihre Mutter eingeweiht wurde.

Nach dem Tode der heiligmäßigen Meisterin Christine von Biel wurde Gertrud mit 21 Jahren Meisterin (Vorsteherin) des Klosters Altenberg. Eine schlichte Rose im Chorgestühl der von ihr erbauten Kirche zeigt den Platz der seligen Gertrud beim Chorgebet. Der Bischof von Trier gestattete ihrer Abtei die Aussetzung des Allerheiligsten an den Tagen, an denen keine heilige Messe gelesen wurde. Gertrud hatte innige Liebe zum Heiland im Altarsakrament und bemühte sich um die Einführung des Fronleichnamsfestes. In Altenberg fand eine der ersten Fronleichnamsprozessionen Deutschlands statt.

49 Jahre lang war Gertrud Meisterin von Altenberg. Sie starb am 13. August 1297 und wurde im Chor der Kirche begraben. Seit 1803 ist die Abteikirche (Begräbnisstätte der Fürsten von Solms-Braunfels) nicht mehr katholisch. Doch einmal im Jahre, am Todestag der Seligen, halten die Katholiken von Wetzlar in der Altenberger Klosterkirche feierlichen Gottesdienst. Dabei werden die Gertrudis-Wecken gesegnet und den Kindern ausgeteilt als Erinnerung an die tätige Nächstenliebe der seligen Gertrud, die gleich ihrer Mutter

den Hungrigen, Kranken und Aussätzigen im Namen Christi Gutes tat.«

Das ehemalige Reichsstift, das die Meisterin Gertrud zu hoher Blüte gebracht hat, fand nach dem Zweiten Weltkrieg eine unverhoffte Wiederbelebung durch Königsberger Diakonissen.

Die bedeutende frühgotische *Kirche* hat im Chor (1271) Anregungen der hessischen Bauschule verarbeitet und zeigt vor allem Stilformen der Marburger Elisabethkirche. Im Langhaus (um 1300) dagegen tragen die Architekturdetails deutlich den Stempel rheinischer Baukunst, wie sie mitunter in verblüffender Ähnlichkeit in den Zisterzienserkirchen von Haina und von Altenberg bei Köln auftreten. Trotz dieses zisterziensischen Einflusses wirkt die Kirche nicht streng, da man durch wohlproportionierte Aufteilung der Wandflächen und gute Fensterprofilierung die Nüchternheit zu mildern verstand, die dem einschiffigen kreuzrippengewölbten Gebäudeteil anhaftet. Im Westen liegt die tiefe zweischiffige Nonnenempore über einer kreuzgratgewölbten Halle, die hier irreführend als Nonnenkrypta bezeichnet wird. Es war der Raum für die nichtadeligen Laienschwestern.

Hervorragend ist die *Innenbemalung* aus dem späten 13. Jahrhundert. Farben oder Teppichmuster betonen die Architekturglieder. Dazwischen finden sich figürliche Darstellungen von Heiligen. Viel Leben spricht aus dem Vierungsfresko (um 1300), das die Krönung Marias durch Christus zeigt, der beiderseits die Apostel assistieren. Zur *alten Ausstattung* gehören der Barockaltar (1734), ein Emporenaltar (1609), der Altar im Schiff (1649) und der nördliche Seitenaltar. Der Aufsatz zur Hochaltarmensa wurde nach der Säkularisation weggegeben. Der Schrein steht in Schloß Braunfels, die Flügel im Städel zu Frankfurt. Auch Chorgestühl (um 1300), Levitensitz und Piscina sind aus der Zeit des alten Klosters überliefert. Auf der Empore steht die prächtige Orgel (1765) von Bürgy.

Vom Rang des Klosters zeugen alte Grabdenkmäler. Das bedeutendste ist die Tumba der seligen Gertrud, deren Gestalt inmitten eines Architekturrahmens ruht. Die schlanke, edle Gestalt erscheint mit gefalteten Händen wie lebend

unter dem Spitzbogen. Über ihr schweben zwei Engel, zu
Füßen kauert ein Löwe. Standbildartig aufgefaßt ist auch
das Bildnis von Graf Heinrich d. Ä. von Solms-Braunfels
(† 1258) auf der Tumba im Querschiff. Kniend dargestellt ist
Graf Bernhard II. von Solms († 1459), dessen Grabdenkmal
neben dem Hochaltar steht. Unter den zahlreichen beschrif-
teten Grabplatten ist eine aus Messing getrieben (1722). Die
Häufung dieser Denkmäler bestätigt auch für Altenberg den
ursprünglichen Stiftungszweck, den Totenkult, hier den für
die Grafen von Solms.

Altenberg, Klosterkirche,
Grabmal Graf Heinrich d. Ä.
von Solms-Braunfels

Die *Klostergebäude* vermitteln nach erfolgreicher Renovierung äußerlich einen zutreffenden Eindruck der mittelalterlichen Anlage, obwohl vom Kreuzgang nur geringfügige
Spuren erhalten sind. Nach der Aufhebung des Klosters
erwählten sich die Fürsten von Solms-Braunfels Altenberg
zum Sommersitz. Ein Brand hat dann restlos das Innere
verwüstet.

Selten beschreibt ein Ortsname die geographische Situation so treffend wie hier. Wo die Wieseck den Mündungsbereich ihres Unterlaufes verbreitert und bei wechselndem Wasserstand die flachen Uferbereiche naß hält, ehe sie sich dann in die Lahn er-gießt, entstand der Flurname Gießen. Man wundert sich, daß in der damals feuchten Niederung die Grafen von Gleiberg überhaupt eine Burg anlegten, die über Thüringen (1197) schließlich an Hessen fiel (1265). Nur der Kampf gegen den Mainzer Erzbischof bewog die Genannten, so viel an sonst wenig günstiger Stelle zu investieren. Von Wetzlar her, das noch stärker von den umliegenden Höhen eingerahmt wird, verbreitert sich hier das Tal zum Gießener Becken, das nur noch flachwellige Hänge begrenzen. Da die Lahn hier eine scharfe Wendung von Norden nach Westen vollzieht, lag der feste Platz an den vom Flußtal gebildeten Schneisen von Nordhessen zum Mittelrhein, unweit des durch das Dilltal ziehenden Weges in das hochwichtige Siegerland und von dort zum Niederrhein, vor allem aber öffnet sich hier die Landschaft nach Osten am Vogelsberg vorbei zur Fulda und über die Wetterau zum Main. Eine solche Lage bedeutete stets eine Herausforderung, schon zu der Zeit, als die Fernwege ausschließlich über die Höhen führten. Erst seit dem 15. Jahrhundert war der Straßenbau so zuverlässig, daß der Fernverkehr auch die Talwege annahm und Gießen ähnlichen wirtschaftlichen Profit bringen konnte, wie ihn Wetzlar viel früher genoß.

Bei der alten Wasserburg scheinen deren Herren bereits früh ein hochwasserfreies Stück Land ihren Burgmannen überlassen zu haben, denn schon 1248 wird Gießen als Stadt erwähnt. Eine ertragreiche Viehzucht trug zur Emanzipation des Bürgertums bei, das endlich die Burgmannen ganz von der Stadtverwaltung ausschließen konnte. Bis zum Ersten Weltkrieg wurden hier große Viehmärkte abgehalten. Philipp der Großmütige kümmerte sich nicht nur um die Religion, indem er die Reformation durchführte, sondern mehr noch um die Kriegstechnik: Gießen wurde Festung. Neben dem Alten entstand ein Neues Schloß. Eberdt Baldewein verstärkte die Festung derart (1586/90), daß sie allen Anstürmen während des Dreißigjährigen und des Hessischen Erbfolgekrieges standhalten konnte. Erst den Franzosen gelang es im Siebenjährigen Krieg, Gießen zu besetzen. Sie hielten Festung und Stadt auch während der Revolutionszeit und ließen die Befestigungen schließlich (bis 1810) schleifen. Aber erst der Bombenkrieg löschte die historische Altstadt mit Ausnahme des Neuen Schlosses völlig aus und vernichtete die Stadt zu zwei Dritteln.

Was dies angeht, lebt der Kunstfreund in Gießen durchweg von Erinnerungen. Der einzige erhaltene historische Bau, das **Neue Schloß** (1533/39), trägt ein wechselvolles Antlitz. Seine Architektur schildert den Übergang vom gotischen Palas zum Renaissance-Schloß, steht also genau an der Wende vom Mittelalter zur Neuzeit. Seine Nutzung als Staatliche Ingenieurschule ist ein Hinweis darauf, wo Gießens Bedeutung heute zu suchen ist. Verharren wir noch einen Augenblick bei der Baukunst, die sich in dem ausgezeichneten Fachwerkoberbau, den Erkern und dem angebauten Treppenturm äußert, mehr vielleicht noch bei der Harmonie, zu der die Teile zusammengefügt sind.

Das **Zeughaus** nebenan, das Eberdt Baldewein 1586/90 errichtete, ist nach den Kriegszerstörungen weitgehend in seinen alten Formen wiedererstanden. Es übertrifft in seinen Ausmaßen das Neue wie das **Alte Schloß**. Dieses war ursprünglich ein Bau des 14. Jahrhunderts, der bis 1905 für Museumszwecke umgebaut worden ist. Nach der Kriegszerstörung erstand er neu in den Formen der Jahrhundertwende und enthält die Abteilung *Gemäldegalerie und Kunsthandwerk* des Oberhessischen Museums. Es zeigt Münzen von der keltischen Zeit bis zum Notgeld der ›Goldenen Zwanziger‹, vor allem aber hessische Prägungen. Im gleichen Stock sind Fayencen aus ganz Europa ausgestellt (17.-19. Jh.), insbesondere aus den Manufakturen Hanau und Frankfurt, Plastiken (um 1500), Möbel (16./17. Jh.) und Gemälde bis zur Moderne. Neben international bekannten Malern (z. B. Corinth) hängen Werke hessischer Künstler von überregionaler Bedeutung (Antes, Blau, Götz, Greis, Gutt, Heckroth, Kreuz, Nebel, Rögler, Schultz) und die von einheimischen Malern, die Motive aus Hessen bevorzugten, darunter Mitglieder der Schwälmer Künstlerkolonien wie Banzter oder Thielmann, außerdem Barnas, Eimer, Hoelscher, Klingelhöfer, Lenz, Ubbelohde, Altheim und Fries. Hessische Bildhauer sind vertreten durch Burk, Croissant, Oehm, Schnitzler und Steinbrenner. Zeichnungen und Druckgraphiken seit dem 16. Jahrhundert mit Schwerpunkten in der Gießener Geschichte ergänzen die wertvollen Sammlungen.

Das **Burgmannenhaus** der Junker von Rodenhausen war letzter Rest der Gleibergschen Burg. Nach den Kriegszerstörungen hervorragend restauriert, bietet es ein getreues Abbild des Originals (1350), das eines der ältesten Fachwerkbauten von Hessen war und auch in seiner Nachbildung von hohem kunstgeschichtlichem Interesse ist. Heute ist darin die Abteilung *Stadtgeschichte und Volkskunde* des Oberhessischen Museums untergebracht. Von Stadtansichten Merians über volkstümliches Gebrauchsgut und biedermeierliche Wohnungseinrichtungen bis zu Industrieprodukten reicht der Bestand, an Hand dessen die beiden geschichtlichen Hauptfunktionen Gießen als Festung und als Ackerbürgerstadt sehr einprägsam dargelegt werden.

Von der ehemaligen **Stadtkirche** steht nur noch der Turm (1484-1510).

Die militärische Tradition von einst versank unter dem wohltuenden Grün der Anlagen, das hin und wieder Spuren der Befestigungen unterbrechen. Die heutige Garnison tritt im Stadtbild nicht mehr in Erscheinung. Wenigstens darin dürften sich also die Zeiten gebessert haben. Von der alten Kaserne blieben nur zwei Wachhäuser in der Liebigstraße übrig. Das westliche war *Justus Liebig* (1803-1873) zugewiesen, ehe er nach fünfzehn Jahren Notbehelf 1839 das neugebaute Institut daneben beziehen konnte. Der Schöpfer der Agrikulturchemie ist als gebürtiger Darmstädter echter Hesse. In Gießen schaffte er den wissenschaftlichen Durchbruch. Kein geringerer als Alexander von Humboldt hatte ihn hierher empfohlen. Diesem widmete er in Dankbarkeit sein 1840 erschienenes bahnbrechendes Werk der Organischen Chemie. Er blieb 28 Jahre als akademischer Lehrer in

Gießen, bis er einem Ruf nach München folgte, weil er dort zugunsten der Forschung keinerlei Lehrverpflichtungen mehr zu erfüllen brauchte. Das Museum zeigt neben einer umfangreichen Dokumentensammlung die Laboreinrichtung des großen Forschers. Die Bibliothek hält fast sämtliche Publikationen Liebigs bereit.

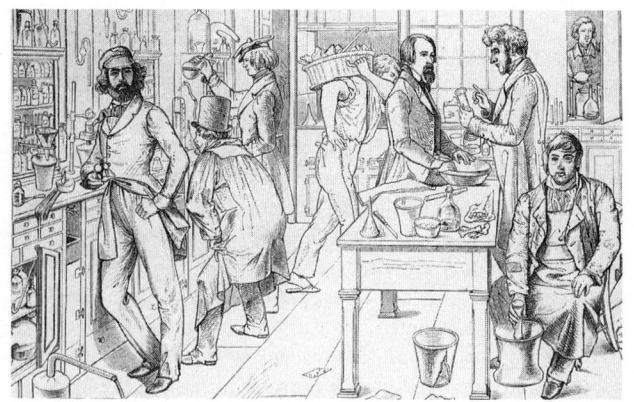

Das Labor von Justus Liebig in Gießen
Holzstich nach einer Zeichnung von Wilhelm Trautschold

Der Name Liebig bringt eine andere Seite Gießener Wirklichkeit in den Gesichtskreis des Lesers, die **Universität**. Hinter der Gründung eines Pädagogiums im Jahre 1605 (1607 Universität) standen kirchenpolitische Erwägungen, weil Hessen-Darmstadt – Gießen gehörte ja seit 1604 zu Hessen-Darmstadt – sein Luthertum gegen den Kasseler Kalvinismus geistig zu verteidigen gedachte. Klein aber flexibel, vermochte das Professorenkollegium neue Zeitströmungen zu integrieren: Pietismus, Aufklärung und vor allem die jungen Naturwissenschaften. Der Botanische Garten war einer der ersten in Deutschland mit wissenschaftlichen Ambitionen und ist noch heute angesehen. Einer ›Ökonomischen Fakultät‹ (1777) folgte um 1800 eine forstwissenschaftliche Abteilung und 1829 eine solche für Veterinärmedizin. Das

›Laboratorium chymicum‹ von Liebig lag also ganz auf der hier gepflegten Forschungsebene.

Der Ruf der Universität verlangte nach Erweiterung. Auf dem Seltersberg entwickelte sich seit 1890 eine eigene Klinikstadt. Das Hauptgebäude, die **Neue Universität** (1879) an der Ludwigstraße, hat in ihrem nachklassizistischen Stil nach Art der italienischen Renaissance die zeitgenössische Bautätigkeit in Gießen nachhaltig beeinflußt. Den kriegsbedingten Rückschlag hat die Hochschule längst überwunden.

Die Universität ist ein wichtiger Faktor in der Stadtökonomie geblieben, zumal sich die Ansiedlung von Industrie, abgesehen von der Zigarrenfabrikation, erst spät erfolgreich durchsetzen ließ. Seit Inbetriebnahme der Bahnlinien nach Kassel und Frankfurt (1850/52) ist die Bahn wohl noch immer das größte Unternehmen der Stadt.

Wem der Sinn danach steht, von der Gegenwart den gedanklichen Bogen bis in das Dunkel der Frühgeschichte dieses Raumes zu schlagen, dem sei der Besuch der Abteilung *Vor- und Frühgeschichte und Völkerkunde* des Oberhessischen Museums im Asterweg empfohlen. Ohne den Wert der ethnologischen Bestände schmälern zu wollen, sei hier entsprechend der Intention dieses Buches nur die prähistorische Sammlung gestreift. Ihr Reichtum ist irgendwie auch Spiegel dieser Gegend, die schon frühe und imponierende Niederlassungen des Menschen besaß, wie sie eindrucksvoll uns noch auf dem Dünsberg begegnen werden. Einzigartig nach Zahl und Formenreichtum sind die Erzeugnisse der steinzeitlichen ›Geröll-Gerät-Industrie vom Münzenberger Typ‹, jedenfalls für Europa. Bemerkenswert dürften auch die mittelsteinzeitlichen Lesefunde vom ›Feuersteinacker‹ in Stumpertenrod sein. Die Nachbarschaft der Wetterau ließ viele römische Funde hierher gelangen. Massenhaft sind mittelalterliche Stücke aus dem Gießener Raum vorhanden, aber auch aus Bad Nauheim, Butzbach, Friedberg, Lich, Münzenberg oder Ober-Wöllstadt.

Von Osten her fließt die Wieseck der Lahn zu. Noch in der Talweitung vor Eintritt in das Bergland liegt **Großen-Buseck**, von dessen romanischer Kirche neben Mauerresten im späte-

ren Langhaus (1763) und dem merkwürdig schiefwinkeligen
Querschiff der eindrucksvolle Westturm erhalten blieb. Die
alten Teile behaupten sich gegenüber dem jüngeren Mauerwerk mit ihren wuchtigen Quadern, den Pilaster- und Bogen-
gliederungen sehr nachdrücklich.

Innerhalb des Wiesecker Waldes südlich des Tals liegt
das ehemalige Augustiner-Chorherrenstift **Schiffenberg**, das
1129 Gräfin Clementia, Witwe Konrads I. von Luxemburg
und geborene von Gleiberg, stiftete. Später übernahm der
Deutsche Orden das Kloster (1323). Nach dessen Aufhebung
(1809) war es hessische Domäne.

Neben Teilen der Umfassungsmauern ist vom mittelalterlichen Stift noch die überdachte Kirchenruine erhalten. Um
1130/50 entstand sie als flachgedeckte Pfeilerbasilika mit
Querschiff, Vierungsturm, drei Ost-Apsiden und Westapsis
mit zwei runden Flankentürmen. Ganz oder teilweise verschwunden sind das südliche Seitenschiff, die Ost-Apsiden
und größtenteils die Flankentürme. Die Einwölbung (1516)
von Chor und Querschiff hat sich in der Vierung halten
können. An Details ist die Abkragung der Vorlagen am
Triumphbogen interessant, weil sie an sich als zisterziensi-
sches Motiv gilt. Die Deutung, ›um Platz für das Chorgestühl
zu schaffen‹, als Grund dafür, ist umstritten. »Strenge,
Schmucklosigkeit und Monumentalität der Formen« reden
in der Sprache der traditionellen salischen Architektur. Deshalb drängen sich auch Parallelen an die gleichfalls salische
Kirche von Bad Hersfeld auf: Doppelchor, Westapsis zwischen Türmen, ausladendes Ostquerschiff oder »gestrecktes
Langhaus mit straffer Arkadenfolge« (Gottfried Kiesow).

Die eigentlichen Stiftsgebäude sind verschwunden, wohl
aber stehen noch Gebäude des Deutschen Ordens: an der
Südseite des Hofes die dreigeschossige frühere Komturei
(1493-1500), an der Westseite die ehemalige Propstei (1463),
dazwischen der ›Neue Bau‹ (um 1700). Die Propstei wendet
sich mit einem reizvollen Erker dem Hof zu. Hübsch nimmt
sich der Hofbrunnen (1717) aus. Die einst wohl wehrhaften
Klausurmauern sind an der Ostseite noch gut imstand.

Vom Taunus fließt der Kleebach der Lahn zu, in die er
flußabwärts von Gießen mündet. Der alte Ort **Großen-Lin-**

den gehörte zur Herrschaft Gießen der Grafen von Gleiberg.
Nach der Übernahme durch Hessen war hier Sitz des Amtes
Hüttenberg. Das ehemalige Amtshaus ist jetzt Rathaus. Auf
älterem massiven Unterbau erhebt sich das Fachwerkobergeschoß (1611). Das frühgotische Portal stammt aus einer Kirche, während das alte Portal am Dorfgemeinschaftshaus
angeblich zum Amtshaus gehörte.

Außerordentlich interessant ist das Westportal der evangelischen Pfarrkirche, die inmitten des ummauerten Friedhofes
auf einer steilen Anhöhe über dem Ort liegt. Über die Reliefs
auf dem Portalgewände ist viel gerätselt worden. In merk-
würdiger, eigentlich unpassender Mischung stehen Figuren,
Tiere und Ornamente beieinander. Man glaubt, stilistische
Einflüsse aus Oberitalien erkennen zu können. Als Entschul-
digung für die ausbleibende Deutung wird der Verwitterungsgrad angeführt. Da am Pfarrhof in Remagen am Rhein
ein verwandtes Portal steht, plädieren manche für eine Zu-
fallslaune des offensichtlich weit gereisten Steinmetzen, der
seine Eindrücke kompiliert. Da begegnen sich Feierlichkeit
und Alltag, biblische und mythologische Gestalten, Wild-
tiere und Drachen. Eine Diskussion an dieser Stelle wäre
aussichtslos. Der Leser versuche selber, den Sinn herauszu-
finden.

Nördlich der Lahn trifft man in den teils zu Gießen, teils zu
Wetzlar gehörenden Orten gleichfalls manche interessante
Kirche. Oft sind sie Nachfolger älterer Bauten, wie in **Wiß-
mar** (1828/30), wo Friedrich Louis Simon tätig war, ein
Schüler Schinkels. Die Architektur der Kirche von **Atzbach**
(1766/67) steht unter dem Einfluß von Friedrich Rothweil.
Die evangelische Pfarrkirche von **Dorlar** erinnert an ein Kloster (1297-1540), vor dessen Gründung sie entstand und das
sie überdauert hat. Sie wurde um 1300 und nach 1437 umgebaut. Ruinenreste künden von der verschwundenen Klosteranlage, die anfangs von Prämonstratenserinnen (wie in Altenberg), dann von Mönchen desselben Ordens bewohnt
wurde.

Schon von weitem sieht man auf isolierten Basaltkegeln
die Burgen **Gleiberg** und Vetzberg wie Zwillinge einander

gegenüberliegen. Näherhin zu Gießen liegt Gleiberg, auf Wetzlar zu dann Vetzberg; leicht zu behalten also: G zu G, und W zu V. Burg Gleiberg legten die gleichnamigen, uns von der Gießener Geschichte her bekannten Grafen im 11. Jahrhundert an. Das Restaurant bewirtet seine Gäste in der später vorgebauten Unterburg (16. Jh.) aus Albertusbau und Nassauer Bau. Eine ältere Schildmauer riegelt die höher gelegene Kernburg ab. Im Palas (15. Jh.) mit Kapelle (1220/ 30) steckt ein älterer, kleinerer Palas. Neben dem Bergfried (11. Jh.), stand ein quadratischer Turm, wie die Fundamente zeigen. Großartig ist die Aussicht auf das Gießener Becken, auf Vetzberg, aber auch hinunter auf die Dächer des einstigen Marktfleckens Gleiberg.

In den Burghang eingebaut und einmal ihr zugehörig ist die evangelische Kirche von Gleiberg, die aus einem romanischen Schiff in verschiedenen Epochen zur heutigen Gestalt fand. Gotische Wandmalereien im Chor stellen Heilige und das Weltgericht dar. Die Kanzel ist mit reichem Schnitzwerk versehen (1643).

Der Ort gehört heute zu **Krofdorf**. Dort findet man die bedeutendste spätgotische Holzpfeilerkirche in Hessen. Diesen Charakter erhielt sie im wesentlichen durch den inschriftlich bezeugten Umbau des Schiffes im Jahre 1513. Der Rechteckchor ist um Jahrzehnte älter. Durch die achteckigen Holzpfeiler, auf denen über Kopfstreben die flache Bretterdecke ruht, wird der Eindruck eines dreischiffigen Saales erzeugt.

Vetzberg war Sitz des Gleiberger Vogtes, also der Vogtsberg. Eindrucksvoll klemmt sich der Hauptturm mit einigen Zwinger- und Gebäuderesten auf den engen Bergkegel, den überall zutage tretende Basaltsäulen aufbauen. Erinnerungen an den Vogelsberg werden wach, denn diese in der Ebene isolierten Berge verdanken ihre Entstehung dem Vogelsberg-Vulkanismus, an den sie unterirdisch angeschlossen waren.

Der **Dünsberg**, zehn Kilometer nordwestlich von Gießen, macht durch den hochragenden modernen Mast auf sich aufmerksam. Eine gewaltige Ringwallanlage aus drei konzentrischen Wällen umschließt seinen Gipfel. Funde aus der

Spät-Latènezeit sind in so reichem Maße geborgen worden, daß eine dauernde Besiedlung angenommen werden muß. Es handelt sich also nicht um eine Fliehburg, sondern um ein ›oppidum‹, wie die Römer sagten. Germanen scheinen hier gelebt zu haben. Im späten vierten Jahrhundert haben offensichtlich erneut Menschen den Berg bezogen.

Nördlich und ziemlich parallel zur Wieseck fließt die Lumda ostwärts herbei zur Lahn. Nahe ihrer Mündung erbauten die Grafen von Ziegenhain zu Beginn des 12. Jahrhunderts auf einem Basaltkegel die **Burg Staufenberg**, konnten sie aber in diesem zwischen Mainz und Hessen umstrittenen Raum natürlich nicht auf Dauer halten. Von den Landgrafen zerstört (1273), dann wiederaufgebaut, landete die Burg schließlich doch in hessischen Händen (1450), als die Ziegenhainer ausgestorben waren.

Die Ruinen der Oberburg verstecken sich auf dem bewaldeten Berg. Die Unterburg war früher Burgmannensitz derer von Rolshausen und ist heute Hotel. Die Restaurierung der im 18. Jahrhundert verfallenen Burg hat nur bedingt den Originalzustand wiederherstellen können, wie ihn der inschriftlich auf 1487 datierte Bau besaß. Trotzdem wirkt die weithin sichtbare Burg mit ihren vier Ecktürmchen am Dachansatz recht eindrucksvoll. Typisch für die Gesamtanlage mit beiden Burgen ist deren Staffelung im Gelände, was die drei hintereinandergeschalteten Tore unterstreichen. Auch im Ort stellt sich südlich unter der Burg ein Torturm (1401) in den Weg und beweist, daß auch der Ort in die Verteidigungsanlagen einbezogen war. In Sichtweite winken malerisch beieinander Gleiberg und Vetzberg.

Die Burgmannen von Rolshausen besaßen bei der Lahn eine Wasserburg, aus dem sich ein Gutshof entwickelt hat, dessen Herrenhaus 1564 erbaut worden ist. Dabei entstand 1852 das neugotische **Schloß Friedelhausen**, das sich in den Formen der britischen Neugotik bewegt. Auch die Parkgestaltung lehnt sich an englische Vorbilder an.

Als Wetzlar und Gießen mit weiteren vierzehn Gemeinden kurzfristig die künstliche Stadt ›Lahn‹ bildeten, lebten in ihren Grenzen etwa 155000 Einwohner. Die Zahl unterstreicht die Bedeutung des Gießener Beckens, das am 245 Kilometer langen Lauf der Lahn zugleich die gewichtigste Aktivzone ist. In dieser verkehrserfüllten und industrialisierten Gegend vergißt man fast, daß die Lahn gleich nach dem Eintritt in das Schiefergebirge zwischen Rothaar, Westerwald und Taunus ein idyllisches Landschaftsbild schafft und ein Wanderer- und Paddlerparadies ist. Neben der fleißigen Lahn gibt es die geruhsame Lahn. Für Naturfreunde bieten sich in allen Abschnitten von der Quelle bis zur Mündung lohnende Ziele. Da bis jetzt so viel vom Wirken des Menschen die Rede war, folgen wenigstens ansatzweise auch Schöpfungen der Natur, die man hier kaum suchen möchte.

Nordöstlich von Gießen stellt der **Hangelstein** einen vorgeschobenen Ausläufer des Vogelsberges dar. Seine aus Basalt verwitterten Böden bedeckt eine bemerkenswerte Vegetation mit einer schon von den Botanikern der Herborner Hohen Schule gerühmten Flora. Die darin vertretenen seltenen Arten und die wertvollen Pflanzengesellschaften waren Anlaß, den Hangelstein zum Naturschutzgebiet zu erklären. Selten sonst in Deutschland steht ein Gebiet so langfristig unter der Beobachtung von Forschern, kaum irgendwo kann die Kontinuität des Artenspektrums über einen Zeitraum von über 250 Jahren bestätigt werden.

Kaum weniger wichtig ist das Naturschutzgebiet **Gießener Bergwerkswald**, dessen Nordteil auch als Lindener Mark bekannt ist. Dort ging seit 1842 der Bergbau auf Manganerze um. Er hat reich gegliederte Sekundärbiotope hinterlassen, die zur Ansiedlung einer artenreichen Flora und vielschichtigen Vegetation führten. Bekannter wurde die Lindener Mark als Fundstelle für Gesteine und Fossilien des Silur, die in der Schutzzone zwischen dem Devon schuppenförmig zutage treten.

Dillgebiet

AUS der Sicht des Geographen gehört der gesamte nachfolgend beschriebene Raum zum Westerwald. Innerhalb desselben bildet das Dilltal eine eigene Teillandschaft. Im Norden vollzieht sich ungefähr im Verlauf der westfälischen Grenze fast unmerklich der Übergang zum Rothaargebirge.

Zwischen dem erzreichen Siegerland und den alten Siedlungskammern im Gießen-Wetzlarer Lahntal fiel dem Dillgebiet schon in vorgeschichtlicher Zeit eine bedeutende Rolle für den damaligen Fernverkehr zu. Eigene Bodenschätze steigerten die Bedeutung des Dillraumes noch zusätzlich. Bis in diese Gegend versuchte Mainz, von der Wetterau her, früh seinen Einfluß auszudehnen, wie dies ähnlich Köln im nördlichen Siegerland tat. Dem widersetzten sich die hessischen Landgrafen, stießen aber selbst auf Besitz- und Rechtsansprüche einheimischer Geschlechter und vornehmlich die des erstarkenden Hauses Nassau.

Der Name Westerwald erscheint urkundlich erstmals 1048, wobei offenkundig der Wald westlich vom Herborner oder Haigerer Fiskus gemeint ist. Später wurde der Begriff erweitert. Seine Anwendung ist aber noch immer in vielem umstritten. Deshalb soll, wie schon in ähnlichen Fällen, mit der Wortwahl nicht mehr als ein bloßer Orientierungsrahmen geboten werden.

Westerwald

In den Hochlagen des Westerwaldes liegt das Wassersportgebiet des Heisterberger Weihers. In **Gusternhain** steht ungenutzt einer jener merkwürdigen Kombinationsbauten aus Fachwerk (1820), die als Kirche und gleichzeitig zu anderen gemeinnützigen Zwecken dienen. Hier befand sich oben der Betsaal, während unten Räume für Feuerwehr und Bürgermeister waren. Bauten mit ähnlicher Aufteilung liegen nun öfter am Weg.

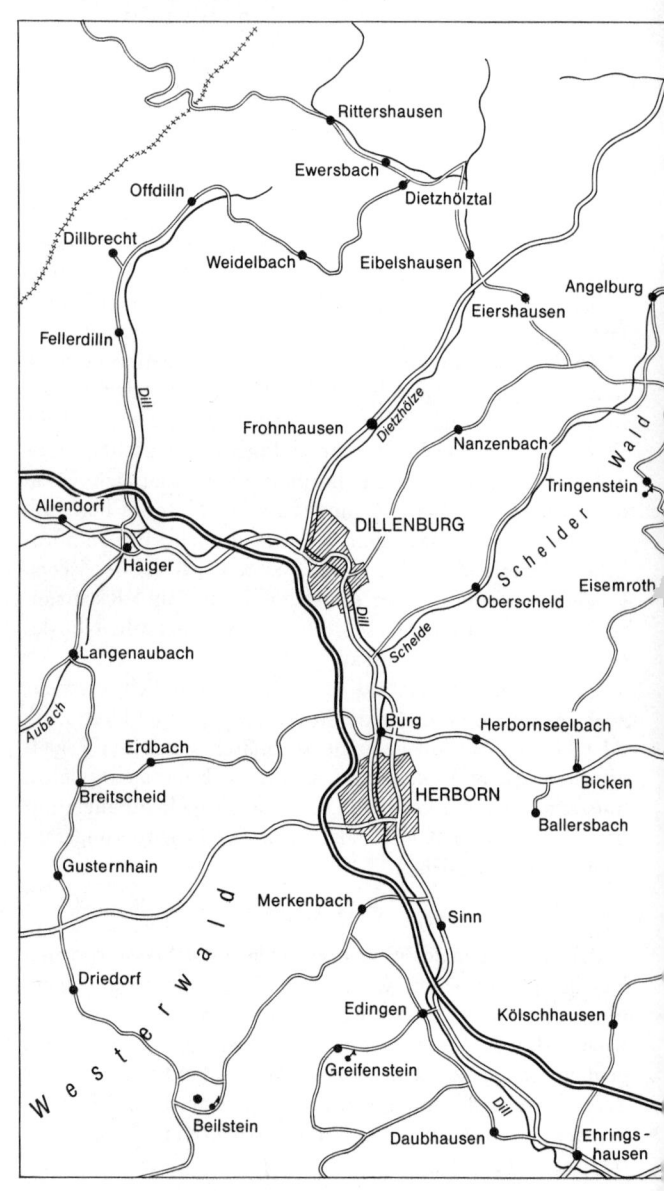

Malerisch liegt inmitten der Umfriedungsmauer des ehemaligen Kirchhofes die evangelische Kirche von **Breitscheid**. Wehrhaft wirkt der frühgotische Chorturm, der im Obergeschoß noch Schießscharten zeigt. Über dem Altar spannt sich im Inneren ein Kreuzgratgewölbe. Das Schiff wurde später (1629, 1727) umgestaltet.

Die evangelische Kapelle in **Erdbach** trägt an den Wänden des Chorraumes Wandmalereien (16. Jh.) mit Aposteldarstellungen. Die Bemalung der übrigen Wände mit Blumendekor und Sprüchen erfolgte dagegen erst 1788 durch Georg Ernst Justus Kayser, einem aus Gladenbach stammenden Künstler.

Roteisenstein-Grenzlager, oberdevonischer Riffkalk mit seinen Fossilien und allen für das Gestein typischen Bildungen wie Höhlen, Dolinen oder Bachschwinden, vulkanische Phänomene, das Ganze dann eingerahmt im Westen durch das Tertiär des Westerwaldes und im Osten von unterkarbonischen Diabasen, machen den Raum zwischen Langenaubach, Breitscheid, Erdbach und Medenbach geologisch äußerst interessant. Einen ersten Aufschluß vermittelt das kleine Museum, das in Erdbach neben einer bemerkenswerten Kulmformation eingerichtet ist.

Driedorf haben schon im 13. Jahrhundert die Grafen von Nassau mit zwei Burgen gesichert. Die bereits erlangten Stadtrechte blieben ohne dauerhafte Auswirkungen. Dafür war der so verkehrsgünstig gelegene Handelsplatz Streitobjekt der Mächte. Nach einer verheerenden Feuersbrunst im Jahrer 1819 wurde der Ort nach einem Plan mit schachbrettartigem Straßenmuster wiederaufgebaut. Mittelpunkt ist bis heute der Marktplatz geblieben.

Die beiden mittelalterlichen Burgen sind nur in Ruinen erhalten. Die Oberburg am Nordwestrand des Ortes lehnt sich an die alte Stadtmauer an. Außer den Mauerresten ist nur noch ein gotischer Turm mit quadratischem Grundriß zu erkennen. Bereits 1672 vernichtete ein Brand die Feste. Damals war die zweite Burg, Unterburg oder Junkernschloß genannt, schon verfallen. Spuren einer viereckigen Anlage mit Resten eines Wohnhauses sind in den Talwiesen zu sehen.

Wegen der Brandkatastrophe stammen die baulich bemerkenswerten Wohnbauten erst aus dem 19. Jahrhundert und tragen recht einheitlichen Charakter. Wichtigstes Bauwerk ist die evangelische Pfarrkirche (1821-27), die von Johann Schrumpf erbaut sein soll. Wie dem auch sei, sie ist jedenfalls ein herausragendes Beispiel jener Predigtkirchen, wie sie im Nassauer Land unter dem Einfluß von Friedrich Joachim Stengel entstanden, von denen diese aber die einzige ihrer Art im Westerwald ist. Der repräsentative Saalbau wird außen durch Quaderlisenen gegliedert und an der Marktfront von einem Mittelrisalit beherrscht, den vier toskanische Pilaster, Fries und Giebelfeld, beleben. Der Turm an der südlichen Langseite ist im Kern noch romanisch. Innen sind Altar und Kanzel an der südlichen Langseite aufgestellt – nicht wie sonst an einer Schmalseite – von wo aus halbkreisartig die Emporen entlang den übrigen Wandflächen aufgebaut sind.

Beilstein ist jetzt Verwaltungssitz der Großgemeinde Greifenstein. Die Burg war Veranlassung für eine Ansiedlung, die 1321 Stadtrechte erwarb, ohne diese behaupten zu können. Der Burgsitz der älteren Linie der Grafen von Nassau-Beilstein (1340-1561) fiel später an Nassau-Dillenburg, wurde dann noch einmal Sitz der jüngeren Linie Nassau-Beilstein (1607-1739), deren Grafen jedoch nur bis 1620 hier residierten, wonach die Burg langsam verfiel.

Merkwürdig an der Anlage ist, daß sie wohl nie einen Bergfried hatte. Die heutige Ruine ist im wesentlichen der ehemalige Palas (14. Jh.), dessen Ecken durch sogenannte Tourellen, vorgesetzte Türmchen, verstärkt sind, ein Baumotiv, das von den in Frankreich beliebten Donjons entlehnt ist und das auch bei anderen Burgen (Hermannstein) seinen Einfluß hinterlassen hat. Die Bergseite ist nach Art einer Schildmauer verstärkt, was wiederum an die Sporkenburg erinnert, und zudem zwei Stockwerke höher. Nachträglich wurde die andere Schmalseite noch durch eine Halbrundbastion (um 1500) gesichert. Die südwestlich vorgelagerten Ruinen stammen von Wirtschaftsgebäuden. Südöstlich steht die verwahrloste Vorburg mit ihrem Torhaus (um 1610).

An das Torhaus schließt sich die ehemalige Schloßkirche an, die jetzt als evangelische Pfarrkirche dient. Unter Einbe-

ziehung von spätgotischem Mauerwerk entstand sie 1614-
16 als langgestreckter, hoher Saalbau mit schmalen, gekuppelten Renaissancefenstern. Der Turm war ursprünglich ein
Wehrturm und bildete wohl die Toreinfahrt. Seinen dreistök-
kigen Haubenhelm erhielt er erst 1769. Unter dem Chor
befindet sich die Grafengruft. Die Balkendecke mit den aus-
drucksvollen Stuckrosetten schuf Philipp Seiler aus Dillenburg. Dillenburgische Einflüsse äußern sich auch in den
Beschlägen der Emporenbrüstungen. Kanzel und Gestühl
entstanden 1616, die Orgel erst Ende des 18. Jahrhunderts.
Die Farbfassung der Einrichtung wurde nach altem Vorbild
erneuert. Schön sind auch die Fußbodenmuster, zu denen
man hochkant stehende Steine angeordnet hat.

In diesem strategisch so wichtigen Raum spielte die **Burg
Greifenstein** militärisch eine ganz besondere Rolle. Die Her-
ren von Beilstein-Greifenstein mußten schon 1298 die Zer-
störung ihrer Burg durch Nassau und Solms hinnehmen.
Graf Johann von Solms-Burgsolms nahm den Wiederaufbau
in Angriff (1382, 1388) und kaufte Nassau alle bestehenden
Rechte ab. Erweiterungen nahmen dann die Grafen von
Solms-Braunfels vor (1432). Aber erst Graf Wilhelm 1. von
Solms-Greifenstein, ein gelernter Festungsbaumeister (gest.
1635), machte die Anlage zu einer damals uneinnehmbaren
Trutzburg, in der er auch residierte. Seine Nachkommen
verlegten die Residenz 1693 nach Braunfels. Seit dem
18. Jahrhundert verfiel die Anlage. In neuester Zeit bemüht
man sich um die Renovierung dieser bedeutendsten Wehranlage des Westerwaldes.

Die außergewöhnlich günstige Lage der Burg erkennt man
unschwer, wenn man sich ihr aus beliebiger Richtung nähert,
aber auch beim Rundblick vom Vorplatz oder vom Turm.
Die Kernburg (nach 1226) wird an der schmalen Nordflanke
durch eine hohe Schildmauer geschützt, die aber – anders
als etwa in Beilstein oder bei der Sporkenburg – durch zwei
Rundtürme mit Wehrgang und Zwischenbau verstärkt ist.
Darin erinnert sie an die Ehrenburg im Hunsrück oder Burg
Reichenstein bei St. Goarshausen. Der Nassauer Turm (westlich) hat eine Steinkuppel, die allerdings verschiefert ist, der
Bruderturm (östlich) dient als Glockenturm und trägt auf

seinem zeltartigen Dach als Wetterfahne einen Greifen. Der sich südlich anschließende Palas ist verfallen (um 1388). Östlich der Schildmauer findet man Reste des Neuen Baues (1687-93). Von dem abschnittweise später erneuerten inneren Bering blieben ebenfalls nur Reste erhalten. Der äußere Bering (1447-80) ist besser zu erkennen. Von den ihn verstärkenden, später hinzugefügten Batterietürmen (1610-20) fällt besonders die ›Roßmühle‹ am Vorplatz auf, wo man einen Blick in die mächtige Bastion mit ihren Geschützständen werfen kann.

Ein Kleinod bildet die äußerlich so unscheinbare Burgkapelle, die heute evangelische Pfarrkirche ist. Über der älteren Kapelle (1448-76), die, lange als Keller genutzt, eine Herrichtung verdient, wurde 1683-91 die jetzige *Schloßkirche* gebaut. Ihr Schmuck ist die überaus reiche Stuckdecke mit ihren vollplastischen Putten und den Knorpelornamente tragenden Kartuschen. Sie wurde bis 1686 von Johannes de Paerni geschaffen, der auch die Emporenbrüstungen stukkierte, an deren nordwestlicher Schmalseite die wappengeschmückte Fürstenloge prangt. Auch die genau gegenüberstehende Kanzel ist mit reichem Schmuck versehen.

Haiger

An der Öffnung dreier Täler lud dieser Raum schon früh den Menschen zur Ansiedlung ein. Bereits 778 wird ›Haigraha‹ urkundlich erwähnt. Die fränkischen Könige hatten in der Haigerer Mark eine Grenzorganisation geschaffen, deren Mittelpunkt Haiger war. Auch die spätere Herborner Mark war ursprünglich ein Teil dieses Territoriums. Im 12. Jahrhundert vermochten die Grafen von Nassau hier Fuß zu fassen. Bis Ende des 14. Jahrhunderts entwickelte sich der Ort zur Stadt, doch bald liefen ihm Siegen, Dillenburg und Herborn den Rang ab. Die Straßen hatten ihre Richtung verlagert, Stadtbrände (1723, 1829) zehrten an der Substanz. Erst Eisenbahn und Industrie bescherten seit dem 19. Jahrhundert wieder Wohlstand.

Die mittelalterliche Stadtbefestigung ist verschwunden. Nur die beherrschende Lage der alten Kirche auf der Anhöhe über dem Marktplatz verrät, daß dieser Bezirk einst auch strategische Bedeutung hatte. Zwar ist der heutige Bau erst in der Spätgotik entstanden, enthält aber Bestandteile aus Vorläuferanlagen. Die letzten Ritter von Haiger, deren Wasserburg südlich der Kirche stand, trugen zu ihrer Gestaltung bei. Man übernahm gewisse romanische Züge vom Vorgängerbau, folgte aber sonst bei der Errichtung des dreischiffigen Hallenlanghauses dem Stil der Zeit. Im Westturm sind die unteren Geschosse noch romanisch. Spätere Epochen nahmen weiter Änderungen vor. Erwähnt seien hierzu die barocken Stuckmedaillons im Netzgewölbe des mittleren Joches im Mittelschiff.

Anfang unseres Jahrhunderts stieß man im Chor auf die alte Ausmalung (15. Jh.), deren Bilder und Szenen eine Lebendigkeit ausstrahlen, wie sie in unserem Raum sonst kaum anzutreffen ist. Am nächsten stehen stilistisch die Wandmalereien von Ballersbach. Dargestellt sind das Leiden Christi, Apostel, Märtyrer, Evangelisten, das Jüngste Gericht und Engelgestalten. Mitunter sind die Szenen recht drastisch geraten, längeres Verweilen erschließt dem Betrachter manch köstliches Detail!

Abgesehen von der gotischen Sakramentsnische ist die Einrichtung viel jünger. Erwähnenswert ist die Orgel (1730-32), die Florenz Wang aus Hadamar gebaut hat.

Nach dem letzten großen Stadtbrand wurde die Stadt nach beinahe rechtwinkligem Muster neu angelegt (1835). Der Marktplatz stellt noch heute ihr Zentrum dar. Einen Blickfang bildet das Haus Fischbach, in dem sich das Heimatmuseum befindet. Typische Zwerchgiebel-Häuser begleiten die anstoßenden Straßen. Am Obertor steht die Alte Wache (um 1820).

Die zu Haiger gehörenden Orte besitzen zum Teil viele Zeugnisse ländlicher Architektur und Kunst. Am charakteristischsten sind wohl die kleinen Fachwerkkirchen, die es östlich der Dill so überaus zahlreich gibt. Ihren Wert hat man in jüngster Zeit wiederentdeckt – für manche von ihnen zu spät, denn die von Flammersbach, Haigerseelbach und Steinbach wurden 1957/58 und 1971 abgerissen.

In **Allendorf** konnten sich außer der Kirche noch mehrere Fachwerkhäuser (18. Jh.) und das schmucke Rathaus (um 1700) über diese Zerstörungsphase hinwegretten. Das Innere der Kirche wird durch barocke Ölgemälde und einen Putto, der ein Spruchband hält, belebt. Die Kanzel trägt Schnitzereien.

Ähnliche Züge weist die Kirche von **Dillbrecht** (1743) auf, deren Fachwerk verputzt ist. Die Emporenbrüstungen hat 1783 Georg Ernst Justus Kayser mit Blumen und Sprüchen bemalt.

In **Fellerdilln** ist die verputzte Fachwerkkirche (um 1800) zu einem Mehrzweckbau erweitert, in dem oben das Bürgermeisteramt untergebracht ist. Einige der im Ort erhaltenen Fachwerkhäuser (um 1700, 18. Jh.) haben Flachschnitzereien.

Wohl eines der schönsten Beispiele für diese barocken Dorfkirchen ist die 1776/77 von Joh. Heinrich Hoffmann erbaute in **Offdilln**. Die Ausstattung ist erstaunlich reichhaltig, denn neben dem Schnitzwerk an Emporen und Kanzel sind farbenfrohe Blumenbilder auf die Brüstungen, Wände und an die Decke gemalt (1781). Die Ausmalung wird demselben Künstler zugeschrieben, der auch in Fellerdilln gearbeitet hat. Die Kieselsteine im Fußboden hat man hochkant gestellt und zu Fischgrätmustern vereinigt, wie es noch andere Kirchen in dieser Gegend zeigen. Der barocke Türgriff am Eingangstor soll aus einem westfälischen Schloß stammen. Die schönen Fachwerkhäuser (18. Jh.) im Dorf haben zum Teil reichgeschnitzte Türen.

Auch die Kirche von **Weidelbach** (1817) steht in dieser Tradition, wie der aufgemalte Blumendekor im Inneren verrät. Hier ist das Fachwerk unter Putz verborgen. Dafür wird man durch den Anblick mehrerer eindrucksvoller Fachwerkhäuser (um 1700) entschädigt. An der Hauptstraße ist Fachwerk mit verzierten Eckpfosten und Flachschnitzereien zu sehen, zu dem sich in den beiden zuvor besuchten Dörfern Parallelen finden.

Die ›Herborner Mark‹ war bereits seit Mitte des 12. Jahrhunderts Reichslehen der Landgrafen von Thüringen, dann der Grafen von Nassau. Die Anfänge der Siedlung, die 1251 Stadtrechte erlangte, gehen wohl auf einen umwehrten Königshof zurück, der schon im 8. Jahrhundert auf dem Kirchberg gestanden haben könnte. Alte Fernstraßen haben dem Ort zu seiner Bedeutung verholfen. Sie erleichterten es, daß sich der Bezirk um Herborn von dem Haigergau emanzipieren konnte. Nachdem sich Dillenburg innerhalb der Mark als zweiter Gerichtssitz etabliert hatte, wurde der Bezirk eingeengt auf die etwa zwanzig Orte an Reh- und Ambach und an der Aar, das Amt Herborn, wie es bis 1806 bestand.

Als Graf Johann VI. 1584 die ›Hohe Schule‹ begründete, machte er Herborn auch zu einem bedeutenden geistigen Mittelpunkt. Diese kleinste Universität Deutschlands, die nie Promotionsrecht besaß, erlangte dennoch internationalen Ruf. Hervorragende Männer lehrten und lernten hier vor allem im 16. und 17. Jahrhundert, darunter die Professoren Olevian, Zepper, Pasor, Alstedt, Piscator und Althusius sowie als Scholaren Johann Buxtorf und der große Amos Comenius. Der an der Hohen Schule gepflegte Reformierte Geist vermochte sich über die seit 1585 bestehende akademische Druckerei des aus Zürich stammenden Christoph Corvinus mit nachhaltiger Wirkung in breiten Leserschichten zu entfalten.

In der zweiten Hälfte des 13. Jahrhunderts dürfte die 1207 erstmals erwähnte *Burg* entstanden sein, die im 19. Jahrhundert erheblich verwahrlost war und dann in zwei Renovierungsphasen (1869, 1929-31) umfassend erneuert wurde. Die Baugruppe erhebt sich malerisch über der Stadt und wird von drei runden Ecktürmen flankiert. Bei dem mittleren sind über dem quadratischen Unterbau zwei halbrunde Verstärkungen (14. Jh.) angebracht, die an ähnliche Bauelemente in Beilstein erinnern.

Von der nach 1251 entstandenen *Stadtbefestigung* blieben der Dicke Turm, Dill- und Hexenturm sowie der St. Leonhardsturm erhalten, der einen Tordurchbruch von 1562 auf-

weist. Schließlich sind noch vom Speckturm und der Hain-
pforte Reste vorhanden.

Zur ältesten Bauüberlieferung gehört vor allem die *evangelische Pfarrkirche*, die auf eine romanische Basilika zurückgeht (1219 erwähnt), von der nur noch die beiden quadratischen Osttürme (seit 1822 nur noch bis zum Chordach
reichend) und 1909 ergrabene Fundamente erhalten sind.
Schon in der ersten Hälfte des 14. Jahrhunderts dürfte sie
mit dem neuen Chor versehen worden sein, über dessen
Kopf- und Wappenkonsolen im 15. Jahrhundert ein Sterngewölbe eingezogen wurde. Die alte gotische Sakristei dient
seit 1751 als fürstliche Gruftkapelle. Die Hohe Schule verlangte bald nach ihrer Gründung nach einer Erweiterung des
Kirchbaues, der Conrad Rosbach von 1598 bis 1609 durch
den Neubau des Langhauses als breite, dreischiffige Halle
nachkam. Den Westturm, dessen romanischer Vorläufer
1787 eingestürzt war (vollendet 1822), schuf im wesentlichen
Johann Schrumpf.

Wohl noch in der ersten Hälfte des 14. Jahrhunderts entstand der frühgotische Bildzyklus an der Nordwand mit
Szenen aus dem Leben Jesu. Um 1500 dürften die beiden
Apostelbilder zu beiden Seiten des Ostfensters und im
16. Jahrhundert dann noch die Ranken im Gewölbe gemalt
worden sein. Um 1600 wurden die Emporen errichtet und
das an seinen Stirnseiten reichgeschnitzte Kirchengestühl
aufgestellt. Das Andenken an Pfarrer, Professoren und Studenten der Hohen Schule halten zahlreich gußeiserne Grabplatten (16. bis 18. Jh.) und drei Marmorepitaphien (18. Jh.)
wach.

Die Hohe Schule fand ihre Heimstatt in dem *alten Rathaus*, das man nach 1591 für ihre Zwecke umbaute und
erweiterte. Ein runder Treppenturm und drei Zwerchhäuser
beleben die Gebäudefront im Hof. Rechtwinklig schließt
sich ein Fachwerkbau mit achteckigem Eckturm (17. Jh.) an.
Die große Aula im Erdgeschoß des Hauptbaues ruft alte
Erinnerungen wach an die im Disputationsgestühl geführten
Rededuelle der Gottesgelehrten. Aus alten Gemälden blicken
die Professoren und ihre fürstlichen Gönner noch heute ernst
in den feierlichen Raum.

Herborn, Paulshof

Der sogenannte *Paulshof* nahm seit 1591 die erste und bedeutendste Druckerei Nassaus auf, die des schon erwähnten Corvinus. Die Baugruppe aus Fachwerk besitzt im älteren Vorderhaus (16. Jh.) einen achteckigen Fachwerk-Treppenturm, eine im Westerwald nicht gerade häufige Erscheinung (1606). Der rückwärtige Bau mit seinem Zwerchgiebel entstand erst um 1700.

Das überlieferte ›neue‹ *Rathaus* wurde 1589 bis 1591 von Jörg Zaunschliffer gebaut. Das dritte oder am Eckbau auch das vierte Obergeschoß hat man allerdings nach der großen Brandkatastrophe von 1626 in verschiefertem Fachwerk neu aufgeführt. Das zeltartige Dach wird von einem Dachturm gekrönt. Das schöngegliederte Hauptportal gehört zu den ältesten Teilen. Besonders reizvoll ist am Eckbau die Reihe der Bürgerwappen, deren Originale (seit 1914) im Heimatmuseum stehen. Deutlicher konnte sich das bürgerliche Selbstbewußtsein kaum Ausdruck verleihen! In der Eingangshalle führt eine dreiläufige Eichentreppe (1629) nach oben. Der leider unterteilte Saal im zweiten Geschoß hat eine dekorative Stuckdecke mit geometrischen Mustern (1629). Bildnisse aus dem 17. und 18. Jahrhundert halten städtisches Traditionsbewußtsein hoch.

Das Rathaus und die Wohnbauten der anschließenden Straßenzüge, durchweg nach dem Brand von 1626 erbaut, verleihen Herborn einen unnachahmlichen Reiz. Die Einhcitlichkeit, in der damals der Wiederaufbau geplant und vollzogen wurde, die Treue, mit der man seither die Substanz der Altstadt bewahrt und wo nötig restauriert hat, geben Herborn städtebaulich hohen Rang. Im Westteil der Altstadt, wo das Feuer nicht so verheerend wütete, ist der Gesamteindruck der Straßenzüge malerischer. Die Giebel der meist vierstöckigen Fachwerkhäuser reihen sich zu langen geschlossenen Silhouetten. Geringfügige Überhänge und zum Teil reiche Schnitzereien beleben die Fronten, wenngleich das Fachwerk oft unter Schiefer oder Putz verborgen bleibt. Besonders ansprechende Häuserreihen befinden sich am Marktplatz, am Kornmarkt, an der Hauptstraße, Schulhofstraße (Professoren-Amtswohnung, später herzogliches Amtshaus), am Kirchberg, wo ein überdeckter Gang die Straße überspannt, wie es ähnlich zweimal in der Gasse zwischen Haupt- und Turmstraße der Fall ist.

Das Bast'sche Haus (1550) am Kornmarkt besitzt auffällige Knaggen (restauriert 1603, 1764), deren reiche Verzierung ihre statische Aufgabe zwischen Pfosten und Rähm oder Schwelle zu überspielen scheint. Daneben seien auch die beiden klassizistischen Häuser an der Hauptstraße, der Westfälische Hof und die Amtsapotheke, ausdrücklich erwähnt. Schließlich muß auch auf das sogenannte zweite Pfarrhaus, das ehemalige Döringsche Haus, hingewiesen werden. Außerhalb der vorgenannten Baugruppen ist es ein weiteres Baudenkmal von Herborn. Das verschieferte Fachwerkhaus (1687) diente einst gleichermaßen als Zweck- und Repräsentationsbau.

Der *Ortsteil Burg* erinnert noch an die Zeit, als sich der alteingesessene Adel dem erstarkenden Haus Nassau entgegenstemmte und ihm die ›Dernbacher Fehde‹ lieferte. Die auf dem steilen Felsen über der Dill gelegene Kirche zeugt von der strategischen Bedeutung, die diesem Ort einst zukam. Lediglich die Apsis des heutigen Saalbaues ist noch romanisch.

Auf einem Bergvorsprung liegt hoch über dem Ambach *Katharinenborn*, das ehemalige Jagdhaus ›Neues Haus‹, das Graf Ludwig Heinrich von Nassau-Dillenburg 1640 erbauen ließ.

Herborn und Dillenburg bildeten mit dem Umland die Keimzelle für das nassauische Territorium an der mittleren und oberen Dill. Die *Dillenburg*, wohl schon in der ersten Hälfte des 12. Jahrhunderts errichtet, sicherte die Verkehrsverbindungen zwischen dem alten nassauischen Besitz im Siegerland und dem Besitz an der Lahn. Die Burg war 1290 Residenz, der Ort erhielt 1344 Stadtrechte, die allerdings lange nicht so recht zum Tragen kamen. Erst als Graf Wilhelm der Reiche (1516-59) Dillenburg zur ständigen Residenz erhob, erhielt der Ort langsam städtischen Charakter.

Im 16. Jahrhundert setzte eine umfangreiche Bautätigkeit ein, die › Hohe Mauer‹ (1525-36) und der › Neue Bau‹ (1550-1553) erweiterten die bestehende Feste beträchtlich, die durch Bastionen (Jäger- und Junkergemach, Rondell) verstärkt wurde. Noch im 17. Jahrhundert gingen die Erweiterungsarbeiten weiter, 1703 folgte wieder ein › Neuer Bau‹. Doch 1760 belagerten und zerstörten die Franzosen Dillenburg. Drei Jahre später diente das Gelände der Burg nur noch als Steinbruch.

Als die Stadt Residenz war, erblühte das kulturelle Leben. Der Stadtschreiber Johann Textor von Haiger veröffentlichte mit seiner › Nassauischen Chronik‹ 1617 eine erste Landeskunde für diesen Teil des Westerwaldes. Weltgeschichtliche Bedeutung erlangten Stadt und Burg durch Wilhelm von Oranien, den Schweiger, der 1533 auf der Burg geboren wurde. Er organisierte von hier aus den Freiheitskampf der Niederlande gegen Spanien. Offiziell übertrug am 14. April 1568 eine niederländische Gesandtschaft Wilhelm die Leitung des Kampfes gegen Spanien, woran noch heute die › Wilhelmslinde‹ erinnert. Wilhelms Bruder, Johann VI. von Nassau, brachte 1579 die Utrechter Union zustande und lieferte damit dem neuen Staatswesen die rechtliche Grundlage.

Dieser Hintergrund und die Bedrohung des Reiches durch die Türken machen die rege Bautätigkeit im Burgbereich während jener Zeit verständlich. Doch ließen es die tüchtigen Nassauer Grafen dabei nicht bewenden, sondern began-

nen mit einer beispielhaften Heeresreform. Im ›Defensions-
und Landrettungswerk‹ schufen sie eine ständig einsatzbe-
reite Verfügungstruppe. Deren Mobilität und hervorragende
Ausbildung – im Zeughaus zu Dillenburg durchgeführt –
ließen sie zum Vorbild wohl aller modernen Heere werden!
Während des Dreißigjährigen Krieges bewährten sich Festung und Truppen gleichermaßen. Seit 1742 war Dillenburg
Sitz der Landesregierung der wiedervereinigten nassau-oranischen Lande, während der Fürst in Den Haag seine Amts-
geschäfte führte.

Die verheerenden Brände von 1524 und 1723 sowie die
Verwüstungen durch die Franzosen (1759/60) haben von der
mittelalterlichen *Stadt* nicht viel übriggelassen. Die Reste
der Burg wurden 1872-75 eingeebnet und der Wilhelmsturm
erbaut, der heute Wahrzeichen der Stadt ist. Außer der
›Hohen Mauer‹ erinnern die gewaltigen unterirdischen Kasematten, die der Festungsbaumeister Ulrich von Ansbach
im 16. Jahrhundert schuf, an die einst so ausgedehnten Verteidigungsanlagen.

In der Straße ›Am Untertor‹ steht das ehemalige Stadt-
schloß, das 1737 Fürstin Isabella im Verbund mit dem Stadttor errichten ließ. Nebenan befindet sich das einstige Archiv
(1764-66). Beide Barockbauten verfügen im Inneren über
ansehnliche geschnitzte Treppen. Das gilt auch für das alte
Rathaus (1724), das im Obergeschoß aus Fachwerk besteht.
In der Wilhelmstraße bildet das Hessische Landgestüt, das
auf den nassau-oranischen Marstall zurückgeht, eine beachtliche Baugruppe mit Reithalle (1769), Prinzenhaus (1771/72)
und eingeschossigem Stallgebäude dazwischen. Auch der
dahinterliegende Hof ist im 18. Jahrhundert locker umbaut
worden. Im Obergeschoß des Prinzenhauses sind wertvolle
Stuckdekorationen des Spätrokoko angebracht.

Im früheren Hofgarten wurde im 18. Jahrhundert die
Orangerie erbaut, die später auch als Kirche Verwendung
fand. Aus der gleichen Zeit stammt das schmiedeeiserne
Gartentor.

Der Stadtkern atmet stellenweise noch den Geist der alten
Residenz. Wilhelmsplatz (1707) und Wilhelmstraße (1768)
wurden von den fürstlichen Stadtplanern, darunter Bauin-

spektor Joh. Friedrich Sckell, entsprechend den Bedürfnissen
von Residenz und Verwaltung angelegt. Die oft verschieferten oder verputzten Fachwerkbauten bieten noch heute ein
recht einheitliches Bild. Baumeister Sckell plante auch für
die Bedürfnisse der Gewerbetreibenden, die von Rathaus-
und Maibachstraße rechtwinklig geschnittene Rathausstraße (1787-91) mit ihren Häuserzeilen. Unter den in den
genannten Straßen erhaltenen Bauten seien vor allem hervorgehoben die heutige Industrie- und Handelskammer und das
Kreishaus (I und II), deren obere Räume mit wertvollen
Stukkaturen des Spätrokoko oder Frühklassizismus geschmückt sind.

Relativ spät erhielt Dillenburg eine *Pfarrkirche*, weil diese
ursprünglich im eingemeindeten Nachbarort Feldbach lag.
Erst 1501 war sie vollendet. Schon 1594-97 baute Conrad
Rosbach Schiff und Westturm entsprechend den evangelischen Raumvorstellungen um. Mittelalterlichen Charakter
bewahrte danach nur der sterngewölbte, spätgotische Chor.
Die Balkendecke (1772) im Schiff ziert ein Stuckmedaillon
mit dem Pelikanmotiv. Zwei Portale stammen noch vom
Ende des 16. Jahrhunderts. Der Innenraum der Kirche wird
von den Emporen (16. Jh.) bestimmt, deren Beschläge in
der Art geschnitzt sind, wie man sie auch in Herborn oder
Beilstein antrifft. Das Kirchengestühl vom Anfang des
19. Jahrhunderts erinnert an das von Eiershausen, doch ist
eine der Stirnwände wesentlich älter (um 1600).

Die zahlreichen Grabdenkmäler des 16. und 17. Jahrhunderts überragt das spätgotische Epitaph im Chor, das 1479
Meister Jorge aus Marburg für das Herz des Grafen Johann
von Nassau († 1475) schuf. Dieses heben zwei Engel über
einem Wappenschild empor. Unter dem hochgelegenen Chor
sind weitere fünfzehn Gräber des Hauses Nassau-Oranien.
Die südlich sich anschließende Gruftkapelle (um 1680) birgt
vier Blei-Zink-Särge (um 1727) von Fürst Wilhelm dem Weisen und seiner Familie, über denen sich eine Fürstenloge
befindet.

Von der alten Pfarrkirche im *Ortsteil Feldbach* ist nur
noch eine spätgotische Ruine erhalten. Das Dorf war seit
dem 16. Jahrhundert wüst. An seiner Stelle entstand 1576

der Feldbacher Hof, dessen jetzige Gebäude aber erst dem 18. Jahrhundert angehören.

Das Können des fürstlich-dillenburgischen Baumeisters Terlinden kam auch dem nordöstlich von Dillenburg etwas abseits gelegenen Dorf **Nanzenbach** zugute, als es 1772 durch eine Brandkatastrophe völlig niederbrannte. Beim Wiederaufbau in den beiden folgenden Jahren wurde eine lange, gerade Hauptstraße mit kurzen und ebenfalls einheitlichen Querstraßen angelegt. Die Fachwerkhäuser wurden giebelseitig zu den Straßen orientiert, zwischen ihnen blieb ein Abstand in Hausbreite. Das lange Dach barg Wohn- und Wirtschaftsteil in einem Haus.

Die für das Haus Nassau lebenswichtige Nord-Süd-Verbindung vom Siegerland nach Wetzlar verlief anfangs über die Höhen. Von Herborn in Richtung Kölschhausen kann man den alten Weg recht gut rekonstruieren. Später aber verlagerte sich der Verkehr zunehmend ins Tal und folgt seitdem hauptsächlich der Dill, bis zuletzt die Autobahn wiederum die verkehrspolitischen Akzente etwas verschoben hat.

Das Dilltal

Ein Ausflug die Dill abwärts ist landschaftlich wie kunstgeschichtlich nicht ohne Reiz.

Der Ort **Sinn** südlich von Herborn ist durch seine Glokkengießerei weithin bekannt geworden. Der dort bestehende Betrieb führt seinen Ursprung bis auf das Jahr 1590 zurück.

Schon durch ihre Lage wirkt die spätgotische Kapelle von **Ehringshausen** sehr eindrucksvoll. Noch gut ist ein Wehrgang mit Schießscharten erkennbar. Das Dachgebälk ist ursprünglich. Dagegen erfolgte die Inneneinrichtung (Emporen, Kanzel) im 17. Jahrhundert.

Das von Hugenotten 1703 besiedelte Dorf **Daubhausen** hat eine interessante Kirche. An dieser Kirche blieb ein wehrhafter Chorturm aus dem 14. Jahrhundert erhalten. Er erregt besondere Aufmerksamkeit, weil wir – diesmal an einem Sakralbau – auf Tourellen stoßen, jene halbrunden Vorlagen, die man von den französischen Donjons übernommen hat.

Malerisch liegt **Kölschhausen**, das mit einigen guten Fachwerkhäusern (17., 18. Jh.), dem Fachwerk-Rathaus (17. Jh.), einem Dorfbrunnen (1856) und der Pfarrkirche relativ viel an architektonischer Substanz aufweist. Eine Besonderheit stellt die Kirche dar, deren frühgotischer Chorturm mit einem nur von außen zugänglichen Wehrgeschoß versehen ist. Auch am Schiff sind vermauerte Schießscharten zu erkennen. Im übrigen hat dieser Teil 1697 stärkere Veränderungen erfahren, weil im Westen ein neuer Chorbogen eingefügt wurde.

Schelderwald

Die heutigen Hautpverkehrswege zwischen Dill und oberer Lahn folgen den Tälern von Schelde oder Dietzhölze und Perf. Sie weisen sich damit als relativ späte Straßen aus. Durch den Schelderwald zog einst als echte ›Hohe Straße‹ ein Weg von der Dill nach Marburg. Diese Bezeichnung ist immer Indiz dafür, daß ein alter Fernweg vorliegt, der allmählich seine Bedeutung an die jüngeren Talstraßen abgegeben hat. Das ist auch bei dieser der Fall, die einst von der Dill über Tringenstein und Wallenfels führte, während heute der Verkehr der Schelde-Lahn-Straße folgt.

Oberscheld kann auf die Geschichte seines einst so bedeutenden Bergbaues zurückweisen. Die evangelische Pfarrkirche, deren Obergeschoß aus Fachwerk besteht und in der Zone des Satteldaches den ›Hessischen‹ oder ›Wilden Mann‹ aufweist, entstand 1692. Damals wurden die reichprofilierten Emporen und der Kanzelaltar eingebaut sowie das Stuckrelief mit dem Pelikanmotiv an der Flachdecke angebracht.

Unsere Hohe Straße kam von Herborn über den Schelderwald und strebte weiter nach Angelburg. Die Sicherheit dieser Straße mußte allen interessierten Mächten ein Anliegen sein. Um 1351 entstand die nassauische Burg Murstein, die 1356 erstmals **Tringenstein** genannt wird. Sie war im Verlauf der Dernbacher Fehde als Trutzburg gegen die Herren von Dernbach und von Bicken gedacht. Später saß hier ein Gericht. Die wachsende Bedeutung kam in einer Erweiterung (1472-81) zum Ausdruck. Seit dem 18. Jahrhundert verfiel die verwaiste Burg. Tringenstein gehört neuerdings zur Großgemeinde Siegbach.

Als Rückendeckung gegen die Nassauer sollte eine Burg dienen, die den Adeligen von Bicken und von Dernbach von den hessischen Landgrafen auf dem Kirchberg bei **Eisemroth** errichtet worden war, die aber von den Nassauern offenbar bis 1328 zerstört werden konnte. An dem romanischen Chorturm der Kirche fällt das gratlose Kuppelgewölbe über den Blendnischen auf, zu dem es mehrere Parallelen in unserem Gebiet gibt. Das Schiff wurde später angesetzt (1721-27).

Eine wenig bekannte Rarität besitzt **Gönnern** in seinem Backhaus. Der von einem hohen Zeltdach überragte, gewölbte Steinbau ist der älteste seiner Art in Hessen und entstand 1559! Beachtung verdienen einige Fachwerkhäuser, die durchweg dem 18. Jahrhundert angehören und gelegentlich geschnitzte Eckpfosten aufweisen.

Noch eindrucksvoller wirkt das Backhaus in **Steinperf.** Hier ist der quadratische Bruchsteinbau, der geradezu barock wirkt (18. Jh.), mit einem hohen, zeltförmigen Doppelmansarddach versehen. An der kleinen Fachwerkkapelle (18. Jh.) wurden Nordwand und Innenraum später umgestaltet.

Das Trio der alten Backhäuser vervollständigt das von **Niedereisenhausen**, dessen ebenfalls quadratischer Bruchsteinbau von einem dreifach abgesetzten Kamindach gekrönt wird (18. Jh.). Reste einer älteren steinernen Kapelle wurden im 16. Jahrhundert durch Fachwerk ergänzt und später (18. Jh.) im Chorteil erweitert. Besonderen Wert hat deren Innenausstattung mit den vielleicht spätgotischen Emporen und der prächtigen Kanzel, deren Maßwerkmotive die offizielle Datierung (1730) irgendwie ab absurdum führen.

Dietzhölze

In wirtschaftlicher Beziehung hat das Dietzhölztal beinahe dieselbe Bedeutung wie das Dilltal.

Die gleichmäßige Aufreihung der Häuser an der Hauptstraße von **Frohnhausen** ruft sofort die Erinnerung an Nanzenbach wach. Hier wie dort hatte ein verheerender Brand einen völligen Neubau des Dorfes nötig werden lassen, der in Frohnhausen 1778 unter der Leitung des dillenburgischen

Amtmannes Rühle erfolgte. Die großzügige Anlage muß ehedem viel besser gewirkt haben, als ein Bachlauf unverrohrt in der Mitte der Hauptstraße floß. Beiderseits verlaufen Parallelstraßen, die durch Quergassen verbunden sind. Gleichmäßig werden sie auch heute noch von den Hofseiten gesäumt. Die Giebelhäuser bergen Wohnbau, Stall und Scheune unter einem Dach. Vielfach sind schöne Schnitzereien und Eckpfosten zu sehen.

Alt und Neu verbinden sich in der evangelischen Pfarrkirche. An einen gotischen Westturm (14. Jh.) mit gekuppelten Schallarkaden und Kreuzgratgewölbe im Erdgeschoß schließt sich das jüngere Schiff (1780-84) an, dessen Front nach Süden weist. Die geschmackvolle Ausstattung des 18. Jahrhunderts ist gut restauriert. Den Fußboden hat man aus kleinen Steinen zusammengefügt.

In **Eibelshausen** stößt man auf dieselbe Art Fußboden. Der Saalbau der evangelischen Pfarrkirche entstand 1776-79 und wird von einem Mansarddach mit quadratischem Dachturm bedeckt. Die Spiegeldecke ist mit zwei runden Gemälden verziert. Die später eingebaute Orgelempore (19. Jh.) verdeckt ein wenig den ursprünglichen Zustand der Inneneinrichtung, die – wie hier allgemein üblich – nur eine dreiseitige Empore vorsah und an der freien Schmalseite allein die Kanzel (1755) als Ort der Verkündigung duldete.

Ein reizvolles Beispiel evangelischer Kirchenbaukunst des 19. Jahrhunderts hat der abseits liegende Ort **Eiershausen** in dem annähernd quadratischen Saalbau, den Eberhard Philipp Wolff 1826/27 errichtete. Flache Lisenen und ein schmaler Portalrisalit gliedern die Außenwände. Die Einrichtung geschah zur Bauzeit, doch ist die Kanzel älter (18. Jh.) und entspricht jener in Eibelshausen. Aus jener Zeit stammen einige Fachwerkhäuser des Ortes.

Zurückversetzt in die frühe Latènezeit wird man in **Rittershausen.** Auf der Bergkuppe nördlich des Ortes, die ›Burg‹ genannt wird, lag eine gewaltige Ringanlage.

Ewersbach wuchs aus den Orten Bergebersbach und Straßebersbach, die sich ihrerseits seit dem 15. Jahrhundert aus der alten Siedlung Ebersbach entwickelt haben, zu einer Gemeinde zusammen.

Seitdem das alte Rathaus (1788) im Freilichtmuseum steht,
blieb die kleine wehrhafte Kirche mit ihren vermauerten
Schießscharten (13. Jh.) letzter baulicher Zeuge der Vergangenheit im unteren Ortsteil (›Straß-Ebersbach‹). Bedeutender ist die evangelische Pfarrkirche im oberen Ortsteil (›Berg-
Ebersbach‹). Der überlieferte Bau besteht aus spätromanischen und spätgotischen Teilen. Die älteren repräsentiert der
mächtige Westturm, dann die Mauern des Schiffs, die zum
Teil im Fischgrätverband hergestellt sind, ferner der ursprünglich wohl rechteckige Chor, der heute nur ein Vor-
chorjoch bildet und schließlich der Chorbogen. In das ältere
Schiff hat man im 15. Jahrhundert zwei Säulenpaare eingebracht und so dasselbe in eine spätgotische Halle mit Kreuzrippengewölbe umgewandelt. Gleichzeitig wurden der Chor
verlängert und das Turmgeschoß erhöht. Die nachträglich
eingebauten Emporen (1536, 1627, Chorempore 19. Jh.), von
denen eine inzwischen wieder entfernt worden ist, vermögen
die vorteilhafte Raumwirkung nicht entscheidend zu beeinträchtigen. Die bemerkenswerte Kanzel (15. Jh.), an deren
Korb-Ecken gedrehte Säulchen stehen, ruht auf einer Stein-
säule. Ihr Steinkorb besitzt schöne Maßwerkfüllungen. Reste
des alten Fußbodens, der aus ährenförmig gesetzten Flußkie-
seln besteht, finden sich im Chor.

Gladenbacher Bergland

Der größte Teil des Landes zwischen Dill und Lahn wird
von den Geographen als naturräumliche Untereinheit, als
Gladenbacher Bergland, zum Westerwald gezählt. Im Volksmund hat sich der Name *Hinterland* durchgesetzt, der auf
den Raum von der Dill-Eder-Wasserscheide bis zur oberen
Salzböde und Oberlahn ausgedehnt wird. Eigentlich war das
Hinterland jener zu Hessen-Darmstadt gehörige und von
diesem isolierte Bereich der Ämter Blankenstein (Gladenbach) mit dem Breidenbacher Grund, Biedenkopf und Battenberg. Später blieb die Bezeichnung an dem ehemaligen
Kreis Biedenkopf hängen.

Herbornseelbach, heute zu Herborn gehörend, wird südwestlich von dem ›Butschel‹ überragt, auf dem sich im Mit-

telalter ein befestigter Sitz der Herren von Dernbach befand. Dieser vorgeschobene Posten des alteingesessenen Adels der Herborner Mark wurde 1325 zerstört. Im Ort sind das mit Schnitzereien verzierte Fachwerk der ›Alten Schule‹ (um 1600) und die evangelische Kirche mit dem spätromanischen (ehemaligen) Chorturm sehenswert.

Auch der Nachbarort **Bicken** hatte ein Rathaus aus der gleichen Bauzeit wie Herbornseelbach, das jetzt in Wetzlar neben der Hospitalkirche steht. Einige gleichalte Fachwerkhäuser weisen zum Teil beachtenswerte Türen auf. Von der mittelalterlichen Kirche ist der Chorturm erhalten, der 1559 einen Spitzhelm bekam. Erhalten sind noch Reste spätmittelalterlicher Wandmalereien.

Die Bezeichnung ›Burggraben‹ erinnert an einen durch Wassergraben befestigten Sitz der Edelherren von Bicken, der 1352 zerstört wurde.

Die spätromanische Kirche von **Ballersbach** war ursprünglich eine einschiffige Chorturmanlage (13. Jh.), die während des Ersten Weltkrieges verändert wurde. Dabei sind wertvolle Wandmalereien (15. Jh.) entdeckt und zum Teil auf die Ostwand des Chors übertragen worden. Sie erinnern lebhaft an die von Haiger, so daß man denselben Maler vermuten möchte. Dargestellt sind Szenen aus Kindheit und Leiden Jesu, aus dem Leben von Adam und Eva sowie des Heiligen Christopherus. Die Kirchentür hat romanische Beschläge!

Geschichtsträchtigen Boden erreichen wir im Ortsteil **Niederweidbach,** das bereits Ende des 8. Jahrhunderts in einer Schenkungsurkunde für das Kloster Fulda genannt wird. Der Ort gehörte zu dem Amt Königsberg-Hohensolms, das seit 1351 von Hessen und Solms gemeinsam verwaltet wurde, 1629/30 aber an Hessen-Darmstadt fiel. Mächtig erhebt sich über dem Ort die ehemalige Wallfahrtskirche, die zugleich in Sichtweite von Hohensolms wie eine Burg die nahe Straße beschützen sollte. Sie lag noch innerhalb des trierischen Archipresbyteriates Wetzlar. Der Chorturm, der im Inneren ein Kreuzgratgewölbe hat, entstand im 14. Jahrhundert, während das Schiff inschriftlich für 1498 datiert. Zwei Säulen tragen die Kreuzrippengewölbe der zweischiffigen und

streng symmetrischen Halle. An der Wand sieht man zum
Teil figürliche Konsolen. Eine steinerne Wendeltreppe gestattet den Zugang zum Westgiebel, an dem Schießscharten
erkennbar sind.

Sehenswert ist die Inneneinrichtung: das frühgotische
Taufbecken, ein spätgotisches Wandtabernakel, die Kanzel
(1568), die Emporen (1608), deren Brüstungen reich bemalt
sind (17. Jh.), und vor allem der überaus kostbare Schnitzaltar (1510-20). Dessen Mittelschrein enthält in drei Gefachen
Heiligenfiguren von Maria, Jakobus d. Ä. und Nikolaus. Die
aufklappbaren Flügel tragen Gemälde von Hans Döring,
der von Albrecht Dürer beeinflußt ist. Auf den Innenseiten
werden die Heilige Familie und die Himmelfahrt Mariens
gezeigt, außen Mariä Heimsuchung und Tempelgang.

Etwas außerhalb erhebt sich über **Großaltenstädten** eine
Kirche, die durch ihre erhöhte Lage und den wehrhaften
Charakter des spätromanischen Turmes erkennen läßt, daß
sie einst dem Dorf auch Schutz gegen irdisches Unbill gewährte. Der Ort besitzt ein schönes altes Fachwerk-Rathaus
(1579) und etliche Fachwerkhäuser (um 1700).

Auch in **Erda** fällt an der Kirche der mächtige spätromanische Chorturm auf, dessen Glockenstube verschiefert ist.
Das Innere hat eine unvermutet qualitätvolle Ausstattung.
Während der Chor noch kreuzgratgewölbt ist, erhielt das
spätere Schiff eine Balkendecke, die auf zwölf in drei Reihen
angeordneten Holzpfosten ruht. Gleichzeitig (17. Jh.) wurden die Emporen aufgestellt, deren Brüstungen zum Teil
bemalt sind. Edle Formen weisen die Gestühlswangen (1652)
und die mit Intarsien verzierte Kanzel (1671) auf; beides
erinnert lebhaft an ähnliche Stücke in Krofdorf-Gleiberg.
Aus romanischer Zeit stammt das Taufbecken.

Weiter südlich wird die Landschaft von **Schloß Hohensolms**,
jetzt ›evangelische Jugendburg‹, überragt. Die alte Vorläu-
ferburg wurde kurz vor 1323 durch Verbündete von Kurmainz, die Grafen von Solms–Burgsolms–Braunfels, gegen
Hessen erbaut und sollte die sich hier treffenden Höhen-
straßen sichern. Als Hessen sie 1349 endgültig brechen
konnte, wurde sie an der jetzigen Stelle (zwei Kilometer vor

Hohensolms, Aquarell von Peter Becker

der vorigen) und solider neu gebaut, erlitt aber im
14. Jahrhundert noch mehrfache Eroberungen. Vom Beginn
des 15. Jahrhunderts bis 1718 diente sie den Grafen von
Solms-Hohensolms als Residenz. Die Stadtrechte (1639)
wurden dem Ort 1848 wieder entzogen, weil er sie nicht zu
nutzen verstand.

Ein tiefer Halsgraben umgibt die viereckige Ausläuferan-
lage der Burg. Zwei T-förmig aufeinanderstoßende Flügel
bilden den Hauptbau (14.-16. Jh.). An der Südfront deuten
vermauerte Arkaden auf einen ehemaligen Laubengang
(16. Jh.). Der Unterbau des Südflügels enthält einen Wohnturm (Mitte 14. Jh.). Sehr aufwendig ist das Innere gestaltet.
Das prunkvolle Treppenhaus hat eine vierläufige Stiege mit
reichgeschnitzter Brüstung. Auch die Kapelle (einst Totenge-
mach) und der Bühnenraum (früher Schlafgemach) besitzen
prachtvolles Schnitzwerk. Eindrucksvoll ist die Raumaufteilung im Rittersaal, wo vier Kreuzgewölbe auf einer einzigen
Mittelsäule ruhen. Die Wandvertäfelung hier und im dar-
überliegenden Raum soll um 1760 angebracht worden sein.
An der Südostecke sichert ein zerfallener Batterieturm den
Zugang zur Burg. Zur Vorburg gehören der achteckige gotische Turm (1580) an der Westseite, ferner ein Wirtschafts-

gebäude (18. Jh.). Einige Mauerzüge und der Rest eines Doppeltores, das von runden Türmchen flankiert wird, sind von der Ortsbefestigung erhalten geblieben. Die ehemalige Burgkapelle (1448) dient jetzt als evangelische Pfarrkirche. Bemerkenswert ist das Gemälde an der Ostwand des Kirchenschiffes, das den heiligen Christopherus darstellt (um 1500).

Zum Schutz der mittelalterlichen Straße diente einst Burg Blankenstein, von der nur geringfügige Reste vorhanden sind. Das spätere Amt Blankenstein verlegte schließlich seinen Sitz in den zugehörigen Marktflecken **Gladenbach.** Dieser Umstand sowie die Schiefergruben und der zeitweise umgehende Silberbergbau trugen zum Aufschwung des Ortes bei, der 1937 Stadtrechte erhielt.

Die *evangelische Pfarrkirche* in der Ortsmitte von Gladenbach war ursprünglich eine romanische Pfeilerbasilika. Anfang des 16. Jahrhunderts wurde sie unter Verwendung alten Mauerwerks erweitert, die Flachdecke durch ein Kreuzrippengewölbe ersetzt und der Chor angebaut. Bis 1954 waren unter Putz Wand- und Gewölbemalereien verborgen, die dann freigelegt wurden. Die spätgotischen Ranken in den Gewölben dürften am ältesten sein, die Rollwerkornamente dortselbst datieren von 1686. An der Nordwand ist Moses mit der ehernen Schlange als typologisches Vorbild dem Gekreuzigten gegenübergestellt (18. Jh.). Älter sind die Darstellungen von Absalom und der Frau am Brunnen (16. Jh.). Die Stuckmedaillons in den Gewölben sind hingegen Zutaten des Barock. Das älteste Ausstattungsstück ist der romanische Taufstein, dessen Becken ein Rundbogenfries säumt. Das Wandtabernakel ist spätgotisch. Die Kanzel (um 1700) wird von reicher Zinn-Einlegearbeit verziert. Ferner sind ein Holzkreuz (18. Jh.) und einige Grabdenkmäler (16.-18. Jh.) erwähnenswert.

Unterhalb der Kirche steht das prächtige alte *Pfarrhaus,* ein Fachwerkbau (1607) mit ansprechendem Eingang. Das Gebäude des Katasteramtes in der Gießener Straße war einst das Amtshaus. Das zweigeschossige Bauwerk (1770) deckt ein Mansarddach. Den Balkon sichert ein geschmackvolles Gitter.

Die zur Großgemeinde Gladenbach gehörenden Orte Bellnhausen, Diedenhausen, Frohnhausen, Rachelshausen, Römershausen, Rüchenbach, Runzhausen und Weitershausen haben reizvolle Fachwerkkirchen, die gerade im Hinterland so häufig sind. Die Mehrzahl entstand im 17. Jahrhundert, nur die von Römershausen und **Diedenshausen** sind jünger (19. Jh.), wobei die letztere dank ihre Lage besonders vorteilhaft zur Wirkung kommt. In diesem Dorf gibt es auch einige ausgezeichnete Fachwerkhäuser (17.-19. Jh.). Die Kirche von **Frohnhausen** wurde 1780-85 von Johann Georg Blecher (Blöcher) erbaut.

Die kleine Fachwerkkirche in **Rachelshausen** (Anfang 17. Jh.) besitzt reiche Zierformen im Balkenwerk, wie man sie sonst in Hessen nicht häufig sieht. Brüstungsfüllungen und ›Nasen‹ am Holzwerk kennt man eher in Franken. Die auffallend kleinen Fenster halten den ursprünglichen Zustand fest, wie er früher auch in den anderen Dorfkirchen zu sehen war.

Eine der ältesten Fachwerkkirchen Hessens steht in **Rüchenbach**. Die Glocke trägt die Jahreszahl 1589. Schon im Brandregister von 1777 wird der Bau als ›sehr alt‹ bezeichnet. Sie ist typisch für die meist schmucklose Form der vorbarokken Kirchen. Hier ist alles rein funktional. Ein dichtes Ständergerüst mit langen Schwertern und ein hoher spitzer Dachreiter – damit ist bereits die Beschreibung im wesentlichen geleistet. Nur wenige dieser Bauten haben den Dreißigjährigen Krieg überdauert.

Die quadratische, zweistöckige Fachwerkkirche (1781) von **Runzhausen** ist ein Werk des Johann Georg Blecher (Blöcher) aus Achenbach. Im Inneren befindet sich ein barokker Tischaltar auf vier Balustern (Docken). Die Kanzel ist mit Intarsien ausgelegt.

Hier im Dillgebiet häufen sich in ganz auffälliger Weise die alten Fachwerkkirchen, wobei diese Beobachtung auch für den ostwärts anschließenden Raum bis Marburg gilt. Nur noch im Vogelsberg findet man eine ähnliche Häufung, während sie im Waldeckischen oder im Frankenberger Raum nicht ganz so konzentriert sind. Verstreut über ganz Hessen kennt man heute 273 erhaltene Fachwerkkirchen, die in Südhessen weitaus seltener sind als im Norden. Einschließlich der nur noch archivalisch bekannten darf man feststellen, daß es durchweg Dorfkirchen sind. Das heißt, heute sind ein Zehntel aller Dorfkirchen Hessens Fachwerkbauten.

Umso mehr überrascht, daß man ihnen bisher recht wenig Beachtung seitens der Kunstgeschichte und der Volkskunde geschenkt hat. Eine Privatinitiative, der ›Förderkreis Alte Kirchen‹ in Marburg, hat sich in den letzten Jahren um die Erforschung, Dokumentation und Erhaltung dieser Monumente eingesetzt. Erfolgreich konnte mancher voreilige Abbruch verhindert oder eine für den Gottesdienst aufgegebene Kirche einer alternativen Nutzung zugeführt werden.

Im Dillgebiet begegnet man oft der eigentümlichen Kombination von Betsaal und bürgerlichen Gemeindeeinrichtungen unter einem Dach. Als nach dem Krieg die hessische Landespolitik die sogenannten Dorfgemeinschaftshäuser forderte und einrichtete, erschien das vielen als eine besonders fortschrittliche Maßnahme. Sie soll hier nicht abgewertet sein, zumal sie sich bewährt hat. Aber die Idee war – wie man sieht – uralt.

Typisch für diese Gegend ist der durch Kratzputz (Sgrafitto) bewirkte Schmuck der Gefache. Dabei werden Ornamente in den noch feuchten Mörtel über dem Lehmkern eingeritzt oder ausgeschabt. Die Gefachflächen werden dabei meist farbig ausgelegt, so daß die Ziermotive weiß hervortreten. Man kennt aber auch die Sgrafitto-Technik mit mehreren farbigen Schichten. Ein herausragendes Beispiel am Oberlauf der Dautphe soll den Überblick über die Hinterländer Kunstlandschaft abschließen.

In **Holzhausen am Hünstein** verheißt ein Schild am Dorfeingang, daß dieser Ort Bundessieger im Wettbewerb ›Unser Dorf soll schöner werden‹ geworden ist. So sehr dieser Wettbewerb oftmals merkwürdige Blüten treiben mag, hier erreichte die Ehrung eine Gemeinde, die einer solchen Auszeichnung wert war! Ganz überraschend trifft man im älteren Ortsteil auf zahlreiche Fachwerkhäuser, in deren Gefachen zum Teil ausgezeichnete Beispiele des für das Hinterland so charakteristischen Kratzputzes zu sehen sind. Mögen die Farben und Muster auch in den letzten Jahrzehnten erneuert worden sein, was übrigens technisch erforderlich ist, kaum irgendwo dürfte der ursprüngliche Eindruck wesentlich verfälscht sein. Man ist geneigt, dieses Dorf etwas überschwänglich als ›Perle des Hinterlandes‹ zu feiern! Wir bewegen uns auf ältestem historischen Boden, hatte doch der nahe Hünstein eine frühgeschichtliche Fliehburg, welche die Rolle jener auf dem Rimberg ergänzte.

Rüchenbach, Fachwerkkapelle

Mittlere Lahn

ETAPPENSTATION zwischen Rhein-Ruhr und Rhein-Main, zwischen Trier und Thüringen ist dieser Teil Hessens nicht erst seit dem Bau der Autobahn von Köln nach Frankfurt. Die moderne Trasse folgte in etwa der Richtung der alten ›Frankfurter Straße‹ nach Köln und zum Niederrhein. Für die von Trier zum Dernbacher Kreuz ziehende Autobahn war auch eine Fortsetzung in Richtung Wetzlar geplant, was Umweltschützer vereiteln konnten. Eine neue Idee war das keineswegs, denn die von der Mosel kommende mittelalterliche Straße nahm just dieselbe Richtung an Limburg und Weilburg vorbei.

Eigentlich sind es zwei Teillandschaften, die das Lahntal im hessichen Teil zwischen Taunus und Westerwald bildet: Limburger Becken und Weilburger Lahntal. Das **Limburger Becken** stellt innerhalb des Rheinischen Schiefergebirges ein Einsenkungsfeld dar, das die Lahn und ihre Zuflüsse zusätzlich ausgeräumt haben. Im ›Goldenen Grund‹ setzt es sich, tief zwischen den Taunushöhen eingesenkt, fort, um ziemlich scharf seine landschaftliche Grenze zu finden. Zum Westerwald ist die Abgrenzung viel lebhafter, weil basaltische Höhenzüge weit in das Becken vordringen. Eine Besonderheit ist der Massenkalkzug, der jene steilen Felsen aufbaut, die schon früh die Aufmerksamkeit des Menschen auf sich zogen, die in ihnen Kult- und Zufluchtsstätten sahen. Der Domfelsen in Limburg, Dietkirchen oder Dehrn stehen noch heute in dieser Verpflichtung. Fruchtbare Böden und günstiges Klima ließen das Limburger Becken schon zeitig zu einer ausgesprochenen Kulturlandschaft werden.

Bis auf das kleine Löhnberger Becken ist das **Weilburger Lahntal** mehr oder weniger eng in das Grundgebirge eingeschnitten. Besonders bei Runkel erhält das Tal geradezu einen cañonartigen Charakter. Zwischen dem verbreiteten

Schiefergestein kommen Roteisenstein und Kalk vor, die intensivem Abbau ausgesetzt waren oder noch sind. Bei Selters und Biskirchen dringen saure Quellen aus der Erde.

Ist das Weilburger Lahntal prinzipiell Durchzugsgebiet, so bildet das Limburger Becken eine kulturgeographische Kernlandschaft. In den leider industriell zerstörten Kalkhöhlen der › Wildscheuer‹ bei Steeden hinterließen Menschen der älteren Altsteinzeit ihre Spuren. Während der Eisenzeit ist bereits mit einer relativ dichten Besiedlung zu rechnen. Auf der Dornburg stemmten sich die Kelten verzweifelt gegen den Ansturm der Germanen (4.-2. Jh v. Chr.). Wo die uralten Fernwege die Lahn überquerten oder sich mit den Ost-West-Verbindungen kreuzten, befand sich wohl schon zur Merowingerzeit eine Befestigung, um Straßen und Furt zu sichern. Straßensicherungen bei Bergen und Hadamar ergänzten die Vorkehrungen. Dieser Raum bildete einen Schwerpunkt der von Trier aus betriebenen Mission und wurde bald zu dessen wichtigstem Machtstützpunkt im heutigen Hessen.

Limburg

Vom Domfelsen herabblickend findet man rasch die Bestätigung für die einleitenden Bemerkungen. Die Annahme, daß hier einst der Sitz der Grafen des Niederlahngaues (821) war, leuchtet ein. Leicht überschaubar, leicht zu verwalten und zu verteidigen, erscheint die weitere Geschichte geradezu vorprogrammiert. Und wenn so viel von den Fernwegen die Rede war, dann ist es fast nur wie ein Szenenwechsel, wenn neueste Planungen der Bundesbahn die überschnellen Züge des nächsten Jahrtausends zwischen Köln und Frankfurt unverändert in Richtung der historischen Straßen fahren lassen wollen.

Auf dem heutigen Domhügel und wohl innerhalb der alten Burg gründetet Konrad Kurzbold 910 das Georgsstift, wozu er die Unterstützung des deutschen Königs und des Mainzer Erzbischofs genoß. Die Ansiedlung um den Burgberg heißt 1214 Stadt. Unter den neuen Stadtherren von Isenburg-Limburg bescherten Handel und Gewerbe eine Hochblüte. Die Stiftskirche, der heutige Dom also, wurde gebaut, die Stadt

Limburg, Zeichnung von Peter Becker, um 1890

bis zur jetzigen Grabenstraße erweitert und neu befestigt. Um 1300 war die Stadt schon zu klein, Vorstädte wuchsen um sie herum. Eine Landwehr, die Schiede, mußte zu deren Sicherung angelegt werden.

Seit 1344 war Limburg zur Hälfte und seit 1420 ganz im Besitz von Trier. Nach Auflösung des Kurfürstentums Trier (1803) gelangte die Stadt an Nassau-Weilburg, ebenso das gleichzeitig säkularisierte Georgsstift. Die Stiftskirche bestimmten die Herzöge von Nassau zur Bischofskirche des 1827 neugegründeten Landesbistums.

Auch in nassauischer Zeit behielt Limburg seine traditionelle Rolle als Verkehrsknotenpunkt, der durch den Bau der Eisenbahn noch gesteigert wurde. Die Lahn war 1838 durch eine Schleuse und andere Maßnahmen über Limburg hinaus schiffbar geworden. Zuletzt hat die Autobahn, die seit 1939 in hoher Brücke über den Fluß zieht, das Verkehrswesen noch verbessert.

Die zentrale Rolle der alten Stiftskirche und des jetzigen **Domes** für Limburg in Vergangenheit und Gegenwart sowie seine außerordentliche künstlerische Bedeutung fordern als erstes dessen Besuch. Drei Vorläuferbauten trug der Felsen,

IV George Clarkson Stanfield
Limburg an der Lahn
Öl auf Leinwand, 1862
Bonn, Rheinisches Landesmuseum

einen ersten wahrscheinlich noch in karolingischer Zeit,
zwei nachweisbare aus dem 10. und 11. Jahrhundert. Das
entscheidende Datum ist die erwähnte Gründung eines
Chorherrenstiftes durch den Gaugrafen des Niederlahngaues, Konrad Kurzbold. Die dafür nötigen Bauten samt
Kirche entstanden innerhalb der Gaugrafenburg, einer merowingischen Hofanlage. Königliche Schenkungen trugen offensichtlich zu der raschen Vollendung innerhalb von neun
Jahren bei. Ein Jahrhundert später zog man über dem Grundriß des konradinischen Baues eine dreischiffige Pfeilerbasilika hoch. Fragmente beider stecken im heutigen Dom, der
im zweiten Jahrzehnt des 13. Jahrhunderts begonnen wurde.
In den Abmessungen des Grundrisses weitaus großzügiger
konzipiert, konnte er ähnlich wie in Wetzlar teilweise um
den Vorläuferbau herumgebaut werden.

Die Limburger Stiftskirche ist also gar kein Dom. Mit
Vorbehalt aber darf man eine gewisse Parallelität zu den
deutschen Domen immerhin darin sehen, daß beim Entstehen der heutigen Kirche außer einem nicht genau nachweis-
baren Stiftungsbeitrag durch adelige Herren – etwa Graf
Heinrich der Reiche von Nassau oder Heinrich von Isenburg
als ›Dynast‹ von Limburg – vermutlich die Bürgerschaft
der jungen Stadt durch entsprechende Leistung ihr gerade
erwachtes Selbstbewußtsein dokumentiert hat. Der Bau
diente nun nicht mehr dem Stift allein, sondern zugleich der
Pfarrei. Schon im Jahr 1235 weihte der Trierer Erzbischof
Theoderich II. von Wied die drei Hauptaltäre, nachdem bis
auf die Obergeschosse der Westtürme der Bau weitgehend
vollendet war.

Das uns heute so einheitlich erscheinende Gebäude entstand gleichwohl in vier Bauabschnitten, die dank detaillier-
ter Studien rekonstruiert werden konnten. Gerade darin aber
offenbart sich die technische und künstlerische Leistungsfä-
higkeit der damaligen Baumeister, die doch stets die Gesamt-
wirkung des Vorhabens vor Augen haben mußten. An der
Bausubstanz ist in den folgenden Jahrhunderten nichts mehr
geändert worden, sieht man von den gotischen Maßwerkfenstern der Seitenschiffe ab.

Die Änderungen im Innern hielten sich bis zum 17. Jahrhundert in Grenzen. Wohl brachte der Abbruch des Lettners (um 1600) eine Abkehr von Raumauffassung und Liturgie verständnis des Mittelalters. Aber erst die seit 1749 einsetzende spätbarocke Umgestaltung verdrängte nach dem auch anderswo geübten Verfahren die alte Konzeption des Kircheninnern. Helle Scheiben anstelle der Glasmalereien und Vergrößerung der Fenster des Vierungsturmes ließen große Lichtmengen in den Raum, deren Wirkung die hellgetünchten Wände verstärkten, unter deren Verputz alle Fresken verschwunden waren. Das barocke Altarprogramm sorgte bis zu gewissem Grade für eine kulissenartige Zerlegung des Raumes und seiner Teile.

In nassauischer Zeit renovierte man die jetzige Bischofskirche im Geiste des Klassizismus (1840), bis Preußen (ab 1866) als neuer Landesherr die verbliebene Barockausstattung völlig entfernte und den Raum im Stile einer nachempfundenen Frühgotik herrichtete. Selbst die alten Fresken traten wieder hervor, wurden aber nach historisierender Manier übermalt oder gar ergänzt. Bei der vorletzten Renovierung (1934/35) orientierte man sich lieber an staufischer Raumauffassung. Die vorläufig letzte Überholung (ab 1974) hatte sich allen diesen so verschiedenen Interpretationen zu stellen, und das ist denn auch der Grund, warum auf diese Dinge hier eingegangen wird. Die für die jüngste Renovierung Verantwortlichen wie auch ihre Kritiker liefern hier ein besonders gutes Beispiel für die mannigfachen und nicht selten nur kontrovers zu beantwortenden Fragen, denen sich die Denkmalpflege in Hessen und anderswo zu stellen hat.

Da hier ein weithin bekanntes Bauwerk, das zugleich als Bischofskirche aktuelle religiöse Bedeutung besitzt, nach technischem Können und ästhetischem Empfinden unserer Zeit neu hergerichtet wurde, sah man sich verstärkt zu der Überlegung nach dem Sinn eines solchen Unternehmens veranlaßt. Schon Konrad Kurzbold verband mit seinem Stiftskirchlein eine handfeste Vorstellung nicht nur politischer, sondern religiöser Art. Die Bürger und adeligen Spender wollten offenbar die Überlieferung noch übertreffen, als sie ungefähr nach 1210 damit begannen, in größeren Maßstäben die bestehende Kirche teilweise zu umbauen und schließlich

ganz abzulösen. In welcher Weise dann die neue Bauschöp-
fung zur Ausführung gelangte, wie sie sich in ihrer Substanz
wenigstens bis heute unserem bewundernden Blick darbietet,
das können Stilanalysen und Formgeschichte allein nicht
erschöpfend klären. Sicher, sie öffnen uns die Augen dafür,
wie sich der Limburger Dom in den Rahmen der sogenannten rheinischen Spätromanik und Frühgotik einfügt und deren architektonischen Höhepunkt bildet. Sie demonstrieren
die meisterhaft gelungene Rezeption nordfranzösischer
Formelemente und deren Abwandlung nach deutschem Geschmack.

Das Mittelalter verstand in solchen Bauten mehr als bloße
Funktionsgehäuse und steht darin wohl der Antike näher als
wir dem Mittelalter. Zisterzienserbauten in Hessen und hier
in der Nachbarschaft, wie in Marienstatt im Westerwald,
illustrieren deutlich, daß die frühen Ordensbauten gerade
nicht, wie oft unterstellt wird, ausschließlich funktional sind.
Bedürfnisse der Liturgie konnten Abmessungen von Bauteilen bestimmen, aber trotz seiner unleugbaren Wichtigkeit
blieb auch Liturgie letztlich Teileelement innerhalb des sakralen Weltbildes jener Zeit, das uns grundsätzlich fremd geworden ist.

Feinfühlige Forscher haben versucht, diese Sicht nachzu-
zeichnen. Einer von ihnen (Franz J. Ronig) bemühte sich
zuletzt, sie konkret auf Limburg anzuwenden. Auch Auszüge
aus solchem Bemühen helfen vielleicht besser zum Verständnis des ›Felsendomes‹ als die ermüdende Aufzählung von
Baudetails. Die Lage auf dem hochragenden Felsen über
der Lahn hat sicher zu allen Zeiten die Menschen an die
gleichnishaften Bilder der Bibel von der ›Stadt auf dem
Berge‹, dem auf Stein gebauten Haus und schließlich an das
Bild von Petrus, ›diesen Felsen‹, auf dem Jesus seine Kirche
bauen wollte, erinnert. Im 19. Jahrhundert mag man das
Gleichnis geradezu materiell interpretiert haben, als die historisierende Restauration (1871-73) den Außenputz ab-
schlug. Lange schien so die rohe Mauer des Domes gleichsam
aus dem Felsen herauszuwachsen – ein Bild, von dem sich
unzählige Betrachter bei der jüngsten Renovierung nur weh-
mütig zu lösen vermochten.

Vieltürmigkeit, unterstrichen und ergänzt durch die Doppelturmfassade, sind wichtige Elemente, um das Gotteshaus als verkleinertes Abbild der himmlischen Stadt Jerusalem darzustellen. Den Gedanken der mittelalterlichen Architekten griffen wiederum Künstler des 19. Jahrhunderts auf. So sang man bis zum nachkonziliaren ›Bildersturm‹ in katholischen Gemeinden des Bistums Limburg mit viel Inbrunst das Kirchweihlied »Ein Haus voll Glorie schauet weit über alle Land, aus ew'gem Stein gebauet von Gottes Meisterhand« und dachte wohl nicht zuletzt an diese Bischofskirche.

Die zur Stadt weisende Westfassade wird durch ein großes Radfenster ausgezeichnet. Die Rosette im Quadrat symbolisiert die kosmische Ordnung nach dem Weltbild der Bauzeit. Indem sie das Licht der Abendsonne in den Raum leitet, ist sie mehr als Lichtspender, da der Abendglanz auf das Abendmahl und – ganz mittelalterlich-katholisch gedacht – Abendopfer Christi hinweist.

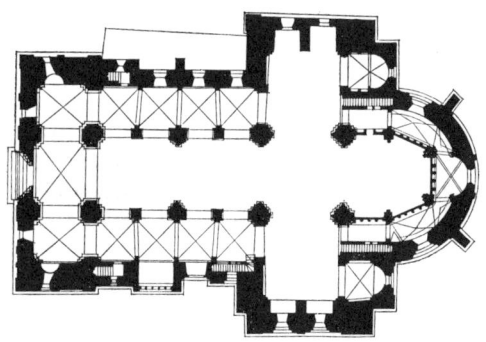

Limburger Dom

Dieses liturgische Drama vollzog sich einst im Zentrum des Bauwerkes unter dem achteckigen Turm, der das Vierungsquadrat, den Schnittpunkt der Schiffe, krönt. Damit ist die Symbolik des Grundrisses angesprochen, der – keineswegs zufällig – kreuzförmig ist und genau dies, das Kreuz Christi nämlich, darstellt. Indem sich dieser Grundriß zugleich streng nach der uralten sakralen West-Ost-Richtung

orientiert, wird das christliche Kreuz der Windrose gleich
und Zeichen der umfassenden kosmischen Ordnung, in der
sich christlicher Glaube vorfindet.

In der Aufgliederung des Innenraumes hat sich die ›pil-
gernde Kirche‹ ihre ›Prozessionswege‹ geschaffen. Man
denke an die Dreischiffigkeit von Langhaus und Chor, die
sich konsequent im zweiten Geschoß wiederholt. Man be-
achte darüber das begehbare Triforiengeschoß und schließlich den nach Art einer befensterten Zwerggalerie umlaufenden Oberlichtgaden.

Eindrucksvoll ist auch in diesem Raum die ›Diaphanie‹
(Hans Jantzen), die Wirkung des Lichts, das sich seinen Weg
durch das durchbrochene System der Stützen bahnt.

Wie ein architektonischer Trick mag die Negierung der
Westtürme im Innenraum wirken, wo sich der Emporenraum
nach Art eines westlichen Querschiffes ausweitet und an
Emporenräume romanischer Kirchen des Rheinlands, hier
vor allem an St. Andreas in Köln, erinnert. Irgendwie lebt
noch die magische Bedeutung des Westens, der Abendseite,
weiter, die in der Romanik auch baulich zum Ausdruck
kommt.

Einer so eng gewirkten Komposition, wie sie hier lediglich
angedeutet werden konnte, fügten sich nahtlos Inventar und
Bemalung ein. Vieles ist seit der jüngsten Renovierung wiederhergestellt, anderes ging verloren. Anstelle vieler Details,
die nun zu nennen wären, mag der Besucher sein Auge über
die dekorative *Ausmalung* gleiten lassen, bis er das Zielbild
gefunden hat, den thronenden Christus in der Ostwand des
Vierungsturmes, also an ganz ungewöhnlicher Stelle. Die
Malweise wird durch die Wandgliederung erzwungen, da
sonst kein Platz ist für solche Malerei. Die Bestimmung
des Bildes blieb dabei ungeschmälert erhalten. Ebensowenig
zufällig flankieren den thronenden Christus an dieser Stelle
die beiden Kirchenpatrone Georg und Nikolaus.

Das filigranhafte Gesprenge des Sakramentshäuschens
(14. Jh.) an der Seite setzt überraschende Akzente vor dem
Hintergrund der schweren Mauern. Noch spätromanisch ist
das Taufbecken, aber schon von so reicher Ausstattung,
wie sie nur wenige dieser Werke aus staufischer Zeit in

Deutschland erreichen. Die achteckige Schale wird von acht Säulen getragen, die mit Blattfries beziehungsweise kauernden Gestalten bedacht sind.

Auf der Chorempore steht das Grabmal des Stifters Graf Konrad Kurzbold († 948). Es hat die Form einer tischartigen Tumba, auf der die Liegefigur Kurzbolds zu sehen ist. An den Tragesäulen sind Figuren von vier Stiftsgeistlichen und zwei Tieren angebracht. Ähnlichkeiten lassen denselben Meister wie beim Taufbecken vermuten. Während die Trägerfiguren einen eher derben Stil zeigen, atmet die Liegefigur geradezu byzantinischen Geist. Man hat dies aus älteren Grabdenkmälern abzuleiten versucht. Man sollte sich aber in diesem Zusammenhang auch bewußt bleiben, daß Limburg an einer Fernstraße lag, deren Endpunkt damals Konstantinopel hieß. Und heute wissen wir, wie rege der mittelalterliche Fernverkehr war. Beachtung verdient auch das Grabmal des Daniel von Mudersbach († 1477) und seiner Gattin Jutta († 1461) in der Südapsis. Das Paar kniet vor einer Pietà unter einem Baldachin. Stilistische Herkunft ist der Mittelrhein. Erwähnt sei das barocke Epitaph des Kanonikus Hepp († 1599), auf dem die Speisung der Fünftausend dargestellt ist.

Östlich und nördlich des Domes lagen einst die *Stiftsgebäude*. Das Kapitelhaus befand sich an der Stelle des jetzigen Friedhofes für die Domkapitulare. Dort ermöglicht die gute Aussicht den eingangs skizzierten Zusammenhang zwischen Landschaft, Geschichte und Kunst ein wenig in Muße zu erwägen.

Die *Totenkapelle St. Michael* (1280) ist jetzt Wohnung. Darunter liegt der Raum des ehemaligen Karners.

Einen Komplex verschieden alter Wohngebäude stellte die **Burg** der Herren von Isenburg-Limburg dar. Die ursprünglich weiträumige Anlage ist jetzt auf die kleine Gebäudegruppe am Ostrand des Domfelsens zusammengeschrumpft. Vom Domeingang fällt der Blick auf die Alte Stiftsvikarie, die innerhalb des Burgbezirks in einem ummauerten Garten liegt (18. Jh.). Wo weiter südlich die Kleine Domtreppe zum Bischofsplatz führt, steht an der ehemaligen Burgmauer ein Hallenhaus (14. Jh.). Das östlich der anderthalb Meter breiten Treppe am Domplatz gelegene Fachwerkhaus (17. Jh.) mit den geschwungenen Giebeln und dem Erker ist als Burgmannenhof 1420 erstmals erwähnt und war Sitz des Scholasters bis zur Aufhebung des Stiftes. Daneben ist als ältester Teil des Burgbezirks ein Wohnturm (13. Jh.). Neben ihm befindet sich die Burgkapelle (1298), die durch ein Wohnhaus (1534) überbaut ist. Im Gesamtpanorama, das sich von der Autobahn oder aus dem Lahntal her entfaltet, tritt das Bauensemble um den Dom viel markanter in Erscheinung, als es hier auf gleicher Höhe wirkt.

Domschatz und Diözesanmuseum sind neuerdings in dem Haus in der Domstraße nur wenige Schritte von hier untergebracht. Das **Diözesanmuseum** sammelt kirchliche Kunst aus dem Bereich der Diözese Limburg, angefangen von Architekturfragmenten bis zu alten Reliquiaren. Dazu gehören die Ölberggruppe aus Marienhausen (um 1450) und vor allem die sogenannte Dernbacher Beweinung (Anfang 15. Jh.), ein Werk des Weichen Stils und eines der bedeutendsten Beispiele mittelrheinischer Tonplastik aus jener Zeit.

Prunkstück des **Domschatzes** ist die sogenannte Limburger Staurothek, ein byzantinisches Kreuzreliquiar, das Kreuzritter 1204 in Konstantinopel geraubt haben und das seit 1833 in Limburg aufbewahrt wird. Die angebliche Kreuzreliquie ist als Doppelkreuz ausgelegt und von Gold und Edelsteinen gefaßt. Spätestens 963 dürfte das Werk vollendet worden sein. Es liegt in einer kostbar ausgestatteten Lade mit Darstellungen in Zellemaille auf Goldplättchen. Der prächtige Deckel ist nach derselben Art verziert. Technik, Farbgebung und Feinheit der Abbildungen sprechen für das außergewöhnliche Niveau der byzantinischen Kunst.

Eine meisterliche Goldschmiedearbeit ist auch das Reliquiar des Petri-Stabes, das inschriftlich 988 in Trier entstand. Edelsteine und Zellenschmelz-Email sind sein Schmuck. Ein romanisches Bleireliquiar in Gestalt einer Kirche könnte einem Vorgängerbau des jetzigen Domes nachgebildet worden sein. Der als Marienstatter Abtsstab bezeichnete Hirtenstab stammt in Wirklichkeit aus Kloster Schönau im Taunus (um 1500). Die ungefähr gleichalte Kußtafel dagegen ist zisterziensischer Herkunft und gehörte einst dem Kloster

Eberbach. Unglaublich prächtig ist der Barockschatz für den Trierer Kurfürst-Erzbischof Karl Kaspar von der Leyen aus Kelch, Monstranz, Stab, Vortragekreuz und Mitra (17. Jh.).

Über die schon genannte Domtreppe verläßt man den ehemaligen Burg- und Stiftsbereich und gelangt in die Altstadt zu Kirche und Kloster der Franziskaner, jetzt **Stadtkirche** und Bischöfliches Ordinariat. Die schlichte Architektur, die außer einem Dachreiter und der Fassadengliederung durch Maßwerkfenster und Portal lediglich eine später angebrachte barocke Kreuzigungsgruppe als Außenschmuck besitzt, verrät, wie unzutreffend die Bezeichung des Bauwerkes ist. Sie entstand um 1300 anstelle eines kleineren Vorläufers für das nach 1230 gegründete Franziskanerkloster, eines der ersten in Deutschland übrigens. Die Spannung zwischen den Architekturen von Dom und Stadtkirche legt beredt Zeugnis ab von dem traditionellen stiftlichen Selbstverständnis und dem so gegensätzlichen neuen Ideal der Minderbrüder. Letztere waren in ihrer damals modernen Art beim Volk alsbald beliebter als die Stiftsherren, was den raschen Neubau dieser Kirche so bald nach der Klostergründung erklärt.

Innen haben die Seitenschiffe noch die flachen Holzdecken, die freilich im 19. Jahrhundert bemalt wurden. Das Mittelschiff dagegen erhielt im Barock seine Spiegeldecke (1742) mit den bewegten Stukkaturen in den seitlichen Wölbungen oder Vouten. Zur gleichen Zeit bekam der Obergaden seine barocken Kreuzwegbilder und die kreisförmigen Fenster, die stellenweise aus stilistischen Gründen oder wegen des anstoßenden Gebäudes bloß aufgemalt sind. Diese illusionäre Malerei war im Barock bekanntlich sehr beliebt. Die intarsiengeschmückte Kanzel, Kirchengestühl und Beichtstühle blieben von der Barockausstattung übrig. Die gotischen Glasmalereien wichen damals einer Blankverglasung, wie sie lichte barocke Innenräume nun einmal erforderten.

Eine harmonische Verbindung zwischen gotischer Architektur und barockem Inventar ist zweifellos in der Westempore gelungen. Den noch klassisch wirkenden Unterbau schließt die in der Tradition der Renaissance stehende Brüstung, in die das frühbarocke Rückpositiv der Orgel eingefügt ist. Die jüngste Renovierung hat Reste von gotischen Fresken und Renaissance-Architekturmalereien freilegen können. Über dem Chorbogen ist das Franziskanerwappen zu sehen mit den durchbohrten Armen Christi und des heiligen Franziskus. Den Chorraum deckt ein Kreuzrippengewölbe. Den Schlußsteinen entsprießen dekorative Pflanzen.

Auch in dieser Kirche empfahlen sich, wie in allen alten Klosterkirchen, vermögende Stifter dem Gebet der Brüder. Die sieben Epitaphien sollten für alle Zeiten ihr Gedächtnis wachhalten, angefangen vom ältesten Grabstein des Johann von Lympurg (1289-1312) über die drei Epitaphien der Grafenfamilie von Walderdorff und die im manieristischen Übergangsstil geschaffene Erinnerungsplakette für die Eheleute von Staffel bis zur Grabplatte der Freifrau von Hohenfeld mit barock-weitschweifiger Inschrift. Wertvollstes Ausstattungsstück ist indes das reichgeschnitzte gotische Kreuz (Anfang 15. Jh.) über dem Meßaltar mit seinem üppigen Weinstockmotiv.

Die Barfüßergasse trägt den Namen nach der Gewohnheit der Franziskaner, in Sandalen zu gehen. Hier und in der anschließenden Salzgasse findet der Ruf Limburgs als **Fachwerk**-Stadt seine Bestätigung. Die alte Bebauung ist im Stadtkern fast lückenlos erhalten. Deshalb steht er zwischen Lahn und Grabenstraße unter Denkmalschutz. Ausnahmsweise sind die Sprüche der Limburger Eigenwerbung kein ›stinkendes Selbstlob‹. Guten Gewissens darf man zitieren: »In der Altstadt wird heute wieder komfortabel gewohnt, gearbeitet, eingekauft und gemütlich flaniert. Eine vorausschauende Planung hatte dem Erhaltungsbereich Altstadt eine tragfähige Funktion zugeordnet und ihn damit auf Dauer lebensfähig und wirtschaftlich gesund werden lassen.«

Vorbei also unter anderem am Haus ›Goldner Adler‹ (1621) wird der Fischmarkt erreicht. Drei Häuser verdienen besondere Hervorhebung. Das historische Hallenhaus (Nr. 16/17) entstand vermutlich im 15. Jahrhundert. Später wurden in der Halle Zwischengeschosse eingezogen (18. Jh.), die aber wieder entfernt sind zugunsten des ursprünglichen Aussehens. Der Treppenturm ist neu. Ein weiteres Hallenhaus ist Nr. 9, das 1542 erbaut wurde und nach altem Befund farblich gestaltet ist. Der ›Ratskeller‹ (Nr. 12) ist im Gegensatz zu den vorgenannten Fachwerkhäusern ein Steinbau, der um 1300 erbaut und 1552 erneuert worden ist. An dem Platz liegt auch das neu eröffnete *Haus der Kunst*, das die Kunstsammlung der Stadt Limburg beherbergt. Sie enthält unter anderem Scherenschnitte von Engert und Werke des deutschen Expressionisten Eberz.

Ganz putzig nehmen sich einige Häuser an der Nonnenmauer aus, die im 16. Jahrhundert entstanden, aber mehrfach umgebaut worden sind zu den jetzigen malerischen Winkeln. Das gilt auch für das Bethlehem-Kloster (1631), das heute ein Altersheim ist.

Der *Walderdorffer Hof* des gleichnamigen Geschlechtes vom Westerwälder Schloß Molsberg entstand 1665 an der Stelle eines älteren Bauwerkes unter Leitung des Mainzer Meisters Giovanni Angelo Barella. Um einen Binnenhof gruppieren sich vier Flügel zu einem repräsentativen Adelshof der Renaissance. Der Turm ist im Kern wohl mittelalterlich.

Gegenüber an der Rütsche (Nr. 5) steht wieder ein Hallenhaus, das vielleicht schon im 13. Jahrhundert erbaut worden ist, seine Fassade aber erst im 16. Jahrhundert erhielt.

Römer Nr. 2/4/6 ist mit dem nachgewiesenen Erbauungsjahr 1289 das *älteste deutsche Fachwerk-Wohnhaus!* Es ist noch fünf Jahre älter als das Fachwerkhaus in der Schellgasse (Nr. 8) zu Frankfurt. Seinem Rang entsprechend ist es mit erheblichem Aufwand saniert worden. Römer Nr. 1 bietet ein typisches Beispiel für einen Burgmannensitz. Sein nördlicher Teil ist 1296 erbaut worden, der südliche um 1500.

An der Lahn, aber noch innerhalb des ehemaligen Befestigungsringes der Altstadt, liegt der *Eberbacher Hof*, eine städtische Niederlassung der Zisterzienser von Eberbach. Er besteht aus Kapelle (1322) und Wohnbau (1777, jetzt Behörde). Solche Stadthöfe gewannen für die ja immer auf dem Land liegenden alten Abteien zunehmend an Bedeutung, als die traditionelle Eigenwirtschaft der Mönche durch Auftragshandel, Geld- und Depositenwirtschaft abgelöst wurde.

Hier bietet sich ein Gang über die alte **Lahnbrücke** (1341,

1657 erneuert) an, von der sich ein bekanntes Bilderbuchmotiv – dem von Wetzlar irgendwie vergleichbar – auftut, das doch immer wieder begeistert. Schien es früher so, als ob der Dom aus dem Felsen wüchse, so ist durch die neue/ alte Farbigkeit ein Effekt entstanden, der im Grunde noch interessanter ist, indem er die Architekturgliederung erst richtig zur Geltung kommen läßt. Kruzifix (1657) und der hl. Johannes von Nepomuk halten wie so oft in katholischen Landstrichen Hessens Wacht.

Der quadratische Brückenturm (1543) gehört zu den wenigen Resten der alten Stadtbefestigung, die noch stehen. Die Brückenvorstadt (14. Jh.) existiert nur noch im Namen und ohne alte Bausubstanz von Bedeutung.

Außerhalb der Altstadt hatten die **Wilhemiten** ein **Kloster**, anfangs auf einer Lahninsel und seit 1317 jenseits der heutigen Grabenstraße südwestlich vom Stadtkern. Nachdem das Kloster in ein Hospital umgewandelt worden war, ist die Kirche für dessen Zwecke völlig umgebaut worden (1650/ 52). Die Chorfenster enthalten noch vorzügliche Glasmalereien (14. Jh.) mit neutestamentlichen Szenen. Spätgotisch sind mehrere Holzfiguren, darunter eine Anna Selbdritt (16. Jh.) vom ›Meister mit dem Brustlatz‹. Die heilige Anna ist heute Patronin der Kirche. Die übrige Ausstattung besorgte zum Teil die Hadamarer Schule in dem für sie charakteristischen Barockstil, wie man schön am Orgelprospekt und an der hervorragenden Kanzel (1753) mit den Evangelistenreliefs von Martin Volck sehen kann. Die mittelalterlichen Klostergebäude wichen einem Neubau von 1721.

»Kleinodien überall in der Stadt«, wirbt man zu Recht. Viele reizvolle Details möge der Leser selber zu eigener Freude entdecken. Der Weg ist gewiesen. Das moderne Limburg als wichtiges Zentrum der Region sei nicht vernachlässigt. Internationale Perspektiven gar eröffnet das **Missionsmuseum** der Pallottiner, die an der Wiesbadener Straße ihr Hauptquartier besitzen.

Es soll schon Verwechslungen mit Limburg gegeben haben, wenn Besucher lahnabwärts kommend zuerst den steilen Kalkfelsen von Dietkirchen mit der ehemaligen Stiftskirche erblickt haben. Und doch weht hier ein ganz anderer Geist.

Wie vorher bereits erwähnt, war der Kalkfelsen schon in schriftloser Vorzeit Zufluchtsstätte der Menschen (Urnenfelderzeit). Im 6. Jahrhundert dürfte die Gegend christianisiert worden sein. Schon 841 findet ein Kollegiatstift zu Dietkirchen Erwähnung. Seine Kirche wurde zur Mutterkirche des Lahngaues und war seit 1021 Sitz des Archidiakons aller rechtsrheinischen Kirchen der Erzdiözese Trier.

Um trierische Ansprüche auch ideologisch durchzusetzen, erwies sich die Legende vom moselländischen heiligen Lubentius als hilfreich. Noch einmal sei das Wort einem der besten Kenner dieser Gegend erteilt, Ferdinand Ebert:

»Die Legende erzählt: Von Trier kam Lubentius, ein Freund des hl. Castor, und verkündigte das Evangelium an Mosel und Lahn. Schon früh entstand an der alten Thingstätte des Lahngaues, dem Reckenforst, die ›Dietkirche‹. In Kobern an der Mosel, seiner letzten Wirkungsstätte, soll Lubentius um 400 gestorben sein. Die Legende erzählt von der Lahnfahrt des toten Lubentius. Die Leute von Mosel und Lahn stritten in Kobern um den Leichnam des Heiligen. Man legte ihn in ein Schiff – und siehe, die Wellen der Mosel, des Rheins und der Lahn trugen den Leichnahm gen Osten. Bei Niederlahnstein soll das Schiff gerastet haben, dort wo die Lubentiusquelle bei dem heutigen Lubentiuskapellchen entsprang. Dann – so berichtet die Legende – fuhr das Schiff weiter lahnaufwärts bis Dietkirchen; der hohe Felsen erzitterte wie bei einem Erdbeben und gab so die Ruhestätte des Heiligen wundersam kund. Unter dem Hochaltar der heutigen Kirche befindet sich ein Steinsarg, der die Inschrift trägt: Hic requiescit corpus Sti. Lubentii Conf. – ›Hier ruht der Leib des heiligen Bekenners Lubentius‹. Viele Prozessionen zogen einst hinauf zum hohen Gotteshaus nach Dietkirchen, zur ›glücklichen Basilika‹, und sangen das alte Wallfahrtslied und grüßten dort das Haupt des hl. Lubentius.

Die Lahnschiffer verehrten den Heiligen als Patron. Den Wind, der die Schiffe aufwärts trieb, nannten sie ›Lubentiwind‹; und wenn der Nebel über dem Fluß noch einen Streifen zur Schiffahrt frei ließ, dann lenkten sie dankbar ihr Schiff auf dieser ›Lubentiusstraße‹.«

Vermutungen lauten, daß unter Erzbischof Hetti (816-847) die Lubentiusreliquien hierher übertragen worden sind. Grabungen legten Reste einer karolingischen Anlage unter der Kirche frei. Im Kern stammt die heutige vom Ende des 11. Jahrhunderts. Die einzigartige Lage läßt sie größer erscheinen als sie tatsächlich ist. Im Prinzip handelte es sich um eine schlichte dreischiffige Basilika mit zwei Westtürmen, Querschiff und drei Apsiden. Während der zweiten Hälfte des 12. Jahrhunderts erfolgte eine Erweiterung zur Emporenbasilika mit vierteiligen Arkaden. Man folgte ähnlichen Vorhaben an der unteren Lahn jenseits der hessischen Grenze, etwa Bad Ems und Niederlahnstein. Schließlich ist auch noch der Chor neu gebaut worden. Gleichzeitig erhielt das Querschiff seine Einwölbung (zweites Viertel 13. Jh.). Die romanische *Ausmalung* konnte neuerdings wieder hergestellt werden. Die Malereien an den Vierungsgewölben entstanden bei der letzten Umbauphase und verraten auffallende Ähnlichkeiten mit denen im Limburger Dom. Sie zeigen die vier Paradiesesflüsse. Die ornamentale Bemalung der Decke des Mittelschiffs geschah im Frühbarock.

An der Sakristeitür dräut ein Löwenkopf als Türklopfer (13. Jh.). Ihn umgeben die Symbole der vier Evangelisten. Das Kopfreliquiar des heiligen Lubentius ist eine hervorragende mittelrheinische Goldschmiedearbeit. Der silbervergoldete Kopf (13. Jh.) und die Büste (1477) haben verschiedenen Ursprung. Ein romanischer Taufstein und eine kleine Pietà (15. Jh.) ergänzen die alte Ausstattung. Unter der Sakristei wurde 1387 die Dreifaltigkeitskapelle ausgebaut. Sie hat einen kleinen Altar (1687) und eine Kreuzigungsgruppe. Wohl noch vor der angedeuteten Erweiterung der Kirche entstand die im Kern möglicherweise ottonische Michaelskapelle nordöstlich der Kirche.

Die sehr summarische Beschreibung der tatsächlich sehr viel verwickelteren Baugeschichte geschah bewußt, weil an

dieser Stätte weniger die vielen Formen beeindrucken, sondern das, was man den Genius loci zu nennen pflegt. Er wird
gespeist aus dem frühen missionarischen Christentum, das
sich in Hessen viel später als im römischen Rheinland durchsetzen konnte. Er atmet in den ergrabenen Mauern der ersten, plump rechteckigen Kirche, bei der man froh war,
überhaupt schon einen solchen Bau in ungewisser Zeit zu
besitzen. Er entfaltet sich in der Basilika, die das gewonnene
Selbstvertrauen der Kirche wiedergibt. Er siegt in dem überlieferten Bauwerk, das über dem steilen Felsen herrscht als
Vorposten gefestigter trierischer Macht.

Und doch ist auch in den scheinbar sichersten Zeiten die
Sorge an dieser Stätte nie ganz verstummt. Als das Stift
noch stand, muß ihm fast der Charakter einer burgartigen
Wehranlage angehaftet haben, nach allem was bei Ausgrabungen recherchiert werden konnte. Dem umwohnenden
Volk bot die trutzige Gottesburg – und wenn auch nur
symbolisch – Schutz gegen Teufel und Sünde, aber ebenso
Zuflucht vor bewaffnetem Angriff. Ein Kuriosum mag damit
in Zusammenhang stehen. Beide Türme verbindet ein wohl
noch mittelalterlicher Laufgang, der sie zu einem vielseitigen
Auslug und Bollwerk machte. Auch die Limburger Georgskirche, unser Dom, war ähnlich ausgerüstet, womit beide
Bauten in Lage und Auftrag sich brüderlich verketten. Wie
dort ruhen auch hier im Schatten der Kirche einige alte
Fachwerkhäuser (um 1700), in Dietkirchen freilich in dörf-
licher Spärlichkeit.

Lahnaufwärts macht sich **Schloß Dehrn** bemerkbar, der
dritte feste Ort auf steilem Lahnfelsen in unmittelbarer
Nachbarschaft. Diezer Grafen hatten zunächst dort ihren
Sitz. Ihnen folgten die Frey von Dehrn für eine Weile. Bergfried und Wohnbau sind im Kern mittelalterlich. Das achteckige Turmobergeschoß mit seinen Zinnen kann seine Herkunft aus dem romantischen Geist des 19. Jahrhunderts nicht
verleugnen. Alte Leute finden heute im Schloß oder Heim
Ruhe und Geborgenheit.

Nordwärts reicht das flache Limburger Becken bis an die
Randberge des Westerwaldes, der von hier aus in zwei

Rodungsperioden allmählich besiedelt worden ist. Unsere Aufmerksamkeit mag diesem Raum nun gelten. Die alte Straße vom Taunus über Limburg ins Siegerland dürfte einer der Wege gewesen sein, über die Kurmainz Kontakt mit seinen Besitzungen hielt, auf denen aber auch die Produkte des Siegerlandes als Handelsware an Rhein und Main gelangten.

Hadamar

Außerordentlich sehenswert ist Hadamar. Zweimal war die Stadt Residenz der Grafen von Nassau-Hadamar (1303-94, 1607-1711). Segensreich für Stadt und Land wirkte sich die Herrschaft der jüngeren Linie aus. Johann Ludwig von Nassau-Hadamar trat in Wien bei den Friedensverhandlungen nach dem Dreißigjährigen Krieg hervor, so daß er als erster nassauischer Graf gefürstet wurde (1650).

Während der Reformation hatte die Stadt die neue Lehre angenommen, wurde aber später wieder katholisch. Damals (1540) verwüstete eine Feuersbrunst die mittelalterliche Stadt. Um 1600 begann man, einen neuen Plan zu realisieren, der zwei rechteckige Marktplätze als Mittelpunkte vorsah. Die Erzeugnisse der Hadamarer Bildhauer-Werkstätten dieser Zeit zeigen Stileigentümlichkeiten, die ihnen den Rang einer eigenen ›Schule‹ zuzuschreiben erlaubt.

Aus dem Mittelalter ist noch die *Totenkirche* überliefert. Der spätgotische Bau war zeitweise Stiftskirche (bez. 1483), dann Pfarrkirche. Ihr Baubeginn liegt vor 1379. Um 1450 wurde sie erweitert und nach umfassender Restaurierung unter dem Chorfußboden die Fürstengruft angelegt (1624). Die dreischiffige Hallenkirche hat fünf Hauptjoche, die in den Seitenschiffen beiderseits des Westturmes um ein sechstes ergänzt werden. Die Pfeilerkapitelle sind mit Blattmustern und figürlicher Zier ausgestattet, auch die Konsolen der Außenwände. Wirkungsvoll ist das Maßwerk der Fenster mit fast durchgehend einheitlichem Fischblasenmuster.

Von der Innenausstattung verdienen der Hochaltar (18. Jh.) und die Seitenaltäre (17. Jh.) Beachtung, ferner die Kanzel (1743), die Figur der heiligen Apollonia (um 1750), das Gestühl (18. Jh.) und mehrere Grabdenkmäler, unter denen ein Epitaph mit den Heiligen Heinrich und Elisabeth und dem Gekreuzigten (1724-29) herausragt.

Das imposante *Schloß* geht auf einen mittelalterlichen Hof (Grangie) des Klosters Eberbach zurück, den 1323 Graf Emich I. von Nassau-Hadamar kaufte und in eine Wasserburg verwandelte. Zwar schritt man nach der Brandkatastrophe zum Wiederaufbau, der aber erst unter Graf Johann Ludwig und seinen Baumeistern, M. Johann Hederich Sprenger (bis 1616) und Joachim Rumpf, in den Jahren von 1612 bis 1629 in eine völlig neue Richtung gewiesen wurde.

Das Hauptschloß ist eine hufeisenförmige Anlage mit nach Westen offenem Ehrenhof. Wenn auch im Kern noch spätgotisch, so bietet sich der Bau in einheitlichem Renaissancestil dar. Das dreigeschossige Gebäude hat große Kreuzstockfenster, seine Dächer werden durch Zwerchhäuser mit Rollwerkgiebeln belebt. Am Nordflügel befinden sich hofseitig zwei Treppentürmchen, außen ein achteckiger Turm. Dem Südflügel ist ein hoher, gleichfalls achteckiger Treppenturm angegliedert, der von einem zweistöckigen Haubenhelm mit kleiner Laterne bekrönt wird. Über dem von Rustikapilastern flankierten Hofportal des Südflügels stellt ein Alabasterrelief den Grafen Johann Ludwig vor.

Im Inneren werden außer mittelalterlichen Kellerräumen die ehemalige Schloßküche und vor allem die Schloßkapelle, die seit 1791 als evangelische Pfarrkirche dient, Aufmerksamkeit finden. Die übrigen Räume des Südflügels haben zum Teil prunkvolle Stuckdecken, unter denen die meisterhaften Arbeiten aus der Werkstatt Eugenio Castellis (1705-10) durch ihre Eleganz bestechen. Die Kreuzgewölbe im Balkonzimmer des ersten Geschosses tragen Malereien.

Zum Schloß gehört eine Reihe von Nebengebäuden. Im Süden ist noch ein Teil des früheren Marstalles (1619-25) erhalten. Etwas weiter befindet sich der sogenannte Fohlenhof aus der gleichen Bauzeit. Nördlich vom Hauptschloß ließ Fürst Franz Bernhard den ›Neuen Bau‹ (1694), das spätere Amtsgericht, errichten.

Die Rekatholisierung des Herrscherhauses wirkte befruchtend auf die kirchliche Bautätigkeit. Jesuiten gründeten

1630 ein Kollegium. Der Laienbruder Franz Pfisterer baute dazu 1753/55 die Kirche St. Johann von Nepomuk, heute *katholische Pfarrkirche*. Es handelt sich um einen durch Pilaster gegliederten Saalbau, an den 1898 noch der West-turm angebaut wurde. Die Spiegeldecke wird von Schmuck-kartuschen gesäumt und trägt zwei Deckengemälde, die den Tod des Johann von Nepomuk und die Himmelfahrt Ma-riens darstellen. Drei Altäre, Kanzel, Beichtstühle, Orgel, Taufstein und ein Vesperbild stammen aus der Bauzeit. Süd-lich der Kirche formen die beiden dreistöckigen Flügel des ehemaligen Kolleggebäudes (1750–60) einen Ehrenhof.

Westlich des Elbbaches erhebt sich das ehemalige *Franzis-kanerkloster*. Dessen Kirche (1658–66) entspricht ganz dem Typ, den die Bettelorden bevorzugten: einschiffig und ledig-lich von einem Dachreiter überragt. Unter dem Chor ruhen in der Fürstengruft die Herrscher des Hauses Nassau-Hadamar.

Die *Kapelle auf dem Herzenberg* war 1675 zunächst nur als achteckiger Zentralbau fertiggestellt worden. Später setzte man das länglich-achteckige Schiff an. Bald darauf wurde der schöne Hochaltar mit seinen gedrehten Säulen aufgestellt. Die Madonna stammt aus dem 15. Jahrhundert.

Das prächtige *Rathaus* (seit 1818) entstand 1638 als pri-vates Wohnhaus. Die reichen Schnitzereien am Erker und an der Treppenlaube (1643 ergänzt) machen es zu einem der schönsten Fachwerkbauten in Nassau. Auch in der Born-gasse und Schulstraße stehen Häuser in alter Pracht mit wunderschönem Schnitzwerk im Gebälk oder am Portal. Der Neumarkt mit seinen Pflastersteinen, dem Brunnen (1732) und den Häuserfronten strahlt noch etwas von dem Flair der einstigen Kleinresidenz aus.

In **Niederzeuzheim** besitzt die Pfarrkirche mit den Statuen des Hochaltars und der Seitenaltäre ganz hervorragende Kunstwerke der ›Hadamarer Schule‹.

In **Frickhofen** ist von der einstigen Barockkirche, abgese-hen von Turm und Chor, nur die bedeutende Inneneinrich-tung erhalten: Hoch- und Seitenaltäre (1735–50), Kanzel und Beichtstühle sowie ein älterer Taufstein (1653). Bürgerstolz äußert sich in dem wertvollen alten Rathaus (17. Jh.) und in dem erkergeschmückten Fachwerkhaus in der Egenolfstraße (1732).

Der Name der heutigen Großgemeinde **Dornburg** lenkt den Blick weit zurück in die Vor- und Frühgeschichte. Teile des gleichnamigen Berges stehen unter Naturschutz, weil sein Plateau Reste einer großzügigen keltischen Wallanlage trägt. Der gegenüberliegende Blasiusberg (Blesberg) war wohl früher eine heidnische Kultstätte. Schon 1231 ist hier eine Kirche bezeugt. Sie war eine kleine spätromanische Pfeilerbasilika (Anfang 13. Jh.), die nach einem Brand 1870 weitgehend im alten Stil neu aufgebaut worden ist. Sie birgt einen schönen Hochaltar im Knorpelstil, einen Seitenaltar mit einer Pietà und zwei Chorstühlen.

Die neben der neugotischen Kirche von **Dorchheim** leicht zu übersehende Friedhofskapelle (12. Jh.) ist eine kunstgeschichtliche Kostbarkeit. Der mittelalterliche Bau bestand ursprünglich aus einem tonnengewölbten Chor, einem flachgedeckten Hauptschiff gleicher Breite und einem nördlichen Seitenschiff. Letzteres wurde im 16. Jahrhundert eingerissen. Damals brach man in die Südwand zwei Portale und zwei Spitzbogenfenster, deren spätgotisches Maßwerk sehr zartgliedrig wirkt. Außerdem wurde eine neue Flachdecke eingezogen, die auf Wandstreben und zwei Mittelpfeilern ruht. Die Köpfe der Heiligen und Unholde sind eingeschnitzt, im Rankenwerk tummeln sich Drachen. Anders als die phantastischen Holzschnitzereien bieten die Wandgemälde aus dem späten 15. Jahrhundert ein klares Bildprogramm mit Szenen aus der Apokalypse, dem Leiden Christi, dem Jüngsten Gericht und dem Leben von Heiligen. Der Untersatz des Hochaltars ist mittelalterlich, die Kanzel von 1734.

Die ehemalige Grangie des Klosters Marienstatt bei Hachenburg ist ein Beispiel gut erhaltener zisterziensischer Klosterhöfe des 18. Jahrhunderts. Im Untergeschoß des 1702 fertiggestellten Bauwerkes befand sich eine Kapelle. Das Obergeschoß ist eine Fachwerkkonstruktion mit einem steilen Walmdach. Das Haus wird von einem zweigeschossigen Erker flankiert. Gute Holzarbeiten sind die alte Haustür und die freistehende Wendeltreppe.

Zum Hof **Waldmannshausen** in Elbgrund gehören eigentlich vier Gebäude. Von der mittelalterlichen Burg sind nur Ruinen vorhanden. Sie ist Stammsitz von Waldboten der Grafen von Diez. Der Hof (heute Schullandheim) mit Burghaus war Sitz der 1136 erstmals bezeugten Adelsfamilie Waldmannshausen. Er ist ein dreigeschossiger spätgotischer Bau mit hohen Giebeln, einem Rundturm in der Mitte und zwei Ecktürmchen. Während unten noch gotische Fenster vorhanden sind, wurden die Obergeschosse wie das Innere um 1800 umgestaltet. Damals entstand auch das stattliche Wirtschaftsgebäude. Schließlich gehörte der Nachbarhof, dessen Herrenhaus 1790 errichtet wurde, einst zum Lehenhof.

Südwestlich der Großgemeinde Elbtal, zu der die zuletzt beschriebenen Orte gehören, erstreckt sich der bewaldete Höhenzug des Heidenhäuschens (398 m). Nördlich davon liegen die Ortschaften der Großgemeinde Waldbrunn, deren Name für die hiesige Landschaft ein sprachliches Unding ist.

Ellar ist einer der am und im Westerwald wiederholten Fälle, daß ein Ort ihm verliehene Stadtrechte nicht zu nutzen verstand. Das nimmt sich manchmal so aus wie unterentwickelte Kleinstaaten, die in die Unabhängigkeit taumeln und nachher abhängiger sind als zu Kolonialzeiten. Immerhin aber hatte die dortige Burg eine Bedeutung als Straßensicherung. Buchstäblich zwischen Misthaufen sieht man klägliche Reste einstiger Befestigungsanlagen. In der Kirche will der Patron St. Maximin, dessen Statue auf dem Nebelaltar steht, dem Besucher keinen Bären aufbinden, auch wenn ihm ein solcher als Attribut zugeteilt ist. Wichtiger aber ist der aus Kiedrich stammende Hochaltar (1720) und die in seiner barocken Pracht stehende spätgotische Madonna.

In **Langendernach** stehen auffallend viele Herrenhöfe, was wohl mit der vorbeiziehenden alten Fernstraße von Mainz zum Siegerland zusammenhängen dürfte. Das Hotel ›Hofhaus‹ müßte richtig Volenhof heißen. Ein runder Treppenturm mit Haube überragt den zweiflügeligen Bau (1556). Sein Obergeschoß ist aus Fachwerk. Holzkonsolen tragen einen Erker an einem der Giebel. Der Ort besitzt einige zum

Teil sehr schöne Fachwerkhäuser. Am besten ist wohl das in der Kirchstraße, das einen fränkischen Erker und Schnitzereien symbolischen Inhalts aufweist (1717).

Steil klettern nun die Straßen zum Westerwald hinauf. Vor vier Jahrzehnten wäre unsere Kunstreise dorthin fortgesetzt worden. Aber Besatzungsdiktat zog eine neue Grenze und trennte so altes nassauisches Gebiet vom Regierungsbezirk Wiesbaden, schlug es dem Land Rheinland-Pfalz zu. Anfangs mochten sich die Leute nicht so rasch daran gewöhnen. Ein eigener Regierungsbezirk Montabaur aus den vier nassauischen Kreisen, zugleich kleinster in Deutschland, hielt Hoffnungen wach an eine Rückkehr nach Hessen-Nassau. Aber die Menschen gewöhnen sich offenbar schnell. Heute will dort kaum noch jemand zu Hessen gehören. Drehen wir uns also auf dem Absatz herum.

Von einem Bergkegel winkt die Ruine der Burg **Merenberg**. Bereits in prähistorischer Zeit suchten Menschen diesen Raum als Wohnstätte zu sichern. Östlich befand sich auf einem Gipfel, der den bezeichnenden Namen Höhburg trägt, eine kleine Ringanlage. Bedeutender war eine ähnliche auf dem Almerskopf. Beide Befestigungen entstanden in der Latènezeit.

Seit 1129 ist eine Burg Merenberg an der Stelle der heutigen Ruine bekannt. Dem Ort wurden 1290 und 1331 Stadtrechte zugesprochen, was seine Bedeutung ebenso widerspiegelt, wie sie die Rolle der hier ansässigen Adeligen unterstreicht. Nach dem Erlöschen ihrer Familien trat 1338 Graf Johann von Nassau-Merenberg ihr Erbe an. Er wurde Stifter der Linie Nassau-Weilburg. Später ging der Ort seiner Stadtrechte wieder verlustig. Die Burg ist seit 1634 Ruine. Die von der Burg erhaltenen Reste gehören durchweg in das 14. Jahrhundert. Außer dem runden Bergfried ist ein Mauerstück des Palas erhalten, umschlossen von einem rechteckigen Bering mit halbrunden Schalentürmen.

Von oben sieht man vor sich auf dem Friedhof die ›Appenkirche‹, die nach einer gleichnamigen Wüstung benannt ist. In dem schlichten romanischen Bau befindet sich ein hölzernes, frühgotisches Sakramentsgehäuse. Das Dorf betritt man durch einen quadratischen Torturm mit Spitztor, dessen Innenseite im 16. Jahrhundert mit Fachwerk verschlossen wurde. Sonst ist wenig von der einstigen ›Stadt‹ übriggeblieben: Der ehemalige Wirtschaftshof der Burg mit dem großen Herrenhaus (16. Jh.), der heute in mehrere Privathäuser aufgeteilt ist, sodann einige schöne Fachwerkhäuser (17./18. Jh.), von denen zwei Schnitzereien bzw. Kratzputz aufweisen.

Der namengebende Ort der Großgemeinde **Mengerskirchen** hatte schon 1321 Stadtrechte. Bald danach begannen die Grafen von Nassau-Beilstein mit dem Bau einer Burg. Inmitten des Dorfes fällt das ehemalige Schloß auf. Es geht zurück auf die 1341 erstmals erwähnte Burg. Der einfache Bau wird an seiner Südwestecke von einem Wohnturm (14. Jh.) flankiert. Nördlich und westlich hat man je einen Anbau hinzugefügt, wovon ersterer spätgotisch ist. Während des 16. oder 17. Jahrhunderts bekam der Hauptflügel weitgehend seine jetzige Gestalt mit dem Treppenturm zum Hof und dem Rundturm an der Südseite. Auf dorischen Säulen ruht ein offener Laubengang (1662), der entlang des Südflügels zieht.

Im Wald versteckt sich die Burgruine **Eigenberg**, hier Maienburg oder Marienburg genannt. Graf Johann von Nassau-Dillenburg erbaute sie vor 1328. Nach 1600 wurde sie nutzlos, ihr Verfall war besiegelt. Die Reste sind durchaus sehenswert, denn der Unterteil des Bergfriedes weist Elemente der rheinischen Burgenarchitektur auf, zu der es gelegentlich Parallelen gibt. So sieht man die aus der französischen Burgenbaukunst entlehnten Ecktourellen. Die Ringmauer, an deren Südwestecke ein Rundturm eingefügt ist, durchbrechen Schießscharten jener Art, wie sie auf Burg Freienfels südöstlich von Weilburg auftreten.

Löhnberg sah verschiedene Herren, bis es 1773 endgültig an Nassau-Weilburg fiel, ein Ausdruck für die Bedeutung des Ortes. Zum einen gab es hier einen wichtigen Lahnübergang, vor allem aber gewann der Ort industrielle Bedeutung, nachdem 1609 ein Eisenhammer, 1617 zudem eine Hütte entstanden.

Graf Johann von Nassau-Dillenburg baute unweit die

1324 erwähnte *Laneburg*, die im 16. Jahrhundert zu einem Schloß umgestaltet wurde und im 18. weitere Veränderungen erfuhr. Seit 1900 ist das Schloß Ruine.

Nördlich des Schlosses blieben Reste der Stadtbefestigung (14. Jh.) stehen. Über den Vöhlerbach spannt sich eine dreibogige Brücke (18. Jh.). Unter den alten Fachwerkhäusern sticht eines in der Vorderstraße durch die zierliche Laube über der Eingangstreppe hervor (um 1700).

Die ehemalige Hof- und Schloßkirche wurde 1738 im Stil der Zeit erweitert, wobei man den gotischen Chor miteinbezog. Gleichzeitig entstanden die farbenfrohen Deckengemälde, vermutlich von Lazarus Maria Sanguinetti. Die hervorragenden Malereien an den Emporenbrüstungen stammen von dem Weilburger Hofmaler Friedrich Heinrich Seekatz. Zusammen mit der von Schnitzwerk verzierten Kanzel bietet der vorzüglich restaurierte Innenraum ein farbenprächtiges Bild! – Die unscheinbare Friedhofkapelle dürfte im Kern mittelalterlich sein.

Weilburg

Südlich über der großen Lahnschleife finden sich Schloß und Stadt Weilburg zu einem unverwechselbaren und eindrucksvollen Bild zusammen. Ein berühmtes Kunstinventar stellt kurz und treffend fest, Weilburg sei »wohl eine der am besten und geschlossensten erhaltenen Kleinresidenzen des alten Reiches«.

Als Vögte des Bistums Worms kamen die Grafen von Nassau hier ins Spiel und konnten die vielleicht bis auf die Konradiner zurückreichende Stätte als Eigentum erwerben. Fünfzig Jahre nach Verleihung der Stadtrechte gaben die Grafen von Nassau-Weilburg ihre alte Residenz Merenberg auf und erwählten stattdessen Weilburg. Erst 1816 zogen die inzwischen gefürsteten Nassauer nach Wiesbaden um.

Als habe die Natur eigens den Platz am Steilfelsen über dem Lahntal für diesen Zweck geschaffen, so harmonisch fügen sich Architektur und Landschaft zusammen. Von der älteren Burg blieb außer spärlichen Resten nichts mehr erhalten. Das *Schloß* ist an seine Stelle getreten, zunächst das um einen viereckigen Innenhof gelagerte Hochschloß (1535-85), das neben Hadamar der bedeutendste Renaissancebau in Nassau ist. Den ältesten Flügel errichtete Balthasar Wolff östlich zur Lahn hin. Dazu gehört auch der Uhrturm, während die barocke Freitreppe erst 1701 hinzugefügt worden ist. Den Westflügel gegenüber, der zugleich die Eingangsseite mit dem Stadtpfeiferturm bildet, baute Hans von Gleiberg (1572). Durch seine zweigeschossigen Arkaden ist der durch Jost von Leun errichtete Nordflügel (1573) besonders schön gelungen. Als letzter Teil kam der Grüne Bau zur Vollendung, den Ludwig Kempf vorspringend in die Nordost-Ecke gesetzt hat.

Weilburg, Nordflügel des Schlosses

An diesem Kernschloß hat Julius Ludwig Rothweil ganz beträchtliche Erweiterungs- und Umbauten vorgenommen. Auf der Lahnseite im Norden schließen der Lange Flügel, auf der Stadtseite der Kurze Flügel mit Prinzessinnen- und Kabinettsbau an. Zu diesem Komplex gehören außerdem Marstall und Reithalle (1703-10) und die Scheuer (1743-46). Zur Schloßkirche schlägt vom Hochschloß aus die Obere Orangerie (1703-05) einen verbindenden Bogen. Sie stellt in ihrer Halbkreisform eines der frühesten Beispiele dieser Art dar. Carlo Maria Pozzi stuckierte den Mittelsaal mit seinen Emporen und andere Räume. Rothweil gab auch der Unteren Orangerie ihre Terrassen (1710-14). Selbst zum Brunnen (1704) im Schloßhof erteilte Rothweil dem Bildhauer Andreas Streit Anweisungen.

Das Innere des Schlosses erhielt durch Künstler wie Carlo Maria Pozzi, Antonio Genone und Andrea Gallasini ein ganz neues Gesicht im Sinne des Barock. Stukkaturen und altes Mobiliar verbreiten noch die einstige Atmosphäre. Je nach Führung betritt man ›Rittersaal‹, ›Kurfürstliches Gemach‹ (Schlafzimmer), Chinesisches Zimmer, Gerichtssaal und Treppenhaus. Teesalon, Speisesaal und Musikzimmer im Südflügel sind klassizistisch eingerichtet.

Ihren künstlerischen Höhepunkt erlebt die Anlage in der *Schloßkirche*, die zugleich auch als eine der bedeutendsten protestantischen Barockkirchen gilt. Ähnlich wie in Mannheim liegt sie zusammen mit dem Rathaus unter einem Dach. An der Stelle einer gotischen Kirche wurde 1707 der Neubau begonnen, wobei man den älteren Turm miteinbezogen hat. Julius Ludwig Rothweil hat den Bau nicht nur genial in die Schloßanlage integriert, sondern gleichzeitig für den Kirchenbau neue Maßstäbe gesetzt, die in vielen Kirchen des Taunus und Westerwaldes nachgeahmt worden sind. Die innere Gestaltung (1710-13) besitzt einen ähnlichen hohen Standard mit den Stukkaturen von Gallasini, dem Kanzelaltar von Anton Ruprecht, der Orgel von Johann Dahm und den Brüstungsmalereien von Georg Christian Seekatz d. Ä. Holländische Vorbilder haben sich bei der großzügigen Gestaltung des großen Saales ausgewirkt, den ein hölzernes Muldengewölbe überspannt. Kanzelaltar und Orgel finden zu einer prächtigen Einheit zusammen, der die Logen für die Fürsten und den Hofstaat auf der anderen Seite konfrontiert sind. Auch in der höfischen Pracht mit ihrer eitlen Selbstdarstellung soll die Rangfolge zwischen Ewigem und Zeitlichem gewahrt bleiben.

Unter der Kirche liegt die *Gruft* der Nassauer. Aus Großvaters Mund hörte der Verfasser vom letzten regierenden Fürsten, Herzog Adolf von Nassau, aus dessen Hand er 1866 nach dem verlorenen Krieg als Soldat den Abschied nahm. Seit 1953 ruht der spätere Großherzog von Luxemburg inmitten seiner Vorfahren.

Rothweil hat die ganze Stadt seiner künstlerischen Vision einer barocken Residenz anzugleichen versucht, mit weitreichendem Erfolg, wie man noch heute sieht. Dies wird besonders gut deutlich am Marktplatz hier vor der Kirche mit Rathaus und Orangerie, den einheitlichen Häusern und dem Neptunbrunnen (1709). Das ehemalige Herrschaftliche Haus hat am besten den von Rothweil angeregten Haustyp bewahrt. In der Mauerstraße stehen sodann noch das ehemalige Amtshaus (1776, jetzt Amtsgericht), das traditionsreiche Gymnasium (1780) und der sogenannte Komödienbau (um 1810).

Schloß

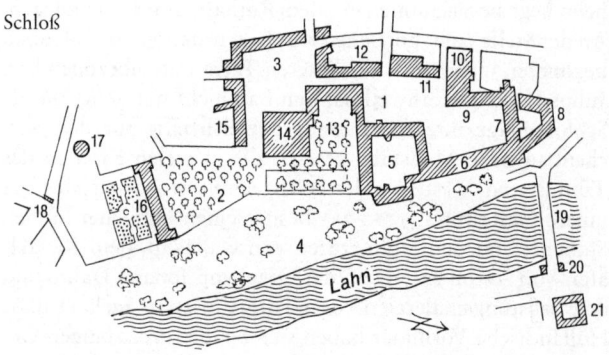

1 Schloßplatz	12 Amtshaus
2 oberer Schloßgarten	13 obere Orangerie
3 Marktplatz	14 Schloßkirche
4 Gebück	15 ehem. herrschaftl. Haus
5 Hochschloß	16 untere Orangerie
6 Prinzessinnenbau	mit Dachterrasse
7 Marstall	17 Rundturm
8 Heuscheuer	18 Landtor
9 Kabinettbau	19 Lahnbrücke
10 ehem. Reithalle	20 Wachhäuser
11 ehem. Kanzlei (Heimatmuseum)	21 Post

Zum Schloßkomplex im weiteren Sinne gehört unbedingt der Park, der im barocken Sinne neu angelegt worden ist und über die kunstvollen Rabatten und die Geländerbrüstung den Blick in die Landschaft freigibt. Zur Lahn hin war das Schloß durch ein Gebück abgeschirmt, das am Felsabfall die verschwundene mittelalterliche Stadtbefestigung ergänzte, von der nördlich unter dem Schloß ein Rundturm stehen geblieben ist.

Zwei auffällige Eingänge empfangen den Stadtbesucher, wie sie ihn auch verabschieden. Am reizvollsten ist natürlich der Weg über die Lahn mit der alten Brücke (1764-69), den beiden Brückenhäuschen (1788/89) sowie der Thurn- und Taxisschen Post (1786-87). Zur entgegengesetzten Seite bildet in der Nähe des Schloßparks das Landtor (1759) des Hofarchitekten von Schwarz ein triumphbogenartiges Entrée. Hier hinaus gelangt man zum alten Friedhof, dessen *Heiliggrabkapelle* (um 1500), die wohl auf eine Pilgerfahrt zweier nassauischer Grafen ins Heilige Land zurückgeht. Daneben liegt ein Kalvarienberg, dessen lebensgroße Kreuzigungsgruppe (1576) von der Werkstatt des Hans Backoffen beeinflußt ist. Zu dem gesamten Arrangement kennt man Parallelen, vor allem zu dem Zentralbau der Kapelle, wie solche in Nachahmung der Grabeskirche zu Jerusalem im Mittelalter in Europa aufkamen.

Das tief eingeschnittene Lahntal legt allenthalben das Grundgestein frei, das zusätzlich an vielen Stellen durch Steinbrüche aufgeschlossen ist. In großer Mannigfaltigkeit sind mitteldevonische bis unterkarbonische Gesteinsschichten anzutreffen. Deshalb war die Umgebung der Stadt einer der frühesten Forschungsschwerpunkte der Devongeologie. Interessante Aufschlüsse werden im ganzen Stadtgebiet auf Tafeln erläutert. Systematischer und vielleicht für den Laien verständlicher kann die Sache durch einen Besuch im *Heimat- und Bergbaumuseum* am Schloßplatz werden. Außer den Exponaten, die man in einem Heimatmuseum erwarten darf, bergen dessen Vitrinen wertvolle mineralogisch-lagerstättenkundliche Belegstücke. Die Welt des Bergmannes über- und untertage wird lebendig, wobei sicher der Abstieg in die Schaustollen von besonderer Attraktivität ist. Deutlich wird jedenfalls, daß Weilburg mehr war als eine zopfige Residenz. Bis ins 19. Jahrhundert war die hiesige Eisenindustrie so leistungsfähig, daß sie auch andere nassauische Höfe bis nach Saarbrücken mit ihren Erzeugnissen beliefern konnte.

Als Nassau mit Hessen und Preußen in der Schiffahrtsfrage eine Einigung erzielen konnte, bestand großer Bedarf für vermehrte Transportkapazität auf der Lahn. Ihm verdankt der einzige *Flußschiffahrtstunnel* in Deutschland seine Entstehung. Der mit einer Kuppelschleuse kombinierte Tunnel kürzt die weite Lahnschlinge erheblich ab. Herzog Adolph widmete den Bau ›der Schiffahrt 1847‹, wie die Inschrift meldet. Dieses technische Kulturdenkmal ist im Zusammenhang mit den zahlreichen Schleusen zwischen Gießen und dem Rhein zu sehen. Alles das zusammen macht heute die Lahn zum einzigen vollständig erhaltenen Flußschiffahrtsweg aus der Frühzeit der Industrialisierung.

Einen überwältigenden Blick unter die Erde ermöglicht die ›Kristallhöhle‹ im eingemeindeten Ort *Kubach*, eigentlich ein System von Hohlräumen im Massenkalk mit zum Teil schönen Tropfsteinbildungen.

Lahnabwärts verengt sich die Lahn cañonartig. Schon näher auf Limburg zu türmt sich der Mauernkoloß von **Burg Runkel** über dem Fluß auf. Abermals begegnet uns eines der bekannten Postkarten- oder Kalendermotive. Unter den Grafen und nachmaligen Fürsten von Wied war Runkel seit 1595 Teilresidenz und zwölf Jahre lang sogar selbständiges Fürstentum (1791-1803).

Die enge Brücke (um 1440) empfindet der moderne Autofahrer als Verkehrshindernis. Seinerzeit war sie ein wichtiger Lahnübergang, den die wuchtige Burg zu schützen hatte. Drei Türme krönen die schmucklose Anlage. Aussichtslos, von der Lahn her einzudringen! Vielmehr geht der Weg von rückwärts über die Unterburg (14.-18. Jh.) und dann über eine Wendeltreppe zur Kernburg. Zwei kräftige Türme an den Enden des Plateaus und einer in der Mitte bilden das Rückgrat der Verteidigungslinie, die lahnseitig im steilen Felsen natürlichen Schutz findet, während die Angriffsseite

Burg Runkel, Zeichnung von Peter Becker

im Westen durch eine gewaltige Schildmauer gesichert ist. Seit ihrer Zerstörung (1643) ist die Burg Ruine. Heute besteht dort ein Heimatmuseum. Ihr gegenüber ist auf der anderen Lahnseite 1288 durch Heinrich von Westerburg die *Burg Schadeck* errichtet worden, um Runkel zu ›schaden‹.

Ein Rundgang durch den Ort Runkel versetzt einen zurück in die Enge solcher alten Burgsitze, die hier durch die Allgegenwart von Fels und Mauer noch bedrückender wirkt. Noch relativ einheitlich gibt sich die Mitte des Ortes mit ihren Häusern aus überwiegend verputztem Fachwerk. Ein fünfeckiger Schalenturm aus der ehemaligen Stadtbefestigung muß jetzt eine friedlichere Aufgabe als Glockenträger für die Kirche wahrnehmen. Die Kirche selbst bewahrte einen mittelalterlichen Kern.

Der Südteil reicht, wie schon früher gesagt, weit zwischen westlichem und östlichem Hintertaunus nach Süden, um schließlich in der Idsteiner Senke aufzugehen. Offenbar haben hier Kräfte der Erde zwischen dem Gebirge die Einsenkung hervorgerufen. An ihren Rändern treten Säuerlinge auf, die als ›Selterswasser‹ schon zum Gattungsbegriff geworden sind. Die volkstümliche Bezeichnung für diese Gegend heißt Goldener Grund, was in erster Linie für das Emsbachtal gilt, wo Ackerland mit eingestreuten Obstkulturen das Landschaftsbild bestimmt.

Wo Ems- und Wörsbach ineinanderfließen, liegt auf einsamer Höhe die *Bergerkirche*, wie die Wallfahrtskirche St. Georg hier allgemein heißt, obwohl das Dorf Bergen schon im späten Mittelalter wüst gefallen war. Von **Niederbrechen** aus zieht alljährlich die Reiterprozession bergan mit Pfarrer und Meßbuben hoch zu Roß. Die romanische Basilika war einst wehrhaft, wie auch der Turm der alten Kirche in **Niederbrechen,** der im völlig veränderten Neubau steckt. Laube, Schnitzwerk und geschweifter Giebel geben dem Rathaus (1700) ein vornehmes Äußeres. In dieser Art finden wir im Dorf auch Wohnhäuser der gleichen Zeit. Reste von Mauern und Türmen halten fest, daß Niederbrechen einmal Stadtrechte (um 1370) erhalten hatte, ohne daß dies sonst zu weiteren Folgen Anlaß gab.

Kirberg am Wörsbach trägt seinen bezeichnenden Namen danach, daß hier die älteste Kirche im weiten Umkreis stand. Aber da sie genau im Schnittpunkt alter Fernstraßen ihren Platz hatte, mußte sie einer Zollburg weichen, und aus ›Kirchdorf‹ war ›Kirburg‹ geworden. Nur Reste blieben von der Straßensicherung aus Burg und Mauer. Die heutige Kirche enthält vom mittelalterlichen Neubau (nach 1355) noch den Turm. Das Renaissance-Grabmal eines Reifenberger Amtmannes († 1561) stellt rührend dar, wie der Tote bei abgelegtem Helm demütig betet.

Die einzige Stadt im Goldenen Grund ist **Bad Camberg.** Den stolzen Zusatz ›Bad‹ verdankt die Stadt dem Goldenen Grund und dem Wasser, denn das gepflegte Kneippbad weiß diese wohlfeilen Bodenschätze im Sinne der Naturheilkunde anzuwenden für Bäder und Heilpackungen. Wegen häufigen Besitzerwechsels gestaltete sich die Ortsgeschichte recht schwierig. Reste von fünf Rundtürmen sowie Unter- und Obertor aus der mittelalterlichen Stadtbefestigung (1380) umschließen den Stadtkern. Nicht weit vom Obertor, das eine Türmerwohnung besitzt, erstreckt sich der ausgedehnte ehemalige Amtshof, dessen Teile seit dem 17. Jahrhundert entstanden sind. Wertvolle Schnitzereien zieren den Südflügel. Gleich beim Obertor ist die sogenannte Hohenfeldsche Kapelle angebaut worden (um 1650). Zahlreiche Fachwerkbauten, oft mit weiterlebenden spätgotischen Formen, gestalten die Altstadt äußerst lebendig. In beinahe willkürlicher Auswahl seien der ehemalige Riedelsche Hof (16. Jh.), in dem seit über dreihundert Jahren eine Apotheke besteht, und das Haus Nr. 4 am Markt mit seinen merkwürdigen Schnitzfiguren im Giebel hervorgehoben. Beim Kurgarten ist das Rathaus mit dem Amtshof ein zentraler Punkt, zu dem sich die alte Zehntscheuer gesellt.

Die *Pfarrkirche* (1778) mit ihrem mittelalterlichen Turm hat innen eine geradezu aparte Ausstattung im Stil des Klassizismus erfahren. Nur der Stuck an Decke und Wänden sowie das Deckengemälde und die Medaillons von Giuseppe Appiani, aber auch der große Kronleuchter reden noch die Sprache des Rokoko.

Kreuzwegstationen weisen den Weg bergwärts in nordöstlicher Richtung, wo die kleine Kreuzkapelle (1682) mit dem Grundriß eines griechischen Kreuzes über das Land blickt. Auch wem nicht zur Andacht zumute ist, sollte den Ort aufsuchen wegen der ausgezeichneten Rundsicht über den Goldenen Grund bis hin zu den Taunushöhen.

Taunus

BIS ins neunzehnte Jahrhundert war das Bergland zwischen Main und Lahn, Rhein und Wetterau namenlos. Man sprach einfach von der ›Höhe‹. Dabei ist der Taunus der ausgedehnteste Gebirgszug innerhalb der Grenze Hessens und zugleich der höchste Teil des Rheinischen Schiefergebirges, der im Großen Feldberg mit 880 Metern gipfelt. Vom Main her steigt das Bergland unvermittelt bis zu seinem Kamm empor, der ungefähr vom Rheinknie bei Rüdesheim bis zur Wetterau bei Friedberg verläuft. Das erklärt den älteren Namen, dem die Beobachtung zugrunde liegt, daß diese Höhe wie eine Barriere das emsige Treiben der Menschen an Rhein und Main in gewissen Bahnen zur Wetterau oder zum Mittelrhein hin abgelenkt hat. Ob es nun der gut belegte Limes oder alte Gau- und Diözesangrenzen sind, der Taunuskamm bestimmt in auffallender Weise ihren Verlauf.

An seinem Südabhang und im Taunusvorland konnte sich schon jenseits der Machtzentren »eine territoriale Kleinwelt« ausbilden, der im übrigen Bergland nur die Grafen von Nassau und von Katzenelnbogen mit einer dynamischen Territorienbildung gegenüberstanden. Hessen und Kurmainz haben seit Ende des Mittelalters in der zersplitterten Landschaft eine Neuordnung der Gebiete betrieben. Vorläufiger Sieger im späten Wettbewerb um den Taunus war das Herzogtum Nassau, dem bis auf Homburg vor der Höhe der Taunus gehörte.

Landschaftlich ist der Taunus nicht so abwechslungsreich wie andere Teile des Rheinischen Schiefergebirges. Auffallend treten oft Härtlinge aus Taunusquarzit als bizarre Felsen in Erscheinung. Die zu den Flüssen ziehenden Bäche haben an den Rändern das Gebirge tief zerfurcht und reizvolle Täler geschaffen. Dem steil vom Main her aufsteigenden Vordertaunus steht nordöstlich seines Kammes (Hochtaunus) der langsam und weit zur Lahn hin abfallende Hintertaunus entgegen. Die Furche des Goldenen Grundes zerlegt ihn in zwei Flügel. Der westliche davon gehört seit der Abtrennung der sogenannten vier nassauischen Kreise aus dem früheren Regierungsbezirk Wiesbaden zum Land Rheinland-Pfalz.

Die landschaftliche Gliederung dürfte bei der Wahl einer Reiseroute durch den Taunus mitbestimmend sein. Von der Lahn her bilden die Täler von Weilbach und Aar sowie der Goldene Grund mit Ems und Wörsbach natürliche Einfallswege.

Östlicher Hintertaunus

»Wie kann man nur so alt geworden sein und **Braunfels** nicht gesehen haben«, fragte im Mai 1887 Kronprinz Friedrich Wilhelm von Preußen und machte sich damit denkmalwürdig, wie man im Kurpark feststellen kann. Rilke notierte 1906: »Kleine runde Gassen sind um den Burgberg gelegt. Häuser sind ins Grüne gesetzt ... Und über allem, wo anderswo schon der Himmel beginnt, steigt hier erst noch das Schloß, ein Stück immenser Mauer, ein Turm, ein Tor, in das eine lange alte Treppe hineinsteigt, immer dunkler werdend, auf ein anderes Tor zu, über dem der Solmssche Löwe sichtbar wird.«

Das Grün ist hier wie vielerorts in Hessen zurückgegangen oder bedroht, aber die Impression des Dichters durchaus noch nachvollziehbar. Schon 1264 wird ein Castellum Bruninvels urkundlich erwähnt, das seit 1384 Hauptsitz der Grafen und nachmaligen Fürsten zu Solms ist, ein Geschlecht, das seitdem vielfältig in der ›europäischen‹ Geschichte mitgemischt hat. Einer von ihnen, Prinz Carl, gründete 1845 New Braunfels in Texas – um ein fernes Beispiel zu nennen.

So mittelalterlich die *Burg* wirken mag, so ist nur noch wenig Originalbestand, das meiste vielmehr architektonische Überzeichnung aus dem Geist der Romantik. Zweimal eingeäschert, mehrmals von Grund auf umgebaut, blieb meist nur in den unteren Bauteilen altes Mauerwerk, während die Gesamtsituation durch die romantisch inspirierten Umbauten des vorigen Jahrhunderts bestimmt wird. Vor allem der letzte Umbau (1881-85) unter Edwin Opler und Schorbach schuf die vieltürmige Märchenburg, die man schon als »hessisches Gegenstück zu Neuschwanstein und Hohenzollern« bezeichnet hat.

Vielleicht ist die Vorgeschichte interessanter. Um ihren Stammsitz Burgsolms gegen die wachsende Macht Nassaus zu schützen, hatten die Grafen Solms hier einen Wehrturm errichtet. Vor 1264 folgte der Ausbau einer regelrechten Burganlage, die im 15. Jahrhundert den veränderten wehrtechnischen Bedingungen angepaßt wurde. Damals entstand das Eiserne Tor mit seinem Fallgatter und der darübergebauten Kapelle (1491). Der dreiseitig geschlossene Chor dieser kleinen dreischiffigen Hallenkirche wird außen von einem Wehrgang umlaufen. Im Dreißigjährigen Krieg und danach erlitten Burg und Marktflecken derart große Schäden, daß nach neuen Plänen beide einheitlich wiederaufgebaut werden mußten. Dort am Markt bildet bis heute das ›Unterste Tor‹ die Schauseite des burgartigen Schlosses. Danach durchschreitet man ein Doppeltor mit Glockenturm und steigt weiter zum Eisernen Tor hinan.

Im Schloß können die reichhaltigen Sammlungen der Fürsten (seit 1742) Solms-Braunfels besichtigt werden. Darunter befinden sich auch Erinnerungsstücke an die heilige Elisabeth. Beim Besuch der Schloßkapelle achte man auf die Wandmalereien (1501-04) im Chor, das Bildnisgrabmal des Grafen Konrad († 1592) und seiner Gattin Elisabeth von Nassau-Dillenburg († 1603), sowie auf das reich beschlagene Holzepitaph des Grafen Philipp († 1587).

Den malerischen *Marktplatz* (1696-1712) säumen zweigeschossige traufseitige Fachwerkhäuser. Gelegentlich tragen sie Zwerchhäuser oder haben reichere Hölzeranordnung. Manchmal winkt ein originelles Wirtshausschild. Auch in den Nebenstraßen wiederholt sich das anmutige Bild alter Häuser, darunter die Fürstliche Rentkammer (um 1700) in der Belzgasse. Hier befindet man sich bereits im ›Tal‹, also im Bereich der vorburgartig der Höhenburg zugeordneten Siedlung. Der Torbau und der Rententurm gehören zum inneren Bering dieser Anlage. Das Vorderste oder Unterste Tor gehört zum ›Vordertal‹ (= Auf der Schütt), dem ehemaligen äußeren Verteidigungsgürtel.

Die reizvolle Umgebung steigert die Schönheit des Ortes. Der Schloßpark hat wegen seiner wertvollen Bäume und Gehölze unter Dendrologen einen guten Ruf. Östlich beim Krankenhaus wartet das *Waldmuseum* des Dr. Kanngießer mit Kuriositäten und Lehrreichem auf, wie man es in dieser Mischung wohl selten findet.

Gegen Braunfels mußte Nassau seine ergiebigen Eisenerz-Lager verteidigen. Graf Philipp I. von Nassau-Saarbrücken besorgte dies 1390 durch den Bau der **Burg Philippstein,** ein Stück den Mettbach aufwärts. Nur der Bergfried und Teile des Palas sind von der fünfeckigen Anlage erhalten.

Nicht so klar ist der Grund für die Errichtung der **Burg Freienfels** südlich von Weilburg im Weiltal, die schließlich in nassauische Hand kam und den Zugang zum Tal sperren konnte. Die gut erhaltene gotische Burgruine erreicht man ungehindert durch Zwinger oder Vorburg über den zum Dorf angelegten Halsgraben. Eine mächtige Schildmauer, der ein Bergfried etwas eigentümlich eingefügt ist, sichert die Angriffseite. Dazu kommt der Flankenturm vor der (Zug-) Brücke neben dem Tor. Der dreigeschossige Palas liegt nach rückwärts. Die ehemalige Kapelle ist noch zu erkennen.

Weilmünster spielte als Kreuzungspunkt alter Höhenwege eine wichtige Rolle, wie Reste der Ortsbefestigung bestätigen. Eine dieser Straßen zog aus dem Katzenelnbogischen Territorium am Mittelrhein nach Kassel. Wohl noch wichtiger war der Ort durch seine Vorkommen von Eisen-, Blei-, Silber- und Kupfererzen. Seit dem 15. Jahrhundert wurden sie in Waldschmieden oder in richtigen Hüttenbetrieben (seit 1535) verarbeitet. Auch Dachschiefer ist früh hier abgebaut worden. Nur noch Erinnerung ist die zur hiesigen Industrie in Konkurrenz stehende und viel ältere Audenschmiede, ein traditionsreiches Werk zwischen Weilmünster und Winden. Auch andere Bergwerksbetriebe sind geschlossen, blühendes Gewerbe und Handel aber blieben. Nachdem lange Zerwürfnisse mit dem Grafen von Nassau die Geschichte von Weilmünster überschattet hatten, besserte sich dies im 17. Jahrhundert wieder ganz zum Besten des Ortes. Die Grafen, anfangs mißtrauisch gegenüber der in Weilmünster herrschenden Prosperität, bemühten sich nach Beilegung der Streitereien, mitzuverdienen. Sie ließen sogar Münzjuden hier Falschgeld produzieren. Das Alte Rathaus (um 1700) mit seinem Erker und dem anschließenden Backhaus vertritt augenfällig das Selbstbewußtsein der Bürger von damals. Die im Kern gotische Kirche wurde 1790 wesentlich umgestaltet.

In Weilburg war von dem Einfluß der Schloßkirche auf die Architektur im Taunus die Rede. Ein Beispiel dafür liefert die Pfarrkirche in **Grävenwiesbach**. Sie vermittelt gleichzeitig zu der größeren Ludwigskirche in Saarbrücken, die ebenfalls Friedrich Joachim Stengel unter Rothweils Einfluß gebaut hat.

Hoch über dem Weiltal liegen Kirche und Pfarrhaus von **Rod an der Weil**. Letzteres ist mit seinem inschriftlich bezeugten Baujahr 1522 das älteste seiner Art in Nassau und nach Großen-Linden das älteste in Hessen. Über den beiden massiven Untergeschossen steht das von einem Krüppelwalmdach bedeckte Fachwerkobergeschoß. An der Kirche ist nur noch der gotische Westturm alt. Das Ensemble besticht vor allem durch seine einzigartige Lage.

Auf zwei in das Tal vorspringenden Bergrücken hatten die Grafen von Diez, die sich auch Grafen von Weilnau nannten, zwei Burgen. Um 1200 entstand ihre Burg **Altweilnau**, deren Bergfried als Aussichtsturm beliebt ist. Von ihm aus läßt sich der dreieckige Grundriß der Burg gut übersehen sowie den bis an ihre Mauern herangewachsenen Ort. Dessen Ortskern macht mit seinen Fachwerkhäusern und dem kleinen Fachwerk-Rathaus einen reizenden Eindruck. Ein Torturm (um 1340) und Teile der Stadtbefestigung sind erhalten.

Wie Altweilnau geriet **Neuweilnau** schließlich an Nassau, war sogar zeitweise nassau-weilburgische Nebenresidenz. Dem verdankt das Schloß seine Entstehung, das im Stil der Renaissance 1506-13 erbaut und 1564-66 erweitert worden ist. Es besteht zum einen aus dem Herrenhaus mit Treppen- und zwei Erkertürmen, zum andern aus dem malerischen Torbau (1565) mit vorkragendem Fachwerkobergeschoß und Zwerchhäusern.

Im Weiltal macht sich neben einer Mühle der Turm der **Ruine Landstein** bemerkbar. Bis zum Dreißigjährigen Krieg war dies eine Wallfahrtskirche zu Ehren der Muttergottes.

Östlich vom Weiltal bildet das Usinger Becken einen Landschaftsteil eigener Prägung innerhalb des östlichen Hintertaunus. Durch die Usa, die ostwärts davonfließt, steht dieser Raum schon mit der Wetterau in Verbindung. Auch bei **Usingen** vollzog sich ein Wechsel von den Diezer zu den Nassauer Grafen, die sofort mit Burg und Mauer den Ort sicherten, der zur Mitte des 14. Jahrhunderts Stadt wurde. Tuchmacher und Färber verkauften nach Frankfurt und darüber hinaus. Geld kam ins Land, Kirche und Schloß konnten gebaut werden. Die Verwüstungen des Dreißigjährigen Krieges wußte man unter Hinzuziehung von Hugenotten und durch Gründung einer Neustadt auszugleichen. Dahinter stand der Ehrgeiz der 1688 gefürsteten Linie Nassau-Saarbrücken. Vor allem Walrad von Nassau-Usingen gab sich als niederländischer Generalfeldmarschall nicht mehr mit der engräumigen Taunusresidenz zufrieden. Nach übersichtlichem Schema wurden die Straßenzüge und die Häuserfronten angelegt. Abweichungen waren möglich, wenn sie sich einordneten und wenn der Bauherr das Geld dafür übrig hatte. Gelegentlich sieht man dann Zwerchhaus oder Mansarddach zur Straßenseite.

Das prunkvolle Barockschloß von Friedrich Joachim Stengel ist 1873 abgebrannt. Das Fachwerk-Rathaus (1687) hatte im Erdgeschoß ursprünglich eine offene Halle. Die im Kern spätgotische evangelische Pfarrkirche ist nach Einäscherung während des Dreißigjährigen Krieges 1651-58 wiederaufgebaut worden als flachgedeckte dreischiffige Halle. Dabei hat man Teile aus der Ruine Landstein verwendet. Der weithin sichtbare Westturm (1490) ist in fünf Geschosse unterteilt mit Turmhalle, Kapelle und Türmerwohnung.

Der Gegensatz zwischen Alt- und Neustadt äußert sich recht deutlich in der Straßenführung, die in jener unregelmäßig, in dieser aber regelmäßig bei ziemlich einheitlicher Bebauung ist. Am Marktplatz bildet die als reformierte Kirche von Benedikt Butscher vorgesehene jetzige Schule (1700) die Mittelachse. Die Häuserfronten am Platz und entlang der anschließenden Straßen bieten das erwähnte einheitliche Bild. Die Obergasse war Adresse von Adel und Hofbeamten, wie an einigen repräsentativen Bauten zu spüren ist. Das Prinzenpalais (1768) mit seinem kunstvollen Portal hat Johann Wilhelm Faber mit den Rokokogittern ausgestattet. Das fürstliche Beamtenhaus ist wie das vorige Gebäude Behördensitz. Hier wird der Entwurf Friedrich Joachim Stengel zugeschrieben (1741).

Lohnend ist ein Besuch im Heimatmuseum am Schloßplatz, das über die ortsgeschichtlichen Exponate hinaus auch dem aus Usingen stammenden Geiger August Wilhelmj gewidmet ist.

Eine der schönsten Felsbildungen durch Taunusquarzit sind die **Eschbacher Klippen** nordöstlich von Usingen. Hinsichtlich Größe und bizarrer Gestalt übertreffen sie alle vergleichbaren Gesteinsbildungen im Taunus.

Das **Freilichtmuseum Hessenpark** bei Neu-Anspach ist eingebettet in die landschaftliche Überganszone zwischen Usinger Becken und Hochtaunus. Behutsam wird versucht, unter Angleichung an die ökologische Situation des Geländes, Leben und Wohnen in früheren Zeiten möglichst getreu anhand von Originalbauten aus ganz Hessen darzustellen. Die Baugruppen orientieren sich an den hessichen Teillandschaften. Mit dem Anbau heute nicht mehr gebräuchlicher

Nutzpflanzen hat man das Bild einstiger Feldflur nachgebildet. Ein Rundgang wird hinsichtlich der Volkskultur gerade-
wegs zu einem Résumée unserer bisherigen Reise durch
Hessen.

Um die alte Kanzel des Limburger Domes kennenzulernen, muß man die Kirche von **Kransberg** östlich von Usingen besuchen. Die unglaublich bizarren Ornamente von
Korb und Schalldeckel stellen eine bedeutende Äußerung des
Manierismus der Spätrenaissance dar (1609). Die über dem
Tal liegende Burg erbauten um 1200 staufische Reichsdienst-
mannen mit dem hübschen Namen Craniche von Cranichs-
berg. Allerdings ist das heutige Aussehen der Burg Ergebnis
einer Umgestaltung von 1875, die besonders den Palas betraf.
Gutes Fachwerk zeigt der Wirtschaftsbau (17. Jh.).

Burg Kransberg,
Wirtschaftsbau

Hochtaunus

Bei einer Breite von nur fünf bis fünfzehn Kilometern hat
die Kammlinie des Hochtaunus immerhin eine Länge von
75 Kilometern und eine Höhe von 520 bis über 800 Meter.
Bei dem silikatreichen Untergrund und den relativ hohen
Niederschlagsmengen ist diese Landschaft Waldland geblieben. In dieser Höhenlage bauten wohl noch im 12. Jahrhundert die Herren von Reifenberg ihre gleichnamige Burg. Die

Geschichte schildert die Burgherren als streitsüchtig. Kurz nach Aussterben des Rittergeschlechtes (1686) wurde ihre Burg geschleift, bietet mit ihren Turmruinen einen malerischen Hintergrund für **Oberreifenberg**. Die Butterfaßform des Bergfriedes ist schon bekannt und wird in Idstein wieder begegnen. Ungewöhnlich schlank wirkt der sechsgeschossige Wohnturm. Die Schildmauer flankieren zwei Rundtürme.

Trotz des hohen Besucherandrangs lohnt eine Fahrt zum **Großen Feldberg**. Vom Turm des Taunusclubs reicht unter günstigen Bedingungen die Sicht bis zum Spessart und Odenwald im Süden, mitunter gar bis zu den Vogesen, und im Norden bis zum Siebengebirge, vor allem aber liegt das Panorama des Hochtaunus zu Füßen.

Zweithöchster Berg des Taunus ist der **Altkönig** (798 m). Dessen Gipfelregion umzieht ein doppeltes Ringwallsystem, das zu den bedeutendsten keltischen Fundstellen in Hessen gehört und wohl schon im vierten Jahrhundert vor Christus angelegt worden ist. Die beiden Wälle sind 980 und 1450 Meter lang und umschließen eine Fläche von fünfzehn Hektar. Im Südwesten bildet der Taunusquarzit eine natürliche Schutthalde, in der ›Weißen Mauer‹ errichtet er nordöstlich eine mächtige Felsbank, die von imposanten Baumriesen bewachsen ist.

Idsteiner Senke

Mit dem Limburger Becken und seinen Ausläufern scheidet die Landschaft um Ems und Wörsbach den östlichen vom westlichen Hintertaunus. Für das Emsbachtal gilt der Name Goldener Grund vorzugsweise. Von Limburg her galt ihm schon früher unsere Aufmerksamkeit. Nach Süden riegelt der Hochtaunus die Senke deutlich ab, doch gestattet der Paß von Niedernhausen den Zugang zum Taunusvorland. Eisenbahn und Autobahn nehmen heute diese Richtung, die schon in alter Zeit wichtige Fernwege hatten und zu deren Sicherung auf langgestrecktem Fels inmitten des weiten Wörsbachtales vor 1102 die alte Burg von **Idstein** errichtet wurde. Von ihr blieb der mächtige, runde Bergfried stehen, den das Volk Hexenturm nennt. Er hat wieder die wohlbekannte Butterfaßform (um 1400), die durch den Aufsatzturm erzeugt wird, dem etwa hundert Jahre später der Spitzhelm mit Wichhäuschen übergestülpt wurde. Südlich ist außerdem ein Torgebäude (1497) zur Stadt hin erhalten.

Über eine Steinbrücke erreicht man nördlich der Burg das *Schloß*. Man muß sich erinnern, daß anfangs die Grafen von Nassau Idstein von Mainz zu Lehen trugen, die spätere Stadt (1287) aber seit 1355 auch zu ihrer Residenz wählten, was sie bis 1721 blieb, als Idstein an Nassau-Usingen fiel. Jost Alexander erbaute das Schloß als Dreiflügelanlage (1614-34). Zu Beginn des 18. Jahrhunderts erfolgte unter Maximilian von Welsch ein Umbau, auf den auch die Mansarddächer zurückgehen. Davon abgesehen bietet sich das gewohnte Bild kleiner Reanissanceschlösser von Taunus und Westerwald.

Eindrucksvoller geriet die innere Umgestaltung (seit 1713) unter Beteiligung von Carlo Maria Pozzi und anderen fähigen Künstlern der Zeit. Die heutige Nutzung als Schule gestattet keine Besichtigung und beeinträchtigt die ursprüngliche Wirkung sehr.

Südlich der Burg erstreckt sich der alte Ortskern, den die ansehnliche Zahl schöner *Fachwerkhäuser* (16.-18. Jh.) belebt. Durch die Flachschnitzereien und geschweiften Giebel vieler von ihnen ergibt sich dabei ein abwechslungsreiches Bild. Unter den Häusern am König-Adolf-Platz wäre das sogenannte Killingerhaus hervorzuheben, das durch die geschnitzten Symbole an den fränkischen Erkern und im Giebel auffällt (1615). In der Obergasse winkt das originelle Aushängeschild (18. Jh.) am Gasthas ›Zum Schwan‹ (1598). Das aber sollen nur herausragende Beispiele sein aus der Reihe der anderen schönen Häuser an dieser Stelle. Dazu treten in der Obergasse noch alte herrschaftliche Höfe: Die zum Kalmenhof gehörenden Höfe (Stockheimer- und Gassenbacher Hof), das ehemalige Gymnasium und vor allem das ehemalige Hofhaus des Heinrich Heer oder Höer, dessen Nordflügel (1620-26) straßenseitig viel Schnitzwerk am Erkervorbau zeigt. Zum Hof öffnet sich ein wappengeschmücktes Steinportal. Hofeinfahrt und Südtrakt wurden später hinzugefügt (um 1700). Das Rathaus ist nach Zerstörung in Fachwerk wieder neu aufgebaut worden.

Die *evangelische Pfarrkirche* hat Geschichte miterlebt, als in ihr 1817 die Nassauische Union geschlossen wurde, die kirchliche Vereinigung der Lutheraner und Reformierten, weshalb man die ehemalige Martinskirche hier einfach Unionskirche nennt. Ursprünglich diente sie dem 1340 gegründeten Stift der Augustiner-Chorherren, ehe sie später zur Predigt- und Hofkirche durch Arnold Harnisch umgebaut worden ist (1667-77). Die schlicht wirkende Basilika gliedern im Innern weite Arkaden auf marmornen toskanischen Säulen. Da über den Seitenschiffen Emporen stehen, wird der Eindruck einer Wandpfeilerkirche erweckt. Michael Angelo Immenraet und Joachim von Sandrart überzogen Obergaden und Decken mit auf Leinwand aufgetragenen Ölgemälden (1673-75), die Szenen aus dem Neuen Testament zeigen. In den Effekten interessant ist der Hochaltar (1676) von Arnold Harnisch oder, wie es neuerdings heißt, von Christian Gaßmann aus Düsseldorf. Dieser schuf bestimmt die mit Kartuschen geschmückte Kanzel. Ihren Korb schleppt Simson, den Deckel hält ein Engel (1673). Auch der Marmor-Taufstein (1675) gehört hierher, ob er nun von Gaßmann oder Hans Martin Sattler ist. Die vielen Namen der hier bei Hofe tätigen Künstlerequipe können sowieso nicht alle aufgeführt werden. Manche standen dauernd in nassau-idsteinischen Diensten, andere kamen vom bergischen Hof in Düsseldorf. So sei nur noch auf die Orgel hingewiesen, deren Werk der bekannte Johann Heinrich Stumm geschaffen hat (1780-83).

Westlicher Hintertaunus

Nach Verlust der Landkreise St. Goarshausen und Unterlahn an Rheinland-Pfalz gehört nur ein Teil des westlichen Hintertaunus zu Hessen. Große Ausstrahlung ging hier vom ehemaligen Benediktinerkloster in **Bleidenstadt** aus, das noch durch Erzbischof Lull von Mainz gegründet worden ist (um 768/786). Dorthin zogen die Wallfahrer von weither, um den Gebeinen des legendären heiligen Ferrutius zu huldigen. Nach wiederholten Reformen lösten 1495 weltliche Ritter die Benediktiner ab, das Kloster wurde zum Stift. Eine

Feuersbrunst (1389) und Verwüstungen im Dreißigjährigen Krieg haben viel Schaden angerichtet.

Aus einer vermuteten romanischen Basilika dürfte sich die heutige Pfarrkirche um 1500 entwickelt haben. Im 18. Jahrhundert erfolgte die Barockisierung. Außer dem mittelalterlichen Wandtabernakel sind die meisten nennenswerten Ausstattungsstücke damals aufgestellt worden. Wegen seiner Seltenheit seien darunter die Statue des Kirchenpatrons Ferrutius (1718) über dem Westportal und die Holzstatue desselben (18. Jh.) als erste erwähnt. Die stehende Muttergottes (1760) im Rokoko-Stil und die aus Süddeutschland erworbenen Kreuzwegstationen (18. Jh.) verdienen weiterhin Beachtung. Wenig ansehnlich wirkt dagegen das zweiflügelige ehemalige Stiftsgebäude.

Von dem Ortsnamen Taunusstein sollte man sich nicht irritieren lassen. Hier stand nie eine Burg, die eine solche Bezeichnung vermuten ließe, vielmehr handelt es sich um die gedankenlose Neubenennung einer behördlich verfügten Großgemeinde. Solchen von jeder Sachkenntnis ungetrübten Namengebungen muß man in Hessen leider gelegentlich begegnen.

Dank seiner Heilquellen konnten sich im Taunus früh schon international bekannte Badeorte entwickeln. Bad Schwalbach und Schlangenbad im westlichen Hintertaunus führen zeitlich die Liste an mit ihrem Entstehen seit 1568 und seit Ende des 17. Jahrhunderts.

Schlangenbad, schon im Süden zum Rheingau hin gelegen, gehörte einst zum alten Gerichtsort Bärstadt. Der Bach teilte den Ort in zwei Herrschaften, was die Entwicklung des Bades mitbestimmt hat. Als Hessen das erste Badehaus gebaut hatte, mußte Mainz bald nachziehen. Erst der Übergang an Nassau schaltete die Konkurrenz aus. Das sogenannte Römerbad oder Mittlere Kurhaus ist das älteste erhaltene Badehaus Hessens, das Johann Ludwig Splittdorff 1762/65 erbaut hat. Seinen barocken Formen paßt sich das Untere Kurhaus (1866) trotz spätklassizistischen Entwurfs recht gut an. Eine exklusive Gesellschaft traf sich hier, um in Hessen zu baden und im Mainzischen kurfürstlich zu speisen. Nas-

sau erst sorgte für eine ›Demokratisierung‹ des Badebetriebes. Die Kurlisten führten immer weniger erlauchte Namen,
dafür aber immer mehr bürgerliche Gäste. Den merkwürdigen Namen trägt das Bad von der Äskulapnatter, die hier
ein isoliertes Vorkommen in Deutschland hat. Vermutungen
besagen, die Römer hätten die Schlange im Taunus eingeführt.

Auch in **Bad Schwalbach** flanierten im 18. Jahrhundert
hochmögende Gäste durch den Kurpark. Von Mainz über
Katzenelnbogen und Hessen gelangte das Bad zuletzt an
Nassau (1818) und erlangte ein Jahr später die Stadtrechte.
Die alte evangelische Pfarrkirche (um 1470-80) entstand als
spätgotischer einschiffiger Bau unter Hessen, wurde aber
unter Nassau im Schiff stark umgestaltet. Hier ruht der
Enkel des Götz von Berlichingen, ein Johann Gottfried
(† 1588), dem der Mainzer Bildhauer Jacob Maior einen
standesgemäßen Kenotaph gestaltet hat. Unter dem Wappen
derer von Berlichingen ist in einer Bogenblende die fein
gemeißelte Ritterfigur des Verstorbenen zu sehen, dazu die
durch symbolische Freifiguren verkörperten drei Göttlichen
Tugenden (Glaube, Hoffnung und Liebe).

An der Adolphstraße stehen noch gute Fachwerkbauten,
an erster Stelle das Alte Rathaus (1610) und das nur zehn
Jahre jüngere Haus ›Stadt Frankfurt‹. Sonst haben die
Wohnhäuser, besonders zum Kurviertel hin, eine klassizistische Note mit dem vornehmen Anstrich des Modebades
von einst. Leider ist das Stahlbadehaus (1828) von Heinrich
Jacob Zengerle später wiederholt verändert worden, so daß
seine einstige Wirkung doch beeinträchtigt ist. Das Alte
Kurhaus (1873-78) von Philipp Hoffmann ist heute Behördensitz. Beim Kursaal (1874-78) von Philipp Hoffmann blieb
trotz nachfolgender Veränderung vielleicht am ehesten der
frühere Charakter gewahrt, der sich in den guten klassizistischen Proportionen und der Loggia mit ihren Arkaden am
deutlichsten äußert.

Für Landgraf Moritz von Hessen entstand seit 1602 das
Rotenburger Schlößchen. Es wird meist Amtsschloß genannt, weil es ab 1729 Sitz des Amtes Hohenstein war und bis
heute Behörden darin untergebracht sind. Im Obergeschoß

erscheint Fachwerk. Der malerische Hof erhält durch den Laubengang des Hauptgebäudes sein Gepräge.

Die **Burg Hohenstein**, nach der dieser Amtsbezirk seinen Namen hatte, war von den Grafen von Katzenelnbogen gegen die von Nassau errichtet worden. Um 1190 entstanden, war die Burg seit der zweiten Hälfte des 13. Jahrhunderts Residenz, fiel aber 1479 an Hessen. Nassau erbte nur noch eine Ruine (1815). Diese allerdings ist sehenswert, schon allein wegen der großartigen Lage hoch über dem Aartal. Eine starke Schildmauer schützt die dreieckige Kernburg, die vom sechseckigen Bergfried überragt wird. Eine zweite Schildmauer legte sich außen um die Vorburg und war durch weitere Türmchen ergänzt. In einem davon ist das Außentor.

Vortaunus

In leichter Vereinfachung der geographischen Situation soll der ganze Raum südlich des Taunuskammes, mit Ausnahme des Rheingaus, unter dieser Bezeichnung stehen. Gemeinsam ist die Orientierung zu den Ballungsgebieten an Rhein und Main und die daraus folgende dichte Besiedlung, das günstige Klima und das jäh ansteigende Taunusgebirge, das hier einen ganz anderen Landschaftscharakter hat als der weiträumige und langsam absteigende Hintertaunus. Als einziger Ort behielt **Bad Homburg vor der Höhe** bis zur Annektion durch Preußen (1866) seine Unabhängigkeit gegenüber Nassau bis zuletzt. Das seinerzeit viel zitierte ›Handbuch für Reisende in den Rheingegenden‹ von Aloys Schreiber macht die ermutigende und immer noch gültige Feststellung: »Die Lage der Stadt sichert … einen gesunden und erheiternden Aufenthaltsort. Nach Osten und Süden ist sie offen und frei gelegen, das Stromgebiet des Mains beherrschend, nach Norden und Westen geschützt durch den hohen Gebirgsrücken des waldigen Taunus.« Kulissenartig breitet sich das tiefgestaffelte Stadtbild mit dem ›Weißen Turm‹ der *Burgruine* (um 1400), der neugotischen Marienkirche und evangelischen Erlöserkirche nach Süden hin aus.

Die Form des Bergfriedes oder Weißen Turmes, der eine barocke Haube (1734) trägt, vergleicht man in der Gegend mit der eines Butterfasses. Er blieb übrig von der Burganlage, die um 1370 durch Johann Brendel von Hoenberg errichtet wurde, um die im Mittelalter selbständige Herrschaft Homburg besser zu sichern. Seitdem bereits die Römer Salzquellen im Vorort Gonzenheim genutzt hatten, wechselten später mehrmals die Eigentümer von Burg und Stadt (seit etwa 1320): von den Herren von Eppstein über die Grafen von Hanau und die Landgrafen von Hessen schließlich an eine Darmstädter Seitenlinie, die Landgrafen von Hessen-Homburg, die fortan hier residierten (ab 1622), bis zuletzt die Preußen zusammen mit Nassau auch Homburg annektierten (1866).

Der homburgische Landgraf Friedrich II. ließ 1680-85 im Burgbezirk einen größeren, aber schlichten *Schloßneubau* errichten. Um zwei Höfe gruppieren sich fünf Flügel, die durch zwei prächtige Portale belebt werden. Das Obere Portal (bez. 1680) am Mittelflügel zeigt über der Einfahrt eine Waffentrophäe. Aus ihrer Mitte sprengt der Bauherr hoch zu Roß frontal heraus. Gedrehte Säulen flankieren den Torbogen. Bescheidener nimmt sich das Portal am Archiv-Flügel, der Hofseite des Südflügels, aus. Die überlebensgroße Bronzebüste verewigt den Bauherren, der als Kleists ›Prinz von Homburg‹ zu literarischen Ehren gelangte. Das von Andreas Schlüter modellierte und Joh. Jacobi gegossene Original (1704) steht in der Eingangshalle des Ostflügels, während die Nische des Torgiebels eine Kopie besitzt. Die am Westflügel vorgebaute Halle mit Doppelsäulen besteht aus Resten des Kreuzganges der Abtei Brauweiler bei Köln (12. Jh.), der um die Jahrhundertwende abgebrochen wurde.

Im Innern sind die Schloßkapelle (1697, 1758), das Spiegelkabinett (1728) mit seinen Intarsien, Treppenhaus und Speisesaal sehenswert. Das Schloßmuseum erschließt den Zugang zum Leben am homburgischen Hofe.

Der Schloßpark entstand nach 1820 als Landschaftsgarten. Über seine historische Zufälligkeit hinaus bewahrt er eine ökologische Vielfalt, die dem stilgebundenen Arrangement eine zeitlose Bedeutung verleiht.

Die neugotische *Marienkirche* (1892-95) besitzt ein ungemein ausdrucksvolles Vesperbild, die Homburger Pietà

(14. Jh.) rheinischer Herkunft. Der kleine Klappaltar (16. Jh.) mit der gemalten Anbetung der Drei Könige stammt aus den Niederlanden.

Neuromanische und neubyzantinische Formen weist der zentrale Kuppelbau der *Erlöserkirche* (1902-08) auf. Dazu sind Einflüsse des Jugendstils unverkennbar. Entsprechend der damals kultivierten historisierenden Manier entlehnte der Entwurf Vorbilder von weither: für das Hauptportal solche von St. Gilles in Arles, für den Innenraum solche vom Markusdom in Venedig. Die Silhouette wird durch die beiden Zweiturmanlagen verstärkt.

In gewisser Weise schließt sich hier die zeitlich etwas ältere *Russische Kapelle* (1899) an. Der kleine Zentralbau am Kurpark, der Allen Heiligen geweiht ist, zeigt beispielhaft, wie byzantinische Formen nach historisierender Art aufgegriffen und stilvoll baulich realisiert worden sind. Wiesbaden war mit der sogenannten Griechischen Kapelle wegweisend vorangegangen. Darmstadt und Bad Ems ordnen sich zu. Das Gebäude wird noch heute von der russisch-orthodoxen Kirche im Ausland benutzt.

Der *Kurpark* (1862) ist trotz mancher späteren Veränderungen ein gutes Beispiel für den Landschaftsstil seiner Zeit. Der berühmte Gartenbaumeister Peter Josef Lenné († 1866) schuf hier eine seiner letzten Anlagen. Christian Daniel Rauch setzte ihm ein würdiges Denkmal (um 1850) beim Brunnensälchen. In dem schlichten Bauwerk (1838) von Georg Moller befindet sich jetzt das Spielkasino. Im Kaiser-Wilhelm-Bad (1887-90) steht noch einmal ein für den Historismus typisches Bauwerk vor uns. Sein Baumeister, Louis Jacobi, hat mit Unterstützung der Hohenzollern maßgeblich die Kuranlagen erweitert und vollendet.

Damit war die letzte Phase der Homburger *Stadtentwicklung* abgeschlossen, bevor der Wiederaufbau (Kurhaus) der Nachkriegszeit und die allgemeine bauliche Expansion der letzten Jahrzehnte auch Bad Homburg erfaßt hat. Ihren Ausgang hatte sie von der nordwestlich gelegenen Altstadt (782 erwähnt) genommen. Erst die Ankunft der Hugenotten führte zur Anlage einer Neustadt (1684) mit Haingasse, Wall- und Louisenstraße. Seit 1710 erfolgte ein nächster Schritt

mit dem Bau der Dorotheenstraße in Fortführung der Schloßachse.

Von der mittelalterlichen Stadtbefestigung blieb nur ein Rundturm ganz erhalten (14. Jh.). Verputzte Fachwerkhäuser (17.-19. Jh.) prägen die verwinkelte Altstadt. In der Neustadt sind die kleinen, zweistöckigen Handwerkerhäuser der Wallstraße und Haingasse sowie die Häuser der Obergasse typisch für die Bauweise zur Mitte des vorigen Jahrhunderts.

Eine kosmopolitische, ja exzentrische Gesellschaft traf sich um die Jahrhundertwende in Bad Homburg vor der Höhe. Für uns, im spürbar zweigeteilten Europa von heute, ist kaum noch vorstellbar, daß gerade Russen mit Geld – weswegen die Gräfin Kisselew in einem Straßennamen verewigt blieb – und literarische Wegweisung – ›Der Spieler‹ von Dostojewski wäre nur das berühmteste Zitat – bis zum Weltkrieg wesentlich zum Glanz hessischer Bäder beitrugen. Nächst Homburg standen Wiesbaden, Soden, Schlangenbad, Nauheim und Ems (seit 1945 Rheinland-Palz) in russischen Reiseempfehlungen obenan. Dennoch war Homburg bis zuletzt vor allem Fürstenbad und kaiserliche Sommerresidenz, wo der Sonderzug der Majestät noch unter Dampf gehalten wurde, als in den Schützengräben der Champagne Millionen Landser verbluteten.

Der konservative Geschmack Wilhelms II., darin offensichtlich durch die zahlreichen britischen Kurgäste bestärkt, ließ in der Architektur der Kurstadt so viele gotische Reminiszenzen gedeihen. Umso faszinierender sind die baulichen und künstlerischen Indizien für den unnachgiebigen Durchbruch des Neuen. Der Jugendstil als Ausdruck neuen ästhetischen und sozialen Empfindens hat gerade inmitten des Herkömmlichen zwar spärliche, aber umso aufschlußreichere Zeichen dieses Aufbruches anbringen können: die allegorischen Figuren auf dem Durstbrunnen und die Karyatiden auf dem Elisabethenbrunnen im Kurpark, beides von Hans Damann, einige Balkongitter oder Villenfasaden (Kaiser-Friedrich-Promenade, Landgrafen-/Gymnasiumstraße, gegenüber Ecke Louisenstraße/Haingasse).

Eine wohl weltweit bekanntgewordene Modeschöpfung ist der Homburger Hut. Edward Prince of Wales trug ihn erstmals um 1900. Das *Heimat- und Hutmuseum* gibt in ausgewählten Beispielen einen Überblick über die Entwicklung des Hutes überhaupt und über die verschiedenen Abwandlungen des ›Homburg‹ im besonderen.

Sicher auch der historisierende Geschmack der wilhelminischen Zeit, vor allem aber die archäologischen Neigungen des Kaisers, führten zur Rekonstruktion des römischen Limes-Kastells **Saalburg** nordwestlich der Stadt. Seit 1853 hatte man die umfangreiche Anlage, die in römischer Zeit mit einer Kohorte von 500 Mann belegt war und den Verkehr zwischen Lahn und Main sichern sollte (120-260 n. Chr.), ausgegraben. Aufgrund der dabei erzielten Ergebnisse entstand der in manchem zeitstilgebundene und deshalb oft umstrittene Wiederaufbau (1898-1907) unter Förderung Wilhelms II. durch Louis und H. Jacobi.

Durch die vier Eingänge der steinernen Ringmauer gelangt man in das rechteckige Lager. Die Via Praetoria (Cardo) bildet seine Längsachse. Querachse ist die Via Principalis (Decumanus), die den Lagerbezirk in zwei ungleiche Teile zerlegt, die schmalere Praetentura und die Retentura. Auf dieser liegt genau in der Mitte der Anlage, einst umrahmt von den Fachwerkunterkünften der Truppenteile, eine zentrale Gebäudegruppe aus Prätorium (Principa), Quästur (Legatenpalast), Arsenal, Lazarett und Exerzierplatz. Festgehalten ist der mutmaßliche Endzustand des Lagers, das sich aus bescheidenen, schanzenartigen Befestigungen entwickelt hat. In seiner Umgebung liegen zahlreiche Siedlungsreste, darunter Fundamente eines Bades vor der Porta praetoria. Weiter südlich ist ein *Mithräum* wiederaufgebaut worden. Der Mithraskult war im römischen Heer weitverbreitet und stand zeitweilig in ernster Konkurrenz zum jungen Christentum.

Südwärts führt ein bezeichneter Weg zum Naturschutzgebiet *Marmorstein*, wo mächtige Klippen aus Taunusquarzit aufragen.

Um die hochgelegene Pfarrkirche St. Ursula in **Oberursel** scharen sich in seltener Geschlossenheit die Häuser des historischen Ortskernes. Westlich davon schloß sich die Burg der

Eppsteiner an, die lange, aber mit Unterbrechung, den schon 791 erwähnten Ort besaßen. Nach Erhalt der Stadtrechte (1444) entstand die Stadtbefestigung (1481), von der an dieser und zur Nordseite noch Reste vorhanden sind.

Die spätgotische *Ursulakirche* (seit Mitte 15. Jh.) steht an der Stelle einer restlos verschwundenen Vorgängerin (9. Jh.). Die zweischiffige Halle ist unsymmetrisch. Ihr Chor weicht stark aus der Achse und hat wie das Langhaus spätgotische Maßwerkfenster mit guten Glasmalereien ihrer Zeit. Nach einem verheerenden Brand (1645) hat man die gesamte Einrichtung einheitlich im Knorpelstil erneuert. In schwungvoller Haltung posieren die Statuen der Apostel Petrus und Paulus auf dem Hochaltar (1671). Vier halbnackte Figuren tragen den frühbarocken Kanzelkorb. Älter sind das Reliquiar in Form eines Klappaltärchens (1513), die Sakramentsnische und der zuletzt außerhalb der Kirche stehende Taufstein (um 1490), der vielleicht dem jetzigen weichen mußte. Dort draußen haben Bürger eine ausdrucksstarke Kreuzigungsgruppe aus Stein (1676) aufstellen lassen.

Das *alte Rathaus* fußte ursprünglich auf einem Stadttor, ähnlich wie in Königstein. Das Obergeschoß ist aus Fachwerk (1658). Das Mainzer Wappen (1686) erinnert an kriegerische Auseinandersetzungen, unter denen die Stadt sehr zu leiden hatte, nachdem sie an Kurmainz gefallen war (1581).

Dank des mühlenreichen Urselbaches hatte, neben anderen Ursachen, im 15. Jahrhundert eine positive gewerbliche Entwicklung eingesetzt. Nach Einführung der Reformation (1522) kam es sogar zur Einrichtung einer Lateinschule und einer Druckerei (1557-1622). Dieser Aufschwung förderte die Gründung der *Unterstadt* (15. Jh.), deren Hospitalkirche (1720-28) Beachtung verdient. Zugleich weckte der Fortschritt offenkundig auch die Begehrlichkeit auswärtiger Mächte. Die Stadt wurde zweimal während des Dreißigjährigen Krieges schwer heimgesucht und niedergebrannt. So datieren die alten, meist verputzten Fachwerkhäuser erst aus der Friedenszeit danach. Älter ist eines in der Eppsteiner Straße und das früher von dem Mainzer Hofkammerrat bewohnte Haus (1736) in der Ackerstraße. Brüstungen und

Zimmerdecken sind verziert im Stil der Bandelwerkzeit. Heute ist hier ein Gasthaus.

Das weitgehend geschlossene und einheitliche Stadtbild von **Kronberg** krönt die Burg, nach der sich die Reichsministerialen von Eschborn nannten, als sie von ihrem neuen Sitz aus eine eigene Herrschaft aufbauten. Nach der ersten Erwähnung der Burg im Jahr 1230 erfolgten nach dem zur Stauferzeit beliebten Schema Begründung und Ausbau der Stadt (1390), die sich auch weiterhin kaiserlichen Wohlwollens erfreute, zu einem wichtigen Markt und Sitz eines Schöffengerichtes. Wirtschaftliches Wachstum ließ auch die Stadt rasch ihren alten Bering ausweiten und gegen Ende des 14. Jahrhunderts durch die Neustadt ergänzen. Die rege Bautätigkeit erfaßte auch *Burg* und Kirche.

Die Oberburg hat einen dreieckigen Grundriß und ist der staufische Kern der Gesamtanlage. Ihr Bergfried hat wieder die durch den Aufsatz erzeugte Butterfaßform, wie sie hier so oft begegnet. Um 1500 dürfte diese Ergänzung erfolgt sein. Über dem Torhaus lag die Kapelle. Die Nordspitze ist nachträglich durch einen Geschützturm verstärkt worden, etwa gleichzeitig mit der Erhöhung des Bergfrieds.

Die am Westabhang des Berges liegende Mittelburg besteht aus zwei rechtwinklig aneinander stoßenden Gebäudeflügeln, die ein quadratischer Turm im Winkel verbindet (15. Jh.). Die Rollwerk-Giebel mit Obelisken (um 1630) verleihen der Burg schon den Charakter eines Renaissance-Schlosses. Die den Hof umschließenden Mauern und der Wehrgang sind Ergebnis der durch Louis Jacobi 1892 durchgeführten Restaurierung.

Den Bereich der Unterburg betritt man von außen durch einen Torbau (1692). Die kleine Burgkapelle ist teilweise wiederhergestellt (1350). Unter den Grabsteinen ist der für Johann IX. (†1506) und seine Gattin eine ausgezeichnete Arbeit des ›Meisters von Oppenheim‹.

Eine alte Johanniskirche wich im Zuge des beständigen Wachstums von Kronberg einer Johanniskirche, der jetzigen *evangelischen Pfarrkirche* (1440-50). Frank IX. von Kronberg erteilte den Auftrag zu dem Saalbau mit schmalerem Chor und quadratischem Turm. Von außergewöhnlicher

Qualität ist ihre Innenausstattung. Die Holztonnen des Schiffs hat Johann Friedrich Spangenberg reich mit Grotesken bemalt (1617). Noch spätgotisch war die Ausmalung der Chorgewölbe von 1483, die in Resten erhalten sind. Aber erst die reiche plastische Einrichtung spiegelt so recht den Status der Pfarrkirche eines Herrschaftssitzes, wodurch sie geradezu ein Beispiel für die Kirche einer spätmittelalterlichen Kleinresidenz bietet. Im Chor hängt der kleine Maria-Schlaf-Altar (um 1440/50). Das Tonrelief im Holzschrein stellt mit außerordentlicher Ausdruckskraft der Figuren das Hinscheiden der Gottesmutter im Kreis der Jünger und gleichzeitig ihre Erhöhung vor den Engeln dar. Die Außenflügel sind mit der Schutzmantelmadonna bemalt, die den Stiftern Obhut bietet. Dieser Votivaltar ist eines der besten Werke der mittelrheinischen Tonplastik und des Weichen Stils.

Meisterhände schufen auch die fünf Doppelgrabsteine im Langhaus. Ihre Herkunft liegt gleichfalls im mittelrheinischen Kunstraum. Chronologisch an erster Stelle steht der Grabstein des Junkers Walter von Reifenberg († 1470) mit seiner Schwester, der in einer Werkstatt entstand, die auch für die Dome von Mainz und Bamberg gearbeitet hat. Es folgen die beiden Doppelgrabsteine für Johann VII. († 1488) und Philipp IV. († 1477). Schließlich sind im Kirchenschiff noch zwei Renaissance-Grabsteine (um 1510). Der wohl schönste Grabstein steht im Chor und ist von Hans Backoffen für Walter von Reifenberg († 1517) gefertigt worden. Unter einem Maßwerkbaldachin kniet der Verstorbene hingebungsvoll vor der Madonna auf der Monsichel, nicht mehr achtend der vor ihm aufgetürmten mächtigen Embleme seines Adels. Hier im Chor ist auch noch das Epitaph für Anna von Kronberg († 1549) bemerkenswert, das Dietrich Schro zugeschrieben wird.

Leider ist die Zeit seit der Reformation durch konfessionelle Auseinandersetzungen gekennzeichnet, die sogar zu wiederholtem Wechsel des Bekenntnisses führte. Unrühmliches Denkmal ist die sogenannte *Streitkirche*, die 1737 von der angewachsenen katholischen Gemeinde begonnen, aber wegen evangelischen Einspruchs beim Reichskammergericht nicht vollendet werden durfte. Sie wurde Apotheke und nachher Wohnhaus.

Die neugotische *katholische Pfarrkirche* besitzt einen schönen Flügelaltar mit Maria und Anna Selbdritt als Schreinfiguren und Flügelreliefs (16. Jh.).

Auf dem zum Park umgewandelten *Alten Friedhof* befindet sich ein typisches Grabmal der Renaissance. Es zeigt in Freiplastik Kaspar II. von Kronberg († 1573), der in der Ritterrüstung, aber mit entblößtem Haupt, vor dem Kruzifix kniet.

Durch die Hanglage gelangt die Altstadt mit ihren zahlreichen *Fachwerkhäusern* reizvoll zur Geltung. Am Ende der Friedrich-Ebert-Straße hat das Haus ›Drei Ritter‹ (um 1600) seinen Namen von den drei Holzkonsolen eines abgerissenen Erkers erhalten. Das Haus ›Zum Grünen Wald‹ in dieser Straße wirbt mit einem kunstvoll geschmiedeten Aushänger. Eine Inschrift ziert das ebenfalls hier gelegene Haus ›Zum Adler‹ (1780) in gefälliger Weise trotz moderner Zutaten. Schließlich ist in der Straße noch die ehemalige Rezeptur (18. Jh.). Der Name der benachbarten Tanzhausgasse weist auf den Ursprung des Baukomplexes hin, an dem zwei spätgotische Hoftore (1570) zu sehen sind. Auch das ehemalige Hospital in der Talstraße besitzt geschnitztes Fachwerk (1609) und Erker (1611). – Von der ehemaligen Stadtbefestigung steht außer wenigen Mauerresten nur das gotische Eichentor.

Die vornehme Welt des späten 19. Jahrhunderts hat sich mit dem heutigen Hotel ›Kronberg‹ ein aufschlußreiches Denkmal gesetzt. Als *Schloß Friedrichshof* war es der Witwensitz für die Kaiserin Friedrich. Der historisierende Zeitgeschmack griff bei diesem Bauwerk (1889/93) Elemente des englischen Tudorstils auf, was im Rahmen der damals vorherrschenden Neuromanik oder Neugotik schon eine angenehme Abwechslung bedeutet.

Künstlerisch machte Kronberg schon wenige Jahrzehnte früher von sich reden durch die Gründung der ›Cronberger Malerschule‹ (1858) durch Jakob Fürchtegott Dielmann († 1885) aus Sachsenhausen. Dieser führte in Frankfurt und Kronberg Anregungen der Düsseldorfer Schule weiter. Anton Burger, Jakob Maurer und Philipp Rumpf schlossen sich ihm an.

Initiativen des Reichs verdankt auch **Königstein** seine Existenz. Die Staufer und der Reichskämmerer Kuno von Münzenberg haben den Bau einer Burg auf dem Bergsporn zwischen Reichenbach und Liederbach veranlaßt oder durchgeführt, um die wichtige Straße zwischen Frankfurt und Köln zu sichern. Sie wechselte ihre Besitzer von den Herren von Falkenstein über die Herren von Eppstein und die Grafen von Stolberg bis Kurmainz (seit 1581). Dieses hat die Anlage festungsartig ausgebaut und nach 1664 weiter verstärkt. Dennoch konnten die Franzosen Königstein 1796 überwinden und sprengen. Die Burg war die größte und mächtigste im ganzen Taunus. Entsprechend ihrer aus zwei Phasen bestehenden Baugeschichte kennt die Ruine einerseits romanische und gotische Teile der mittelalterlichen Burg wie andererseits die gewaltigen Bastionen der kurmainzischen Festung. In manchem ergeben sich Parallelen zum katzenelnbogischen Rheinfels über St. Goar, wie ja auch sonst der künstlerische Einfluß des Mittelrheingebietes sich im Taunus beinahe ungehemmt auswirkt, was in Monumenten und Werken wiederholt schon spürbar wurde.

Von älteren Bauten in der Stadt seien hervorgehoben das Alte Rathaus, das in Fachwerk 1673 über einem mittelalterlichen Stadttor hochgezogen wurde, dann das ehemalige Mainzer Rentamt (1720-27) mit dem Wappen des Erzbischofs Lothar Franz von Schönborn, dessen Familie im (rheinland-pfälzischen) Taunus beheimatet war, und das ehemalige Pfarrhaus (18. Jh.). Das sogenannte Burghuislein (1460) in der Kugelherrengasse ist der älteste Wohnbau in der Stadt.

Die *katholische Pfarrkirche* (18./19. Jh.) ist ein Saalbau mit dreiseitig geschlossenem Chor und verrät durch geringfügige romanische Reste den Vorgängerbau. Wieder beweist die mittelrheinische Kunst ihr hohes Können mit Hochaltar (1758) und Kanzel (1752) im Stil des Rokoko. Die von Johann Peter Jäger geschaffenen Werke mit Figuren vermutlich von Johann Jakob Juncker gehören zum Besten, was während dieser Epoche am Mittelrhein entstanden ist. Die ste-

Ruine in der Umgebung von Königstein,
Zeichnung von Ernst Ludwig Kirchner, um 1916

hende Muttergottes (um 1440) dagegen ist ein, allerdings
ausgezeichnetes, hessisches Werk, wie verwandte Plastiken
in Frankfurt und Hirzenhain belegen.

Die starke Zuordnung zum Main drückt sich gerade in
Königstein durchaus aus, daß es sich zu einem regelrechten
Villenvorort von Frankfurt entwickelt hat. Tausende fahren
täglich aus dem Taunusvorland zu Arbeitsstätten im Indu-
striedreieck Rhein-Main. Der westliche Teil ist das durch
seinen guten Apfelwein bekannte ›Ländchen‹. Neben Obst,
Weizen und Zuckerrüben wird Wein angebaut. Die Kreden-
zen von Hochheim reichen an die des Rheingau heran. Eine
geologische Bruchspalte trennt das Taunusvorland vom Vordertaunus. Erheblich daran sind innerhalb unseres Inter-
essenhorizontes nur die dadurch aufsteigenden Heilquellen,
die vor dem Taunus »Hessens internationale Kurprome-
nade« entstehen ließen. Kulturell oder künstlerisch ist diese
erdkundliche Unterscheidung ohne Belang.

Im Tal des Schwarzbaches, der bei Hofheim in die Mainebene eintritt, liegt noch zwischen den Ausläufern des Taunus **Eppstein**. Von alters her beherrschte der Ort den bereits
genannten Straßenzug über den Paß von Niedernhausen,
den Übergang vom Goldenen Grund zum Taunusvorland.
Die Herren von Eppstein haben ihre um 1100 gegründete
Burg als Basis zum Ausbau einer eigenen Herrschaft genutzt.
Karriere machten vier von ihnen als Mainzer Erzbischöfe.
Nachhaltiger war der wirtschaftliche Erfolg, der sich auf eine
ertragreiche Eisenindustrie (seit 14. Jh.) stützte, die Waffen,
aber auch andere Geräte produzierte. Zu Füßen der Burg
entwickelte sich der Ort, der 1318 Stadtrechte erhielt. Hessen
und Kurmainz haben sich später Burg und Herrschaft geteilt.

Der Bergfried (14. Jh.) ist noch immer Wahrzeichen der
Burgruine. Zu seinen Füßen liegen der gotische Palas und
die Rüstkammer (seit 1765 Kapelle). Hier ist das sehenswerte
Heimatmuseum untergebracht.

Die Herren von Eppstein haben in der ehemaligen Lauren-
tiuskirche und heutigen evangelischen Pfarrkirche eine würdige Grablage gefunden. Mehrere Bildnisgrabsteine des
15. Jahrhunderts besitzen ein beachtliches künstlerisches Niveau. Am besten ist sicher das Grabmal für den noch jugend-
lichen Engelbrecht von Eppstein († 1494), dessen Tuffplastik
dem Hans von Düren zugeschrieben wird.

Über **Bad Soden** berichtet Iwan Turgenjew: »Soden ist ein
kleines, etwa eine halbe Stunde von Frankfurt entferntes
Städtchen. Es liegt in einer reizenden Gegend am Fuße des
Taunus und ist bei uns in Rußland berühmt wegen seiner
Mineralwasser. ... Die Frankfurter gehen hauptsächlich ihres Vergnügens wegen dorthin. Soden hat nämlich prachtvolle Parkanlagen und eine große Anzahl Wirthschaften.«
Heute, da man eher in einer Flaute des Bäderwesens stecken
soll, werden hier steigende Gästezahlen gemeldet. Ein hand-
festes Willkommen erbieten dem Besucher jedenfalls die Figuren am originellen Kurgästebrunnen, deren Gliedmaßen
beweglich sind und deshalb ihre Stellung bis ins Groteske
verändern können, wenn man sie entsprechend anfaßt. In
seiner Heimatstadt Aachen hat der Bildhauer Bonifatius
Stirnberg ein ähnliches Bronzewerk geschaffen.

Die Solquellen wurden schon im Mittelalter genutzt, doch begann erst 1875 die Entwicklung zum modernen Heilbad. Der alte Fuldaer Besitz erwarb 1296 Stadtrechte und war Familiensitz derer von Hutten-Stolzenberg. Die Burg Stolzenberg hatte Fulda zum Schutz der Saline angelegt. Seit dem 16. Jahrhundert ist sie zerfallen, aber noch immer hält der hohe runde Bergfried Wacht. Am Fuß des Berges steht das Schloß der von Hutten (1536), ein Steinbau mit Staffelgiebel und vorgebautem Erker. Das Rathaus dagegen besteht über dem massiven Sockel aus Fachwerk (18. Jh.). Das Alte Kurhaus erbaute 1849 Theodor Götz, erfuhr aber nachträglich manche Veränderungen. Das Heimatmuseum ist in einer fränkischen Hofreite (1751) untergebracht. Es unterrichtet über die historischen Wirtschaftsformen der hiesigen Landwirtschaft und über die Entwicklung des Badebetriebes.

Landschaft im Taunus,
Zeichnung von Ernst Ludwig Kirchner, 1916

Wetterau

ÜBER das hessische Ried, westlich vom Odenwald, setzt sich die Oberrheinische Tiefebene jenseits des Mains in der Wetterau fort. Sie ist wie der Oberrheingraben also ein Einsenkungsgebiet. Ihr Oberflächenrelief ist aber nicht mehr so eben wie das des Ried. Alle bedeutenden Wasserläufe, wie Wetter, Nidda und Nidder, kommen vom Vogelsberg. Dem Reichtum der Erde verdanken bekannte Heilbäder ihre Existenz, wie Bad Nauheim, Bad Vilbel, deren Quellen bereits die Römer schätzten, oder Bad Salzhausen, das ›Heilbad vor dem Vogelsberg‹.

Die alten Städtchen blicken auf eine stolze Vergangenheit zurück. Friedberg mag vielleicht zuerst genannt werden, denkt man an Römerkastell, Stauferburg und an den Status einer freien Reichsstadt, der es Frankfurt gleichrangig machte.

Zu allen Zeiten spielte die Wetterau im Raum des heutigen Bundeslandes Hessen und darüber hinaus eine wichtige geschichtliche Rolle. Die Römerzeit wirkte in die Architekturmonumente, ist gar durch eigene Baureste vertreten und blieb einflußreich auf spätere staatsrechtliche Entwicklungen. Schon in fränkischer Zeit bildete die Wetterau eine eigene Grafschaft, in der zeitweilig die Konradiner das Sagen hatten. Die Staufer bemühten sich um eine großangelegte Neuorganisation dieses Raumes. Ihr Untergang begrub den Traum eines Wetterauer Reichsterritoriums. Die mächtigen Reichsstädte vermochten gegenüber den Territorialherren einen Vorteil zu erringen. Sie verfolgten eine gemeinsame politische Linie, fanden zu eigenem Bündnis zusammen und suchten die Liaison mit anderen, etwa dem Rheinischen Städtebund. Dennoch brachen die Reichsstädte, außer Frankfurt, unter ihren Ambitionen zusammen. Die auf sie angewiesenen Reichsvögte teilten ihr Schicksal. Auf Initiative der Grafen von Katzenelnbogen trat 1422 der Wetterauer Grafenverein ins Leben. Über Jahrhunderte hinweg bestimmte er maßgeblich das politische Leben der Wetterau Dabei stand er in wechselndem Verhältnis zur hiesigen Ritterschaft. Während des 16. Jahrhunderts kam der Grafenverein entscheidend zum Zuge, wenngleich unter der spürbaren Konkurrenz der hessischen Landgrafen. Aber der Dreißigjährige Krieg, an dessen regionalpolitischen Verknüpfungen die Wetterauer Grafen wesentlich mitgewoben hatten, traf und verwundete sie entscheidend. Büdingen, Hanau, Nassau, Solms und andere verabschiedeten sich nun aus der wetterauischen Geschichte. Mit dem Ende des alten Reiches war der Traum politischer Selbständigkeit zerstoben.

Der Name der Stadt **Grünberg** könnte fast wörtlich verstanden werden, breitet sie sich doch wirkungsvoll auf hohem Bergrücken aus. Die Wieseck zieht noch nordwärts zur Lahn, wir befinden uns auf der Grenze zur Wetterau. Burg und Stadt waren fast zeitgleich von den Thüringer Landgrafen zum Schutz der Straße ›durch die kurzen Hessen‹ und gegen Mainz angelegt worden (1186). Was heute als Burg hier bezeichnet wird, ist höchstens der Nachfolgebau (um 1600). Daneben steht das Alte Brauhaus (18. Jh.).

Eine der ersten Niederlassungen der Antoniter in Deutschland entstand vor 1242 hier in Grünberg. Der Besitz fiel nach der Reformation der Universität Marburg zu, wie überhaupt die hessischen Landgrafen das Vermögen der ehemaligen Klöster nicht nur zur eigenen Bereicherung, sondern vielfach für soziale Anliegen verwendeten. Als das Klostergebäude dann zum Witwensitz der Landgräfin Hedwig († 1590) bestimmt wurde, hat es Eberdt Baldewein zum Schloß umgebaut. Je nach Standort läßt sich aber der Charakter der ehemaligen Klosteranlage noch wahrnehmen, von der Reste, vornehmlich an der Nordseite des Hofes, wenn auch verändert, erhalten blieben. Die Kirche dient als Wohnbau. Der Fachwerkbau (um 1500) an der Ostseite, Universitätsbau oder Stammlersches Haus, fällt durch sein reiches Balkenwerk auf.

Auch das ehemalige Franziskanerkloster an der nach ihm benannten Barfüßergasse ist nur noch durch ein allerdings gotisches Wohnhaus präsent. Der Marktplatz bildet einen überzeugenden Stadtmittelpunkt und gefällt wegen seiner schönen Häuser, deren Fachwerk, wie auch sonst in der Stadt, mehrheitlich verputzt ist. Das für den Amtmann gedachte Wohnhaus (1587) ist sieben Jahre nach seiner Fertigstellung als Rathaus eingerichtet worden, das man durch ein gutes Renaissanceportal betritt.

In der Neustadt war vor 1457 ein Augustinerinnenkloster gegründet worden, das dann durch die Reformation zum Spital wurde. Ein ansehnliches Fachwerkgebäude (um 1500) steht davon noch neben der Spitalkirche (1723/33), die ihren Namen aber zu Unrecht trägt, da sie deren Nachfolgerin ist.

Laubach

Erst Laubach liegt eindeutig in der Wetterau, da nicht allzu weit von hier die namengebende Wetter zwischen zusammenhängend bewaldeten Berghöhen entspringt, die als westliche Ausläufer des Vogelsberges bis hierher vordringen. Wenn der Ort Ende des 8. Jahrhunderts als Hersfelder Besitz erscheint, so klingt dabei die Anlehnung an den Fuldaraum und beim Leser vielleicht die Erinnerung an die Reise entlang der Fulda und durch den Vogelsberg an. Als Besitzer lösten sich ab Hanau, Falkenstein, Solms und spätestens seit 1548 Solms-Laubach. Erst diese haben die Stadt (seit 1405) zur Residenz ausgebaut, deren Mittelpunkt das anstelle einer

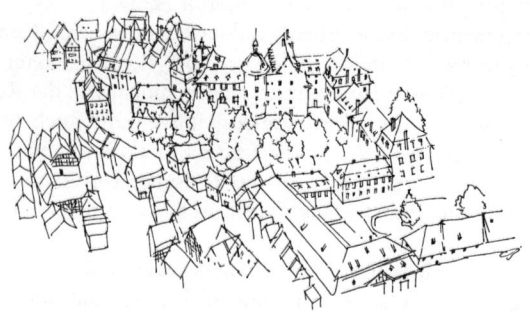

Falkensteiner Wasserburg stehende *Schloß* ist. Zusammen mit weiteren Änderungen im 18. Jahrhundert bildete sich unter Verwendung verschieden alter Baureste die Gestalt der heutigen Anlage heraus. Ein dreiflügeliger Bau, der sich nordwärts zum Park hin öffnet, ward ihr Kern. Der repräsentative Schloßhof breitet sich vor der Südfront aus und wird durch Nebengebäude teilweise eingefaßt. An der Ostseite sind es Marstall (1556/57), Neuer Bau (18. Jh.) und Nassauer Bau (15., 18. Jh.). Südwärts schließen sich zwei Wirtschaftshöfe an. Ein barocker Bogengang gestattet an der Westseite mit der sogenannten Friedrichsburg (1735/39) den Durchgang zum Marktplatz.

West- und Ostflügel des Burgkerns sind noch mittelalterlich. Allerdings ist der östliche Trakt oder Kemenatenbau um 1555 durch den Licher Baumeister Wolff Werner umgestaltet worden. Je ein schwerer Rundturm steht vor der südwestlichen und nordöstlichen Ecke, wobei ersterer aus dem alten Bergfried entwickelt wurde. Das Innere erhielt unmittelbar im Anschluß an den Umbau eine Ausmalung, von der noch Reste zu sehen sind. Beide Flügel hat man um 1700 durch den Südtrakt miteinander verbunden. Der Arkadengang wurde nachträglich (19. Jh.) hinzugefügt.

Teile des Schlosses sind museal hergerichtet. Wegen der hervorragenden Einrichtung lohnt die Besichtigung. Von hoher wissenschaftlicher Bedeutung ist die Schloßbibliothek mit ihren wertvollen Beständen.

Der *Schloßgarten* folgt in der Gestaltung englischem Stil. Darin steht die Untermühle aus der Renaissance (1589).

Den erwähnten Durchgang benutzend, gelangt man vorbei an der Friedrichsburg zum Marktplatz und zur Kirche. Um den Kirchplatz stehen einige der alten Häuser, an denen die Stadt so reich ist. Gutes Fachwerk sieht man in der Unter- und Obergasse, der Grünemannsgasse, Oberen Langgasse oder der Hintergasse. Westlich der Kirche steht der Grünemannsbrunnen (1589) von Caspar Schellenberger, auf dem Markt der Engelsbrunnen (1780).

Alles das übertrifft die, mit den genannten Häusern zu einer Baugruppe verbundene, ehemalige Marienkirche und heutige *evangelische Pfarrkirche*. Die Bauhütte von Kloster

Arnsburg beeinflußte noch ihren Ostteil (13. Jh.). Merkwürdig aber ist der Vierungsturm mit seinen vier verschieferten
Giebeln und dem Rautendach, der stark an den von Schotten
erinnert. Beide sind die einzigen ihrer Art in Oberhessen und
isolierte Vorposten rheinischer Baugesinnung. Den Bedürfnissen des evangelischen Gottesdienstes entsprach man mit
dem Neubau des Langhauses (1700-02), durch den eine hoch-
barocke Predigtkirche entstand, wobei auch klassizistische
Anklänge französicher Herkunft Eingang gefunden haben.
Im mittelalterlichen Teil bedecken qualitätvolle Malereien
die Wände und zeigen Heiligengestalten, Passionsszenen, die
Rosenkranzkette oder auch Grotesken.

Die adeligen Herrschaften wohnten dem Gottesdienst in
dem bemalten logenartigen Sitz (1735) bei, dessen Platz ursprünglich im Chor war. Die schmuckreiche Orgel (1747/
51) von Johann Caspar Beck gilt als »die schönste im weiten
Umkreis«. Sie bringt eine feierliche Note in den durch die
Emporenanordnung theaterartig wirkenden Innenraum.

Als Grablege für die Solmser Grafen ist die Kirche reich
mit Grabdenkmälern ausgestattet. Das für Graf Friedrich
Magnus († 1561) entstand gleichzeitig mit der Ausmalung
der Kirche. Jordan Brekevelt stellte den Grafen als freiplastische Ritterfigur dar, die vor dem Kruzifix niederkniet. Die
Form einer portalartigen Nische gab Balthasar Büttner aus
Büdingen dem Grabmal für Graf Johann Georg I. († 1600)
im Chor, das aus Alabaster gefertigt ist. Aus rotem Sandstein
besteht der Grabstein an einem Vierungspfeiler für Johann
Friedrich und seine Gemahlin, den nach deren Tod 1714
Johann Friedrich Sommer aus Marburg schuf. Gemäß dem
Entwurf von J. P. Meyer aus Hungen sind die Verstorbenen
in Reliefbildnissen festgehalten zwischen Symbolfiguren von
Tugend und Frömmigkeit. Auf dem gemalten Epitaph für
Graf Albert Otto I. († 1610) ist im Hintergrund Laubach zu
erkennen. Aus der alten Silhouette steht unter anderem noch
der viereckige Kriegerturm mit Fachwerk, der zur weitge-
hend verschwundenen Stadtbefestigung gehörte.

Die Grabdenkmäler sollten nicht nur kunstgeschichtliche
Aufmerksamkeit erregen, sondern auch die Bedeutung in
Erinnerung rufen, welche die Herrschaft Laubach trotz ihrer

geringen Ausdehnung einst besaß. Hervorragende Herrscher, darunter der nicht zu Unrecht ›Magnus‹ genannte
Graf Friedrich, förderte gleichermaßen als Freund Melanch-
thons das Luthertum, wie auch Stadtfreiheit, Landwirtschaft
und Bildung (Lateinschule 1555). Die Solmsische Gerichts-
und Landesordnung fand in anderen Territorien Nachahmung wegen ihrer vorbildlichen Struktur. Der Hof war füh-
rend im Pietismus und unterhielt während der Klassik Beziehungen zu Wieland und Sophie La Roche. Graf Friedrich
Ludwig Christian vertrat den Grafenstand auf dem Kongreß
zu Rastatt (1801) und wurde erster Oberpräsident der Rheinprovinz.

Lich

Mit einer Ersterwähnung im Jahre 788 gehört die nun im
weiten Talgrund der Wetter liegende Stadt Lich zu den ältesten Orten in der Wetterau. Über die Falkensteiner gelangte
Lich an die Grafen von Solms (1419), die hier eine Seitenlinie
begründeten. Schon Ende des 13. Jahrhunderts besaß der Ort
Stadtrechte und erhielt gleichzeitig seine Befestigung. An
den höchsten Geländepunkt stellte man die Kirche des 1316
gegründeten Kollegiatstiftes, die heutige *evangelische Pfarrkirche*. Ein Turm der Stadtbefestigung dient ihr als Glockenturm. Wenige Jahre vor der Reformation erfolgte ein Neubau, der zugleich die letzte mittelalterliche Hallenkirche
Hessens war. Mit dem Langhaus wurde begonnen (1510-14),
es folgten Chor (1515-25) und Strebepfeiler am Langhaus
(1537). Vor uns steht heute eine Stufenhalle, deren Mittelschiff über die beiden Seitenschiffe erhöht ist. Auch der
polygonale Chor hat einen Hallenumgang, der eine Fortset-

zung der Seitenschiffe darstellt. Doch hat er nicht wie diese Emporen, was aber geplant war. Während die Seitenschiffe netzrippengewölbt sind, deckt das Mittelschiff eine Holztonne (etwa 1740). An verschiedenen Stellen konnten Reste von Wandmalereien der Renaissance und des Rokoko freigelegt werden.

Die Sakramentsnische (1536) in den Formen der Renaissance ist wohl die einzige dieser Art in Hessen. Auf den einfassenden Pilastern ruht ein segmentierter Giebel. Von großer Ausdruckskraft ist der lebensgroße Kruzifixus (um 1500).

Prunkstück der Ausstattung ist die spätbarocke Kanzel, die man sich nach der Aufhebung von Kloster Arnsburg angeeignet hat. Sie wird von Figuren (1772-74) des Thomas von Aquino, Bernhard von Clairvaux, Bonaventura und des Papstes Leo des Großen geschmückt. Diese ›Patrone‹ der damaligen römischen Theologie erhielten durch den Bildhauer Martin Lutz eine geradezu ekstatische Haltung, die in der barocken Figur das Persönlichkeitsbild der historischen Vorbilder wohl stark überzeichnet. Der von Georg Wagner geschaffene Orgelprospekt (1621/22) ist einer der ältesten in Hessen und überzeugt durch seine hervorragende Qualität. Die Pedaltürme vom gleichen Meister gehörten früher zur Arnsburger Orgel.

Unter den vielen niveauvollen Grabdenkmälern steht sicher das Doppelgrab des Kuno von Falkenstein († 1322) und der Anna von Hessen († 1329) im Chorumgang an der Spitze. Noch im Tod scheint edle Minne das ritterliche Paar zu verbinden. Anmut in der Haltung und vertrauende Gläubigkeit im Antlitz bringen die höfischen Ideale der Körperzucht und Seelengröße lebendig zum Ausdruck. Dietrich Schro aus Mainz arbeitete den dreifachen Doppelgrabstein für Solmsische Grafenpaare (gegen 1550). Die Farbgebung besorgte Jörg Ritter. Der Festungsbaumeister und kaiserliche Feldherr Graf Reinhard hatte noch zu Lebzeiten den Auftrag zu diesem Werk gegeben, was auf dessen selbstbewußte Haltung schließen läßt. Interessant sind auch die im Chorfußboden eingelassenen Platten wegen ihrer schmückenden Bronzeeinlagen.

Mittelalterliche Siegel von Lich zeigt noch die einstige Wasserburg, die vier Ecktürme an dem vierflügeligen Gebäudekomplex trug (um 1300). Sie mußte dem heutigen *Schloß* (1764/66) weichen, das aber noch ältere Teile enthält. Indem einer der mittelalterlichen Flügel völlig abgetragen wurde, entstand die nach Norden offene Hufeisenform. Zwischen die beiden hervortretenden Flügel baute Georg Moller einen Querbau (1833-38) fast über die ganze Hofbreite. An der Nordostecke fügte man später den neubarocken Anbau hinzu (1912).

Die mittelalterliche *Stadtbefestigung* (um 1300) ist um 1510/20 nach Vorbildern niederländischer Kriegstechnik verstärkt worden. Außer dem erwähnten Stadt- und Glockenturm stehen Mauerreste und die Ruine des Eisturms im Schloßpark. Die Erinnerung schweift zu einer der bemerkenswertesten Persönlichkeiten von Lich, zu Graf Reinhard, dessen eigenwilliges Epitaph in der Kirche bereits unsere Aufmerksamkeit fand, und den ein Bildnis von Hans Döring (1556) im Schloß zeigt. Als Militärschriftsteller hat er über seine Stellung hinaus Bedeutung erlangt. Diesem Steckenpferd zuliebe richtete er in Lich eine eigene Druckerei ein. Da er in kaiserlichem Dienst stand, war er Gegner Hessens und damit auch der Reformation. Innerlich zwar Freigeist, ließ er das Stift weiterbestehen und hielt selbst zur römischen Konfession, obwohl die Licher zu einem Teil bereits mit der neuen Lehre liebäugelten.

Schon auf dem Kirchplatz zieht das ehemalige Haus Textor (1632) die Aufmerksamkeit auf die *alten Häuser*, die in Lich noch ganze Straßenzeilen durch ihre einheitlichen Fronten bestimmen, etwa Schloßgasse, Oberstadt und Kirchgasse. Die Obermühle (1768), Am Schwanensee Nr. 43, hat ein schönes Fachwerkobergeschoß mit Mansarddach. Sonst ist das Fachwerk vielfach an den Häusern verputzt. Das Rathaus (1849) ahmt die Art südlicher Palazzi nach.

Talabwärts liegt südwestlich der Stadt der ehemalige *Klosterhof Kolnhausen*, der Eigentum von Arnsburg war. Das barocke Wohnhaus (1721) ist ein gutes Beispiel für solche externen Betriebe eines Barockklosters.

In der für Zisterzienserklöster typischen landschaftlichen Situation liegt die zum Teil ruinöse ehemalige Abtei. Vieles von dem, was früher bereits über Haina gesagt worden ist, trifft auch hier zu. Auf einer einen Kilometer entfernt liegenden Anhöhe unterhielten bereits die Römer ein Kastell, das dank seiner günstigen Lage die Kontrolle des Wetter-Tales und die bergigen Hinterlandes gestattete. Inmitten der verfallenen Anlage wurde 1151 ein Benediktinerkloster mit dem beziehungsreichen Namen Altenburg gestiftet, das aber zwei Jahrzehnte später schon wieder aufgehoben war. Dafür stiftete Kuno I. von Münzenberg anstelle der väterlichen Burg im Tal der Wetter ein Zisterzienserkloster (1174), bis zu dessen Besiedelung über zwei Jahrzehnte verstrichen. Auch hier wiederholt sich also die Gründungsunsicherheit an einem alten Siedlungsplatz, ganz im Gegensatz zu den üblichen Legenden. Anders als Haina, dessen Klostergeschichte mit der Reformation endet, dauerte hier das Konventsleben bis zur Säkularisation. Aber der lange Zeitraum zerlegt die Geschichte in zwei Phasen: die der mittelalterlichen Abtei und die der nachreformatorischen Blüte des stiftlichen Klosters. Dazwischen liegen Welten, obwohl der Orden rechtlich immer derselbe geblieben ist. Die weltabgewandte Askese der Gründerjahre wich später einer weltzugewandten Klerikermentalität, der Mönch machte dem Stiftsherren Platz.

Am besten kommt dies zum Ausdruck in dem Gegensatz zwischen den mittelalterlichen Bauruinen oder -resten und den Barockgebäuden. Die *Kirche* sehen manche als die schönste Klosterruine Deutschlands an. Darüber soll nicht gestritten werden. Gegen 1197 ist mit ihrem Bau begonnen worden. Ihre Weihe dürfte sie 1246 oder wenig früher erhalten haben, da zu diesem Datum ein Ablaß für den Besuch der Kirche am Weihetag ausgeschrieben wurde, übrigens eine bei vielen Zisterzienserklöstern anzutreffende Gepflogenheit. Es handelte sich um eine Pfeilerbasilika im gebundenen System. Das Mittelschiff deckten Rippengewölbe, die Seitenschiffe Gratgewölbe. Östlich zum Querschiff schloß

sich ein quadratischer, gerade geschlossener Chor mit Umgang an. Ostteile und Langhaus entstanden in zwei zeitlich
aufeinander folgenden Bauphasen. Eine westwärts zunehmende Lockerung der asketisch-spärlichen Schmuckformen
auf den Kapitellen sind nur ein kleines Indiz dafür. In den
Langhausproportionen folgte man in etwa dem Vorbild der
Kirche des Mutterklosters Eberbach im Rheingau. Der

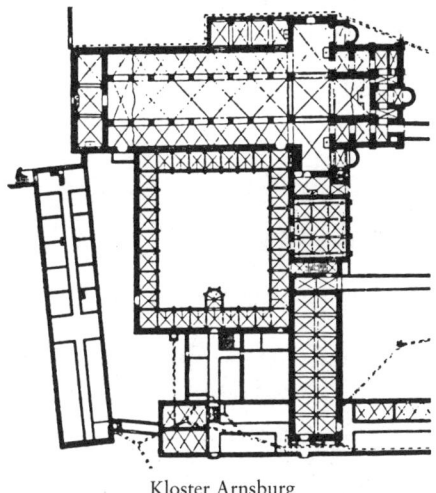

Kloster Arnsburg

Grundriß entspricht sonst weitgehend einer der möglichen
Schemata, die im mittelalterlichen Zisterzienserorden üblich
waren. Eigenwillig sind aber die kleinen halbrunden Apsiden
vor dem Chor und an den Querschiffarmen. Auch das Paradies vor der Westfassade, jetzt Kapelle, gehört zur gewohn-
ten Ausstattung vieler solcher Bauten.

Der Bereich des *Kreuzganges* ist leicht wiederzuerkennen.
Von dort existieren noch die beiden ehemaligen Hauptein-
gänge zur Kirche: östlich der für die Mönche, westlich jener
für die Laienbrüder. Der stimmungsvolle Kreuzgarten ist
jetzt eine Gedenkstätte der Kriegsgräberfürsorge in
Deutschland.

Der Ostflügel des alten *Klosters* blieb erhalten und zeigt
noch innen die ›klassische‹ Raumaufteilung des Mittelalters

mit Sakristei, Kapitelsaal und Parlatorium sowie dem Schlaf-
raum oder Dormitorium im Obergeschoß. Nach dem Dreißigjährigen Krieg aber brach mit dem neuen Wohlstand in
wohl fast allen Klöstern ein regelrechter Bauboom aus, dem
viel alte Bausubstanz unwiderbringlich zum Opfer fiel. Die
Äbte des Barock wollten nicht mehr wie ihre mittelalterlichen Kollegen rein funktionsgerecht bauen, sondern vielmehr die Allüren des Adels nachahmen. Ihren Wohnungen
und Konventen sieht man nur schwer den Charakter eines

Kloster Arnsburg, Bursenbau

Klosters an, sie entsprechen zumindest in den Fassaden ganz
den Schlössern ihrer Zeit. Das zeigt sich auch in Arnsburg
recht gut, wo der Westflügel des Klosters im Geist der neuen
Zeit aus den älteren Bauten entwickelt wurde. Dieser sogenannte Bursenbau enthielt das Laienrefektorium und die
Kellerei.

Wo, wie hier in Arnsburg, das mittelalterliche Kloster nicht
rundweg abgerissen werden konnte, etwa aus finanziellen
Gründen, beließ man dieses weitgehend im alten Zustand
und baute außerhalb des bisherigen Kernklosters neue Wohngebäude für Abt und Konvent, die dem zeitgenössischen
Lebensstandard entsprachen und einen bisher nicht gekann-

ten Komfort gewährten. So traten an die Stelle der ungeheizten Gemeinschaftsräume der früheren Mönche heizbare Einzelzimmer. Vorbei waren auch die Zeiten, da die Mönche zurückgezogen ganz unter sich lebten und ihre Angelegenheiten selber besorgten. Man hielt sich Diener, die die Zimmer in Ordnung zu halten hatten und bei Tisch den Konvent bewirteten. Laienbrüder gab es in vielen Klöstern damals schon gar nicht mehr. Wer ins Kloster ging, wollte ›Stiftsherr‹ werden, sonst konnte er sich ja gleich als Diener verdingen, ohne als solcher auch noch die Klosterregeln befolgen zu müssen.

Erfreulicherweise blieb die Kirche von einem barocken Umbau verschont. Doch erhielt ihr Inneres eine Ausstattung im Geschmack der Zeit und im Gegensatz zu den einstigen Idealen der Zisterzienser. Die Kanzel in Lich vermittelt einen Eindruck von dem bunten Bild, das sich hier bot.

Der Prälatenbau (1727) von Bernhard Kirn und der Küchenbau (1747) dahinter vom gleichen Meister atmen den Geist dieser Zeit. Man stelle sich vor, wie im jetzigen ›Festsaal‹ mit seinem Stuck und den Türrahmungen im Stil des Rokoko die Klostergeistlichkeit bei Kammermusik und von beflissenen Dienern umsorgt tafelt, so hat man ein ziemlich getreues Bild vom Leben in Arnsburg während der zweiten Hälfte des 18. Jahrhunderts.

Innerhalb der weitgehend erhaltenen Klausurmauer befinden sich als Nebengebäude die Klostermühle (17. Jh.) aus Fachwerk, der Treppenturm der Schmiede (1696) mit Fachwerkaufbau, das repräsentative Pfortenhaus (1777) und das hübsche Gartenhaus (1751). Die beiden letzteren errichtete Pater Cölestin Wagner.

Ein rühriger Freundeskreis bemüht sich derzeit um die Erforschung und bauliche Erhaltung von Kloster Arnsburg.

Östlich der Wetter fließt die Horloff vom Vogelsberg herab. Der in der Nähe von Arnsburg vorbeiziehende Limes lief südlich an **Hungen** vorbei, wo gleichfalls ein Kastell in der Nähe lag. Die ehemalige Hersfelder Klostervogtei gelangte über die Münzenberger und Falkensteiner 1419 an die Grafen von Solms, die hier eine eigene Seitenlinie begründeten, so daß dies nach Assenheim, Laubach, Lich und Rödelheim die fünfte Solmsische Residenz in der Wetterau ist. Nur kurze Zeit selbständig (1603-1678), diente das aus einer Falkensteiner Burg entwickelte *Schloß* noch als Witwensitz der von Solms-Braunfels und neuerdings als Altersheim. Im Kern ist ein durch Bernhard II. von Solms errichteter Dreiflügelbau (1454/56) erhalten. Nördlich und östlich von ihm schuf man 1535 durch die Vorburg eine Befestigung. Es folgten 1604 der Tor- und Kanzleibau der Vorburg sowie der sogenannte Neue Saalbau, ein Außenflügel im Norden. Seit 1608 hat man auch die beiden gotischen Seitenflügel, Alter Bau und Frauenzimmerbau genannt, gründlich erneuert und schließlich um 1700 den Hauptflügel umgebaut. In dessen Mitte ragt noch ein gotischer Torturm auf, der einen originellen vierspitzigen Helm mit vier verschieferten Ecktürmchen trägt. Das Fachwerk im Obergeschoß der anschließenden Flügel stammt aus jener letzten Umbauphase.

Gutes Fachwerk mit Erker (um 1600) besitzt die alte Hofanlage in der Obertorstraße.

Die *evangelische Pfarrkirche* hat noch einen romanischen Chorturm, während Chor und Langhaus später völlig neugebaut worden sind (1514-18 und 1596-1608). Grund für den Neubau des Chores war die ihm zugedachte Rolle als Grablege der Grafen von Solms-Hungen, wie man dies an den an den Wänden aufgestellten Grabplatten noch sieht. Bestes Werk ist darunter der Kenotaph für den in Heidelberg beigesetzten Gründer der Linie, den Grafen Otto II. († 1610). Die Bedeutung des Chorraumes unterstreichen aber vor allem die wertvollen Wandmalereien (um 1400), in deren spätgotischem Rankenwerk neben Heiligengestalten auch der Marientod zu sehen ist.

Wohnbach bettet sich wohnlich an einer bewaldeten Anhöhe. Fast kriminalistisch haben Archäologen hier die Geschichte erhellen können. Durch Luftaufnahmen registrierten sie im Gelände Differenzen in der Bodenfarbe, die zusammengenommen exakt den Grundriß einer Villa Rustica, eines römischen Landsitzes, ergaben. Hier blühte früher der Weinbau, wobei dahingestellt bleibe, ob schon in römischer Zeit. Die alten Keller- und Lagerräume trieb man, wie so oft in der nördlichen Wetterau, tief in den Hang, wie man hier in der Bahnhofstraße noch sieht.

Man behauptet gerne, daß die Reformation römische und katholische Leichtlebigkeit durch den Ernst des Wortes ersetzt habe. Wie alles hat auch dies ein Körnchen Wahrheit. Wie schon früher, besonders im Fuldatal oder anderswo beobachtet, vollzog man in nachreformatorischer Zeit eine Abkehr auch von der kultbestimmten Architektur des Mittelalters und versuchte eine eigene, protestantische Kirchenarchitektur zu begründen. Sie bemühte sich, die Stätte der Verkündigung optisch herauszustellen und die Akustik zu verbessern. Die hiesige Pfarrkirche (1620/21) ist mit denen in Hungen, Niederweisel und Nidda ein gutes Beispiel dafür. Erstmals für diese Gegend wurde die reich geschnitzte Kanzel (um 1620) an der emporenfreien Längsseite aufgestellt. Sehr schön ist die Stuckdecke (1620/21) durch ihre farbigen Symbole und Allegorien für das Himmlische Jerusalem, das Weltgericht, für Glaube und Gerechtigkeit, mit dem Pelikan und dem Allianzwappen Solms-Lobkowitz.

Münzenberg

Wo ein Höhenzug die Wetter zu einer Laufänderung veranlaßt, ragt über einem Basaltkegel die Ruine der staufischen Reichsministerialenburg Münzenberg auf. Wie Funde beweisen, lebten in dieser Gegend schon in vorgeschichtlicher Zeit Menschen, erst recht widmeten die Römer dem Ort ihre Aufmerksamkeit. Im Tausch erwarb 1152 Konrad von Hagen-Arnsburg den Münzenberg von Kloster Fulda. Sein Sohn nannte sich 1165 erstmals nach dem Münzenberg. Das Stiftungsdatum von Kloster Arnsburg legt die Annahme nahe, daß damals die Familie auf die im Bau befindliche *Burg* umgezogen sein muß (1174). Die Burgmannensiedlung wird 1244 erstmals als Stadt erwähnt. Nach dem Aussterben der Münzenberger folgten nacheinander die Falkensteiner, Solms, Eppstein, anteilig dazu Hanau, Hessen-Kassel und zuletzt Hessen-Darmstadt. Seit dem 16. Jahrhundert verfiel die Burg, blieb aber als eindrucksvolle Ruine im wesentlichen erhalten, unberührt von den Restaurationen im

19. Jahrhundert. Sie gilt allgemein als die bedeutendste Ministerialenburg des Mittelalters in Deutschland.

Noch die Ruine vermittelt etwas von der Demonstration staufischer Macht über die Wetterau. Sie sollte diese Region der Macht des Stauferkaisers unterwerfen, wobei die Herren von Hagen-Arnsburg treue Dienste leisteten. In Größe und Ausgestaltung reiht sich die ovale Anlage unter andere staufische Reichsburgen ein. Noch unter Konrads Sohn Kuno,

Münzenberg

der seit 1162 Reichsministeriale war, entstanden alle wesentlichen Teile: Palas, Kapelle, innere Ringmauer aus Buckelquadern, Ostturm und Nordtrakt. Der Palas ist ein bedeutendes Beispiel romanischer Profanarchitektur. Seine Außenwand ist Teil des Verteidigungssystems und entsprechend verstärkt. Die Bauplastik steht in stilistischer Nähe zu der in der Klosterkirche Ilbenstadt und der Kaiserpfalz Gelnhausen.

Nach einer Zerstörung ist die Burg zur Mitte des 13. Jahrhunderts wieder aufgebaut worden, wobei der Westturm in Angriff genommen wurde. Jahrzehnte später entfalteten die Falkensteiner eine rege Bautätigkeit und ergänzten die bestehenden Teile. Neu entstanden eine äußere Mauer mit Wehrgang und ein zweiter Palas auf dem zerstörten Nordtrakt. Um 1500 kamen hinzu ein Küchenbau östlich der Kapelle,

die Zwingeranlage, mittleres und äußeres Burgtor, der Oberbau des Westturmes und das wuchtige runde Bollwerk an
der Westflanke. Der Ostturm dient heute als Aussichtsturm.

Die gotische *Stadtbefestigung* umschloß den Burghügel
und war außerdem durch Quermauern mit der Burg selber
verbunden, wie überhaupt die ganze Stadt auf die Burg
zugeordnet war, was man vom Aussichtsturm gut sehen
kann. Die Altstädter Pforte, zwei Schalentürme und Mauerreste bei der Kirche blieben erhalten.

Erfreulich geschlossen bietet die Stadt noch immer das
einstige Bild, das von zahlreichen *Fachwerkhäusern* bestimmt wird. Der Steinweg gilt als »eine der schönsten Straßen Hessens«, wozu die Konturen der Giebel, die hohen Tore
und die vorzüglichen Zimmerarbeiten wesentlich beitragen.
Ergänzung finden die Wohnhäuser durch die stattlichen
Burgmannenhöfe, deren größte der Solms-Laubacher Hof
südlich der Burg und der Bellersheimer Hof in der Mittel-
gasse sind. Markt, Steinweg, An der Burg, Tränkgasse und
Bellersheimer Straße haben kleinere Hofanlagen. Die Häufung solcher Burgmannensitze innerhalb der verhältnismäßig kleinen Stadt künden beredt von der ungewöhnlichen
Bedeutung, die Münzenberg einst besaß. Münzenberger
Maß galt während des Spätmittelalters in der ganzen Wet-
terau. Bis ins 19. Jahrhundert gab es hier drei Jahrmärkte.
Und immerhin richten sich heute alle Blicke zum Wetterauer
Tintenfaß, wie die Ruine der zwei Türme wegen liebevoll
genannt wird.

Die *evangelische Pfarrkirche* wurde Mitte des 13. Jahrhunderts als Erweiterung einer älteren dreischiffigen Basilika
angelegt, wobei östlich ein quadratischer Chorturm hinzu
kam. Bemerkenswert ist die Innenausstattung, wobei, wie
auch in der Architektur, gewisse Einflüsse von Arnsburg
her spürbar sind. Dies gilt beim Inventar etwa von dem
Altarziborium (um 1250). Das Gestühl für die Zentgrafen
und die Burgherren im Seitenschiff belegt selbst hier im
Gotteshaus, wie sehr das ganze Leben von Münzenberg
durch die Burg und ihre Besatzung bestimmt war. An deren
versunkene Herrlichkeit gemahnt auch das figürliche Grabmal des Ritters Daniel von Bellersheim († 1601).

Ein Vorfahr dieses Ritters stiftete vor 1337 das Zisterzienserinnenkloster *Marienschloß* in **Rockenberg,** dessen Kirche und Konventbau nach dem Dreißigjährigen Krieg völlig neu errichtet wurden (1733/41). Durch die Einrichtung einer Strafanstalt sind die Konventsgebäude stark verändert. Die Anstaltskirche besitzt eine fröhlich stimmende Rokoko-Ausstattung, die im Gegensatz zu ihrer jetzigen Bestimmung steht. Die bewegten Stukkaturen, in manchem an Arnsburg erinnernd, blicken auf Altar, Kanzel, Orgel und Heiligenfiguren gleichen Stils herab. Selbst das gotische Grabmal des Stifters umranken Rokoko-Stukkaturen.

Die Lage und der achteckige Westturm, überragt von hohem Helm und vier Wichhäuschen, verraten den einst wehrhaften Charakter der *Galluskirche*. Ihr Langhaus hat der Mainzer Johann Adam Paul 1752/54 als Saal neu gebaut. Auch hier erfreut, ähnlich wie im Kloster Marienschloß, die vorzügliche Rokoko-Ausstattung mit Altären und Kanzel sowie den aus Arnsburg stammenden Beichtstühlen.

Die Ritter von Bellersheim genannt von Rockenberg hatten in der Burg ihren Sitz, die gegenüber dem barocken Rathaus liegt. Sie bewohnten den rückwärtigen Wohnturm (Wende 13./14. Jh.), den noch jetzt Teile von Mauer und Ecktürmchen umwehren. Seit 1581 in hessischem Besitz, entstand um 1720/30 im Barockstil mit Mansarddach das ehemalige Rentamt.

Butzbach

Seit der Jungsteinzeit besiedelt, von den Römern heimgesucht, konnten auch die Münzenberger den Besitz nicht halten, so daß Butzbach mehrfach Besitzaufteilung und Besitzerwechsel hinnehmen mußte. Dafür erfreut es sich seit 1321 der Stadtrechte und war 1609-1643 Residenz des Landgrafen Philipp III. von Hessen-Butzbach. Alte Straßenkreuzungen, tiefgründige Lößböden, zu Beginn der Neuzeit Wollweberei und Färberei sowie ein reger Tuchhandel sorgten für Wohlstand.

An die römische Zeit und das Lager ›Hunnenburg‹ erinnern ein rekonstruierter Wachtturm und die Funde, die zum großen Teil im Landesmuseum Darmstadt gehütet werden. Die Jupiter-Gigantensäule ist eine Kopie davon.

Die alte Stadt ist fast kreisförmig mit dem Markt als Zentrum, wo sich die Schnittpunkte aller Hauptstraßen beim *Rathaus* (1558/60) treffen, das leider im 19. Jahrhundert durch Umbau verdorben wurde.

Die *ehemalige Stiftskirche St. Markus* und die jetzige evangelische Pfarrkirche bilden zusammen mit der früheren Michaelskapelle und dem Baumbestand ein ansprechendes Ensemble. Ursprünglich stand hier eine flachgedeckte romanische Basilika von fünf Jochen, wovon noch Mittelschiffpfeiler erhalten sind. Als dabei ein Stift der Kugelherren gegründet wurde (1468-1536), baute man für deren Zwecke die große dreischiffige Choranlage (1470-1500). Später sind die Seitenschiffe verbreitert worden, so daß eine annähernd quadratische Halle entstand. Der Westturm ist achteckig, eine Form, der man in dieser Gegend öfter begegnet, wie wir schon in Rockenberg sahen. Die Orgel (1614) soll die älteste sein, die in Hessen erhalten ist, besitzt aber auch neuere Teile. Im südlichen Chor steht das große Baldachingrabmal des Landgrafen Philipp III. von Hessen-Butzbach und seiner beiden Ehefrauen, das noch zu dessen Lebzeiten entstand (1620-22).

Unter dem Südchor liegt die Landgrafengruft, die mit Stuckreliefs von Christian Steffan versehen ist. Die innere Beziehung zu dem Grabdenkmal im Chor über der Gruft ist augenfällig.

Die *ehemalige Michealskapelle* (1433) enthielt im Untergeschoß früher das Beinhaus. Ähnlich wie in Kiedrich besaß die Kapelle einst einen kleinen Chorerker. Das sehenswerte *Heimat- und Trachtenmuseum*, das jetzt hier untergebracht ist, zeigt Funde aus den hiesigen Römerkastellen und aus merowingischen Fürstengräbern, schildert die Geschichte von siebzehn Handwerken seit dem Spätmittelalter und besitzt eine mit Möbel, Keramik und Trachten bestückte volkskundliche Abteilung.

Nördlich der Stiftskirche und an anderen Stellen läßt sich gut der Verlauf und der Aufbau der Stadtbefestigung (nach 1321) beobachten. Außer dem mit Verließ ausgestatteten

Hexenturm stehen weitere Türme beim Schloß und am *Solmsschen Amtshaus* (1481). Letzteres war Sitz der hessischen Verwaltung und ist jetzt Gerichtsgebäude. Hochinteressant ist das nördlich vorgebaute Treppenhaus, das einerseits die Breite eines Stiegenhauses der Renaissance aufweist, andererseits die Stufen nach Art einer gotischen Spindel führt.

Das landgräfliche *Schloß* (1610) ist nach späteren Umbauten nur wegen seines Treppenhauses und den dortigen allegorischen Figuren bemerkenswert. Es war für Landgraf Philipp III. erbaut worden, dessen Grab in der Kirche schon unsere Bewunderung fand. Der gebildete Mann war mit dem Astronomen Johannes Kepler befreundet und korrespondierte mit Galilei. Im Schloß unterhielt er ein sogenanntes Observierstüblein. Gerne erging er sich in dem großzügigen Park mit seinen Wasserspielen. Der Hofmaler Valentin Faber und der Arzt Georg Faber haben das Leben bei Hofe lebendig geschildert. Heute wirkt die Umgebung des Schlosses allerdings recht prosaisch.

Beim Rundgang durch die Stadt fallen die vielen, mehrheitlich verputzten *Fachwerkhäuser* auf. Vor allem am Markt, in dessen Mitte der zum Teil noch alte Brunnen (1575) steht, vereinigen sie sich zu malerischen Konturen. Schnitzwerk und Zwerchhäuser beleben die besten von ihnen. Erwähnt seien die Doppelhäuser ›Zum Löwen‹ sowie ›Alte Post‹/›Zum goldenen Ritter‹, wobei letzteres mit der Jahreszahl 1636 bezeichnet ist. In der Weiseler Straße liegt die ehemalige *Hospitalkapelle St. Wendelin*, die als älteste Holzkirche Hessens angesehen wird, zumindest was den zu Ende des 15. Jahrhunderts auf alten Grundmauern entstandenen Chor anbetrifft. Wer Zeit für einen Besuch der modernen katholischen Kirche aufbringen kann, trifft dort auf einen spätgotischen Altarschrein aus der hiesigen alten Stiftskirche.

In **Niederweisel** hatten die Johanniter eine Kommende. Deren Kirche (13. Jh.) ist »eine der wenigen zweigeschossigen Längskirchen in Deutschland«. Schon außen deutet ein Rundbogenfries mit Zickzackband den Charakter der Doppelkirche an. Die Oberkirche war einst für die Kranken bestimmt, die über Öffnungen im Boden dem unten zelebrierten Gottesdienst folgen konnten. Erst neuerdings hat man durch Umbau die Verhältnisse verschleiert. Die Unterkirche ist eine dreischiffige Halle. Die runde Mittelapside springt etwas weiter vor als die seitlichen Rechteckapsiden. Im einzelnen verweisen die Bauformen auf Ilbenstadt, Münzenberg oder Gelnhausen, doch auch weiter auf Wormser Einflüsse, ja vielleicht syrische Parallelen. Von der Komturei steht noch das zum Krankenhaus gehörende ehemalige Herrenhaus.

Der ehemals wehrhafte Westturm der evangelischen Pfarrkirche hatte im Obergeschoß eine Michaelskapelle, wie sie auch anderswo in Hessen gelegentlich begegnet, etwa in Großen-Buseck, Ilbenstadt oder Spieskappel.

Bad Nauheim an der Usa wendet sich bereits dem Taunus zu. Schon die Kelten betrieben an dem Wasserlauf Salzpfannen, deren Grundlage die salz- und kohlesäurehaltigen Quellen sind, die an der Störungszone zwischen Taunusrand und Wetterau aus den Tiefen der Erde nach oben dringen. Die Kelten waren längst nicht die ersten. Sie fanden kontinuierlich Nachfolger bis zu den Kurgästen von heute. Dementsprechend bestanden seit vorgeschichtlicher Zeit bei den begehrten Quellen befestigte Plätze, die ergraben werden konnten oder in Resten sichtbar blieben, wie etwa der römische Signalturm auf dem Johannisberg. Auf derselben Anhöhe entstand später auch die erste Kirche, von der Reste des Westturmes (13. Jh.) erhalten sind. Entsprechend der Lage und Bedeutung des Ortes verlief seine Besitzgeschichte so wechselvoll, daß auf eine Schilderung verzichtet wird.

Zur Förderung des Wassers dienten seit dem 18. Jahrhundert Windmühlentürme, so der Waitzsche Turm oder Rabenturm im Kurpark und der Salinenturm am südlichen Stadtrand. Die Geschichte des modernen Bades beginnt mit den Bohrungen im Jahr 1816 und beschleunigte sich mit dem Ausbruch des ersten der drei Sprudel (1846). Um den großen Sprudelhof legen sich die Arkaden des im Jugendstil bei barocken Nachklängen errichteten Kurhauses (1909).

Von konfessioneller Spaltung spricht die Existenz zweier fast gleichzeitiger Kirchen: die reformierte Wilhelmskirche (1740), jetzt Gemeindehaus, und die lutherische Reinhardskirche, die seit 1907 der russisch-orthodoxen Gemeinde dient.

Außer den technikgeschichtlich interessanten Gradierwerken sollte dem Salzmuseum, im Teichhausschlößchen, Aufmerksamkeit gelten, da es eingehend über das Salinenwesen unterrichtet.

Im Alten Rathaus von **Steinfurth** besteht ein Rosen- und Heimatmuseum, das einzige dieser Art in der Bundesrepublik. In dem zu Bad Nauheim gehörenden Ort war 1868 die erste deutsche Rosenbauschule gegründet worden. Seitdem ist der Ort Zentrum des Rosenanbaues. Zu Ehren der edlen Gewächste wählt man alle zwei Jahre eine ›Rosenkönigin‹.

Friedberg

»Die Anlage der Stadt ist ungewöhnlich, denn sie gruppiert sich nicht um den Mittelpunkt, wie Kirche oder Schloß oder Rathaus, sondern ihren Mittelpunkt bildet eine fast marktbreite Straße«, wunderte sich Ricarda Huch, obwohl es da nicht viel zu wundern gibt, war doch die Straße einst ein Messeplatz von größerer Bedeutung als der in Frankfurt. Vom Römerkastell über eine fränkische Hofanlage (Curtis) bis zur staufischen Reichsburg war der Ort in der fruchtbaren Ebene wichtig und begehrt. Die Bürger von Friedberg – 1219 Stadt und 1257 freie Reichsstadt – schlachteten ihre Bedeutung gegenüber den Burgherren aus. Noch heute sind Burg und Stadt als ehemals getrennte Einheiten zu erkennen, wobei sich später um den Stadtkern noch weitere Vorstädte lagerten.

Freilich gelang es der Burg dann schließlich doch, die Stadt unter ihre Botmäßigkeit zu zwingen, wobei Brände, Seuchen und die wachsende Frankfurter Konkurrenz zu ihrer zunehmenden Schwäche (seit 14. Jh.) beitrugen. Von der Stadtbefestigung blieben nur Reste, wie das Armesünderpförtchen (vor 1293) im Westen und der sogenannte Rote Turm im Südosten, stehen.

Die alte Markt- und jetzige Kaiserstraße säumen noch überwiegend die ansehnlichen *Bürgerhäuser* (16.-18. Jh.) von einst, wenn sie auch oft moderne Zutaten oder Einbauten erdulden mußten. Auffallend ist der Unterschied zwischen den Häusern älteren und jüngeren Datums, weil jene ihren Giebel, diese aber ihre Traufseite zur Straße wenden. Hervorzuheben wären vor allem das ›Haus zum Roseneck‹ oder ›Zur Rose‹ (15. Jh.), dessen Fachwerkobergeschoß weit hervorkragt, das alte Rathaus (Nr. 47) oder das ehemalige Haus der Wollweber (Nr. 75). Hinzu kommt noch das ›steinerne Haus‹ (Nr. 118) mit romanischem Portal, das lange Faktorei des Deutschen Ordens war. Aber auch in der Engels- und Usagasse steht manches schöne alte Haus.

›Gassen‹ sind hier die zur Marktstraße führenden Nebenstraßen. Die *Judengasse* bezeichnet das frühere Ghetto. Hier ließ ein Isaak Coblentz 1260 ein Bad für die rituellen Waschungen bauen. Steinmetzen der Stadtkirche trieben dazu einen Schacht von 25 Metern in die Tiefe, sicher eine für damalige Baumeister beachtliche technische Leistung. Versöhnlich berührt, daß man im Gedenkraum den jüdischen Mitbürgern, die als Soldaten im Ersten Weltkrieg ihr Leben ließen, eine Namenstafel gewidmet hat. Bemerkenswert sind auch Feinheiten der Architektur, wie etwa die guten Blattkapitelle. Im übrigen ist dieses Judenbad von den wenigen, die in Deutschland erhalten sind (Andernach, Köln, Offenburg, Speyer und Worms), zweifellos das schönste.

Südlich des Marktes oder der Kaiserstraße stand eine in den Grundmauern ergrabene romanische Basilika. An ihre Stelle begann man 1250/60 den heutigen Neubau der Liebfrauenkirche und jetzigen *evangelischen Stadtkirche* zu setzen. Bei der Altarweihe (1306) waren Chor und Querschiff fertiggestellt. Bis Mitte des 14. Jahrhunderts folgte das Langhaus. Von dem Westbau kamen drei Geschosse im Nordturm und anderthalb Geschosse im Südturm zur Ausführung, dann befahl König Ruprecht von der Pfalz einen Baustopp (1410), weil er argwöhnte, die Türme könnten sich zu einer Gegenfestung der Burg gegenüber entwickeln. Ganz zu Unrecht bestanden solche Befürchtungen wohl nicht, denn für die kleine Stadt war dieser Neubau einfach viel zu groß.

Unterstellen wir, daß nur eine friedliche Demonstration bürgerlichen Ehrgeizes beabsichtigt war.

Der Bau richtet sich stark nach dem Vorbild der Marburger Elisabethkirche und gilt als ihr bedeutendster Nachfolger. Es handelt sich hier um eine dreischiffige Hallenkirche, wobei der Hallencharakter stärker ausgeprägt ist, weil die Seitenschiffe nicht so schmal sind wie etwa in Marburg oder in Homberg an der Efze. Das Querschiff ladet nur wenig aus und kommt im Innern kaum zur Wirkung. Der Chor ist fünfseitig geschlossen.

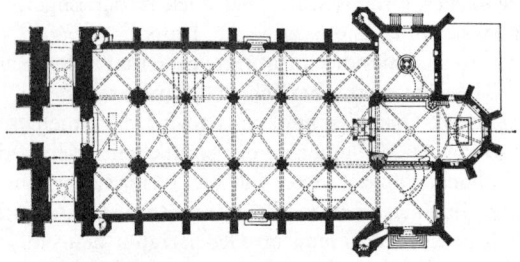

Evangelische Stadtkirche

Die restaurierte rot-weiße Farbgebung des Innern läßt die Bauplastik gut hervortreten. In den Gewölben sind aufgemalte Ranken der Spätgotik und des Barock zu sehen. Drei Fenster des Chores enthalten wertvolle Glasmalereien (15. Jh.), entworfen von Heinrich Heyl und ausgeführt durch Konrad und Johann Rule, alle aus Friedberg. Der ›Friedberger Altar‹, der mit seinen Malereien eigentlich dazugehört, befindet sich heute im Landesmuseum zu Darmstadt. Das sehr feine Sakramentshäuschen (1482) schuf der Büdinger Meister Siegfried Ribsche. Vor dem spätgotischen Lettner steht der Ziborienaltar (13. Jh.), der stilistisch zwischen Spätromanik und Frühgotik anzusetzen ist. Dort grüßt von seiner Konsole die sogenannte Friedberger Madonna (um 1270/80), eine Steinplastik, deren Faltenwurf die Schwere des Materials außer Kraft zu setzen scheint.

Das *Wetterau-Museum,* ganz in der Nähe, faßt in ausgezeichneten Dokumenten und Exponaten die Geschichte der alten Reichsstadt und ihrer Umgebung anschaulich zusammen, von der Römerzeit bis in die Gegenwart.

Wo nördlich der späteren Altstadt gegen Ende des felsigen Bergrückens zwischen Usa und Seebach die Römer ein Kastell besaßen, entstand in gleicher Ausdehnung während der zweiten Hälfte des 12. Jahrhunderts die *Burg.* Ihre Befestigungsanlagen sind weitgehend erhalten, die jetzigen Bauten stammen aber erst aus dem 14. bis 17. Jahrhundert. Den ehemaligen Nordeingang des Burgberings markiert der 45 Meter hohe Adolfsturm. Er bekam seinen Namen, weil die Bausumme aus dem Lösegeld für den gefangenen Grafen Adolf von Nassau genommen wurde (1347). Beim Gang durch den Burgbezirk gewinnt man eher den Eindruck einer kleinen Stadt als den einer Feste. Dies kommt daher, daß mehrer selbständige Burgmannenhäuser mit abgegrenztem Hof das Gelände füllen, zum Teil mit anmutigem Fachwerk. Die früheren Besitzer trugen bekannte Namen des hessischen Adels: Brendel von Homburg (jetzt Schillerschule), Riedesel zu Bellersheim (Nr. 33) oder Löw von Steinfurth (Nr. 32).

Auf dem *Burgplatz* steht der Georgsbrunnen (1738) von Johann Philipp Wörrishöfer mit der Heiligenfigur von Burkhard Zamels. Wörrishöfer war auch am Bau der neuen Burgkirche (1782-1808) beteiligt, einem schlichten kreuzförmigen Gebäude mit klassizistischer Ausstattung. Das Burggrafenhaus an der Ostseite (1604/10) war später herzoglich-hessisches Schloß und beherbergt jetzt Behörden. Der Renaissancebau ist an den Giebeln reich verziert. Die Polizeistation war früher Marstall. Im nördlich anstoßenden Deutschordenshaus (1715/17) war bis 1806 die Faktorei der Frankfurter Kommende. Dazu kommt noch als eigener Bau das Kavaliershaus (um 1605) mit seinem Renaissancegiebel.

Von der Stadt her folgt hinter dem Haupttor als erstes die spätbarocke Wache (1772). Die alte Burgkanzlei (1705) steht an der Stelle des staufischen Palas. Das sogenannte alte Bollwerk oder der Dicke Turm (um 1500) sichert die Südwestecke des Burgareals. Erst 1834 ist die Burg mit der Gemeinde zu einer Stadt vereinigt worden!

Ilbenstadt

Als eines der ältesten Klöster der Prämonstratenser entstand aufgrund einer Stiftung der Grafen Gottfried und Otto von Kappenberg Ilbenstadt, das bis 1803 Bestand hatte. Zwanzig Jahre nach ihrer ersten urkundlichen Erwähnung empfing die *Klosterkirche* ihre Weihe (1159). Sie ist eine dreischiffige, ursprünglich flachgedeckte Pfeilerbasilika, deren rechteckigem Chorabschluß ein Joch vorgesetzt ist. Die Pfeiler sind auf der Südseite quadratisch, auf der Nordseite wechseln sie mit Säulen ab. Als Vorlage haben sie Halbsäulen mit Würfelkapitellen. Bei der Doppelturmfassade im Westen klemmt eine offene Vorhalle zwischen den Türmen. Ähnlich wie in Spieskappel befindet sich in ihrem Obergeschoß eine Kapelle. Die Außenglieder tragen verwandte Züge mit Teilen des Mainzer und Speyrer Domes, die sich vor allem im nördlichen Säulenportal und der Kämpferornamentik äußern. Da das Kloster dem Mainzer Erzbischof unterstand, vermittelte dieser rheinisch geschulte Baumeister hierher. Die Einwölbung geschah erst um 1500. Nördliches Querschiff und Seitenschiff sowie die südliche Nebenapsis sind im 17. Jahrhundert erneuert worden. Nach dem letzten Krieg erfolgten aufwendige Maßnahmen, um dem drohenden Einsturz zu begegnen.

Die Wandmalereien (14. Jh.) zeigen außer neutestamentlichen Szenen die Gestalt des Stifters Gottfried von Kappenberg, der noch einmal als Liegefigur auf der Hochreliefplatte des ihm gesetzten Grabmals (13. Jh.) erscheint. Johann Bernhard Schwarzenberger arbeitete das Epitaph eines Freiherren von Edelsheim († 1729). Auf einem Grabmal im nördlichen Seitenschiff zeigt ein Relief Ilbenstadt, wie es im Jahre 1587 aussah. Im Südseitenschiff befindet sich eine thronende Madonna des 13. Jahrhunderts. Im Langhaus stehen barocke Apostelfiguren.

Vom Mobiliar erinnert vor allem das Chorgestühl (1677) an die Klosterzeit. Bemerkenswert sind ferner Kanzel (17. Jh.) und die von Mainzer Künstlern und Orgelbauern errichtete Orgel (1733/35), dann die barocken Apostelfiguren im Langhaus und eine thronende Madonna (13. Jh.) im Südseitenschiff.

Die ehemaligen *Klostergebäude*, die jetzt anderen kirchlichen Zwecken dienen, bestätigen die in Arnsburg bemerkte Neigung der Barockklöster zu feudaler Selbstdarstellung nun auch für die Prämonstratenser. Der Klosterbruder Abraham Spohrer hatte sie anstelle der alten 1707/15 völlig neu erbaut, was Bernardus Kirn dann über vierzehn Jahre hinweg fortsetzte. Nach einem Brand restauriert, kommt die Anlage voll zur Geltung. Überaus einladend gibt sich das Obere Tor (1721) mit seinem Dekor und dem Festsaal im Obergeschoß. Schwarzenberger, dessen Werk schon in der Kirche zu bewundern war, sorgte für die plastische Ausstattung. Daneben residierte der Abt in seiner Prälatur (1716). Von dort zieht der Westflügel bis zur Kirche, an dessen Rückseite noch Teile des Kreuzganges bestehen. Getrennt vom Konvent liegt das Krankenhaus (1725), in dem auch Archiv und Bibliothek untergebracht waren. Im Nordwesten führt das Untere Tor (1603) aus dem Klosterbezirk ins Dorf, das von hier bis zur Nidda reicht, wo eine alte Brücke (1745) über den Fluß geht.

Vom nahen Prämonstratenserinnen-Kloster **Nieder-Ilbenstadt** stehen nur noch Teile: der Nonnenbau (1690) und das jetzige Herrenhaus des Hofes (18. Jh.).

Wo die Wetter in die Nidda mündet, liegt bei **Assenheim** das Schloß der Grafen zu Solms-Rödelheim, eine spätbarocke Dreiflügenanlage (1788) vom Plan her, die aber im Ansatz steckenblieb. Die gute Ausstattung des fertiggestellten linken Seitenflügels (des Planes) und die wohltuende Raumwirkung versöhnt mit dem Torso. Südlich davon sind Mauern und ein Torbau (1528) der mittelalterlichen Burg erhalten. Nordöstlich befindet sich der klassizistische Amalienhof.

Im Ort findet man gute Fachwerkhäuser, vor allem neben der Kirche (1782/85), die der uns schon bekannte Baumeister Johann Philipp Wörrishöfer aus Nauheim als typische Predigtkirche entworfen hat.

Eine sehr informative Vorstellung über das Aussehen eines mittelalterlichen Klosterhofes gewinnt man in **Wickstadt**, wo die Arnsburger Zisterzienser ein bestehendes Dorf zu ihrer Grangie umwandelten, also auf höchst fromme Weise Bauernlegen betrieben. Das geschah auch anderswo und trug den Grauen Mönchen, wie man sie nannte, allerhand Anfeindungen ein. Der Pfortenturm (um 1400) war Kornspeicher und Wehrbau zugleich. Darin bietet er das älteste und am besten erhaltene Beispiel in Hessen. Die beiden Obergeschosse sind noch spätgotische Fachwerkkonstruktionen. Dahinter liegen nun Wohn- und Wirtschaftsbauten (17./18. Jh.) und vor allem das barocke Herrenhaus (1792). Obwohl baulich der Neuzeit angehörend, hatten sie funktionell die gleiche Bedeutung wie ihre mittelalterlichen Vorläufer, so daß im jungen Gewand die alte Grangie vor uns steht. Auch die heutige Pfarrkirche war einst die Kapelle des Klosterhofs. Ihr altes Kultgerät und die Ornate stammen durchweg aus Arnsburg.

Auf der Anhöhe südwestlich von **Kaichen** hat man die Reste eines Römerbrunnens anschaulich restauriert. Südlich vor dem Dorf ist der Freigerichtsstuhl unter den alten Linden ein Dokument der Rechtsgeschichte, das uns Erinnerung und Mahnung zugleich sein sollte. Das ehemalige Amtshaus verbindet uns noch einmal mit Friedberg, residierte hier doch der Friedberger Amtmann. Davor ist der ›Weed‹, eine alte Viehtränke (18. Jh.). Alt und neu verbinden sich in der Pfarr-

kirche durch den spätgotischen Westturm und den barocken
Saalbau.

Ein Seitental wird vom Seemen-Bach durchflossen. Wälder und fruchtbares Kulturland geben ihm das Gepräge.
Eine alte Handelsstraße, die von Gelnhausen heranführte,
begünstigte früh dauerhafte Ansiedlungen.

Büdingen

Aus einer staufischen Wasserburg entwickelte sich die spätere ›ysenburgische‹ Residenzstadt Büdingen. Noch immer
bilden Burgmannensiedlung und Marktort eine historische
Einheit von seltener Geschlossenheit. Die Altstadt erhielt
ihre heutige Gestalt im wesentlichen im 15. und 16. Jahrhundert. Am sogenannten Jerusalemer Tor (1503) erinnern die
Wappen des Grafen Ludwig II. von Isenburg und seiner Gemahlin Maria von Nassau an eine Zeit besonders fruchtbarer
Bautätigkeit.

Der Lohsteg erschließt die ganze Wehrhaftigkeit der westlichen Stadtmauer mit Rotem und Grünem Turm und dem
burgartigen Steinernen Haus (1490). Dessen maßwerkver-
zierter Erker mildert die Strenge des trutzigen Baues und
weckt den Eindruck spätmittelalterlicher Behaglichkeit.
Noch wohnlicher wirkt das Fachwerkhaus gegenüber (4.
Viertel 15. Jh.), dessen Streben dekorativ zum Teil radförmig
oder im Giebelfeld in Form des ›Wilden Mannes‹ gestellt
sind.

Auf dem Weg zum Schloß lassen sich die vielen bemerkenswerten Häuser je nach ihrer Stellung zur Straße grob datieren. Entstanden sie noch vor Ende des 17. Jahrhunderts,
so weisen ihre Giebelseiten zur Straße, andernfalls die Trauf-
seiten. Am Wege liegt zunächst das Amtsgericht, ursprünglich Lutherische Kirche (18. Jh.). An der Schloßgasse folgen
das Rektoratshaus mit Renaissanceerker (1560) und der Luk-
kische Hof (um 1490) mit gutem Fachwerk und ansehnlicher
Torhalle. Gegenüber steht das barocke Haus der Herren
von Gehren und das Rothenbergersche Haus, ersteres heute
Gaststätte, letzteres Stadtarchiv. Baugeschichtlich lehrreich
erweist sich vor allem das benachbarte Haus Wagner, dessen

drei Teile mit jeweils unterschiedlicher Fachwerkstruktur gut die Entwicklung bürgerlichen Bauens von der Gotik bis ins 17. und 18. Jahrhundert zeigen. Beim traufseitig zur Straße gewendeten von Lauterschen Haus (1703) erzählt die Inschrift, wie Verfall und Wiederherstellung sein Schicksal gewesen sind.

Die wehrhafte Feste schuf einst die Voraussetzung für eine lebensfähige Siedlung. Burg und Stadt erscheinen 1258 erstmals urkundlich gemeinsam. Noch heute bildet das nunmehrige Schloß ein harmonisches Pendant zur alten Stadt. Eine wichtige Rechtsgrundlage für das funktionierende Neben- oder Miteinander von Herrschaft und Bürgern bildete der von den Isenburgern 1353 gewährte und seither respektierte Freiheitsbrief. Damals blühte bald die heutige Altstadt (zwischen Mühl- und Karlspforte) auf. Anhaltender Zuzug ließ vor der Karlspforte zum Pfaffenwald hin einen neuen Stadtteil entstehen, der als Neustadt 1390 in die Stadtbefestigung einbezogen wurde. Zwischen 1712 und 1724 entstand jenseits des Jerusalemer Tores noch die Vorstadt.

Das *Schloß* wirkt immer noch trutzig und burgartig. Eine dreizehneckige Mauer aus Buckelquadern umgibt die Kernburg aus dem 12. Jahrhundert. Dazu gehören noch der Stauferpalast und zumindest Teile der romanischen Burgkapelle. Alles überragt der mächtige Bergfried (13. Jh.). Die über der romanischen errichtete gotische Kapelle versah die Büdinger Bauhütte mit einem großartig gelungenen Netzgewölbe. Das reiche Chorgestühl (1497-98) der Wormser Meister Peter Schanz und Michael Silge, auch wohl die sandsteinerne Kanzel (1610) des Büdinger Meisters Conrad Büttner, sind diesem Raum angemessene Ausstattungsstücke. Soweit Führungen weitere Besichtigungen von Innenräumen zulassen, wären die freigelegten Fresken aus dem 16. oder teilweise 14. Jahrhundert zu beachten. Im sogenannten gemalten Saal erzählen Bilder die Geschichte des aus dem Westerwald stammenden Hauses Isenburg. Die Romantik hinterließ hier ihr einziges voll ausgeführtes Werk einer Innenausstattung von der Mitte des 19. Jahrhunderts in Hessen.

Der Bau der ehemaligen Marienkirche und heutigen *Stadtkirche* vor dem Schloßplatz muß wiederum aus dem Mitein-

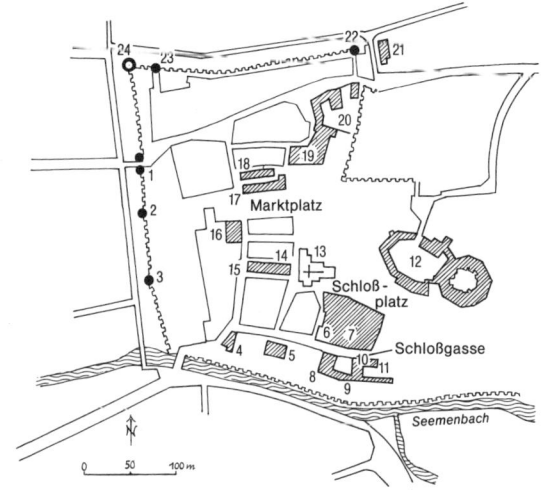

Büdingen

1 Jerusalemer Tor, 2 Roter Turm, 3 Grüner Turm, 4 Steinernes Haus,
5 Amtsgericht, 6 Rektorhaus, 7 Luckischer Hof, 8 Haus v. Gehren,
9 Rothenbergersches Haus (Stadtarchiv), 10 Haus Wagner, 11 Haus
v. Lauter, 12 Schloß, 13 Stadt- oder Marienkirche, 14 ältestes Rathaus,
15 altes Rathaus (Heuson-Museum), 16 ›Zum Schwan‹, 17 ursprüngl.
›Zur Krone‹, 18 ursprüngl. Apotheke, heute ›Zur Krone‹, 19 Büdinger
Urhaus, 20 Oberhof, 21 Bandhaus, 22 Folterturm, 23 Hexenturm (Ge-
fängnis), 24 das ›Große Bollwerk‹

ander von Herrschaft und Stadt verstanden werden. Pfarrkirche war zunächst die Remigiuskirche. Da der Weg dorthin
zu gefahrvoll war, hat man nahe der Burg eine ältere Holz-
kapelle 1377 in Stein ausgeführt und 1476-91 zur heutigen
Gestalt erweitert. Dem eher schlichten Äußeren verlieh erst
der Barock durch den hohen Turmhelm eine bewegtere Note.
Dafür überrascht im Innern das Netzgewölbe von Chor und
Langhaus, das überdies mit Wappen geschmückt ist. In den
zahlreichen Grabsteinen scheint aufs neue die enge Verbindung von Gemeinde und Herrscherfamilie auf. Seit der Reformation ließen sich im Chor die Isenburger beisetzen (bis
18. Jh.). Das Grabdenkmal für Graf Anton von Isenburg und

dessen Gemahlin Elisabeth von Wied (bez. 1563) verdient darunter besondere Beachtung. Noch spätgotisch ist der Kruzifixus (um 1500) auf dem Altar. Die Darstellung des jüngsten Gerichtes auf dem Triumphbogen zum Chorraum hatten spätere Generationen aus mangelndem Verständnis übertüncht. Die zentrale Bedeutung des Wortes im evangelischen Kirchenraum unterstreicht die steinerne Barockkanzel.

Hoch und schlank tritt dem Besucher beim Verlassen der Kirche das älteste, *nach 1400 erbaute Rathaus* entgegen. Die Konstruktionsweise des Wilden Mannes, dazu die viertelkreisförmigen Fußstreben in der Wand des vorgekragten Obergeschosses, Außenknaggen, durchlaufender Brustriegel oder die Fensterproportionen weisen auf den Stil spätgotischer Fachwerkhäuser.

In der engen Rathausgasse besaßen Stadtknecht und Ratsdiener ihre noch erhaltenen Häuser. An ihnen vorbei führt der Weg zum *Rathaus von 1458*, das erst 1968 seine Funktion abgegeben hat und nur den Sitzungssaal für die Stadtverordneten behielt und das Heuson-Museum beherbergt. Der mächtige Fachwerkbau ruht auf stockhohem steinernem Sockel. Der steile Staffelgiebel ist erst an der Wende zum 16. Jahrhundert in dieser Form entstanden. Vier Säulen aus Eichenholz tragen den Innenraum, der nebenher auch als Kauf- und Spielhaus zu dienen hatte. Das Büdinger Maß ist noch heute an der Nordecke unter der Heiligennische markiert.

Als im 17. Jahrhundert die hinfällige Stadtbefestigung aus dem Mittelalter geschleift wurde, wuchsen Alt- und Neustadt zu einer Einheit zusammen, deren Mitte der Marktplatz bildet. Noch hart am Altstadtrand liegt der ›Schwan‹, die spätgotische Fremdenherberge der Stadt (um 1490). Das Neustädter Gasthaus ›Zur Krone‹ befand sich bis ins 19. Jahrhundert in dem Eckhaus schräg gegenüber. Das jetzige Gasthaus ›Krone‹ war früher Apotheke. Die Kronengasse führt zum ältesten Fachwerkhaus in Büdingen, dem *Urhaus* (vermutlich 14. Jh.). Auffallend weit stehen die Pfosten auseinander. Nur die Eckstiele sind durch Kopfbänder und Fußstreben gesichert. Jeweils durchlaufend sind der

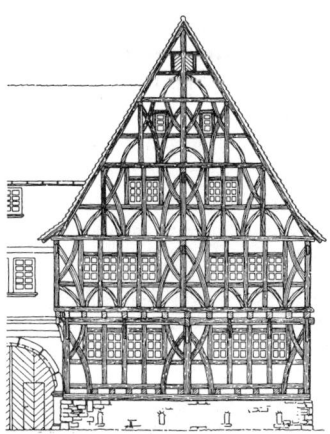

Büdingen,
Schloßgasse 11

überblattete Brustriegel und die Firstsäule im Giebelfeld.
Typisch für solche alten Handwerkshäuser ist die Inneneinteilung mit den Werkräumen im Untergeschoß, den Wohn-
und Schlafräumen im vorgekragten Obergeschoß, wobei die
Geschoßüberstände auf Knaggen ruhen.

Als erstes Bauwerk der Renaissance entstand 1569 der
Oberhof, der über die Erbsengasse erreicht wird. Ein mächtiger Torturm bildet den Zugang. Nicht weit ist es zum Obertor und den übrigen Teilen der nördlichen Stadtmauer: Folterturm (Ende 15. Jh.; nahebei das Bandhaus), Hexenturm
und Großes Bollwerk (15. Jh.), dessen Besteigen eine lohnende Aussicht erschließt.

Ältester Stadtgeschichte begegnet man in der *Remigiuskirche,* der alten Pfarrkirche in Großendorf, die nach dem Bau
der Stadtkirche allzu lange ein unbeachtetes Dasein führte.
Seit dem 9. Jahrhundert weiß man um einen Steinbau, der
um 1050 seine heutige Höhe erlangte und später den jetzigen
Rechteckchor (14. Jh.) erhielt. Die beiden erhaltenen Würfelkapitelle zeigen verwandte Züge mit solchen im Essener
Münster und in der Michaeliskirche zu Hildesheim. Ohne
Beispiel sind die leider teilweise vermauerten Kreisfenster
mit ihrer Verriegelungstechnik. Die Wandmalereien entstanden in spätgotischer Zeit.

Nachdem die Pfarrfunktion hier erloschen war, sank die schöne Kirche zur Totenkapelle herab. Dazu paßt das ›Erbärmdebild‹ (Beweinung Christi) auf der Chorwand und die Kreuzabnahme im Langhaus. Der Weltenrichter im Chorgewölbe gehört indes zu den beliebten Bildthemen mittelalterlicher Kirchen gerade an dieser Stelle. Epitaphien und sonstige Grabdenkmäler in der Kirche selbst, auf dem Friedhof und an der Mauer unterstreichen die spätere Bestimmung dieses Gotteshauses und vermitteln zugleich einen Eindruck, wie die Menschen mit ihren Denkmälern immer wieder die Endgültigkeit des Todes auf mannigfaltige Weise zu überspielen trachteten.

Ortenberg

Wieder einmal gilt der Besuch einer der hessischen Kleinresidenzen, deren es allein an der Nidder schon zwei gibt. Als ob sie vor den hohen Herrschaften buckeln müßten, kriechen fast die alten Häuser den Burgberg hinan, auf dem noch oberhalb der Kirche das *Schloß* der Fürsten zu Stolberg-Roßla liegt, das allerdings seine Entstehung einer alten Burg der Herren von Ortenberg verdankt. Davon sieht man noch Reste einer staufischen Ringmauer und die ergrabenen Reste des Bergfriedes. Weitere Überbleibsel birgt das Schloßmuseum, darunter das an die Büdinger Schloßkapelle erinnernde Tympanon des Kapellenportals. Im zweiflügeligen Schloßbau (18./19. Jh.) stecken als Basis Reste des mittelalterlichen Palas. Das vordere Torhaus (1622) hat Fachwerkaufbauten. Die Stolberger hatten sich gegen alle möglichen Ansprüche als Besitzer mühsam durchzusetzen. Einer der Konkurrenten war Hanau, woran das spätbarocke *Hanauische Haus* neben der Kirche erinnert. Die Fundamente sind noch gotisch.

Auch in der früheren Marienkirche und jetzigen *evangelischen Pfarrkirche* stecken Mauerreste eines romanischen Vorläufers im nördlichen Seitenschiff, wie auch das Westportal von diesem übernommen worden ist. Um 1385 errichtete die auch in Hirzenhain tätige Bauhütte den fünfseitig geschlossenen Chor. Nach dem in Hirzenhain und in Kronberg bewährten Muster baute man zur Mitte des 15. Jahrhunderts das dreischiffige Hallen-Langhaus neu. Die alte Farbigkeit ist durch neuere Restaurationen wiederhergestellt.

Der berühmte *Ortenberger Altar* ist hier nur durch eine Kopie im südlichen Seitenschiff präsent. Das Original steht im Landesmuseum zu Darmstadt und gilt als herausragendes Werk des Weichen Stils. In der Mitte ist die Heilige Sippe zu sehen. Die Seitenflügel zeigen die Geburt Christi und dessen Anbetung. Von der sonstigen Ausstattung seien genannt: das einfache Gestühl (14. Jh.) im Chor, dort die wenig jüngeren Sakramentsnischen und Reste eines gotischen Reliefs. Über dem Altar hängt in Lebensgröße ein gotischer Christus.

Das *Alte Rathaus* dürfte trotz Torinschrift (1544) in vielem älter sein. Das gilt nicht nur für die unteren Teile, sondern auch für das Obergeschoß mit seinem spätgotischen Fachwerk (um 1500). Das Gelände und das vorherrschende Fachwerk der *alten Häuser* schaffen ständig wechselnde Straßenbilder. Sie stehen vorwiegend in der Haupt-, Schloß- und Mittelstraße, sowie in der Stein- und Untergasse. Dazu kommt noch die alte Stadtmühle, die wie fast alle anderen im 18. Jahrhundert ihre heutige Gestalt erhielt. Alles umschließt noch heute die alte *Stadtbefestigung*, deren Oberpforte durch ihren bauplastischen Reichtum überrascht.

Nordwestlich von **Selters**, dessen hochgelegene Kirche mit dem typisch hessischen Turmhelm geradezu Wahrzeichen für das mit schönem Fachwerk ausgestattete Dorf ist, gründete Gerlach I. von Büdingen ein Doppelkloster (um 1150), das seit 1270 nur noch Nonnen des Prämonstratenser-Ordens bewohnten. Dieses Kloster *Konradsdorf* ging in der Reformation unter und ist heute Domäne. Die ihrem Zweck entfremdete Kirche (12. Jh.) ist eine flachgedeckte dreischiffige Basilika mit Apsis. Vom nördlichen Seitenschiff stehen nur noch Fundamente. Im südlichen Seitenschiff steht wie verloren der Grabstein einer Gräfin von Waldeck (um 1350) und erinnert an den ursprünglichen Zweck der Stiftung. Die Nonnenempore liegt wie fast immer im Westteil der Kirche.

Von dem mittelalterlichen Kloster blieb ein romanisches Wohngebäude erhalten, das zur Scheune degradiert wurde.

Die auffallende Gliederung der Fassade nährte die Vermutung, daß dies vielleicht ursprünglich die Wohnung des Abtes gewesen sein könnte. Proportionen und Einzelformen der Architektur weisen den Bau als Werk der ›Schule‹ von Büdingen und Ortenberg aus, ja erinnern in manchem an den Palas von Münzenberg.

Nordöstlich der Kirche befindet sich ein klassizistischer Wohnbau (19. Jh.), der früher Sommersitz des Großherzogs von Hessen war und angeblich von Georg Moller gebaut worden ist.

Hirzenhain gehört zu den ältesten Orten in der Bundesrepublik, in denen Eisen erzeugt und bearbeitet wird. Schon 1375 findet eine Waldschmiede urkundliche Erwähnung. Seit 1678 wurden Ofenplatten gegossen. Heute arbeitet hier ein Zweigwerk der Buderus AG Wetzlar. Ihr Museum für Eisenkunstguß informiert nicht nur über die technische Seite, sondern auch über die künstlerische Bedeutung dieses speziellen Kunstgewerbes. Wirkte hier doch unter anderem der Bildhauer Peter Lipp († 1975) über zwei Jahrzehnte, während der er wichtige Impulse an metallverarbeitende Künstler vermittelte, etwa an Ewald Mataré oder Kurt Lehmann. Aber auch Karl Friedrich Schinkel lieferte Entwürfe zum hiesigen Eisenkunstguß.

Die zweite Tradition von Hirzenhain an der Nidder beginnt mit einer Marienwallfahrt etwa zur gleichen Zeit wie die Waldschmiede. Das Anwachsen der Pilgerscharen bewog Eberhard von Eppstein zur Gründung eines Augustinerklosters (1437), von dem außer kümmerlichen Resten des Konventgebäudes nur noch die Kirche steht. Die Entstehungsgeschichte hat sich in der deutlichen Zweiteiligkeit niedergeschlagen, wobei der Chor (nach 1431) die alte Wallfahrtskirche war. Unübersehbar ist die Verwandtschaft zur Kirche in Ortenberg. Das Langhaus (1488) verdankt in seinen Proportionen vieles der Frankfurter Schule des Madern Gerthener. Das zeigt sich noch sehr viel deutlicher in der Architektur des Lettners (1440/48), der – ein seltener Fall – fast unversehrt und an seinem ursprünglichen Platz erhalten ist. Steinfiguren der Apostel Petrus und Paulus stehen inmitten der Arkaden, die beiden anderen dürften später ergänzt worden sein. Die Augustinusfigur im Langhaus stand ursprünglich im Lettner. In den Bogenzwickeln berichten Medaillons mit Steinreliefs das Marienleben. Man will in der Lettnerplastik ein Frühwerk des Kölner Dombaumeisters Conrad Kuyn sehen. Auch sonst besitzt die Kirche wertvolle Plastiken, etwa die mit den Lettnerfiguren verwandte Muttergottes (um 1430) in ungefaßtem Kalkstein und vier weitere Heiligenfiguren in Holz.

Hochzeit zu Kana,
Holzmodel für eine Ofenplatte,
17. Jahrhundert

Wiesbaden

VON den römischen Legionären bis zur US-Army haben sich die nicht gerade zartbesaiteten Militärs nie dem Zauber eines der ältesten und berühmtesten Heilbäder Europas entziehen können. Seitdem Wiesbaden hessische Landeshauptstadt ist, scheint mitunter deren kühle Funktionalität die wohltuend-heitere Seite der Kurstadt bei manchen in den Hintergrund des Bewußtseins gerückt zu haben. ›Aquae Mattiacorum‹, die Wasser der Mattiaker, nannten die Römer die weitgehend unbefestigte Siedlung, in der sie Bäder unterhielten. Wie hoch die Franken die Bäder einschätzten, bleibe dahingestellt. Immerhin hatten sie beim heutigen Schloß eine Turmburg, der zur mittelalterlichen Stadt ›Wisibada‹ gehörte. Als im letzten Krieg Brandbomben Teile der Stadt einäscherten, förderten die siegreichen Angreifer bald den zügigen Wiederaufbau Wiesbadens, wo sie das Hauptquartier der amerikanischen Streitkräfte eingerichtet hatten.

Eine derart unermüdliche Vorliebe hat natürlich ihre Gründe. In eine südwärts zum Rhein hin offene Mulde eingebettet und durch den Taunuskamm gegen kalte Nordwinde geschützt, hat die Stadt ein mildes und gleichmäßiges Klima. Dazu kommen die mehr als zwei Dutzend Heilquellen, deren bedeutendste der Kochbrunnen ist. Schwaden von Wasserdampf zeigen am Kranzplatz an, wo er aus 45 Metern Tiefe mit einer Temperatur von 68 Grad Celsius zutage tritt und sich über eine Schale offen in ein Becken ergießt. Ablagerungen von Eisenoxyd sind ein auffälliger Hinweis auf den Salzgehalt der Thermalquellen. Bis zu einer halben Million Liter fördert allein der Kochbrunnen täglich.

Wenn die Kurstadt heute etwas im Schatten der Beamtenstadt stehen mag, so hängt das mit der Wandlung im Badewesen überhaupt zusammen. Nicht allein nüchterne ärztliche Verordnungen bewogen früher, zu Goethes Zeiten, im Biedermeier oder in des Kaiser Wilhelms Reich, die Menschen, in Kur zu gehen. Wie die anderen Bäder im nahen Taunus, so galt auch das ›Bad in den Wiesen‹ als Treffpunkt der noblen Gesellschaft. Wohl wichtiger als die medizinische Indikation war die Gästeliste des Kurhauses, die Hochwohlgeborene oder gar Majestäten und dazu noch die Goldmark-Millionäre führte. Was da alles über die Promenaden flanierte, den Heilwassern zusprach oder sich im Spielkasino traf, war eine Ansammlung von Gegensätzen bis hin zu Vertretern gegeneinander kriegführender Mächte, weshalb man von den im Kurparadies ›vertuschten Kontrasten‹ sprach. Diese Rolle des Bades ist hier wie anderswo ausgespielt. Der effektive Beitrag des Bades zur Stadtentwicklung ist mit dem früheren kaum noch vergleichbar.

Als Beamtenstadt hat Wiesbaden aber auch eine, wenngleich wesentlich kürzere, Tradition. Schon seit dem 13. Jahrhundert hielten die Grafen von Nassau den Ort als Reichslehen und wählten ihn zur Nebenresidenz. Zur Verwaltungsstadt wurde Wiesbaden 1744, als die Linie Nassau-Usingen ihren Regierungssitz hierher verlegte, der mit der Gründung des Herzogtums Nassau (1816) eine beachtliche Aufwertung erfuhr. Unter Preußen (seit 1866) blieb Wiesbaden Verwaltungsmittelpunkt und ist seit Ende des Zweiten Weltkrieges die Hauptstadt des neuen Bundeslandes Hessen.

Um die Jahrhundertwende machten sich allmählich neben der Kur- und Beamtenstadt neue Konturen bemerkbar. In einigen Bezirken entwickelten sich Industriebetriebe. Durch die Eingemeindung von Schierstein und Biebrich rückte Wiesbaden an den Rhein und ist heute auch noch Hafenstadt.

So ist Wiesbaden für den Fremden also nicht nur eine Stadt zum Besuchen, sondern auch zum Leben. Die Einrichtungen der Hauptstadt ließen Wiesbaden zur beliebten Kongreßstadt werden. Wo einst mehr mit Brunnentrinkglas und Sektglas elegant gekurt wurde, bieten heute modernste Kliniken für Diagnostik oder Rheuma seriöse Betreuung. Das Bundeskriminalamt fahndet beziehungsreich am ›Galgenfeld‹. Im Statistischen Bundesamt scheint alles erfaßt zu werden, was lohnende Auskunft über Staat und Gesellschaft erlaubt.

Werden wir sonst in Hessen durch Altertümer reichlich
verwöhnt, kann hierin Wiesbaden nicht mithalten. Die *Hei-
denmauer* an der Coulinstraße steht noch vom Versuch, die
römische Ansiedlung zu befestigen. Südwestlich davon lag
die von einer Stadtmauer umgebene Altstadt, die sich bis
hinter die heutige Marktkirche erstreckte.

Zu Beginn des 19. Jahrhunderts veranlaßten die Fürsten
von Nassau den großzügigen Ausbau ihrer engen Residenz
zur modernen Stadt. Johann Christian Zais (1770-1820), ein
Schüler von Weinbrenner, und Carl Florian Goetz waren die
Architekten von Wiesbaden, denen wir im Stadtzentrum von
heute begegnen. Zais begann mit dem damals wichtigsten
Teil, dem Kurgelände. Noch von barocken Vorstellungen
bestimmt, verlieh er dem *Kurhaus* durch die Kolonnaden
einen Vorplatz, der gewissermaßen an einen Ehrenhof erinnern mag. Ihre Ausformung ist dagegen klassizistisch (1825,
Südflügel 1839). Das alte Kurhaus ist einem Neubau (1904-
1906) von Friedrich von Thiersch gewichen, das aber wie
ehedem die Anlage beherrscht und – natürlich lateinisch –
den Wassern der Mattiaker gewidmet ist.

Später erhielt die Anlage durch das *Staatstheater* (1892/94)
einen zusätzlichen Akzent. Der Anschluß an die Kolonnaden
durch die tempelartige Vorhalle erfolgte erst kurz vor dem
Zweiten Weltkrieg, als gleichzeitig an der Nordkolonnade
die Trinkhalle vorgebaut wurde. Lange vor dem Bau der
Kolonnade befand sich die Wilhelmstraße in Planung, deren
zeittypisches Gebäude das *Prinzenpalais* (heute Justizmini-
sterium) ist. Beherrschend ist der klassizistische Eindruck.
Aber deutlicher noch als beim Kurhaus leben barocke Formen nach, die sich im hohen Sockelgeschoß und im betonten
Mittelrisalit äußern. Die gußeisernen Treppengeländer im
Innern kamen wie noch andere in Wiesbaden aus der früher
erwähnten Audenschmiede im Taunus.

Nächst der Wilhelmstraße planten Zais und Goetz die
Friedrich-, Schwalbacher, Röder- und Taunusstraße, so daß
sich nun ein Straßenfünfeck um die verwinkelte Altstadt
legte. Später erfolgte südwärts eine Erweiterung durch Luisenstraße und Luisenplatz bis zur Rheinstraße (1830), wodurch das bis heute maßgebende Stadtbild festgelegt war.

Mehrere dieser Straßen, dazu Bahnhof- und Wagemann-
straße, zeigen hie und da noch Bauten des Klassizismus und
Biedermeier. Sie lassen ahnen, wie die ehemals einheitlich
bebaute Stadt ausgesehen haben muß. Großspurige Gebäude
der folgenden Jahrzehnte und mehr noch moderne Unge-
heuerlichkeiten geben da heute den Ton an.

Der hessische Landtag macht sich im früheren herzoglich-
nassauischen *Schloß* breit, das als krönender Abschluß des
Stadtausbaues von Georg Moller entworfen und durch Richard Goerz erbaut worden ist (1837-41). Seit dem fränkischen Königshof hatte hier die weltliche Gewalt ihren Platz,
von der mittelalterlichen Burg bis zu dem aus ihr entwickelten Renaissanceschloß. Es wurde kurzerhand abgerissen,
dazu noch einige angekaufte Privathäuser. Goerz zog dann
die heutige, dreigeschossige Anlage hoch. Die zwei straßen-
seitigen Flügel werden durch den Halbrundbau an der Ecke
verbunden. Durchfahrten geben den Weg zur Auffahrthalle
frei. Eine kassettierte Halbtonne überwölbt das Treppenhaus
und bietet erneut ein gutes Beispiel für die klassizistische
Neigung, die Antike nachzuahmen. Hier denkt man unwillkürlich an die Hallen römischer Thermen.

Die Zimmerfluchten im Obergeschoß bieten nach ihrer
Wiederherstellung weitgehend das alte Bild. Soweit stellenweise die frühere Einrichtung verloren ging, hat man sie
durch solche aus anderen Schlössern geschickt ergänzt. Ludwig und Friedrich Wilhelm Pose malten die Räume zartfar-
big aus. Im Pompejanischen Zimmer im Untergeschoß wurden Themen und Stil der antiken Stadt aufgenommen, die
durch die Ausgrabungen von Murat allgemein Aufmerksamkeit auf sich gezogen hatten. Klassizistischer Stuck ergänzt
die Malereien. Ludwig von Schwanthaler schuf die Marmor-
plastiken im Treppenhaus und im Festsaal.

Ein Geschäftshaus (1826) neben dem Schloß änderte
Goerz für die Zwecke des herzoglichen Hofes um. Dieses
ehemalige *Kavaliershaus* wurde nach dem Wiederaufbau
aufgestockt und beherbergt jetzt ein Ministerium.

Auch das von Karl Boos errichtete *Regierungsgebäude*
(1838/42) in der Luisenstraße zeigt wieder das schon beob-
achtete Nachleben barocker Bauauffassung innerhalb eines

sonst dem Zeitstil folgenden Gebäudes. Barock wäre hier
vor allem die Entfaltung des Treppenhauses im Innern, aber
auch die Freude am Dekor. Die Übertreibung aber, mit der
dieser verwendet wird, kündet bereits den sich vollziehenden
Stilbruch an, der die Architektur der folgenden Jahrzehnte
dekorativ überladen sollte. Grundmuster für das Regierungsgebäude sind italienische Palazzi, die hier eigenwillig
nachgeahmt werden. Älter und noch ganz im Klassizismus
verhaftet ist die *Alte Münze* (1829) am Luisenplatz.

Die weitere Bauentwicklung spiegelt sich gut in den Sakralbauten der Innenstadt, wobei in zeitlicher Folge Bonifatiuskirche, Griechische Kapelle, Markt- und Ringkirche stehen. Die *Bonifatiuskirche* (1844/49) von Philipp Hoffmann
mußte sich der städtebaulichen Situation unterordnen und
erhielt eine nördliche Ausrichtung. Nach dem Luisenplatz
hin entfaltet sich die volle Wirkung ihrer Fassade. Sie ist der
erste in Wiesbaden entstandene neugotische Bau, der als
dreischiffige Halle mit Querschiff, Chorumgang und zwei
Westtürmen vor uns steht. So ›gotisch‹ das Ganze auf den
ersten Blick auch anmutet, bei näherem Zusehen erweist
es sich – unaufdringlich allerdings – als ein Gemisch von
romanischen und Renaissanceformen, deutschen und italienischen Stilnuancen im Spalier der Neugotik.

Viel problematischer mußte die Konzeption der *Marktkirche* sein, die am Markt vor einer älteren baulichen Situation
stand. Wie verloren steht da zwischen den Bauten des 19.
und 20. Jahrhunderts das *Alte Rathaus* (1609), dessen Obergeschoß 1828 dem Zeitgeschmack geopfert und entsprechend dem damaligen romantischen Empfinden historisie-
rend neu gestaltet wurde. Unweit davon plätschert noch der
Marktbrunnen (1753) mit seinem wappenhaltenden Löwen.
Karl Boos stellte die Kirche (1853/62) einfach frei zwischen
Markt und Schloßplatz. Auch in der Entscheidung und radi-
kalen Übersteigerung der Neugotik wendet sich das Bauwerk
von seiner klassizistischen oder romantisch-historisierenden
Umgebung ab. Die ›Gotik‹ war damals als der christliche
Stil schlechthin bei beiden Konfessionen entdeckt worden.
Anders als bei der Bonifatiuskirche, wo man in Details der
Neuromanik verhaftet blieb, wurde hier erstmals für Wies-

baden die Gotisierung bis in letzte Einzelheiten durchgeführt. Neu war auch der Backstein, der aus Kostengründen verwendet wurde, dann aber Vorbild für andere neugotische Bauwerke war. Bemerkenswert ist auch, wie pedantisch man sich in dieser Phase der Neugotik an die mittelalterlichen Vorbilder anlehnte, als die hier die englischen Kathedralen von Norwich und Lincoln dienten.

Russische Kathedralen dagegen standen Modell für die sogenannte *Griechische Kapelle* auf dem Neroberg, die heute Pfarrkirche der Russisch-orthodoxen Kirche im Ausland ist. Mit ihren fünf vergoldeten Kuppelhauben ist sie dank der vorteilhaften landschaftlichen Lage ein wahrzeichenhaftes Baudenkmal Wiesbadens. Die Kirche war der erste russisch-orthodoxe Bau in Hessen und diente denen in Bad Homburg, Darmstadt und Bad Ems gewissermaßen als Vorbild. Sie wollte den Bedürfnissen der zahlreichen russischen Badegäste dienen. Zugleich aber sollte der Neubau Grabdenkmal für die Großfürstin Elisabeth von Rußland sein, die 1844 in St. Petersburg Herzog Adolf v. von Nassau geheiratet hatte und ein Jahr später in Biebrich gestorben war.

Nahebei entstand gleichzeitig der säulengetragene Kuppelbau eines Aussichtstempels von Philipp Hoffmann.

Nach Gründung des Zweiten Reiches entwickelte sich Wiesbaden alsbald zur Großstadt. Die Pläne für die baumbestandene Ringstraße wurden 1871 entworfen. An markanter Stelle baute Johann Otzen 1892/94 die *Ringkirche*, von deren Doppelturmfront eine nachhaltige Wirkung ausgeht. Fast übermäßig wird der Baukörper von romanisierenden Formen durchsetzt. Aber die Konzeption einer Vierkonchenanlage, die von einer Kuppel überspannt ist, löst sich von dem bis dahin vorherrschenden historisierenden Bauverständnis und experimentiert mit neuen Raumauffassungen. Auffällige Parallelen bestehen zur sogenannten Sophien- oder Friedhofskirche in Wuppertal-Barmen, die schon etwa drei Jahrzehnte früher nach Plänen des Kölner Dombaumeisters Zwirner entstanden war.

Im Zuge der Ringstraße setzen zwei weitere Bauten deutliche Akzente: das *Landeshaus* (1904/07) der Architekten Werz und Huber sowie das Empfangsgebäude des *Haupt-*

bahnhofes (1906) des Professors Klingholz. Die hier getroffene Entscheidung zur Zusammenfassung dreier älterer Bahnhöfe zu einem Kopfbahnhof hat die Entwicklung der Stadt im Industriezeitalter nachhaltig beeinflußt. Er protzt ganz im Stil der wilhelminischen Ära. Diese brachte ein Jahr vor Ausbruch des Weltkrieges noch das Kaiser-Friedrich-Bad in der Langgasse und die Hessische Landesbibliothek hervor, an deren Portikus-Freitreppe das Goethe-Bildnis von Hermann Hahn Bildungsbeflissenen zum Vorbild dienen soll. In den Vorkriegsjahrzehnten errichtete man an mehreren Stellen die zeittypischen *Denkmäler* für Bismarck und die Preußenkönige, zum Andenken der Schlacht bei Waterloo und – immerhin – an der Biebricher Straße ein Nassauisches Landesdenkmal (1905) von Fritz Gerth als fairen Achtungserweis des Siegers gegenüber dem Unterlegenen von einst. Das Waterloodenkmal (1865), von Philipp Hoffmann als mächtiger Obelisk geschaffen, steht auf dem Luisenplatz bei der Bonifatiuskirche.

Sonstige bemerkenswerte Baudenkmäler außerhalb des Stadtkernes blieben nur in Ruinen erhalten, wie das Kloster Klarenthal und das Jagdschloß auf der Platte (1824) von Johann Schrumpf.

Gegenüber der Rhein-Main-Halle, dem modernen Kongreßzentrum, vereinigt das *Museum Wiesbaden* drei Abteilungen unter einem Dach, die Naturwissenschaftliche und die Kunstsammlung sowie die Sammlung Nassauischer Altertümer. Die Naturkunde Nassaus ist ausführlich dokumentiert. Unter den Altertümern überrascht der Reichtum an Belegen aus der Römerzeit dieser Gegend, denen sich auch wertvolle Funde aus fränkischer Zeit anschließen. Gut vertreten ist die Skulptur des Mittelrheins und das nassauische Kunstgewerbe. Die Gemäldesammlung reicht vom 16. Jahrhundert bis zu Werken von Liebermann oder Nolde. Dazu kommen Skulpturen und andere Objekte von Barlach, Kolbe und Lehmbruck.

Aus Klosterbesitz gelangte **Biebrich** im 14. Jahrhundert an die Grafen von Nassau. Die Fürsten von Nassau-Usingen und Herzöge von Nassau erwählten das *Schloß* zur Residenz

(1744) oder später als Sommerresidenz (1840-1866). Die großartige Anlage erstreckt sich am Rheinufer in äußerer Einheitlichkeit, die aber erst nach und nach zu dieser Form herangewachsen ist. Der heutige Westpavillon der Rheinfront entstand als ältester Teil 1698 und war damals als Jagdhaus gedacht. Bald genügte er nicht mehr den Anforderungen, so daß östlich davon ein Pendant geschaffen wurde,

Rheinfront des Schlosses

der heutige Ostpavillon (1706). Im Jahr nach dessen Vollendung verband Maximilian von Welsch die beiden Pavillons und betonte die Mitte des Verbindungstraktes durch die vorspringende Rotunde (1719). Die Obergeschosse der Galerieflügel (1718/21) und die Freitreppe (1824) sind nachträglich ergänzt worden. Den Innenausbau dieses Teiles besorgte Friedrich Joachim Stengel (1733/36). Gleichzeitig kam als nordöstlicher Flügel der Marstall samt Kavalierswohnungen hinzu. Dem fügte schließlich Stengel noch den nordwestlichen Flügel an (1740/44). Bei der Entwicklung des Jagdhauses zum Westpavillon wirkte Julius Ludwig Rothweil maßgeblich mit, am Ostpavillon war ein ›Baumeister aus Kassel‹ beteiligt, vielleicht Paul du Ry. Die Stukkaturen fertigte zum größten Teil Carlo Maria Pozzi, womit wieder

Namen aus dem oft genannten Künstlerkreis des Barock in Hessen zitiert wären.

Die Neuplanung des Schlosses lag in den bewährten Händen von Maximilian von Welsch, der auch den Barockpark entwarf, den Friedrich Ludwig von Sckell 1811 in englischem Stil umgestaltete. Der Park besitzt in der *Moosburg* einen letzten Beleg für den romantischen Spleen, künstliche Burgruinen zu bauen. Diese hier schuf 1806 Carl Florian Goetz in gewisser Nachfolge der älteren in Hessen: Wilhelmsbad bei Hanau, Wilhelmshöhe bei Kassel und die Eberhardsburg bei Würzberg. Jahrzehnte später erlebte dieser etwas abseitige Geschmack eine Neubelebung, wie wir im Rheingau noch sehen werden oder wie er auf ganz andere Weise bei der ›Bärenburg‹ im Frankfurter Zoo verwirklicht ist. Der hohe quadratische Turm der Moosburg besitzt einen nach klassizistischer Weise dekorierten Saal. Die verwunschene Anlage weist im übrigen den Weg zur schwärmerischen Rheinromantik, die auf der Stromstrecke flußabwärts von Biebrich schon bald die Objekte fand, an denen sich ihre Phantasie entzündete.

Im Nachbarort **Schierstein** lohnt sich ein Besuch der evangelischen Pfarrkirche wegen ihrer wertvollen Ausstattung, die von dem Kanzelaltar mitsamt Orgel (1754) bestimmt wird. Diese Einheit verwirklicht sich in eleganten Formen des Rokoko. Johann Konrad Seekatz malte dazu Christus vor Pilatus.

Die Burgruine **Frauenstein** (13. Jh.) läßt nicht in Vergessenheit geraten, daß Mainz jahrhundertelang die im Wiesbadener Raum vorherrschende Macht gewesen ist. Der Schönbornsche Hof (1571), einer unter mehreren bemerkenswerten Fachwerkbauten des Ortes, trägt einen Namen, der in der mainzischen Geschichte Gewicht besaß. Gleich zwei Mitglieder der Familie brachten es dort zur erzbischöflichen Würde. Von der Konkurrenz zwischen Mainz und Nassau kündet noch der Gorother Hof unterwegs von Schierstein hierher. Die Anlage, deren ältesten Teile bis ins 16. Jahrhundert zurückreichen, war einst Vorposten Nassaus gegen Frauenstein.

← 33 Die Ronneburg auf einem Basaltkegel des Vogelsberges

34 Burg Gleiberg bei Gießen

37 Burgruine Ehrenfels

Schloß Vollrads 38

40 Büdingen, Schloß

41 Braunfels

42 Runkel

44

45

44 Eltville,
   spätmittelalterliches
   Herrenhaus

45 Darmstadt,
   Haus Behrens

43 Braunfels

46 Heppenheim, Mainzer Amtshof

Michelstadt, Marktplatz mit Rathaus 47

48 Bad Orb

Alsfeld, am Leonhardsturm 49

52 Leun, ehemalige Schmiede in der Weilburger Straße

53 Dillenburg, Wilhelmstraße

Im Dilltal 54, 55 →

58 Wiesbaden, Griechische Kapelle auf dem Neroberg

60, 61 Wiesbaden, der Hessische Landtag im ehemaligen Schloß

und das Landestheater

62 Steinau an der Straße, Elternhaus der Brüder Grimm

Allendorf 63, 64 →

Die Pfarrkirche St. Georg bezog ihre beachtliche Ausstattung teilweise aus aufgehobenen Klöstern Hessens: Aufbau und Mensa des Hochaltars aus Tiefenthal und Eberbach im Rheingau und die Kanzel aus dem Franziskanerkloster Hadamar.

Sonnenberg dürfte von Anfang an in nassauischen Händen gewesen sein. Über der Stadt (1351) hatten die Grafen um 1200 eine Burg erbaut, die 1611 aber nicht mehr besetzt war. Ihr Außenbering bezog auch die Stadt mit ein, wie man bis heute unschwer erkennen kann.

Naurod verspricht zu einer bekannten Adresse zu werden dank des Bildungswerkes des Bistums Limburg, das den Namen von Wilhelm Kempf (1906-84) trägt. Dieser Bischof, ein geborener Wiesbadener mit hoher denkerischer Begabung, geriet in die Schlagzeilen, als der Papst ihn seiner Fortschrittlichkeit wegen absetzen wollte. Aber im traditionell liberalen Nassau, dessen Landesbistum unter aufklärerischem Geiste entstand, wo die konfessionelle Zersplitterung außergewöhnlich groß ist, drang Roms Allmacht nicht durch.

Die evangelische Pfarrkirche steht für einen typischen Predigtraum des protestantischen Barock. Johann Georg Bager errichtete sie 1730 als achteckigen Zentralbau, der außen durch gekuppelte toskanische Pilaster gegliedert ist und von geschweifter Haube mit Laterne bekrönt wird. Im Innern tragen acht Säulen die im Kreis ringsum laufende Empore und darüber die achteckige flache Holzkuppel.

In das romanische Gemäuer der alten Nikolauskirche von **Bierstadt** hat sich der Saalbau (1731/34) der evangelischen Pfarrkirche gleichsam eingenistet. Dabei war schon die romanische Kirche (11. Jh.) an die Stelle eines Vorgängerbaues gerückt. Auffällig sind vor allem der starke Westturm und das vermauerte Portal mit den eingeritzten Zeichen, aber auch die durch einen Rundbogenfries verzierte Apsis.

Im Innern sieht man Wandmalereien (14. Jh.) mit Kain und Abel sowie Heiligengestalten. Der wertvolle Flügelaltar (um 1500) ist in Teilen noch vorhanden. Besonders wertvoll sind die drei Heiligenfiguren der Madonna mit Kind, des Nikolaus und des Ferrutius. Vor allem aber sind es die unter

Dürers Einfluß von Martin Caldenbach gemalten Tafeln samt Predella mit Szenen aus der Kindheit Jesu und mit Heiligen.

Auf einer Anhöhe blickte einst ein runder Wartturm ungehindert ins Land. Eine ähnliche Landwarte (1479) steht auch an der Straße von **Mainz-Kastell** nach Erbenheim und erinnert an das Bestreben des Erzbitums Mainz, seine Macht in diesem Raum zu festigen. Die heutigen Lagerhallen am Rheinufer waren ursprünglich Kasernen (1832/33) zum Schutz von Brücke und Zoll. Der heikle Stromübergang war nämlich seit jeher umstritten. Seit einem Brückenbau unter Karl dem Großen gab es jahrhundertelang keine Brücke oder allenfalls eine Schiffbrücke zwischen den Stromufern. Die Besatzungsgrenze und jetzige Landesgrenze entschied die alte Streitfrage um den Besitz des ›Kastells‹ römischen Ursprungs durch die Eingemeindung nach Wiesbaden.

Alter Mainzer Besitz auf dieser Seite von Rhein und Main waren auch **Hochheim** und Flörsheim außerhalb von Wiesbaden. Die vorzügliche Qualität der Weine aus den Lagen der ›Mainzer Domdechanei‹ macht verständlich, daß Adel und Geistlichkeit hier stets umfangreiche Besitztümer hatten. Wo aber edle Trauben reifen, war immer schon katholische Volksfrömmigkeit im Schwang und setzte ihre Fußfälle und Schutzheiligen in Wingerte und Felder, an Straßen und Häuser. In Hochheim begegnet man ihnen allenthalben. Am bekanntesten ist die Hochheimer Muttergottes (1770) auf dem ›Plan‹, eine gute Steinplastik des Rokoko. Dementsprechend ist auch die Ausstattung der eindrucksvoll über dem Main gelegenen Pfarrkirche (1730/32) mit ihren wertvollen Decken- und Emporenmalereien, dem bedeutenden Hochaltar, der Kanzel und dem Taufstein.

Mainzer Künstler arbeiteten auch für die Galluskirche in **Flörsheim**, die ähnlich wie die in Hochheim eine zweigeschossige Westempore besitzt. Auch hier finden wir eine vergleichbare gute Ausstattung mit Deckengemälden und kostbaren Altären aus der zweiten Hälfte des 18. Jahrhunderts. Die Orgel (1710) stammt aus der Frankfurter Karmeliterkirche. Auch der Ortscharakter mit schönen Wohnbauten, Resten einer ehemaligen Befestigung, ansehnlichen

Höfen – hier der Kartäuserhof, dort der mächtige Domher-
renhof – und nicht zuletzt der süffige Wein sind weitere
Parallelen dieser beiden Orte in der östlichen Nachbarschaft
von Wiesbaden. Innerhalb der weiten und von Rastlosigkeit
erfüllten Mainebene mögen sie für die schönen Seiten des
Lebens außerhalb des Alltags werben.

Rheingau

DER schmale Landstrich zwischen Taunuskamm und Rheinbogen von Mainz bis Lorch ist als Rheingau bekannt. Die geschützte Lage hat ein mildes Klima zur Folge. Auf den aus Tonschiefern verwitterten Böden reifen die edelsten Reben. An den sanft zum Strom abfallenden Südhängen oder an Steilhängen auf Terrassen sind die renommierten Lagen, deren Namen für hohe Qualität stehen: Eltviller Sonnenberg, Geisenheimer Mäuerchen, Johannisberger Schloß, Rüdesheimer Schloßberg oder Erbacher Markobrunnen und viele andere. Seit den Römern baute man hier Wein an. Kirche und Klöster weiteten im 12. Jahrhundert die Anbauflächen nahezu auf den heutigen Umfang aus.

Der Name Rheingau bezeichnet aber auch eine historische Einheit, die zuerst in einer fränkischen Grafschaft begegnet. Seit dem neunten Jahrhundert dehnte der Erzbischof von Mainz seinen Einfluß hierher aus, bis seit dem 13. Jahrhundert das Gebiet unlösbar mit dem Erzbistum verbunden blieb. Die kulturelle Wirkung dieser Anlehnung an Mainz ist allenthalben noch heute unübersehbar. Überall in den wohlhabenden Weinorten am Rhein trifft man neben Adels- und Klosterhöfen auf ehemals erzbischöfliche Niederlassungen, vom bescheidenen Gehöft bis zum Schloß. Künstlerfleiß der Spätgotik und des Barock hat Städtchen, Dörfer, Wingerte und Feldfluren mit einer kaum noch überschaubaren Fülle von Kreuzen, Madonnen, Heiligenfiguren, Fußfällen oder Reliefs ausgestattet. Überall säumen, meist verputzte, Fachwerkhäuser die winkligen Gassen oder Straßen, ihnen teils die Giebel, teils die Traufseite zukehrend.

Mainz sicherte seinen Besitz durch eine Landwehr, das ›Gebück‹, das erst 1770 beseitigt worden ist. Damit waren nicht nur die Weinbaugebiete geschützt, sondern auch die bis heute zum Taunus wachsenden ausgedehnten Wälder, die das zweite wirtschaftliche Standbein des Rheingaus waren. Eine so wichtige Landschaft spielte im Erzbistum bis zu gewissem Grade eine privilegierte Rolle. Das dadurch genährte Selbstbewußtsein der Bürger oder des Landadels bescherte Mainz im Laufe der Geschichte manche Probleme.

Die von Wiesbaden zur Lahn ziehenden Verkehrswege – Bäderstraße, Aartalstraße und Hühnerstraße – umgehen den Rheingau östlich. Dafür besitzt die ›Rheinschiene‹ internationale Bedeutung und schwemmt per Bahn, Schiff und

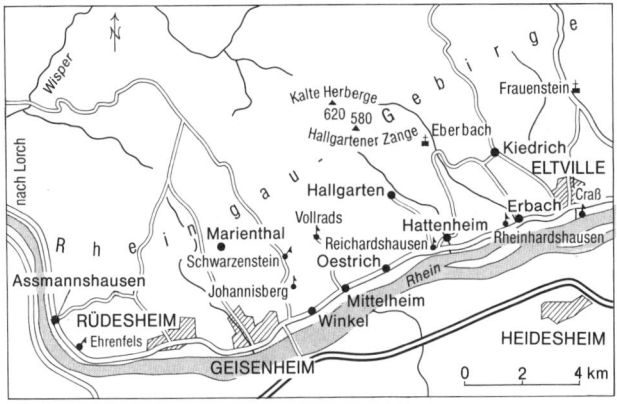

Kraftfahrzeug des Sommers unübersehbare Touristenmassen in das Gebiet. Ungezählt sind die Menschen, die täglich in hastiger Durchreise kaum mehr als einen flüchtigen Blick auf die gesegnete Landschaft werfen können.

Eine ganz andere Reisegesellschaft fällt periodisch hier ein und machte ihre Rastplätze weltberühmt: die Zugvögel und das Wassergeflügel. Die langgestreckten Strominseln Mariannenaue, Fulder Aue und Rüdesheimer Aue bilden zusammen das grenzüberschreitende *Europareservat Rheinauen Bingen-Erbach*, ein grenzüberschreitendes Naturschutzgebiet in Hessen und Rheinland-Pfalz von internationaler Bedeutung. Auf hessischer Seite ist ganzjährig das Betreten verboten, die Vögel bleiben unter sich. Die Inseln bilden einen wichtigen Trittstein auf dem binnenländischen Zugweg europäisch-asiatischer Wasser- und Sumpfvögel, unter denen sich viele bedrohte Arten befinden, wie Tafelente, Gänsesäger oder Zwergsäger. Der bisher ermittelte Höchstwert beobachteter Tiere betrug 16 500 Vögel an einem Tag!

Unsere Rheingaureise soll dem Lauf des Stromes folgen und gelegentlich Abstecher in die Ausläufer des Taunus zulassen. Die modernen Verkehrswege haben rheinseitig leider oft die alte Situation nachteilig verändert. Und wer sich an einem Sommerwochenende durch die Autostaus quält, wird sich der Kehrseite der ›Erschließung‹ bewußt.

Eltville

Am ehesten genießt man die zum Strom orientierte Schauseite eines typischen Rheingauortes noch in Eltville, das bis ins vorige Jahrhundert die einzige Stadt in diesem Landstrich gewesen ist. Die ›alta villa‹ (hochgelegener Ort) gelangte schon im zehnten Jahrhundert an Mainz. Um den Marktplatz haben wir ihren ältesten Teil vor uns, der im Hochmittelalter zu einem Rechteck erweitert wurde, in dessen Südostecke die erzbischöfliche Burg lag. Ihre Silhouette bestimmt zusammen mit Pfarrkirche, Stadtturm und Gräflich Eltzschem Hof noch immer das Uferpanorama.

Im verlorenen Streit um den Mainzer Erzbischofssitz erhob Erzbischof Balduin von Luxemburg Eltville zur Stadt und begann 1332 den Bau der *Burg* anstelle einer älteren Wasserburg. Sein erfolgreicher Konkurrent Heinrich von Virneburg vollendete sie vier Jahre später. Inmitten des viereckigen durch Zwinger teilweise verstärkten Bezirks erhebt sich rheinseitig ein viergeschossiger Wohnturm mit vier Ecktürmchen und Treppenturm. Reste gotischer Wandmalereien (14. Jh.), Schränke und wappengeschmückte Kamine vermitteln einen gewissen Eindruck von Behaglichkeit, soweit sie seinerzeit in solchen Räumen möglich war. Der im Dreißigjährigen Krieg zerstörte Palas blieb Ruine.

Die rheinaufwärts gelegene sogenannte *Burg Craß* ist in Wirklichkeit der ehemalige Hof der Herren von Dehrn. Trotz romanischer Bauteile überwiegt der gotische Eindruck (1565, 1596), der aber durch neugotische Zusätze verfälscht ist.

Neben der Burg bildet die *Pfarrkirche* mit ihrem eindrucksvollen Westturm (1419/34), den eine spätbarocke Haube krönt, einen zweiten architektonischen Schwerpunkt in der Stadt. An die Stelle einer romanischen Kirche setzte man ab 1353 zunächst den jetzigen Chor, dann das einschiffige Langhaus, dem erst nachträglich ein Seitenschiff südlich angefügt wurde. Die Formenvielfalt des Westturmes verrät den Geist der sogenannten Frankfurter Schule des Madern Gerthener, die hier ihr bestes Werk im Rheingau geschaffen hat. Wertvolle Wandgemälde erschienen bei der letzten Restaurierung unter dem Verputz an der Westempore (1522), im Nebenchor (15. Jh.) und in der Turmhalle. Letztere hat wohl ein Mainzer Künstler um 1500 gemalt. In souveräner Pinselführung und lebhafter Farbigkeit zeigen sie das Jüngste Gericht in so eindringlicher Weise, wie sie im weiteren Umkreis während der Epoche nicht mehr erreicht worden ist.

In der Taufhalle befindet sich ein vorzüglicher Taufstein, der 1517 in der Werkstatt von Hans Backoffen vielleicht vom Meister selbst gearbeitet worden ist. Die Evangelistensymbole bilden den stabilen Fuß. Das Becken umflechten Ornamente der Renaissance. Darüber erscheinen in schlichten Rahmungen Reliefs des Heilandes, der zwölf Apostel, der Heiligen Paulus und Nikolaus. Der Paulus mußte dabei sein, weil er mit Petrus Kirchenpatron ist. Nikolaus aber ist der von den Rheinschiffern noch heute hochverehrte Schutzpatron über alle, die sich mit Nachen, Dampfer oder Diesel auf dem Strom bewegen. Der sogenannte Meister mit dem Brustlatz dürfte Urheber der wunderschönen Madonna auf der Mondsichel (Anfang 16. Jh.) sein, die auf dem Seitenaltar steht. Unter den vielen Grabdenkmälern zeichnet sich das für Agnes von Koppenstein († 1553) mit ihren beiden Kindern aus durch einfühlsamen Ausdruck im Stil der Renaissance.

Die ›Schmidtburg-Kapelle‹ (1717) auf dem Kirchhof hütet eine Kreuzigungsgruppe (um 1505) aus Backoffens Werkstatt.

Bei der Kirche breitet sich der Komplex des *Gräflich Eltzschen Hofes* aus, der unlösbar zum Stadtbild gehört und aus mehreren Einzelgebäuden allmählich herangewachsen ist.

Portale, Balkons und im Innern Stukkaturen haben den älteren Stifts- und Adelshäusern nachträglich ein einheitliches, barockes Gesicht verliehen. Das in die Anlage einbezogene Martinstor gehörte zur mittelalterlichen *Stadtbefestigung*, von der an anderer Stelle außer Mauerresten ein runder Eckturm und ein (veränderter) Torturm erhalten sind.

Auch der ehemalige *Bechtermünzer Hof* (16. Jh.) wuchs aus mehreren Gebäuden zum jetzigen Komplex zusammen. Das gilt mehr noch von der ausgedehnten Gebäudegruppe des Hofes der Freiherren Langwerth von Simmern, dessen Häuser ihre Eigenständigkeit weitgehend wahren konnten. Hierunter ist der ehemalige *Stockheimer Hof* mit seinem Herrenhaus sicher der schönste. Das Untergeschoß (um 1600) erhält durch die aufwendigen Fensterrahmungen in Beschlagwerkornamentik der Renaissance seine vornehme Wirkung. Das Obergeschoß wurde im vorigen Jahrhundert zugefügt. Das zweite, spätmittelalterliche Herrenhaus erinnert mit Treppenturm, Erker und hohen Giebeln stark an den Stockheimer Hof in Geisenheim.

Die Brüder Bechtermünzer, deren Hof wir besichtigten, erinnern an die Geschichte der Buchdruckerei, deren bekanntester Vertreter, Johannes Gutenberg, ebenfalls in Eltville tätig gewesen sein soll. – Die Mattheus-Müller-Straße weckt völlig zu recht Assoziationen, die der Zunge prickelnde Kühle verheißen.

Kiedrich

Findige Staatsarchivare haben Kiedrich früher, als nach der gängigen Literatur zulässig, zur Tausendjahrfeier verholfen, indem sie 954 als Datum urkundlicher Ersterwähnung ermittelten. ›Insel der Gotik‹, ›größte Hanggemeinde‹ im Rheingau und andere flotte Werbesprüche haben durchaus ihre Berechtigung. Aber im Grunde war es ein Brite, der Baronet John Sutton, der erstmals wirksam auf die kulturellen Schätze innerhalb des besonders gut erhaltenen Weinortes aufmerksam machte und deren Pflege nachhaltig förderte.

Zum heiligen Valentin, dem Nothelfer gegen Fallsucht, strömten im Mittelalter so viele Pilger, daß die ihm und dem heiligen Dionys geweihte *Kirche* auf älteren Fundamenten in der überlieferten Form erbaut werden konnte. Die hohe Kirchhofsmauer faßt sie samt Totenkapelle, Pfarrhaus und Kusterwohnung zu einer originellen Einheit zusammen. Diese schönste und reichste spätgotische Kirche am Mittelrhein war zunächst eine niedrige dreischiffige Halle. Turm und Langhaus gehen im Kern auf den Anfang des 15. Jahrhunderts zurück. Um 1460 paßten die Meister Flücke und Wilhelm den bestehenden Bau den wachsenden Bedürfnissen des Wallfahrtsbetriebes an. Völlig neu entstand der fünfseitig geschlossene Chor mit seinem reichen Sterngewölbe (1481). Das Langhaus brach man im oberen Teil ab, wobei gleichzeitig den Seitenschiffen je ein Emporengeschoß aufgesetzt und alles eingewölbt wurde. Dabei erhielt das Mittelschiff ein Sterngewölbe ähnlich dem in Rauenthal. Die Jahreszahl 1493 im Kreuzgewölbe des Emporengeschosses dürfte den Abschluß der Bauarbeiten angeben. Der Westturm fand seinen oberen Abschluß erst anläßlich einer durchgreifenden Renovierung durch Franz Josef von Denzinger (1857/74).

Noch aus dem älteren Bau stammt das schöne Westportal (um 1410), dessen Tympanon die Verkündigung und Krönung Mariens nach Art des Weichen Stils darstellt. Wohlgefällig hebt darüber Gottvater segnend die Hände, während ihm zwei Engelmusikanten aufspielen. Auf dem Mittelpfosten befindet sich die Statue des heiligen Valentin. Das Relief zeigt gewisse Parallelen zum Dreikönigsportal der Frankfurter Liebfrauenkirche, die Schmuckformen dagegen zum südlichen Turmportal des dortigen Domes, so daß auch hier der Einfluß des Madern Gerthener nachwirkt.

Die spätgotische Ausstattung ist äußerst reichhaltig und in vielem noch getreu der damaligen Raumauffassung, auch wenn gelegentlich verlorene Plastiken durch neugotische Ergänzung fanden. Aus Resten hat man den Lettner genau rekonstruieren können, dessen Netzgewölbe von schlanken Säulen getragen werden, die Durchblicke unter drei spitzbogigen Arkaden freigeben. Phantasiereiche Schnitzereien bedecken die Wangen des Gestühls (1510), das Erhard Falkener gearbeitet hat und eines der wenigen vollständig erhaltenen aus dieser Zeit ist. Besonders interessant ist die Orgel zunächst wegen ihres Alters, in dem sie von keiner erhaltenen

Orgel in Deutschland übertroffen wird. Die ältesten Pfeifen datieren nämlich von 1313. Das originelle Gehäuse (um 1500) gleicht einem verschließbaren Flügelaltar, dessen Tafeln bemalt sind. Da die spätgotische Disposition der Orgel erneuert werden konnte, bedarf es besonderer Fertigkeit, um sie klangvoll zu spielen. Nicht minder interessant ist die kleine Tragorgel (um 1630) im Chor.

Man muß an Sonn- und Festtagen unbedingt einen Gottesdienst miterleben, bei dem lateinische Gesänge erklingen, die von einer eigens darauf eingeübten Schola aus alten Choral-Handschriften mit Hufnagel-Noten vorgetragen werden. Der dabei zu hörende ›germanische Choral-Dialekt‹ weicht von dem römischen ab. Schola und Klerus benutzen noch heute beim Dienst das alte Chorgestühl.

In einer spätmittelalterlichen Wallfahrtskirche mußte die Möglichkeit zur häufigen und gleichzeitigen Meßfeier gegeben sein, für deren Zelebration die Gläubigen zahlten. Das erklärt das Vorhandensein von gleich vier Altären. Hochaltar und Katharinenaltar sind jeweils als Epitaph für Verstorbene der Familie von Eltz konzipiert (um 1620). Vor allem ersterer beeindruckt durch seinen Renaissanceaufbau mit Alabasterreliefs, Heiligenfiguren und Wappen.

Von den Einzelplastiken verdient die zarte Sitzmadonna auf dem Lettneraltar an erster Stelle Erwähnung. Viel zu groß wirkt der jünglinghafte Jesusknabe mit den hübschen Gesichtszügen, wie er sich da auf die Knie seiner Mutter stellt (Mitte 14. Jh.). Hinzu kommen an den Langhauspfeilern eine Madonna (1500) und eine Anna Selbdritt (Anfang 16. Jh.), die offenbar fränkischer Herkunft ist. In einer Chornische steht eine Pietà (14. Jh.). Die Sakristeitür hat spätgotische Beschläge.

Die zum mittelalterlichen Pfarrbezirk oder Kirchhof gehörende *Totenkapelle* ist um 1440 erbaut worden. In Hessen und auch im Rheinland dürfte man nur ganz wenige Friedhofskapellen von derart hohem Niveau finden. Besonders die Außengliederung spricht für die Begabung der Steinmetzen. Das tonnengewölbte zweischiffige Untergeschoß diente als Beinhaus, während die eigentliche Kapelle im Obergeschoß war. Der einschiffige Raum hat ein Netzrippengewölbe und einen fünfseitig geschlossenen Chorerker. Die überdachte Außenkanzel an der Nordseite ermöglichte es dem Priester, den erschütterten Pilgern Predigten über Tod, Fegefeuer und Höllenpein zu halten oder die heilversprechenden Valentin-Reliquien zu zeigen. Am Gewölbe im Innern hängt ein siebenarmiger Kerzenleuchter mit einer beinahe lebensgroßen Doppelmadonna auf der Mondsichel. Das bedeutende Werk entstand Anfang des 16. Jahrhunderts im Umkreis von Hans Backoffen. Voller Behutsamkeit trägt die üppig drapierte Muttergottes das nackte Kind, das in lebhafter Bewegung zu ihr aufblickt. – Auf dem von mächtigen Bäumen beschatteten, einst wehrhaften Kirchenhof steht eine Kreuzigungsgruppe, die gleichfalls dem Kreis Backoffens entstammt.

Nicht weit ist es zum *Marktplatz* mit seiner malerischen Bebauung. Zwei Renaissance-Erker beleben die Front des Rathauses (1585/86). Der Fürstenberger Hof ist nur um drei Jahre älter. Erker und Muttergottes zieren das Haus ›Zum Engel‹ (1681).

In der Suttonstraße reihen sich gleich fünf ehemalige *Adelshöfe*, an denen der Ort so auffallend reich ist. Der Metternicher und Bassenheimer Hof gehören zum Valentinusstift, das in moderner Weise die Tradition der alten Elendenbruderschaft weiterführt, die sich einst um Pilger und Fallsüchtige kümmerte. Der Eberbacher Hof läßt noch die Form eines typischen Zisterzienserhofes mit Haus und Kapelle erkennen. Der Schwalbacher Hof (18. Jh.) ist eine hufeisenförmige Anlage, die in der vorliegenden Form schon unter den neuen Besitzern, den Rittern zu Groenesteyn entstanden ist. Zu den vielen Adelshöfen, die noch zu nennen wären, kommen zahlreiche Fachwerkhäuser hinzu, die den Bummel durch Straßen und Gäßchen zum Vergnügen werden lassen.

Um den Weg von Eltville in den Taunus bewachen zu können, hatten die Mainzer Erzbischöfe um 1215 die **Burg Scharfenstein** errichtet, die bald danach wiederholt sogar als Residenz diente. Seit Ende des Mittelalters blieb nur noch ihr Turm als Landwarte in Benutzung.

Mögen auch die Besuche in Haina und Arnsburg den Blick des Lesers geschärft haben, mag der Umstand, daß Bernhard von Clairvaux persönlich dieses Kloster ins Leben rief, historisch bedeutsam erscheinen – mit dem Namen Eberbach verbindet sich heute doch wohl zuerst die Vorstellung von erstklassigem Wein. Auf den Gütern der Mönche pflegt die Domäne des hessischen Staates ausgewählte Sorten, läßt sie im Kloster keltern und reifen, verkauft möglichst viel zugunsten des Staatssäckels und kredenzt Spitzenerzeugnisse auch schon mal erlauchten Gästen bei Kerzenschimmer im ehemaligen Refektorium. Doch war es nicht die hessische Landesregierung, die hier zuerst auf den Geschmack kam, sondern die Mönche brachten aus ihren burgundischen Ursprungslanden beste Erfahrungen mit, die den einheimischen Kenntnissen überlegen waren. Das Volk hat viel über den konkurrenzlos feinen Geschmackssinn der Klosterbrüder phantasiert. Zwei von ihnen stritten bei einer Weinprobe, ob der Trank nun nach Leder oder Metall schmecke. Sie leerten das Faß und fanden auf dem Grund den Kellerschlüssel an einer Lederschlaufe …

Nach erfolglosen Versuchen von Augustinern und Benediktinern schafften es erst die Zisterzienser, der Gründung im Kisselbachtal Bestand zu verleihen. Die Legende hat wie üblich die Gründungsunsicherheit verbrämt. Diesmal war es der wilde Eber, der die göttliche Bestimmung des Ortes so wunderbar anzeigte. Totenkult hieß auch hier die Bestimmung: Eberbach war Erbbegräbnis der Grafen von Katzenelnbogen. Auch die heute als ›einsam‹ empfundene Lage war in Wirklichkeit sachgerecht ausgesucht: am Wasserlauf, nicht allzu weit vom Rhein und den nächsten Ortschaften. Außerdem wird an dieser Stelle schon ein karolingisches Vorwerk vermutet, er war also längst Siedlungsplatz.

Zehn Jahre nach der Niederlassung des Zisterzienserkonventes aus Clairvaux (1135) begann man nach burgundischem Vorbild – außer Clairvaux wohl auch Fontenay – die Ostteile der *Klosterkirche* zu bauen: gerade geschlossener Chor, Querschiff mit je drei Nebenkapellen und Langhaus.

Wohl ein Jahrzehnt ruhten die Arbeiten, ehe etwa 1170 nach verändertem Plan weitergebaut wurde und 1178 die Einweihung stattfinden konnte. Anstelle burgundischer Tonnengewölbe erhielt die Kirche nach dem Planwechsel Kreuzgratgewölbe, die im Langhaus im gebundenen System stehen. Das Ergebnis war eine typische Zisterzienserkirche, die bei äußerst solider Konstruktion fast völlig auf Zierformen verzichtet. Darin ist Eberbach das beste Beispiel in Hessen.

Die Substanz blieb bis heute unangetastet, spätere Ergänzungen halten sich im Rahmen. Lediglich vor das südliche Seitenschiff setzte man eine Reihe gotischer Nebenkapellen (1313/35), um für das inzwischen überhand nehmende Messelesen genügend Zelebrationsmöglichkeiten zu schaffen. Die barocken Veränderungen sind inzwischen entfernt bis auf die Dachreiter, die aber außer durch ihre Form ganz den Zisterziensergewohnheiten entsprechen.

Mit der Aufhebung des Klosters (1803) ging die Ausstattung bis auf die wenigen Grabmäler verloren. Diese aber sind bemerkenswert. An der nördlichen Chorwand stehen unter einem Baldachin zwei Grabplatten. Das sogenannte Hochgrab wird dem Meister des Severi-Sarkophages in Erfurt zugeschrieben. Es war ursprünglich als Baldachinarchitektur konzipiert, die inmitten der Vierung frei ihren Platz hatte (1370/75). Nach gewissen Veränderungen hat man erst 1707 das Grab an seinen jetzigen Platz verlegt. Der Sockel hat Reliefs mit zwei Szenen aus dem Leben des österlichen Christus. Zierliche Maßwerkvorhänge und Wimperge lassen die Figuren alt- und neutestamentlicher Personen hervortreten. Das Grab war für Erzbischof Gerlach von Nassau († 1371) bestimmt. Bei dem genannten Umbau kam noch die jetzt links stehende Grabplatte für den Mainzer Erzbischof Adolf II. von Nassau († 1475) hinzu. Auf beiden Platten zeigen Reliefs lebensnah die Verstorbenen.

Hier im Chor befinden sich noch die alte Sakramentsnische (14. Jh.) und eine romanische Piscina, in der nach Zisterzienserritual die Kultgeräte gewaschen wurden.

Im Querschiff sehen wir sieben Grabmäler der Grafen von Katzenelnbogen und das für Graf Philipp II. von Nassau-Weilburg. Die besten Arbeiten dieses Genres lieferte wieder

einmal die Werkstatt von Hans Backoffen in Mainz. Es sind
die Grabmäler für Wigand von Hynsberg († 1511) und
für Adam von Allendorf († 1518) mit seiner Gattin. In für
Backoffen ungwöhnlich flachem Relief erscheint das vergei-
stigte Haupt des Wigand. Das Ehepaar Allendorf kniet vor
der Anna Selbdritt.

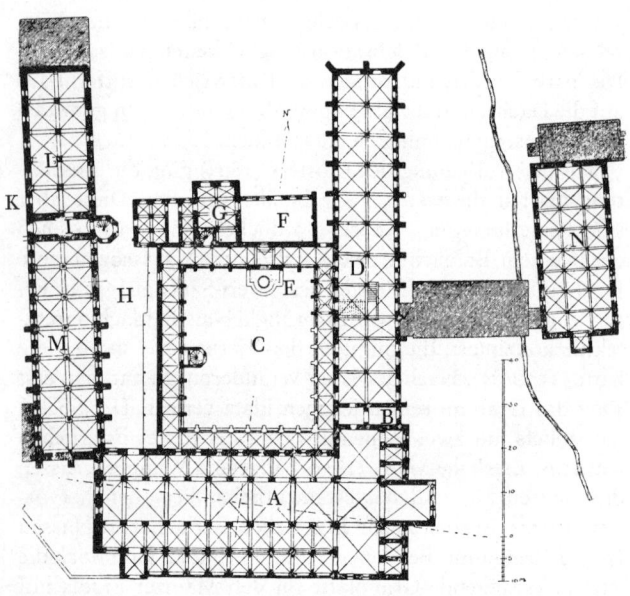

A Kirche
B Sakristei
C Kreuzgang
D Kapitelhaus
E Lavabo
F Refektorium
G Küche

H Klostergasse
I Eingang in die Klausur
K Laienbrüderhaus
L Keller
M Refektorium der
    Laienbrüder
N Hospiz

Die *Klosteranlage* liegt abweichend vom Idealschema eines Zisterzienserklosters nördlich von der Kirche, wofür das Gelände verantwortlich ist. Sie ist gut erhalten und vermittelt einen lebendigen Eindruck einer mittelalterlichen Zisterze, deren Aufteilung und Raumfunktion bei dem Besuch von Haina beschrieben worden sind. In Eberbach tritt deutlicher als dort die rigorose Trennung zwischen Mönchen und Laienbrüdern hervor. Letztere hielten sich im Westflügel auf, der durch die ›Klostergasse‹ auch baulich vom Mönchskonvent geschieden ist.

Vom Kreuzgang stehen nur West- und Nordflügel. Die schönen Konsolen des Ostflügels dürften aus der Hand des uns schon bekannten Meisters des Severi-Sarkophages stammen. Über romanische Doppelarkaden und Portal öffnet sich der Kapitelsaal zum Kreuzgang. Wenn an Festtagen der Abt eine Ansprache hielt, durften die Laienbrüder bis hierher in den Kreuzgang treten und stehend von außen zuhören. Um 1350 wurde das von vier Säulen getragene romanische Gewölbe durch das elegante Sterngewölbe ersetzt, das auf einem einzigen Pfeiler in der Mitte ruht.

An gewohnter Stelle im Obergeschoß des Ostflügels liegt das Dormitorium der Mönche (um 1270), das sicher eines der schönsten seiner Art ist. Den zweischiffigen Saal überspannen Kreuzrippengewölbe, die auf Rundpfeilern ruhen. Der Raum besitzt einen direkten Zugang zur Kirche. Die mittelalterliche Bibliothek daneben hat glasierte Bodenfliesen. Die ›Fraternei‹ im Erdgeschoß ist jetzt Kabinettkeller. Das Refektorium am Nordflügel des Kreuzganges ist um 1720 durch den Pater Benedikt Kirn völlig im Sinne des Barock umgestaltet worden und dient jetzt repräsentativen Zwecken. Die prächtige Stuckdecke (1738) schuf der Mainzer Daniel Schenk. Der sogenannte Schwedenbau entstand über dem Westflügel des Kreuzganges, um die angewachsene Bibliothek unterzubringen (um 1700).

Im ehemaligen Laienrefektorium westlich der ›Klostergasse‹ kann man alte Weinkeltern bestaunen. Das Dormitorium der Laienbrüder im Obergeschoß (um 1200) ist anders, aber kaum minder eindrucksvoll als das der Mönche. Der Treppenturm mit seinem Fachwerkobergeschoß wurde erst

1623 dem Konversenbau hinzugefügt. Am Südende entstand nach Plänen von Leonhard Dientzenhofer der Abtsbau, auch Prälatur oder Neue Abtei genannt. Der Lebensstil der Klostervorsteher hatte sich einschneidend gewandelt und entschieden von der einstigen Genügsamkeit abgewandt.

Außerhalb der Mönchsklausur befand sich wohl in allen Zisterzienserklöstern das *Hospital*. Es blieb in Eberbach sehr gut erhalten und war später Kelterhaus, nachdem auch die hygienischen Verhältnisse verbessert waren und das schlichte Neue Krankenhaus 1753 bezogen werden konnte. Das Hospital ist im wesentlichen eine dreischiffige Halle von acht Jochen (um 1220).

Auch die Außenanlagen vermitteln ein getreues Bild des alten Klosterbezirks. Südlich der Kirche liegt im Abteigarten die Orangerie (1756), wie der über ein Portal zugängliche Prälaturgarten ein barockes Gartenhaus (1722) besitzt. Nahe dem Konversenbau liegen die Ökonomiegebäude und Werkstätten. Zum Talausgang hin begrenzen das Pfortenhaus und die neue Klosterpforte den Abteibezirk.

Die Kontraste, denen man beim Rundgang begegnet, sind höchst spannungsvoll. In ihnen spiegelt sich äußerlich, was sich über Jahrhunderte in der Einstellung zum mönchischen Ideal vollzog. Obwohl es ein und derselbe Orden war, geht man kaum fehl, wenn man die mittelalterliche Abtei und das barocke Stift als verschiedene Dinge betrachtet. Man hüte sich vor der Idealisierung des einen, wie vor der Geringschätzung des anderen. Beide leisteten unstrittig Bedeutendes, zu beiden Zeiten gab es Versager. Der mit Goethe bekannte Johann Kaspar Riesbeck, der ›reisende Franzose‹, notiert über seinen Besuch in Eberbach: »Du kannst leicht denken, daß sich in einem so fetten Lande die Mönche besonders wohl befinden müssen. Wir statteten dem Herrn Prälaten in Eberbach einen Besuch ab, und ich konnte die Armut dieses Klosters nicht genug bewundern. Diese Herrn Mönche, denn in jedem Betracht sind sie Herrn, haben ihre schöne Jagd, prächtig meublierte Zimmer, ihren Billardsaal, ein halbes Dutzend sehr schöne Sängerinnen und einen ungeheuren Weinkeller, vor dessen wohlrangierten Batterien ich wirklich erschrak. Einer, der es mir mochte angesehen haben, daß mich die unzähligen Fässer stutzig machten, erklärte mir, daß sie es ohne die wohltätige Ausdünstung derselben in dem feuchten Tal, worin das Kloster liegt, nicht würden aushalten können. Wirklich sind die gewölbten Zimmer dieser vorgeblichen Einöde so dampficht und feucht, daß sie den Geist des Rheinweines zur Erwärmung ihres Körpers und ohne Zweifel auch ihrer Seele nötig zu haben scheinen.«

Nur zwei Kilometer südwestlich scheint die *Domäne Neuhof*, ein ehemaliger Klosterhof, auf seine Weise Riesbecks Schilderung zu bestätigen, wenn man nachdenklich die ausgedehnte Anlage betrachtet, die Giovanni Angelo Barella 1682 aus der mittelalterlichen Grangie entwickelte. Da treten neben die Erfordernisse des Ökonomiebetriebes die repräsentativen Aufgaben. Dieselbe Mönchsgeneration, die hier die schöne Wetterfahne auf das turmartige Brunnen- und Taubenhaus (1750) setzen ließ, wies auf einer Rechnung des Jahres 1730 erstmals einen geschmackvollen Wein als ›cabernedt‹ aus. Seither ist ›Kabinett‹ Inbegriff gehobener Weinqualität.

Ein anderer Eberbacher Klosterhof war der heutige Hof Drais (1727) am östlichen Ortsende von **Erbach,** wo auch die von Eduard Zais erbaute neugotische Pfarrkirche der evangelischen Gemeinde liegt. Der Ort besitzt zahlreiche Fachwerkhäuser (17.-19. Jh.), aber auch spätgotische Häuser (um 1500) in der Rheingauer und Erbacher Straße. An den Stil der Werkstatt Backoffens mittlerweile gewöhnt, wird man unschwer die große Kreuzigungsgruppe auf dem alten Kirchhof als deren Werk erkennen. Die gotischen Formen der erhöht liegenden katholischen Pfarrkirche täuschen zum Teil insofern, als Chor und Mittelschiff des im 15. Jahrhundert entstandenen Bauwerks 1721/23 von Grund auf neu, aber in der überkommenen Formensprache hochgezogen wurden, was für die konservative Haltung der Rheingauer jener Zeit sprechen dürfte. Aus dem Inventar seien die Figuren auf dem Seitenaltar als Werke der Hadamarer Schule hervorgehoben.

An der Straße nach Hattenheim liegen der Markobrunnen (um 1810), ein Gütezeichen für Rheingauer Weine, und

Schloß Reinhardshausen, das aus drei Höfen im 19. Jahrhundert zu dem klassizistischen Baukomplex entwickelt wurde.

Die Burg derer von **Hattenheim** ging 1411 in den Besitz der Freiherren Langwerth von Simmern über. In ihrem mauerumgürteten Bezirk blieb der Wohnturm (15. Jh.) erhalten. Die Langwerth waren Patrone über die südlich angrenzende Kirche, der eine karolingische Kapelle voranging. Auf dem Kirchenvorplatz fällt sofort die Kreuzigungsgruppe ins Auge, deren Herkunft aus der Backoffen-Werkstatt unleugbar ist. Der Turm der frühgotischen Kirche wurde in den Neubau von 1740 integriert. Die Barockausstattung der Bauzeit mit den schönen Altären und Heiligenfiguren bei lebhafter Farbgebung des Innenraumes erzeugt regelrechte rheingauische Fröhlichkeit. Die Nähe von Burg und Kirche nähren im übrigen die Vermutung, daß es sich hier ursprünglich um eine Eigenkirche gehandelt haben könnte. Mehrere Höfe, darunter der des Klosters Eberbach, von Greiffenclau, von Schönborn und der Freiherren Raitz von Frentz, wiederholen erneut die im Rheingau häufigen Besitzanteile des Adels und der Kirche an den kleinen Ortschaften. Die Bürger fuhren nicht schlecht dabei, wie man an den zahlreichen und bemerkenswerten Fachwerkhäusern ablesen kann.

Weiter landeinwärts liegt **Hallgarten.** In der Pfarrkirche steht an der Nordwand eines der bedeutendsten Werke der mittelrheinischen Tonplastik um 1420, eine großartige Madonna auf der Mondsichel, auch Winzer- oder Weinschröter-Madonna oder auch einfach Hallgartener Madonna genannt. Der Jesusknabe spielt mit der Traube. Die elegant gewandete Maria trägt anmutig ein Gefäß. Vor der Kirche treffen wir wieder auf eine Kreuzigungsgruppe backoffenscher Art, die hier sehr an die von Hattenheim erinnert.

Zwischen Hattenheim und Oestrich liegt **Schloß Reichardshausen,** ein alter Eberbacher Besitz, von dem aus das Kloster seinen Wein verschiffte, der dann zollfrei den ganzen Rheinlauf bis in die Niederlande passieren durfte. Nördlich der Dreiflügelanlage steht eine künstliche Ruine aus der zweiten Hälfte des 19. Jahrhunderts, wo man offenbar auf romantische Vorlieben zurückgriff, von denen wir zuletzt ein spätes Beispiel im Biebricher Schloßpark antrafen.

Nördlich erreicht der Rheingau in der Kalten Herberge mit 620 Metern seinen höchsten Punkt. Die ihm vorgelagerte Hallgartener Zange (580 m) diente um Christi Geburt als germanischer Zufluchtsort, wie Reste eines Ringwalles belegen. Noch ein Stück weiter nördlich sind mit der *Mapper Schanze* die letzten Befestigungsreste des Rheingauer Gebücks vorhanden, von dem eingangs die Rede war. Von den Bergen im weiten Hintergrund wendet sich der Blick wieder zum Rhein, wo Oestrich, Mittelheim und Winkel fast wie ein einziger Ort ineinander übergehen.

Der alte Rheinkran (16. Jh.) an der wappengeschmückten Kaimauer bildet den ersten Blickfang in **Oestrich**. Der Ort war ursprünglich der eigentliche Mittelpunkt des Rheingaues, nicht zuletzt wegen einer Fernstraße zur Lahn, und ist noch heute von der Anbaufläche her größter Weinort des Rheingaues. Für den Wohlstand sprechen die schönen alten Häuser, die gerade zum Rhein hin eine malerische Frontlinie bilden. Durch die kleinen winkeligen Gassen, die immer wieder von solchen alten Häusern gesäumt werden, gelangt man zum Marktplatz mit altem Rathaus (1684) und neugotischem Brunnen.

Die Martinskirche war Sitz eines Landdekans und die älteste im Rheingau, doch ist sie 1508 neugebaut und später umfassend erneuert worden. Die Giebelchen auf dem Seitenschiff und der hohe Turmhelm mit seinen Wichhäuschen verleihen dem Bauwerk eine interessante Wirkung. Das Heilige Grab (um 1440) steht für eine beliebte Form der Volksfrömmigkeit, der auch anderswo gehuldigt wurde, wie eine ähnliche Einrichtung im Karner der Kiedricher Totenkapelle beweist. Auf dem Kirchhof steht wieder eine der im Rheingau schier unverzichtbaren Kreuzigungsgruppen (1678).

Eine im Rheingau unvermutet regelmäßige Straßenführung hat **Mittelheim**. Unübersehbar schiebt sich das Rathaus (1504, um 1700 erneuert) mit seiner Fußgängerpassage in die Hautpstraße vor. Die Arkaden öffneten sich ursprünglich zu einer offenen Halle. Allenthalben überzeugt die meist einheitliche Bebauung, etwa in der Rheingauer Straße, wo noch der ehemalige Thurn- und Taxissche Posthof (18. Jh.) existiert. Die freie Lage der Ägidiuskirche am Ortsrand erklärt sich daraus, daß bei ihr ein Augustinerinnenkloster bestand. Die dreischiffige Basilika mit Querschiff und Vierungsturm entspricht in der Sparsamkeit der Details der einstigen Rolle als Klosterkirche. Dieser Eindruck setzt sich im Innern verstärkt fort. Das Querschiff ist erst nachträglich vergrößert worden. Die flachgedeckte Pfeilerbasilika hatte im südlichen Querarm eine hölzerne Empore für die Nonnen. Neben dem Kirchenpatron Ägidius genießt hier der heilige Urban als Schutzpatron der Winzer inbrünstige Verehrung, die sich an seine hiesige Holzplastik (um 1500) wendet. Wenn dem Pastor auf der Kanzel (1511) das Wort ausgehen sollte, so reden die Schriftbänder unaufhörlich weiter, mit denen Erhard Falkener sein Werk versehen hat. Die Art erinnert an das Gestühl in Kiedrich, wo ebensolche Flachschnitzereien zu sehen waren.

Winkel brauchte sich nie sonderlich um Aufmerksamkeit bemühen. Die Fuldaer Annalen berichten von den Wohltaten, die Hrabanus Maurus 850 den Armen erwies. Man dankte es ihm durch ein Denkmal und durch fortdauernden guten Ruf. Die Legende erzählt unter anderem, daß ihm in Winkel die Ratten seine Bibel zernagt hätten, als er zum Grab des heiligen Goar wallfahrtete. Nach der Rückkehr habe er die gefräßigen Tiere verflucht. Seitdem besitze Winkel ›hrabanische Erde‹, die frei von dem Ungeziefer sei. Angeblich soll Hrabanus gelegentlich in dem Grauen Haus gewohnt haben.

Dieses Graue Haus ist einer der wenigen erhaltenen frühmittelalterlichen Wohnbauten in Deutschland. Allerdings erhielt es seine heutige Form wohl erst im 12. Jahrhundert. Doch stecken ältere, wohl karolingische Teile im Bau, wie Fensterrahmungen oder Kapitelle. Manche meinen aber, diese stammten aus der ehemaligen Kaiserpfalz zu Ingelheim jenseits des Rheins. Andere sprechen der Volksmeinung eine sehr hohe Wahrscheinlichkeit zu, daß Hrabanus eben doch schon hier gewohnt habe. Das Haus war Burgsitz der Herren von Winkel, genannt Greiffenclau, bis diese nach Schloß Vollrads zogen. Ebenfalls am Rhein liegt der ehemalige Probecksche Hof (16./18. Jh.), der irgendwie an eine Wasserburg erinnert.

Das Brentanohaus haben Goethe und die Romantiker bekannt gemacht. Da plauschten in der Runde Gleichgesinnter Clemens Brentano und Bettina von Arnim, Achim von Arnim, Christoph Martin Wieland und natürlich Goethe. Hier beschloß die Freundin der Bettina Brentano, die Stiftsdame Caroline von Günderrode, ihrem Leben ein vorzeitiges Ende zu bereiten. Die Stelle am Rhein, wo sie sich dann erdolchte, ist heute überspült. Christa Wolf setzte ihr in der Erzählung ›Kein Ort. Nirgends‹ (1979) ein literarisches Denkmal.

Brentanohaus

Die Hauptdurchgangsstraße und viele der Seitengassen säumen fast lückenlos die alten und für den Rheingau typischen Winzerhäuser. Selbst das Rathaus (1686) ist aus einer Hofanlage hervorgegangen. Immer wieder halten Heilige ihre Hand über die Bewohner. An der Kirche scharen sich die Häuser dann zu hoher Geschlossenheit. Sie überragt der Turm einer romanischen Kirche, die im übrigen der heutigen weichen mußte (1674/78). Durch ein spätgotisches Portal betritt man den Friedhof mit seiner quadratischen Kapelle

unter geschwungener Barockhaube. Eine Gedenkminute am
Grabstein der unglücklichen Caroline von Günderrode bietet sich an.

Schloß Vollrads, etwa drei Kilometer nördlich von Winkel, geriet von den gleichnamigen Herren an die von Winkel,
genannt Greiffenclau. Heute haben die Grafen von Matusch-
ka-Greiffenclau hier ihren Sitz. Der Name des Schlosses geht
wohl auf den 1218 genannten Ritter Volradus zurück. Von
der mittelalterlichen Wasserburg steht noch der fünfstöckige
quadratische Wohnturm inmitten eines Weihers, über den
eine Zugbrücke führt. Die Südseite belebt ein schöner Erker
(1627). Vor der Südwestecke steht ein achteckiger Treppenturm (1471). Das Obergeschoß wurde im 19. Jahrhundert
aufgestockt, während Haube und Laterne um 1700 entstanden. Südwestlich der Turmburg steht das dreigeschossige,
zweiflügelige Schloß (um 1684). Daran schließen verschiedene Wirtschaftsgebäude an (1665, 1707/08). Östlich befindet sich im Garten ein Kavaliershaus (1650).

Weiter nördlich sieht man schon von weitem **Schloß Johannisberg,** von dem aus man die beste Übersicht über den
Rheingau genießt. Das mit der Kirche gekoppelte Schloß ist
umgekehrt ein bekannter Orientierungspunkt inmitten der
Weinberge. Ursprünglich hieß die Stelle Bischofsberg, denn
der Mainzer Erzbischof hatte hier ein Benediktinerpriorat
gegründet (um 1100-1563). Später verkaufte Mainz das Kloster an die Abtei Fulda, dessen Fürstabt jedoch keineswegs
wieder Mönche hierher entsandte, sondern lieber Andrea
Gallasini beauftragte, den Konvent in ein Schloß umzuwandeln. Überdeutlich äußert sich darin der Zeitgeist in den
Barockstiften. Der damalige Bau (1718/30) erfuhr zwar
nachträgliche Veränderungen, ist aber doch noch im Prinzip
präsent. Seit 1816 ist das Schloß Besitz der Fürsten von
Metternich, die Georg Moller mit weiteren Umbauarbeiten
beauftragten (1827/36).

Die ehemalige Kloster- und jetzige Pfarrkirche war 1717
durch Johann Dientzenhofer barockisiert worden. Nach
schwerer Brandverwüstung hat Rudolf Schwarz versucht,
den romanischen Gründungsbau wieder hervortreten zu lassen (1949/59). Er erscheint nun als dreischiffige, flachgedeck-

te Pfeilerbasilika mit Querschiff und drei unmittelbar anschließenden Apsiden, wie dies auch im Chor von St. Alban in Mainz der Fall ist. Nur der eigenmächtig von Schwarz aufgesetzte Vierungsturm befremdet als unnötige Zutat.

Oberhalb liegt am Waldrand die künstliche **Ruine Schwarzenstein** (1860), mit der man einer romantischen Schwärmerei gefolgt ist, die wir bei der Biebricher Moosburg bereits kennenlernen konnten. Im Restaurant kann man bei gutem Wein und herrlicher Aussicht den Rheingau sehr bequem erleben.

Die Bevölkerung verschenkt ihr Herz noch immer mehrheitlich dem Gnadenbild in **Marienthal**, freilich nicht ganz ohne Hintergedanken, hat doch die Muttergottes seit 1330 eindrucksvoll bewiesen, was sie für alle die leistet, die ihr Ehre erweisen und Vertrauen entgegenbringen. Franziskaner vom Frauenberg in Fulda hüten das Heiligtum, nachdem vorher verschiedene andere Orden hier tätig waren und im 18. Jahrhundert der Wallfahrtsort fast ganz verwahrlost war. Die gotische Kirche ist ein Neubau (1858), nur das Tympanon stammt noch vom Vorgänger (14. Jh.). Das Wunder wirkende Bild ist eine kleine Pietà derselben Zeit.

Die beiden hohen Kirchtürme von **Geisenheim** winken schon von weitem. In Zusammenhang mit dem sehr alten Ort wird 817 erstmals der Rheingauer Weinbau aktenkundig. Er spielte wie Rüdesheim als Zoll- und Umladeplatz eine bedeutende Rolle, weil hier der Wein vom oder zum Schiff gebracht wurde, da die Fracht wegen des klippenreichen Mittelrheins über Land, den sogenannten Kaufmannsweg lief.

Marktplatz und Kirche bilden den ältesten Ortskern. Um 1520 wurde die Pfarrkirche als spätgotische Halle von drei flachgedeckten Jochen und mit netzrippengewölbtem Chor erbaut. Philipp Hoffmann verlängerte nachträglich das Langhaus um zwei Joche, zog Emporen und Netzgewölbe ein und errichtete die weithin sichtbaren Westtürme (1838-1841). Man muß schon genau hinsehen, um die Zutaten als solche zu bemerken, denn Hoffmann hat sich äußerst einfühlsam der spätmittelalterlichen Formensprache und dem damaligen Raumgespür anzupassen verstanden.

Eine vorzügliche Altartafel (um 1500) zeigt die Anna Selbdritt sowie die Heiligen Helena und Justina und die Anbetung der Drei Könige. Bemerkenswert sind vor allem aber
einige Grabdenkmäler. An der Nordwand des Chores befindet sich das für Friedrich von Stockheim († 1528) und Irmel
von Carben († 1529), das dem ›Meister von Oppenheim‹
zugeschrieben wird. Man sehe sich genau den fast vollplastischen, unternehmend dreinschauenden Rittersmann und
seine demütig-fromme Gattin an: Kaum besser ließe sich
darstellen, wie man damals die Rolle der Geschlechter sah.
An der südlichen Wand des Chores steht das Grabmal für
Philipp Erwin von Schönborn († 1668), das Matthias Rauch-
miller zugeschrieben wird. Ein weißes Marmorrelief in
schwarzer Ädikula aus demselben Material zeigt den Verstorbenen in Ritterrüstung vor dem Heiland kniend. Putzig
wirkt der kleine Engel vor ihm, der das Schwert in kindlicher
Weise anhebt.

Stockheimer Hof

Der Ort besitzt, wie im Rheingau gewohnt, wieder viele
Adelshöfe. Im Besitz der Grafen Schönborn steht der Stockheimer Hof in der Landstraße. Er bietet das Muster eines
Adelshofes der Renaissance. Das große Steinhaus wurde um
1550 erbaut. Es ist dreigeschossig, hat einen achteckigen

Treppenturm und einen Fachwerkerker sowie an allen Ecken des dritten Geschosses Türmchen. Der Bau belegt recht anschaulich den Wandel vom mittelalterlichen Burghaus zum Wohnhaus der Renaissance.

Sechs weitere große Höfe kennt die Stadt, doch sind sie zum Teil beträchtlich verändert. Älter als der Stockheimer ist der von Zwierleinsche Hof. Im Ingelheimer Hof residierte der Mainzer Kurfürst gleichen Namens während der Sommerhitze. Auch das Kloster Eberbach ist unter den Hofeigentümern vertreten. Das ehemalige Ostein-Palais (1766-71) hat in dem noch erhaltenen Teil wertvolle Stuckdekorationen. Im ehemaligen Pfefferzollhaus (1618) mußten die Rheinschiffer die Abgabe entrichten, die im Namen steckt.

Der offenbar fromme Ort – gemessen an den vielen Bildstöcken, Wegekreuzen und Heiligenhäuschen – war einst befestigt, wie man an geringfügigen Resten sieht. Dreißigjähriger Krieg und Pest haben die Mauer überwunden. Dennoch überrascht der hohe Bestand an alten Häusern. In der Bierstraße liegt das sogenannte Romanische Haus, das aber nur noch Reste aus dem 12. Jahrhundert enthält, da es im Barock stark umgebaut worden ist.

An der Straße nach Rüdesheim steht **Schloß Monrepos**, ein früherer adeliger Landsitz. In dem klassizistischen Bau (1860-63) arbeitet heute die Lehr- und Forschungsanstalt für Wein-, Obst- und Gartenbau.

Rüdesheim

Erst seit 1830 haben Sprengungen die Stromschnellen am sogenannten Binger Loch beseitigt. Rüdesheim verlor damit, ähnlich wie Geisenheim, als Endpunkt des Kaufmannsweges über den Niederwald nach Lorch eine wichtige Einnahmequelle. Heute besteht in der Drosselgasse ein Umschlagplatz ganz anderer Art. Wohl kein Besucher, der sich nicht mal durch das Touristengewühl kämpft. Und weil zu Wein und Weib ein drittes gehört, entquillt solches vielen dürstenden oder mehr noch durstgestillten Kehlen. Immerhin hat sich ein Robert Stolz um die Anhebung der Gesangsqualität bemüht. Ein findiger Wirt richtete ihm eine Gedenkstätte ein.

Fliegerangriffe haben im letzten Krieg manche Lücke gerissen, wodurch der Anteil an alten Wohnbauten im Vergleich zu anderen Rheingauorten geringer ist. Die betroffenen wichtigeren Bauten hat man wieder aufgebaut, so die *katholische Kirche*, bei der man aus der einstigen gotischen Hallenkirche Teile übernommen hat: Giebelwand, Westportal, nördliches Seitenschiff, Turm mit Kapellenraum und anstoßender Marienkapelle. In der Turmkapelle fand das frühere Gnadenbild von Kloster Nothgottes, Christus am Ölberg (14. Jh.), Aufstellung in einer Rokoko-Vitrine.

Auch die Häuser am Marktplatz, dem ältesten Teil der Stadt, wurden wieder aufgebaut. Besonders festlich wirkt das spätbarocke Haus (1797) an der Westseite. Nicht weit von hier steht der Bergfried der ehemaligen Vorderburg, einer der vier Burgen der Mainzer Ministerialen von Rüdesheim, von denen eine aber nur durch Ausgrabungen erschlossen werden kann.

Die Niederburg oder *Brömserburg*, wie man hier durchweg zu sagen pflegt, ist trotz mancher Veränderungen ein wichtiges Beispiel für eine mittelalterliche Wasser- und Wehrburg der Romanik. Um den Bergfried drücken sich die Wohnbauten derart eng zusammen, daß geradezu ein schachtartiger Binnenhof entsteht. Den Südflügel hat Georg Moller für Wohnzwecke umgestaltet. Hier ist jetzt das *Rheingauer Museum*, Museum für die Geschichte des Weines, eingerichtet. Angefangen von den Keltern im Garten bis zu den vielfältigen kulturellen Aspekten des Winzertums und des Weines reicht die sehenswerte Sammlung. In einer Vinothek werden Originalabfüllungen seit 1776 aufbewahrt.

Und da zum Wein, wie wir sahen, auch der Gesang gehört, entstand in Rüdesheim auf Privatinitiative ›Siegfrieds Mechanisches Musikkabinett‹ (Oberstraße), in dem Spieluhren, Leierkästen und elektrische Klaviere oder Verwandtes gesammelt, gezeigt und gelegentlich auch vorgeführt werden.

Vom Westende dieser Straße hat man einen guten Blick auf den Bergfried der Oberburg oder auch *Boosenburg*. Sein Unterteil ist in einer Weise ummantelt, wie man sie sonst im deutschen Burgenbau kaum antrifft. Über schmalen, tonnengewölbten Wehrgängen bildet eine umlaufende Wehrplatte den Abschluß. Der Turmoberbau mit seinen doppelten Rücksprüngen hat dagegen im rheinischen und hessischen Raum Parallelen.

Wie üblich hat auch Rüdesheim mehrere Adelshöfe, von denen vier in der Obergasse liegen. Am schönsten ist zweifellos der ausgedehnte *Brömserhof* (16./17. Jh.), wo sich mehrere Bauten um einen Hof gruppieren. Durch ein Tor (1652) im Südflügel betritt man den mit einem Ziehbrunnen (17. Jh.) ausgestatteten Hof. Man sieht im Osten das sogenannte Mangsche Haus (1609), den Hauptbau im Norden (17. Jh.) mit älterem Teil (15. Jh.), der im Innern eine reiche Ausmalung der Renaissance erfuhr, deren Motive Weltliches und Religiöses unbekümmert nebeneinander stellen (1559). In dieser Straße stehen ferner der *Bassenheimer Hof* mit Staffelgiebel und Treppenturm (1563), der Hof der Ritter zu Grünstein mit Herrenhaus von 1785 und der schlichte Frankensteiner Hof. Dazu kommen weitere derartige Gebäude an anderen Stellen der Stadt.

Am Rheinufer taucht ein Rest der Stadtbefestigung auf, innerhalb derselben der *Adlerturm* (15. Jh.) die Südostecke der Altstadt sicherte. Er gilt als »einer der prächtigsten spätgotischen Wehrtürme am Mittelrhein«. Die Stadtbefestigung stand nach späterer Erweiterung des alten Kernes von Rüdesheim mit den Burgen der Umgebung in Verbindung.

Etwa zweieinhalb Kilometer stromabwärts ragt auf vorspringendem Felsen am Rheinufer die *Burgruine Ehrenfels* empor. Am für die Flußschiffahrt einst kritischen Binger Loch hatte sie um 1211 Philipp von Bonlanden für die Mainzer Erzbischöfe errichtet, wohl um die Eintreibung des Zolls zu überwachen. Die heutige Anlage kam aber erst durch den Um- und Ausbau zum erzbischöflichen Heerlager zustande (1356). Sie wurde 1689 von den Franzosen zerstört. Eine hohe Schildmauer mit zwei Wehrtürmen und dem Graben davor schützte die leicht verletzbare Hangseite. Der Palas liegt rheinseitig an sicherer Stelle. Dazwischen ist ein Hof, den einst eine Mauer mit Wehrgang umzog.

Die Zollsicherung ergänzten der sogenannte *Mäuseturm* auf einer Felsklippe im Strom, der heute noch als Signalturm für die Schiffahrt Dienst tut, und die Burg Klopp auf der anderen Rheinseite. Der Name des sagenumrankten Mäuseturm hat mit Nagern nichts zu tun, sondern leitet sich von ›Maut‹ ab.

Auch wenn es alle tun, sollte man zum **Niederwald** gehen oder fahren, selbst wenn das Monument nicht mehr heutigem Geschmack entspricht, denn die Aussicht ist ähnlich gut wie vom Johannisberg. Vor allem aber hat man im Nationaldenkmal des Architekten Karl Weißbach und des Bildhauers Johann Schilling eine typische Äußerung vergangenen deutschen Nationalstolzes vor sich. Es wurde errichtet nach dem Sieg über Frankreich (1871) »zur Erinnerung an die sieg- und erfolgreiche einmütige Erhebung des Deutschen Volkes und an die Wiederaufrichtung des Deutschen Reiches«.

Der Niederwald gehörte eigentlich zur Burg Ehrenfels. Darin liegt ein Jagdschloß (1764), jetzt Hotel-Restaurant. Der Wald wurde (1777) nach englischem Muster gestaltet. Die Zauberhöhle bringt ein Beispiel dafür, was man damals so alles für ›Natur‹ hielt. Heute sind Teile des Waldes wegen ihrer wärmeliebenden Pflanzenwelt (Xerothermvegetation) Naturschutzgebiet.

Der ›Assmannshäuser Rote‹ hat's offenbar in sich, denn anders kann man sich kaum den Touristenstrom erklären, der hier an Land geht oder über die Straßen anrollt. »Zu Assmannshausen in der Kron', wo mancher Durst'ge schon gezecht«, schließt man sich dann meistens solchem Vorbild an. Einer von ihnen war immerhin der Dichter Ferdinand Freiligrath, von dem der zitierte Vers über die ›Krone‹ (Türinschrift 1703) in **Assmannshausen** stammt.

Lorch

Über den alten Kaufmannsweg reichten sich einst Lorch und Rüdesheim die Hand, als die Schiffsfrachten wegen der Untiefen im Binger Loch auf dem Landweg durch den Kammerforst transportiert werden mußten. Angesichts der bestens trassierten Auto- und Bahnwege von heute fällt es schwer, die Bedeutung eines solches Umladeplatzes in alter Zeit zu ermessen. Hinzu kommt hier noch die Lage von

Lorch am Rhein, Zeichnung von Peter Becker, um 1890

Lorch am Eingang des Wispertales, das vom Rhein her den
einzigen wichtigen Zugangsweg zum Taunus und zur Wetterau bildet. Man spricht von einer Winkelhakensiedlung,
wenn sich ein Ort so zwischen Strom- und Nebental
quetscht. Aber Lorch hatte, derart durch die Natur genötigt,
auch alles im Griff, was sich hier abspielte. Weinbau und
Tuchweberei lieferten für eigene Exporte, und so belegt ein
Rundgang durch den Ort, wieviel Wohlstand durch das alles
begründet wurde. Trotz Niedergangs im Dreißigjährigen
Krieg und durch die Pest, konnte sich Lorch wieder erholen,
auch nachdem der Mainzer Landesherr anderen Platz machen mußte.

Einst war Lorch der nördlichste Besitz, den Kurmainz am
rechten Rheinufer hatte, sieht man von einer Exklave bei
der Lahnmündung einmal ab. Heute ist es die letzte Gemeinde von Hessen, dessen Landesgrenze nördlich des Ortsteils Lorchhausen verläuft.

Die *Kirche* gibt landschaftlich den Ton an. Ihrem romanischen Unterbau sieht man an, daß der heutige Bau einen Vorgänger hatte. Ende des 13. Jahrhunderts begann man mit der Errichtung des heutigen Chores. Zum Langhaus (1304) stiftete eine hochherzige Seele dann noch das nördliche Seitenschiff (1398). Erst 1480 kam der Westgiebel samt Vorhalle hinzu. Sie sollte den Geländeunterschied zum Marktplatz hin ausgleichen. Über dem Portal der Vorhalle gestattet eine Außenkanzel dem Pfarrer, auch denen zu predigen, die sich an der Kirche vorbeidrücken möchten. In Kiedrich lernten wir eine solche Einrichtung bereits kennen. Überhaupt ist die Verwandtschaft zu anderen Rheingauer Gotteshäusern deutlich. Die Asymmetrie in manchen Teilen findet ihre Erklärung durch die verschiedenen Bauphasen.

Die bemerkenswerte Ausstattung rechtfertigt den Aufstieg vom Markt her über den Treppenaufgang. Blickfang im Innern ist der große Hochaltar (1483), in dessen Mitte die Madonna steht und über ihr der Kirchenpatron St. Martin. Beiderseits folgen etwas feierlich und trocken weitere Heilige. Etwas mehr Leben äußern die Büsten in und über der Predella, wohl durchweg die Auftraggeber und Handwerker des Altares zeigend. Am schönsten freilich sind die Dekorationen. Farbgebung und Flügelbilder wurden im Barock verändert. Noch aus der Bauzeit des Chores stammt das Chorgestühl (Ende 13. Jh.), dessen meisterhafte Schnitzereien an Wangen und Miserikordien (Stützkonsolen) Blattwerk zeigen und Fabelwesen, die sich darin tummeln. Von großer Ausdruckskraft ist das Kruzifix an der nördlichen Chorwand (13. Jh.). Warum es dann mit einer Krone nachträglich versehen werden mußte, mag man nicht so recht einsehen. Um die alte Lorcher Pietà (um 1420) aus Alabaster kennenzulernen, muß man allerdings ins Museum Wiesbaden fahren. Die berühmte Kreuztragungsgruppe gelangte nach Berlin.

In einem doch recht wichtigen Ort wie Lorch saß natürlich auch der Adel. Hier nun fand er standesgemäße Beisetzung, wie die vielen Grabdenkmäler zeigen. Man liest, sofern man alles entziffern kann, bekannte Namen aus Hessen, darunter die Hilchen von Lorch. Dem Feldmarschall Johann Hilchen († 1548) setzte man zwei Jahre nach seinem Tod das monumentale Renaissance-Epitaph.

Wie vermögend der alte Haudegen war, belegt das *Hilchenhaus* (1546/48), das für ihn gebaut wurde und am Mittelrhein zu den schönsten Adelssitzen überhaupt gehört. Das 1573 vollendete Giebelfeld erhöht den großartigen Eindruck des Bauwerkes. Zwei kräftige Rundpfeiler tragen einen Balkon mit prächtigen Brüstungsreliefs. Auf ihm setzt dann ein schlanker zweigeschossiger Erker auf.

Der dabei liegende ehemalige *Mainzer Zehnthof* ist leider ausgebrannt. Aber auch sonst bieten die Straßen und der Marktplatz dank ihrer einheitlichen Bebauung ein sehr malerisches Bild. Wie bei manchen anderen Orten auch schmälert der hochgelegene Bahndamm leider sehr stark die Wirkung des Rheinpanoramas von Lorch. Von der Ortsbefestigung stehen nur noch der runde *Hexenturm* und außer verschiedenen Resten Teile der Sicherungsanlagen bei der Wispermündung.

Hier bildet nun die *Burg Nollich* oder Nollig gewissermaßen das architektonische Pendant zur Lorcher Pfarrkirche, ohne daß dies beim Bau beabsichtigt worden wäre. Vielmehr steht die Burg mit der Stadtbefestigung in Verbindung. Beide ergänzen sich zu einem sinnvollen Verteidigungssystem, das der Kaufmannsweg und die mit ihm verbundenen Einnahmen nun einmal erzwangen. Dank der Umsicht beim modernen Umbau tritt der ursprüngliche Fachwerkcharakter des Turmes im Innern zutage. Durch dessen Ummantelung ist der heutige Wohnturm entstanden.

Im Wispertal erzählt die **Burgruine Rheinberg** von dem Mainzer Bemühen, die Rheingaugrenze zu sichern. Sie war die älteste und wichtigste nördliche Grenzburg des Rheingaues und Teil eines ganzen Befestigungsgürtels entlang des Wispertales. Unterhalb liegen die Ruinen der Kammerburg, andere sind die der Lauksburg, Geroldstein, Haneck und Waldeck. Mainz provozierte damit natürlich weitere Burgenbauten jenseits seiner Grenze, wie das mit der gegen Waldeck gerichteten Sauerburg der Fall war. Die Fehden sind vorbei. Heute streifen friedliche Wanderer um die alten Gemäuer oder gelegentlich Botaniker, die an den Rhein- und Wisperhängen eine artenreiche Pflanzenwelt antreffen.

Offenbach am Main

MAG Offenbach geschichtlich im Schatten der ehemaligen Freien Reichsstadt Frankfurt gestanden haben, mag auch heute der Sog des Riesen dem Nachbarn am Main gelegentlich zu schaffen machen – Offenbach konnte sein eigenes Profil behaupten. Weltweit wurde es bekannt als ›Stadt der Lederwaren‹. Zwar erkor schon Graf Reinhard von Isenburg-Büdingen 1556 den schon in frühgeschichtlicher Zeit besiedelten Ort zur Residenz, aber so richtig Stadt wurde Offenbach erst ab etwa 1880 durch den mächtig einsetzenden Aufschwung von Maschinenindustrie, Papierproduktion und Druckereigewerbe, Nahrungsmittelherstellung, Chemie und Lederindustrie. Vor allem Ledererzeugnisse gingen als begehrte Qualitätsware in den Export.

Liest man Goethe, reibt man sich die Augen. Zwar weiß er von der bereits damals einsetzenden Stadtentwicklung zu erzählen, aber diese Stadt hatte »Gärten, Terrassen, bis an den Main reichend, überall freien Ausgang nach der holden Umgebung erlaubend«. Damals erlebte Offenbach eine Art ›Klassik‹ mit Sophie von La Roche, Bettina von Arnim oder Bernard von Brentano. Und beinahe unmerklich scheinen schon damals die Weichen auf die später so produktive Industrie angelegt worden zu sein. Die im Dreißigjährigen Krieg stark dezimierte Bevölkerung hatte seit 1705 die Hugenotten als Glaubensbrüder aufgenommen, in ihnen aber auch tüchtige Leute gewonnen, deren Begabung der Industrialisierung im folgenden Jahrhundert Vorschub leisten sollte.

Wie sich Schöngeistiges und Handfertigkeit miteinander zu verbinden wissen, zeigen nicht nur Glanzstücke der Ledergestaltung und -verzierung, sondern auch der hier heimisch gewesene Musikverlag und die Schriftgießerei, für die der Name Klingspor stehen mag. Unvergessen ist das Wirken des Schriftkünstlers Rudolf Koch († 1934).

Nachdem in den Bombenangriffen vierzig Prozent der Stadt zerstört wurden, ist der ohnehin bescheidene Bestand an historischen Baudenkmälern weiter dezimiert oder um seine Originale gebracht worden. Man vergibt sich nichts, wenn man in Offenbach einmal die Museumsbesuche an den Anfang stellt und nicht als Resumée einer Ortsbesichtigung versteht. Das *Stadtmuseum* vermittelt eine ausgezeichnete Einführung in die Geschichte, angefangen von Bodenfunden der Steinzeit, über Dokumente zur Isenburgischen Residenz und die Anlage der Herrnstraße als einer Art ›Neustadt‹ für die Hugenotten bis zur modernen Industriestadt. *Deutsches Ledermuseum* und *Schuhmuseum*, beide zusammen in der Frankfurter Straße untergebracht, sind auf ihre Weise sicher einmalig. Dabei geht es keineswegs nur um Offenbacher Leder. Vielmehr reichen die Schaustücke bis zu ägyptischen Gürteln zurück und umspannen die ostasiatischen Kulturen ebenso, wie sie im indianischen Nordamerika einen besonderen Schwerpunkt haben. International angesehen und gleichfalls einzigartig ist das *Klingspor-Museum* in der Herrnstraße, das die moderne Buch- und Schriftkunst (seit ca. 1890) in etwa 20000 Objekten dokumentiert.

Ehe die Isenburger in den Besitz von Offenbach kamen (1418), gehörte es zuerst den Münzenbergern, dann den Falkensteinern, zu deren Zeit erstmals eine Burg erwähnt wird. Die dicken Mauern im mainseitigen Erdgeschoß des heutigen *Schlosses* und die beiden runden Ecktürme stammen noch aus der Burg. Gerade erst war die Burg gründlich restauriert worden (1556/59), als ein Brand einen Neubau erzwang, das heutige Schloß (1570/78). Seine südlich zur Stadt gerichtete Seite bildete man als Schaufront aus. Ein hoher Arkadengang und darüber in zwei Geschossen Loggien sind zwischen zwei hohe, achteckige Treppentürme gespannt. Reiches Renaissanceornament in zartem Relief überzieht Pfeiler, Bögen und Brüstungen. Im 18. Jahrhundert kamen das oberste Geschoß und das Mansarddach sowie die Scheinbalustraden auf den mainseitigen Türmen hinzu. Weil mehrfach die Inschrift CP auftaucht, glaubt man, Conrad Büttner aus Büdingen als Urheber der Bauornamente annehmen zu dürfen.

Bei dem ehemaligen Büsing-Palais, in dessen aufgebauten Teilen jetzt das Klingspor-Museum untergebracht ist, liegt ein kleiner runder Säulentempel (um 1810) und im benachbarten Park ein klassizistischer ›Badetempel‹ (um 1805) am Mainufer. Der Park heißt hier übrigens auch Lilipark nach Goethes Freundin Lili Schönemann.

Die *französisch-reformierte Kirche* (1717/18) macht bewußt, daß wir uns hier in der Herrnstraße im Hugenottenviertel befinden. Sie mußte, wie auch die Stadtkirche, nach dem letzten Krieg wiederhergerichtet werden.

Das kurhessische *Schloß in Rumpenheim* ist aus einem Landhaus um 1790 in die jetzige Anlage umgewandelt worden, nachdem der Ort 1736 von Hanau an Hessen-Kassel geraten war. Auch nach der Kriegseinwirkung ist diese am Main gelegene Stätte nicht ohne landschaftlichen Reiz.

Flußaufwärts mündet bald nördlich die Kinzig in den Main, nachdem sie das alte Hanau umflossen hat. Vorerst bleiben wir südlich des Mains, wo auf einem Bergrücken Schloß und Stadt **Steinheim** liegen. Lange war der zunächst im Schatten von Seligenstadt stehende Ort kurmainzische Sommerresidenz. Erst 1802 fiel Steinheim an Hessen.

Aus einer anfangs eppsteinischen Burg wurde um 1430 durch Umbauten die heutige Anlage entwickelt. Ein mächtiger Bergfried schützt die Angriffsseite. Sein Steinhelm mit den ebenso gearteten Ecktürmchen erinnert an die Burg in Friedberg. Von dem wahrzeichenhaft aufragenden Turm übersieht man gut den zweiflügeligen Wohnbau und die Gesamtanlage, die fast wie ein Bollwerk einst die Befestigung des Ortes verstärkte.

Auch die Stadtpfarrkirche St. Johann Baptist war mit ihrem wehrhaften Westturm, über den ein Zinnenkranz läuft, Bestandteil der Befestigung. Anstelle einer älteren Kapelle ist nach 1449 mit diesem Bau begonnen worden. Der Chor kam erst 1509 zur Vollendung. Wohl bestes Ausstattungsstück ist die Strahlenmadonna (um 1420) auf dem Seitenaltar. Dieses mittelrheinische Werk des Weichen Stils wirkt zutiefst menschlich, obwohl es doch die Himmlischen darstellen soll. Die üppige Madonna beobachtet aufmerksam das Spiel des Jesuskindes, das Aufmerksamkeit heischend den Betrachter ansieht. Sehr gute Schnitzereien und Reliefs zeigt das Chorgestühl (1510-14). Auch einige der Renaissance-Grabdenkmäler verdienen Beachtung, darunter das Wandgrab für Frowin von Hutten († 1528) und Kunigunde von Hatstein († 1548).

Das Stadtbild wirkt durch die alten Häuser ziemlich ›altdeutsch‹. In der Harmoniestraße steht sogar noch ein kleines gotisches Steinhaus. Sonst überwiegt das Fachwerk, angefangen von dem spätgotischen ehemaligen Haus der Fischerzunft und dem alten Pfarrhaus bis zu den Fachwerkhäusern des 17. und 18. Jahrhunderts. Das Kurmainzer Ökonomiegebäude bildet einen ausgedehnten Komplex an der Ost- und Südseite der Altstadt, bestehend aus Kellereihof, Brauhaus und Fronhof (16./17. Jh.). Älter ist der Huttenhof in der Rathausstraße mit seinem Renaissance-Erker. Doch wurde der Hof nachträglich stark verändert.

Heiligenfiguren und volkstümliche Andachtsstätten sind für die mainzischen Orte in Hessen ja nichts besonderes, doch wird hier wohl kaum der Reichtum der Rheingauorte erreicht.

Seligenstadt

»Selig sei die Stadt genannt«, soll Karl der Große ausgerufen haben, als er seine Tochter hier wiederfand, nachdem sie von Einhard entführt worden war. Diese Worte, die man am Ort dem Kaiser in den Mund legt, könnte man in anderem Sinne wiederholen, weil man die Stadt glücklich preisen möchte, daß sie über einen derart reichen Bestand an Sehenswürdigkeiten verfügt, wie er sonst wohl von keinem Ort in Südhessen erreicht wird. Verheißungsvoll gibt sich bereits das Panorama zum Main hin, wo sich Seligenstadt in eine Flußschleife schmiegt. Glücklich auch aus dem Grunde, weil herausragende Künstler im Mittelalter und im Barock im Ort lebten oder wirkten. Hans Memling ist hier geboren (1434). Mathias Grünewald arbeitete lange in Seligenstadt, wo er Besitz und Bürgerrecht hatte (? 1500-1525). Bildschnitzer und Maler, aber auch Glasmaler und Orgelbauer trafen sich zu dieser Zeit in Seligenstadt.

In manchem könnte man Seligenstadt mit Fulda vergleichen, bildete die Stadt doch den Mittelpunkt einer eigenen Klosterherrschaft. Viel besser aber als dort blieb der ursprüngliche Charakter gewahrt, obwohl auch hier die Barockzeit das Überkommene in ihrem Sinne gestaltet hat. Man darf wohl sagen, daß der Klosterbezirk gleichzeitig eine Vorstellung von der Struktur einer mittelalterlichen Benediktinerabtei vermittelt, wie er äußerlich im Gewand des Barockstiftes entgegentritt, so daß er gleichzeitig das vollständigste Klosterensemble des Barock in Hessen ist. Besser noch als Fulda, wo Stadt und Bistum ihre Ansprüche angemeldet haben, steht hier das Monastische im Vordergrund. Im Vergleich zu Haina, Arnsburg oder Eberbach erscheint überdeutlich auch der Kontrast zwischen der benediktinischen Klosterstadt und der Zisterzienserabtei mit ihren Reformtendenzen.

Siedlungsspuren aus Vorgeschichte und Römerzeit belegen, wie beliebt der Platz am Main schon immer gewesen sein muß, wo Einhard ein fränkisches Königsgut von Ludwig dem Frommen geschenkt bekam. Eine starke Aufwertung erfuhr der Ort, als Einhard 828 die Reliquien der Heiligen Petrus und Marcellinus aus Michelstadt hierher übertrug. Diese legendären römischen Martyrer wurden im alten Meßkanon erwähnt und erfreuten sich so eines hohen Bekanntheitsgrades und entsprechender Verehrung. Die Anwesenheit ihrer Gebeine bildet den geschichtlichen Hintergrund für den Namen Seligenstadt, der etwa 840 auftritt.

Klöster werden – trotz aller Behauptungen – nie in totaler Einsamkeit gegründet, sondern an Stellen mit guter Infrastruktur. Was bei den Zisterziensern gesagt wurde, muß noch konsequenter auf die großen benediktinischen Abteien angewendet werden, die oft in unruhiger Zeit, sogar mitten im Missionsland, entstanden. Beste Verkehrslage schuf die alte Mainstraße mit einer an dieser Stelle abzweigenden Querverbindung. Schon Einhard soll eine steinerne Brücke über den Main geschlagen haben. Später konnte die beim Kloster entstandene Stadt sich zu einem umsatzfreudigen Handelsplatz für Wein und Wolle entwickeln. Die Marktrechte besaß die Abtei, seit 1045 auch eine eigene Münze.

Seit 1063 war Seligenstadt mainzischer Besitz, den lange die Hohenstaufen als Lehen hielten. Friedrich Barbarossa residierte 1188 mehrere Wochen in der Stadt. Die traditionell guten Beziehungen zum Königtum mögen emotional durch die von Einhard erstellte Biographie Karls des Großen mitbestimmt gewesen sein. Nicht umsonst hat der Volksmund die Geschichte Einhards und seiner Frau Imma mit jener von Einhards Freund Angilbert und Berta, der Tochter Karls des Großen, verwoben.

Mit der Überführung der Reliquien von Petrus und Marcellinus steht der Bau der Abtei-Kirche, der sogenannten *Einhards-Basilika* in Zusammenhang, der 831-34 begonnen wurde. Einhard konnte nach seinem Tod (840) bereits in der vollendeten Kirche beigesetzt werden. In der überlieferten Kirche sind noch wesentliche Teile des Gründungsbaues enthalten. Ausgrabungen haben diesen bis in Einzelheiten belegen können. Es handelte sich um eine dreischiffige, flachgedeckte Pfeilerbasilika mit weit ausladendem Querschiff. Ursprünglich bestand eine Ostapsis. Unter ihr und bis unter die Vierung reichend lag eine Ringkrypta mit den Gräbern der Märtyrer. Es ist der Bereich unter dem jetzigen Hochaltar. Westlich der Heiligengräber standen die Särge des Stifterpaares Einhard und Imma.

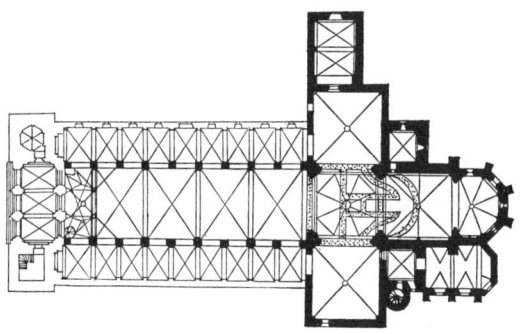

Einhards-Basilika
schwarz: Mittelalter, weiß: 19. Jh., punktiert: karolingische Fundamente

Zu Beginn des 11. Jahrhunderts setzte man im Westen eine Zweiturmfront vor. An das nördliche Querschiff wurde das Abteiarchiv angebaut. Noch vor 1253 entstand der heutige spätromanische Langchor mit fünfseitigem Schluß und der Vierungsturm. Die neuen Teile erhielten 1253 ihre Weihe. Die frühgotischen Formen mit ihrer Plastizität verarbeiten Anregungen der Marienkirche zu Gelnhausen. Nachträglich erhielt der Vierungsturm noch ein Glockengeschoß (zweite Hälfte 13. Jh.).

Im Barock setzte man dem Vierungsturm Haube und Laterne auf (1725). Andere bauliche Veränderungen wurden anläßlich einer Restauration wieder beseitigt. Dabei fielen leider auch der Westbau und die Außenwände der Seitenschiffe, die alle durch neuromanische ersetzt wurden (1868-78). Diese neuromanischen Westtürme beeinträchtigen bedauerlicherweise die ursprüngliche Wirkung. Dagen bedeutet die Spannung zwischem dem schlichten karolingischen Langhaus und dem Querschiff einerseits, sowie dem reich gegliederten, kraftvollen Chor und dem Vierungsturm andererseits eine Bereicherung von hohem Reiz.

Von der Ausmalung des 13. Jahrhunderts sind noch Spuren zu sehen. Der schöne Hochaltar (1715) gelangte aus der Mainzer Kartause hierher. Maximilian von Welsch fertigte den Entwurf, Burkhard Zamels lieferte die Alabasterfiguren. Auch die Querschiffaltäre sind mainzischen Ursprunges. Die Chorgitter ersetzten in den barocken oder barock ausgestatteten Klosterkirchen die mittelalterlichen Lettner. Das in guter Kunstschmiedearbeit um 1720 entstandene Gitter befand sich zur Klosterzeit zwischen dem zweiten Pfeilerpaar des Langhauses. Gußeiserne Füllungen hat das Treppengeländer der etwa gleichalten Kanzel.

Der Marmorsarkophag für das Stifterpaar (1722) steht jetzt im ehemaligen Abteiarchiv am nördlichen Querhaus. Vor der Kirchenfassade sieht man in schwungvollen Steinplastiken die beiden Kirchenpatrone, die gleichzeitig mit der übrigen barocken Ausstattung entstanden.

Der klassische Idealplan von Sankt Gallen dürfte auch die Konzeption der hiesigen *Klosteranlage* bestimmt haben, die sich südlich der Kirche erstreckt und vielleicht auf karolingischen Fundamenten ruht. Auf jeden Fall bestehen ansehnliche Bauteile aus dem elften Jahrhundert neben den barocken Gebäudeflügeln. Die Südorientierung dürfte durch die Nähe des Mains und der Kaiserpfalz beeinflußt worden sein, denn nach dem Sankt Galler Schema hat in der benediktinischen Abtei die Kirche eine zentrale Lage. So mutet der Seligenstädter Grundriß auf den ersten Blick ›zisterziensisch‹ an. Aber die Raumaufteilung um den Kreuzgang ist völlig anders. Der Ostflügel ist Konventbau, der Südflügel Krankenhaus. Im Westflügel liegt das Sommer-Refektorium, an das westwärts die Prälatur anstößt. Senkrecht zum Südflügel erstreckt sich die Alte Abtei (1686) als Abschluß des äußeren vorgelagerten Hofes. Östlich breitet sich der geräumige Konventgarten aus. Sein nord-südlich laufender Mittelweg mündet auf das Mainufer-Tor und das Garten-Portal.

Von der Aschaffenburger Straße erlaubt das Grüne Tor den Zugang zum Klosterbezirk. Links erstreckt sich ein Scheunenbau, vor dem weiter nördlich die Klostermühle am Mühlbach liegt. Östlich davon stand früher ein Handwerkerbau. Nördlich der Prälatur zieht sich der schmale Garten des Abtes die Mauer entlang. Das Pfortenhaus als ehemaliger Hauptzugang ist verschwunden. Nördlich an der Ecke des Klosterberings steht in einer Nische die Sandsteinfigur des Erzengels Gabriel (1729) von Burkhard Zamels.

Nördlich liegt etwas unterhalb des Klosterbezirks die Ruine der *Kaiserpfalz*, eigentlich nur ein Palatium, das Kaiser Friedrich II. um 1240 als Lust- und Wohnschloß gebaut haben mag. Damals bestand hier bereits eine staufische Gründung. Man muß schon nach Apulien reisen, um etwas Vergleichbares zu sehen! Die dortigen Jagdschlösser, etwa Gravina di Puglia, haben in Deutschland nur diese einzige Parallele in Seligenstadt. Zum Main hin gebärdet sich die Front des Kaiserschlosses geradezu majestätisch mit drei großen Doppelfenstergruppen und den zwei Türen zum großen Altan davor. In der Ausführung folgen die Einzelformen dem Vorbild der Marienkirche in Gelnhausen und der von ihr abhängigen Ostteile der Einhards-Basilika. Das Schloß brannte 1462 ab, wurde aber in neuerer Zeit restauriert. Nur dem Umstand, daß seinerzeit die Ruine in die

Stadtbefestigung einbezogen wurde, verdanken wir die Erhaltung der Mainfront in ihrer ursprünglichen Art. Die Rückseite ist verbaut.

Anhand der Fenster sind Rückschlüsse auf die Raumeinteilung möglich. Die Altanpforten öffneten sich zu je einem großen Raum (›Kemenate‹), von denen der nördliche Festsaal war, wie die weiten Bogenstellungen verraten. Vorrichtungen für eine Fensterverglasung lassen darauf schließen, daß im Süden ein heizbares Wohngemach lag. Zu ihm führte ein Vorraum mit rückwärtigem Ausgang. Schließvorrichtungen für Holzläden weisen einen weiteren Raum wohl als kaiserliches Schlafgemach aus.

Über einen halben Kilometer läuft ein Mauerrest der *Stadtbefestigung* den Main entlang. Erhalten sind außerdem noch der Steinheimer Torturm (1605) und drei von einst sechs runden Wehrtürmen.

Der *Marktplatz* entläßt Straßen in beinahe alle Richtungen entsprechend seiner früheren verkehrspolitischen Rolle. Das klassizistische Rathaus (1823) verdrängte einen Vorgängerbau und macht sich ein bißchen breit. Doch stimmen die schönen Fachwerkhäuser ringsum wieder versöhnlich. Als ob sie ihrer bevorzugten Lage Rechnung tragen müßten, sind es mehrheitlich dreigeschossige Giebelhäuser, während sich sonst im Ort meist zweigeschossige Häuser mit der Traufseite zur Straße wenden und sich über eine Toreinfahrt öffnen. Das ›Gasthaus zum Ochsen‹ (1584) fällt durch seine Renaissance-Tür auf. Die meisten anderen Fachwerkhäuser sind jüngeren Datums. Unter den Fachwerkhäusern des 15. Jahrhunderts möchte man drei ehemalige Gasthäuser nennen: ›Zum Stern‹ in der Aschaffenburger Straße, ›Zum Karpfen‹ in der Großen Maingasse und ›Zum goldenen Faß‹ in der Freihofgasse. Am bekanntesten aber ist das *Haus zum Einhart* in der Aschaffenburger Straße, das aus zwei selbständigen Giebelhäusern zusammenwuchs, die um 1596 und um 1700 erbaut wurden. Seinen Namen erhielt es von dem Einhard-Kopf in der Giebelluke, der auf die volkstümliche Legende anspielen soll. Das romanische Steinhaus in der Großen Rathausgasse war früher wohl Rathaus oder mainzische Vogtei. Der alte Kern wird teilweise von späteren

Zutaten umgeben oder ist entsprechend verändert. Ein gotisches Steinhaus fußt auf der Stadtmauer und ist jetzt Teil einer Gastwirtschaft.

Zwischen den Klosterteichen südöstlich der Stadt ließ sich ein Abt 1707 einen romantischen Sommersitz in Form einer *Wasserburg* bauen. Die Burgenromantik späterer Zeiten, der wir schon in Biebrich und im Rheingau begegneten, scheint sich hier im Barock bereits anzubahnen.

Wenn man großes Glück hat, fällt vielleicht der Besuch in die Zeit des ›Geleitfestes‹, das Seligenstadt alle vier Jahre begeht in Erinnerung an die Schutzdienste, die einst für die ziehenden Kaufleute geleistet wurden. Wer in die Gilde aufgenommen werden wollte, wurde ›gehänselt‹. Entsprechend den strengen Aufnahmebedingungen der Hanse – daher der Name – war vorher eine Art Mutprobe fällig. Hier hatte er einen riesigen Löffel voller Wein in einem Zug auszutrinken. Noch heute stellt man Anwärter für den ›Ritter zum steyfen Löffel‹ auf die Probe. Mehr über Heimatliches erzählt das *Landschaftsmuseum* in der alten Prälatur.

Vom Odenwald fließt die Gersprenz herbei und mündet jenseits der Landesgrenze flußaufwärts in den Main. Von Seligenstadt ist das in ihrem Tal gelegene **Babenhausen** gut zu erreichen. Obwohl schon zum Landkreis Darmstadt-Dieburg gehörend, legt die geographische Nähe und geschichtliche Verbindung zu Hanau an dieser Stelle einen Abstecher nahe. Bis zum Dreißigjährigen Krieg war der Ort für zwei Jahrhunderte Residenz der Herren von Hanau-Lichtenberg und erfuhr damals sein besonderes Gepräge.

Das *Schloß* liegt südlich außerhalb der alten Stadtmauern, ursprünglich von einem Wassergraben umgeben. Anfang des 13. Jahrhunderts war es zu einer staufischen Burggründung gekommen. Ihr Palas bildet im wesentlichen den Westflügel des heutigen Schlosses. Hofseitig öffnen sich sechs Arkaden. Deren Säulen haben großartige spätromanische Kapitelle, die unter anderem motivliche Entsprechungen in Gelnhausen haben. Die stilisierten Blattmuster sind reich profiliert. Über der Deckplatte kauern in den Ecken Löwengestalten. In spätgotischer Zeit wurden der östliche Teil des Nordflügels und der nördliche Teil des Ostflügels erweitert und mit Fachwerkobergeschossen versehen (1460/75). Der nordwestliche Teil mit den beiden Treppentürmen entstand vor 1570. Danach erst gelangten der Südflügel mit dem großen Treppenturm und der restliche Abschnitt des Ostflügels zur Vollendung. In der Schloßkapelle befindet sich ein spätgotisches Relief (1464) mit Gnadenstuhl.

Nach einer Inschrift ist der polygonale Chor der *evangelischen Pfarrkirche* 1383 von Friedrich von Langen erbaut worden. Die Einwölbung ist allerdings modern. Das Langhaus (1472/73) verdrängte eine romanische Anlage. Der eigentliche Schatz des Bauwerkes ist der kostbare spätgotische Schnitzaltar (1515-18), den die Gräfin Sibylle von Hanau-Lichtenberg gestiftet hat. Seine meisterhafte Ausführung verleitete neuerdings zu der Vermutung, er könne ein Werk des Malers Mathias Grünewald sein. Im Mittelschrein stehen überlebensgroße Figuren des ehemaligen Kirchenpatrons St. Nikolaus und der Heiligen Cornelius (Mitte) und Valentin. Die Flügelreliefs zeigen rechts die Heiligen Katharina und Helena, links den Markgrafen Bernhard von Baden-Sponheim und den Apostel Philippus. Im Geschoß darunter sind verschieden gestaltete Reliquienbehälter eingestellt, einige in Büstenform, andere in der Gestalt von Unterarmen mit Hand, was etwas makaber wirkt. Die Predella zeigt die Anbetung der Heiligen Drei Könige sowie Mariä Verkündigung und Heimsuchung. Die Außenseiten der Flügel tragen Malereien geringerer Qualität (17. Jh.). Predella und Altaraufbau sind unterschiedlicher Herkunft. Die Heimsuchung erinnert ein wenig an einen Holzschnitt Dürers. Im Schnitzwerk möchte man Mainzer Einflüsse backoffenscher Prägung erkennen.

Äußerst beredt ist die Ausmalung des Langhauses, die über vier Epochen hinweg erfolgte. Im Chor werden Tod und Begräbnis Mariens sowie Christi Auferstehung gezeigt (um 1380). Im Seitenschiff erscheinen Heiligengestalten und Rankenwerk (um 1480). Das Martyrium des Sebastian dortselbst ist jüngeren Datums (nach 1520). Schließlich sind noch die weitaus schlichteren Ornamente und Darstellungen im Langhaus zu erwähnen (17. Jh.).

Eine barocke Sanduhr neben der Kanzel zählt unerbittlich die Dauer der Predigt mit. Eine solche Einrichtung sollte zur Standardausrüstung aller Kirchen werden ... Die Grabdenkmäler wirken trotz lobenswerter Anstrengungen einiger Künstler für eine Residenz doch etwas provinziell.

Der *Markt* bei der Kirche erhält durch ansehnliche Wohnbauten seine behagliche Atmosphäre. Ihnen gegenüber muß das Rathaus qualitätsmäßig zurücktreten. Die Straßen und Gassen vermitteln den lebendigen Eindruck eines spätmittelalterlichen Residenzstädtchens. Ergänzt werden die Fachwerkhäuser (16.-18. Jh.) durch die Adelshöfe und das Amtshaus. Alle haben über massivem Sockel Fachwerkobergeschosse. Das Burgmannenhaus, wie sie alle in der Amtsgasse gelegen, stößt unmittelbar an die Stadtmauer. Neben dem größten Teil der Mauer und einigen Turmstümpfen sind der Hexenturm und der Brechturm erhalten.

Zwischen den Kaiserpfalzen Seligenstadt, Trebur und Frankfurt erstreckte sich der Reichsforst und spätere Wildbann Dreieich. Der heutige Frankfurter Stadtwald bildet noch einen größeren zusammenhängenden Rest dieses ausgedehnten Forstes. Als Vögte des Reiches wirkten die Herren von Hagen (Hain), bis nach deren Aussterben der Besitz aufgeteilt wurde. Ausgrabungen in **Dreieichenhain** haben einen ottonischen Königshof samt Kapelle und die ehemalige Wasserburg Hain (vor 1255) ermitteln können. Als Ruine ist die wasserumwehrte Turmburg erhalten. Wenn der Baubeginn wirklich schon nach 1085 anzusetzen ist, ist die Ruine eines der frühesten Beispiele für ein derartiges Bauwerk in Hessen. Gegen 1170 legte man von der Turmburg als nordöstlichem Eckpfeiler ausgehend die spätere Burg an mit rechteckigem Mauerbering, Palas und Bergfried. Seit dem 16. Jahrhundert setzte der Verfall ein. Im Bering trat an die Stelle der Burgkapelle die evangelische Kirche (1713/16). Ihr wertvollster Besitz ist die Stumm-Orgel (1791) aus der berühmten Sulzbacher Werkstatt.

Zahlreiche Fachwerkhäuser (17./18. Jh.), der Solmser und der Saalhof bestimmen das anmutige Bild der teilweise noch von der alten Befestigung umgebenen Stadt. Das Dreieich-

Museum in der Fahrgasse zeigt als Besonderheiten Funde aus der leider zur Mülldeponie degradierten Ölschiefergrube Messel und einen Brettspielstein aus Elfenbein (13. Jh.), der in der hiesigen Burg entdeckt wurde. So klein das Ding ist, so erstaunlich ist die Sorgfalt seiner Ausführung, die ihn zu einem der besten in Europa macht. Ob mal ein Kaiser das Spielstück verloren hat?

Hier sollte der Leser endlich auch ein Kompliment den Bewohnern der alten hessischen Städtchen machen. Der Tourist denkt bei all seinem Entzücken wohl kaum daran, daß die Bewohner der hutzeligen Häuschen ja gelegentlich auch manche Unbequemlichkeit in Kauf nehmen müssen und trotzdem voller Liebe das angestammte Erbe hüten. Hier machte die ›Hainer Initiative‹ von sich reden, als sie Lücken in der staatlichen Denkmalpflege durch eigenes Engagement ergänzte. Die ›Hayner Weiber‹ richteten einen Torturm zum Treffpunkt ein, wo sogar die Spinnstube der Altvorderen wieder auflebte. Bei der ›Haaner Kerb‹ (Kirmes) dreht sich gar wieder eine echte ›Reitschul‹, wie man in Hessen die alten Pferdekarusells nennt. Das besonders schöne Stück von Dreieichenhain konnte durch besagte Initiative wieder aus den USA zurückgekauft werden. Dazu paßt, daß man den jugendstilartigen Bahnhof zugunsten der ›Kinderwerkstatt Lokomotive‹ erhalten konnte.

Neu-Isenburg legte 1699 Graf Johann Philipp zu Isenburg-Büdingen als Hugenottensiedlung an. Andreas Loeber plante die regelmäßige Anlage. Sie ist beim weiteren Wachstum des Ortes an dessen Rand gerückt und wurde im Krieg zerstört. Aber wenn man von Süden her in die Frankfurter Straße blickt, gewinnt man trotz moderner Bebauung noch einen ungefähren Eindruck der ursprünglichen Situation. Schmunzelnd erzählt man, daß seit 1860 die berühmten Frankfurter Würstchen fabrikmäßig in Neu-Isenburg hergestellt wurden. Das wollte Frankfurt nicht hinnehmen und erzwang gerichtlich seinen Monopolanspruch (1929) für einen der bekanntesten Exportartikel Hessens.

Um noch eine Merkwürdigkeit draufzusetzen: ›Zeppeliner‹ der ›Zeppelin-Kameradschaft Zeppelinheim‹ haben in der Kapitän-Lehmann-Straße des Ortsteils Zeppelinheim ein

Zeppelin-Museum sachkundig eingerichtet. Das hier angelegte Zeppelinfeld sollte einmal eine wichtige Basis für den
internationalen Luftschiffverkehr bilden. Der nahe Airport
hat das alles zur fast vergessenen Historie werden lassen.

Heusenstamm

Der Reichsbesitz im Dreieich kam über Eppstein und die
Ritter von Heusenstamm durch Kauf an die Freiherren und
nachmaligen Grafen von Schönborn, die westlich der *Epp-
steinschen Wasserburg* ein Residenzschloß bauten und dadurch erst den Ort wirklich erwähnenswert machten. Von
der Wasserburg, einer rechteckigen Anlage, ist noch ein
Wohnturm (um 1200) als neugotisch veränderte Ruine erhalten sowie das Herrenhaus (1561), das eine ähnliche Umgestaltung erfahren hat. Die Grafen von Schönborn gaben eine
großzügige Wasserburg in Auftrag, zu der Clemens Hinck
die Pläne anfertigen sollte. Davon gelangte nur die Vorder-
front zur Ausführung (1668). Seitlich davor liegen die Gebäude der ehemaligen Schloßmühle. Die westliche Allee erinnert an den Barockpark.

Gräfin Maria Theresia von Schönborn beauftragte keinen
Geringeren als Balthasar Neumann mit dem Entwurf für
eine Begräbnisstätte. Das Ergebnis ist eine der schönsten
Rokokokirchen in Hessen, die heutige Pfarrkirche *St. Cäcilia
und St. Barbara* (1739-44). Es war sicherlich ein Glücksfall,
daß Neumann als Hofarchitekt in Diensten des Würzburger
Fürstbischofs Karl Friedrich von Schönborn stand. So
braucht dank der verwandtschaftlichen Beziehungen der von
Schönborn Hessen die Bayern nicht um ihre großartigen
Bauten zu beneiden. Übrigens erlebte die Gräfin die Einweihung nicht mehr. Sie war fünf Jahre vorher in Wien gestorben. Ihr Herz wurde unter den Altarstufen beigesetzt, wie sie
testamentarisch verfügt hatte. Das Äußere ist überraschend
schlicht, wie man es aber von Neumannschen Bauten gewohnt ist, wenn man etwa an Vierzehnheiligen denkt. Nur
der Farbwechsel von Weiß und Rot sorgt für stärkere Bele-
bung. Dafür schafft der schlanke, aus der Fassade empor-
wachsende Westturm eine kontrastreiche Akzentuierung, die

über Giebelvoluten mit aufgesetzten Vasen frontseitig vom Schiff aufgenommen wird.

Das einschiffige Langhaus hat ein Querschiff in Form dreiseitiger Konchen und mündet auf den ebenfalls dreiseitig geschlossenen Chor, der um ein Joch länger ist als jeder Querarm. Eine Flachkuppel überspannt baldachinartig die Vierung, wobei vier marmorierte Säulen in den Ecken das Ganze tragen. Durch diese Komposition wirkt der Raum großzügig und weit. Die Ausmalung trägt gleichfalls wesentlich dazu bei, das Proportionsschema optisch zu überspielen. Christian Thomas Scheffler hat Grautöne, Dunkelrot und Dunkelblau in der für das Rokoko typischen Weise auf den Stuckmarmor abgestimmt (1741). In den Fresken wird das Bekenntnis zum Ewigen Leben angesprochen mit der Totenerweckung des Lazarus, Christi Auferstehung und der Gottesschau im Himmel. Vielleicht nach einem Entwurf Neumanns hat Johann Wolfgang von der Auwera den Hochaltar (1744) geschaffen. Vom gleichen Meister stammt die Kanzel. Kirche und Rathaus (1744), ein zweigeschossiger Steinbau mit Satteldach und Zwerchhaus, ergänzen sich gut in ihrer Lage am Platz. Der prächtige Torbau soll an den Besuch Kaisers Franz I. erinnern anläßlich seiner Reise zur Krönung seines Sohnes Joseph II. in Frankfurt (1764). Auch der Pfarrhof (um 1670) hinter der Kirche ist ein Schönbornscher Bau.

Der dicht besiedelte Raum südlich von Offenbach, den die Rodau umfließt, ehe sie bei Mühlheim in den Main mündet, heißt nach dem Flüßchen Rodgau. Der Name erinnert an frühe staatliche und kirchliche Zusammenschlüsse, aus denen in jahrhundertelanger Entwicklung das heutige Land Hessen hervorgegangen ist. Die weiter flußaufwärts bei Hanau mündende Kinzig tritt weitaus stärker landschaftsprägend in Erscheinung.

Hanau und Kinzig-Tal

MIT Offenbach hat Hanau gemeinsam, daß auch seine Erzeugnisse weltweit bekannt sind, gilt es doch als die Stadt der Schmuckwaren. Aber es gibt dort auch Ziegeleien, Eisen-, Maschinen-, Holz-, Papier- und chemische Industrien, die wesentlich das Gesicht von Hanau prägen, was alles auch seine geschichtlichen Gründe hat, wie wir noch erfahren werden. Und vielleicht bewegt sich Ihr Kraftfahrzeug sogar auf Autoreifen, die vom größten Hanauer Industriebetrieb hergestellt wurden.

Bei seiner heutigen Ausdehnung möchte man fragen, ob Hanau nun an der Kinzig oder am Main liegt. Erstere hat den historischen Vorrang. Sie sollte nicht mit dem gleichnamigen Fluß im Schwarzwald verwechselt werden, obwohl ihr Lauf mit 82 Kilometern Länge um dreißig Kilometer kürzer ist als jener. Sie eilt bemerkenswert geradlinig von Nordosten herbei, empfängt Zuflüsse vom Vogelsberg und schlägt unvermittelt gegen Ende ihres Laufs einen scharfen Bogen, als sei sie unwillig, mit dem Main zu verschmelzen.

Innerhalb der Flußschleife lag die mittelalterliche Siedlung Kinzdorf. Eine Wasserburg der Mainzer Vögte war aber eigentlicher Anlaß der Stadtentwicklung südlich der Burg. Schon 1338 war diese *Altstadt* befestigt. Die Burgherren bezeichneten sich gut ein Jahrhundert später als Grafen von Hanau. Zielstrebig bauten sie die Stadt als Basis ihrer wachsenden Macht aus. Der uns schon bekannte Graf Reinhard von Solms leitete die Neubefestigung unter modernen Gesichtspunkten (1528-35).

Nach Einführung des reformierten Bekenntnisses gewährte Hanau verfolgten Glaubensgenossen aus den Niederlanden und aus Frankreich Asyl. Der Ingenieur Nicolas Gillet entwarf die Pläne für die *Neustadt* südlich der älteren. Der freie Umriß wirkt zusammen mit den fünf Eckbastionen sternförmig. Die Straßen verlaufen parallel und senkrecht zueinander. Zwei Wohnfelder blieben in der Mittelachse unbebaut für Markt- und Kirchplatz. Der Plan bestimmte, daß die Höhe der Häuser insofern gestaffelt sein sollte, als diese an den Plätzen dreigeschossig und, dazwischen abnehmend, am Stadtrand nur noch eingeschossig zu sein hatten. Von dieser Neustadt ging der erwähnte industrielle Aufschwung aus und überflügelte in gewisser Hinsicht den ländlichen Ackerbürgerort.

Am 13. Juni feiern die Hanauer das Lamboy-Fest in Erinnerung an die Befreiung aus der Belagerung durch die Franzosen während des Dreißigjährigen Krieges, der schwere Schäden anrichtete (1736). Weitaus verheerender wirkten sich die Bombenangriffe des letzten Krieges aus, denen die Mehrzahl der historischen Bauten zum Opfer fiel und die den spannungsreichen Gegensatz zwischen Alt- und Neustadt bis zur Unkenntlichkeit verwischt haben.

In der modernen Stadt sucht man also vergebens nach originalem Baubestand. Anhand des Stadtplanes aber ist eine Orientierung über die ursprüngliche Situation möglich. Im Flußbogen lag die Burg auf einer Insel, wo an gleicher Stelle dann das spätere Schloß entstand. Stadthalle und Kulturhaus waren innerhalb der Schloßanlage früher Marstall und Regierungsgebäude und sind nach dem Krieg wiederaufgebaut worden. Südlich liegt die evangelische *Marienkirche* als Pfarrkirche der Altstadt. Ein älterer basilikaler Bau (1448-1492) ist später zur Halle erweitert worden (1558-61). Das Chorgewölbe von Siegfried Ribsche hat man aufgrund alter Abbildungen wieder hergestellt. In den Chorfenstern sind Reste bemerkenswerter Glasmalereien der Spätgotik erhalten. Die ›Heilige Sippe‹ stammt aus dem Kreis des Hausbuchmeisters (15. Jh.).

Gleich dabei liegt das *Altstädter Rathaus*, dem man seine ursprüngliche Gestalt zurückgeben konnte. Konrad Speck baute es 1537-52, doch ist es 1742 noch umgestaltet worden. In dieser Form steht es vor uns mit steinernem Erdgeschoß und zwei Obergeschossen aus Fachwerk. Letztere werden von steinernen Treppengiebeln eingefaßt und frontseitig durch Erker belebt. Auch die lutherische *Johanniskirche*

(1658-64, 1679-91) erhielt wieder ihr altes Aussehen. Von den *Befestigungen* der Altstadt blieben Mauerteile erhalten, von denen der Neustadt steht noch das Frankfurter Tor (1722) an der Nußallee.

Das bis auf die Mauern niedergebrannte Neustädter Rathaus ist beim Wiederaufbau stärker verändert worden. Die Neustädter Pfarrkirche war ehemals die reformierte *Wallonische und Niederländische Kirche*. Das mag sich wie sprachlicher Unsinn anhören. Die Formulierung ist aber nötig, weil es sich um eine Doppelkirche handelte, die der Zweisprachigkeit der Gemeinde Rechnung trug. Zwei verschieden große Zentralbauten, einer zwölf-, der andere achteckig, waren ineinander verschränkt. Die kleinere Wallonische Kirche ist jetzt Mahnmal. Die wieder aufgebaute Niederländische Kirche lehnt sich in der Innengestaltung mit dem umlaufenden Säulenkranz und den Emporen an das Original an, das 1608 fertiggestellt war.

Am Neustädter Markt steht das *Denkmal der Brüder Grimm* (1889-96) von S. Eberle. Die beiden sind 1785 und 1786 hier geboren. Doch muß Hanau den Ruhm, ›Gebrüder-Grimm-Stadt‹ zu sein, mit Kassel, Marburg und Steinau an der Straße teilen.

In ihrer ›Ausflucht an den Rhein und dessen nächste Umgebungen‹ (1818) schildert Johanna Schopenhauer unsere Stadt: »Viele bedeutende Fabriken bringen Leben und Tätigkeit unter die Einwohner von Hanau, besonders wird alles, was aus Gold und Email sich bilden läßt, nirgends vollendeter und geschmackvoller gearbeitet.« Die Bestätigung liefert das Hessische Goldschmiedehaus im Altstädter Rathaus. Produkte der Hanauer Fayence-Manufaktur (1661-1806) zeigt neben anderem das Historische Museum des Geschichtsvereins, das wir in Schloß Philippsruhe besuchen werden.

Der nach Hanau eingemeindete Ort Kesselstadt liegt jenseits der Kinzig, wo die Römer eines ihrer größten Steinkastelle rechts des Rheins unterhielten. Genau an dieser Stelle befindet sich heute *Schloß Philippsruhe* (1701-12) am Mainufer. Julius Ludwig Rothweil legte mit dem Entwurf die Grundlage für seine Karriere. Anregungen empfing er von

Schloß Clagny in Frankreich. Dementsprechend entstand eine hufeisenförmige Anlage mit Mittelpavillon und großer Kuppel. Seitlich grenzt je ein Flügel mit Eckpavillon an. Die beiden isolierten Vorderflügel, ebenfalls beidseitig mit Eckpavillons, sind nachträglich hinzugefügt worden. Als die Grafen von Hanau, die hier ihre Sommerresidenz hatten, ausgestorben waren, leitete Hessen-Kassel als neuer Besitzer tiefgreifende Renovierungsmaßnahmen ein (1875-80). Der Mittelbau wurde hofseitig verbreitert und erhielt eine größere Mittelkuppel. Dächer, Fensterformen und Innenausstattung erneuerte man. Der französische Garten erhielt den Charakter eines englischen Parks. Unverändert führt von Hanau die fast zwei Kilometer lange Allee zum Schloß, das von wertvollem Baumbestand umgeben ist. Die beiden anderen Alleen sorgen für den Anschluß an die ehemalige Fasanerie und an die Kuranlage Wilhelmsbad.

Das oben erwähnte *Museum* erzählt anschaulich die Stadtgeschichte seit der Römerzeit und belegt sie durch Funde und Dokumente. Außer den Erzeugnissen der Hanauer Manufaktur hat man den Brüdern Grimm viel Raum eingeräumt. Durch das Lehrmaterial für die Hanauer Zeichenakademie (gegr. 1772) ist man im Besitz von Werken niederländischer Maler, wie Bloemaert oder Hondecoeter, aber auch von zahlreichen Arbeiten bekannter Mitglieder der Zeichenakademie wie Georg Cornicelius, Friedrich Deiker, Karl Friedrich Hausmann, Peter Krafft, Moritz Oppenheim oder Anton Wilhelm Tischbein. Nachahmenswerterweise hat man auch an die Kinder gedacht und ihnen eine Grimmsche Märchenstube eingerichtet.

Nachdem 1709 nördlich von hier eine Sauerquelle entdeckt worden war, gab Erbprinz Wilhelm von Hessen-Kassel den Auftrag für die *Kuranlage Wilhelmsbad*, die durch Ludwig von Cancrin zur Ausführung gelangte (1777-82). Sie ist heute eines der bedeutendsten und am besten erhaltenen Kurzentren der damaligen Zeit in Deutschland, obwohl der Badebetrieb schon um 1820 wieder zum Erliegen kam. Den Mittelpunkt bildet das Kurhaus mit seinen Nebengebäuden. Davor steht der reizvolle Brunnentempel (1779), den Justus Juncker mit der Statue des Äskulap geschmückt hat.

Gleichzeitig entstand einer der ersten Landschaftsparks in Deutschland, der englischem Stil folgt und in vielem den Anlagen der Kasseler Wilhelmshöhe vorangeht. Wie dort hat man ihn mit baulichen Kuriosa vollgestopft: mit Kettenbrücke über einer Schlucht, Theater, Eremitage, Grabpyramide und einem Karussell, dem einzigen seiner Art (1779). Am interessantesten dürfte die Burgruine sein, mit der einer der ersten Schritte zu der später so beliebten Burgen-Romantik gewagt wurde. Im Innern ist ein großer Empire-Saal.

Wenn ein so kurzlebiges Bad derart aufwendige Bauten erhielt, so lag das ganz an dem baufreudigen Erbprinzen. Er war es ja auch, der die Kluft zwischen der Hanauer Alt- und Neustadt beseitigte, indem er den großen Exerzierplatz anlegte. Er bot den Rahmen nicht nur für militärisches Zeremoniell, sondern auch für kulturelle Darbietungen. Und selbst bei den Spielereien im Park fanden Künstler Lebensunterhalt und Möglichkeit zur Bewährung, wie etwa Anton Wilhelm Tischbein, der die Medaillons mit den Ahnenbildnissen in der künstlichen Burgruine schuf. Mancher bedeutende Kopf spazierte über die Alleen zum Schloß Philippsruhe, darunter auch Adolf Friedrich Freiherr von Knigge, der 1777 als maître de plaisir am Hanauer Hof weilte.

In **Rüdigheim** nördlich von Hanau hatte eine engagierte Familie, die sich nach diesem Ort benannte, 1257 eine Kommende der Johanniter gestiftet und damit eine Versorgungsstätte für den Kleinadel der südlichen Wetterau. Nur mit viel Phantasie sieht man der Scheune des Rüdigheimer Hofes seinen ehemaligen Glanz an, als er noch Ritterbau der Kommende war. Nur die Dorfkirche blieb vor der Profanierung verschont und dient heute der evangelischen Gemeinde. Ihrem Westteil (gegen 1230) wurde kurz nach dem Einzug der Ordensritter der Chorraum angebaut, für den die gekehlten Rippen charakteristisch sind als Ausdruck der fortschreitenden Stilverfeinerung. Im Übergang zum Langhaus stehen dreifache Dienstbündel mit Knospenkapitellen. Gleichzeitig erhielt der Chor seine Ausmalung, die deshalb bemerkenswert ist, weil sie ein sehr gutes Beispiel originaler Architekturfassung des Mittelalters liefert.

Zwischen Kinzig und Nidda grüßt weit ins Land die auf einem vorgeschobenen Basaltkegel des Vogelsberges gelegene **Ronneburg**. Wahrscheinlich ist sie durch die Grafen von Büdingen gegründet worden (13. Jh.), ehe sie an Mainz und dann an eine Nebenlinie der Isenburger gelangte, die als Grafen von Isenburg-Ronneburg hier seit 1523 residierten (bis 1601) und bald die Feste zu einem standesgemäßen Schloß umbauten. Sie bietet so ein höchst anschauliches Beispiel eines fürstlichen Wohnsitzes der Renaissance auf einer Höhenburg. Nach einem Brand (1621) setzte der Verfall ein. Erst moderne Zweckbestimmungen erlaubten eine teilweise Wiederherstellung.

Eine Flucht von Toren, alle aus der ersten Hälfte des 16. Jahrhunderts, führt zum Kern der Burg: Torbau, Vorburg, Tor und ein weiterer Torbau mit Pfortenstube und Brunnenhaus (13. Jh.). Hier liegt die mittelalterliche Vorburg mit dem Bergfried, der 1581 erhöht wurde. Endlich erlaubt ein weiterer Torbau (1570), der sogenannten Zinzendorfbau, den Zutritt in den Hof der Kernburg. An dessen Westseite liegt der Palas (1327-30) mit hofseitigem Treppenturm (15. Jh.). Die Hofstube im Untergeschoß hat ein schönes Sterngewölbe (um 1470), das durch eine Mittelsäule gestützt wird. Der Kemenatenbau im Norden besteht aus dem westlichen älteren Teil (›Alter Bau‹, um 1477) und dem jüngeren in der Osthälfte, an dessen Errichtung (1573) und Ausstattung eine ganze Equipe begabter Bauleute und Künstler mitwirkte. Die Herrengemächer spiegeln die hohe Wohnkultur dieser Zeit. Vor allem die Wandmalereien von Conrad Wallrab und Erhard Sanßdorff aus Gelnhausen sind vorzügliche Arbeiten der Renaissance. In vielen Einzelheiten äußert sich die Verwandtschaft mit Bauten dieser Epoche in Gelnhausen, so daß dieselben Meister wohl auch hier tätig gewesen sein müssen. Teile der Burg beherbergen das Ronneburg-Museum, das die Geschichte von Burg und Burgberg mit allen wünschenswerten Einzelheiten erzählt, angefangen von prähistorischen Funden, über das Geschlecht der Isenburger (Ahnengalerie) bis zur Volkskunde der Neuzeit und Gerät aus Landwirtschaft und Gewerbe. Die Räume sind mit Möbeln des 18. und 19. Jahrhunderts ausgestattet.

Großartig ist die Aussicht zum Vogelsberg und zum Spessart. Man kann sich leicht vorstellen, wie der Gründer der Herrnhuter Brüdergemeinde, Graf Nikolaus Ludwig von Zinzendorf, zur Andacht gestimmt worden sein mag, als er 1736 einige Monate hier oben lebte, ehe er dann endgültig nach Marienborn weiterzog und dies zum Mittelpunkt seiner Gemeinde erhob. Eine Splittergruppe blieb auf der Ronneburg. Innerlich offenbar zerstritten, verharrte man räumlich in Sichtweite.

Gelnhausen

Wo die Kinzig aus dem östlichen Bergland in die Weite von Wetterau und Mainebene hinaustritt, liegt die Kaiserstadt Gelnhausen. Das Attribut hat nicht die Touristik-Werbung erdacht. Vielleicht könnte man die Stadt mit jemand vergleichen, den man heute umgangssprachlich einen Senkrechtstarter nennen würde. Kaiser Friedrich I. Barbarossa hatte den wenig ansehnlichen mainzischen Besitz zu Lehen genommen und hier 1170 eine Stadt gegründet. Die Stelle war mit Bedacht gewählt, kreuzte doch hier die Kinzigtal-Straße mit dem Fernweg zwischen Spessart und Vogelsberg. Außerdem war die Kinzig bis hierher schiffbar. Konsequent sorgten die Kaiser für eine Aufwertung ihrer Stadt, der sie wichtige Privilegien verliehen und die sie häufig besuchten. Zehn Jahre nach der Gründung tagte hier schon ein Reichstag, bei dem man um das Eigentum des geächteten Heinrich des Löwen feilschte. Gelnhausen erlebte eine hektische Bautätigkeit. Im achten Jahrzehnt seit seiner Gründung entwickelte sich westwärts eine Vorstadt. Aber ebenso rasch wie der Aufschwung gekommen war, verebbte er. Die staufische Macht verblaßte und damit auch der Glanz von Gelnhausen. Im ›Simplicissimus‹ von Grimmelshausen kann man nachlesen, wie weit die Stadt dann heruntergekommen war. Der Reichsdeputationshauptschluß nahm ihr endlich noch das Recht einer Freien Reichsstadt.

Bei Kenntnis der Geschichte fällt die Orientierung leicht. Südöstlich liegt die ›Burg‹ als eigener Teil. Das Oval der planmäßig angelegten Stauferstadt bildet das Zentrum, um das sich die historischen Stadterweiterungen legen. Jenseits dieses alten Kernes steigen die modernen Villen bergwärts, erfüllen Industrien und öffentliche Bauten flußaufwärts das Kinzigtal, während westwärts Militär ausgedehnte Truppenunterkünfte unterhält.

Die mainzische Burg dürfte auf der Kinziginsel gelegen haben, wo Barbarossa seine *Pfalz* gründete. Beziehungen machten ihm die Sache leicht, war doch sein Kanzler, Christian, Erzbischof von Mainz geworden. Seit ihrer Verpfändung (1349) verfiel das Bauwerk immer mehr, wurde aber schon im vorigen Jahrhundert in seiner Bedeutung erkannt und seitdem wiederholt restauriert.

Stadtsiegel von Gelnhausen
mit Friedrich I. Barbarossa
und Beatrix von Burgund

Die Burg ist allseits gesichert durch eine Ringmauer, im Osten und Süden zusätzlich durch die Kinzig und im übrigen durch die Vorburg. Durch eine Torhalle, über der die Pfalzkapelle liegt, betritt man von Westen den Burghof. Ein mächtiger quadratischer Turm sichert die Südflanke der Torhalle. Er hatte ein rundes Pendant im Osten des Hofes, wie aus Fundamenten zu schließen ist. Die Torhalle selbst bildet einen dreijochigen kreuzgratgewölbten Raum. An seiner Ostwand befindet sich ein Adlerkapitell, dessen Vogelgestalten streng heraldisch aussehen. Die Raumwirkung der im Obergeschoß gelegenen, längst zur Ruine zerfallenen Pfalzkapelle dürfte ähnlich wie die der Torhalle gewesen sein.

Nordöstlich schließt der Palas an. Seine Südfassade blieb bis zum Ansatz des zweiten Obergeschosses erhalten. Ursprünglich führte eine hölzerne Freitreppe zu dem kleeblattbogigen Portal. Dieses begleiten links zwei dreifache, rechts eine fünffache Arkade. Jede davon ruht auf hintereinander gestellten Doppelsäulen. Ihre Kelchblockkapitelle sind reich verziert. Über dem Portal ist der sogenannte Barbarossakopf eingemauert, den man als Symbol der Eitelkeit hat deuten wollen. Die Ringmauer aus Buckelquadern bildet zugleich auch die Rückwand des Palas. Dort befinden sich die Reste eines schönen romanischen Kamins auf Achtecksäulen.

Schon an der sorgfältigen Behandlung des Buckelquader-Mauerwerks ist abzulesen, daß hier erstklassige Fachleute am Werk waren. Die Bauornamente bilden jedes für sich bereits ein Kunstwerk. Besonders die Kapitelle halten bezüglich Formenreichtum und Präzision der Ausführung mühelos jeden Vergleich mit ähnlichen Schöpfungen ihrer Zeit aus. Offenbar wurden Steinmetzen aus dem Kunstzentrum des Stauferreiches in Gelnhausen zu einem einheitlich geplanten Werk zusammengeführt. Enge und vielfältige Beziehungen bestehen zum Elsaß und Oberrhein, nach Oberitalien, aber auch zur Pfalzkapelle in Frankfurt und zur Burg Münzenberg. Das Adlerkapitell scheint gleichfalls aus oberitalienischen Vorbildern geschöpft zu haben.

Über der künstlerischen Betrachtung darf nicht vergessen werden, daß diese Pfalz Teil eines Systems fester Plätze war, das auch im heutigen Hessen die staufische Macht sichern sollte. Es reichte bis zur Kalsmunt in Wetzlar und zur Burg Münzenberg in der nördlichen Wetterau. Tief in dem Pfälzer Wald nahm es bei den Burgen Trifels und Hegenau seinen Anfang. »Dies alles ist von melancholischer Würde und auch in der Verwilderung und brutalen Vergewaltigung durch miserable spätere Epochen noch von hinreißender Schönheit«, urteilte Kasimir Edschmid.

In Grundzügen sind hier auf der Kinziginsel noch die Vorburg und das Haintor zu erkennen. Dort liegt auch das ehemalige Rathaus (1303) des Burgbezirks, das später umgebaut wurde und sich teils in Fachwerk, teils massiv zeigt.

Die mittelalterliche Altstadt war schon 1257 von einer Mauer umgeben. Um die drei Vorstädte legte man dann einen zusätzlichen *Mauerring* (1361), so daß die Stadt eine doppelte Befestigung besaß, wovon man sich noch heute gut überzeugen kann. Den äußeren Bering markieren besonders auffällig die Tore und Türme, und zwar im Uhrzeigersinn: Ziegelturm, Schiffstorturm, Butterturm und Oberes Holztor. Beim inneren Bering wären in derselben Bedeutung und Reihenfolge Holztorturm, Halbmond, Oberhaitzer Tor und Hexenturm zu nennen.

Typisch für Gelnhausen ist, daß sich das Fachwerk bei den *Wohnbauten* erst im späten Mittelalter durchsetzen konnte. Ergiebige Steinbrüche nördlich der Stadt, in denen gut zu bearbeitender Sandstein gewonnen wurde, erlaubten es, einen großen Teil der Häuser in Stein zu errichten. Heute überwiegt das Fachwerk, wenngleich unsere Reise schon wesentlich bessere Bestände zeigen konnte. Immerhin steht in der Kuhgasse eines der ältesten Fachwerkhäuser in Hessen (Nr. 1, um 1400).

Auf dem Weg von der Burg zum Untermarkt mag man einen Blick auf den ehemaligen *Fürstenhof* (1549) werfen, der sich teilweise auf die innere Stadtmauer stützt. Einst stiegen hier die Pfandherren zum Besuch ihres Amtmannes ab. Der *Untermarkt* mit seiner alten Pflasterung und seiner geschlossenen Bebauung bietet ein sehr ansprechendes Bild. Hier wohnte Maximilian I., der letzte deutsche Kaiser, der noch wiederholt nach Gelnhausen kam. Die Pfalz befand sich damals schon im Verfall (1512).

Im *Romanischen Haus* an der Nordost-Ecke des Platzes hatte vermutlich der kaiserliche Vogt seinen Sitz. Der älteste Profanbau der Stadt war lange unter Fachwerkumbauten verschwunden und wurde erst 1881 wiederentdeckt, wonach er mehr oder weniger glücklich restauriert worden ist. Etwas vergröbert wiederholen sich die Formen der Kaiserpfalz. Zum Portal mit seinem Kleeblattbogen führte ursprünglich eine Freitreppe. Die Dreierarkaden des zweiten Obergeschosses sind noch original, während die unter ihnen liegenden ergänzt wurden.

Mit ihren fünf Türmen entwirft die evangelische *Marienkirche* eine unverwechselbare Silhouette. Eine Vorgängerin findet 1151 Erwähnung. Kurz nach Gründung der Stadt fügte man dieser den noch erhaltenen kräftigen Westturm an, so daß der Bau ein mehr ›städtisches Aussehen‹ bekam. Um

1200 aber begann ein umfassender Neubau, der sich in zwei Phasen vollzog. Zunächst entstand eine flachgedeckte Pfeilerbasilika mit Querschiff und Nebenchören bei recht schlichten Formen. Um 1220 übernahm Heinrich Vingerhut die Bauleitung und wechselte den bisherigen Plan. Da ein Strebepfeiler des Chores die Jahreszahl 1232 trägt, darf um diese Zeit die Vollendung des Bauwerkes anzusetzen sein. Eine Inschrift über einer Konsolfigur im nördlichen Querschiff nennt den Namen des Baumeisters, obwohl auch vermutet wird, es könne ein Stifter gemeint sein.

Nach dem neuen Plan hat nun das Mittelschiff eine auf Säulen vorgelegte Blendbogenarchitektur. Die Ostteile sind kreuzrippengewölbt im Formengut der Spätromanik. Über Ecktrichtern (Trompen) wölbt sich eine Vierungskuppel. Außen sitzt über der Vierung ein mächtiger Turm. Den fünfseitigen Chor mit seinem Pyramidendach umziehen Strebepfeiler und Zwerggalerie. Über den Nebenchören ragen hohe, achteckige Chorflankentürme auf.

Wer immer der Meister der zweiten Bauphase gewesen sein mag, auch der im Betrachten noch Ungeübte wird sich kaum der Wirkung des reich gegliederten, von den fünf Türmen überragten Baukörpers entziehen können. Die spätromanische Architektur in Deutschland erreicht hier unstrittig einen ihrer Höhepunkte. Ähnlich wie in Limburg und doch ganz anders ist der Baumeister bei seinen französischen Kollegen gewissermaßen in die Schule gegangen. Die Bauformen sind in Laon, Chartres und Burgund, aber auch schon an Mittel- und Niederrhein vorweggenommen.

Ungemein einladend wirken die Portale. Das nördliche Seitenschiff-Portal ist während der zweiten Bauphase verändert worden. Damals entstand sein Tympanon mit dem Weltenrichter in der Mitte. Die lineare Faltengebung seines Gewandes läßt an ältere Plastiken in Chartres denken. Maria und der Evangelist Johannes sowie die Halbfiguren zweier Bischöfe begleiten den Christus. Aufgrund einer inschriftlichen Bezeichnung wird dieses Tympanon Vingerhut zugeschrieben. Dasselbe gilt auch für die beiden Querschiff-Portale. Bei ihnen umzieht ein üppiger Rankenfries Tür und Bogenfeld. In die Gewände sind je drei Säulen mit Knospen-

kapitellen eingestellt. Rundstäbe bilden die spitzen Bogen-
läufe (Archivolten). Die Portalarchitekturen treten aus der
Mauerflucht leicht hervor. Im Giebel über den Portalen erscheinen sieben steigende Rundbogennischen mit Säulen auf
figürlichen Konsolen, worin man eine Vorstufe zum gotischen Wimperg sieht. Das Tympanon des nördlichen Quer-
schiffsportals stellt die Kreuzigung dar, das des südlichen die
Madonna zwischen vier weiblichen Heiligen.

Geht man sehr ins Detail, könnte man bis zu fünf Bauab-
schnitte unterscheiden. Dann wäre in einer letzten Epoche
der *Lettner* im Innern errichtet worden (gegen 1250). Hier
muß daran erinnert werden, daß die Prämonstratenser von
Langenselbold Patronatsrechte über die Marienkirche besaßen, und somit ein echter Bedarf für die Trennung von
Priester- und Laienkirche bestand. Allerdings dürfte er ursprünglich zwischen den westlichen Vierungspfeilern gestanden und der Liturgie mehr Raum gegeben haben. Drei Arkaden tragen eine dreiseitige Bühne mit Rippengewölben. Die
Reliefs in den Bogenzwickeln zeigen Gericht und Verdammnis. In die Blendnischen der Brüstung sind Heiligengestalten gemalt. Spitzenleistungen stellen aber die naturnahen
Blattornamente dar, die uns schon in den Kapitellen und
Schlußsteinen des nördlichen Querhausportals begegneten
und sich in den Schlußsteinen von Vierung und Chor wiederholen. Mit ihrer sorgfältigen Ausführung und in der überzeugenden Lebensnähe der Flora lassen sie alles Vergleichbare im Westen Deutschlands hinter sich zurück, selbst den
Pflanzenschmuck des Kölner Domes oder der ihm benachbarten Klosterkirche Altenberg. In den Formen wirkt der
Naumburger Meister über den ehemaligen Ostlettner in
Mainz.

Eine andere, aber ebenso meisterhafte Hand schuf die
Konsolen der Blendbogenarchitektur im Chor. Vier davon
zeigen pflanzlichen und figürlichen Schmuck. Die Naturnähe
ist geringer, dafür überwiegt das Dekorative der stärker
stilisierten Pflanzenmuster. Darin nehmen sie aber innerhalb
der damaligen Zeit eine Spitzenstellung ein.

Die lange unter einer Malschicht verborgenen Fresken in
den Blendbögen und Gewölben des Chores entstanden etwa

zur gleichen Zeit wie der Lettner. Die leider verblassenden Bilder zeigen am Gewölbe den Weltenrichter, an den nördlichen Blendbögen unter anderem den zwölfjährigen Jesus im Tempel, am südlichen Bogen Kaiser Barbarossa mit dem Modell der Kirche und Stiftergestalten. Die Motive fanden in den Glasgemälden ihre inhaltliche Fortsetzung, doch sind die originalen Scheiben nur noch in Resten vorhanden und im übrigen restauriert oder modern ergänzt.

Den Hochaltar schuf Nicolaus Schitt im Jahre 1500, wie inschriftlich vermerkt ist. Im Mittelschrein stehen in lebensgroßen Schnitzfiguren die Madonna zwischen Petrus, Paulus, Apostel Johannes und dem Täufer. Kaum älter sind das Kruzifix auf dem Lettner, Kreuz-, Annen- und nördlicher Seitenaltar. Jünger ist die mit feinen Intarsien verzierte Kanzel (1600).

Die Kirche besitzt schließlich noch zwei kostbare Wirkteppiche. Der etwas ältere zeigt das Leiden Christi, der jüngere (um 1500) Szenen aus dem Leben Mariens. Die außergewöhnliche Feinheit, mit der die Personen zum Ausdruck gelangen, läßt einen Ursprung im Umkreis des Hausbuchmeisters vermuten. Mit der Jagd nach dem Einhorn verwertet das ursprünglich als Antependium gedachte Tuch uralte Symbolik, die im ausgehenden Mittelalter im Kreis der Marienlegenden sehr beliebt gewesen ist.

Unter den vielen Epitaphien beansprucht am ehesten noch das für Konrad von Bondiz († 1372) wegen des guten zugrundeliegenden Entwurfs Aufmerksamkeit. Der geborene Gelnhausener war Bischof in Illyrien.

Auch der *Obermarkt* bietet ein ähnlich ansprechendes Bild wie der Untermarkt. Das *Neue Rathaus* ist nach einem Brand (1736) letzmalig erneuert worden. Das Erdgeschoß bildet eine große Halle auf Ständern. Im Innern konnte ein Fresko (1502) freigelegt werden, das dem Hausbuchmeister zugeschrieben wird. Es zeigt Kurfürst Joachim I. von Brandenburg und dessen Bruder Albrecht. Bemerkenswerte Wohnhäuser sind der ehemalige Gasthof ›Zum Adler‹ (1564) und an der Ecke Holzgasse das Haus Symeren.

Schräg gegenüber liegt an der Westseite des Platzes die *katholische Peterskirche*. Von dem ursprünglichen Plan kamen nur ein Teil des Querschiffes mit dem Südost-Turm, die nördliche Apsis und das Langhaus bis zu halber Höhe im letzten Viertel des 12. Jahrhunderts zur Ausführung. Offenbar hat man sparen müssen, als gegen Ende des 13. Jahrhunderts die Kirche zu Ende gebaut wurde, denn sie erhielt keinen Chor. Der Torso war zuletzt zur Tabakfabrik entwürdigt und dient erst seit einigen Jahrzehnten wieder seinem einstigen Zweck. Unübersehbar ist die Verwandtschaft zu den anderen Gelnhausener Bauten, die sich vor allem in den Architekturdetails und in den Portalen äußert. Aber auch Einflüsse aus dem oberrheinisch-elsässischen Raum, vor allem von Worms her, sind festzustellen.

Geht man am Haus des Symeren weiter in die Holzgasse, so trifft man auf die ehemaligen *Ordenshöfe* der Johanniter und des Deutschen Ordens, die einander gegenüberliegen. Beide wurden in der Neuzeit verändert. Auch der mächtigste unter den Ritterorden war in Gelnhausen begütert. Dieses ehemalige Templerhaus ist bis auf jüngere Reste verschwunden und steht wie ein Gleichnis für das Schicksal der Templer überhaupt, die durch ein verbrecherisches Komplott zwischen Papst und französischem König zum Untergang verurteilt wurden. Ein Teil des hiesigen Templerhofes (An der Stadtschreiberei 8) fiel an das benachbarte Barfüßerkloster.

Aber auch das Franziskanerkloster an der Ecke zur Töpfergasse ist seit der Reformation verschwunden. Seine verbaute Kirche und Teile des Kreuzganges blieben in den dortigen Privatbauten erhalten.

Vor dem Holztor und damit nördlich außerhalb des alten Stadtberings steht die kleine *Godobertskapelle* (12. Jh.). Der quadratische Bau ist der älteste erhaltene in Gelnhausen. Sein Chor wurde später abgebrochen.

Auch die Zisterzienserklöster Haina und Arnsburg hatten hier Stadthöfe. Letzterer liegt in der Langgasse, zu der er sich mit schönem Säulenportal öffnet. Rechts neben der Hofeinfahrt lag die jetzt verbaute Kapelle, in der Reste von Wandmalereien (um 1300) entdeckt worden sind. An der Ecke zur Petersiliengasse hat das dort stehende Haus noch ein romanisches Untergeschoß, in dem ein prächtiger Löwe mit einer Tragefigur daneben (um 1200) eingemauert ist.

Überhaupt besitzen noch viele Häuser oft wesentlich ältere massive Untergeschosse, die einst vielfach Brunnen enthielten.

»Die Schmidtgasse ist, wie erwartet, alt und eng. Aber die wenigen, noch erhaltenen wirklich alten Häuser sind im Erdgeschoß stillos und nutzbringend zu kleinen, doch modernen Läden renoviert. Der ehrwürdige Gasthof zum Weißen Ochsen stellt sich in roter Leuchtschrift als Hotel vor. »Ich stehe vor dem Geburtshaus des Hans Jakob Christoffel vom Grimmelshausen und verneige mich«, schreibt Wolfgang Koeppen (1976). Dem Schlußurteil kann man sich nur anschließen. Am 27. Juli 1622 wurde Johann Jakob Christoph hier geboren. Als Zehnjähriger von hessischen Truppen aufgegriffen, machte er in wechselndem Sold verschiedene Feldzüge des Dreißigjährigen Krieges mit. Sein ›Simplizissimus‹ enthält so viele autobiographische Züge, daß er abgesehen vom dichterischen Wert auch als Geschichtsquelle bedeutend ist. Wie er wurden nach ihm andere Gelnhausener erst fern der Heimat berühmt – Kehrseite aller kleinstädtischen Enge! Philipp Reis, der Erfinder des Telefons, sei nur genannt (* 1834 in Gelnhausen). Erst recht vermochte Gelnhausen keinen bedeutenden Fremden auf Dauer an sich zu fesseln. Abt Trithemius will 1506 den berüchtigten Doktor Faust in der Gegend kennengelernt haben. Goethe, der den Magier zum literarischen Denkmal erhob, stieg 1814 im Fürstenhof ab, womit wir zum Ausgangspunkt des Rundganges durch die Altstadt zurückgekehrt wären. Was ungesagt blieb, kann vielleicht das Heimatmuseum in der Kirchgasse beantworten.

Die Gelnhausener Bucht bereitet den Übergang zur Wetterau vor. An ihren Hängen gedeihen Reben als östlicher Vorposten des Rheingauer Weinbaugebietes. Vom Main her stellt das **Tal der Kinzig**, das sich nun zunehmend verengt, einen natürlichen Verkehrsweg nach Mittel- und Norddeutschland dar. Wo man einst mit Pferd und Wagen acht Tage benötigte, um von Frankfurt über Hanau, Gelnhausen und Fulda nach Leipzig zu kommen, verläuft heute ein wichtiger Schienenweg, gibt es parallel zur alten Leipziger Straße eine moderne

Schnellstraße. Die Bahn schlüpft bei Gelnhausen in den Trichter des Kinzigtales, steigt die Höhen hinauf, um dann im dreieinhalb Kilometer langen Distelrasen-Tunnel die Wasserscheide zwischen Kinzig (= Rhein) und Fliede (= Weser) zu überwinden. Ein angenehmer Ausflug ist das, gemessen an der Mühsal früheren Reisens. Nur nach Leipzig dauert es heute viel länger als im Mittelalter – sofern man überhaupt dorthin kommt.

Auch **Wächtersbach**, von Gelnhausen aus flußaufwärts gelegen, war einst Reichsbesitz. Der Ort erhielt 1404 Stadtrechte und war seit 1685 eine Nebenresidenz der Isenburger. Die sehr langsame geschichtliche Entfaltung steht in krassem Gegensatz zum ›Senkrechtstarter‹ Gelnhausen. Daran war die abgeschiedene Lage schuld. Eigentlich hatte das Reich mit seiner alten Wasserburg lediglich für eine geregelte Forst- und Jagdaufsicht sorgen wollen. Auch als ›Stadt‹ war Wächtersbach nicht viel mehr als ein Burgflecken. Teile seiner Stadtbefestigung (15. Jh.) blieben westlich und südlich erhalten. Klein, aber voller Selbstbewußtsein gab sich der Ort, wie man angesichts des schönen Rathauses (1495) annehmen möchte. Im Fachwerkgiebel erscheinen große gekreuzte Streben. Holzgitter schließen die Halle im Erdgeschoß nach außen ab. Ebenbürtig sind manche Fachwerkhäuser, an denen Wächtersbach so reich ist, und die dem Ortskern ein überaus malerisches Aussehen verleihen.

Die originelle *Marienkirche* und jetzige evangelische Pfarrkirche ist 1354 gegründet worden und erhielt 1514 noch einen Wehrturm. Als die Stadt dann Residenz geworden war und sogar eine Lateinschule (1703) bekommen hatte, mußten Plätze für Herrscher und Scholaren geschaffen werden. Man erweiterte also die Kirche durch zwei querhausartige Flügel mit breiten Fachwerkgiebeln und östlich vorgelagerten Treppenhäusern. Jetzt konnten die Grafen von Isenburg-Wächtersbach aus neueingerichteten Logen dem Gottesdienst beiwohnen und die Schüler in der oberen Südempore die Anfangsgründe des Lateinischen studieren. Das Fachwerk und der Wehrgang oben am Turm mit seinen Zinnen und Steinerkern ergeben zusammen ein in seiner Art sicher seltenes, wenn nicht einmaliges Bild.

Die mittelalterliche *Wasserburg* war eine rechteckige Anlage. Ihre Südhälfte wurde um 1480 zu einem spätgotischen Schloß mit zwei Eckrundtürmen umgewandelt. Dem paßte man später auch die Nordhälfte an, aber im Stil der Renaissance (1522/39). Um 1650 hat August Rumpf aus Hanau das Ganze aufgestockt. An die Stelle des Bergfriedes trat schließlich der Treppenturm (1875), in den ein Portal aus der Ronneburg eingelassen ist. Die Bauten der Vorburg aus der Mitte des 18. Jahrhunderts stehen leider im Schatten des modernen Brauereigebäudes.

Im benachbarten **Aufenau** konnten sich die Forstbeamten des Büdinger Waldes eine kleine Sonderherrschaft einrichten, die sogar vom Reich anerkannt wurde, später aber nach totaler Verschuldung an Mainz fiel. Die Simultankirche, ein flachgedeckter Saal mit polygonalem Chor (15. Jh.), besitzt einen bedeutenden Flügelaltar, der möglicherweise aus der Gelnhausener Pfalzkapelle stammt. Auf seinen Flügeln sind Gemälde mit der Marienkrönung und den Zwölf Aposteln auf Goldgrund (um 1450-60). Die Art der Darstellung entspricht dem Kunstkreis des Mittelrheins.

Am Ausgang des Tales der von Norden herbeifließenden Salz liegen mehrere seit langem bekannte Solequellen. Über eine benachbarte Kinzig-Furt lief ein Strang der alten Weinstraße zwischen Niederhessen und Franken. Einen derart ausgezeichneten Ort suchte sich bald Kloster Fulda zu sichern. Wie die Geschichte von **Salmünster** zeigt, das sich namentlich als kirchliche Gründung ausweist, blieb der fuldische Anspruch nicht unangefochten.

Den rechteckigen Grundriß des alten Ortskernes zerlegen die Kinzigstraße und der senkrecht dazu fließende Mühlgraben in vier Karrees fast gleichen Umfanges. Die gut erhaltene Stadtmauer (1344) war an den vier Ecken ihres Rechtecks teilweise durch Bauten verstärkt. Während die Pfarrkirche in der Südwestecke verschwunden ist, stehen an anderen Mauerabschnitten noch die ehemaligen Adelssitze. In der Südostecke liegt an der Frankfurter Straße das Schleiffrashaus mit Torbau und zwei gewinkelten Wohntrakten, zwischen die ein Treppenturm eingestellt ist (17./18. Jh.). Auch das sogenannte Huttenschloß (1563, 1698), jetzt Amtsgericht, sei in diesem Zusammenhang erwähnt. An diese Familie war zeitweilig Salmünster verpfändet.

Ein Kollegiatstift (1319) wurde 1651 den Franziskanern, die aus Gelnhausen vertrieben waren, übergeben. Mit Fuldaer Künstlern bauten sie das Stift für ihre Zwecke um. Zu den schlichten Klostergebäuden steht die von Andrea Gallasini entworfene Kirche (1737/43) in wohltuendem Gegensatz. Der aus der Fassade vorspringende, durch Lisenen und Gesimse gegliederte Turm geht vom Achteck ins Viereck über und wird von doppelter Zwiebelhaube mit Laterne bekrönt. Wegen der Straßenlage betritt man anders als gewohnt die Kirche von Osten. War schon die Fassadenwirkung sehr eindringlich, so steigert sich der Schaueffekt ganz erheblich durch die aufwendigen fünf Altäre, die beiden Orgeln und die Kanzel. Die von Fulda her wohlbekannte und aufeinander eingespielte Künstlergruppe war auch hier wieder tätig: die Franziskanerpatres Melchior Egenolf und Hyazinth Wiegand (Altäre, Kanzel, Gestühl, Plastiken), Emanuel Wohlhaupter und Andreas Herrlein (Altargemälde). Sebastian Brünner aus Würzburg baute die Hauptorgel, Pater Adam Oehninger aus Gemünden die Orgel über dem Hauptaltar, hinter der sich der Chorraum für die Franziskaner verbirgt.

Bad Soden besaß Stadtrechte seit 1296, etwa zwei Jahrzehnte früher als Salmünster. Eine Nebenlinie der von Hutten, die von Hutten-Stolzenberg, hatten hier ihren Sitz. Die Ruine Stolzenberg geht zurück auf das fuldische Bemühen, die hiesigen Salinen zu sichern. Als die Burg an die Herren von Hutten verpfändet wurde, zogen diese es vor, sich am Fuß des Berges ein Schloß (1536) zu bauen. Hohe Staffelgiebel, Treppenturm und Erker beleben den Steinbau. Das Heilbad hat seit etwa 1875 einen stetigen Aufschwung genommen. Im Ort befindet sich das schöne Fachwerk-Rathaus (18. Jh.).

Nördlich hatten zwischen Salz und Bracht, die bei Salmünster und Wächtersbach in die Kinzig münden, die Grafen von Isenburg eine Residenz (seit 1517). Die Familie gründete 1744 die fürstliche Linie von Isenburg-**Birstein**. In dem wald- und wildreichen, weil siedlungsarmen Gebiet des Büdinger

Waldes hatte Fulda eine Burg, um den weiträumigen Besitz zu sichern. Die Isenburger konnten allmählich Anteile an ihr gewinnen und zuletzt als alleinige Eigentümer die mittelalterliche Anlage zum Schloß entwickeln. Dabei entstanden keine staunenswerten Meisterwerke der Architektur, aber eine großartig in die reizvolle Landschaft eingebundene Kleinresidenz. Vorbild waren natürlich die hochherrschaftlichen Schlösser der mächtigen Fürstenhöfe draußen im Reich, die man mit bescheidenen Mitteln recht geschickt nachahmte. Man durchschreitet eine Flucht von drei Höfen, um die sich die Baulichkeiten aus verschiedenen Zeiten gruppieren. Den Vorhof umgeben nördlich der Archivbau mit Archivturm (16. Jh.), östlich die Gartentreppe (18. Jh.) und entlang seiner Südfront das Neue Schloß (1763-68), das der Nassau-Usinger Baumeister Johann Wilhelm Faber, ein Schüler Stengels, errichtet hat. Von erstaunlicher Qualität ist dessen Inneneinrichtung, darunter vor allem die wertvollen Stukkaturen des Meisters Schwab im Festsaal des Obergeschosses.

Hinter dem Neuen Schloß liegt das sogenannte Höfchen, ein Binnenhof der Renaissance. Im Kern mittelalterlich ist der Küchenbau an der Westseite, den der Steinauer Meister Asmus 1549-51 umgestaltet und mit dem Treppenturm versehen hat. Südlich folgt der Kapellenbau (1555), an den sich im Osten der Fürstenbau (1527) mit Treppenturm (1549) anschließt. An der Nordseite ragt der Bergfried über die Gebäude hinaus. Er ist in die Rückwand des Neuen Schlosses einbezogen. Es folgt dann noch ein dritter Hof, der vom Kutschenbau (1553-91) und einem Verbindungstrakt (1570) umschlossen wird.

Durch die fortwährenden Veränderungen der Anlage findet man heute mehrere Stilepochen auf engem Raum beisammen, angefangen von den gotischen Resten im Küchenbau über Renaissance und Barock bis zum Rokoko im Grünen Saal des Neuen Schlosses. Im Fürstenbau steht außerdem einer der ältesten Plattenöfen in Hessen, den Philipp Soldan 1540 gegossen hat.

Im Schutz der Burg entwickelte sich der zugehörige Flekken recht gut. Sein Einkommen bezog er aus den Wäldern

und der Basaltgewinnung, die im Ausläuferbereich des Vo-
gelsbergmassivs noch lohnend war. Sogar eine Lateinschule
wurde gestiftet (1691), um dem fleißigen Volk den Zugang
zu höherer Bildung zu öffnen. Wahrscheinlich aber ging es
da zunächst mal um das Prestige der winzigen Residenz.

Bei allen Bildungschancen stand dem Volk der Sinn auch
nach den geheimnisvollen Mythen der Altvorderen. Ein
Steinwall südwestlich des Schlosses heißt noch heute ›wildes
Weibsbild‹. Die Sagen von den ›wilden Weibern‹ sind in ganz
Hessen in Umlauf. Wir lernten das Wildweiberhäuschen bei
Haiger als ein Beispiel solcher merkwürdigen Ortsbezeich-
nungen kennen. Dahinter steckt Dämonenglauben, der oft
durch unverstandene prähistorische oder Fossilfunde kräftig
genährt wurde.

Bad Orb

Von Süden nähern sich im Reisig die Ausläufer des Spessart
dem Kinzigtal. Mehr noch als Salmünster oder Bad Soden
profitierte das alte Königsgut Orb, das 1064 an Mainz kam,
von den Salzquellen. Da aber an dem Handel viele Herren
beteiligt waren, litt es schon bei der Stadtwerdung (1292) an
den territorialen Verschiebungen und Zersplitterungen. Im
gegebenen Zusammenhang ist es müßig, auf diese wechselvolle und komplizierte Geschichte einzugehen. Leidlicher
Wohlstand auch für die Bürger stellte sich seit dem 14. Jahrhundert ein, was an dem baulichen Erbe gut abzulesen ist.
Ein später Aufschwung folgte, als 1899 mutige Investoren
den Badebetrieb nach modernem Standard entwickelten.
Man konnte damals anknüpfen an das *Gradierwerk* im heutigen Kurpark, das Fürstprimas Karl Theodor von Dalberg
1806 hatte errichten lassen, sowie an das von dem Apotheker
Franz Leopold Koch 1863 erbaute erste Badehaus. Heute
genießt Bad Orb als Herzheilbad einen ausgezeichneten Ruf.
Dazu trägt die waldreiche Spessartlandschaft bei, die auch
Gesunden Entspannung verspricht.

Altstadt und villenreiche Neubaugebiete samt Kurviertel
bilden die beiden einander ergänzenden Ortsbilder. Gemeinsam lagen auf einer Anhöhe über der Stadt Kirche und *Burg*.
Letztere fristet mit den wenigen alten Resten und der jetzigen

Bestimmung des spätmittelalterlichen Steinbaues nur noch ein Schattendasein neben der südlich davon liegenden *Martinskirche*. Doch auch hier ist Wehmut angebracht, denn ein verheerendes Feuer hat die kunstgeschichtlich wertvolle Kirche neuerdings bis auf die Umfassungsmauern eingeäschert. Die Kirche wuchs in verschiedenen Epochen zu ihrer endgültigen Gestalt heran. Der Westturm war noch romanisch (12. Jh.). Um 1380 entstand der Chor. Langhaus und Nebenchöre gelangten während der ersten Hälfte des 15. Jahrhunderts zur Vollendung. Die Peterskapelle wurde 1445, die Marienkapelle um 1480 erbaut.

Der Brandkatastrophe fielen auch unersetzliche Kunstschätze zum Opfer, darunter der ›Bad Orber Altar‹. So kann unsere Beschreibung in vielem nur noch die Erinnerung beschwören. Die Ergebnisse der Restaurierungsbemühungen bleiben abzuwarten. Der Altar war bedeutendstes Stück der Ausstattung (um 1435), ein großes dreiflügeliges Tafelgemälde vom sogenannten Meister der Darmstädter Passion. Es zeigte eine durch viele Personen belebte Kreuzigungsszene. Die Seitenflügel waren Kopien von Originalen in den ehemals Staatlichen Museen zu Berlin. – Vernichtet sind auch die erst kurz vor dem Krieg freigelegten Wand- und Deckengemälde (15. Jh.) mit Jüngstem Gericht, den Vierzehn Nothelfern und einer Verkündigung.

Gerade noch rechtzeitig gelang es, ein Übergreifen des Feuers auf die malerische Altstadt mit ihren schönen *Fachwerkhäusern* zu verhindern. Sie folgen durchweg der fränkischen Art. Gelegentlich wird auch thüringischer Einfluß spürbar, wie bei dem ehemaligen Wohnhaus eines Mainzer Beamten in der Hauptstraße (Nr. 28 u. 30; 1611, 1607) durch das Auskragen des Brustriegels. Üppige Flachschnitzereien überziehen diese beiden Häuser. Merkwürdig sind die gleichartigen Scheunen in der Gutenbergstraße, die sich rückwärts auf die Stadtmauer lehnen. Sehr ansehnlich wirkt das *Henkers-* oder *Meisterhaus* (1707) in der Meistergasse.

Zwischen Altstadt und Kurpark liegt das Rathaus (19. Jh.), in dem auch das *Heimatmuseum* untergebracht ist, das nicht nur über die Geschichte von Stadt und Bad, sondern auch über Naturkundliches informiert.

Übersättigt vom Kunstgenuß empfiehlt es sich, die großartige Spessartlandschaft zu erwandern. Folgt man der Spessart-Höhenstraße in südöstlicher Richtung, kann auf bezeichneten Fußwegen der **Madstein** erreicht werden, ein sagenumwobener Basaltfelsen. Nicht weit davon liegt ein aufgelassener Basaltsteinbruch, in dem das Gestein in regelmäßigen Säulen zutage tritt. Südöstlich von Bieber breitet sich nahe der Landesgrenze das **Wiesbütt-Moor** aus. Als eines der wenigen noch intakten Moore in Hessen steht es unter strengem Naturschutz, worauf der Wanderer unbedingt Rücksicht zu nehmen hat. Seine Bedeutung liegt in der unangetasteten, artenreichen und seltenen Flora, der vielfältigen Kleintierwelt, und er ist ein Brutplatz seltener Vögel.

Steinau an der Straße – gemeint ist der bedeutendste Handelsweg zwischen Frankfurt und Leipzig, der dem Ort schon 1290 Stadtrechte einbrachte und jahrhundertelang mitten durch Steinau zog. Die typische Straßensiedlung ist im 15. Jahrhundert dann nochmals durch die Vorstädte Niederdorf und Steinweg west- und ostwärts gestreckt worden. Zu dieser Zeit entwickelte sich Steinau zum Mittelpunkt der Obergrafschaft Hanau, war zeitweilig sogar Nebenresidenz und sah um die Mitte des 16. Jahrhunderts eine rege Bautätigkeit, den der uns schon bekannte Baumeister Asmus dirigierte. Damals erhielt das ›Städtchen der Türme‹ seine für Hessen unvergleichliche Silhouette, die den Betrachter fast schon in die fränkische Nachbarschaft entführt.

Vier Landwarten sicherten in der Umgebung Steinau vor plötzlichen Überfällen. Die Stadtmauer ist auf längere Strecken stehengeblieben. Der Platz ›Am Kumpen‹, also der Marktplatz, bildet mit Schloß, Kirche und Rathaus wie eh und je den Mittelpunkt. Wie überall während der emsigen Bautätigkeit des 16. Jahrhunderts sorgte Baumeister Asmus für den Umbau eines Kaufhauses zum jetzigen Rathaus, das im Erdgeschoß noch die große Holzstützen-Halle besitzt.

Auch das Schloß ist aus einer älteren Burg entwickelt worden, aus der Asmus den hohen quadratischen Bergfried übernommen hat. Ein Trockengraben umzieht die rechteckige Anlage, deren Mittelachse an den beiden Enden Torbauten beschließen. Ein Zwinger mit vier bastionartigen Winkelbauten legt sich um das Hauptschloß. Dessen Hof wird außer durch den Bergfried von Treppentürmen und Erkern belebt. Zwei- oder dreifach gekuppelte Fenster blicken von den Gebäudetrakten, die den Hof an drei Seiten umgeben. Die offene Südseite schloß ehemals eine Wehrmauer. Der große Saalbau an der Westseite verdient seinen Namen wegen der zweischiffigen gewölbten Halle im Erdgeschoß, die zuletzt als katholischer Kirchenraum diente. An der Westseite des Vorplatzes liegt der ehemalige Marstall. Hier ist das Steinauer Marionetten-Theater ›Die Holzköppe‹ untergebracht, das der hier 1900 geborene Karl Magersuppe gegründet hat.

Im alten Amtshaus, jetzt Amtsgericht, hat das Puppentheater eine beziehungsreiche Nachbarschaft, gilt es doch als ›Märchenhaus des deutschen Volkes‹. Als nämlich der Amtsmann Philipp Wilhelm Grimm 1791 von Hanau hierher versetzt wurde, zogen unter anderem auch jene zwei Buben Wilhelm und Jakob ein, die als die Brüder Grimm berühmt wurden. Eine Gedenkstätte findet sich im Schloßmuseum nebenan, das auch einige Räume zeigt, die wieder im Stil der Renaissance hergerichtet und möbliert wurden. So erhält man zusätzlich Einblick in die Wohnatmosphäre am Hof der kleinen Hanauer Residenz.

Die Katharinenkirche vervollständigt das Bauensemble des Stadtzentrums. Die zweischiffige flachgedeckte Hallenkirche (1481-1511) mit Sakristei (1481) und 1531 erhöhtem Turm besitzt eine interessante Steinkanzel mit durchbrochener Maßwerkbrüstung (um 1500) sowie eine imposante Orgel (1682). Das Heilige Grab im Seitenschiff (15. Jh.) belegt eine im Spätmittelalter beliebte Form der Volksfrömmigkeit.

In der Ziegelgasse lenkt der hohe Turm der Reinhardskirche die Blicke auf sich. Wie andere, unter denen sie die älteste ist, trägt sie den Namen nach Graf Reinhard von Hanau, unter dem sie als eines der maßgeblichsten Bauwerke des protestantischen Barock im Hanauischen und Isenburgischen errichtet wurde (1724/31). Am Ende dieser Straße liegt das ehemalige von Welsbergsche Haus oder Pfleghaus, dessen spätmittelalterlicher Bau 1732 erneuert wurde. Die

Welsbergkapelle (1616), in der mehrere Angehörige dieser Familie bestattet sind, liegt außerhalb des Ortes auf dem Friedhof.

In der Nähe von Steinau wurden für die Besucher Tropfsteinhöhlen erschlossen, die angeblich die größten in Hessen sein sollen.

Mehrere touristisch ausgewiesene Straßen oder Wege führen über oder nach Steinau: Deutche Märchenstraße, Deutsche Ferienstraße Alpen–Ostsee, Spessart-Höhenstraße. Die Märchenstraße führt auch durch **Schlüchtern**, wo der vielleicht intimste Weg seinen Ausgang nimmt, der sogenannte Eselsweg. Anders als jene ist er historischen Ursprungs aus der Zeit, als noch Salztransporte mit Lasttieren durch das Kinzigtal und über den Spessart nach Würzburg zogen. Heute ist es ruhig geworden auf der Strecke, die lieber von Wanderern begangen wird.

Auch in Schlüchtern hatte Hanau entscheidend mitzureden. Seinen einstigen Charakter bezog der Ort aber von der Benediktinerabtei, die wohl fuldischen Ursprungs war. Während der Reformation entstand die nicht gerade alltägliche Situation, daß der Abt Petrus Lotichius selber das neue Bekenntnis einführte (1539). Das geschah aber mit äußerster Behutsamkeit, wobei auch Melanchthon seine Ratschläge erteilte. Der Konvent blieb im wesentlichen weiterhin zusammen und änderte lediglich seine Lebensgewohnheiten im Sinne der neuen Lehre. Anstelle des monastischen Daseins trat eine praxisorientierte Haltung der Klosterbewohner, die sich dem Unterricht und der Ausbildung von Geistlichen zuwandten. Erst 1609 wurde die Klosterverfassung außer Kraft gesetzt. Gymnasium und Landeskirchenmusikschule führen diese aus dem Benediktinertum entwickelte Tradition weiter.

Leider ist die profanierte Kirche an der Nordseite des Gebäudekomplexes stark verstümmelt. Einzelne Bauteile reichen bis in karolingische Zeit zurück, darunter der Westteil der Krypta. Die tonnengewölbte Gangkrypta mit Querarm im Osten und Querstollen im Westen erinnert an die auf dem Petersberg bei Fulda. Im 13. Jahrhundert erfolgte die Verlängerung in östlicher Richtung. Die Nebenchöre wurden durch Seitenkapellen ersetzt. Der ältere Teil der Krypta und die teilweise erhaltene Andreaskapelle sind neuerdings restauriert worden. In Verlängerung der Seitenschiffe springen westwärts Kapellen hervor. Im Norden ist es die Huttenkapelle (14. Jh.), im Süden die wesentlich ältere Katharinenkapelle (um 1100). Beide wurden restauriert. Grabsteine halten in letzterer das Andenken wach an Thamburg von Hutten († 1354), einer der beiden Erbauer der Huttenkapelle, und an den Abt Petrus Lotichius († 1560).

Die beiden Namen sollten daran erinnnern, welche geistesgeschichtlichen Impulse von Hanau und dem Kinzigtal ausgegangen sind. Ein Neffe des Abtes Lotichius († 1699) war bedeutender Elegiker des Späthumanismus. Auf der Steckelburg bei Vollmerz wurde Ulrich von Hutten geboren (1488), ein Mitverfasser der Dunkelmännerbriefe gegen das Papsttum. In Wachenbuchen stand das Stammhaus der Dichterfamilie Geibel. Die Namen Grimmelshausen und Grimm sind schon gefallen. Aus Hanau stammt auch der Komponist Paul Hindemith (1895-1963).

Aus den Klostergebäuden (1508/19) blieben die Trakte um den Kreuzganghof südlich der Kirche erhalten. Wiederholt liest man auf den Grabdenkmälern im Kreuzgang den Namen von Hutten. Etwas abgerückt vom Kloster steht das ehemalige Spital (16. Jh.), das später Abtswohnung war. Die befestigte Klausurmauer zieht noch größtenteils wie ehedem um das Kloster bis hinab zur Kinzigbrücke.

Im Lauterschlößchen (um 1440), das 1675 in seiner heutigen Form mit Treppengiebeln und Eckbuckelquadern verändert wurde, befindet sich das Bergwinkel-Museum. Es hütet als besondere Kostbarkeit Dokumente zu Petrus Lotichius.

Im Schatten des Klosters hat sich die Stadt erst allmählich zu eigener Bedeutung aufschwingen können. Die Stadtrechte sind dann um 1560 verliehen worden. Das kurz danach erbaute Rathaus ist leider neuzeitlich entstellt worden.

Darmstadt

BEMERKENSWERT spät fiel Darmstadt an Hessen. Bis 1479 war die Stadt (seit 1330) Nebenresidenz der Grafen von Katzenelnbogen, die hauptsächlich auf Burg Rheinfels über St. Goar residierten und deren Geschlecht zu diesem Zeitpunkt erlosch. Sie hatten einst eine nach dem Vorort Bessungen benannte Grafschaft von Würzburg zu Lehen empfangen. Der Name Darmstadt wird erst in der zweiten Hälfte des 11. Jahrhunderts aktenkundig.

Die Stellung der Stadt im geteilten Hessen kam in der Einleitung bereits zur Sprache. Ähnlich wie die kurhessische Hauptstadt Kassel fiel auch die des Volksstaates Hessen verheerenden Bombenangriffen zum Opfer. Den Charme der einstigen Residenz muß man anhand alter Ansichten nachzuempfinden suchen. Viele Bauten gingen nach dem hemmungslosen Abbruch der Ruinen endgültig verloren. Manches entstand aber bei moderner Innengestaltung neu. Obwohl kein künstlerisch außergewöhnliches oder kunsthistorisch bemerkenswertes Bauwerk darunter ist, hat die Stadt erfolgreich versucht, sich ein neues Gesicht zu geben. Der Stadtgrundriß läßt unschwer erkennen, daß sich dies auf historischer Grundlage vollzog. Im Zentrum liegt das unregelmäßige Straßenmuster der Altstadt mit dem vorgelagerten Schloß. Weißer und Hinkels-Turm markieren Punkte der mittelalterlichen Stadtbefestigung (1330). Westwärts folgen Alte und Neue Vorstadt, an die sich als wichtigste Stadterweiterung die Neustadt (ca. 1790-1830) anschließt. Leider sprechen nach der Zerstörung fast aller Wohnbauten allein die weitläufigen Straßenzüge für die ideenreiche Stadtplanung des Klassizismus.

Die *evangelische Stadtkirche* mag im Zusammenhang mit der Verleihung der Stadtrechte als Neubau anstelle einer älteren Marienkapelle getreten sein. Der Unterteil des spät-

gotisch veränderten und später erhöhten (1627-31) Turmes
gehört noch zum Gründerbau. Maßwerkfenster und Netzgewölbe stellen den Chor in spätere Zeit (um 1420/30). Das
als dreischiffige Basilika konzipierte Langhaus wurde 1685-
87 zu einer Halle umgewandelt, die im Mittelschiff netzge-
wölbt, in den Seitenschiffen flachgedeckt ist. Nach den
Kriegszerstörungen ließ Karl Gruber unter Benutzung der
Außenmauern eine dreischiffige Halle wiederherstellen, die
aber flachgedeckt ist.

Da die Kirche seit 1587 als Grablege der Landgrafen
diente, besitzt sie bedeutende Epitaphien. Besonders eindrucksvoll ist das altarähnliche Grabdenkmal für Landgraf
Georg I. († 1596) und dessen Gattin Magdalena zur Lippe
(† 1587) im Chor, das Peter Osten nach einem Entwurf von
Nikolaus Bergner 1588-89 schuf. Neben dem Grabmal für
Philipp den Großmütigen in der Kasseler Martinskirche handelt es sich um das älteste seiner Art im nachreformatorischen Hessen. In drei Geschossen zeigen die Reliefs in der
Mitte, wie die fromme gräfliche Familie vor dem Kruzifixus
betet und schließlich in den Himmel einziehen darf. Beiderseits davon stehen in Lebensgröße die beiden Verstorbenen,
herausgeputzt nach der steifen Mode ihrer Zeit. Vermutlich
hat Bergner auch die beiden Epitaphien für Philipp VI. von
Waldeck († 1579) und für das kleine Erbprinzchen Philipp
Wilhelm (1579) geschaffen.

Reiche Ornamente und Stukkaturen zieren Gewölbe und
Wände der Fürstengruft (1587, erw. 1620-30). Im hinteren
Teil befindet sich ein altarförmiges Epitaph für Ludwig V.
(† 1626) und seine Familie. Die Entwürfe zu den Bildnissen
wie auch für die Stuckdarstellungen (nach 1615) in der Gruft
lieferte Philipp Uffenbach.

An der Marktfront gegenüber erhebt sich der dreigeschossige Steinbau des wiederhergestellten *Rathauses* (1598-1601).
Seine Volutengiebel und das Portal verleihen dem Ganzen
eine vornehme Note. Vielleicht beabsichtigte der Erbauer,
Jakob Wustmann, diesen Eindruck, um in Schloßnähe mit
diesem Bürgerbau bestehen zu können. – Von dem benachbarten *Pädagog* (1627-29), der alten Lateinschule, steht nur
noch ein Treppenturm.

Am Nordwestrand der Altstadt liegt das *Schloß*. Aus bescheidenen Vorläufern, angefangen mit einer Wasserburg, entwickelte sich seit der Residenzzeit durch rege Bautätigkeit im 17. Jahrhundert ein weitläufiges Schloß. Anfang des 18. Jahrhunderts rührte sich Unzufriedenheit mit dem Erreichten, so daß Louis Remy Delafosse Pläne zu einer gewaltigen Barockanlage (1709) anfertigte. Diese sahen den Abbruch der früheren Gebäude vor. Finanzielle Engpässe erlaubten nur teilweise die Verwirklichung des Projektes.

Den weitläufigen Komplex umzieht der dreifach überbrückte Graben, an den sich nördlich Wall und drei Bastionen anschließen. Die nüchternen Formen des hessischen oder protestantischen Barock bestimmen im Süden und Westen den Gesamteindruck. Die Hauptfront blickt zum Markt und wird durch Portal, Pilaster und Reliefs gegliedert oder aufgelockert. Die dreigeschossigen Flügel zeigen ein sockelartiges Erd- und Mezzaningeschoß. Steinbalustraden ziehen vor den flachen Dächern entlang. Die Konzeption dürfte durch Vermittlung von Julius Ludwig Rothweil der französischen Hofarchitektur entlehnt worden sein, ohne freilich deren Niveau ganz zu erreichen. Auch im inhaltlichen Programm der allegorischen Figuren und Reliefs am Mittelbau, wo die vier Tugenden sowie Krieg und Ruhm dargestellt sind, folgte man romanischem Geschmack. Parallelen zur Kasseler Wilhelmshöhe drängen sich auf.

Unter den verschiedenen hier untergebrachten öffentlichen Einrichtungen seien nur die Landesbibliothek und das Staatsarchiv erwähnt wegen ihrer Bedeutung für Erforschung und Studium der hessischen Geschichte.

Um drei Binnenhöfe gruppiert sich dahinter der weniger einheitliche Komplex des Altschlosses. Den Übergang vermittelt der viergeschossige Glockenbau (1663-71, Johann Wilhelm Pfannmüller). Er trägt seinen Namen von dem Glockenspiel in seiner Laternenhaube (1670). Der Prinz-Christian-Bau riegelt diesen Hof vom westlichen Parforcehof ab. Um den Kirchenhof lagern die nördlichen Teile des Altschlosses: Weißer Saalbau (1. H. 16. Jh.) und Herrenbau als westliche und nordwestliche Trakte, Kirchenbau als Ostflanke, Kaisersaalbau als Hofabschluß und Durchfahrt. Im

Herrenbau haben wir den, später stark veränderten, ehemaligen Palas (14. Jh.) vor uns. Den Kirchenbau (1595-97) ziert ein hübscher Renaissance-Giebel. Den Kaisersaalbau, dem vorigen zeitgleich, zeichnet ein ornamentreiches Säulenportal aus. – Einen lebendigen Eindruck vom höfischen Leben vermittelt das im Glockenbau untergebrachte Schloßmuseum. Prunkstück seiner Sammlungen ist die von Hans Holbein d. J. gemalte ›Darmstädter Madonna‹ (1526).

Die Wallhäuschen (1627) bilden eine Tordurchfahrt nördlich vor dem Altschloß. Bald folgt das ehemalige Hoftheater (Landestheater, 1818-20, Georg Moller).

Benachbart ist das Hessische Landesmuseum, dessen Besuch dringend zu empfehlen ist. Natur- und Kulturgeschichte kommen gleichermaßen zur Geltung. Einzigartig ist die Sammlung von Glasmalereien. Ältestes Stück ist ein Heiligenkopf aus Lorsch, der gegen 900 gemalt worden ist. Zum Grundbestand der paläontologischen Sammlungen gehören Objekte aus dem Besitz des Darmstädter Universalgelehrten Johann Heinrich Merck (1741-91). Nach unsteten Studien in Gießen und Dresden trat er in den Beamtendienst, der dem musisch Veranlagten die nötige Sicherheit bot. Bald war er Mittelpunkt des Darmstädter Kreises der Empfindsamen, beeinflußte den jungen Goethe und war verbunden mit Herder und Lavater. Er war Mitarbeiter an Wielands ›Teutschem Merkur‹ und Nicolais ›Allgemeiner deutscher Bibliothek‹.

Unlösbar gehört zur Schloßanlage sein Park, der Herrngarten. Er erlitt nach bescheidenen Anfängen (1580) den üblichen Stilwandel vom französischen Lustgarten (1681) zum englischen Landschaftsgarten (1766). Nordöstlich schließt der als Rokokoanlage erhaltene Prinz-Georg-Garten (1624) an, der mit dem Prettlack'schen Garten (um 1710) verbunden ist. Hier arbeitet die Gartenverwaltung in einem reizvollen Gartenhaus (um 1710), das Louis Remy Delafosse zugeschrieben wird.

Das *Prinz-Georg-Palais* hütet die Großherzogliche Porzellansammlung. Einmalig ist die Kollektion von Erzeugnissen aus der landgräflichen Prozellanmanufaktur Kelsterbach. Ergänzt werden sie durch Porzellan aus ganz Europa,

die durch die weitreichenden verwandtschaftlichen Verbindungen des Fürstenhauses nach Darmstadt gelangten. Vielleicht von besonderem Interesse sind die Erzeugnisse aus der
Kaiserlich-russischen Prozellanmanufaktur St. Petersburg.

Am Friedensplatz verläßt man den Schloßbezirk. Weiter
südlich deutet der Weiße Turm die westliche Grenzlinie der
einstigen Altstadt an. Auf dem weiten *Luisenplatz* blickt der
›Lange Ludwig‹ auf das moderne Verkehrsgewühl herab.
Die Bronzestatue stellt Großherzog Ludwig I. dar, den Ludwig von Schwanthaler modelliert hat. Das Denkmal gehört
zu den wenigen Säulenmonumenten in Deutschland. Den
Luisenplatz zählte man »zu den prachtvollsten städtebaulichen Platzanlagen Hessens«. (M. Backes) Die ihn schneiden-
den Straßen sind ganz nach der im barocken Städtebau
geübten Weise angelegt. Der Rheinstraße kommt dabei zentrale Bedeutung zu, da sie den Blick zum Schloß leitet und
konzentriert, in entgegengesetzter Blickrichtung das Auge in
weite Ferne schweifen läßt.

Von der Bebauung des Barock gibt das wiederhergestellte
Kollegienhaus (Regierungspräsidium) einen Eindruck. Der
Südflügel (1777-80) entstand nach einander ergänzenden Plänen von Franz Ludwig von Cancrin und Johann Martin
Schuhknecht. Ersterer entwarf auch das dreiläufige Treppenhaus mit seinem schönen Rokoko-Geländer. Den Er-
weiterungsflügel zum Mathildenplatz plante Georg Moller
(1825-26).

Im Zuge der Wilhelminenstraße blickt man südwärts auf
die *Ludwigskirche*, einem der wichtigsten Bauten seiner Zeit
(1822-27). Georg Moller ließ sich bei seinen Plänen offenkundig vom Pantheon in Rom inspirieren. Dem gewaltigen
Rundbau (42 Meter Durchmesser) ist im Norden die Sakristei und genau gegenüber im Süden die Eingangshalle vorgesetzt. Im Innern teilen Säulen den halbkugelig überwölbten
Mittelraum von einem Umgang. Wie in Rom dient auch hier
allein die Scheitelöffnung der Lichtgebung. Die Monumentalität der Kirche stand in klarem Gegensatz zur damals kleinen katholischen Gemeinde. Sie wollte auch politische
Demonstration sein im Zuge des wiedererwachenden Selbst-
bewußtseins des Katholizismus und seiner Restauration.

Die *Mathildenhöhe* löste sich erst spät aus ihrer rein ländlichen Vergangenheit. Im Platanenhain der Erbprinzessin
Mathilde erbaute der Petersburger Architekt Benois die russische Kapelle (1898-99), die der heiligen Maria Margaretha
geweiht wurde. Anlaß war die Heirat der Prinzessin Alexan-
dra von Hessen mit dem Zaren. Neuromanische Formen
sind dem byzantinischen Anliegen dienstbar geworden. Die
vergoldeten Kuppeln verbreiten etwas vom mystischen Geist
orthodoxer Frömmigkeit. Vorangegangen waren ähnliche
Bauvorhaben in Bad Ems und Wiesbaden. Gleichzeitig entstand die russische Kapelle in Bad Homburg.

Als der letzte regierende Großherzog 1899 hier Künstlern
die Möglichkeit bot, in einem losen Verband gemeinsam
zu arbeiten, entwickelte sich die Mathildenhöhe zu einem
Zentrum moderner Kunst. Der Leiter der Künstlerkolonie,
Josef Maria Olbrich, verstand die Arbeit ›als heiligen
Gottesdienst‹, die sich im Atelier, dem Ernst-Ludwig-Haus,
vollzog. Von dem mit Flächenornamenten geschmückten
Haus, dem ›Tempel des Fleißes‹, stieg man über die Freitreppe »nach des Tages emsiger Arbeit« zu den Künstler-
wohnhäusern hinab, »um den Künstler mit dem Menschen
einzutauschen«, wie Olbrich sein Tagewerk deutete. Das
Haus von Peter Behrens ist noch am besten im alten Zustand
erhalten.

Anläßlich der Hochzeit des Großherzogs entstanden
Hochzeitsturm und Ausstellungshallen (1907-08). Der back-
steinverkleidete Turm gab der Stadt ein neues Wahrzeichen,
an dem sich vor allem der Ruhm der Künstlerkolonie entzündete. Bernhard Hoetger schuf fünf Jahre später den Skulpturenschmuck des Platanenhains. Die 1955 auf der *Rosenhöhe*
gegründete Neue Künstlerakademie übernahm zwei Löwenplastiken Hoetgers als Eingangsfiguren. Georg Moller hatte
dort 1826 den kleinen Kuppelbau des Mausoleums für Prinzessin Elisabeth erbaut, in dem der Sarkophag der Großherzogin von Chr. Rauch (1836) aufgestellt ist.

Die Mathildenhöhe wurde vor dem Ersten Weltkrieg geradezu als heiliger Berg der modernen Architektur und des
Kunstgewerbes empfunden. Der Jugendstil bezog von hier
wesentliche Impulse. Mit seiner avangardistischen Architek-

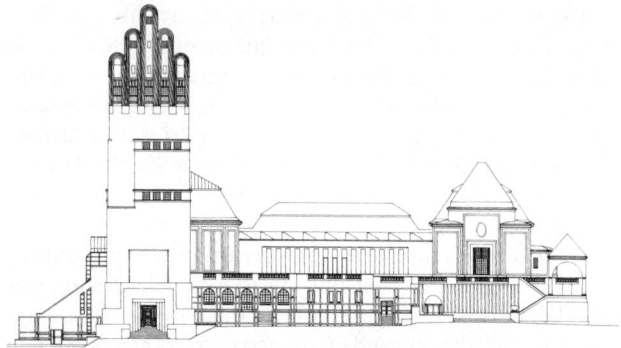

Darmstadt, Hochzeitsturm und Ausstellungsgebäude
auf der Mathildenhöhe, von J. M. Olbrich

tur pflanzte Peter Behrens die Idee der Neuen Sachlichkeit
seinen Schülern ein, die ihn zum Teil weit übertreffen sollten,
wie Walter Gropius, Mies van der Rohe oder Le Corbusier.
Im heutigen Rat für Formgebung, der in Darmstadt seinen
Sitz hat, wirkt alte Bauhaus-Tradition weiter.

Im Ernst-Ludwig-Haus auf der Mathildenhöhe hat heute
die Deutsche Akademie für Sprache und Dichtung ihren Sitz.
Durch die alljährliche Vergabe des Georg-Büchner-Literatur-
preises übt sie auf ihre Weise Einfluß aus im modernen
Kulturleben. Geistige Impulse gehen sicherlich auch vom
PEN-Zentrum der Bundesrepublik aus, das in Darmstadt
residiert. In den ›Darmstädter Gesprächen‹ besteht ein Dis-
kussionsforum für Politik, Wissenschaft und Kunst, das internationale Reichweite hat. Anzuschließen wäre hier das
Internationale Musikinstitut Darmstadt, das sich die Pflege
zeitgenössischer Musik in Europa zum Ziel setzt. Was in den
früher genannten und weiteren Museen in stillem Forscher-
fleiß bewältigt wird, mag oft nur der Spezialist erfahren.
Umso mehr Publicity genießen immer wieder gelungene Auf-
führungen der Darmstädter Theater.

Auch im Wirtschaftsleben und in der Wissenschaft geben
einige Unternehmen und Institute den Ton an. Das Europäische Operationszentrum für Weltraumforschung ist da nur
eine, allerdings recht bekannte Adresse.

Seine Rolle als Verkehrsknotenpunkt zwingt viele Menschen auch ungewollt in und durch die Stadt. Vielleicht könnte man den neuerdings als technisches Kulturdenkmal umsorgten Wasserturm an der Dornheimer Brücke beim Hauptbahnhof auch als Denkmal der kurzfristigen Gastfreundschaft für unzählige Reisende verstehen. Er ergänzt die von Friedrich Pützer geschaffene Anlage des Hauptbahnhofs (1911).

Jagdschloß Kranichstein liegt nur wenige Kilometer vom Stadtzentrum entfernt in malerischer Umgebung. Jakob Kesselhut erbaute es für Landgraf Georg I. Das dreiflügelige Gebäude (1571-79) stellt ein ungewöhnlich frühes Beispiel einer Hufeisenanlage in Deutschland dar. Quadratische Treppenhäuser verbinden die Flügel. Die Nordwestecke nimmt ein kräftiger Rundturm ein, der erst später erhöht und mit der Haubenlaterne bekrönt worden ist. Von hier aus hatte der Landgraf über acht Waldschneisen Einblick bei höfischen Parforce- oder Treibjagden. Was man früher zur Jagd alles benötigte, wie kapitale Jagdstrecken aussahen, zu welcher Behaglichkeit die Jagdherren (und nicht nur sie) des 18. und 19. Jahrhunderts ihre Wohnräume ausstatteten, zeigt das im Schloß untergebrachte Museum. Selbstverständlich stammen die meisten Objekte aus Hessen!

Kranichstein ist die große Ausnahme. Sonst hat Darmstadt die brutale Zerstörung aller alten Baudenkmäler erleben müssen. Entschlossen und umsichtig war die Stadt bemüht, Altes wiedererstehen zu lassen. Möglicherweise hat dazu auch ein gewisses geistiges Klima beigetragen, das in der Tradition wurzelt. In Darmstadt nämlich wurde das erste verfassungsstaatliche Denkmalschutzgesetz Deutschlands verabschiedet (1902). Großherzog Ernst Ludwig, der die Mathildenhöhe zur Künstlerkolonie werden ließ, war mit seinem Ministerialrat Freiherr v. Biegelleben der Vater des Gesetzes. Ihm lag in gleicher Weise an der Förderung moderner wie an der Pflege historischer Kunst. Ihrer Zeit voraus, erkannte seine Gesetzgebung das gemeinsame Anliegen von Denkmalpflege und Naturschutz. Nicht weniges wurde zum Vorbild aller späteren Denkmalschutzgesetze.

Bergstraße und Ried

BERGSTRASSE und Baumblüte scheinen unlösbare Begriffe zu sein. Unzählige Besucher erleben alljährlich im Frühjahr das weiß-rote Blütenmeer, das zeitiger als in anderen Teilen Deutschlands endgültig den Winter verabschiedet. Der Odenwald schützt vor kalten Ostwinden und fängt an seinen Hängen die Sonnenwärme auf, so daß auch nachher die Früchte eher reifen als anderswo. Auf Löß-, Lehm- und Sandböden gedeiht edles Obst, außer Äpfeln, Birnen oder Kirschen nicht zuletzt auch Wein, Pfirsiche, Aprikosen, ja sogar Eßkastanien, Mandeln, Walnüsse und Feigen. Die schmucken Städtchen und Dörfer empfehlen sich erfolgreich als Luftkurorte. Auerbach verfügt sogar über eine heilkräftige Stahlquelle, die 1739 auf Veranlassung des kurmainzischen Amtsphysikus gefaßt wurde.

Schon immer war diese Fernverbindung zwischen Frankfurt und Norditalien belebt. Sie hallte wider vom Gleichschritt römischer Kohorten und erlebte nomadisierende Germanen, hörte das Knirschen von Wagenkolonnen der Handelsherren und die Weisen andächtiger Rompilger. Die modernen Verkehrswege haben die uralte Richtung beibehalten: Bundesstraße, Auto- und Eisenbahn verbinden Darmstadt und Heidelberg. Eine Burgenkette am Odenwaldrand spricht vom Bemühen, den Weg zu sichern oder zu beherrschen, aber auch von der territorialen Zerrissenheit dieses Raumes in früheren Jahrhunderten. Lange stritten die Landgrafen von Hessen und die Kurfürsten von Mainz über das Kaiser- und Messegeleit nach Frankfurt. Die Romantiker begeisterten sich an den Burgruinen. Wir sind nüchterner und wissen um das Leid, das die grauen Mauern erlebten, genießen zugleich aber auch die großartige Rundsicht, die viele von ihnen bieten.

Das Rathaus von **Pfungstadt** ist eines der ansehnlichsten in Massivbauweise im Darmstädter Umland. Geschweifte Giebel und ein vorgezogener Treppenturm beleben das Bauwerk (1614), das zum Teil über dem Bachbett der Modau steht. Der Bach trieb früher eine ganze Reihe von Mühlen, deren Gebäude, wenn auch durchweg verändert, noch erhalten sind, wie etwa die Mühle am Markt oder die Kirchenmühle. Auch die Kirche (1746-48) steht am Bach. Pfarrer Lichtenberg machte die zeichnerischen Vorschläge zum Bau, die dann der Architekt Johann Friedrich Karge ins Technische übertragen hat. Mehrere gute Fachwerkhöfe der fränkischen Form liegen in der Bornstraße. Dort ist auch das Städtische Museum untergebracht.

Über **Jugenheim** bestand ein Klarissenkloster, das nach seiner Aufhebung (1413) rasch verfiel. Gleich dabei ließ die Großherzogin Wilhelmine von Hessen 1831 eine künstliche Kirchenruine erbauen. Daneben hält eine uralte Linde das Andenken an das Zehntgericht wach, das einst an dieser Stelle tagte. Etwas weiter davon steht das sogenannte Goldene Kreuz (1865) und das Mausoleum für Prinz Alexander von Hessen († 1888), dem Begründer der Familie Battenberg-Mountbatten, deren Name uns schon früher im Edergebiet begegnet ist. Über dem ehemaligen Klosterbezirk war nach den Befreiungskriegen wohl durch Georg Moller ein Landgut erbaut worden, das dieser in den Dreißiger Jahren schloßartig erweiterte und mit einem englischen Park umgab. Erst der gerade erwähnte Prinz Alexander ließ daraus das repräsentative **Schloß Heiligenberg** in der nachklassizistischen Vierflügelanlage (1863-77) entwickeln, das jetzt das Institut für Lehrerfortbildung beherbergt. Oft weilte die Familie des russischen Zaren hier zu Besuch.

Wieder andere Herren, die Grafen von Katzenelnbogen, hielten die beiden Burgen in **Zwingenberg**, mit denen sie die zwischen Odenwald und den versumpften Neckararmen verlaufende Bergstraße kontrollieren konnten. Nur unbedeutende Mauerreste blieben davon übrig. Dafür beherrscht heute die evangelische Kirche den Ort. Chor (teilweise) und Mittelschiff stammen noch aus dem Gründungsbau der Katzenelnbogener Grafen (1258). Um 1400 kam ein östliches

Querschiff hinzu. Die Seitenschiffe wurden 1706 angebaut. Die Kirche trägt mit zu dem ansprechenden Ortsbild bei, das wegen der Hanglage voll zur Geltung kommt und Zwingenberg eine besondere Stellung unter den Orten an der hessischen Bergstraße einräumt. Der ältere Teil der Stadt liegt um die Kirche. Während der zweiten Hälfte des 13. Jahrhunderts wurde planmäßig die Unterstadt angelegt. Ober- und Untergasse bildeten deren Hauptachsen. Überall sieht man im Stadtkern alte Fachwerkhäuser (nach 1693). Das sogenannte Schlößchen (16. Jh.) war Sitz hessendarmstädtischer Hofbeamter. An mehreren Stellen sieht man Reste der mittelalterlichen Wehrmauer. Außerhalb des Maureringes lag die ehemalige Amtskellerei (1563) in der Obertorstraße.

Im Hintergrund baut der Melibokus oder Malchen (515 m), der höchste Punkt in dieser Landschaft, eine imposante Kulisse auf.

Bensheim

Einer der bekanntesten Punkte an der Bergstraße ist das **Auerbacher Schloß**, dessen Ruine auf einem Berg über dem gleichnamigen, nach Bensheim eingemeindeten Ort liegt. Der bedeutendste Burgenbau dieser Gegend verrät durch seinen dreieckigen Grundriß die Hand der Katzenelnbogener Grafen, wie sie uns schon von Burg Hohenstein im Taunus her bekannt ist. Um diesen im 13. Jahrhundert entstandenen Kern legt sich die gleichalte Zwingermauer und, wie ein zweiter Zwinger, die Vorburg. Halsgraben und Schirmmauer bieten Sicherheit gegen den rückwärtigen Berggrat. Die Hauptangriffsseite stärkt ein polygonales Bollwerk. Der bergfriedartige Eckturm hat die uns ebenfalls geläufige Butterfaßform der Katzenelnbogischen Burgen. Der Palas an der Südostseite ist in den Mauern bis zur Traufhöhe erhalten. Der Schachtbrunnen im Hof reicht 75 Meter tief. Die Anlage war für damalige Waffen unbezwingbar. Aus dem Besitz von Mainz, das die Burg den Grafen von Katzenelnbogen zu Lehen aufgetragen hatte, fiel sie 1479 an Hessen und bildete bis 1674 den Mittelpunkt eines Amtes.

Als 1739 die schon erwähnten Heilquellen gefaßt wurden, erlebte Auerbach eine neue Blüte. Landgraf Ludwig x. weilte gerne zur Kur und Erholung hier, so daß er sogar den Bau eines Schlosses in Erwägung zog. Immerhin entstand östlich oberhalb des Ortes eine Kuranlage für den Darmstädter Hof, das *Fürstenlager*, nachdem schon vorher entsprechende Einrichtungen bei der Quelle bestanden hatten. Dazu gehören die ländlich-intimen Gebäude (1790-95), unter denen allein das Herrenhaus zweigeschossig ist, und der englische Landschaftspark mit seinem romantischen Inventar: Louisendenkmal, Altar der Freundschaft, Eremitage oder Efeutempel. Johann Martin Schuhknecht arbeitete als Bauleiter Ludwigs nach Plänen des Baudirektors Lorenz Friedrich Müller und des Hofgärtners C. L. Geiger.

Auch die alte Nikolaus- und heutige *evangelische Pfarrkirche* liegt hübsch im Grünen auf einer felsigen Anhöhe beim Eingang zum Mühlbachtal. An den Turm (1479) der alten Kirche hat man dann, um Platz zu gewinnen, seit 1713 Chor und Langhaus neu angebaut.

Das **Schloß von Schönberg** schaut ebenfalls auf den gleichnamigen Ort herab, zu dem es gehört und der nach Bensheim eingemeindet worden ist. Vorgänger war eine Burg, die dem Schutz des Amtes Schönberg dienen sollte. Beides trugen die Schenken von Erbach von Kurpfalz zu Lehen. Nach der Zerstörung der Burg (1504) erfolgte der Wiederaufbau als Schloß, das aber mehrfach später verändert worden ist. Um seinen Hauptbau legen sich halbkreisförmig die ehemaligen Wirtschaftsgebäude.

Würde man von hier aus dem Lauterbach weiter aufwärts folgen, so könnte man nördlich von Reichenbach, am Felsberg (515 m), ein beeindruckendes Naturschauspiel erleben, das sogenannte **Felsenmeer**. Die drei verschiedenen granitischen Gesteine, die hier auftreten, verwittern jeweils zu anders aussehenden Bruchstücken und sind an der Süd- und Südostseite des Berges zu Strömen gewaltiger Steinblöcke aufgetürmt. Weiße Feldspäte setzen sich gegen schwarze Hornblende ab, so daß schon die römischen Baumeister auf das Vorkommen aufmerksam wurden, zumal das Gestein oberflächennah mühelos angegangen werden konnte. Nach den Aufträgen der Baumeister erfolgte an Ort und Stelle die Behandlung des Materials. Einige derart bearbeitete Stücke sind beim Abzug der Römer zurückgelassen worden.

Am Ausgang des Lauterbachtales war **Bensheim** wegen seiner günstigen Lage schon 956 ein nicht unbedeutender Marktort. Die fast quadratische Altstadt mit Marktplatz, Kirche und dem ehemaligen Lorscher Klosterhof durchzieht die alte Bergstraße. Der Mainzer Erzbischof verlieh Bensheim 1320 sogar die Privilegien einer Freien Reichsstadt. Damals entstand südlich, jenseits des Lauterbachs, eine halbkreisförmige Vorstadt mit dem Heilig-Geist-Hospital. Von der Stadtbefestigung sind nur noch Reste vorhanden, darunter der quadratische Bürgerturm.

Über dem Marktplatz liegt die *Pfarrkirche St. Georg* (1826-30) und bezeichnet die Stelle der beiden verschwundenen Kirchen des Mittelalters, die wehrhaften Charakter besaßen. Sie gehört zu den wichtigsten Bauten von Georg Moller, der sie nach Art frühchristlicher Basiliken konzipiert hat. Die doppeltürmige Westfassade und die Chortürme kamen nach den Zerstörungen im letzten Krieg neu hinzu.

Dem ehemaligen *Lorscher Klosterhof* sieht man jetzt nicht mehr an, daß er einst Bestandteil der Kirchenbefestigung gewesen ist. Seine Existenz erinnert daran, daß Bensheim ursprünglich Besitz des Klosters Lorsch war, ehe es 1232 an Kurmainz fiel. Während der Reformationszeit mußte die Stadt einen Besitzerwechsel zwischen Kurpfalz und Kurmainz hinnehmen, was ihr gleichzeitig den zweifachen Wechsel der Konfession bescherte. Die Anfänge des nachrömischen Ortes gleichen denen so vieler anderer Orte in Hessen, wo alter Klosterbesitz in stärkere Hände überging und sich entsprechend weiterentwickelte. In dem jetzt eher schlichten Klosterhof ist das *Museum der Stadt* untergebracht, das über Geschichte und Vorgeschichte informiert, bürgerliche und bäuerliche Wohnkultur zeigt und naturkundliche Objekte ausstellt.

Infolge der Rekatholisierung (1624) kamen vier Jahre später Kapuziner nach Bensheim und bauten ein Kloster mit Kirche (1653-62). Es wurde nach dem letzten Krieg durch einen Neubau ersetzt.

Die günstige Lage der Stadt lockte viele Adelige hierher, die sich dann in standesgemäßen Häusern niederließen. Innerhalb der Altstadt sind dies die ehemaligen Höfe der Kämmerer von Worms, meist Dalberger Hof genannt, der Freiherren Wambolt von Umstadt in der nach ihm benannten Straße, der Hof der Freiherren von Hoheneck und der Walderdorffer Hof. Die Stadtverwaltung benutzt den ehemaligen Rodensteiner Hof (1739), dessen Garten heute Kurpark ist. Das Parkcafé war vorher Gartenhaus. Es folgt ganz der Stilrichtung von Georg Moller. Bemerkenswert ist auch das spätgotische Hochzeitshaus (16. Jh.) an der Hauptstraße. Im übrigen sieht man viele alte, oft verputzte Fachwerkhäuser.

Eine alte Brücke mit Standbildern der Heiligen Nepomuk und Franz Xaver führt über den Lauterbach in die Neustadt. Das Krankenhaus setzt die Tradition des ehemaligen Heilig-Geist-Hospitals fort. Einige Mauerteile (18. Jh.) bilden auch baulich einen Zusammenhang mit der Vergangenheit. Dazu gehört auch die *Alte Kellerei* (um 1600) mit ihren Fachwerkobergeschossen.

Heppenheim

Die Geschichte des Ortes weist gewisse Parallelen zu der Bensheims auf, nur sind die Belege aus vorkarolingischer Zeit teilweise dichter. Sie reichen zurück bis zu einer bronzezeitlichen Siedlung an dieser Stelle. Einen Königshof schenkte Karl der Große dem Kloster Lorsch, womit dann der mit Bensheim ähnliche geschichtliche Weg beginnt. Lorsch gründete 1065 auf einer Anhöhe über der Stadt die heutige *Burgruine Starkenburg*. Sie sollte die Bergstraße und die sie in Heppenheim kreuzende Straße von Worms nach Würzburg überwachen. Nach dem Dreißigjährigen Krieg hat man die Anlage durch Schanzen und Bastionen festungsartig verstärkt, wovon noch Reste (um 1680) zeugen. Die Franzosen rannten wiederholt vergeblich gegen ihre Mauern. Der mainzische Burggraf war damals bereits in die Stadt gezogen, nachdem er vorher von hier aus den ehemaligen Lorscher Klosterbesitz verwaltet hatte. Von der Ruine des Palas schweift der Blick weit über die Bergstraße und das Ried.

Der umwehrte Königshof und die früher befestigte Kirche genügten lange zur Sicherung der Siedlung an der Bergstraße. Die später in mehreren Phasen vollzogene Stadtumwehrung blieb nur in geringen Resten sichtbar. Die im sogenannten Übergangsstil (1900/04) errichtete *Pfarrkirche St. Peter* nimmt die Stelle aller Vorgängerbauten seit der ersten Erwähnung (755) ein, über deren Aussehen aber kaum etwas bekannt ist. Die Inschrift im Untergeschoß des Turmes wiederholt die Beschreibung der Heppenheimer Königsmark aus dem Jahre 805. Die Heppenheimer Madonna befindet sich im Mainzer Diözesanmuseum, während hier nur eine Kopie dieses bedeutenden Bildwerkes (1280) aufgestellt ist.

Vom Markt aus lassen sich leicht alle wichtigen Teile der Altstadt erreichen. Dabei geht man in den winkeligen Gassen immer wieder an wertvollen *Fachwerkhäusern* (15.-18. Jh.) entlang. Durch die Hanglage kommt es zu wechselvollen Ansichten, die zusammen ein höchst malerisches Stadtbild ergeben.

An der nördlichen Stadtmauer ist vermutlich nach 1232 der *Mainzer Amtshof* entstanden, zu dem außer Haupthaus und Kapelle noch Marstall (vor 1614) und Kelterhaus (nach 1710) gehören. Der Hauptbau reicht zum Teil bis in die Gründungszeit zurück. Sein Turm wurde um 1400 erhöht, um Raum für eine Kapelle zu gewinnen. Der sogenannte Fürstensaal im Hauptbau besitzt bewundernswerte Wandmalereien. Die wappenhaltenden Engel (um 1390) an seiner Ostwand erinnern an Gestalten in der Szene des Weltgerichts, das wir in der Kirchturmhalle zu Eltville antreffen. Jünger sind die ornamentalen und Wappenmalereien an der Nordwand (nach 1461). Raumbestimmend sind aber vor allem die Architekturmalereien der Renaissance (1576). Der hübsche Chorerker zeigt auf den Gewölbekappen musizierende Engel (um 1380), die den Engeln im Saal nahestehen. In dem Gebäudekomplex ist unter anderem auch das › Volkskundemuseum Odenwald–Bergstraße–Ried‹ untergebracht.

Die Amtsgasse verbindet den Hof mit dem Marktplatz, den das schöne *Rathaus* beherrscht. Auf massivem Untergeschoß mit geräumiger Säulenhalle (1551) ruhen die beiden Fachwerkobergeschosse (nach 1693) mit Erkerkern. Der

Mittelerker läuft in den Glockenturm aus. Die Fassadengliederung wiederholt sich zierlicher und mit viel Anmut gegenüber bei der Liebig-Apotheke (1700). Das Haus ›Zum Goldenen Engel‹ (17. Jh.) und andere schließen sich an. Auf dem Marktbrunnen steht eine Statue der Immaculata (1729).

In der Siegfriedstraße liegen der ehemalige *Sickinger Hof* (1731) und die sogenannte Schindersburg (1577), beide mit Fachwerk, wobei der erste Bau eine gute Ausstattung im Sinne des hessischen Barock bekommen hat. Auch die Neustadt besitzt viele Fachwerkgebäude. Am interessantesten ist wohl der frühere *Thurn- und Taxissche Posthof* (1594) wegen seiner Figuren an Streben und Brüstungen.

Mit dem südlichsten Ort der hessischen Bergstraße wendet sich der Blick westwärts zum **Ried**. Der Name besagt so viel wie nasses Land. Er entstand angesichts des Bildes, das die Landschaft vor der stärkeren Beeinflussung durch den Menschen bot. Die Ufer des Rheins säumten tiefe Auenwälder. Zur Riedmitte folgte Laubwald. Die Sanddünen waren gelegentlich mit Nadelhölzern bestanden. Rhein, Main und Nekkar liefen auf ganz anderen Wegen, ehe sie sich bei Trebur vereinigten. Erst der Mensch zwang sie in ihr heutiges Bett. Aber an vielen Stellen bemerkt man die Windungen der ehemaligen Flußläufe. Tonige Böden haben dazu beigetragen, daß auch nach den gewaltigen Entwässerungsmaßnahmen noch feuchte oder sumpfige Stellen zurückgeblieben sind. Die interessantesten Reste der einstigen Naturlandschaft stehen heute unter Naturschutz. Ein erstes Beispiel an unserem Weg wäre das Pfungstädter Moor, das sich in einer Flußschlinge des ›eiszeitlichen‹ Neckars ausbreitet. Es liegt im Vorland der nördlichen Bergstraße südlich von Pfungstadt. Anderen werden wir noch begegnen.

Erst beim Studium der wenigen Naturreste zeigt sich das Ausmaß, in dem der Mensch das Ried landschaftlich verändert hat. Auf den Sandböden, die aus Ablagerungen der mäandrierenden Flüsse stammen, wird unter anderem viel Spargel angebaut. Dennoch gibt es im Ried keine reinen Bauerndörfer, da die Bevölkerung in den großen Industrieorten der Nachbarschaft genügend Arbeit findet.

Einer der ältesten Orte im Ried ist Lorsch, das um 760 gegründet worden ist, indem an der Stelle eines Hofgutes ein Benediktinerkloster gestiftet wurde. Das sogenannte Altenmünster gab man aber wieder auf und verlegte den Konvent wenige Jahre später etwa einen halben Kilometer westwärts auf eine flache Düne. Die Karolinger förderten die Stiftung nach Kräften und statteten sie mit reichem Grundbesitz aus, darunter der Heppenheimer Mark, deren Beschreibung wir auf der Inschrift in der dortigen Kirche gelesen haben. Karl der Große weilte mindestens fünfmal im Kloster. Ludwig der Deutsche samt Sohn und Enkel waren hier beigesetzt. Unter den Ottonen und Saliern blieb die kaiserliche Gunst ungebrochen, Lorsch entwickelte sich zum bedeutendsten Kloster am Oberrhein. Seit der Mitte des zwölften Jahrhunderts verblaßte sein Ansehen, das Erzstift Mainz übernahm 1232 das Kloster und siedelte sechzehn Jahre darauf Prämonstratenser an. In der Reformation ging auch dieser Konvent unter. Im Dreißigjährigen Krieg wurde das Kloster eingeäschert. Tilly verschenkte die überaus kostbare Bibliothek an den Vatikan (1622). Zuletzt war Lorsch kurmainzisches Jagdschloß, wobei die Abtswohnung als Jagdhaus, die Torhalle als erzbischöfliche Kapelle dienten.

Lorsch gilt heute als einer der Hauptorte des Tabakanbaues in Hessen. Das *Rathaus* (1715) erinnert in seinen Fachwerkteilen dem wenig älteren in Heppenheim. Am Marktplatz und im Ortskern stehen viele gute Fachwerkhäuser (18. Jh.). Am Markt nehmen das Gasthaus ›Zum Weißen Kreuz‹ und die mit einem Eckerker ausgestattete Apotheke (1717) eine besondere Stellung ein. Im alten Rathaus können die Sammlungen der Stadt Lorsch besichtigt werden.

Das ehemalige *Benediktinerkloster* ist weitgehend verschwunden. Teile der südlichen und östlichen Klausurmauer bezeichnen noch die Ausmaße des einstigen Abteibezirks, in dem nur noch die große Zehntscheune (15. Jh.) und die Torhalle stehen geblieben sind. Durch entsprechende Anpflanzungen hat man den Grundriß von *Kloster- und Gruftkirche* kenntlich gemacht.

Bei der Klosterkirche handelte es sich um eine dreischiffige Basilika mit Rechteckchor und einer Dreiturmanlage im Westen. Daran schloß westwärts in voller Breite der Kirche eine dreischiffige Vorkirche an, die durch ein breiteres Atrium fortgesetzt wurde. Dessen Westtor bildeten den Hauptzugang zu Kloster und Kirche. Freistehend im Vorhof befand sich die Torhalle. Zur Bestattung Ludwigs des Deutschen fügte man ostwärts die Gruftkirche an (876-82). Nach einem Brand entstand der Baukomplex in alter Form wieder neu. Die bis dahin offene Vorkirche ist später (wohl 1141-48) in eine überdachte, dreischiffige Basilika umgewandelt worden. Drei Joche blieben als trauriger Rest der großen Kirchenanlage erhalten.

Umso wichtiger ist, daß wenigstens die *Torhalle* (772-74) über alle Bedrohungen hinweg gerettet werden konnte. Obwohl kunstgeschichtlich von überragender Bedeutung, war 1797 ihr Abbruch beschlossene Sache. Ludwig I., Großherzog von Hessen und bei Rhein, konnte das vereiteln. Er stellte die Pflege des ältesten erhaltenen deutschen Baudenkmals sicher. Die dabei gewonnenen Erfahrungen veranlaßten ihn als ersten Fürsten in Deutschland, eine Denkmalschutzverordnung für Bauwerke zu erlassen (1818). Damit folgte er dem Rat Georg Mollers, des bedeutendsten hessischen Baumeisters der Romantik, von dessen Können wir uns schon häufig überzeugen konnten.

An das zweistöckige, querrechteckige Gebäude sind seitlich unscheinbare, halbrunde Treppentürme angebaut. Drei große Rundbogen öffnen nach beiden Seiten das Untergeschoß. Dazwischen stehen Halbsäulen mit Kompositkapitellen, über denen ein Ornamentband entlang zieht. Das Obergeschoß gliedern kannelierte Pilaster mit ionisierenden Kapitellen und einem darüber stehenden Giebelfries. Den oberen Abschluß bildet ein Konsolgesims. Ein Mosaik aus roten Sechsecken und weißen Dreiecken, im Arkadenbereich aus roten und weißen Quadraten, bedeckt die Mauerflächen der Schauseiten.

Spürbar lebt hier der Gedanke des antiken Triumphbogens weiter, ungebrochen in seiner Funktion bei der militärischen Siegesparade, ins Christliche transponiert mit seiner religiösen Bedeutung. Da die Karolinger sich als die Nachfolger der Cäsaren fühlten, kann man fast nachempfinden, wie sie nach erfolgreichem Waffengang zum ›Tempel‹ des christlichen Gottes schritten, um Dank für den Sieg abzustatten und gleichzeitig Sühne für die begangenen Frevel abzuleisten.

Ungewiß ist die einstige Bedeutung des Obergeschosses. Manche sehen in ihr eine Empfangs- oder Königshalle, andere einen Gerichtssaal. Seit dem 14. Jahrhundert diente sie jedenfalls als Michaelskapelle. Im Innern konnten umfangreiche Teile der ursprünglichen Ausmalung freigelegt werden. Die Architekturmalerei der unteren Zone führt die Außengliederung mit anderen Mitteln fort. Als das hölzerne Tonnengewölbe bei der Einrichtung der Michaelskapelle eingezogen wurde, hat man es im Stil der Gotik bemalt. Man sieht die Marienkrönung, musizierende Engel, Christus und Maria vor Gottvater und den Schmerzensmann. Von demselben Meister wurden auch die Fresken im Amtshof zu Heppenheim geschaffen.

In **Lampertheim** sind die beiden Gebäude erhalten, die einst als kurfürstliches Jagdhaus und Rentamt (1756, Römerstraße) und vier Kilometer östlich des Ortes als kurpfälzisches Jagdschloß (Neuschloß) dienten. Letzteres wird nach den Erbauern, den Kurfürsten Friedrich I. und II. (1465-70, Erweiterung 1544-56), auch Friedrichsburg genannt. Sie finden hier nicht wegen ihrer ohnehin mäßigen baulichen Bedeutung Erwähnung, sondern weil die jagdliche Betätigung der früheren Herren auf das Ried als Naturlandschaft hinweist. Unmittelbar westlich erstreckt sich das wichtige Naturschutzgebiet ›Lampertheimer Altrhein‹. Es umfaßt Teile einer *Altrheinschlinge* mit der von ihr umschlossenen Insel, sowie Partien der westwärts anschließenden Bonaue mit ihren Stehgewässern. Die Rheinaue verfügt dort noch über ansehnliche naturnahe oder gar natürliche Abschnitte. Die wechselvolle Landschaft umfaßt offene Wasserflächen, Uferzonen, Röhrichte, Silber- und Kopfweidenbestände, Eichen-Ulmen-Hartholzauen und Nutzflächen. So kann sich eine vielfältige Vegetation entwickeln, die ihrerseits eine reichhaltige Tierwelt beherbergt. Allein einhundert Brutvogelarten sind registriert. Dazu bildet der Altrhein einen wichtigen Rastplatz für Wasservögel.

Der Interessengegensatz zwischen Kurmainz und Kurpfalz hatte im Ried und darüber hinaus mitunter konfessionelle Probleme nach sich gezogen, wie gelegentlich angedeutet wurde. Als Ausdruck für die Kompromißbereitschaft mag die Simultankirche St. Michael in **Hofheim** gegenüber Worms gelten. Franz Georg von Schönborn, Fürstbischof von Worms und Erzbischof von Trier, ließ sie durch Balthasar Neumann erbauen. Die Westfront der jetzigen katholischen Pfarrkirche (1747-50) umschließt halbkreisförmig nach vorne den Glockenturm. Löwen stützen das Wappen des Bauherren über dem prunkvollen Portal. Volutengiebel schließen die Frontseite oben ab. Über eine Vorhalle gelangt man in den fast quadratischen Saal mit eingezogenem Chor. Außer der Spiegeldecke fehlt dem Innern jeder Bauschmuck. Dafür sorgen die Steinaltäre für dekorative Wirkung und ergänzen irgendwie, was der Architektur zu fehlen scheint. Die Bildwerke stammen aus der Schule des Paul Egell. Das Hochaltargemälde mit dem Sturz der bösen Engel schuf Johann Konrad Seekatz. Stilistisch steht das Kruzifix außen neben der Westfassade der Altarplastik nahe, ist hier aber nur Kopie (Original im Mainzer Dom-Museum). Wertvoll sind auch die mit Intarsien ausgelegte Kanzel und das Gemälde der Muttergottes mit dem Rosenkranz (um 1750).

Biblis ist gegenwärtig eine weitbekannte Adresse der in manchem umstrittenen Atomindustrie, da hier eines der größten Kernkraftwerke der Welt betrieben wird. In Biblis stellte sich moderne Technik zugleich aber auch in den Dienst der Archäologie, als man auf dem Zullestein die Grundmauern eines römischen Burgus konservierte. Der Kunstfreund wird der merkwürdigen Pfarrkirche einen Besuch abstatten. Die ›doppeltürmige neuromanisch-neufrühgotische Basilika‹ (1872-76) ist nämlich im Besitz einer Anzahl qualitätvoller Holzplastiken des 15. und 16. Jahrhunderts verschiedener Herkunft. Besonders schön ist das Relief im Mittelfeld des Hochaltares, das den Auferstandenen mit den Aposteln zeigt (um 1490).

Gernsheim hat viel unter Kriegszerstörungen zu leiden gehabt. Bei der katholischen Pfarrkirche blieb noch die alte Frontseite erhalten, die unter dem Einfluß von Balthasar Neumann steht (1753). Man erinnert sich unter anderem an Hofheim und an Heusenstamm. Weithin grüßt der Turm in die Riedlandschaft. Die Altäre besitzen noch die ursprüngliche Figurenausstattung (1770), als deren Schöpfer Sebastian Pfaff (Hochaltar) und Johann Joachim Günther genannt werden. – Das Ortsbild prägen die alten Häuser. Georg Moller entwarf das alte Rathaus (1839), das nach dem Krieg wiederaufgebaut worden ist.

In der Wallfahrtskapelle Maria Einsiedel südöstlich der Stadt sucht das gläubige Volk Zuflucht bei zwei Gnadenbildern der heiligen Maria. Das ältere ist eine kleine Pietà mittelrheinischer Herkunft (um 1400), das jüngere eine stehende Muttergottes mit Kind (um 1470). Von der neugotischen Kapelle ist nur noch der Chor alt (1495).

Georg Büchner

In **Goddelau** kam am 17. Oktober 1813 Georg Büchner als Sohn eines Arztes zur Welt. Nach in Darmstadt verlebter Kindheit schloß sich der Straßburger Medizinstudent der politischen Freiheitsbewegung an, agitierte später an der hessischen Landesuniversität zu Gießen und gründete 1834 die Gesellschaft für Menschenrechte. In zündenden Worten sagte ›Der hessische Landbote‹ dem damaligen Regime den Kampf an. ›Dantons Tod‹ war in seinem Realismus ein dramatischer Beitrag zur Darstellung des Revolutionsgedankens auf der Bühne. Die anderen im Exil geschaffenen Werke lassen ihn als einen »der tiefsten Dichter einer tragischen Weltschau im 19. Jahrhundert« hervortreten.

Westlich liegt das Naturschutzgebiet **Kühkopf-Knoblochsaue,** das mit dem Lampertheimer Altrhein das bedeutendste seiner Art in Hessen ist. Wie dort umfaßt es einen Altrheinarm mit naturnaher Ufervegetation und Auwäldern. Eine seltene Flora sowie seine überregionale Bedeutung für die Vogelwelt waren die Hauptgründe für die Schutzbestimmung, die auch für die nördlich und südlich an die Rheinschlinge anstoßenden Gebiete gilt.

In **Erfelden** empfiehlt sich ein Besuch der evangelischen Pfarrkirche. Georg Lerch erbaute sie 1834 als klassizistischen Saal mit umlaufenden Emporen. Über Altar und Kanzel steht auf der Ostempore die wertvolle Orgel (1707) von Johann Jost Schleich, die 1746 durch Barthel Brunner umgebaut wurde. Sie gelangte aus der ehemaligen Abteikirche Amorbach hierher.

Folgenschwere Entscheidungen fielen auf den Reichstagen des Mittelalters, die wiederholt in **Trebur** abgehalten wurden. Die Kaiserpfalz ist völlig verschwunden. Mauerwerk ihrer Kapelle steckt in der heutigen evangelischen Pfarrkirche, die durch ihre Lage noch an die einstige Bedeutung dieses Platzes erinnern mag. Johann Wilhelm Pfannmüller nahm in der zweiten Hälfte des 17. Jahrhunderts ihren Umbau in Angriff, den Pfarrer Johann Konrad Lichtenberg 1748-52 vollendete. Durch ein spätgotisches Westportal gelangt man in die karolingische Vorhalle, die sich über hohe Rundbögen zum Schiff öffnet. Der eigenwillige Emporeneinbau verleiht diesem eine von der Architektur gelöste eigene Raumgestalt.

Die zum Steinbruch degradierte Pfalz lieferte Baumaterial für viele der alten Häuser oder Scheunen.

Jenseits von Mörfelden liegt im ausgedehnten Mönchwald das **Jagdschloß Mönchbruch,** das Baudirektor Helfrich Müller 1729 für die Landgrafen von Hessen-Darmstadt errichtet

hat. Zur Straße liegt der eingeschossige Haupttrakt aus Fachwerk. Ein geräumiges Tor führt zum Hof, wo sich hufeisenförmig zwei kleine Seitenflügel anschließen. Dahinter liegen
noch drei isolierte Pavillons. Im Naturschutzgebiet **Breiter
Bruch** westlich von Mörfelden erlebt man die vielfältigen
Wiesen- und Bruchlandschaften mit ihrer einzigartigen
Pflanzenwelt, die einst das ganze Ried prägten.

Die Ebene endet nordöstlich an einer sanften Gelände-
stufe, die zum Rodgau überleitet, jenem dichtbesiedelten
Bauern- und Industrieland, das von Offenbach aus bereits
unsere Aufmerksamkeit fand. Nordwestlich nähern wir uns
der industriell hochbedeutsamen Main-Spitze, wo fünf weitbekannte Betriebe den größten Teil der Arbeitskräfte dieses
Gebietes beschäftigen. Sie haben ihren Sitz in Goddelau,
Groß-Gerau, Gustavsburg und Rüsselsheim, wozu noch Kelsterbach hinzuzurechnen wäre. **Rüsselsheim** ist geradezu ein
Synonym für Kraftwagen, obwohl überraschenderweise im
Schatten der Werke sich auch historische Bauten in erneuer-
ter Form finden, darunter das ehemalige Palais der Freiherrn
von Verna mit künstlichen Ruinen im Park und die aus einer
Wasserburg hergerichtete Jugendherberge.

Odenwald

DIE Abtei Lorsch veranlaßte energischere Schritte zur Besiedlung des damals fast menschenleeren Odenwaldes, der erst zu Ende des Mittelalters voll erschlossen war. Die Wasserläufe zum Rhein, Main und Neckar haben seine Oberfläche stark profiliert. Ländliche und städtische Siedlungen befinden sich meist in Tallagen. Nach dem Schema aller Waldhufenorte folgen sie dem Bachlauf und der Talstraße.

Der vordere Odenwald ist wegen seiner fruchtbaren Böden stärker besiedelt als der hintere Gebirgsteil mit seinem Buntsandstein. Das Weschnitz-Tal ist durch seinen Obstanbau bekannt. Der Ausdruck ›Kartoffelsanatorium Hinterer Odenwald‹ entstand, weil es dort viele Zuchtbetriebe für Saatkartoffeln gibt. Ein wichtiger Erwerbszweig war die Viehwirtschaft. Seit dem Verlust ihrer ostpreußischen Heimat erfahren die Trakehner Zucht und Pflege im Gestüt der Grafen von Erbach.

Die Gersprenz mit der sie begleitenden Straße von Darmstadt nach Aschaffenburg bildet eine einprägsame Orientierungslinie. Wo sie durch eine von Frankfurt zum Odenwald ziehende Nord-Süd-Verbindung geschnitten wurde, unterhielten die Römer ein großes Etappenlager für ihre Kastelle am Main und für den Odenwald-Limes.

Dieburg

Einen geringeren Umfang als das Römerlager hatte das mittelalterliche Dieburg an gleicher Stelle, das seit 1310 Kurmainz gehörte. Gersprenz und Herrengraben umfließen den regelmäßig angelegten Stadtkern, dessen Achse durch den alten Straßenzug gebildet wird. Jenseits der Gersprenz liegt der Stadtteil Altenstadt, der früher als mittelalterliche Stadt bestand und deshalb außerhalb ihrer Mauern liegt.

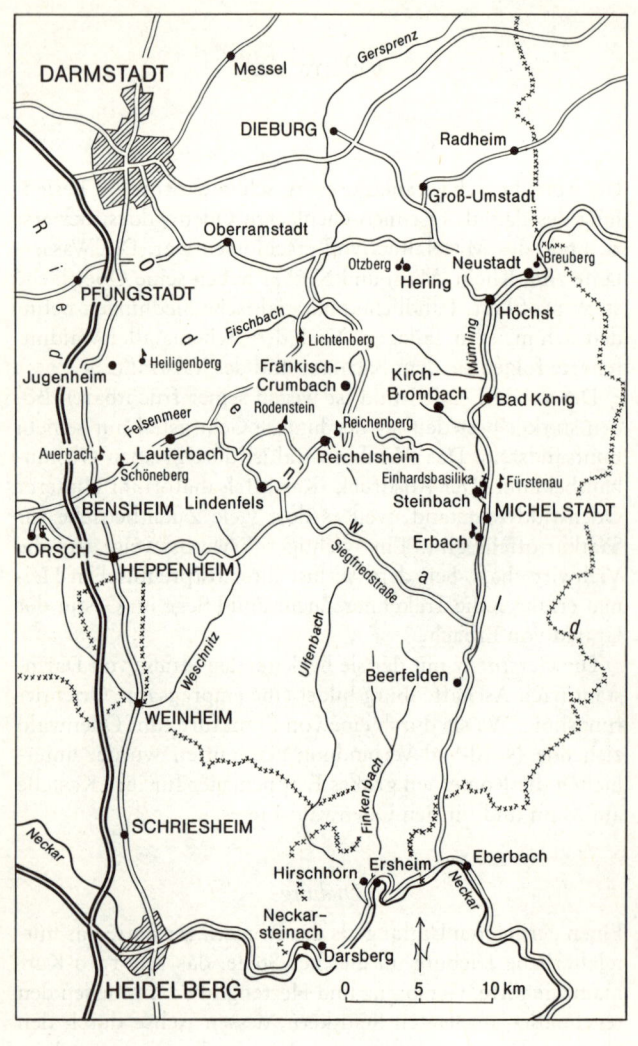

Die zeitliche Abfolge geht auch daraus hervor, daß die Kirche in der ›Altstadt‹ bis 1569 die Dieburger Pfarrkirche war. Es ist die jetzige *Wallfahrtskirche St. Maria*. Wo schon spätestens in ottonischer Zeit eine kleine Kirche stand, hat man 1232 zum dritten Mal einen Kirchenbau in Angriff genommen, wobei ein romanischer Glockenturm zur Marienkapelle umgewandelt wurde. Dieser ehemalige Glockenturm stand isoliert und war eines der wenigen Beispiele für Campanile in Deutschland. Erst im 14. Jahrhundert entstand eine größere Kirche in unmittelbarer Nachbarschaft, wobei Teile der älteren übernommen wurden. Chor und Westturm der heutigen Kirche stammen aus dieser Bauphase. Bei einer tiefgreifenden Umgestaltung (1697-1715) verschwand die Marienkapelle. Stattdessen erhielt die Kirche das ausgedehnte Querschiff und dadurch ihren merkwürdigen T-förmigen Grundriß.

Abgesehen von Resten gotischer Fresken im Ostchor ist die Farbgebung barock und von guter Wirkung. Johann Peter Schäfer aus Mainz schuf 1749 den prunkvollen Hochaltar, der ganz auf die Thematik einer Wallfahrtskirche abgestimmt ist. Seine perspektivische Architektur, die Gestik der Heiligengestalten und der eine Krone tragende Engel konzentriert sich zu der Stelle, wo das Gnadenbild seinen Platz hat. Es ist ein Vesperbild aus Leder mit Mörtelbeschichtung (um 1420). Das Werk des Weichen Stils steht den mittelrheinischen Tonplastiken dieser Zeit nahe, die wir gelegentlich kennenlernen konnten. Etwas älter als der Hochaltar sind der Josephaltar und die beiden Seitenaltäre. Günstig zwischen den beiden Schiffen steht die Kanzel (vor 1750). Im gotischen Chor befindet sich ein sogenannter Grabaltar der Renaissance (1604). Im Mittelfeld zeigt ein Alabaster-Relief die Anbetung der Hirten. Seitlich sieht man die Mitglieder der Stifterfamilie Ullner in gleicher Haltung. Verschiedene Bildwerke des 18. Jahrhunderts und die Orgel (1759) vervollständigen die geschmackvolle Ausstattung.

Die nur selten angewendete Technik der mörtelbeschichteten Lederplastik kehrt in einem knapp lebensgroßen Vesperbild der *katholischen Pfarrkirche* wieder. Deren Kirchenschatz hütet ein spätromanisches Brustkreuz (Pektorale) des

Mainzer Erzbischofs Dietrich von Isenburg († 1475), der nach seiner Abdankung in Dieburg wohnte und das Kreuz der Kirche schenkte.

Hospital und *Kapuzinerkloster* erfuhren mit dem Nutzungswandel auch starke Veränderungen. Doch behielt gerade das Kapuzinerkloster recht gut das Aussehen, das ein Mendikantenkonvent des 18. Jahrhundert bot.

Das klassizistische *Rathaus* kann Einflüsse von Georg Moller kaum leugnen. Nicht weit ist es zum ehemaligen Fechenbachschen Schloß (19. Jh.), in dem das sehenswerte *Kreismuseum* untergebracht ist. Unter den bis zur Jungsteinzeit zurückreichenden Fundbelegen sind die Reste eines Mithrasbildnisses kunst- und religionsgeschichtlich bedeutsam. Man zeigt die untergegangene Odenwälder Tracht, erinnert an die furchtbaren Pestseuchen und stellt Erzeugnisse des Dieburger Handwerks vor. – Die meist verputzten Fachwerkhäuser verfügen vielfach über ein überbautes Hofportal, das gelegentlich zwei Häuser gemeinsam haben, um so Platz zu sparen.

Westlich der mittelalterlichen Stadt befand sich eine mainzische *Wasserburg* (Schloßhof), in der heute Behörden untergebracht sind. Bloße Erinnerung ist auch das Lustschloß Stockau (1850) südwestlich der Altstadt, wo der Weimarer Dichterkreis um Sophie La Roche sich traf. Der Schloßpark galt als einer der schönsten in Deutschland.

Bei **Messel** wurde im Tagebau Ölschiefer abgebaut. In dem Gestein fand man außerordentlich gut erhaltene Fossilien der Pflanzen- und Tierwelt des Tertiärs, wie sie in dieser Reichhaltigkeit fast ohne Parallele sind. Als die aufgelassene Grube zur Mülldeponie erklärt wurde, regte sich heftiger Widerstand, der Messel zusätzliche Bekanntheit eintrug. Nun steuert man einen Kompromiß zwischen Wissenschaft und Wirtschaft an.

Der Wegweiser nach **Oberramstadt** weckt die Erinnerung an einen bedeutenden Hessen: Georg Christoph Lichtenberg, der dort am 1. Juli 1742 geboren wurde. Er wirkte in Göttingen als Professor für Experimentalphysik, wurde aber als Schriftsteller berühmt. Er wandte sich gegen den Sturm

und Drang, die Empfindsamkeit und die philosophische My-
stik. Seine posthum veröffentlichten Aphorismen kennzeichnen ihn als Kulturkritiker von universaler Sicht und tiefer
psychologischer Kenntnis.

Groß-Umstadt gibt einen guten Einstand für eine Reise in
den Odenwald. Seine Höhen umschließen eine zum Rodgau
hin offene Bucht, in der seit 1383 planmäßig Weinbau betrieben wird. Diese ›Odenwälder Weininsel‹ ist mit 0,8 Promille
Anteil an der Weinbaufläche der Bundesrepublik das kleinste
Weinbaugebiet bei uns. Das hier gebraute und gezapfte Bier
soll nicht minder wohlschmeckend sein. Doch gilt nach wie
vor der große Festtag am Wochenende nach dem 15. Septem-
ber mit seinem sehenswerten Umzug allein der Weinlese.

Rathaus und Kirche blicken in einmütiger Geschlossenheit
nicht nur beim Weinfest auf das bunte Treiben auf dem
Marktplatz, in dessen Geviert ein alter Brunnen (1714) plätschert. Schon im achten Jahrhundert dürfte an derselben
Stelle bereits eine Kirche gestanden haben. Die heutige *evangelische Pfarrkirche* ist ein Neubau (1490-94) auf älteren
Fundamenten. Der quadratische Westturm (13. Jh.) ist im
Oberbau achteckig und endet mit kleinen Giebeln und Spitzhelm. Der Chor überragt das dreischiffige Langhaus deutlich. Seinen Innenraum überspannt ein reiches Netzgewölbe,
während die Langhausschiffe flachgedeckt sind. Außer der
Orgel (1699) verdienen einige Grabdenkmäler Beachtung.
Reizvoll ist darunter der Gegensatz zwischen der noch gotischen Darstellung des Balthasar Schelm von Bergen († 1546)
und der Renaissancegestalt des Wolf von Bettendorf († 1555),
die angesichts der zeitlichen Nähe der Todesdaten beider
überrascht.

Statuen der Klugheit und Gerechtigkeit blicken vom *Rathaus* zum Markt. Der Darmstädter Hans Merian hat mit
diesem Bauwerk (1596-1625) einen für damalige Verhältnisse
sehr fortschrittlichen Bau erstellt, in dem kurpfälzische Einflüsse ihren Niederschlag gefunden haben. Der zweigeschossige rechteckige Steinbau gilt als eines der schönsten Rathäuser in Südhessen. Angeschlossen ist ein altes Wohnhaus
(1761), den jetzt ein Teil der Verwaltung nutzt.

Rege Bautätigkeit vom 16. bis in die Mitte des 17. Jahrhun-

derts schenkte Groß-Umstadt eine Reihe von Herrenhäu-
sern. Die Volutengiebel am Nord- und Westflügel des hufei-
senförmigen Wambolt-Schlosses in der Curtigasse ähneln
denen des Rathauses. Ein Remisenbau und, zur Gasse, das
ehemalige Jägerhaus ergänzen die Anlage. An der Schloßgasse liegen die ehemaligen Reformierte Kollektur und daneben das Pfälzer Schloß (um 1500). Der tonnengewölbte Keller und der flachgedeckte, von Holzpfeilern gestützte Saal
darüber sind noch ursprünglich. Der Hof von Haxthausen
und der Rodensteiner Hof liegen in der nach letzterem benannten Straße. Das Darmstädter Schloß im Nordwesten
der Stadt ging beim Umbau (1744) aus einer älteren Anlage
hervor.

Die Dorfkirche von **Radheim** besitzt eine ungewöhnlich
wertvolle Ausstattung. Würzburgisch-fränkischen Ursprungs sind Hochaltar, die beiden Nebenaltäre und die
Kanzel im Stil des Rokoko (um 1760). Neben Heusenstamm
und Hofheim sind sie die besten Schöpfungen in Südhessen
aus dieser Epoche. Die Heiligen- und Engelfiguren gewinnen
beim Anschauen ein regelrechtes Eigenleben. Jede Gestalt
ist eine individuelle Persönlichkeit. Das gilt vielleicht noch
mehr von den drei spätgotischen Holzfiguren (um 1520), die
man dem Meister der Mosbacher Kreuzigung zuschreiben
möchte. Sie zeigen schon Grünewaldsche Mimik. Die Pestsäule (1625) in der Ortsmitte erinnert an schlimme Zeiten.

Einige ansehnliche Häuser, vielleicht einst Burgmannensitze, halten fest, daß *Neustadt im Odenwald* lange im Schatten und Dienst der Burg Breuberg stand. Selbst in der evangelischen Pfarrkirche (1701) mit ihrem mittelalterlichen Westturm (1480) erinnert die zweigeschossige Herrschaftsloge an
diese alte Abhängigkeit der Siedlung im Mümlingtal.

Burg Breuberg auf steilem Bergkegel über der Mümling,
ist sicher eine der eindrucksvollsten Burgen in Südhessen. In
der Fuldaer Gründung etablierten sich um 1200 die Herren
von Breuberg als Vögte. Ihnen folgten die Grafen von Erbach
(1556), von Stolberg-Königstein und von Löwenstein. Heute
dient sie als Jugendherberge.

Das romanische Portal am Torbau, Teile der Ringmauer
und der quadratische Bergfried aus Buckelquadern stammen

noch aus dem Gründungsbau (um 1200). Im 15. und zu Anfang des 16. Jahrhunderts entstanden der außere Torbau, Wilhelmsturm, Vorderer, Michaels- und Roter Turm sowie das Zeughaus mit dem Renaissanceportal, über dem es heißt: ›Hanns Stainmiller macht mich‹. Johann Casimir von Erbach fügte den nach ihm benannten und gut erhaltenen Bau (1606-13) im Bereich der Vorburg hinzu. Der Rittersaal im Obergeschoß hat eine prächtige Stuckdecke, die vermutlich Eberhard Fischer aus Babenhausen anfertigte (1610-24). Man sieht allegorische Figuren, Wappenfolgen, Medaillons und einen Fries mit Gestalten oder Szenen aus antiken Tierfabeln, Mythologie und Götterwelt. Ohne Zweifel gehören die Stuckdekorationen zu den schönsten ihrer Zeit in Hessen, ja in ganz Südwestdeutschland. Damals wurde übrigens auch die Wächterstube im Bergfried eingerichtet. Den Burghof umschließen zwei- und dreigeschossige Wohnbauten des 15. und 16. Jahrhunderts.

Die Herren von Breuberg scheinen um 1200 das Augustinerinnenkloster in **Höchst** gestiftet zu haben, das 1506 Benediktinerinnen beherbergte und fünf Jahrzehnte später von den Grafen von Erbach und von Löwenstein aufgehoben wurde. Die Propsteikirche war zugleich Pfarrkirche. Nach der Aufhebung des Klosters ist die Kirche unter Belassung des romanischen Westturmes in der überlieferten Form neu gebaut worden. Sie gibt damit zugleich das erste Zeugnis der protestantischen Sakralarchitektur im Odenwald, die sich hier noch sehr schlicht und bescheiden äußert. Umso großzügiger verfuhr man später bei der barocken Ausstattung, wobei Kanzel und die wandfüllende Orgel (1708) einen erstaunlichen Formenreichtum erhielten.

Das Geviert des alten Klosters schließt sich nördlich der Kirche an und dient heute Zwecken der Kirchengemeinde. Trotz vieler Veränderungen blieb der ehemalige Charakter bis zu einem gewissen Grade gewahrt. Überrascht bemerkt man an der ehemaligen Propstei außerhalb des Klausurbereichs die Schießscharten am runden, ursprünglich zinnenbekrönten Treppenturm.

In **Hering** stoßen wir wieder auf ein Zeugnis ehemaliger Abhängigkeit zwischen Burg und Siedlung, wie es in Neustadt der Fall war. Es ist das Burgmannenhaus, das nach 1500 ein Boppo Gans von Otzberg erbaut hat, das 1572 erneuert wurde und in seltener Unversehrtheit überliefert ist. Hering bekam zwar 1322 Stadtrechte, behielt aber seinen dörflichen Charakter. Gleichsam schutzsuchend klimmen die verschachtelten Häuser den Burgberg hinan.

Hoch oben auf dem landschaftsprägenden Bergkegel blickt *Burg Otzberg* in die Lande. Die um 1200 von Fulda gegründete Burg verfiel seit dem 19. Jahrhundert und ist heute Jugendherberge und Gaststätte. Der ovale Burgbering und der freistehende Bergfried stammen noch aus der mittelalterlichen Burg. Im 16. Jahrhundert wurde sie festungsartig ausgebaut mit Wall, Graben und Bastionen. Dabei entstand auch das Torhaus (1511, 1543) in der heutigen Form. Östlich dahinter liegt das Brunnenhaus mit seinem großen Treibrad (1788). Die Aussicht reicht weit nach Nordwesten, wo schließlich der Taunus den Horizont begrenzt.

Otzberg führte uns vom Mümlingtal weg, dem wir aber vorerst weiter aufwärts folgen wollen. Hier hat sich seit dem 19. Jahrhundert wegen seiner Stahlquellen **Bad König** zu einem beliebten Kurort entwickelt, wozu die landschaftlich reizvolle Umgebung nicht unwesentlich beigetragen hat. An erhöhter Stelle vereinigen sich Kirche und Schloß zu einer merkwürdigen Baugruppe. Allerdings hat das Schloß (1559) durch nachträgliche Veränderungen viel von seinem einstigen Charakter eingebüßt. Eine Torfahrt führt in den Hof, der zugleich Kirchenvorplatz ist. Brunnen und Freitreppe weisen den Weg zum Schloßgarten mit seinen zum Teil prächtigen Bäumen. Am Kirchturm (1479) verraten Zinnen und Schießscharten, daß er als Wehrbau gedacht war. Die Saalkirche ist 1750 anstelle des alten Langhauses neu gebaut worden. Das Portal ziert das Erbacher Wappen. Im Innern bilden Taufstein, Altar, Kanzel und Orgel eine bauliche und liturgische Einheit.

Kirch-Brombach liegt abseits der Mümling in einem Seitental. Bis zur Reformation besetzte das Chorherrenstift St. Alban in Mainz die hiesige Pfarrstelle. Die jetzige evangelische Pfarrkirche hatte deshalb St. Alban zum Patron. Ihr spätgotischer Chor entstand um 1460, der quadratische

Westturm etwa sieben Jahre später. Das Langhaus dagegen wurde unter Verwendung älterer Teile barock erneuert (1714-15).

Bald nach 1518 dürfte der hervorragende Flügelaltar entstanden sein, der seine mainzer Herkunft nirgends verleugnen kann. Im geschnitzten Schrein steht die fast lebensgroße Figur des Kirchenpatrons Alban, flankiert von seinen Gefährten Ursus und Theonest. Manche wollten die Statuen dem Mathias Grünewald zuschreiben. Die Gemälde zeigen die Begegnung Albans mit den Arianern sowie seine Enthauptung. In ihnen findet man auch eine getreue Abbildung des Klosters St. Alban in Mainz. – Ungefähr gleichalt ist der Kruzifixus des Triumphkreuzes. Mit brechenden Augen blickt Christus auf die Erlösten, für die er sich hingibt.

Steinbach

Kurz vor der Ortschaft liegt der Gebäudekomplex von *Schloß Fürstenau*, das auf eine mainzische Wasserburg an der Mümling zurückgeht. Sie gelangte 1355 in den Besitz der Schenken zu Erbach und gehörte schließlich den Grafen zu Erbach-Fürstenau (18. Jh.). Diese Wasserburg (14. Jh.) steckt noch im Kern des sogenannten alten Schlosses. Die dreiflügelige Anlage hat an den vier Ecken Rundtürme. Unter Graf

Georg III. erfolgte die Umwandlung der Burg zum Renaissanceschloß. Damals entstand der große Galeriebogen im
Westen mit der Rollwerkbalustrade (1588), ferner der gleich-
zeitige Aufbau am südöstlichen Eckturm in Formen der Renaissance und das Portal (1596) am Treppenturm. Ungefähr
aus dieser Zeit stammt auch die Brunnenschale im Hof.
Obwohl man die Innenräume, da Privatwohnung, nicht betreten kann, sei doch verraten, daß sie zum Teil mit wertvollen Stukkaturen des Barock ausgestattet sind.

Einhard, der Biograph Karls des Großen, ist uns von Seligenstadt am Main bekannt. Wie er selbst berichtet, hat er
persönlich den Ort und die westlich von Schloß Fürstenau
am Ortsrand von Steinbach befindliche Kirche gegründet.
Bis 828 hat er in Steinbach gewohnt, also bis zur Gründung
von Seligenstadt und der gleichzeitigen Überführung der
Gebeine der Martyrer Marcellinus und Petrus dorthin. Vorher war sechs Jahre lang an der *Einhards-Basilika* gebaut
worden, einer Eigenkirche, die in ihrer Substanz bis heute
erhalten blieb. Die Gründung eines von Einhard geplanten
Klosters kam erst 1073 durch Lorscher Benediktiner zustande. Später lebten bis zur Reformation Nonnen im hiesigen Kloster (1232-1535). Man richtete im Konvent ein Spital
ein, das im Dreißigjährigen Krieg aufgegeben wurde.

Die karolingische Kirche war eine dreischiffige flachgedeckte Pfeilerbasilika mit Chor, Apsis und querschiffartigen
Nebenchören samt Apsiden. Westlich lag ursprünglich eine
schmale Vorhalle mit Nebenräumen vor den Schiffen. Erhalten blieben Mittelschiff mit Hauptapsis und der nördliche
Nebenchor. Südlicher Nebenchor und Seitenschiffe wurden
um 1300 abgebrochen. Die Westfront war schon 1160 stark
verändert worden und erhielt 1588 den heutigen Wandab-
schluß.

Unter den Ostteilen erstreckt sich die fast unversehrte
Gangkrypta aus drei sich kreuzenden Gängen. Diese enden
östlich in drei Altarnischen. Eine davon bietet über eine
Öffnung die Möglichkeit, von außen einen ehrfürchtigen
Blick auf die hier verwahrten Reliquien zu werfen. Dieses
Hagioskop kam hier nie richtig in Gebrauch, da die Krypta
nach der Reliquienüberführung nicht mehr ihrem Kult

diente. Auch die für Einhard und seine Gemahlin vorgesehenen Grabstätten im Mittelgang wurden nicht belegt.

Der uralte Bau, eine Vorstufe von Seligenstadt, zeigt sehr eindrucksvoll, wie sehr damals noch der christliche Osten kulturell für Westeuropa Vorbild war. So findet man die ungewöhnlichen Nebenchöre in anderer Form bei alten Kirchen Syriens, wo am Ostende der Seitenschiffe Diakonikon und Prothesis (Ankleide- und Geräteraum) lagen. Die Pfeiler bestehen aus dünnen Flachziegeln. Die Bruchsteinmauern sind verputzt oder durch kleine Quader verblendet. Spuren der Ausmalung in Rot, Orange, Ocker und Weiß ergeben mit den genannten Befunden eine gute Vorstellung von karolingischer Bautechnik.

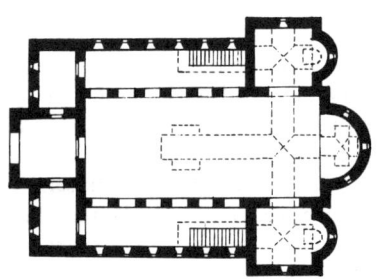

Einhards-Basilika

Mit seinem Rathaus führt sich Michelstadt von selber vor und ein. Die Versuchung ist groß für den Autor, dem wohlfeilen Einstieg nachzugehen. Aber als das großartige Gebäude entstand, hatte der Ort bereits jahrhundertelang eine wichtige Rolle bei der Erschließung des Odenwaldes gespielt. Spätestens seit den Franken, vielleicht schon in römischer Zeit, war Michelstadt Staatsgut. An der Kreuzung der Straßen von Worms über Miltenberg nach Würzburg und von Höchst nach Erbach bildete diese Stätte einen wichtigen Stützpunkt für das Königtum. Ludwig der Fromme schenkte sie Einhard, womit die enge Beziehung zu Steinbach geknüpft wäre, und über diesen gelangte Michelstadt an Lorsch.

Um Burg und Kirche konzentrierte sich anfangs die Siedlung. Die Schenken von Erbach konnten als Klostervögte von Lorsch die Stadt mehr und mehr an sich ziehen. Sie hielten Michelstadt auch später unter den Pfalzgrafen als Lehen. Der alsbald befestigte Ort entwickelte sich zum Mittelpunkt der Grafschaft Erbach mit einem ausgedehnten Kirchspiel, Zehntgericht und wichtigem Markt. Vorkommen von Eisenerzen und die leichte Nutzungsmöglichkeit der Wasserkraft begünstigte eine frühe Industrie, die mit dem bodenständigen Handwerk für Wohlstand sorgte. Davon zehrt der Besucher noch heute, wenn er die Hinterlassenschaft dieser ›guten alten Zeit‹ bewundert.

Der Marktplatz mit Rathaus, Pfarrkirche, Brunnen und alten Fachwerkhäusern ist verständlicherweise erstes Ziel des Ankömmlings. Das *Rathaus* wurde 1484 erbaut. Sein Bekanntheitsgrad reicht über Hessen hinaus, seine unstrittige Schönheit rechtfertigt den Ruhm. Das Erdgeschoß ist eine offene zweischiffige Halle mitHolzständern. Das Obergeschoß aus Fachwerk besitzt zur Marktseite zwei kräftige Ecktürmchen mit Spitzhelmen. Der Walmgiebel dazwischen reicht über zwei Geschosse und ist mit einem leichten Dachreiter bekrönt. Die Fachwerkstreben sind vielfach gekreuzt.

Gleich hinter dem Rathaus reckt sich die *evangelische Pfarrkirche* mit ihrem Turm in die Höhe und prägt so nachhaltig das Stadtbild. Da man 1461 mit dem Chor begonnen hat und zügig den Bau fortführte, muß bei gleichzeitiger Errichtung des Rathauses damals hier viel Betrieb geherrscht haben. Der Treppenturm an der Westseite trägt das Datum 1475. Meister Konrad von Mosbach schuf 1490 Portal und Giebel der Westseite. Der Turm, an dessen Untergeschoß eine Inschrift die Jahreszahl 1507 nennt, kam 1537 zur Vollendung. Moritz Lechler hat 1543 das Chorgewölbe erneuert. Die an sich dürren Zahlen sprechen für eine erstaunliche Schnelligkeit bei der Durchführung des Projektes. Das Langhaus hat basilikalen Charakter, doch fehlen ihm die Obergadenfenster. Während das Mittelschiff flachgedeckt ist, haben die Seitenschiffe Netzgewölbe.

Von Anfang an war die Kirche Grabstätte der Herren von Erbach. Später hat man eine spätgotische Gruftkapelle nördlich an den Chor angefügt (1678). Die Eberhardskapelle am südlichen Seitenschiff entstand dagegen noch zur Zeit der Erneuerung der Chorgewölbe. In der Gruftkapelle und im südlichen Seitenschiff sind Reste spätgotischer Malereien (um 1500) erhalten. Beachtenswert sind die zahlreichen Grabdenkmäler des Erbacher Hauses, die hier unmöglich alle genannt werden können. Als bedeutendstes davon gilt das Doppelgrabmal am Triumphbogen für die Schenken Philipp I. († 1461) und Georg I. († 1481), dessen Hochrelief sehr eindrucksvoll ist. Ganz manieristisch wirkt das Wanddenkmal für Georg III. († 1605) an der Südwand des Chores, das Michael Kern geschaffen hat. Von ihm stammt auch das Wanddenkmal für Friedrich Magnus († 1618) an der Chornordwand, das ähnlich dem vorigen eine lebensgroße Darstellung des Verstorbenen in Alabaster zeigt. Das dritte im Bunde ist dann das schon zum Frühbarock neigende, technisch ähnlich den beiden vorigen gearbeitete Wandgrab für Johann Casimir († 1627).

Eine Besonderheit ist die sogenannte *Kirchenbibliothek*, die 1499 gestiftet wurde. Die Folianten waren ursprünglich auf dem Rathaus angekettet. Später wurden sie in das Turmobergeschoß übertragen. Das Grafenhaus hat die 117 Bände der Stiftung nachher um wertvolle Zugaben, darunter auch Frühdrucke, bereichert.

Dem heiligen Michael auf dem Mittelpfeiler des *Markt-brunnens* (1575) hat man die Symbole der Gerechtigkeit (Justitia) zugeteilt. Der Vorläufer dieses Brunnens steht jetzt in der Großen Gasse.

Die vielen *Fachwerkhäuser* (16.-19. Jh.) und Winkel verbreiten eine überaus malerische Stimmung nicht nur am Marktplatz, sondern im gesamten Stadtkern. Das ehemalige Gasthaus ›Zum Löwen‹ (1755) beherbergt jetzt Behörden. Ein Wohnhaus in der Oberen Pfarrgasse (Nr. 1; 1620) hat ein ornamentiertes Steinportal, zur Straße einen reichgestalteten Erker und an der freiliegenden Breitseite einen Galeriegang.

Im ehemaligen Schulhaus am Kirchplatz ist ein privates *Elfenbein-Museum* untergebracht, das mit einem Geschäftshaus in Verbindung steht. So werden neben Exponaten aus Übersee eigene Elfenbeinarbeiten des Besitzers gezeigt und verkauft.

Aus der Burg des Klosters Lorsch ging die sogenannte *Kellerei* an der Südostecke der mittelalterlichen Stadt hervor. Um einen rechteckigen Hof liegt eine Gruppe von Gebäuden, darunter westlich ein spätgotischer Speicher mit Staffelgiebeln, Freitreppe und Laube (1539) und der Südflügel mit spätgotischem Fachwerkbau. Hier sind das *Odenwald-Museum* zur Landschaftskunde und Kulturgeschichte sowie das *Puppenmuseum* von Lenea Adelhelm und Dorothy Christenbury untergebracht.

Bei der Kellerei sieht man noch ein Stück des Grabens der ehemaligen *Stadtbefestigung* sowie den zugehörigen Diebsturm.

Erbach

Es ist kein Druckfehler, wenn nach entsprechendem Hinweis für Michelstadt auch für Erbach wieder ein *Elfenbeinmuseum* zur Besichtigung empfohlen wird. Graf Franz 1. zu Erbach-Erbach führte den neuen Werkstoff im ausgehenden Barock im Odenwald ein, und die hiesigen Handwerker wußten schon bald so geschickt damit umzugehen, daß Erbach sich im 18. und 19. Jahrhundert zum Mittelpunkt der europäischen Elfenbeinschnitzerei entwickelte. Anfangs produzierte man alle möglichen Gebrauchs- und Luxusartikel, bis in einer der Werkstätten die erste Blumenbrosche aus Elfenbein geschnitzt und damit die Grundlage für die Odenwälder Spezialität gelegt wurde: den Elfenbeinschmuck. Das Deutsche Elfenbeinmuseum in der Erbacher Festhalle belegt die gesamte Entwicklung dieser Kunst, angefangen von frühen Arbeiten des Grafen Franz, über Schmuckformen des Jugendstils bis zu Skulpturen von Schmidt-Rottluff oder den anmutigen Frauengestalten von Otto Glenz. Die sogenannte Erbacher Rose, die um 1880 in einer Odenwälder Werkstatt entstand, hat darunter einen Ehrenplatz. Die Sammlung umfaßt aber in einzigartiger Weise auch Werke aus ganz Europa, darunter eine Verkündigungstafel aus einem französischen Diptychon (15. Jh.), und aus Übersee, etwa das japanische Glücksschiff mit seinen sieben Gottheiten (10. Jh.).

Das gräfliche *Schloß* ist ebenfalls wegen seiner wertvollen Sammlungen bemerkenswert. Nur der Bergfried erinnert noch daran, daß an dieser Stelle eine mittelalterliche Wasserburg stand. An die Stelle des gotischen Wohnbaues wollte Graf Georg Wilhelm einen Neubau nach dem Muster des Saarbrücker Schlosses setzen, doch blieb es bei einem nüchternen Schloßbau (1736), der erst später seine Barockgliederung erhielt (1900-02). Im Innern wurde ein über zwei Geschosse laufender sogenannter Rittersaal in neugotischem Stil (1803) eingerichtet. Zur Schau steht ein regelrechtes Waffenarsenal mittelalterlicher Ritter. Die Saalfenster enthalten Glasmalereien aus Kloster Altenberg an der Lahn (um 1280) und heraldische Einlagen. Da in Friedenszeit das kriegerische Gemüt in der Jagd Erfüllung suchte, bietet das Schloß auch eine ungewöhnlich reichhaltige Trophäensammlung, darunter mit die stärksten Rothirsch-Geweihe der Welt.

Von der alten Wasserburg aus regierten die Erbacher Grafen seit dem 13. Jahrhundert große Teile des Gebietes zwischen Main und Bergstraße. Das sogenannte *Städtel*, eine Gasse mit bis zu dreizehn Burgmannenhöfen, war als eine Art Vorburg gedacht und erscheint 1321 als ›Stadt‹. Die Echterburg (1545) bewohnten die Eltern des Fürstbischofs Julius Echter von Mespelbrunn, der im Geiste der Gegenreformation die Würzburger Universität gegründet hat. Zu erwähnen wären ferner das sogenannte Templerhaus (15. Jh.) oder am Ende des Städtel die nachträglich veränderte Habermannsburg (1515), sowie Hof Nr. 30 mit seinen zwei Fachwerkobergeschossen auf massivem Unterbau (um 1500). Einige Mauerreste und einer der vier Ecktürme sind von der Befestigung des Städtel stehengeblieben. Das vordere Tor (Städteltor) ist seit 1594 Bestandteil des fast ein halbes Jahrhundert früher vor der Städtelbefestigung errichteten *Rathauses*. Dessen Obergeschoß mußte infolge eines Brandes 1754 erneuert werden. Vor dem Gebäude stellte man die Übeltäter an den Pranger, wie Pfeiler und Halseisen am Untergeschoß noch heute anzudrohen scheinen.

Mit dem Ausbau Erbachs zur Residenz war zwangsläufig die Errichtung einer repräsentativen Schloß- und Hofkirche verbunden. So entstand in der jeztigen *evangelischen Pfarrkirche* (1747-50) »der bedeutendste evangelische Kirchenbau in Hessen südlich des Mains«, zu dem möglicherweise Friedrich Joachim Stengel die Entwürfe lieferte, dem mit Sicherheit der Turmhelm zugeschrieben werden kann. Die Art, in der durch die Ausstattung die Querachse betont wird, verrät ganz die von Rothweil in Weilburg begründete Form barocker Predigerkirchen, der Stengel schon in Grävenwiesbach im Taunus gefolgt war, um ein Beispiel aus Hessen zu nennen. Eigentliches Vorbild war aber genau wie für das Schloß der Saarbrücker Hof, für den Stengel gearbeitet und von dem er die Entwürfe für Erbach offensichtlich abgeleitet hat.

Die Mümling, die mitten durch Erbach fließt, entspringt in **Beerfelden**, wo man 1810 die Quelle kunstvoll gefaßt hat. Aus zwölf von Löwenköpfen gehaltenen Röhren strömt das Wasser in Steintröge. Es war ein Katastrophenjahr, als man diese Spielerei ersann. Der uralte Ort war damals restlos niedergebrannt, und der gräfliche Baumeister Jänisch mußte ihn in der jetzigen regelmäßigen Anlage völlig neu aufbauen. Ob er an die Vorbeugung gegen Wiederholung einer solchen Feuersbrunst gedacht hat, als er die ergiebige Quelle faßte, sei dahingestellt. Jedenfalls wurden die Fachwerkhäuser verschindelt und die Wohnhäuser der vermögenden Leute aus

Sandstein gebaut. Mittelpunkt der neuen Stadt ist der Markt mit dem Alten Rathaus (1824), das durch Giebelrisalit und Balkon stärker belebt ist als die anderen Steinbauten. Die monumentale evangelische Pfarrkirche (1813-16) von Gerhard Wahl besitzt eines der wenigen Erinnerungsstücke aus der Zeit vor dem Brand in einer Glasmalerei (um 1500), die sehr eindrucksvoll die Kreuzigung schildert und zur Ausstattung der spätgotischen Vorgängerkirche gehörte.

Vom Kreuz ist der Gedankensprung zum Galgen nicht weit. In Beerfelden steht ein solcher noch nordöstlich des Ortes auf einer Anhöhe. Drei Sandsteinsäulen sind durch Eisenträger zu einem Dreieck verbunden. Sechs Jahre vor dem Feuer ist er zum letzten Mal benutzt worden, als man eine Zigeunerin henkte. Sie hatte ein Huhn und zwei Laib Brot gestohlen ...

Von der traurigen Stätte kann man in nordwestlicher Richtung die sogenannte Dicke Eiche im Weiler Airlenbach erreichen, die als ältester Baum des Odenwaldes gilt und einen Stammumfang von neun Metern hat.

Hirschhorn

Zu Füßen von Burg und Kloster, im Schutz wehrhafter Mauern und Tore entwickelte sich im vierzehnten Jahrhundert am Handelsweg des Neckars die wohlhabende Stadt, bestehend aus dem älteren ›Hinterstädtel‹ im Norden und der südlichen Vorstadt. Bis heute besteht die geschichtlich gewachsene Einheit von Burg, Stadt und Landschaft.

Zwischen Neckar und Finkenbach entstand wohl noch in staufischer Zeit die *Burg* der Herren von Hirschhorn, die bergseitig durch eine Schildmauer (um 1200) geschützt ist. Davor legte man um 1400 zwei Wehrmauern mit Zwingern. Bei dieser Gelegenheit ist auch das ›Hinterstädtel‹ durch die *Stadtmauer* umfriedet worden, die in ihrer ganzen Länge samt den Schalentürmen erhalten blieb. Um 1500 ist dann auch die Vorstadt ummauert und über eine Schenkelmauer südwestlich an den Burgbering angeschlossen worden. Das Mitteltor der älteren Mauer geriet so mitten in die heutige Stadt hinein.

Der frühgotische Palas der Kernburg wurde schließlich zum Neckar hin im Stil der Renaissance verbreitert. Hohe Volutengiebel und an einer der Schmalseiten ein mehrgeschossiger Erker verleihen diesem *Schloß* und heutigen Hotel eine reizvolle Silhouette. Über dem inneren Burgtor befindet sich die Kapelle (1346), die wegen der Reste gotischer Fresken bemerkenswert ist.

Hirschhorn, Zeichnung von Peter Becker

Zusammen mit der erwähnten zweiten Befestigung der Stadt wurden die innere und die äußere Vorburg angelegt. Zwischen beiden steht ein kleiner Torbau mit Fachwerkobergeschoß.

Zu Füßen des Schlosses, aber noch oberhalb der Häuser, wurde 1406 ein *Karmeliterkloster* gegründet, dessen Komplex zusammen mit dem Schloß das Gesamtbild von Hirschhorn entscheidend mitgestaltet. Die ehemalige Klosterkirche war 1411 vollendet, verfiel aber nach der Säkularisation allmählich, bis sie in der zweiten Hälfte des 19. Jahrhunderts schrittweise restauriert wurde und jetzt als katholische Pfarr-

kirche dient. An der Südseite des Langhauses ist die kleine
Annakapelle (1513) angebaut. Der einschiffige Bau mit ein-
gezogenem Mönchschor vor dem gleichfalls eingezogenem
Chorraum spiegelt durchaus noch karmelitanische Herbheit.
Dazu steht in deutlichem Kontrast die künstlerisch hoch-
wertige Ausstattung. Der einstige Lettner (15. Jh.) wurde
nach einer ersten Aufhebung des Konventes im 16. Jahrhundert zur Sängerbühne umgearbeitet. Die Form seines
Treppenaufganges wiederholt sich an der Kanzel (1618). Der
Hochaltar wurde leider zerlegt. Seine Rokoko-Figuren –
Verkündigung, Gottvater, vier Heilige – kommen aus Werkstätten in Amorbach und Bruchsal. Sie fanden im Chor
Aufstellung. Über dem Triumphbogen erzählt eine Wandmalerei (15. Jh.) die Verkündigung, während im Langhaus
die Kreuzigung und Heilige gezeigt werden. In der Annakapelle stehen eine gute Holzplastik einer verstümmelten Anna
Selbdritt (1520) in überarbeiteter Fassung und ohne Jesus-
kind sowie Maria und Johannes aus einer Kreuzigungsgruppe derselben Zeit.

Zahlreiche Grabdenkmäler der Familie von Hirschhorn
erinnern uns wieder einmal an die Stiftungsabsicht. An der
Südseite des Chores steht der Wappengrabstein für den
Gründer des Klosters, Hans von Hirschhorn († 1456), und
seine Gemahlin. Auf einem Grabstein an der Langhausnord-
seite hat ein mainfränkischer Meister das Ehepaar Melchior
von Hirschhorn († 1456) und Kunigunde als ruhende Figuren
dargestellt. Dagegen zeigen die Gestalten des Hans von
Hirschhorn († 1505) und der Irmgard von Handschuhsheim
(† 1493) auf der Doppelgrabseite der Südseite sanfte, einander zugekehrte Bewegung. Geradezu emanzipiert wirkt dann
die freiplastische Renaissancestatue eines weiteren Hans von
Hirschhorn († 1569) an der Nordwand.

Das ehemalige *Konventgebäude* ist heute Pfarrhaus. Das
Refektorium im Erdgeschoß besitzt noch Reste der umfangreichen Ausmalung mit Szenen aus dem Leben des Propheten
Elia, den die Karmeliter als ihren Ordensgründer ansehen,
der Madonna und Bildern von Ordensheiligen. Die Fresken
werden Jörg Ratgeb zugeschrieben (vor 1528). Ein hübscher
Steinerker (1509) blickt zum Neckar hin.

Zu Füßen drängt sich die alte Stadt zwischen Fluß und Berg. Beim Rundgang fällt auf, daß die *Wohnbauten* wegen der Hanglage meist nach demselben Schema konstruiert sind. Auf hohem, vielfach zweigeschossigem, massivem Unterbau sitzen zwei bis drei Fachwerkgeschosse. Ihre Giebel weisen zur Straße. Während das Fachwerk nach dem Stadtbrand von 1556 neu hochgezogen werden mußte, reichen die Keller oft noch bis in die Gotik zurück. Die Häuser sind meist verputzt. Solche alten Wohnbauten liegen unter anderem in der Hauptstraße, wo Nr. 82/84 wegen des schönen Renaissanceportals (um 1600) auffällt. In dieser Straße steht auch das ehemalige Rathaus mit seinem fünfseitigen Eckerker. Alte Häuser säumen im übrigen vor allem Rathaus-, Hermanns- und Weidgasse, Hirschgraben und Klosterberg. Äußerst malerisch wirken die flußseitig auf die Stadtmauer gesetzten Wohnbauten, die stellenweise weit vorkragen.

Nach Einführung der Reformation baute man am Marktplatz der lutherischen Gemeinde eine eigene *Pfarrkirche* (1628/30), wo sich die Evangelischen auch nach der Rekatholisierung zunächst noch behaupten konnten, bis 1732 die Katholiken die Oberhand behielten und die Kirche nach ihren Vorstellungen so ausstatteten, wie wir sie im wesentlichen noch heute vorfinden. Nur die schlanke, mit Reliefs verzierte Steinkanzel stammt noch aus protestantischer Zeit. Hochaltar, Seitenaltäre, Orgel, eine Muttergottes und andere Heiligenfiguren sowie die Kreuzigungsgruppe außen an der Südwand sind damals entstanden. Das ehemalige Untertor der Stadtbefestigung paßte man der Kirche an und baute es zum Glockenturm aus.

Wir wissen nicht genau, wann die Herren von Hirschhorn, denen wir dieses schöne Plätzchen verdanken, an den Neckar kamen. Außer ihrem politischen und wirtschaftlichen Geschick ist man über den älteren Engelhard († 1361) angenehm überrascht, der verfolgte Juden aus Worms, Speyer, Heilbronn und anderswoher bei sich aufgenommen hat.

Auf dem anderen Flußufer liegt der einzige Ort Hessens südlich des Neckar, **Ersheim**. Im Flußbogen duckt sich unter alten Bäumen die ehemalige Pfarrkirche und jetzige Friedhofskapelle, wo die Herren von Hirschhorn anfangs zur letzten Ruhe gebettet wurden. Der Bau entstand in drei Phasen, aus denen noch das Langhaus (1468) und der neue Chor (1517) überliefert sind. Im Innern konnten bedeutende Reste gotischer Wandmalereien freigelegt werden. Mehrere, gegen 1500 oder früher entstandene Holzbildwerke befinden sich auf dem neugotischen Altar. Vor allem wird man angesichts der zahlreichen Grabdenkmäler (14.-17. Jh.) innerhalb und außerhalb der Kapelle der tüchtigen Herren von Hirschhorn gedenken. Der Gründer dieses Gotteshauses, Engelhard von Hirschhorn († 1361), erscheint als Ritter in Rüstung auf einem Grabstein an der Nordwand.

Der sogenannte Elendstein auf dem Friedhof, eigentlich eine Totenleuchte (1412), wies einst mit ihrem schummerigen Licht den Schiffern auf dem Neckar den Weg.

Zurückversetzt in die älteste Vergangenheit Hessens sieht man sich etwa zwei Kilometer nordwestlich von Hirschhorn. Auf einem der Sandsteinfelsen sieht man das Relief eines Mannes mit abgewinkelten Armen, die zum Kopf weisen. Auf der rechten Schulter sitzt ein Vogel. Vermutlich handelt es sich um ein germanisch-keltisches Götterbild, das zu einem Quellheiligtum gehörte.

Neckarsteinach

»Das Glück im Neckarwinkel«, von dem Theodor Heuss sprach (1926), läßt sich nicht allein in Hirschhorn finden, sondern auch weiter flußabwärts. Auf und an einem Höhenzug zwischen Neckar und Steinach sind gleich vier Burgen aufgereiht. Überhaupt hat Ritterliches in der ›Vierburgenstadt‹ Tradition, erklang doch hier »süßes Wort und klug Empfinden« des Minnesängers Bligger II. von Steinach, wie sein Kollege Gottfried von Straßburg schrieb. Bligger begleitete gar Kaiser Heinrich IV. auf dessen Heerfahrt nach Apulien (1194/95).

Dessen Familie hatte zu Beginn seines Jahrhunderts auf der günstigsten Stelle des Höhenrückens als ersten der vier befestigten Plätze die *Hinterburg* gegründet. Allzu viel hat sie dem Bligger (Blikker) nicht eingebracht, galt sie doch

1344 schon als »wüst und zerfallen«. Dafür ist unser Bligger unsterblich in die Manessische Liederhandschrift eingegangen. Das Erbe traten zuletzt die Herren Landschad (= Schwalbe) ein, die nach und nach den ganzen Berg und damit die Herrschaft an sich reißen konnten. Innerhalb der fünfeckigen Hinterburg wendet der übereck gestellte quadratische Bergfried (um 1200) eine Kante gegen den Halsgraben. Die Außenwand des spätgotischen Palas blickt aus leeren doppelten und dreifachen Fensterarkaden zum Neckar hinab. Mit der inneren Zwingermauer hatte man damals dem Zerfall zu steuern versucht. Später sollte die äußere Ringmauer mit halbkreisförmigen Bastionen (um 1500) die Burg für die Herren von Handschuhsheim verstärken. Doch hielten diese nur gut ein halbes Jahrhundert den Besitz, den dann die Landschad bis zum Aussterben ihres Stammes übernahmen (1548-1653).

Stammsitz der Landschad war die um 1200 gegründete *Vorderburg*. Ringmauer und Zwinger befestigen die rechteckige Anlage. An den quadratischen Bergfried lehnt sich ein in Teilen noch romanischer Wohnturm.

Zwischen beiden Burgen entstand um 1165 die *Mittelburg* als Besitz (Allod) der Herren von Erbach. Sie ist also älter als die Vorderburg und erlebte häufig wechselnde Besitzverhältnisse. Am Ende konnten die Herren von Handschuhsheim Dreiviertel der Rechte an sich bringen, während die nicht minder begehrlichen Herren Landschad sich mit einem Viertel begnügen mußten. Der schlanke, quadratische Bergfried hat dieses Treiben wohl von Anfang an miterlebt. Ein Prozeß machte zuletzt die Landschad zum Sieger. Um 1600 bauten sie die Burg schloßartig aus. Ihr romantisches Aussehen erhielt die Burg jedoch erst bei der neugotischen Umgestaltung um 1840.

Am Steilhang klebt als vierte Burg das sogenannte Schwalbennest, die wohl nach 1345 erbaute Burg *Schadeck*. Vom Rheingau haben wir noch Burg Ehrenfels bei Rüdesheim in Erinnerung, die in Lage und Bauweise enge Beziehungen zu Schadeck hat. Die Schildmauer mit Wehrgang und Ecktürmchen wendet sich gegen die Hangseite. Den hochgelegenen Zugang sichert eine Pechnase. Der Palas steht nur noch als

leeres Gehäuse. Der vor ihm liegende, mauerumwehrte Hof
erlaubt einen weitreichenden Rundblick über das Neckartal
und hinab auf die Stadt. Nachdem sie 1454 auch alleinige
Herren über Schadeck geworden waren, dürften die Landschad mit Befriedigung diese Aussicht genossen haben.

Der Rundgang durch Neckarsteinach führt sowohl an
einigen älteren Fachwerkhäusern vorbei, darunter die jetzige
Jugendherberge (1587), als auch an stattlichen Barockhäusern. Neben der Brücke über die Steinach lehnt sich die *alte
Lohscheuer*, ein hoher Fachwerkbau, auf die Stadtmauer.
Hier und an einigen anderen Stellen sind größere Strecken
der Wehrmauer (um 1400) stehengeblieben. Das klassizistische Rathaus (1862) ist über Arkaden geöffnet.

An erhöhter Stelle befand sich schon früh eine Kirche,
heute *evangelische Pfarrkirche*, die durch eine Stiftung der
Landschad einem Neubau weichen mußte, aus dem der Chor
(1482-83) mit Glockenturm und der östliche Teil des Langhauses überliefert ist. Die Kirche war zur Grablege der Landschad bestimmt, wie die vielen Grabdenkmäler eindrucksvoll belegen. Das Schiff hat man 1728 erweitert. Den Chor
überspannt ein reiches Netzgewölbe. Ein Fresko neben dem
Triumphbogen stellt die drei göttlichen Tugenden dar (um
1600). Bemerkenswert ist auch die frühbarocke Kanzel
(1682).

Auf den Grabdenkmälern erscheint bei den Bildnissen
immer wieder die für die Landschad typische Helmzier mit
Menschenkopf. Derselbe Meister schuf die Grabdenkmäler
für Ulrich v. († 1384) und für Hanno († 1377) mit Maja von
Sickingen, auf denen die Herren in fast starrer ritterlicher
Pose abgebildet sind. Das andere Doppelgrab Landschad-
Sickingen († 1496) zwischen ihnen steht in völligem Gegen-
satz dazu wegen der Bewegtheit seiner Gestalten. Das
Schriftepitaph für Hans Landschad († 1572) würdigt das
Leben des Renaissanceherren, insbesondere die durch ihn
vollzogene Einführung der Reformation.

In der *katholischen Pfarrkirche* (1909) haben ein Rokoko-
Altar aus Mainz-Gonsenheim und eine gleichalte Kanzel aus
Neckarau Aufstellung gefunden. Zwei barocke, teilweise
erneuerte Seitenaltäre ergänzen die Ausstattung.

Die kleine spätgotische Kapelle von **Darsberg**, nördlich über dem Neckartal, hütet einen guten Flügelaltar (um 1460) aus der Erbauungszeit. In der Mitte steht eine geschnitzte Madonna. Auf den gemalten Seitenflügeln sieht man je zwei Heilige: rechts Barbara und Stephanus, links Nikolaus und Katharina. Auf der Vorderseite wird die Verkündigung erzählt. Man ist überrascht, an so entlegener Stelle ein derart reifes Kunstwerk anzutreffen. Es stammt aus dem mittelrheinischen Kunstkreis.

Westlicher Odenwald

Die Touristik-Werbung hat auch hier Straßen mit Neugier weckenden Namen belegt. Für den Rückweg aus Hessens südlichem Zipfel bieten sich die ›Siegfried-Straße‹ und die ›Nibelungenstraße‹ an.

Bei **Lindenfels** liegt die Wasserscheide zwischen Ulfenbach, Weschnitz und Gersprenz, die zu Neckar, Rhein und Main entwässern. Nordöstlich der auf einem Berggipfel angelegten Burg breitet sich der neuerdings stark gewachsene Ort aus. Die Burg sollte den Lorscher Besitz absichern, auf dem die Grafen von Lindenfels als Vögte walteten. Das Anlageschema erinnert stark an Otzberg und Reichenberg, aber auch an Gelnhausen oder Büdingen, was auf ihre Entstehung zur Stauferzeit (um 1120) hindeutet. Unter kurpfälzischer Herrschaft wurde die Burg tiefgreifend erneuert (15./ 16. Jh.), woraus die heutigen Ruinen zum größten Teil herrühren. Das Burgportal (15. Jh.) war ursprünglich südliches Stadttor und wurde hierher versetzt. Auch der Ziehbrunnen (1608) stand früher in der Stadt. Von der doppelten Ringmauer der Vorburg zweigt die Stadtbefestigung ab, deren Verlauf noch gut erkennbar ist. Ihre bedeutendsten noch erhaltenen Teile sind der Bürgerturm und das ehemalige Fürther Tor.

In der Burgstraße stößt man auf einen hübschen Röhrenbrunnen (1755) mit wappenhaltendem Löwen sowie auf mehrere Barockhäuser, darunter Pfarrhaus und Rathaus.

Hohe Stützmauern verleihen der *katholischen Pfarrkirche* zum Burgberg hin Halt. Ungewöhnlich ist auch die Orientierung nach Nordwesten, die sich aus der städtebaulichen Lage erklärt. Die drei Altäre (18. Jh.) gelangten aus Heidelberg hierher. Gleichalt sind die Kanzel und das Kruzifix am Triumphbogen. Die weiter unterhalb liegende evangelische Pfarrkirche (1825) erinnert an das für die ehemals pfälzischen Orte typische Schicksal wiederholten Konfessionswechsels.

In **Reichelsheim** grüßt wieder die Gersprenz, deren Mittel- und Unterlauf wir schon begegnet sind. Ihr Tal bietet hier einen weitaus freundlicheren Anblick, den es den bewaldeten Hügeln des Odenwaldes verdankt. Auf einem talwärts steil abfallenden Berg erbauten die Herren von Erbach gegen 1240 die **Burg Reichenberg**. Aus Mauerresten gewinnt man das Bild einer halbkreisförmigen Anlage. Der 1554 und auch neuerdings wieder erneuerte Palas ist bewohnt. Ziehbrunnen, gotischer Zwinger, die wieder unter Dach gesetzte Kapelle und das Erbachsche Amtshaus im Bereich der Vorburg sind weitere, mehr oder weniger intakte Bestandteile der Anlage. Die Burg sollte den Erbachschen Besitz gegen die Nachbarherrschaft Crumbach sichern.

Gegen die Schenken von Erbach errichteten im Gegenzug und mit Unterstützung der Grafen von Katzenelnbogen die später ausgestorbenen Herren von Rodenstein eine Trutzburg bei **Fränkisch-Crumbach**. Beim Besuch der evangelischen Pfarrkirche (1485) kann man die zum Teil vorzüglichen Grabdenkmäler dieser adeligen Familie bewundern. Ungemein lebensecht wirkt das Antlitz des Junkers Hans von Rodenstein († 1500 in Rom), wie er ernst unter dem zurückgeschlagenen Visier mit zusammengekniffenen Lippen dem Betrachter entgegenblickt. Jedes Detail seiner Rüstung ist sorgfältig aus dem Stein herausgearbeitet, wie es in dieser Meisterschaft Mainzer Werkstätten oftmals gelungen ist. Vielleicht von gleicher Hand, aber völlig anders in der idealisierten Wiedergabe der Verstorbenen sind die Grabplatten für Hans von Rodenstein († 1531) und Anna Baier von Boppard († 1560) an den Chorpfeilern.

Neben der Kirche steht das schlichte Schloß (1645) der Herren von Rodenstein, heute der Freiherren von Gemmingen-Hornberg, an das ein Park anschließt. Im Ort mag man auf das Gemmingsche Rentamt (1754) achten.

Vue du pont à Francfort sur le Mein, desinée par Henri Schütz, gravée par Jean Theophile Prestel

VI Heinrich Schütz
Vue du Pont de Francfort
gestochen von J. G. Prestel
Frankfurt am Main, Städelsches Kunstinstitut

» Sehr verborgen, nicht leicht zu finden, liegt im Walde die **Burgruine Rodenstein** auf einem Bergvorsprung ... Will man sie kennenlernen, so darf man sich nicht an dem genügen lassen, was ... der vergnügte Herr von Scheffel wohlmeinend in heitere Verse gegossen hat«, meint Werner Bergengruen in seinem Buch über den Herrn von Rodenstein (1926). Ihres militärischen Wertes längst entkleidet, verfiel die Burg nach dem Dreißigjährigen Krieg rasch. Dafür raunte man in ihren Mauern Sagen in Abwandlung der vom › Wilden Heere‹. Als Viktor von Scheffel 1847 zum ersten Mal hier weilte, ließ er sich zu dem bekannten Studentenlied inspirieren, auf das Bergengruen anspielt.

Zwischen Gersprenz und Fischbach erlaubt **Schloß Lichtenberg** zum Abschied noch einmal einen Rundblick über den nördlichen Odenwald. Eine ältere Burg der Grafen von Katzenelnbogen gelangte in hessischen Besitz und wurde durch Landgraf Georg I. von Hessen-Darmstadt als Auftakt zu ähnlichen Vorhaben zum Renaissanceschloß (1570-81) ausgebaut. Ihm folgten das Residenzschloß und Kranichstein, aber auch die Rathäuser in Darmstadt, Groß-Umstadt und Pfungstadt. Die hufeisenförmige Anlage aus drei dreigeschossigen Flügeln öffnet sich nach Norden, wo bis 1845 die katzenelnbogische Burg lag. Geschweifte Giebel mit kleinen Aufsätzen lockern den Baukörper auf. In der Südostecke des Hofes steht ein achteckiger Treppenturm mit Haube. Unterhalb liegen im Bereich der Vorburg noch Marstall und Zehntscheuer. Ein Torbau (1547) bildet den Abschluß. Ein Stück entfernt reckt sich ein mächtiger Batterieturm (um 1500) bedrohlich und weithin sichtbar in die Höhe.

Das im Schloß untergebrachte Museum zeigt neben den landschaftskundlichen Objekten auch Dioramen mit Zinnfiguren unter dem Thema ›Lebendiges Altertum‹ sowie eine ausgezeichnete Sammlung von Bleisoldaten mit ›Friedensuniformen der deutschen Regimenter von 1914‹.

Frankfurt am Main

»FRANCFORT. Healthy climate. Fine country. Comfort of large cities. Changes of larges cities.« Das ist kein Auszug aus einem amerikanischen oder internationalen Werbespot, sondern eine Notiz des Philosophen Arthur Schopenhauer, der 1831 für ein Jahr hierher gezogen war und »Erwägungen über seinen künftigen Wohnort« anstellte. »More Englishmen«, heißt es darin wenige Zeilen weiter. Er würde sich heute wundern und könnte sein Englisch in einer Weise an den Mann bringen, wie es damals kaum zu träumen war.

Frankfurt mit seiner bedeutenden historischen Vergangenheit und trotz vieler Zerstörung noch mannigfachen Kunstdenkmäler verdient eigentlich einen eigenen Band. Zudem war die Verbindung mit Hessen für die alte Reichsstadt nie bestimmend. Da aber dieses Frankfurt nun einmal, heute mit weit mehr als einer halben Million Einwohnern, die größte Stadt unseres Reiselandes ist, soll wenigstens ein flüchtiger Überblick aufzeigen, was einen Neugierigen in Frankfurt erwartet.

Die Frankfurter Skyline, anders kann man es hier wirklich nicht nennen, läßt manchen vergessen, daß er auf eine alte deutsche Reichsstadt blickt. Sie ist die ›amerikanischste‹ unter den großen Städten der Bundesrepublik. Wie eine Spinne im Netz von Eisen- und Autobahnen, mit dem Rhein-Main-Flughafen auch der Fluglinien, zog sie nach dem Zweiten Weltkrieg Kapital und Investoren an. Bundesbank und internationale Geldinstitute, Spitzenverbände des Handels und der Industrie und Niederlassungen ausländischer Unternehmen verleihen Frankfurt den Rang einer Wirtschaftsmetropole. Börse und Messen sind das Barometer für die ökonomische Wetterlage. Am Main, der die Stadt auf achtundzwanzig Kilometer durchfließt, reihen sich chemische, elektrische und feinmechanische Industriewerke.

Was Frankfurt an politischem Einfluß wohl endgültig verloren hat, vermochte es während der letzten vier Jahrzehnte seit Kriegsende durch seine wirtschaftliche Bedeutung wettzumachen. Wie entschieden es sich von seiner Tradition gelöst hat, läßt die Art des geradezu rücksichtslosen Wiederaufbaues erkennen. Der Bombenkrieg raubte ihm die gotische Altstadt. Nur das Wichtigste hat man restauriert. Lieber stampfte man in die trostlosen Wunden der zur Hälfte zerstörten Stadt Wolkenkratzer und umgürtete sie mit Trabantenstädten. Die Hektik des Erwerbslebens hastet durch die Häuserfluchten, bis mancher des Abends ermüdet in Amüsierbetrieben fragwürdige Entspannung sucht.

Dank des angenehmen Klimas und der verkehrsgünstigen Lage war der Frankfurter Raum schon in der Steinzeit besiedelt. Auf dem Domhügel, einer ehemaligen Insel umflossen vom Main und einem seiner Nebenarme, bestand zur Bronzezeit eine Siedlung, in der Römerzeit ein Kastell mit angrenzendem Wohngebiet.

Die Frank(en)furt am Main wird 794 erstmals urkundlich erwähnt, als Karl der Große in ›Franconofurd‹ eine Synode einberief. Westlich der Salvatorkirche, der Vorläuferin des Domes, entstand eine verschwundene Königspfalz (822, aula regia). Reste dieser karolingischen Fundamente kann man heute noch im Historischen Garten sehen, desgleichen Mauerwerk einer römischen Villa. Bis 890 war hier die Hauptresidenz des ostfränkischen Reiches. Oft weilten auch später die Kaiser an dieser Stätte, die von den Vögten des Forstes Dreieich verwaltet wurde.

Die Stauferzeit brachte eine neue Blüte für Frankfurt. Die Könige legten am Main eine Burg, den ›Saalhof‹, an und erweiterten die Stadt nördlich und westlich, damit Händler und Handwerker Wohn- und Arbeitsraum fänden. Der Brückenkopf Sachsenhausen entwickelte sich zur Schiffer- und Weinbauernsiedlung. Eine Brücke verband erstmals die Ufer des Mains (1222). Seit der Wahl Barbarossas hier zum deutschen König (1152) setzte sich Frankfurt als Ort dieser feierlichen Handlung immer mehr durch, was dann die Goldene Bulle 1356 auch mit Gesetzeskraft festlegte. Die schon bestehende Salvatorkirche wurde schrittweise den Bedürfnissen der Königswahl angepaßt. Daraus erwuchs schließlich die Stiftskirche St. Bartholomäus (Dom), geweiht 1239.

Knapp hundert Jahre später erhielt die Stadt eine erheblich größere Umwehrung. Seit 1372 ist Frankfurt reichsunmittelbar. Damit waren gute Voraussetzungen für die Abhaltung von Handelsmessen gegeben. Zu der Herbstmesse gesellte sich seit 1330 eine zweite in der Fastenzeit im Frühjahr. Kaufleute aus ganz Europa strömten zusammen. Ebenso zog die Königswahl und seit 1562 auch die Kaiserkrönung Würdenträger samt Troß und Schaulustige nach Frankfurt. Dom und Rathaus bildeten für diese Zeit den Mittelpunkt des Reiches. Die letzte Kaiserkrönung wurde 1792 an Franz II. vollzogen. Die Krönung, die Goethe in ›Dichtung und Wahrheit‹ so anschaulich beschreibt, ist die von 1765, als Maria-Theresia ihren Sohn Joseph II. zum Kaiser krönen ließ.

Schon damals rollte der Rubel in Frankfurt, aber erst niederländische und französische Glaubensflüchtlinge haben zusammen mit italienischen Kaufleuten die Stadt zum einflußreichen Börsenplatz entwickelt. Meyer Amschel Rothschild (1743-1812) ist wohl der berühmteste Name der Frankfurter Geldaristokratie. Seine Söhne, die ›fünf Frankfurter‹, gründeten Filialen des Bankhauses Rothschild in London, Paris, Wien und Neapel, so daß Rothschild in damaliger Zeit der Geldgeber der verarmten europäischen Staaten mit hohem politischen Einfluß war.

Aus den napoleonischen Wirren ging Frankfurt 1816 als Freie Stadt im Deutschen Bunde mit Sitz der Bundesversammlung hervor. Mit seiner Auflösung 1866 wurde Frankfurt Preußen zugeschlagen und verlor jedes politische Gewicht.

Für die Fruchtbarkeit geistigen Lebens mag nicht nur Goethe stehen, sondern auch der Naturforscher Johann Christian Senckenberg († 1772), der Begründer der Chemotherapie Paul Ehrlich († 1915), die Dichterin Bettina von Arnim († 1859), die Maler Adam Elsheimer († 1610) und Joachim von Sandrart († 1688), nicht zuletzt der Philosoph Schopenhauer.

Wie verlorene Inseln ragen die baulichen Erinnerungen an

das alte Frankfurt zwischen den modernen Zweckbauten empor. Gegenüber den gleißenden Aluminiumfassaden und gewaltigen Betontürmen behauptet sich der rote Sandstein des **Domes St. Bartholomäus** recht gut im Stadtbild. Das dreischiffige Hallenlanghaus kam 1269 zur Vollendung. Es folgten der Chor (1315-49) und das riesige Querhaus (1346-69). Die Ausmaße zeigen, wie sehr er von dem Zeremoniell

Dom mit dem Eisernen Steg, Radierung von Max Beckmann, 1917
(unmittelbar auf die Platte gezeichnet, daher seitenverkehrt)

des Kaisertums bestimmt war. Doch erst der 95 Meter hohe Westturm bildet den architektonischen Höhepunkt des Gesamtbildes, wie es sich vom Mainufer her dem Auge darbietet. Madern Gerthener entwarf die Pläne und baute die beiden unteren Geschosse (1430). Andere führten sein Werk fort: Hans Flücke (1483-90), Nikolaus Queck (1490-97), Jakob Bach (1494-1513) und ganz zuletzt Franz Josef von Denzinger, der nach dem Brand von 1867 außer der Wiederherstellung auch die Bekrönung des Turmes mit Laterne und Fialen nach Gertheners Plänen leitete.

Der Bauschmuck ist sehr sparsam. Oberhalb des Südportals stehen überarbeitete Figuren (um 1353). Reichlicher finden sich solche über dem Nordportal, durch das einst die Majestäten zur Wahl oder Krönung zogen. Alt sind davon noch die vorzügliche Madonna (um 1350) am Mittelpfeiler und die Reliefs des Weltgerichtes. Die überlebensgroße Kreuzigungsgruppe (1509) an der Westwand der Turmhalle ist ein Hauptwerk von Hans Backoffen.

In der Marienkapelle am nördlichen Querschiff bewundern wir auf dem Maria-Schlaf-Altar die erste plastische Darstellung des Heimganges Mariens in Deutschland. Die lebensgroßen Figuren sind aus Ton und stehen in einem Steingehäuse. Mimik und Gesten leiten vom Weichen Stil zum beginnenden Realismus über. Ulrich von Berstat stiftete 1434 das Werk.

An der Westwand dieses Querschiffteiles befinden sich zwei hervorragende Grabdenkmäler. Das eine steht für Graf Günther von Schwarzburg († 1349), der in Frankfurt zum Gegenkönig Karls IV. gewählt worden war. Aus der ehemaligen Tumba blieb die Deckplatte mit dem Bildnis des Verstorbenen erhalten sowie die Seitenwände, die jetzt als Einfassung dienen. In harmonischer Eintracht zeigt ein anderes Grabmal das Ehepaar Johann von Holzhausen († 1393) und Gudela († 1371).

Die vielen Schnitzaltäre gelangten dank des Sammeleifers eines Pfarrers erst nachträglich in den Dom. Ursprünglich ist außer dem beschriebenen Maria-Schlaf-Altar nur der Heiliggrabaltar (vor 1442) in der Christi-Grab-Kapelle. Das heißt nicht, daß die übrigen der Beachtung nicht wert seien. Vielleicht noch von Madern Gerthener ist das Sakramentshaus im Chor. Im Schnitzwerk des Chorgestühls (1352) erscheint unter anderem die Gestalt König Ludwigs des Deutschen mit dem Kirchenmodell. – Ein weiteres Sakramentshaus steht im südlichen Querhaus. Das überraschend reich überbaute Gehäuse (1480) wird Nikolaus Eseler dem Älteren und Michael Eseler zugeschrieben. Daneben erhebt sich der hohe Muttergottesbaldachin (15. Jh.), wie das Ziborium aus Ton und überaus fein in der Gliederung.

Eine spätgotische Tür mit den Reichsadlern führt in die

Wahlkapelle. Das Gemälde der Kreuzigung (1514) entwirft eine bewegte Szenerie nach Art der Donauschule. Doch dürfte den Besucher in diesem Raum mehr noch als die Betrachtung dieses und anderer Gemälde der Gedanke daran fesseln, was sich hier in Jahrhunderten abgespielt hat.

Nördlich der Kirche blieb ein Teil des Kreuzganges erhalten. Der ›Alte Markt‹ verbindet Dom und Römerberg, eine schmale Gasse, an deren Ende das **Steinerne Haus** liegt. Es war 1464 für den Handelsherren Johann von Melem aus Köln erbaut worden. Seine 1960 originalgetreu wiederaufgebaute Fassade erinnert stark an die des Gürzenich in Köln.

Auf dem Römerberg genannten Platz steht der **Gerechtigkeitsbrunnen** (1611) mit dem Bildnis der Justitia.

Den westlichen Abschluß des Platzes bildet der fünfgiebelige **Römer**, das Frankfurter Rathaus. Statt einen geplanten Neubau auszuführen, entschied sich 1405 der Rat, das Haus ›Römer‹ samt dem dahinter anschließenden Haus ›Goldener Schwan‹ zu erwerben und zum Rathaus umzuwandeln. Im Erdgeschoß schufen die Baumeister Friedrich Königshofen und Wigel Sparre zweischiffige, gewölbte Hallen, die über vierhundert Jahre lang als Kauf- und Messeräume dienten. Im Obergeschoß entstand ein Saal, der seit 1562 die Festbankette aus Anlaß der Kaiserkrönungen erlebte. Im Laufe der Zeit erwarb die Stadt weitere angrenzende Häuser hinzu, darunter 1596 Haus Löwenstein rechts vom Römer und 1878 das Haus Alt-Limpurg oder Laderam links davon. Max Meckel verband die Häusergruppe durch eine Dreigiebelfassade (1896-97), die nach dem Krieg wiederhergestellt worden ist. Dabei erhielt der Festsaal auch seine Kaiserporträts zurück, die Alfred Rethel, Karl Friedrich Lessing, Philipp Veit und Eduard von Steinle gemalt hatten (1842-53). – Erker und Treppenturm im Hof gehören zu Haus Silberberg, eines der zum Römer hinzugekauften rückwärtigen Gebäude.

Im Süden des Römerberges bildet die **Nikolaikirche** einen charaktervollen Abschluß dieses Stadtplatzes. Der Gründungsbau (um 1260) wurde im Langhaus und oberen Teil des Turmes spätgotisch umgestaltet. Dreimal täglich ertönt vom Turm ein Glockenspiel.

Ludwig der Fromme errichtete am Mainufer einen Palast

(822) mit einer ›aula regia‹, ›des riches sal‹, der noch 1317 Erwähnung findet. Unter Konrad III. oder Friedrich I. entstand an seiner Stelle eine Wasserburg. Im Osten des **Saalhofes** stecken noch Mauern ihres Palas. Auch der Unterbau eines romanischen Turmes blieb erhalten. Dieser enthält die kleine Saalhofkapelle, das älteste erhaltene Gebäude in Frankfurt. Dem trapezförmigen Raum ist eine Apsidiole vorgelagert. Das Bandrippengewölbe und die Kapitelle folgen wormser und elsässischen Vorbildern. Die westwärts anschließenden Gebäude errichteten Rudolf Burnitz (1842) und Pater Bernardus Kirn (1715/17). – Der südwestliche Eckturm, auch *Rententurm* genannt, gehörte zur Stadtmauer (15. Jh.) als Teil des verschwundenen Fahrtores.

Der Gebäudekomplex wird heute durch die Einrichtungen des **Historischen Museums** (mit Kindermuseum) genutzt. In sehr eigenwilliger und mitunter befehdeter Weise vereint es recht gegensätzliche Dinge unter einem Dach und präsentiert sie zum Teil recht originell. Man sieht unter anderem Steinplastiken, aber auch sonstige kulturelle Hinterlassenschaften aller Art vom Mittelalter bis in die Gegenwart, bewundert ein Münzkabinett, kann ein kommunales Kino besuchen, erlebt sonntags »Jazz im Museum« und lernt altes und neues Spielzeug kennen.

Erst vor wenigen Jahren begann man mit dem stilgetreuen Wiederaufbau der Ostseite des Römerbergs, im Volksmund ›Samstagsberg‹ genannt. Allerdings sind lediglich die Fachwerk-Fassaden stilecht. Dadurch wurde der Römerberg endlich wieder die ›Gute Stube‹ der ehemaligen Reichsstadt. Umstritten bleibt dagegen die Kulturschirn, ein schmales, langgestrecktes Gebäude, das fast bis zum Dom reicht. Im Westen ist es durch eine Rotunde abgeschlossen. Gut gelungen ist dagegen der Wiederaufbau der Ruine des gotischen Leinwandhauses.

Nordwestlich des Römerberges erhebt sich die für Deutschlands Demokratie zum Wahrzeichen gewordene **Paulskirche**. Anstelle einer Franziskanerkirche nahm Johann Georg Christian Hess 1789 auf der Grundlage von Plänen des Johann Andreas Liebhardt den klassizistischen Neubau in Angriff, der etappenweise seiner Vollendung entgegenreifte. Erst 1833 konnte Johann Friedrich Christian Hess die Innenausstattung abschließen. Vor dem ovalen Zentralbau steht im Süden ein quadratischer Turm. Rudolf Schwarz leitete den Wiederaufbau nach dem Kriege. Damals dachte man daran, hier den Bundestag unterzubringen.

Am Südwestrand der Altstadt entstand 1246 ein **Karmeliterkloster.** Dessen Kirche brannte im Bombenkrieg bis auf Chor und Querschiff aus. Im Kloster ist heute das Stadtarchiv untergebracht. Im wiederhergestellten Kapitelsaal finden Wechselausstellungen statt. Mittlerweile sind auch die Fresken von Jörg Ratgeb im Kreuzgang, soweit sie nicht zerstört waren, wiederhergestellt worden. Die Fresken zeigen Szenen aus Bibel und Ordensgeschichte.

Nördlich davon wurde in der Straße Großer Hirschgraben (Nr. 23) Goethe geboren. Sein Geburtshaus erhielt sein späteres Aussehen durch Johann Freiherrn von Uffenbach (1755/56). In dieser Gestalt wurde das **Goethehaus** nach dem Krieg wiederaufgebaut. Die alte Einrichtung konnte unversehrt gerettet werden.

Am Untermainkai bildet die **Leonhardskirche** einen auffallenden Blickpunkt am Rande der Altstadt. Das Baugelände hatte Kaiser Friedrich II. gestiftet (1219), worauf sofort mit dem Bau der Kirche begonnen wurde. Seit 1317 bestand bei ihr ein Kollegiatstift. Die einst dreischiffige Basilika hatte über den Nebenchören achteckige Türme. Diese sind noch erhalten, wie auch ein Teil der Westwand und vor allem die beiden spätromanischen Portale. Eine Inschrift nennt für sie den Meister Engelbert. Die reiche Ornamentik und die Skulpturen im Bogenfeld erinnern stilistisch an das nördliche Seitenschiffportal der Marienkirche in Gelnhausen. Wohl nach Plänen des Madern Gerthener wurde ein Chorneubau erstellt (1434), den reiche Maßwerkfenster und ein Sterngewölbe auszeichnen. Das Langhaus hat man im 16. Jahrhundert zu einer fünfschiffigen Halle umgewandelt, wie wir sie heute vor uns haben. An drei Seiten befinden sich Emporen mit Maßwerkbrüstungen. Das nördliche Seitenschiff stößt ostwärts an das Salvatorchörlein, das von einem meisterhaft konstruierten Rippengewölbe überspannt wird. Die Rippen münden in einen hängenden Schlußstein, der stark plastisch ausgearbeitet ist. Darüber steht wiederum in einer kühnen Architektur eine Figur Christi an der Martersäule.

Der Eiserne Steg führt über den Main nach **Sachsenhausen**. Im Rückblick liegt nun das Panorama der vom Domturm geprägten Altstadt, über der die gigantischen Betontürme der Banken, Versicherungen und Konzerne beklemmend emporragen. Sachsenhausen selbst bietet durch seine vielen Schenken, wo man vorzüglichen Apfelwein (›Äppelwoi‹) genießt, eine eher gemütliche Atmosphäre.

Ein erhebliches Stück mainaufwärts bei der Alten Brücke liegt in der Brückenstraße die ehemalige **Deutschordenskommende Sachsenhausen**, die auf ein Hospital zurückgeht, das 1193 Kuno von Münzenberg gestiftet hat. Das heutige Ordenshaus erbaute 1709/15 Daniel Kayser unter Benutzung gotischer Teile. Etwas später erhielt die Kirche St. Maria (14. Jh.) ihre barocke Fassade (1747-51). Das Innere zieren beachtenswerte Wandmalereien: Im Chor ein Fries mit Heiligenlegenden, darunter der heiligen Elisabeth, in einer Langhausnische zwölf Bilder aus dem Leben Jesu. Von der Ausstattung verdienen besondere Hervorhebung eine Muttergottes aus Sandstein (um 1300), eine beschädigte Muttergottes (um 1440), die dem Meister des Maria-Schlaf-Altares im Dom zugeschrieben wird, und das fast lebensgroße Kruzifix (17. Jh.) des Johann Wolfgang Fröhlicher.

Am Schaumainkai folgen nacheinander nicht weniger als sieben **Museen**. Das *Museum für Kunsthandwerk*, dem ursprünglich nur die klassizistische Villa Metzler zur Verfügung stand, ist nach den Plänen des amerikanischen Architekten Richard Meier durch einen großen, modernen Trakt in origineller Weise erweitert worden, wobei der Architekt auf den alten Baumbestand des Parks weitestgehend Rücksicht genommen hat. Das *Museum für Völkerkunde* leidet in seiner kleinen Villa nach wie vor unter großem Platzmangel, so daß nur Bruchteile seiner reichen Schätze gezeigt werden können. Das *Deutsche Filmmuseum* zeigt Dokumente zur Geschichte des Films, wertvolle Filmkopien sowie reiche Sammlungen von Fotos und Plakaten. Im Nachbarhaus ist das *Deutsche Architektur-Museum* untergebracht, das in zahlreichen Wechselausstellungen architekturgeschichtliche Materialien aus Gegenwart und Vergangenheit vorstellt. In besonders origineller Weise hat der Architekt das Innere der Jugendstil-Villa durch Auskernung umgestaltet. Das *Bundespost-Museum* enthält eine Fülle von Dokumentationen über das Post- und Fernmeldewesen sowie über die Nachrichtenübermittlung vom Altertum bis heute.

Das *Städelsche Kunstinstitut* stiftete ein Frankfurter Bankier gleichen Namens. Er hinterließ (1816) seine hervorragende private Kunstsammlung und eine Anweisung über eine Million Gulden zum Bau der Galerie. Dank sachkundiger Zukäufe hat das Museum europäischen Ruf erlangt. Man sieht Gemälde seit dem 14. Jahrhundert. Am bekanntesten sind wohl das ›Paradiesgärtlein‹ eines oberrheinischen Meisters, die ›Venus‹ von Lucas Cranach d. Ä., die ›Madonna von Lucca‹ des Jan van Eyck, die ›Simonetta Vespucci‹ von Botticelli oder der ›Triumph der Dalila‹ von Rembrandt.

Im Liebieghaus ist die *Städtische Skulpturensammlung* untergebracht, in der fast alle Epochen vertreten sind. Der ägyptischen, antiken und koptischen Kunst sind eigene Abteilungen gewidmet. Aus der Fülle der Exponate seien vielleicht erwähnt die ›Bärbel von Ottenheim‹ des Nicolaus Gerhaert, eine Madonna ›Mutter und Kind‹ von Riemenschneider, ein altägyptisches Flachrelief aus der fünften Dynastie (2500 v. Chr.), eine römische Kopie der Athena von Myron (5. Jh. v. Chr.) oder die Skulptur eines sumerischen Beamten (3. Jtd. v. Chr.).

Beim Rückweg über die Untermainbrücke gelangt man zum **Rothschild-Palais** (1830-40) von Johann Friedrich Hess d. J., das ein bedeutendes Beispiel des Klassizismus darstellt. Die ursprüngliche Ausgestaltung ist erhalten. Es werden Wechselausstellungen veranstaltet. Es ist daran gedacht, im Palais ein Museum für jüdische Geschichte einzurichten.

Hier beginnt nun der breite Gürtel der Grünanlagen, die sich im Zuge der ehemaligen Befestigungsanlagen um das Stadtzentrum legen. Nach dem Krieg entstand in der Untermainanlage das **Theater** mit Studiobühne, Kleinem und Großem Haus. Für das Foyer schuf Marc Chagall die ›Commedia dell'Arte‹. In den anschließenden Gallus- und Taunusanlagen begegnet der Spaziergänger immer wieder kunstvollen **Denkmälern**. In ihrer Reihenfolge bis zum Opernplatz sind die wichtigsten wohl das Goethedenkmal von Schwanthaler, das von Benno Elkan ›Den Opfern‹ gesetzte Mahnmal, das Schillerdenkmal von Joh. Dielmann, das Heinedenkmal und später folgend das Beethovendenkmal von Georg Kolbe. Von demselben Künstler stammt auch der ›Ring der Statuen‹ jenseits des Opernplatzes im Rothschildpark.

Das alte **Opernhaus** (1873/80) konnte dank opfervollen Einsatzes vieler Frankfurter Bürger wiederaufgebaut werden.

Über die Bockenheimer Landstraße gelangt man zum nordwestlich gelegenen **Palmengarten**, der 1868 gegründet worden war, um die Pflanzensammlung des Herzogs von Nassau aufzunehmen. Unversehrt blieb das an das Gesellschaftshaus angeschlossene weiträumige Palmenhaus, das Fr. Kayser drei Jahre nach der Gründung vollenden konnte. Danach legte Heinrich Siesmayer den Park an.

Weiter südlich liegt das **Senckenberg-Museum**, »das größte und weitaus bedeutendste Naturkunde-Museum der Bundesrepublik«. Es verdankt sein Entstehen nicht wie in vergleichbaren Fällen draußen im Hessenland dem Wink von Fürstlichkeiten, sondern typisch frankfurterisch einer Bürgerinitiative, der Senckenbergischen Naturforschenden Gesellschaft (1817). Ihr Idol und Namensgeber war Arzt und Naturforscher († 1772). Goethe schloß sich ihr als korrespondierendes Mitglied an. Als Forschungsstätte neben und in Verbindung mit der Universität hat das Museum Weltrang. Viele seiner Exponate sind einzigartig und fast immer didaktisch einprägsam dargeboten.

Im **Heinrich-Hoffmann-Museum** (Hochstr. 20) wird der ›Struwwelpeter‹ lebendig, den jener Frankfurter Arzt erdichtet hat, dem das Museum gewidmet ist.

Wer über die Schloßstraße die nordwestlichen Autobahnanschlüsse anstrebt, bemerkt in der nüchternen Umgebung der Straße ›Am Industriehof‹ unvermittelt das Zwiebeltürmchen der **russischen Kirche** St. Nikolaus, ein später Nachfolger jener historisierenden Kirchenbauten, die uns bereits in Wiesbaden und Bad Homburg begegneten. Den ganzen Zauber eines solchen Bauwerkes erlebt man aber nur, wenn man sich die Zeit nimmt, an den stilvollen Gottesdiensten teilzunehmen, die hier regelmäßig von der Russisch-Orthodoxen Kirche im Ausland gefeiert werden.

Im Häusermeer nördlich der Bockenheimer und Eschenheimer Anlage sorgt der Holzhausenpark für eine wohltuende grüne Lichtung. Ein Gutshof ›Große Öde‹ wurde im 16. Jahrhundert in ein Wasserschlößchen umgewandelt, das Louis Remy Delafosse dann auf den alten Fundamenten durch das jetzige Schlößchen (1727/29) ersetzte. Sein Portal dürfte aus dem Vorgängerbau übernommen sein. Dieses **Holzhausen-Schlößchen** beherbergt das **Museum für Vor- und Frühgeschichte**. Es besitzt die ältesten Kulturzeugnisse aus dem Rhein-Main-Gebiet, daneben aber auch eine Sammlung antiker Kleinkunst.

Wer sich für die Baukunst der Zwischenkriegszeit interessiert, sollte die **Frauen-Friedens-Kirche** in Bockenheim besuchen. Das 1929 von Hans Herkommer errichtete Bauwerk überrascht durch seine Innenkonstruktion. Eine eigenwillige Deckenarchitektur verleiht dem Mittelschiff eine basilikaartige Abstufung. Über die schmalen Seitenschiffe fließt das Licht in das Innere.

Der Hauptfriedhof besitzt ein Kleinod der plastischen Kunst. Beim Portal zum neuen Teil liegt die **Grabkapelle Reichenbach**. Kurfürst Friedrich Wilhelm II. von Hessen-Kassel beauftragte Friedrich Hessemer, ein Mausoleum für seine zweite Gattin, Emilie Ortlepp Gräfin von Reichenbach-Lessonitz, zu bauen (1843). Auf dem Sarkophag in der linken Nische liegt die marmorne Gestalt der toten Gräfin. Eduard Schmidt von der Launitz gelang eine äußerst anmutige Darstellung, vor allem bei den zarten Konturen des Antlitzes. Derselbe Bildhauer schuf auch die Figur in der rechten Nische, die den Kurfürsten zeigt. – Der Friedhof ist auch sonst voller charakteristischer Grabdenkmäler des 19. Jahrhunderts. Man liest viele Namen bekannter Frankfurter Familien.

Von den einst sechzig Wehrtürmen der gotischen Stadtbefestigung blieb außer dem Rententurm am Saalhof und dem Kuhhirtenturm in Sachsenhausen (in ihm wohnte einige Jahre der Komponist Hindemith) nur der **Eschenheimer Tor-**

turm erhalten. Klaus Megoz begann 1400 mit dem Bau, den dann Madern Gerthener vollendete (1426-28). Von ihm stammen der runde Oberbau mit dem vorgekragten Wehrgang und den vier Ecktürmchen, sowie die Embleme über der Durchfahrt, stadtseitig der Frankfurter Adler, außen der Reichsadler.

Die stadteinwärts führende Straße mündet auf die 1729 erbaute **Hauptwache,** um die das moderne Leben brodelt. Nach Osten zweigt von hier die Zeil ab, die Hauptgeschäftsstraße Frankfurts.

Blick in die Zeil, Zeichnung von Johann Friedrich Morgenstern, 1813

Südwärts gelangt man zur evangelischen **Katharinenkirche** (1678-81), die eine ältere Klosterkirche abgelöst hat. Ein quadratischer Turm wendet sich in Richtung Hauptwache. Gotisierende Formen prägen den Saalbau, nur die Portale sind barock. Beim Wiederaufbau wurde das Innere durch eine flachbogige Holztonne eingewölbt und durch die Glasfenster von Carl Grodel belebt.

Die **Liebfrauenkirche,** die jetzt zu einem Kapuzinerkloster gehört, verstärkte mit ihrem Turm die Stadtbefestigung. Die ältere Hallenkirche (1344) wurde in der zweiten Hälfte des 15. Jahrhunderts durch Jörg Oestreicher ausgebaut und mit der südlichen Schaufassade versehen. Später hat man auch den Chor völlig erneuert (1506-09). In der nachträglich angefügten Süd-Vorhalle steht der Betrachter vor dem Dreikönigsportal (um 1420), das nicht nur ein Hauptwerk von Madern Gerthener ist, sondern als eine der bedeutendsten Schöpfungen des Weichen Stils gilt. Das Tympanon zeigt die drei biblischen Gestalten, nach denen das Portal seinen Namen hat, beim Zug zur Krippe und während der Anbetung. Die einst reiche Rokoko-Ausstattung fiel überwiegend dem Bombenkrieg zum Opfer. Nur die in Langhaus und Chor aufgestellten ehemaligen Altarfiguren (1763-65) von Johann Jakob Juncker vermitteln noch einen Eindruck von den verlorenen Schätzen.

Auch im Osten verläuft der **Grüngürtel** im Zickzack um die Innenstadt und bezeichnet so das Terrain der Ende des 17. Jahrhunderts vollendeten und 1806/18 planierten Bastionen, die sich als Festungsgürtel um die gotische Stadtmauer legten. Sebastian Ritz bepflanzte damals in zukunftweisender Form das wüste Terrain. Erwähnt sei, daß in weitem Ring außerhalb der Stadt noch fünf Landwehrtürme das Verteidigungssystem ergänzten. Vier sind erhalten: die Galluswarte an der Mainzer Landstraße, Bockenheimer, Sachsenhäuser und Friedberger Warte.

Östlich der Grünanlagen liegt der weithin bekannte **Zoologische Garten**, der 1857 als einer der ersten gegründet und 1871 an die jetzige Stelle verlegt worden ist. Von der alten Bebauung blieb nur sehr wenig erhalten.

Ein gutes Beispiel moderner Sakralkunst bietet die **Allerheiligenkirche** (1953) beim Zoo, deren Inneres über die Kuppel das Licht empfängt.

Trotz seiner Eingemeindung nach Frankfurt (1928) konnte sich **Höchst** dank langer geschichtlicher Tradition und moderner wirtschaftlicher Bedeutung eine gewisse funktionale Selbständigkeit innerhalb der Großstadt Frankfurt bewahren. Ohne viel auf Einzelheiten einzugehen, seien nur wenige

Anhaltspunkte zur Geschichte genannt. In römischer Zeit sicherte ein Kastell den Warenumschlagsplatz an der Mündung der Nidda in den Main. Für Kurmainz war im Mittelalter Höchst ein Stützpunkt gegen die freie Reichsstadt Frankfurt. In der zweiten Hälfte des 18. Jahrhunderts setzten sich hier Frankfurter Kaufleute fest, von deren Unternehmungslust die Höchster Porzellanmanufaktur (1746-78) zeugt. Kurz vor Ende des Herzogtums Nassau kam es zur Gründung der ›Höchster Farbwerke‹ (1863), die von 1925 bis zum Kriegsende in ›IG Farben‹ aufgegangen waren.

Erzbischof Otgar von Mainz gründete hier eine Benediktinerabtei und ließ 834 dorthin die Gebeine des hl. Justinus überführen. Ungefähr zwei Jahrzehnte später konnte die **Justinuskirche** geweiht werden, in welcher die Reliquien ihren Platz fanden. Es war eine Säulenbasilika mit Querschiff und drei Apsiden. Kapitelle und Arkaden-Kämpfer stammen noch aus diesem karolingischen Bau, der 1090 in Langhaus und Querschiff umgebaut wurde. Anstelle des südlichen Querschiffes trat 1432 eine zweigeschossige Sakristei. Elf Jahre danach begann man, einen neuen Chor zu errichten, der 1460-64 vollendet wurde. Etwa gleichzeitig entstand das Nordportal mit den eindrucksvollen Figuren der ägyptischen Mönchsväter Paulus von Theben und Antonius Abbas.

Die Abtei war nach kurzfristiger Umwandlung in ein Kollegiatstift schließlich zu einem Antoniterkloster geworden. Nach dessen Auflösung (1802) dient St. Justinus als Pfarrkirche.

Die Mainzer Erzbischöfe unterhielten hier schon im 14. Jahrhundert eine Wasserburg. Unter Erzbischof Wolfgang von Dalberg kam es zur Planänderung (1586/1608), die ein Renaissance-**Schloß** hervorbrachte. Während des Dreißigjährigen Krieges wurde die Anlage zum größeren Teil zerstört, doch ist ihr vierflügeliger Grundriß noch gut zu erkennen. Erhalten sind die nordöstlichen Eckgebäude mit dickem Hauptturm und niedrigem Eckturm, ferner ein Torbau. Der Aufsatz auf dem Hauptturm ist nachträglich hinzugefügt worden (1861). Erwähnenswert ist das im Schloß untergebrachte Museum für Höchster Geschichte sowie das Firmen-Museum der Höchst AG.

Der **Bolongaro-Palast** (1772-74) zeigt eindrucksvoll, was sich damals ein Bankier und Tabakfabrikant als Privatwohnung leisten konnte. Aber dem Kapitalisten muß man ausgezeichneten Geschmack zubilligen. Die dreiflügelige Anlage wiederholt auf allen Fronten dasselbe Schema, nach dem Eckpavillons den jeweiligen Mittelbau einrahmen. An der Straßenfront hat der Mittelbau einen fünfachsigen Risalit, auf dem ein Dachreiter mit Obelisk sitzt. Zum Garten hin umschließen die beiden Eckflügel Binnenhöfe. Aus dem Mittelbau springen zwei Querflügel vor. Dazwischen spannt sich eine Altane, von der man zur Terrasse mit ihrem Springbrunnen herabsieht. Über eine zweiläufige Treppe schreitet man hinunter zum Park und zum Mainufer.

Wohl jeder Chemiekonsument kennt das Hoechster Firmen-Signet mit Turm und Brücke. Vorbild dafür war das **technische Verwaltungsgebäude der Farbwerke Hoechst** (1920-24) von Peter Behrens. Interessantester Teil des Backsteingebäudes ist sicher die Eingangshalle. Mächtige Pfeiler, die sich nach oben verdicken, grenzen den Lichthof ein. Glaskuppeln schließen ihn ab. Die Wirkung ist überwältigend, fast beklemmend.

Der Optimismus der großtechnischen Chemie setzte sich in der **Jahrhunderthalle** der Farbwerke Hoechst (1963) ein gigantisches Denkmal. Eine Betonschalen-Kuppel wölbt sich über der kreisrunden Halle, in der bis fünftausend Menschen Platz finden können. Vielleicht werden künftige Generationen dieses Industriemonument als hochmütiges Finale einer Grenzen mißachtenden, expansionslüsternen Epoche interpretieren. Wer weiß?

Wer heute Hessen sagt, der meint auch Frankfurt. Das neue Bundesland ist längst im Bewußtsein der Bevölkerung tief verankert. Unterscheidungen zwischen Hessen oder Nassau, zwischen Waldeck oder Frankfurt treffen eigentlich nur noch Geschichtskundige. Frankfurter Tonfall gilt vielen gar als hessischer Dialekt schlechthin.

Der knapp bemessene Besuch in Frankfurt dürfte bestätigt haben, daß hier wie draußen im Lande verschiedenartige Kulturströmungen oder Kunstrichtungen ihre Wirkung entfaltet haben. Sie wahrzunehmen, geschieht nicht von selber, sondern fordert ein bißchen Mühe. Viele mögen sie verweigern und hasten unbeschwert an den Monumenten der Vergangenheit vorbei. Ob Frankfurt, ob Wetzlar – nicht die Dome trugen deren Namen in die Welt, sondern Flughafen und Leitz. Was ist da noch »typisch hessisch«?

STAMMTAFEL

Die Landgrafen von Thüringen

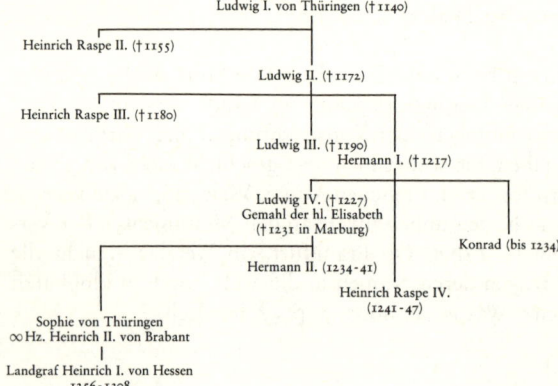

Heinrich Raspe I. († 1130)

Ludwig I. von Thüringen († 1140)

Heinrich Raspe II. († 1155)

Ludwig II. († 1172)

Heinrich Raspe III. († 1180)

Ludwig III. († 1190)

Hermann I. († 1217)

Ludwig IV. († 1227)
Gemahl der hl. Elisabeth
(† 1231 in Marburg)

Konrad (bis 1234)

Hermann II. (1234-41)

Heinrich Raspe IV.
(1241-47)

Sophie von Thüringen
∞ Hz. Heinrich II. von Brabant
|
Landgraf Heinrich I. von Hessen
1256-1308

Die Landgrafen von Hessen-Kassel

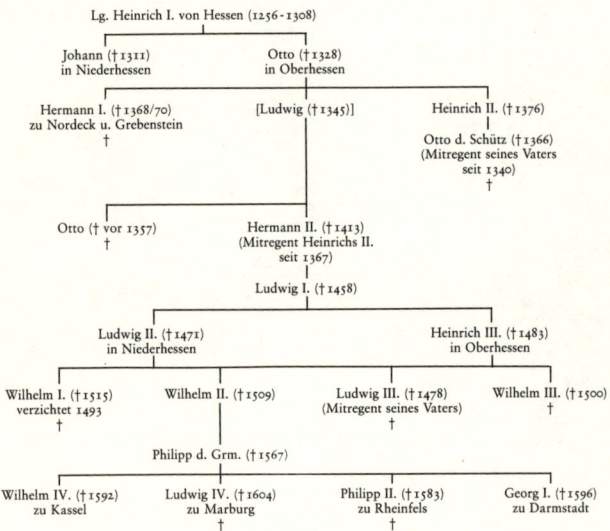

Lg. Heinrich I. von Hessen (1256-1308)

Johann († 1311)
in Niederhessen

Otto († 1328)
in Oberhessen

Hermann I. († 1368/70)
zu Nordeck u. Grebenstein
†

[Ludwig († 1345)]

Heinrich II. († 1376)

Otto d. Schütz († 1366)
(Mitregent seines Vaters
seit 1340)
†

Otto († vor 1357)
†

Hermann II. († 1413)
(Mitregent Heinrichs II.
seit 1367)

Ludwig I. († 1458)

Ludwig II. († 1471)
in Niederhessen

Heinrich III. († 1483)
in Oberhessen

Wilhelm I. († 1515)
verzichtet 1493
†

Wilhelm II. († 1509)

Ludwig III. († 1478)
(Mitregent seines Vaters)
†

Wilhelm III. († 1500)
†

Philipp d. Grm. († 1567)

Wilhelm IV. († 1592)
zu Kassel

Ludwig IV. († 1604)
zu Marburg
†

Philipp II. († 1583)
zu Rheinfels
†

Georg I. († 1596)
zu Darmstadt

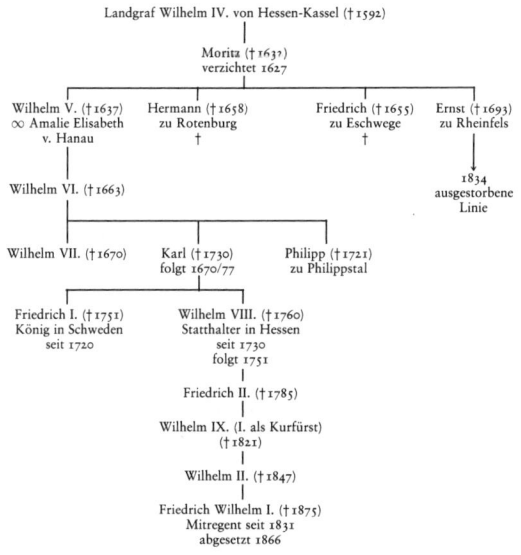

Landgraf Wilhelm IV. von Hessen-Kassel (†1592)
|
Moritz (†1632)
verzichtet 1627

Wilhelm V. (†1637) Hermann (†1658) Friedrich (†1655) Ernst (†1693)
∞ Amalie Elisabeth zu Rotenburg zu Eschwege zu Rheinfels
v. Hanau † †

Wilhelm VI. (†1663)

1834
ausgestorbene
Linie

Wilhelm VII. (†1670) Karl (†1730) Philipp (†1721)
folgt 1670/77 zu Philippstal

Friedrich I. (†1751) Wilhelm VIII. (†1760)
König in Schweden Statthalter in Hessen
seit 1720 seit 1730
folgt 1751
|
Friedrich II. (†1785)
|
Wilhelm IX. (I. als Kurfürst)
(†1821)
|
Wilhelm II. (†1847)
|
Friedrich Wilhelm I. (†1875)
Mitregent seit 1831
abgesetzt 1866

Die Landgrafen von Hessen-Darmstadt

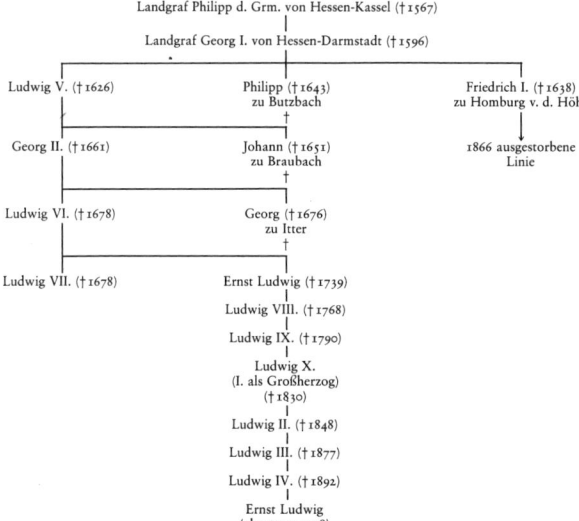

Landgraf Philipp d. Grm. von Hessen-Kassel (†1567)
|
Landgraf Georg I. von Hessen-Darmstadt (†1596)

Ludwig V. (†1626) Philipp (†1643) Friedrich I. (†1638)
zu Butzbach zu Homburg v. d. Höhe
†

Georg II. (†1661) Johann (†1651) 1866 ausgestorbene
zu Braubach Linie
†

Ludwig VI. (†1678) Georg (†1676)
zu Itter
†

Ludwig VII. (†1678) Ernst Ludwig (†1739)
|
Ludwig VIII. (†1768)
|
Ludwig IX. (†1790)
|
Ludwig X.
(I. als Großherzog)
(†1830)
|
Ludwig II. (†1848)
|
Ludwig III. (†1877)
|
Ludwig IV. (†1892)
|
Ernst Ludwig
(abgesetzt 1918)

Literatur

Eine Kunstreise aus eigenem Erleben zu gestalten, war die Aufgabe, nicht aber, eigene Forschungen vorzutragen. In wissenschaftlichen Einzelfragen berät die zum Thema kaum noch übersehbare Literatur. Sie wird erfaßt durch:
Schrifttum zur Geschichte und geschichtlichen Landeskunde, bearbeitet von K. E. Demandt, fortgeführt von W. Leist und W. Podehl. Wiesbaden 1965-68, Marburg 1979

Viel verdankt der Verfasser folgenden Einzelveröffentlichungen, auch wenn er ihnen nicht in allem folgt:

Backes, Magnus: Dome, Kirchen und Klöster in Hessen. Darmstadt 1964.

Backes, Magnus u. Hans Feldtkeller: Kunstwanderungen Hessen. 3. A. Stuttgart 1979.

Baruth, Helmuth u. Klaus Steinke: Hessen vermessen. Frankfurt am Main 1982.

Die Bau- und Kunstdenkmäler im Regierungsbezirk Kassel. Bde. 1-8. Marburg/Kassel 1909-1934. – Neue Folge, Bde. 1-3. Kassel 1937-1939.

Binding, Günther, Udo Mainzer u. Anita Wiedenau: Kleine Kunstgeschichte des deutschen Fachwerkbaus. Darmstadt 1977.

Brüder Grimm: Dokumente ihres Lebens und Wirkens, Ausstellungskatalog. Kassel 1985.

Dehio, Georg: Handbuch der Deutschen Kunstdenkmäler: Hessen. Bearb. v. Magnus Backes. 2. A. München 1982.

Demandt, Karl E.: Geschichte des Landes Hessen. 2. A. Kassel/Basel 1972.

Denkmaltopographie Bundesrepublik Deutschland, Baudenkmale in Hessen: Schwalm-Eder-Kreis I. Hrsg. Landesamt f. Denkmalpflege. Braunschweig/Wiesbaden 1985.

Fachwerkkirchen in Hessen. Hrsg. Förderkreis Alte Kirchen Marburg. 2. A. Königstein 1978.

Feldtkeller, Hans: Die Bau- und Kunstdenkmäler des Landkreises Biedenkopf, Kurzinventar. Darmstadt 1958.

Großmann, G. Ulrich: Der spätmittelalterliche Fachwerkbau in Hessen. Königstein 1983.

Heckmann, Herbert u. Walter Michel: Typisch hessisch. Frankfurt am Main 1980.

Das Herzogthum Nassau in malerischen Original-Ansichten. Darmstadt 1853.

Hessisches Gemeinde-Lexikon. Hrsg. Hessendienst d. Staatskanzlei. Wiesbaden 1986.

Hessler, Karl: Hessische Volkskunde, Reprint d. Ausg. 1904. Frankfurt am Main 1979.

Hootz, Reinhardt (Hrsg.): Deutsche Kunstdenkmäler. Ein Bildhandbuch: Hessen. Darmstadt 1964.

300 Jahre Hugenotten in Hessen, Ausstellungskatalog. Kassel 1985.

Jaeger, Kurt S.: Hessischer Kuriositätenführer. Königstein 1981.

Kiesow, Gottfried: Romanik in Hessen. Stuttgart 1984.

Klöckner, Karl: Die Fachwerkbauten in Hessen. München 1980.

Koch, Wilfried: Baustilkunde. Europäische Baukunst von der Antike bis zur Gegenwart. München 1982.

Lilge, Herbert: Hessen in Geschichte und Gegenwart. Stuttgart 1984.

Löber, Karl: Das Bildwerk der Haigerer Stadtkirche. Haiger 1973.

Luthmer, Ferdinand: Die Bau- und Kunstdenkmäler des Regierungsbezirks Wiesbaden. Bde. 1-6. Frankfurt a. M.1902-21.

Luthmer, Ferdinand: Nassau, Wanderungen durch Kunst und Geschichte. Wiesbaden 1917.

Merian, Matthäus: Topographia Hassiae et Regionum Vicinarum. Frankfurt am Main (1642-1688).

Museen in Hessen: Hrsg. Hess. Museumsverband. 2. A. Kassel 1979.

Nachtigall, Helmut: Hessische Bauernmöbel. Gießen 1981.

Oberhauser, Fred. u. Gabriele: Literarischer Führer durch Deutschland. Frankfurt am Main 1983.

Reclams Kunstführer Hessen: Stuttgart 1967.

Sayn-Wittgenstein, Franz Prinz zu: Der Main. Von den Quellen bis zur Mündung. 2. A. München 1977.

Schulz, Uwe (Hrsg.): Die Geschichte Hessens. Stuttgart 1983.

Steinfeld, Ludwig: Feldscheunen aus Hessen von der Rhön zum Vogelsberg. Kassel 1983.

Mit Teilaspekten hat sich der Verfasser schon früher befaßt.
Sie fanden Niederschlag in den Büchern:
Der Westerwald. Vom Siebengebirge zum Hessischen Hinter-
land. Kultur und Landschaft zwischen Rhein, Lahn und Sieg.
2. A. Köln 1982.
Der Westerwald in alten Ansichten. Zaltbommel/NL 1982.
Lahntal und Taunus in alten Ansichten. Zaltbommel/NL 1983.
Siegerland, Westerwald, Lahn und Taunus. Geologie, Minera-
logie und Paläontologie, mit Exkursionen. Stuttgart 1983.

Personenregister

Ortsregister

Abbildungsnachweis